탁석산의

세상 철학사

탁석산의

서양 철학사

더 크고 온전한 지혜를 향한 철학의 모든 길

탁석산 지음

열린책들

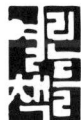

이 책은 실로 꿰매어 제본하는 정통적인 사철 방식으로 만들어졌습니다.
사철 방식으로 제본된 책은 오랫동안 보관해도 손상되지 않습니다.

고(故) 박이문 선생님과 함께한
유쾌한 점심을 기억하며

머리말

『근대 유럽 사상사』란 책을 읽고, 이렇게 긴장감 있는 철학사를 쓰고 싶다고 생각했습니다. 2019년 케임브리지 대학에서 나온 이 책은 여러 필자의 글을 편집했는데도, 한 사람이 쓴 바와 같이, 일관성이 있고 긴장감을 유지합니다. 정치, 경제, 문화, 사회, 철학, 역사 등 근대 유럽 사상과 관계있는 분야를 폭넓게 다루고 있습니다. 하지만, 어떤 문제도 고립되어 있지 않았습니다. 다른 분야와 영향을 주고받으면서 발전 혹은 변모해 갑니다. 이런 면은 전혀 새롭지 않습니다. 거의 언제나 들을 수 있지만, 어떻게 전개하고 이끌고 가느냐는 또 다른 문제입니다. 저는 이 책의 긴장감이, 주장 각각이 제대로 발언하도록 내버려두는 데 있다고 여깁니다. 즉, 필자가 자신의 해석을 내세우지 않고, 원저작자의 주장을 제대로 소개한다면, 그리고 사상사에 등장하는 수준의 주장이라면, 주장들을 나열만 해도, 긴장감이 생기지 않을 수 없기 때문입니다. 왜냐하면, 이런 수준의 주장은 앞선 주장을 반박하기 위해서 등장하기에, 가공하지 않아도, 처음부터 전운이 감돌기 때문입니다.

칸트를 이해하려면, 앞의 철학자들을 아는 데에 그치지 않고, 칸트 비판자의 목소리도 들어야 합니다. 철학사에 등장하는 거의 모든 철학자는, 자신의 주장을 펼치기에 앞서 앞의 철학자에서 소재를 찾습니다. 그러고선, 자신의 주장이 왜 더 뛰어난지를 설명하지만, 곧이어 비판자가 나타나 그 주장을 뒤엎는 패턴이 반복됩니다. 따라서, 철학사에서 비판은 일상이고, 비판이 없다면, 긴장감도 없을 터이고, 아마 발전도 없겠지요. 물론, 예외가 있습니다. 비트겐슈타인은 철학사에 무지했기에 자신의 주장을 거침없이 말할 수 있었습니다. 콰인은 철학사를 아주 잘 알고 있었지만, 오로지 흄에 관한 철학사 강의만 했습니다. 철학사 없이, 철학은 존재하기 어렵습니다. 왜냐하면, 철학에서 옛날은 없기 때문입니다. 과학 기술은 최신이 최고이고 가장 새롭지만, 철학은 다릅니다. 서양 고대 철학이 현대 철학보다 많이 낡았다고는 할 수 없습니다. 물론 세부적인 개념 분류라든지 지식의 차이로, 덜 발전한 모습일 수는 있으나, 아이디어 자체는 절대 낡지 않았기에, 지금도 여전히 철학을 하는 사람이라면, 고대 철학을 보게 됩니다.

    서양 철학은 주로 신, 자연 그리고 인간을 다루는데, 이런 주제에 관해 나름대로 진지하게 생각을 해보아도, 철학사를 보면 이미 거기에 다 있습니다. 물론, 예외가 있겠지만, 보통은 다른 사람들이 이미 다 정리해 놓았고, 그에 대한 비판과 대안까지 나와 있습니다. 2000년 넘은 역사는 절대 만만하지 않습니다. 이 책에서도 다루고자 하는데, 헬레니즘이나 중세, 그리고 르네상스 시대에도 철학 작품은 풍부하고 재미있습니다. 아니, 그런 문제까지 진지하게 고민했다는 건가! 하는 감탄이 절로 나옵니다. 특히 신에 대한 여러 질문은 흥미롭습니다.

철학사를 통해 자신의 철학을 시작할 수 있습니다. 한편, 철학은 철학에 대한 지식이 아니라, 철학함을 가르쳐야 한다는 주장이 있습니다. 즉, 고기를 주지 말고, 낚시법을 가르쳐야 한다는 주장으로 보입니다. 하지만, 철학사와 철학함을 구분하기 어렵습니다. 철학사를 읽으면서 사유하는 바가 바로 철학함이기 때문입니다. 수학 문제를 풀지 않고, 답을 본다면, 그 문제를 알고 풀었다고 할 수 없는 바와 같이, 철학은 스스로 사고하지 않으면, 무엇도 얻을 수 없습니다. 철학 지식이란 사유의 결과인데, 그 결과는 이미 책에 나와 있습니다. 그 지식을 외운다고, 철학 사유를 경험할 수 있습니까? 철학사를 읽으면서, 자신의 사유로 철학자들의 작업을 좇아가면 됩니다. 아주 훌륭하고 아름다운 경험이 됩니다. 왜냐하면, 철학사에 등장할 정도의 철학자가 던진 질문이라면, 진지하게 고민하고 좇아갈 가치가 충분하기에, 이보다 더 좋은 교재는 없기 때문입니다.

이 책에서 창의성을 찾을 수는 없습니다. 철학사의 내용을 충실하게 전달하는 바가 목적이기에, 창의적인 해석이나 분석은 당연히 기대할 수 없습니다. 그저 기본에 충실하길 바랄 뿐입니다. 어려운 주제별 분석이 아니라, 철학자 위주로 소개합니다. 사람을 중심으로 전개하는 편이 이해하기 쉽기 때문입니다. 이런 방법을 택해도, 좋은 자료가 없었다면, 작업이 매우 힘들었을 겁니다. 좋은 자료 덕에, 없는 재주를 크게 보완할 수 있었습니다. 우선, 작업의 기초가 된 철학사에는 『라우틀리지 철학사』가 있고, 다음으로는 『케임브리지 철학사』, 그리고 피터 애덤슨의 『빈틈없는 철학사』 등이 있습니다. 마침, 『케임브리지 철학사』는 2015년까지 다루었기에 도움이 되었고, 『빈틈없는 철학사』는 헬레니즘과 중세 철학에 특히 도움이 되었습니다. 비교적 최근의 작업이라서 읽기에도 불편하지 않았고 재미있는 일화도 많아 즐겁게 읽었습니다. 그리고, 관련 단행본으로 보충했습니다. 예를 들면, 파르메니데스 경우, 크리스토퍼 실즈의 『고대 철학』 내용을 정리했으며, 미국 분석철학은 스콧 솜스의 『미국 분석철학』에서 많은 도움을 받았습니다. 그리고, 때때로 철학자의 원전에서 필요한 부분을 가져오기도 했습니다.

    철학은 어렵습니다. 쉬운 철학, 누구나 할 수 있는 철학이란 없습니다. 왜냐하면, 철학은 이론이기에, 체계가 있어야 하고, 주장에 대한 정당화가 필요하며, 글쓰기가 있어야 하기 때문입니다. 따라서, 보통 사람은 어렵습니다. 훈련을 받아야만 하는데, 그 훈련이 단기간의 속성으로는 효과가 없습니다. 이 철학사는 전문적인 철학 훈련을 받은 사람을 위한 책은 아닙니다. 철학에 관심 있는 일반 독자가 철학사를 한 번이라도 읽도록 도와주는 책입니다. 즉, 어려움이 있겠지만, 관심과 정성이 있다면, 충분히 따라갈 수 있도록 준비하였습니다. 처음에는 개념이 생소하고 이해하기 어려울 수 있으나, 그런 개념은 뒤에 다시 설명이 나오기에, 인내심을 발휘한다면, 충분히 소화할 수 있습니다. 그리고, 한 줄 한 줄 모두 이해하지 않고서는, 다음으로 넘어가지 않겠다는 굳은 결심이 아니라, 일단 소설 읽듯이 한 번 편하게 읽고, 다음에 정독하는 편이 더 낫다고 생각합니다.

    지도의 좌표는 자신이 어디에 있는지를 알려 줍니다. 철학사도 마찬가지입니다. 자기 생각이 어디쯤 있는지를 알려 줍니다. 합리론에 가까운지 아니면 경험론에 서 있는지 혹은 아직도 플라톤의 형상을 염두에 두고 있는지 아니면 자기 체계가 스피노자처럼 기하학을 본으로 삼고 있는지 등을 알려 줍니다. 그리고, 이성의 기능과 결과에 항상 놀라게 됩니다. 서양 철학은 이성 중심이라는 비판이 있습니다. 그리하여, 반이성 혹은 비이성을 주장하는데, 비이성을 주장하려 해도 이성적인 논증을 제시해야 합니다. 즉, 비이성적이라는 바를 이성적으로 설명해야 하는 운명입니다. 철학사는 이성을 무기로 온갖 사유와 맞서 싸워온 철학자들의 모험기입니다. 그 모험기에서 우리는 자기 생각이 어디에 있는지 알게 됩니다.

차례

머리말 　7
들어가며 　17

제1부 고대: 공생의 시대
1　탈레스 　25
2　아낙시만드로스 　28
3　아낙시메네스 　31
4　크세노파네스 　33
5　헤라클레이토스 　36
6　파르메니데스 　40
7　엠페도클레스 　43
8　데모크리토스 　48
9　소피스트 　52
10　소크라테스 　56
11　플라톤 　60
12　아리스토텔레스 　71

제2부 고대에서 중세로: 공존의 시대 1
13　에피쿠로스학파 　95
14　스토아학파 　101
15　회의주의자 　107
16　마법 　110
17　플로티노스 　112
18　포르피리오스 　122
19　아우구스티누스 　127
20　초기 유대교, 기독교 신비주의 　133

21	알킨디, 알파라비	135
22	아비센나	141
23	아베로에스	147

제3부 중세: 공존의 시대 2

24	중세 철학의 시작	153
25	요하네스 스코투스 에리우게나	156
26	안셀무스	162
27	피터 다미안	167
28	피에르 아벨라르	170
29	푸아티에의 질베르	178
30	번역과 대학	182
31	토마스 아퀴나스	189
32	겐트의 헨리	207
33	둔스 스코투스	211
34	오컴의 윌리엄	219
35	신비주의	226
36	카발라	232

제4부 르네상스에서 근대로: 부활의 시대

37	인문주의자들	237
38	플라톤주의	245
39	인간 개념	251
40	자연 개념	254
41	르네상스의 아리스토텔레스	258
42	헤르메스	260
43	철학	262
44	데카르트	264
45	가상디	280
46	홉스	287
47	스피노자	297
48	말브랑슈	316
49	라이프니츠	324
50	로크	339
51	버클리	350
52	흄	357

제5부 근대 계몽주의 이후: 분리 그리고 반격

53	프랑스 계몽주의	381
54	야콥 브루커	394
55	칸트	399
56	헤겔	417
57	니체	431
58	강신술	441
59	블라바츠키: 근대 신지학	444
60	프래그머티즘: 퍼스, 제임스, 듀이	447

제6부 현대: 다시 공존

61	현상학	465
62	후설	467
63	하이데거	476
64	베르그송	506
65	메를로퐁티	511
66	마르크스주의자: 루카치, 그람시, 알튀세르	518
67	해석학: 가다머와 리쾨르	527
68	푸코	538
69	데리다	550
70	비트겐슈타인	564
71	콰인	576
72	20세기 에소테리시즘	609
73	페미니즘	617

참고 문헌	633
주요 철학자 저서	643
찾아보기	647

들어가며
서양 철학의 특징: 철학자와 마술사

『옥스퍼드 영어 사전』을 보면 철학자란 지혜를 사랑하는 사람이라는 뜻과 함께 신비 전문가, 연금술사, 마술사, 꿈 해석가라는 뜻도 있습니다. 즉 흔히 생각하는 철학자의 의미도 있지만, 전혀 어울리지 않아 보이는 마술사라는 뜻도 갖고 있습니다. 철학자와 마술사라니, 이상한 조합으로 보이지만, 서양 철학의 역사로 보면 전혀 이상하지 않습니다. 19세기까지도 신비를 다루는 책 이름에 〈철학〉이 종종 등장했기 때문입니다. 다시 말해, 서양에서 철학은 거의 언제나 오컬트와 함께했습니다. 그러다가 18세기 계몽주의가 오컬트를 미신으로 낙인찍어 학문에서 추방되었습니다. 하지만 일상에서는 살아남아 지금에 이르게 됩니다. 따라서 서양 철학의 역사를 살피려면, 철학과 오컬트를 함께 다루어야 합니다.

사전을 보면 철학이란 지혜, 진리 혹은 지식에 대한 사랑이나 연구 혹은 논증과 이성을 통한 추구라고 합니다. 유명한 이야기입니다. 철학은 지혜에 대한 사랑이라는. 하지만 철학만 지혜를 사랑하지는 않습니다. 연금술도 마법도 지혜를 사랑합니다. 방법이 다를 뿐입니다. 철학은 논증과 이성으로 하지만 오컬트는 계시나 유비, 대응 등으로 합니다. 이 차이는 메울 수 없습니다. 만약에 차이가 없어진다면, 철학은 독자성을 잃고 말겠지요. 마법도 마찬가지입니다. 마법사가 주문을 외지 않고 논리를 통해 관객을 설득하려 한다면 웃음거리가 되고 말겠지요. 주문을 외면서 죽은 혼을 불러내는 철학자를 상상하기 역시 어렵습니다.

이런 철학의 특징은 다음 정의에서 확인할 수 있습니다. 〈철학은 철학적 체계이거나 이론이다.〉 즉 존재나 우주에 대한 전반적인 이해를 바탕으로 한, 관념, 의견, 믿음 혹은 행위의 원리 체계라고 합니다. 다시 말해서, 철학은 체계라고 말합니다. 낱낱의 주장이 아니라 체계를 갖추어야 철학이라 부를 수 있습니다. 멋진 말이나 주장만으로는 철학이 되지 않는다는 말이지요. 그런데 체계를 갖추는 일은 무척이나 어렵습니다. 따라서 철학자라 불리는 사람도 극소수지요.

철학의 특징을 간추리자면, 이성과 논증으로 세상의 지혜를 탐구하는 작업이라 할 수도 있겠습니다. 즉 이성으로 세계를 해석하고 세상과 맞선다고 할 수 있습니다. 철학의 가장 강력한 무기이자 유일한 무기는 바로 이성입니다. 그런데 역사에서 이성이 항상 주도적 지위에 있지는 않았습니다. 이성이 지배적 위치에 오른 시기는 18세기 계몽주의라고 합니다. 즉 이성을 중심으로 하는 철학은 그 전에는 여러 학문이나 지혜 중 하나였을 뿐입니다. 신학이 지배한 시대를 제외하고는 언제나 철학이 독자성을 유지했고, 상위에 속하는 학문으로 대접받았으리라 착각을 할 수 있습니다. 철학의 역사를 다시 살펴볼 필요가 있습니다.

『서양 철학사』를 쓰기 전인 1914년 러셀은 『신비주의와 논리』에서 철학이 이성의 산물이라고 강조합니다. 이를 위해 신비주의와 대비합니다. 신비주의는 기본적으로 감정을 토대로 하는데, 몇 가지 특징이 있다고 합니다. 첫째는 감각, 이성, 분석과 대비되는 계시, 통찰 혹은 직관이고, 둘째로 신비주의는 하나를 추구하기에 분할이나 대립은 없다고 하며, 셋째, 모두는 하나이기에 시간이 존재하지 않는다고 즉 과거나 미래는 존재하지 않는다고 주장하며, 마지막으로 악이란 겉모습일 뿐이라고 여긴다 합니다. 이런 분석은 꽤 정확하다고 할 수 있으나 유의할 점은 그가 신비주의에 관심을 두었다는 사실입니다. 그는 철학이 신학과 과학의 중간쯤에 있다고 이야기를 시작하여 신비주의를 길게 논하기 때문입니다. 즉 철학의 특성을 드러내기 위해서 신비주의에 대해 말할 필요를 느꼈던 모양입니다. 철학을 구하기 위해 위에 든 신비주의의 특징을 하나씩 논파하는데, 그는 인정하는 듯하면서 신비주의를 철학의 보조로 삼습니다. 본능, 직관, 통찰을 이성의 작업 전 단계로 취급하거나, 직관은 문명이 발전하면 자연스럽게 감소하며 배운 사람보다 배우지 못한 사람이, 어른보다 아이가 더 많이 의존한다고 합니다. 한마디로, 미신과 비슷하다고 말합니다. 다른 특징들은 두 번째 특징인 〈모두가 하나이다〉로 설명할 수 있습니다. 모두가 하나이므로 악이란 낮은 단계에서 그렇게 보일 뿐 높은 단계로 가면 악과 대립하지 않는 선이 있기 때문입니다. 시간도 마찬가지입니다. 낮은 단계에서는 과거, 현재, 미래라는 구별이 있지만, 높은 단계에서 보면 하나이기 때문에, 시간과는 상관이 없습니다. 이해하기 힘든 이런 구조이기에 신비주의라 불리겠지요. 러셀은 신비주의가 인생에 도움이 될 수는 있지만, 세계를 이해하는 데는 도움이 되지 않는다고 합니다.

러셀이 애써 무시하려 했던 신비주의는 사라지지 않고 20세기 후반에 에소테리시즘이란 이름으로 등장합니다. 에소테리시즘esotericism은 신비주의, 오컬트, 마법, 마술, 연금술, 점성술 등을 포괄하는 공식 단어입니다. 물론 수가 많지는 않지만, 대학에 전문 학과를 두고 있습니다. 번역하기가 쉽지 않지만, 이 책에서는 계몽주의를 분기점으로, 그 전은 신비주의로, 그 후는 에소테리시즘으로 하겠습니다. 지금은 서양 학계에서 〈서양 에소테리시즘〉으로 정했으나, 여전히 신비주의란 용어는 유용하기 때문입니다. 에소테리시즘은 이성을 바탕으로 하지 않습니다. 그 반대입니다. 이성이 아니라 계시를 우선하며, 논리보다는 유비를 선호하며, 기계적으로 세계를 보지 않고 유기체로 세계를 보고, 분할이나 분리가 아니라 하나임을 추구하고, 세계를 해석하기보다는 변화시키려 하며, 인과 설명보다는 대응 즉 소우주-대우주의 대응으로 설명하려 합니다. 즉 철학과는 상반되는 영역을 차지하고 있습니다.

사람이 살아갈 때 이성만으로 살 수는 없을 겁니다. 감정이나 욕망의 자리는 아무리 강조해도 지나치지 않을 터이고, 세상사를 특히 인생사를 인과로 설명하는 데는 한계가 너무 뚜렷합니다. 아파트 위에서 떨어진 벽돌에 지나가는 사람이 맞아 사망하게 되는 경우 어떤 인과 법칙이 이 사건을 설명할 수 있겠습니까. 차라리 신의 뜻이라든가 운명이라든가 전생의 업보라는 설명이 위안이 되지 않을까요. 러셀도 신비주의가 인생에는 도움이 될 수 있다고 합니다. 꼭 이성으로만 설명해야 하는 이유가 있을까요? 있다면, 어떻게 설명할 수 있을까요?

철학은 신학과 과학 사이에 있다고 러셀은 말합니다. 신학과 같은 사색이나 과학과 같은 권위가 아니라 이성에 호소한다는 면에서 그렇다고 그의 『서양 철학사』에서 말합니다. 그리고 종교 개혁 후에는 내적인 성찰로 인해 신비주의가 급격히 발전했는데 그런 경우는 가톨릭의 틀로 들어가기 쉽다고 말합니다. 역사적 근거가 있어 보입니다. 가톨릭에 에소테리시즘 요소가 많다는 비판은 개신교에서 주로 제기되었기 때문입니다. 철학을 신학, 과학과 비교하여 논하는 일은 흔합니다. 저도 그렇게 배워 왔습니다. 하지만 철학의 사전적 정의에서 보듯이, 에소테리시즘은 철학의 일부였습니다. 러셀도 이런 분위기를 알아차리지 않았을까요. 19세기에 신지학 등 여러 형태의 에소테리시즘이 인기를 끌었습니다. 에소테리시즘이 철학과 아무런 관련이 없다면, 그가 구태여 신비주의에 대한 글을 쓰지 않았겠지요. 그리고 철학사 서문에서도 신비주의와 가톨릭에 대해서 언급하지 않았을 겁니다. 에소테리시즘은 철학과 많은 부분 겹치는데, 플라톤은 에소테리시즘에서도 아주 중요한 인물입니다. 즉 형상이라는 절대 세계를 상정하였고 육신과 영혼을 분리했기 때문입니다. 에소테리시즘은 물론 종교와 밀접해 보입니다. 죽은 후의 세계라든지 계시라든지 비유로 가득한 경전 해석, 만물을 하나로 보는 세계관 등이 공동 관심사가 되겠지요. 구약 성경에서 아론의 지팡이와 이집트 요술사의 지팡이가 각각 뱀으로 변해 싸웁니다. 성경에서도 요술사의 존재는 인정하고 있습니다. 이런 요술사를 어떻게 봐야 할까요? 기독교와 에소테리시즘은 서로 다르게 해석합니다. 철학이나 종교는 에소테리시즘과 관련이 있어 보이지만, 과학과는 별 상관이 없어 보입니다. 하지만 그렇지 않습니다. 옛날에는 연금술이 과학에 많이 이바지했지만, 근대 이후에는 정신과 물질의 관계 규명에 많은 공헌을 하고 있습니다. 근대 에소테리시즘의 산물과 힐링과의 관계도 그 가운데 하나라고 합니다.

철학은 신학과 과학의 중간이 아니라 신학, 과학, 에소테리시즘과 뒤엉켜 있어 보입니다. 어느 하나가 높은 자리를 차지하고 있지 않고, 서로 얽혀 있어 보입니다. 물론 각각의 독자 영역이 있습니다. 철학은 이성, 신학은 신, 과학은 관찰과 실험, 에소테리시즘은 하나의 세계가 독자 영역입니다.

제1부

고대
공생의 시대

소크라테스에 대한 신탁과 그가 들었다는 다이몬의 목소리, 플라톤의 우주 창조자 데미우르고스 등을 보통은 신화와 철학의 중간 단계로 취급합니다. 철학으로 진행하는 과정에서 불가피한 단계로 여깁니다. 하지만, 이런 입장은 철학 위주의 서술입니다. 신화나 종교가 아니라 그전부터 있던 신비주의와의 공존으로 보아야 합니다. 아리스토텔레스는 신비주의를 제거하려 애를 썼기에, 후대 신비주의에서 인기를 얻지 못했지만, 플라톤은 매우 인기가 많았습니다. 철학뿐만 아니라 신비주의에도 지대한 영향을 미칩니다.

1
탈레스

탈레스(기원전 624~546)가 철학사 처음에 등장하는 이유는 아마도 아리스토텔레스가 그를 초기 철학자 즉 자연철학 학파의 설립자라 칭했기 때문으로 보입니다. 그는 탈레스가 물을 만물의 근원이나 원리로 보았다고 하면서, 아마도 모든 영양분은 촉촉하고 불은 수분에서 만들어지고 수분으로 지탱하는 사실에서 착안했을 거라 합니다. 또한 씨앗은 모두 수분을 함유하고 물은 촉촉한 사물의 원천이라는 이유를 댑니다. 여기에서 불이 물에서 나온다는 관찰은 아마도 올리브유로 불을 피웠기 때문이 아닐까, 합니다. 그런데 이런 이유에서 꼭 물이라는 결론을 내려야 하는지는 선뜻 이해하기 어렵습니다. 당연히 다른 철학자들은 다른 요소를 들고나옵니다. 탈레스가 물을 거론한 이유는 그가 동방의 영향을 받은 결과라고도 합니다. 바빌로니아 지역의 길가메시 서사시에 보면 마르두크가 원초의 물 위에 뗏목을 만들었고, 그 뗏목 위에 갈대 오두막을 지었는데 그것이 지구라고 합니다. 즉 지구는 물 위에, 떠 있다는 겁니다. 이 이야기는 탈레스의 이야기와 비슷합니다. 그도 지구가 물 위에, 떠 있다고 했기 때문입니다.

아리스토텔레스는 지구가 물 위에, 떠 있다는 이야기가 가장 오래되었는데 탈레스가 그런 말을 했다고 하면서, 어떻게 무거운 흙이 흙보다 가벼운 물에 가라앉지 않고 떠 있을 수 있는가라고 비판합니다. 흙 조각이라면 무거울수록 더 빠르게 바닥으로 가라앉겠지요. 그는 탈레스의 물을 만물이 물에서 시작하여 물로 돌아간다고 해석하면서, 탈레스가 물을 근원으로 꼽은 이유를 신화 영향이 아닐까 해석합니다. 즉 지금부터 아주 오래전에 살았던(아리스토텔레스가 탈레스를 아주 오래전에 살았다고 하니 조금 이상하군요) 고대인이 신화를 고안했는데, 신화에서 신들이 물을 두고 맹세하기에 물이 등장하지 않았겠냐고 합니다. 그 이유는 오래될수록 영예롭기에 가장 영예로운 물로 맹세하였기 때문이라고 합니다. 자연에 대한 이런 의견이 원초적이고 오래되었는지는 확실하지는 않지만, 어쨌든 탈레스는 물을 제일 원인으로 선언했다고 그는 말합니다.

아리스토텔레스의 탈레스 평가나 비판에는 시대착오의 성격이 있습니다. 앞의 제일 원인만 해도 그렇습니다. 제일 원인이란 개념은 300년 정도가 흐른 후 아리스토텔레스 시기에 확립되었기 때문입니다. 후대의 눈으로 평가하면 실상을 왜곡할 가능성이 커집니다. 물을 근원이나 원리로 해석하면, 같은 위험에 빠질 수 있습니다. 겉모습은 변해도 변하지 않는 무엇인가 즉 실체라든가 기체가 있다는 해석도 역시 후대에 확립되었기 때문입니다. 오히려 바빌로니아라든가 신화가 등장하는 쪽이 더 자연스러워 보입니다.

탈레스를 신화가 아닌 자연의 요소로 자연을 설명하려는

첫 번째 철학자로 말하고 있지만, 그의 혼에 관한 이야기를 듣는 다면, 고개를 갸우뚱하게 됩니다.

왜냐하면 탈레스는 만물은 신으로 가득하다 말했다고 하기 때문입니다. 만물이 신으로 가득하다면, 이성의 역할은 무엇일까요? 하지만 여기서 말하는 혼은 육체와 분리된 혼이 아닙니다. 육과 혼의 분리는 플라톤에 와서야 완성되기 때문입니다. 혼은 아리스토텔레스가 말하는 대로 알기, 감각, 욕구하기, 바라기 등이 속합니다. 게다가 동물의 운동, 성장, 쇠퇴도 혼이 만듭니다. 한마디로, 움직이게 하는 힘 모두를 말합니다. 그러니 사람은 물론 동물, 식물 모두에 혼이 있습니다. 이 점은 아리스토텔레스도 알고 있습니다. 그는 탈레스가 자석도 혼을 갖고 있다, 왜냐하면 철을 움직이게 하니까,라고 하면서, 혼을 움직이게 하는 힘으로 여기기 때문입니다. 이렇게 되면, 세상 만물이 돌까지 포함하여 혼이 있다고 할 수 있겠지요.

이성과 논증을 사용해야 철학이라 할 수 있는데, 탈레스의 경우에는 별로 그런 흔적을 찾을 수 없습니다. 보통은 신화와 철학의 중간 단계로 볼 수 있다 하는데, 저는 오히려 신화 쪽에 가깝다고 여깁니다. 물론 그의 저술이 전혀 남아 있지 않고 그에 관한 자료도 부실하기에 그의 논증을 제대로 볼 수 없어서 단정할 수는 없습니다. 그럼 같은 밀레토스 지방 출신으로 탈레스의 제자이며 후계자로 알려진 아낙시만드로스는 어떨까요? 다행히 그가 지었다고 하는 『자연에 관하여』라는 책이 전해지고 있습니다.

2
아낙시만드로스

 탈레스와 달리 아낙시만드로스(기원전 610~546)는 아페이론을 만물의 근원으로 내세웠습니다. 아페이론은 한계가 없다, 무한하다, 규정이 없다 등의 뜻이라고 합니다. 저는 경계가 없다는 표현이 더 마음에 듭니다. 돌이나 나무는 구체적인 형태 즉 경계가 있으나, 아페이론은 이와 달리 경계를 갖지 않는다는 의미입니다. 그러면 아페이론의 특징은 무엇인가? 이에 대해 아낙시만드로스가 밝힌 바는 없다고 합니다. 침묵했다는 겁니다. 따라서 아주 많은 해석이 나올 수밖에 없었고, 지금까지도 물론 일치된 해석은 없습니다. 저는 소박하게 형태가 있는 사물이, 형태가 있는 사물에서 나온다면, 이상하지 않은가에서 출발합니다. 즉 소나무나 책상은 경계가 분명하지 않습니까. 그런데 책상이 소나무에서 나온다고 하면, 소나무는 어디에서 나올까요? 소나무뿐만 아니라 물고기나 사람은 어디에서 나올까요? 이렇게 묻는다면, 형태가 고정되지 않을수록 유리한 답이 되겠지요. 그래야 모든 사물에 적용되지 않겠습니까. 자연에서 그 대상을 찾는다면, 물, 흙, 공기, 바람, 불 등이 되지 않을까요. 이 중에서 가장 경계가 희미한 대상이라면 공기가 아닐까, 합니다. 아낙시만드로스는 이런 대상들을 넘어 아예 경계가 없는 대상을 설정하지 않았나 합니다. 어떤 학자는 아페이론을 너머의 대상으로 해석합니다. 즉 시공간에 대한 우리 경험을 넘어 있어야만 한다고 하는데, 그 이유는 아페이론은 그것이 감싸고 있는 코스모스 밖에 한계 없이 뻗어 있기 때문이라고 합니다. 이렇게 해석하는 이유는, 아낙시만드로스의 우주론이 감싸기와 껍데기 깨기로 되어 있기 때문입니다. 즉 영원한 것에서 차가움과 뜨거움을 만들 수 있는 무언가가 우주 생성 초기에 분리되었고, 불의 구가 나무를 에워싼 껍질처럼 지구를 둘러싼 공기를 자라게 하는데, 불의 구가 쪼개져 원형 모양으로 마감되면, 태양, 달, 별이 만들어진다고 말하며, 동물 역시 습기에서 태어나 가시가 있는 껍질에 에워싸였다가 시간이 지나면 더 건조한 곳에 나오게 되고, 껍데기를 완전히 깬 후에는 짧은 시간 동안 서로 다른 삶을 산다고 합니다. 해, 달, 별뿐만 아니라 동물도 감싸기와 껍데기 깨기의 산물인 겁니다. 인간도 예외가 아닙니다. 그는 사람도 태초에 다른 생물 즉 물고기와 아주 비슷했다고 하였으니까요. 여기에서 주목할 점은 그는 우주 창조부터 동물, 사람에 이르기까지 모든 과정을 하나의 원리로 설명한다는 겁니다. 큰 그림이지요.

그런데 그가 만든 큰 그림은 코스모스에 해당합니다. 그리고 코스모스는 조화로운 세계인데, 그가 그린 세계에 그런 면이 있을까요? 심플리키오스는 그가 아페이론에서 세계가 생겼으며 세계 안에 순서가 생겼다고 말했다고 합니다. 여기에서 순서는 질서나 법칙을 말한다고 합니다. 이런 법칙은 대립자의 상호작용으로 작동하는데, 아페이론에서 대립자들의 작용으로 생성과 소멸을 반복한다는 겁니다. 대립자의 예는 불과 습기입니다. 즉 불이 습기를 이기기도 하고 습기가 불을 이기기도 하는데, 모두 옳음과 응분에 따라 일어납니다. 그 이유는, 그렇지 않으면 시간의 명에 따라 불의에 대한 벌과 보복이 서로에게 가해지기 때문입니다.

아리스토텔레스는 아페이론에 대해 신의 속성이라고 합니다. 즉 그것은 죽지도 파괴되지도 않는다고 합니다. 그렇다면 그런 신의 속성인 아페이론에서 비롯된 세계는 신적이라고 말할 수 있지 않을까요. 게다가 대립자들의 작동 원리로 옳음, 응분, 불의, 벌, 보복 등 윤리적 개념이 쓰인다는 사실은 근대 과학과는 거리가 멀어 보입니다. 물론 대립자들의 작동 원리로, 계절의 변화로 알 수 있는 자연의 지속성과 안정성을 확보할 수 있기에, 인간의 상념과는 관계없는 자연 자체의 원리로만 자연을 설명했다 말할 수 있습니다. 하지만 여전히 앞서 본 바와 같이 신의 개념 속에 있으며, 자연법칙이라고는 하지만 사변적이기 때문에, 물론 근대 과학과는 전혀 다릅니다. 그는 우주는 태양-달-별-지구 순 놓여 있다고 여겼는데, 이 순서는 페르시아 종교의 영향으로 보이기 때문입니다. 관찰과 실험은 찾아보기 힘듭니다.

3
아낙시메네스

아낙시메네스(기원전 585~528경)는 아낙시만드로스와 동년배였다 하는데, 그래서인지 사고가 비슷해 보입니다. 즉 아페이론이 아니라 공기가 만물의 근원이라 말했습니다. 그런데 더 나아간 점이 있습니다. 공기가 만물의 근원이자 만물의 구성 요소라고 말했습니다. 즉 아낙시만드로스에게 아페이론은 만물의 근원이긴 하지만 구성 요소는 아니었습니다. 만물은 아페이론에서 분리되어 대립자들의 상호 작용으로 생겨납니다. 그런데 문제는 어떻게 혹은 왜 아페이론에서 대립자들이 분리하는가 혹은 분리되는가입니다. 여기에 관한 설명은 없습니다. 아낙시메네스는 이점을 해결하려 합니다. 그는 공기의 압축 상태 즉 짙음과 엷음으로, 설명합니다. 즉 공기가 엷어지면 불이 되지만, 짙어지면 바람이 되고, 더 짙어지면 구름, 다음은 차례로 물, 흙, 돌이 되고, 이로부터 모든 사물이 생긴다고 합니다. 이렇게 되면, 대립자들의 상호 작용에서 볼 수 있는 옳음, 응분, 불의와 같은 인간 상념은 없어도 됩니다. 질적이 아니라 양적으로 변화를 설명할 수 있으니까요.

그런데 주목할 만한 점은 공기에서 만물이 생겨날 뿐 아니라 신도 공기에서 만들어진다고 주장한 바입니다. 즉 신들이 공기를 만든 게 아니라 공기에서 신이 나왔다는 겁니다. 무슨 말일까요? 신도 만물 중 하나라는 뜻일까요? 아낙시만드로스가 아페이론을 신의 속성으로 여긴 점과는 분명 차이가 있습니다. 그리고 공기가 만물의 근원이라 할 때, 불이나 물로 변해도 공기는 변하지 않는 무엇으로 여전히 있을까요? 플라톤은 아니라고 합니다. 그는 『티마이오스』에서 그 무엇인가를 〈이것〉, 〈저것〉이라 하지 말고, 〈이런 종류〉, 〈완전히 이와 같은 것〉이라 불러야 한다고 말합니다. 즉 실체가 아니라는 겁니다. 그리고 그는 공기가 엷어지면 불이 된다는 의미를 〈점화되면, 공기는 불이 된다〉로 해석합니다. 메탄가스 같은 공기에 불을 붙이면, 공기가 불이 된다는 의미일까요.

아낙시메네스 해석 가운데 하나는 숨과 공기의 유비를 통해 그가 물활론 즉 소우주와 대우주의 유비를 통해 만물이 살아 있다고 주장한다는 겁니다. 즉 아에티오스는 공기인 혼이 우리를 통제하는 것처럼, 바람과 공기는 세계 전체를 에워싼다고 아낙시메네스가 말했다고 전합니다. 하지만 다른 학자들은 이 해석은 잘못되었고, 바람pneuma은 이 당시에는 없었던 단어라고 합니다. 그리스 원문의 훼손 가능성이 매우 큰 데다 이런 문체는 이오니아식이 아니라고 합니다. 이오니아 문체는 간결하고 경제적인데, 그렇지 않다는 겁니다. 따라서 아에티오스가 전하는 그의 글은 유비가 아니라 단순한 나열이라고 합니다. 즉 〈예를 들면, 우리의 혼은 혼이 통제하고, 공기는 세계 모두를 에워싼다〉가 됩니다. 물활론 주장은 좀 더 신중할 필요가 있어 보입니다.

4
크세노파네스

67년 동안 떠돌이 시인으로 생계를 유지했다는 크세노파네스는 기원전 570~560년 사이에 태어났다고 추정합니다. 자신이 시인이었지만 그는 호메로스와 헤시오도스를 비난했는데, 이유는 그들이 신을 경건하게 묘사하지 않고 비난받을 만하고 좋지 않은 일들 즉 간통, 도둑질, 사기 등을 행하는 존재로 그렸기 때문이었습니다. 즉 고귀한 성질만 신에게 부여해야만 하는데, 시인들은 그 반대로 한다는 겁니다. 그는 인간의 모습으로 신을 그리고 있다고 비난하면서, 말이나 소가 신을 그릴 수 있다면, 말은 말의 모습으로 소는 소의 모습으로 신을 그릴 거라 합니다. 그는 신이 인간과는 전혀 다른 존재이기에 인간의 모습을 투영하면 안 된다고 합니다. 즉 신은 인간을 초월하는 존재라는 겁니다. 따라서 인간과 같은 육체를 갖지도 않고 인간처럼 이동하지도 않습니다. 오로지 생각만으로 모두 흔들 수 있다는 겁니다. 아마도 인간과 유사한 면이 있다면, 생각이겠지요. 이런 그의 생각은 같은 이오니아학파에 속한다는 앞의 철학자들과 매우 다릅니다. 신은 만물 안에 있다, 아페이론은 신적이다, 공기에서 신이 나온다 등과는 차원이 다른 주장을 하기 때문입니다. 즉 신은 자연에 속하지 않으며, 자연을 초월하는 존재라는 겁니다. 그렇다면 이런 신은 유일신인가? 하는 질문에 답하기는 쉽지 않아 보입니다. 그는 신들과 인간들에서 가장 위대한, 하나의 신이라고 말하는데, 이때 하나의 신이 유일신인지 알기 어렵기 때문입니다.

그의 신에 대한 개념도 특이해 보이지만, 지식에 대한 조심스러운 태도는 조금 더 눈길을 끕니다. 그는 아무도 분명한 진리를 본 적이 없고, 신에 관해 그리고 자신이 말하는 모두에 관해 누구도 알지 못한다고 말하기 때문입니다. 즉 신에 대해 모를 뿐만 아니라 자기 자신이 말하는 바도 모르리라 여깁니다. 단편적이어서 오해 소지도 있으나, 바로 이어서 그는 우연히 진리를 기술한다 해도, 자신을 알지 못한다고 말하기에 의미는 분명해 보입니다. 즉 그런 기술은 진리가 아니라 개인 의견일 뿐이니까요. 그리고 조금은 비꼬듯이, 이런 것들을 진실처럼 믿도록 하라고 합니다. 어쩌겠냐는 분위기로 보입니다. 어차피 우리는 지식에 다가갈 수 없고, 우연히 갖는다고 해도 알지 못하는 상황이니까요. 이런 태도로 그는 후에 회의론의 선구자가 됩니다.

하지만 회의론이 전부는 아닙니다. 그는 신들은 처음부터 인간에게 모두 알려 주지는 않는다면서, 시간이 지나면서 찾으면 더 나은 걸 우연히 마주하게 된다고 합니다. 희망이 있다고 하지만, 과연 지식이 될 수 있는지는 명확해 보이지 않습니다. 그는 나름 방법을 보입니다. 즉 증거를 예로 듭니다. 조가비가 산에 발견되고, 채석장에서는 물고기와 해초 자국이 발견되었다면, 옛날에 육지가 바다에 잠겼다고 추론할 수 있다는 겁니다.

즉 화석이 증거입니다. 이런 식으로 찾으면 지식을 마주할지도 모르겠습니다. 그런데 우연히 마주해도 지식인 줄 알지 못하지 않을까요? 그런데도 그가 아마도 처음으로 지식에 대해 자기반성을 했다는 점은 높이 평가받고 있습니다. 철학의 특징 가운데 하나는 아마도 자기반성 아니면 자기비판일 겁니다. 자신의 주장을 자기 자신에게도 적용하는 마음가짐입니다. 인간이 지식을 얻을 수 없다면, 자신의 주장도 거기에 해당하겠지요. 이 점을 인정하고 고뇌하는 자세가 이데올로기 주장과 다릅니다.

이제 자연에 관한 그의 주장을 보겠습니다. 앞의 철학자들과 다르지 않게 신화가 아니라 자연으로 자연 현상을 설명하려 합니다. 무지개를 무지개의 여신으로 보지 않고 여러 색으로 된 구름으로 보는 식입니다. 그리고 흙에서 만물이 시작한다고 보고, 흙과 물의 혼합으로 만들어지고 자란다고 봅니다. 아마도 흙이 물이 되고, 물이 바람과 구름이 된다는 의미가 아닐까, 합니다.

5
헤라클레이토스

모든 사물은 변한다고 주장했다는 헤라클레이토스가 실제로는 그런 주장을 한 적이 없다고 합니다. 플라톤이 오해했다는 겁니다. 그는 오히려 변화 뒤에는 로고스가 있다고 주장했습니다. 오르막길과 내리막길을 예로 들었습니다. 즉 오르막길과 내리막길은 하나이고 같다는 겁니다. 이해할 수 있습니다. 하나의 길도 보는 관점에 따라 오르막길이 되기도 하고 내리막길이 되기도 하니까요. 피로 더럽게 되었을 때, 피로 정화하려는 시도는 진흙으로 더러워진 몸을 진흙으로 씻으려고 하는 바와 같이 상식으로 보면 어리석어 보이지만 이런 행위가 종교적 의식이라면, 이야기는 달라지겠지요. 종교에서 보면 전혀 이상하지도 어리석지도 않을 겁니다. 같은 행위라도 보는 관점과 문맥에 의해 그 의미가 정해지니까요. 여기까지는 따라갈 수 있으나, 낮과 밤이 하나이고, 삶과 죽음, 깨어 있음과 잠듦, 젊음과 늙음이 같은데, 그 이유는 이것이 저것으로 변하면, 다시 저것이 이것으로 변하기 때문이라는 주장은 따라가기 쉽지 않습니다. 젊음과 늙음이 아무리 관점이나 문맥에 따라 달라질 수 있어도, 같지는 않아 보입니다. 바닷물이 물고기에게는 이롭지만, 사람에게는 해롭다는 주장은 관점의 차이가 아닙니다. 삶이 죽음으로 변하고 다시 죽음이 삶으로 변하려면, 단순히 문맥이나 관점의 전환이 아닌, 다른 무엇인가가 필요하겠지요.

헤라클레이토스는 로고스를 들고 나옵니다. 그는 지혜는 하나이다, 즉 로고스는 모두를 통해 모두를 움직이는 의지라고 합니다. 즉 로고스가 모든 사물을 조정한다는 겁니다. 따라서 자신이 아니라 말씀에 귀 기울이라 합니다. 그렇게 하면 모두가 하나라는 사실을 알게 된다는 겁니다. 그는 로고스를 지혜, 말씀 등으로 사용하고 있습니다. 로고스만이 세계를 움직이는데 그것은 하나라고 합니다. 그런데 왜 사람들은 이를 알지 못할까요? 그에 따르면 로고스는 영원히 있지만, 사람들이 이해하지 못합니다. 듣기 전에도 몰랐고 듣고 난 후에도 모릅니다. 모두가 로고스에서 생기지만, 사람들은 잠든 상태처럼 알지 못하다고 합니다. 하지만 어떻게 해야 알 수 있을까요? 그는 공통을 추구해야만 한다고 말합니다. 사람들은 자신의 세계에만 속하는 듯이 살고 있기에 공통 차원을 잊고 있다는 겁니다. 그는 로고스를 도시의 법에 비유합니다. 즉 도시가 법을 강화함으로써 번성하듯이, 우리는 모두의 상식을 강화해야만 한다는 겁니다. 왜냐하면 인간 법은 모두 하나의 신의 법으로 양육되기 때문입니다. 그는 로고스가 흔하게 접할 수 있으며 개인이 아닌 사회에 해당한다고 봅니다. 따라서 로고스의 강화가 사회에 큰 도움을 줍니다. 그가 로고스를 발견하는 방법으로 암시한 언어, 역시 사회의 산물입니다. 언어는 개인 차원이 아닌 공통 차원이며 흔합니다. 그가 말하는 조건에 어느 정도 부합합니다. 그는 활의 이름은 삶이지만, 그 기능은 죽음이라고 말합니다. 동음이의어 놀이로, 그리스어 bios는 활, 생명 두 가지 뜻을 갖는데, bios가 이름은 활인데 기능은 사람을 죽이는 역할이라고 하면서, 삶과 죽음이 하나일 수 있다고 넌지시 알려 주는 느낌입니다. 하지만 로고스를 갖는 사람은 매우 적겠지요. 많다면 들어도 모른다고 하겠습니까. 그도 깨어 있는 사람이 되기가 어려운 줄 아는지 금을 찾는 사람은 땅을 많이 파나 얻는 것은 별로 없다고 말합니다.

여기에서 금에 주목해 봅시다. 그는 모두는 불과 교환되고, 불은 모두와 교환된다고 하면서, 물건이 금과 교환되고, 금은 물건과 교환되는 이치와 같다고 합니다. 그에게 불은 모두의 시작입니다. 즉 불이 죽으면 공기가 생겨나고, 공기가 죽으면 물이 생겨나 모두가 생성되기 때문입니다. 즉 불은 먼저 바다로 변하고, 바다의 반은 흙으로 나머지 반은 뇌우로 변하는데, 흙은 바다로 액화되며, 그 양은 흙이 되기 전의 양과 같은 비율이라고 합니다. 즉 흙이 바다로 변하는 양과 바다가 흙으로 변하는 양이 같다고 측정합니다. 여기에서 유의할 점은 모든 변화에서 변하지 않는 무엇인가 있다는 추론은 적절하지 않다는 겁니다. 즉 그에게는 변하지 않는 무엇은 없습니다. 모든 변화가 일어나는 바는 로고스 때문이지 자연 속에 있는 요소 때문은 아닙니다. 하지만 그렇게 말하기에는 불의 역할이 커 보입니다. 자연 세계 생성 시작이 불이고, 질서 잡힌 이 세계는 신이나 인간이 만든 게 아니라 과거에도 있었고 지금도 있고 미래에도 있을 것인데, 영원한 불은 알맞게 타고 알맞게 꺼진다고 말하기 때문입니다. 여기에서 불은 로고스로 보입니다. 영원하며 적당히 타고 꺼지는 비율이나 기준을 말하기 때문입니다. 그냥 불이 아니라 영원한 불이며 모두를 조절하기 때문이지요. 교환에서 금은 기준이 됩니다. 쌀과 나무를 교환할 때 금을 기준으로 한다는 의미입니다. 쌀과 금을 바꾼다는 의미는 아니니까요. 마찬가지로 불이 변화의 기준이 된다는 의미로 보입니다.

같은 강물에 두 번 들어갈 수 없다는 주장을 헤라클레이토스 방식으로 해석하면, 다음과 같지 않을까요. 앞 물결이 죽어야 뒤 물결이 생겨나고, 어떤 비율이나 크기로 죽고 살아야 하는지는 로고스의 역할인데, 만약 앞 물결보다 뒤 물결이 지나치게 크거나 작다면, 이제는 강이 아닐 겁니다. 홍수를 생각해 보면 되겠습니다. 강이 범람하여 평야를 물바다로 만들어 버린다면, 강이라 하지 않겠지요. 강이 되려면, 로고스에 의해 모든 변화가 조정되어야 합니다. 즉 아무리 변화가 순간적이고 예측하기 어렵더라도 로고스가 작동하는 한, 같은 강을 유지할 수 있겠지요. 그에게 변화는 로고스의 영역입니다. 아니 변화뿐만 아니라 모두가 로고스에 속하겠지요.

그에 관한 단편 가운데 알렉산드리아의 클레멘스의 글이 있습니다. 헤라클레이토스는 누구에게 예언하는가라고 묻고는, 밤에 돌아다니는 사람, 조로아스터교 사제, 바쿠스 신의 사제, 다오니소스 신도들, 비교 입문자들이라고 답하면서, 이들을 죽음 이후의 일로 겁을 주는데, 그 이유는 이들이 전통적으로 행하는 비교 의식이 불경하기 때문이라고 말합니다. 어떤 학자는 이 글이 후에 삽입되었다고 합니다. 저는 그럴 가능성도 있다고 봅니다. 어쨌든 헤라클레이토스에게 비전주의 흔적이 있어 흥미롭습니다.

6
파르메니데스

파르메니데스는 어떤 종류의 변화든 변화를 거부합니다. 그리고 생성도 거부합니다. 생성을 거부하니 소멸도 거부합니다. 그리고, 존재하지 않는 무엇에 대해서는 생각하거나 말할 수 없다고 합니다. 그는 존재하는 무엇이 존재한다고 주장합니다. 이런 그의 낱낱의 주장은 단편적인 조각이 아니라, 논증을 통해 획기적인 주장이 됩니다. 우선, 생각하는 순간에는, 생각하는 사람과 생각의 대상 사이에 관계가 성립한다고 합니다. 즉, 생각은 생각하는 사람과 생각의 대상이 있어야 한다는 겁니다. 따라서, 어떤 무엇을 생각하려면, 그 어떤 무엇이 존재해야 합니다. 즉, 없는 무엇을 생각할 수 없다는 뜻이겠지요. 예를 들어, 14와 19 사이에, 17을 제외하고는 소수가 없으므로, 이런 조건에서 소수를 생각하라고 하면, 생각할 수가 없습니다. 이유는, 없기 때문입니다. 즉, 무를 생각할 수 없습니다.

이런 두 가지 전제로 시작하여, 그는 후천적인 지식을 공격합니다. 즉, 경험으로 지식을 얻을 수 없다는 결론을 끌어내려 합니다. (1) 후천적인 지식이 있다면, 우리는 복수와 변화를 알 수 있다. (2) 우리는 복수와 변화를 알 수 없다. (3) 따라서, 우리에게 후천적인 지식은 없다, 라고 논증합니다. 우선, (1)을 보겠습니다. 우리가 파란색을 지각하면, 빨강이나 검은색도 있다는 의미이기에, 단수가 아닌 복수가 존재하겠지요. 또한, 무슨 색인지 모르지만, 어떤 색을 지각한다면, 그 색과 아닌 색으로 나눌 수 있기에, 즉 시야의 반을 나누어 지각할 수 있기에, 복수를 지각할 수 있겠지요. 그리고, 나뭇잎이 떨어지는 바를 지각한다면, 잎의 위치가 바뀌었다는 바를 지각하기에, 변화를 알 수 있습니다. 그런데, (2)는 놀랍습니다. 우리가 복수와 변화를 알 수 없다고 하니까요. 그의 이 주장은, 어떤 무엇을 생각하려면, 그 어떤 무엇이 존재해야 한다는 전제에서 나옵니다. 그는 변화에는 두 가지가 있다고 합니다. 하나는 생성이고, 다른 하나는 단순한 변경입니다. 인간의 탄생과 같이, 생성 전에는 없었던 무엇이 존재하게 되는 바가 생성이고, 소년의 이발은 단순한 변경에 속합니다. 변화가 없다고 하는 그의 논증은 다음입니다.

1. 무를 생각할 수 없다.
2. 무를 생각할 수 있어야만, 생성을 생각할 수 있다.
3. 따라서, 생성을 생각할 수 없다.
4. 생성을 생각할 수 있어야만, 변경을 생각할 수 있다.
5. 생성은 생각할 수 없다.
6. 따라서, 변경을 생각할 수 없다.
7. 모든 변화는 생성 아니면 변경이다.
8. 변화를 알 수 있다면, 적어도 생성과 변경을 알 수 있어야 한다.

9. 따라서, 발생과 변경을 알 수 없기에, 변화를 알 수 없다.

그는 우리가 감각이나 상식으로 아는 모든 지식을 거부하고, 즉, 경험으로 얻는 지식을 모두 거부하고, 오직 이성으로만 얻는 지식, 즉 선험적 지식만을 얻을 수 있다고 주장합니다. 우리의 지식은 모두 선험적이라고 합니다.

1962년 이탈리아 벨리아에서 그의 흉상이 발견되었습니다. 아폴론 교단과 관련이 있는 의술인 가운데 한 명이었습니다. 이로 보아, 그가 의술인이었고, 아폴론 교단과 관련이 있다고 할 수 있습니다. 그리고, 그가 남긴 『진리의 길』로 보아서도 순수한 철학자로 보기는 어렵다고 합니다. 즉, 이성을 중심으로 놓고 그를 해석해서는 곤란하다는 시각도 존재합니다. 하지만, 그렇다 해도, 그의 변화 거부 논증은 가치를 잃지 않습니다.

7
엠페도클레스

프랑스 스트라스부르 도서관에서 1990년대 초 엠페도클레스 저작 『자연에 관하여』 파피루스를 발견하였습니다. 『자연에 관하여』와 「정화의례」가 그의 대표작인데, 두 작품의 관계에 대해 이견이 있었습니다. 즉 하나의 작품이냐? 별개이냐의 문제입니다. 왜냐하면 두 작품의 성격이 다르기 때문입니다. 『자연에 관하여』가 우주론과 발생학 등 자연철학을 다루고 있다면, 「정화의례」는 제목이 암시하듯 종교적 내용이기에, 논쟁이 있었습니다. 새로 발견된 파피루스를 보면, 「정화의례」가 『자연에 관하여』의 한 장입니다. 하지만, 이것으로 논쟁이 종료되지는 않았습니다. 왜냐하면, 『자연에 관하여』는 한 사람을 상대로 비전을 전수하는 분위기이지만, 「정화의례」는 공개적인 성격을 띠었기 때문입니다. 즉 「정화의례」가 비전 분위기인데, 그 반대로 나타난 겁니다. 엠페도클레스는 종교와 자연철학을 거의 구별하지 않았다고 해야 하지 않을까요? 즉 지금의 종교를 그 옛날에 적용하는 시도는 적절하지 않다고 할 수 있습니다.

그는 네 가지 뿌리 즉 흙, 불, 물, 공기와, 두 가지 작동 원리 즉 사랑과 불화를 가지고, 머리가 나쁜 이유부터 우주 생성과 종교적 삶까지 전부 설명하려 합니다. 다시 말해서, 세상 모두를 설명할 수 있다는 겁니다. 우선 네 가지 뿌리를 고른 이유를 알지 못합니다. 그 전에 불이나 공기 등이 거론되었던 영향이라는 말도 있으나 유력한 학설은 없어 보입니다. 어쨌든 그는 네 가지 뿌리가 세상의 근본 요소라고 합니다. 즉 이 네 뿌리에서 과거뿐 아니라 현재와 미래의 모든 사물이 생겨난다고 합니다. 즉 나무, 인간, 동물, 새, 물고기 심지어 신도 여기에서 생겨납니다. 왜냐하면 네 뿌리만 실재이고, 이 실재들이 서로를 꿰뚫고 흐를 때 서로가 섞여서 다양한 모습을 띠기 때문이라고 합니다. 그는 이런 과정을 물감을 섞어서 다양한 색을 만들어 내는 작업에 비유합니다. 그런데 당시 그리스에서는 물감을 섞지 않았다고 합니다. 그렇다면 이런 비유는 독특합니다.

    이 네 뿌리가 서로 다른 비율로 섞여 다양한 사물을 만든다고 한다면, 그런 작업의 원리인 사랑과 불화는 이 네 뿌리와 어떤 관계일까요? 그는 사랑과 불화도 네 뿌리와 마찬가지로 생성되지 않고, 변하지 않으며 소멸되지도 않는다고 합니다. 즉 여섯 가지는 평등한 관계입니다. 단지 역할이 다를 뿐입니다. 사랑은 뿌리들을 모으고 균형과 조화를 이루도록 하지만, 불화는 뿌리들을 흩어지게 해 만물을 만들게 합니다. 서로 대립하는 성격을 갖고 있어, 이들이 우주 만물을 만들고 흩어지게 하고, 다시 모이고 흩어지고를 반복한다고 합니다. 이렇게 생각하면, 세상 사람들이 말하는 탄생과 죽음은 관습에 지나지 않을 뿐입니다. 왜냐하면 사람의 삶과 죽음은 겉보기일 뿐 원래 뿌리들로 돌아갈 뿐이기에, 그는 자신이 소년, 소녀, 덤불, 새, 물고기였다고 말함니다. 즉 겉모습은 계속 바뀌었지만, 네 뿌리는 변하지 않았다고 합니다. 네 뿌리는 변하지 않고 없어지지 않는 유일한 실재입니다. 그리고 사랑과 불화도 동등한 위치에 있습니다.

사랑과 불화는 눈에 보이지 않지만, 그 위치를 엠페도클레스는 말합니다. 사랑은 네 뿌리 안에 있지만, 불화는 저만치 떨어져 있다고 합니다. 그는 사랑은 사람 몸 안에 태어날 때부터 있으며, 사랑 덕에 친절하고, 사랑을 기쁨이나 아프로디테로 부릅니다. 하지만 불화는 세상을 구로 치자면, 구의 주변에 얇은 층으로 있다고 합니다. 어째서 이런지는 이해하기 어렵습니다. 이렇게 있다가 사랑이 약해지면 주변에 있는 불화가 세를 얻어 만물이 만들어진다고 합니다. 네 뿌리와 두 원리가 빚어내는 만물은 기괴한 면이 있습니다. 처음부터 지금의 모습이 아니라고 합니다. 즉 목이 없는 얼굴, 어깨 없는 팔, 분리되어 떠도는 눈 등이 생겨나고, 신화에서 봄직한 인간 얼굴을 한 황소, 황소 얼굴을 한 인간 등이 나온다고 합니다. 이런 상태의 존재는 얼마 가지 않아 사라지고 지금의 모습을 한 생물이 등장한다고 하는데, 이를 근거로 자연선택이나 진화론을 말한다면, 시대에 어울리지 않겠지요.

네 뿌리와 두 원리가 동등하다면, 여기에서 나오는 만물은 질적으로 동등하다고 할 수 있을 겁니다. 즉 사람이 지각하고 생각한다면, 나무도 물고기도 그렇다고 해야 하지 않을까요. 왜냐하면 여섯 가지의 혼합은 화학적 결합이 아니라 병렬이기에, 정도의 차이가 있을 뿐 질적 도약이 아니기 때문입니다. 그는 만물에는 지성과 생각이 있다고 말합니다. 사물은 물질 구조에 토대를 두고 있는데, 신과 인간과 차이가 없습니다. 앞서 그는 신도 네 뿌리에서 생긴다고 했습니다. 생각이 여섯 가지의 배치에서 생긴다면, 바보는 이러한 요소들이 균등하게 섞이지 않은 결과라고 합니다. 즉 인간의 지혜는 지금의 상태에 달려 있는데, 인체 구조가 바뀌면, 지금의 생각은 언제나 바뀐다는 희망을 주기도 합니다. 그럼 어떻게 하면 인체 구조를 바꿀 수 있을까요? 콩과 월계수 잎을 피하라고 그가 권했다고 합니다.

만물이 같은 요소로 구성된다는 그의 주장은 믿기 어려운 결과를 낳기도 합니다. 그가 날씨를 움직이고, 죽은 자도 소생시킬 수 있다고 하기 때문입니다. 즉 쉬지 않고 부는 세찬 바람을 잘 살피라고 권하는데, 그렇게 하면, 산들바람으로 바꿀 수 있다고 합니다. 그리고, 죽은 자의 생명력을 하데스에서 끌어낼 수도 있다고 합니다. 그가 식물인간 상태의 여인을 소생시켰다는 이야기도 있습니다. 그는 인간의 마음을 구성하는 요소들이 그와 같은 요소로 구성된 외부를 조정할 수 있다고 주장합니다. 이런 관점에서 머리카락, 새의 깃털, 나뭇잎이 같은 부류에 속한다고 말합니다.

그는 또한 지각을 〈같은 것을 같은 것에게〉로 설명합니다. 그는 달콤함은 달콤함을 포착하고, 씀은 씀으로 몰려오고, 예리함은 예리함이 되며, 뜨거움은 뜨거움과 짝이 된다고 말합니다. 또 흙으로 흙을 지각하고, 물은 물로, 공기는 공기, 불은 불, 사랑은 사랑, 불화는 불화를 지각한다고 말합니다. 같은 것이 같은 것을, 지각하고 동화한다는 겁니다. 그리고 그 통로는 구멍으로, 사물에서 분비물이 나오면, 인간은 몸의 구멍을 통해 같은 것을 지각한다고 합니다. 그리고 심장이 가장 균형이 잘 잡혔기에 생각은 심장 주변에서 일어난다고도 했습니다.

엠페도클레스는 자신을 죄를 짓고 쫓겨난 추방자라고 합니다. 자신이 머물렀던 곳으로 돌아가고 싶어 하죠. 그에게 과거는 좋았지만, 미래는 사납습니다. 어떻게 하면 돌아갈 수 있을까요? 악을 멀리하라는 가르침은 있습니다. 그리고 속죄를 통해서 신과 같은 고귀한 존재가 되는 방법이 대안이라 생각이 들기는 합니다.

끝으로 그의 단편을 하나 보겠습니다. 퀴프리스가 비에 흙을 적신 후에, 바삐 여러 형태를 만들고 굳히려 재빨리 불에 넣었다는 단편이 있습니다. 도기 제작 장면으로 보이는데, 여기에서 퀴프리스는 아프로디테의 이름입니다. 따라서 사랑이 도기를 만드는 장면으로 보이는데, 흙, 물, 불, 공기가 등장합니다. 다른 재료는 없습니다. 혹시 이 장면이 네 뿌리를 암시하지 않을까요?

8
데모크리토스

레우키포스가 원자론의 창시자라고 하는데, 기록이 미비하여 보통 데모크리토스를 원자론의 대표로 꼽는다고 합니다. 데모크리토스는 관습으로 우리는 달다고, 쓰다고, 뜨겁다고, 차다고 또 색깔이 있다고 하지만, 실재는 원자와 허공뿐이라고 주장합니다. 즉 원자와 허공만이 실재인데, 관습으로 여러 속성과 재질이 있다고 말한다는 겁니다. 여기에서 허공은 빈 곳을 말하는데, 이 허공이 필요한 이유는 원자가 운동을 하는 데 공간이 필요하기 때문입니다. 그럼, 원자는 어떤 성질을 가질까요? 원자라는 글자가 말하듯이 더 이상 쪼개질 수 없습니다. 그런데 원자는 즉 속성이 아니라 개체입니다. 형태와 크기를 갖고 있습니다. 데모크리토스는 이 원자가 모여서 세계를 이루며, 원자의 이합집산이 세계의 기본 과정이라고 합니다. 즉 원자가 섞이거나 분리되는 게 아니라 원자들이 모이고 흩어지면서 변화가 생긴다고 합니다. 그리고 원자는 다른 대상이나 속성과 달리 눈에 보이지 않습니다. 즉 이론적 대상입니다.

그럼 좀 더 자세히 알아보겠습니다. 그는 어떠한 것도 우연이 아니라, 필연적으로 생긴다고 말합니다. 이 주장은 원자론에서 보면 이상합니다. 왜냐하면 그의 원자론이 말하는 세계는 목적이 없고, 기계적이고 또한 결정론에 따른다고 하기 때문입니다. 즉 원자들의 이합집산은 어떤 목적이 없지만 일단 모이게 되면 기계적으로 작동하기 때문에, 결정론에 속합니다. 그런데 그런 이합집산이 우연이 아니라 필연이라고 한다면, 어떤 의미일까요? 그가 우연이 아니라고 하는 바는, 실제로 원인 없이 사건이 일어난다는 의미가 아니라, 원자들의 이합집산의 원인을 우리는 모른다는 의미로 보입니다. 즉 우리가 모르지만 아마도 그럴만한 충분한 이유가 있다고 해석할 수 있습니다. 그리고 필연적으로 생긴다는 의미는 사건 앞에 언제나 원자들의 앞선 충돌과 운동이 있어야만 하고, 그런 충돌과 운동이 있다면 다음 사건이 일어나지 않을 수 없다는 의미로 보입니다. 즉 기계적인 결정론입니다.

그런데 원자들의 충돌과 운동은 그 의미에 좀 더 주의해야 합니다. 왜냐하면 원자들은 충돌로 하나가 될 수 없기에, 우리가 흔히 생각하는 당구공끼리의 충돌은 아니기 때문입니다. 원자들 사이에는 허공이 있기에 원자들은 허공을 사이에 두고 무언가를 주고받을 뿐이지, 접촉하지는 못합니다. 따라서 원자들의 융합은 없으며, 접촉이라 해도 아주 짧은 거리에서 자기장처럼 영향을 주는 정도이고 맞물림이라면 자기장과 유사한 정도로 보아야 한다고 합니다. 그는 원자들 사이의 힘을 세 가지로 나누었는데, 원자들 사이의 반발력, 같은 형태 원자들 사이의 인력, 다른 형태 원자들 사이의 인력이라고 합니다.

그는 감각이 제공하는 가짜 지식과 지성이 제공하는 진짜 지식을 구별합니다. 이런 구별을 보며 그가 감각 지식을 무시한다고 오해할 수 있으나, 그렇지 않습니다. 그는 진짜 지식이 감각 지식에서 시작한다는 점을 인정하고, 더 나아가 진짜 지식을 가짜 지식에 적용하기 때문입니다. 즉 감각 지식은 환상도 아니고 그림자도 아닙니다. 진짜 지식의 부분이라고 할 수 있지 않을까요. 그는 이를 다음과 같이 적용합니다. 즉 원자들은 원자들 표피의 막을 통해 끊임없이 우리 감각 기관에 영향을 주는데, 감각 기관과 원자들 사이에는 공기가 있어, 그 공기에 원자들의 정보가 새겨지고, 우리의 감각 기관은 그 정보를 받아들인다고 합니다. 여기에서 원자들이 공기에 정보를 제공하는 바는 믿을 만합니다. 문제는 가운데 있는 공기로 인해 정보 신뢰성이 보장되지 않는다는 겁니다. 따라서, 이로써 우리는 실재에서 제거됩니다. 우리는 이 사실을 알아야만 하는데, 실제로는 전혀 모른다고 합니다. 왜냐하면 진리는 깊이 있기 때문입니다. 따라서 그가 제시하는 원자는 경험이나 감각에서 나오지 않습니다. 즉 이론적 대상입니다. 그런 대상이 요구된다, 있지 않으면 안 된다는 주장입니다.

원자론만 보면, 그가 무신론에 가깝지 않을까 하는 생각이 들 수 있습니다. 왜냐하면 그의 세계는 목적이 없고 기계론에 속하기 때문입니다. 게다가 원자는 의심할 바 없이 물질이기 때문입니다. 하지만 그는 신을 살아 있는 에이돌라로 믿습니다. 즉 거대한 크기이고, 지성과 도덕성 그리고 인간사에 흥미가 있는 존재로 믿습니다. 그리고 이 신은 객관적 세계의 부분으로 인간 심리에 영향을 끼친다고 합니다.

마지막으로, 좋은 머리를 갖는 조건에 대해 말해 보겠습니다. 앞서 엠페도클레스는 네 뿌리가 균형을 이루면 머리가 좋아진다고 했는데, 데모크리토스는 에이돌라가 혼에 영향을 끼치면, 혼을 구성하는 원자들의 배열이 바뀌어서 새롭게 된다고 합니다. 교육, 생각, 지각 모두 물리적인 과정이기에 얼마든지 바뀔 수 있다는 겁니다. 요즘 유전자 배열이 그런 역할을 하고 있지 않나요.

9
소피스트

기원전 5세기 아테네에는 무엇이든 돈만 내면 가르쳐 주는 전문 교사가 있었습니다. 당시 아테네는 민주정이었기에 정치에서 출세하려거나 소송에서 재산을 지키려면 논쟁에서 이겨야 했습니다. 즉 성공을 위해서는 토론에서 승리해야 했는데, 옛날 전쟁에서 이기면 인정받는 시대와는 많이 달라졌습니다. 따라서 이런 수요에 부응해 교사들이 논쟁술을 가르쳤고 성공을 거두었습니다. 즉 돈을 많이 벌었습니다. 고르기아스 경우, 죽은 후에 황금 동상을 두 곳에 세울 정도였으니 성공 규모를 짐작할 수 있습니다. 하지만 부작용도 있었습니다. 누구나 마음대로 고소할 수 있었으니, 부자를 상대로 소송을 제기하고, 취하 대가로 돈을 받는 일이 자주 발생했습니다. 후에 스파르타가 아테네를 점령했을 때, 수사학을 금지하는 일도 있었습니다.

    소피스트라 해서 같은 주제를 다루지는 않았지만, 공통점을 찾는다면, 아무래도 언어에 관한 연구라고 할 수 있습니다. 즉 논쟁술을 갈고닦으려면 아무래도 언어를 연구하지 않을 수 없었겠지요. 그리고 철학사에서 소피스트를 주목하는 이유는 플라톤 저작에 주요 인물로 등장하기 때문입니다. 즉 우리가 소피스트에 대해 아는 많은 부분은 플라톤의 저작을 통해서입니다. 그런데 플라톤의 저작에 등장하는 소피스트는 악당 역할이거나 소크라테스를 돋보이게 하는 배경 역할입니다. 그리하여 소피스트의 궤변이라는 말도 생겨났을 겁니다. 하지만 19세기 이후에 소피스트 자체에 대한 평가는 바뀌었습니다. 즉 긍정의 모습을 찾기 시작했습니다.

프로타고라스는 인간이 만물의 척도라는 주장으로 유명합니다. 여기에서 인간은 개인을 말합니다. 즉 개인이 만물의 척도라고 합니다. 바람이 붑니다. 어떤 사람은 시원하다 하고, 어떤 사람은 따듯하다 합니다. 물론 환각이 아닙니다. 없는 바람을 두고 하는 말은 아니지요. 가령 바람의 열기가 16도 정도일 때, 개인이 느끼는 감각의 차이입니다. 이런 주장이 곧바로 상대주의가 되는지 여부는 잘 모르겠습니다. 왜냐하면 이 주장을 그가 윤리 영역까지 확장시키지 않았기 때문입니다. 상대주의라는 체계를 만들었다기보다는 그 씨앗 정도가 아닐까요. 게다가 그는 신에 대해 불가지론을 고수했습니다. 즉 신의 존재나 성격, 모습을 우리는 알 수 없다고 했습니다. 신에게 상대주의를 적용하지는 않았습니다.

그의 논증 방식은 한 주장에 대해 반드시 반대 주장을 만들어, 양쪽에서 다루어 시비를 가리는 방식입니다. 매우 효과가 좋으며, 플라톤 저작에 등장하는 소크라테스도 이 방식을 자주 사용합니다. 만약 두 주장 모두 폐기된다면, 또 다른 논증으로 시작하면 되겠지요. 그는 일반적인 오해를 해명한 적이 있습니다. 사람들이 논쟁술이라고 하면, 부자 편에 서서 어떻게든 이기게 하려는 좋지 않은 기술이라는 평에 대해, 그렇지 않다고 합니다. 즉 두 가지 논증이 있는데, 하나는 옳은 논증이지만 약합니다. 다른 하나는 좋지 않은 논증이지만 강합니다. 이 경우 논쟁술은 약한 논증을 도와 이기게 해서, 사회 발전에 도움을 준다고 합니다. 즉 아테네와 민주정 발전에 이바지한다는 겁니다. 요즘 변호사 이야기와 아주 흡사합니다.

고르기아스는 언어에 대해 재미있는 의견을 냈습니다. 즉 언어로 인간이 소통하지 못한다는 주장입니다. 그 이유는 인간이 인간에게 지식을 전달하려면, 언어를 통해야 하는데, 언어는 지시체가 아니라 의미만을 전달하기 때문이라고 합니다. 사과는 빨갛다고 말할 때, 이 문자에서 가리키는 사과는 듣는 사람에게 전달되지 않습니다. 영상 통화를 하면 조금 다르겠지만, 보통은 의미만 전달될 뿐 〈사과〉가 가리키는 사과는 전할 수 없습니다. 그런 의미에서 그는 인간이 언어로 소통한다는 데에 이의 제기를 했습니다. 누구나 당연하다 여기는 일상에 반기를 든 겁니다.

히피아스는 법과 자연을 대비했습니다. 여기에서 법은 인간이 만든 인위적인 제도나 관습을 말합니다. 그는 법보다 자연이 좋다고 하는데, 그 이유는 법은 자연과는 반대로 많은 일을 하게 강제하기 때문입니다. 그는 본래 인간은 서로 비슷하기에 서로를 친구나 친척으로 여겨야 한다고 말합니다. 즉 자연에서 〈같은 것은 같은 것에게로〉가 적용되듯이, 인간도 본래 비슷하므로 친구처럼 지내는 게 논리에 타당하다는 겁니다. 소피스트 평가에 빠지지 않은 점이 바로 그들이 철학의 관심사를 자연에서 인간 사회로 돌렸다는 사실입니다. 즉 전에는 자연철학이라 할 수 있는 우주발생론, 우주론, 신, 근본 요소 등에 관심이 쏠렸다면, 소피스트들이 그 관심사를 사회로 옮겨 철학의 모습을 바꾸었다고 합니다. 그런 모습을 처음으로 볼 수 있는 인물이 바로 소크라테스입니다.

10
소크라테스

기원전 399년 아테네는 소크라테스에게 사형을 선고합니다. 그의 죽음은 철학사에서 유명한데, 그 이유는 진리를 위해 스스로 죽음을 택했다는 데 있습니다. 살길이 있었지만, 진리를 위해 죽음조차 마다하지 않았다고 합니다. 이런 해석은 그의 제자들의 의견이 아니냐는 반론이 있습니다. 즉 뜻으로 본 그의 죽음이라는 입장입니다. 사실은 정치 사건이고, 소크라테스가 정치적 인물이었다는 입장이지요. 그 근거는 스파르타가 아테네를 함락하여 30인의 참주정을 시행한 데에서 시작합니다. 즉 이 기간 민주정을 부인하고 참주정을 지지 내지 배후 지원했다는 의심을 소크라테스가 받았습니다. 근거가 없는 이야기는 아닙니다. 참주정에 참여했던 30인에는 그의 제자나 그가 후원한 사람이 있었기 때문입니다. 물론 실제 제자는 아니었을지라도 가까운 사람은 맞아 보입니다. 그런데 참주정이 끝나고 다시 민주정이 회복되었습니다. 당연히 대대적인 적폐 청산이 있지 않았겠습니까. 소크라테스는 평소 민주정을 탐탁지 않게 여겨 왔던지라 더욱 의심 갈 수밖에 없었습니다. 그를 기소했던 세 명 모두 민주정 지지자였습니다.

그는 저작을 전혀 남기지 않았기에, 그에 대한 평가는 플라톤의 글이나 같은 시대에 살았던 크세노폰의 글 『소크라테스의 변명』에 주로 의존합니다. 소크라테스는 거리에서 만난 젊은이들에게 질문을 하고 그 질문을 바탕으로 계속 논변을 이어 가 결국에는 상대가 자신의 무지함을 인정하도록 했다고 합니다. 흔히 산파술이라는 논박법입니다. 훌륭한 방법이긴 하지만, 애매어의 오류를 이용하기도 합니다. 즉 그리스어 〈테라페이아〉는 우월한 자 즉 신을 섬김이란 뜻과 열등한 자 즉 가축을 보살핌이란 뜻이 있는데, 이를 섞어서 상대를 궁지로 모든 식입니다. 어쨌든 그는 이 논법으로 가장 현명한 자가 됩니다. 그런 그가 결국 하고픈 말은 덕은 선에 대한 지식이라는 겁니다.

여기에서 덕은 가장 훌륭하다는 뜻입니다. 그리고 지식은 전문 지식을 뜻하는데, 두 가지로 나누어 따집니다. 하나는 배 만들기, 건축과 같은 지식이고, 다른 하나는 아테네시 운영과 같은 지식입니다. 그는 배 만들기는 전문 지식이어서 배워야 하는 바와 같이, 아테네시 운영에 참여하는 바도 배워야 한다고 주장합니다. 하지만 보통은 배 만들기는 배워야 하지만, 정치 참여는 아니지 않나 생각합니다. 그는 둘 다 배워야 하는 지식이라고 하면서, 그런 지식을 어떻게 사용하느냐가 중요하다고 말합니다. 즉 배를 만드는 지식이 있다고 합시다. 지식이 있으면 곧바로 덕이 생기는 게 아니라 그 지식을 좋게 사용하느냐 나쁘게 사용하느냐를 아는 지식이 있어야 비로소 덕이 생긴다고 합니다. 아테네시를 운용하는 지식도 마찬가지입니다. 그런 지식을 소피스트에게 배울 수도 있습니다. 소피스트가 정치에 성공하는 기술도 가르치니까요. 하지만 그 지식을 어떻게 사용해야 좋게 사용하는지는 소피스트에게 배울 수 없습니다.

　덕은 지식에서 나온다는 그의 주장은 지나치다는 인상을 줍니다. 못 배운 사람도 태어날 때부터 덕을 갖고 태어날 수도 있지 않겠습니까. 꼭 지식을 좋게 사용하는 법을 배워야 알 수 있나요. 이런 반론에 대해 그는 사람은 누구나 행복을 원한다, 그런데 덕이 있다는 뜻은 사물의 이치 즉 전개 과정 모두 알고 있으며 동시에 어떻게 하면 좋게 쓸 수 있는지도 알기 때문에, 어긋날 수가 없다, 따라서 덕이 있다면, 행복해지지 않을 수 없다, 그런데 누가 알면서 일부러 불행을 택하겠는가, 라고 답합니다. 즉 덕이 있다면, 대상의 로고스를 알고 있기에 불행해질 수 없다는 뜻입니다. 여기에서 로고스는 아마도 이치 혹은 전개 과정 모두를 의미하지 않을까요. 그런데 재미있게도, 덕이 있으면, 행운은 필요 없다고 말합니다. 예를 들어, 복권 당첨을 제가 사전에 조작해 놓았습니다. 그럼, 행운이 필요 없겠지요. 물론 갑작스러운 돌발 상황이 발생하지 않는다는 조건이 있습니다. 소크라테스도 이런 조건을 인정합니다. 다 알고 있으면, 행운에 기댈 필요가 없다는 주장입니다. 덕이 있으면, 이같이 된다고 그는 말합니다.

　지식은 좋음과 나쁨이라는 기준에 따라야 한다고 말합니다. 그렇다면 좋음과 나쁨의 기준은 무엇인가요? 그 기준을 알아야 하지 않겠습니까. 불행히도, 그는 이에 대해 말하지 않았습니다. 그냥 덕의 요건만 말했을 뿐이지요.

　소크라테스는 줄곧 덕을 가진 사람은 아주 소수라고 주장합니다. 대중이 알고 있는 덕에 대한 상식을 뒤집고 조롱하기도 합니다. 즉 대중에 대한 믿음이 별로 없어 보입니다. 이런 그의 태도가 참주정을 옹호했다는 오해를 살 수도 있지 않았을까요. 게다가 그의 덕은 전통의 덕 개념과도 크게 다릅니다. 즉 전통의 덕은 혼의 건강을 증진합니다. 전통은 덕을 쌓으면 정신 건강해진다고 말하는데, 그는 덕이 있으면 행운이 필요 없다고 말합니다. 사회와의 불화가 보입니다. 기소 내용 가운데 새로운 영적인 신을 모셨다거나 도시가 믿는 신을 믿지 않는다거나 젊은이를 타락시킨다는 죄목이 아주 낯설거나 터무니없어 보이지는 않습니다.

11
플라톤

1929년 철학자 화이트헤드는 『과정과 실재』에서 유럽 철학 전통을 플라톤 주석이라 보통 여긴다고 하면서, 자신의 철학이 이 전통에 속하지 않는다고 말합니다. 즉 플라톤의 영향이 그만큼 컸다는 의미이겠지요. 아마도 플라톤의 이성 중심주의를 말하지 않나 생각합니다. 즉 무엇보다 철학은 이성으로 해야 한다, 혹은 이성적 작업이 아니라면, 철학이라 할 수 없다는 태도가 후에 큰 영향을 끼쳤다고 할 수 있습니다. 하지만 동시에 플라톤은 신학이나 비전주의에서도 매우 비중이 큰 인물입니다. 그의 주장이 신비주의와 아주 가깝게 보이기 때문입니다. 이에 대해 피타고라스의 영향을 거의 언제나 언급합니다. 철학자이면서 신학과 비전주의의 큰 인물인 플라톤의 어떤 주장이 이런 해석을 낳았는지 살펴보겠습니다.

형상

플라톤은 이원론을 주장합니다. 한편으로는, 우리가 일상에서 경험하는 세상이 있고, 다른 한편으로는, 이 세상과는 전혀 다른 독립된 세계가 있다고 합니다. 앞은 감각 대상의 세계이고, 뒤는 형상의 세계입니다. 감각 대상의 세계는 항상 변하고 잠깐뿐이고, 보이는 게 다인 데 반해, 형상의 세계는 불변이고 영원하며 안정적이며, 아름답고 내재적인 가치가 있습니다. 한마디로 좋은 성질은 모두 가지고 있습니다. 감각 대상은 말 그대로 감각으로 알 수 있습니다. 날씨가 덥다든지 배가 고프다든지. 이에 반해 형상은 오직 이성만이 알 수 있습니다. 감각으로는 아무리 노력해도 알 수 없다는 말입니다.

그럼 어떤 이유에서 플라톤은 형상을 제안했을까요? 아마도 대상을 중심으로 했기 때문이 아닐까, 합니다. 즉 소크라테스를 보면, 시간에 따라 변합니다. 젊고 늙고 건강하고 병 들고. 그럼, 소크라테스가 건강하다고 말하면, 이 말은 참인가? 하고 물을 수 있습니다. 이 질문에 언제 답하느냐에 따라 다르겠지요. 건강할 때라면, 예이고, 병들었을 때라면, 아니요겠지요. 이런 불안정한 상태가 생기는 이유를 그는 문장의 주어인 소크라테스가 변하기 때문이라고 생각했습니다. 즉 원래 소크라테스가 변하기 때문에, 불변의 답을 내놓을 수 없다는 겁니다. 그렇다면, 주어를 변하지 않는 대상으로 하면 문제를 해결할 수 있습니다. 즉 삼각형 같은 대상을 넣으면 되지 않을까요. 삼각형은 정의로 딱 내용이 정해져 있습니다. 내각의 합이 180도인 세 변으로 이루어진 도형으로 삼각형을 정의한다면, 언제나 안정감 있는 답을 할 수 있겠지요. 플라톤은 이런 대상 즉 기하학의 대상을 지식의 본으로 삼았습니다. 기하학을 지식의 본으로 삼는 일은 이후에도 계속 지속되어, 근대 철학에서도 찾아볼 수 있습니다. 그는 대상과 사실, 대상에 대한 지식과 사실에 대한 지식, 그리고 명제와 사실을 구별하지 못했다는 평가도 있습니다만, 그런 평가는 근대 이후에 본격 등장합니다. 어쨌든 그는 대상에서 영원불변한 진리를 찾았고, 그 대상이 형상입니다.

형상은 생각이 아니라 실제로 존재한다고 그는 주장합니다. 즉 생각으로 만들어 낸 대상이 아니라 우리 밖에 독립적으로 존재한다고 합니다. 다시 말해서, 여기 감각 대상의 세계가 없더라도 형상은 존재한다는 겁니다. 그럼 이토록 따로 떨어진 세계와 이 세계는 어떻게 연결되나요? 항상 이원론에서 문제가 되는 부분입니다. 몸과 마음이 전혀 다르다면, 어떻게 연결되는가, 하는 문제와 마찬가지입니다. 이원론에서 이 문제를 잘 해결한다면, 좋은 이론이 됩니다. 플라톤은 이 연결을 참여하는 표현으로 해결하려 합니다. 즉 감각 대상이 형상에 참여한다고 하는데, 무슨 뜻인지 알기 어렵습니다. 그냥 비유로 들립니다. 이분법은 얼핏 보기에는 호쾌하고 깔끔한 맛은 있으나, 접점 해결은 얼렁뚱땅인 경우가 많습니다. 플라톤도 예외는 아닙니다.

형상이 독립적으로 존재하고 영원하고 불변이며 아름답다는 그의 주장은 여기 현실 세계가 진정한 세계가 아니라는 뜻으로 보입니다. 그는 죽음 이후의 삶을 진정한 삶으로 보았다고 할 수 있습니다. 육신에 갇힌 영혼이 육신의 죽은 후에는 자유롭게 되어 형상의 세계로 온전히 갈 수 있다고 보았으니까요. 죽음으로 참된 세상으로 갈 수 있다는 주장은 당시 그리스의 문화와는 달랐다고 합니다. 당시는 죽음 후에는 어두운 지하 세계로 간다고 했다니까요. 그가 흑백의 사후를 컬러의 사후로 바꿨다고 할 수 있겠습니다. 이에는 피타고라스의 영향이 있다고 합니다.

상기

우리는 독립적으로 아주 다른 또 하나의 세계인 형상을 어떻게 알 수 있을까요? 우리가 경험으로는 알 수 없기에 이미 우리가 알고 있었으나 잊었을 뿐이어서 어느 순간 기억을 상기할 수 있다고 그는 주장합니다. 즉 이미 우리가 태어나기 전에 알고 있지 않으면, 이 세상에 속하지 않는 대상을 알 방법이 없기 때문입니다. 그는 대화편 『메논』에서 사람은 태어나기 전에 알았던 형상을 상기할 수 있고, 세상 모두는 연결되어 있기에 하나를 상기하면, 다른 형상도 모두 알 수 있기에 지식은 상기라고 말합니다. 조금 이상하게 들리기는 합니다. 이보다는 『향연』에 나오는 아름다움 자체 즉 아름다움이란 형상을 알게 되는 과정이 더 그럴듯해 보입니다. 즉 아름다운 사람을 한 명, 두 명 보면 아름다운 몸에서 아름다운 습관적 행동으로, 아름다운 습관적 행동에서 아름다운 사물의 배움으로, 그 배움에서 결국에는 아름다움 자체로 옮겨 가 알 수 있다고 합니다. 즉 사다리처럼 올라가는 구조를 제시합니다. 그렇다면, 이성으로 아름다움 자체 즉 형상을 파악하는 일이 가능한가요? 하지만, 같은 곳에서 다른 주장을 볼 수 있습니다. 즉 이렇게 노력하면, 갑자기 그 자체로 놀랄 정도로 아름다운 어떤 것을 볼 수 있다고 합니다. 여기에서 주목할 표현은 〈갑자기〉입니다. 사다리를 차례차례 올라가도 〈갑자기〉 볼 수 없다면, 못 본다는 뜻이 되니까요. 이런 주장은 그의 노후 작인 「일곱째 편지」에서도 볼 수 있습니다. 그는 앎 자체는 네 번째라고 말합니다. 즉 앞의 세 개는 이름, 정의, 모상으로, 세 가지는 모두 지식으로 가는 단계에 불과하며, 네 번째가 지식입니다. 그런데 이것이 끝이 아닙니다. 즉 이성으로 이룬 지식이 끝이 아니라, 다섯째가 있는데 그것은 참으로 있는 것 그 자체입니다. 즉 형상입니다. 다시 말해, 이성으로는 네 번째 지식까지 가능하고, 형상에 대한 지식은 다음 단계라고 합니다. 그리고 형상에 대한 앎은 오랜 공동체에서 〈튀는 불꽃에서 댕겨진 불빛처럼 갑자기 혼 안에 생겨나서 비로소 자기 자신을 스스로〉 길러 낸다고 말합니다. 역시 〈갑자기〉입니다. 다른 말로는 직관이라 할 수도 있겠습니다. 잘 알려진 동굴의 비유도 마찬가지입니다. 동굴 안 사람 모두 벽에 비친 그림자만 보고 있는데, 어떻게 철학자는 동굴 밖을 보았을까요. 오랫동안 공동체와 함께 차근차근 단계를 밟아 연마하고 배웠겠지만, 역시 〈갑자기〉가 필요하지 않았을까요.

여기에서 〈갑자기〉로 표현하는 직관의 순간을 비전주의로 생각할 수도 있습니다. 왜냐하면 이성으로는 설명하기 힘든 장면이기 때문입니다. 참된 진리를 알게 되는 순간은 이성으로 축적된 결과가 아니라 오히려 직관이기 때문입니다. 아무리 이성으로 애를 써도 결국에는 직관이 있어야 한다는 주장으로 해석할 수 있기 때문입니다. 신비주의의 길이 열린다고 할 수 있지요. 게다가 플라톤은 이 세계와는 전혀 다른 〈또 다른 세계〉(『파이돈』), 〈하늘을 넘어선 곳〉(『파이드로스』)를 제시하여 신비주의가 흔히 사용하는 저세상을 명료하게 합니다. 그리고 형상을 알아 가는 단계를 사다리 모습으로 제시하였는데, 후에 신학과 비전주의에서 중요한 본보기가 됩니다. 그리고 형상을 이성만으로는 알 수 없기에 〈갑자기〉가 꼭 있어야 한다면, 이는 후에 기독교에서 이성과 계시의 관계 설정에 영향을 미치지 않을 수 없습니다. 이성과 계시의 관계는 기독교의 주요 논제가 되었으니까요.

국가

인간은 누구나 행복과 잘살기를 원한다고 플라톤은 말합니다. 물론 여기에서의 행복은 지금과는 차이가 있습니다. 즉 이때의 행복은 영혼이 좋은 상태에 있음을 말합니다. 이런 목표를 위해 인간은 사회를 구성하고 국가를 갖는다고 하면서, 바람직한 국가를 제시하기 위해 개인의 영혼과 대응시킵니다. 즉 국가와 개인의 영혼을 삼분하고 각각 대응한다고 말합니다. 국가는 지도자, 보조자, 직공으로 구성되며, 개인의 영혼은 이성, 격정, 욕구로 구성됩니다. 따라서 지도자-이성, 보조자-격정, 직공-욕구의 대응이 성립합니다. 지도자는 국가 통치 이론을 만들고 다스리는 일을, 보조자는 지도자의 보조자로 치안과 국방의 임무를, 그리고 직공은 결혼과 생산을 담당합니다. 한편, 개인 영혼의 세 부분의 기능은 능히 짐작할 수 있습니다. 이런 삼분에서 가장 중요한 부분은 물론 지도자와 이성입니다. 이성이 감정과 욕구를 통제하고 지도하는 바와 같이 지도자도 보조자와 직공을 지혜로써 인도해야 합니다. 이렇게 해서 각자가 자신의 위치에서 지도자의 인도에 따라 임무를 다하면 국가 전체의 균형과 조화가 이루어져 구성원 모두가 행복하고 잘살 수 있다고 합니다.

하지만 현대에 와서 이런 구상은 비난에 직면합니다. 칼 포퍼는 플라톤의 이런 구상이 전체주의적이라 비판합니다. 즉 플라톤은 사회에 좋다면, 그 구성원인 개인에게도 좋다고 주장하는데, 포퍼는 이런 인식이 바로 전체주의라고 격렬하게 비판합니다. 물론 그렇게 볼 수도 있으나, 플라톤은 모든 시민의 행복을 위해 지도자가 이성에 따라 지도해야 한다고 말합니다. 즉 국가가 개인에 앞서지 않습니다. 조화와 균형을 취하는 정책을 편다는 겁니다. 그리고 플라톤의 국가는 계급사회가 아닙니다. 얼핏 보면 계급이 정해져 있고, 계층 이동이 불가능해 보이지만 그렇지는 않습니다. 대신 능력주의 사회입니다. 남의 자리를 빼앗은 행위를 도둑질이라고 비난하고 있으니까요. 그래도, 국가론에 대한 비판이 수그러들지는 않습니다. 왜냐하면 플라톤은 아예 정치의 필요성을 부인하기 때문입니다. 모두를 제대로 알고 있는 지도자가 하라는 대로 한다면, 조화를 이루고 시민 모두가 행복해져 정의가 실천되기에, 정당이나 정치가는 필요하지 않기 때문에, 우리가 아는 정치는 사라지겠지요. 그는 민주주의를 속임수와 거짓의 산물이라 여깁니다. 왜냐하면 형상에 대해 전혀 관심도 없는 무지한 사람들이 만들었기 때문입니다. 그리스 고전 시대의 정의는 남에게 피해를 주지 말라, 정직하게 살라, 각자에게 각자의 몫을 주라는 것입니다. 이런 분위기에서 국가 전체의 조화와 균형이 정의라는 그의 주장이 과연 얼마나 설득력이 있었는지 의문입니다.

국가와 개인 영혼의 삼분과 그 대응에서 비전주의 그림자를 볼 수 있습니다. 대응설은 비전주의 특징 가운데 하나이기 때문입니다. 대우주-소우주 대응이 대표입니다. 국가와 개인의 영혼은 닮은 구석을 찾기 어렵습니다. 그리고 국가 구성원은 사람이지만, 개인의 영혼을 이루는 이성이나 감정, 욕구는 사람이 아닙니다. 사람의 기능이겠지요. 하지만 플라톤은 개인 영혼의 세 부분인 이성, 감정, 욕구가 조화를 이뤄 하나로 작동하면 정의가 실현되고, 국가도 마찬가지로 세 부분이 조화를 이뤄 하나로 움직인다면 정의롭다고 하면서, 정의를 지배 원리로 하여 국가와 개인 영혼을 대응시킵니다.

플라톤의 재미있는 반농담이 있습니다. 그는 대화편 『국가』에서 철학자-왕이 전제군주보다 729배 더 행복하다고 말합니다. 전제군주의 기쁨이 평면 도형이라면, 왕의 기쁨은 면적과 부피라고 하면서 이런 계산 결과를 내놓고는, 이것이 바로 정의와 불의의 차이라고 말합니다. 저는 이런 계산법을 꼭 배우고 싶습니다. 공리주의의 고민을 바로 해결할 수 있으니까요.

영혼

플라톤의 영혼은 참이고 이성에 토대를 둡니다. 하지만 또 다른 역할이 있습니다. 『파이돈』에서 영혼은 생명 혹은 생기를 주는 역할을 합니다. 즉 육신에 생기를 불어넣습니다. 육신을 살아 숨 쉬게 하고, 움직이게 합니다. 즉 운동을 일으킵니다. 이성에 토대를 둔 영혼은 형상만 좇고, 육신에서 벗어나려고만 할 모양으로 보이지만, 육신 운동의 원천이라고 합니다. 그런데 문제는 이런 영혼의 성격입니다. 즉 플라톤의 영혼은 인간의 몸뿐만 아니라 우주 전체를 움직이는 유일한 원동자입니다. 다시 말해서, 외부의 도움 없이 스스로 운동을 일으킬 수 있는 유일한 존재입니다. 우주의 모든 운동은 모두 영혼에서 비롯된다고 합니다. 게다가 이 영혼은 우주를 자유롭게 떠다닐 수 있어 어디든 갈 수 있습니다. 이런 영혼이라면, 신의 모습과 꽤 비슷해지는군요. 만약 영혼이 이런 성격이라면, 영혼은 우리 몸 밖에 있게 됩니다. 그리하여 이 세계 밖에 있게 되겠지요. 이렇게 되면, 몸과 정신은 완벽히 다른 존재가 됩니다. 즉 몸과 마음의 이원론이 됩니다. 플라톤의 앞선 형상과 감각 대상에 이은 두 번째 이원론이군요. 몸과 마음의 상호 작용을 설명하기 매우 어려워집니다. 이에 대해 플라톤은 별 해명이 없습니다. 왜냐하면 그는 이성의 관점에서만 보기에 몸과 마음의 관계를 별로 신경 쓰지 않기 때문입니다. 영혼이 몸에 갇혀 있으니, 잠시 머무는 모양새인지라 그 잠시 사건에 대해 일일이 설명할 필요를 느끼지 못하지 않았을까요.

　　영혼은 세 부분으로 구성됩니다. 이성, 감성, 욕구. 그런데 이 모두가 뭔가를 욕망해야 한다고 합니다. 욕망하지 않으면, 움직일 수 없으니까요. 이성이 형상과 좋음을 갈구하지 않으면, 형상과 좋음을 얻을 수 없고, 욕구가 음식물을 갈구하지 않으면, 먹을 수가 없겠지요. 이처럼 영혼은 욕망해야 합니다. 하지 않으면 몸을 움직일 수 없으니까요. 이렇다면, 과연 영혼이 순수할 수 있을까요. 즉 영혼이 이성을 바탕으로 한다지만, 생각만으로는 이루어질 수 없기 때문입니다. 이성이 좋음을 원해야만 합니다. 그래서 플라톤도 〈미친 소크라테스〉라는 표현을 씁니다. 〈좋음〉 추구에 미쳤다는 의미로 보입니다. 영혼이 육신에 머무는 동안은 순수할 수 없습니다. 그러니 갇혀 있던 육신을 떠나면, 순수한 영혼으로 돌아갈 수 있겠지요. 하지만 영혼으로 떠돌다

다른 몸에 들어가면, 그때는 전의 기억은 모두 없어지지 않을까요. 그렇다면 영혼을 가꾸는 일이 덕이라고 하는 플라톤의 주장은 한시적인 효과밖에 없게 되나요. 지금 열심히 영혼을 가꾸어 덕을 쌓는다고 해도, 죽은 후에 다른 사람이 되면, 전에 쌓은 덕은 없어지나요?

이성을 최우선으로 두는 일은 지금까지 살펴본 바로는 플라톤의 일관되고도 확고한 태도로 보입니다. 이성을 통해서 형상에 접근하고, 태어나기 전의 기억을 상기하고, 국가의 통치자는 이성으로 다스려야 하고, 영혼에서도 이성은 가장 중요한 역할을 합니다. 한마디로, 중요한 모두는 이성을 통해야만 합니다. 비록 이성으로 충분하지 못한 경우가 있지만, 그 경우에도 이성만이 그 근처까지 갈 수 있습니다. 예술에서도 마찬가지입니다. 이성이 아니면 용서받지 못합니다.

플라톤 지식의 본은 기하학이었습니다. 연역법으로 세계를 재구성하는 방식입니다. 그는 기하학을 기준으로 삼고, 다른 지식을 재단했습니다. 그 결과 감각 대상이 주어인 지식은 전부 제외됩니다. 저는 이 점이 문제의 시작이 아닐까, 생각합니다. 왜냐하면, 기하학이나 수학은 사회 산물이기 때문입니다. 관습적으로 그렇게 하기로 정한 체계일 뿐 절대 진리가 아니기 때문입니다. 지금까지의 기하학과 수학이 오류로 판명이 난다고, 그 즉시 수학에 기반한 다리나 빌딩이 무너지지는 않습니다. 모두가 사회의 산물이고 관습에 따른 결과에 불과하다는 소피스트의 주장을 플라톤은 가장 싫어하였습니다. 그에 맞서 어떤 상황에서도 변하지 않는 영원하며 순수하고 아름다운 진리를 만들려 했습니다. 이런 그의 생각은 서양 철학에 이성 중심주의를 낳았습니다.

12
아리스토텔레스

본성

인간은 본래 알고 싶어 한다. 아리스토텔레스는 『형이상학』을 앞의 유명한 말로 시작합니다. 이 발언에서 주목하고픈 단어는 〈본래〉입니다. 즉 인간은 태어날 때부터 알고 싶어 하는 존재라고 그는 말합니다. 원래 그렇다는 이야기겠지요. 저는 아리스토텔레스의 철학에서 가장 기본 개념 가운데 하나가 바로 원래 혹은 본래라고 생각합니다. 우주부터 노예 문제까지 거의 모든 분야에 걸쳐 그는 원래 그렇다고 말하기 때문입니다. 원래 우주는 지금 모습 그대로 생겼으며, 앞의 시간도 뒤의 시간도 없으며, 첫째 원인도 마지막 원인도 없다고 합니다. 지금 있는 모습대로 있었고, 앞으로도 있을 거라 말합니다. 크세노파네스처럼 화석에 관심을 둔 적도 없습니다. 그는 지금 있는 그대로 모습이 세계의 모습이고, 앞으로의 모습이라 여깁니다. 그에게 우주는 무한합니다. 하지만 지금 우리가 보는 우주에, 우주의 내용물이 빠짐없이 다 들어 있기에 한정되어 있다고도 말합니다.

　그는 또한 자연에 계층이 있다고 여깁니다. 사람은 동물이나 식물보다 높은 계단에 있습니다. 그 이유는 사람은 이성이 있지만, 동물이나 식물은 성장하고 번식할 뿐 이성이 없기 때문입니다. 또한, 사람 사이에도 계단이 있다고 합니다. 남성이 가장 높은 위치인데, 여성은 남성처럼 심사숙고할 능력이 있지만, 권위가 없어서 남성보다 아래에 위치하며, 노예는 아예 심사숙고 능력이 없어 가장 낮은 위치에 있다고 합니다. 즉 기준이 이성과 덕인데, 본래 그렇게 분배되어 있다고 합니다. 여기에 이유를 따진다면, 아마도 그는 원래 그렇다고 답하지 않을까요.

그가 말하는 원래는 예상보다는 강한 의미로 보입니다. 예를 들어, 그는 자연을 구성하는 네 가지 요소 즉 흙, 물, 공기, 불에 대해, 흙과 물은 무겁기에 아래로 직선 운동하며, 공기와 불은 가볍기에 위로 직선 운동한다고 말합니다. 뭐, 이해할 수 있습니다. 하지만 이 주장은 상대적 주장이 아닙니다. 그는 흙보다 물이 무거운 일은 절대라고 말합니다. 즉 원래 그렇다는 겁니다. 마찬가지로 불이 공기보다 가벼운 일 역시 절대입니다. 어떤 불은 어떤 공기보다 더 무거울 수 있지 않을까요. 흙보다 무거운 물도 있지 않을까요. 그에게는 없습니다. 왜냐하면, 원래 그렇게 되어 있기 때문입니다. 여기에서 그의 본질주의를 엿볼 수 있습니다. 즉 흙은 본질에서 물보다 무겁고, 불은 본질에서 공기보다 가볍습니다. 여성은 본질에서 남성보다 권위가 없고, 노예는 본질에서 노예입니다.

이런 원래주의 혹은 본질주의는 사회에 대한 그의 태도에서도 알 수 있습니다. 인간은 사회적 동물이라는 그의 유명한 주장이 바로 그 예입니다. 인간은 원래, 태어나면서부터 사회에 속하는 존재라고 그는 주장합니다. 즉 소피스트는 사회가 관습의 산물이라고 하는데, 그는 이를 단호히 거부합니다. 사람들이 필요에 따라 혹은 합의로 사회를 만들지 않았고, 인간 본성에 따라 사회가 생겨났다고 합니다. 그는 사회에 속하지 않는 사람은 사람이 아니라고까지 말합니다. 즉 죽은 사람의 팔은 이름만 팔이지, 실제로는 팔이 아닌 경우처럼, 사회에 속하지 않는 사람은 인간의 본성을 기준으로 한다면, 사람이 아니라고 합니다.

세계가 있는 그대로 존재하고, 우리는 원래 알기를 원한다면, 우리는 세계에 대해 질문하게 되지 않을까요. 왜, 세계는 이런 모습이고, 변화는 어떻게 일어나며, 우리는 왜 살고 있는지 등을 묻게 될 겁니다. 즉 우리는 설명을 요구합니다. 우연이나 뜻하지 않게 생긴 지식이 아니라 이성을 이용한 객관적인 설명을 바랍니다. 이것이 우리의 본성이기 때문입니다. 인간은 이성을 사용하는 존재이니 이성에 맞게 설명해야 한다는 겁니다. 따라서 주관에 치우치거나 감성에 호소하는 시도는 여기에 해당하지 않습니다. 원래 알고 싶어 하고, 세계에 대해 호기심과 놀라움을 지닌 우리가 던지는 질문에 대해, 아리스토텔레스는 네 가지 원인을 들어 설명합니다. 즉 질료인, 형상인, 능동인, 목적인 등으로 우리가 던지는 질문에 모두 답하고자 합니다.

네 가지 원인

아리스토텔레스는 청동 조각을 예로 듭니다. 청동이 질료인, 학 모양을 하고 있다면 학 모양이 형상인, 그리고 조각한 조각가가 능동인, 그리고 이것이 누군가를 기념하기 위한 조각이라면, 그 목적을 목적인이라고 합니다. 이런 원인은 질문에 대한 답으로 보입니다. 즉 우리 앞에 어떤 조각이 놓여 있습니다. 궁금한 우리는 묻습니다. 왜 만들었는가? 재료는 무엇인가? 누가 만들었는가? 무슨 조각인가? 언제 만들었는가? 이런 질문에 답하기 위해서는 네 가지 원인이 필요하다고 합니다. 즉 네 가지 원인은 적합한 설명에 속합니다. 원인이라고 하면 변화를 일으킨 주요 요인으로 생각하기 쉬우나, 아리스토텔레스에게 원인은 설명의 요소입니다. 그런데 네 가지 원인을 보면 주관에서 나오는 요소는 없어 보입니다. 즉 재료, 만든 사람, 조각 모양은 객관에 속합니다. 조사하면 알 수 있으니까요. 그럼 목적은 어떨까요? 만든 사람의 머릿속을 들여다보지 않는다면, 모른다고 할 수 있으나, 보통은 조각가가 의도를 말합니다. 목적인은 기능을 말합니다. 우리의 위장이 왜 있는가? 하는 질문에 소화를 위해서라고 답하는 데서 분명하게 알 수 있습니다. 아리스토텔레스에게 목적인은 곧 기능이라 할 수 있기 때문입니다. 청동 조각의 목적인도 그 기능을 보면 알 수 있습니다. 물을 담기 위한 용기인지 아니면 어떤 사람을 기념하기 위한 기념품인지는 그 기능을 보면, 알 수 있습니다. 따라서 목적인도 객관에 속합니다. 아리스토텔레스는 세계에 있는 대상이나 성질을 다룹니다. 즉 언어에 속하는 성질이나 주관에 속하는 대상에는 관심이 없습니다. 이런 그의 기본 태도는 네 가지 원인에도 그대로 드러납니다.

    네 가지 원인을 제시하지만, 목적인이 으뜸입니다. 왜냐하면, 다른 세 가지 원인은 목적인이 있어야 작동하기 때문입니다. 즉, 목적인이 사물의 본질이나 본성을 규정하기 때문입니다. 예를 들어, 죽은 자를 기리기 위해 조각을 만든다면, 그 목적을 위해 질료, 형태, 조각가가 정해집니다. 무엇을 하기 위함인가를 정하지 않는다면, 어떤 계획도 세울 수 없기 때문이지요. 다시 말해서, 기능을 정하지 않으면, 다른 원인도 정하지 못하므로 목적인이 우선이라고 합니다. 앞선 철학자 엠페도클레스나 데모크리토스는 이 세계는 목적이 없다고 하였습니다. 그렇지만 아리스토텔레스는 있다고 합니다. 그렇다고 해서 플라톤처럼 창조자를 설정하지도 않습니다. 목적인이 있다면 자연 안에 있습니다. 자연 밖에 기획자나 창조자가 있지 않습니다.

한가지 더 유의할 점이 있습니다. 능동인의 예로 조각가가 등장하였는데, 주의가 필요합니다. 왜냐하면, 조각가는 의도를 가진 사람이므로, 능동인을 의도를 갖는 존재로 생각할 수 있으나, 사실은 아닙니다. 조각에서는 통할 수 있으나, 자연에서는 아닙니다. 앞서 말한 대로 자연 밖에 의도를 가진 존재는 없습니다. 즉 세계 밖의 창조자나 심지어 자연을 구성하는 요소를 배열하는 존재조차 없습니다. 목적인은 자연 안에 있을 뿐입니다. 그렇다면 능동인은 좀 더 자세하게 무엇일까요? 능동인은 질료에 형상을 부여하는 역할을 합니다. 청동에 학의 모양을 넣게 하는 원인을 능동인이라 할 수 있습니다. 청동에 학 모습이 없다면, 한갓 청동이 놓여 있을 뿐이지만, 학 모양이 들어가면 조각으로 변신합니다. 즉 학이라는 형상이 청동이란 질료에 들어가면, 학 모양의 청동 조각으로 됩니다. 이런 작용을 능동인이라 부릅니다.

하지만 여전히 유의할 점은 있습니다. 즉 질료라는 말은 추상명사입니다. 청동으로 조각을 만들기에 청동이란 질료는 매우 손에 잡힐 듯하지만, 사실은 성질을 갖지 않는 벌거벗은 질료는 세상에 없습니다. 반드시 형태, 색깔, 무게 등을 갖고 있기 마련이기 때문입니다. 형상은 말할 나위도 없습니다. 여기에서는 형상이 모습이란 뜻이지만, 사물을 그 사물로 만드는 의미도 있습니다. 청동을 기념 조각으로 만드는 그 무엇이 바로 형상이지요. 이런 형상 역시 추상명사입니다. 사람을 사람답게 만든다고 하는 이성 역시 추상명사이지요. 결국, 질료와 형상 모두 추상명사입니다. 즉 우리의 개념에 존재한다고 할 수 있습니다. 물론 질료가 존재하지 않는다는 이야기가 아닙니다. 플라톤처럼 이데아로 저 세계에 분리, 독립하여 존재하지 않고, 이 세계에 사물 속에 존재한다고 합니다.

그런데, 질료와 형상은 언제나 분리되지 않고 함께 존재합니다. 앞에서 언급했듯이 성질을 갖지 않는 질료는 없고, 질료 없이 존재하는 형상도 없습니다. 이 둘은 언제나 함께 존재합니다. 즉 세상의 사물 모두는 질료와 형상의 복합체입니다. 즉 질료나 형상이라고 하는 일은 구분이 아니라 단지 구별입니다. 즉 질료와 형상은 별개의 존재로 분리되어 존재하지 않고, 단지 작업의 편의를 위해 구별할 뿐입니다. 빨간 네모가 있습니다. 빨강이란 색과 네모란 형태를 구별할 수는 있지만, 이 도형에서 빨강과 네모를 따로 떼어 낼 수는 없겠지요. 머릿속으로 구별할 수 있을 뿐입니다. 질료와 형상도 마찬가지입니다.

질료형상론
파르메니데스는 변화를 부인했습니다. 존재는 변화를 겪지 않는다고 하여, 변화를 거부했습니다. 아리스토텔레스는 변화를 인정합니다. 우리가 일상에서 겪는 변화를 부인하는 게 오히려 이상하다고 합니다. 가을이 되면 단풍이 듭니다. 봄이 되면 꽃이 핍니다. 이런 현상이 변화가 아니라고 한다면, 이상한 일이라고 합니다. 그는 파르메니데스가 성질이 변하는 이런 변화와 무에서 유가 창조되는 변화를 혼동했다고 말합니다. 즉 무에서 유가 생기는 일은 변화가 아니라 탄생인데, 파르메니데스는 이를 변화라고 잘못 생각했다는 이야기입니다. 그렇다면, 그의 과제는 변화를 어떻게 설명하느냐입니다.

변화를 설명하는 데 그는 질료형상론을 적용합니다. 즉 사물은 질료와 형상의 복합체라는 질료형상론을 통해 변화 설명을 시도합니다. 즉 변화는 질료가 아니라 형상에서 일어나는데, 색깔이 초록에서 빨강으로 변하거나, 크기가 줄어들거나, 체중이 불거나 하는 경우입니다. 사물의 성질이 없어지기도 하고 새롭게 얻기도 하는 현상이 변화입니다. 이때 질료가 변하지는 않습니다. 나뭇잎의 색깔이 변할 때, 나뭇잎을 이루는 질료는 거의 변화가 없습니다. 몸무게가 증가할 때 무게가 증가할 뿐 몸을 이루는 질료가 변하지는 않습니다. 이렇게 설명하면, 질료가 변하지 않고 있는 실체처럼 보입니다. 그렇지 않습니다. 앞서 말한 대로, 형상이 질료에 우선하기 때문입니다. 나뭇잎의 형상을 잃어버린다면, 나뭇잎이 아니기에 나뭇잎의 변화라고 하지 않습니다. 나뭇잎의 형상을 유지할 때만, 나뭇잎의 성질이 들고 나는 일을 변화라 할 수 있습니다. 그럼, 나뭇잎의 형상을 유지하는 기준은 무엇일까요? 화폐의 경우, 반 이상이 없어지면 화폐로 인정받을 수 있나요? 나뭇잎은 어느 정도 모습을 갖춰야 나뭇잎으로 인정되나요? 이에 대해 아리스토텔레스는 형상은 얕은 의미에서는 모습을 말하지만, 깊은 의미에서는 본질을 말한다고 합니다. 즉 형상이란 요소가 아니라 원리입니다. 청동 조각을 기념 조각으로 만드는 바는 청동 조각의 몇 퍼센트가 유실되었는가 혹은 어떤 금속이나 돌로 만들었는가가 아니라, 기념 조각을 구성하는 원리에 충실하느냐에 달려 있다고 합니다. 즉 그 기능을 다할 수 있느냐에 달려 있다는 이야기입니다. 질료는 평퍼짐합니다. 형태도 갖춰져 있지 않고, 아직은 무엇이 되지도 않았습니다. 그래서 형상이 없다면, 실제로 기념 조각이 되지 못합니다.

질료가 아직은 무엇이 되지 않았지만, 무엇이 될 가능성은 있습니다. 청동이라면, 조각 작품이 될 가능성이 있겠지요. 두부로 조각할 수 있나요? 만약 두부로 조각품을 만들었다면, 두부는 조각품의 가능태가 되고, 조각품은 현실태가 된다고 아리스토텔레스는 말합니다. 즉 형상이 현실태이고, 질료는 가능태입니다. 앞서 말한 대로, 질료는 평퍼짐합니다. 형상이 없다면, 명확한 형태를 갖추지 못하기 때문입니다. 이런 개념은 변화를 설명하기 위해 도입하지 않았나 생각합니다. 왜냐하면, 어떤 사물이 가능태를 갖고 있다는 것은 그 사물 안에 그렇게 될 원리가 있다는 의미라고 하는데, 결국은 동어반복으로 보이기 때문입니다. 그렇게 될 가능성이 있기에 그렇게 될 조건이 갖춰지니까 현실태가 되었다는 의미가 되니까요. 두부는 조각품이 될 안의 원리를 갖추고 있나요? 답은 아마도 실제로 두부로 만든 조각품이 생긴다면, 가능태가 있었다가 되고, 안 되면, 원래 없었다고 하지 않을까요. 해보지 않으면, 알 수 없고, 지금은 안 되어도 미래에는 될 수도 있기에 이런 개념 도입의 의미를 저는 알기 어렵네요.

하지만 여기서 가능태와 단순한 가능성을 구별할 필요가 있습니다. 즉 두부가 말할 가능성은 있습니다. 머릿속에서 상상할 수 있습니다. 하지만 실제로 그렇게 될 원리가 두부 안에 있다고 말하면, 이상해집니다. 그럴 가능성은 별로 없기 때문입니다. 지금까지의 경험이 그렇게 말합니다. 두부는 반찬이 될 가능태는 있어 보입니다. 그는 현실태가 가능태에 우선한다고 여러 차례 강조하는데, 그렇다면 실제로 존재하는 사물을 보고 그 사물에 대한 설명으로 이런 개념을 도입했다 해도 지나치지 않아 보입니다. 즉 실제로 있지 않은 대상에 대해 이런 설명을 할 필요가 없으니까요.

실체

질료형상론은 그의 『형이상학』에서 등장하는데, 앞선 저작으로 보이는 『범주론』과 충돌이 있어 보입니다. 즉 『범주론』에서 그는 실체를 주장하는데, 실체는 술어가 될 수 없다고 합니다. 예를 들어, 〈이 집은 하얗다〉에서 하얗다는 술어로 쓰일 수 있지만, 〈이 집은 소크라테스다〉에서 소크라테스는 술어로 사용할 수 없다고 합니다. 〈그 집은 소크라테스 안에 있다〉같이 무엇무엇 안에라는 형식으로도 쓸 수 없다고 합니다. 기초 존재이면서 다른 도움 없이 존재할 수 있는 대상이기 때문으로, 소크라테스와 같은 개별자가 여기에 속합니다. 그리고 이차 실체는 이런 개별자에게 속해 있는 보편자를 말합니다. 예를 들어, 인간입니다. 즉 소크라테스는 단일하기에 기초 존재이고, 그렇기에 부분을 갖지 않습니다.

하지만 질료형상론을 보면, 사물은 질료와 형상으로 이루어집니다. 그런데 소크라테스가 존재라면, 질료와 형상으로 구성되는데, 이렇게 되면 질료와 형상이라는 부분으로 구성된다고 할 수 있습니다. 그렇다면 단일한 기초 존재가 될 수 없습니다. 왜냐하면, 단일한 기초 존재는 부분을 가질 수 없기 때문입니다. 그것이 개별자의 정의입니다. 그렇다면 그의 주장은 충돌하게 되나요? 소크라테스는 개별자로서 실체가 맞고, 그의 내부 구조는 질료와 형상의 결합이지만, 형상이 질료에 우선하는 실체이기에 충돌은 일어나지 않습니다. 즉 질료와 형상 가운데 형상만이 실체라고 할 수 있기에 문제가 없다고 합니다. 형상은 다른 존재의 도움 없이 존재할 수 있기에, 실체가 되지만, 질료는 실체에 의존해야만 하기에 실체라고 할 수 없습니다. 형상 없다면, 질료는 한갓 더미에 불과하기 때문입니다. 이렇게 되면, 소크라테스는 개별자 형상이 있게 되는가요?

지각과 생각

질료형상론을 그는 모든 변화에 적용합니다. 즉 자연의 변화는 물론, 심신 관계, 지각, 생각 등에도 적용합니다. 심신 관계는 영혼과 육신이 변화를 겪는 관계이고, 지각은 외부의 사물로 인해 영혼이 변화를 겪는 일이며, 지식은 무지가 변화한 과정이자 결과라고 그는 생각합니다. 따라서 세계의 모든 변화에 대해 그는 질료형상론을 적용하여 해명하고자 합니다. 즉 지각이란 질료 없이 대상의 형상을 받아들이는 일입니다. 눈으로 장미를 보았을 때, 장미의 질료와는 상관없이 장미를 장미로 만드는 형상을 우리는 받아들인다고 합니다. 우리가 대상과 같은 구조가 된다고 합니다. 대상으로 인해 우리의 지각이 변화하는데, 질료와 형상 가운데 질료가 아닌 형상을 통해 변화가 일어납니다.

    생각도 지각과 비슷합니다. 지각에서 지각하는 사람과 지각 대상이 각각 사람과 사물이라면, 생각의 경우 마음과 이성이 각각 그 역할을 합니다. 즉 지각하는 주체는 마음이고, 그 대상은 이성입니다. 마음이 이성을 대상으로 하는 작업이 생각이라고 합니다. 그런데 이 경우 문제가 있습니다. 질료형상론에서는 반드시 변화하지 않고 지속하는 대상이 있어야 합니다. 그런데 마음은 생각할 때만 존재하지, 그렇지 않다면, 존재하지 않습니다. 즉 생각하기 전에는 생각하는 마음은 없습니다. 게다가 그는 마음은 육신과 뒤섞이지 않아야만 해서, 지각과는 다른 지적 기능을 하는 신체 기관은 없다고 합니다. 즉 생각하기 전에는 마음은 존재하지 않기 때문에, 질료형상론과 그의 이런 주장은 충돌하게 됩니다. 이에 대해 그는 마음 자체는 생각하기 전에는 존재하지 않지만, 일단 생각하면, 이성은 본질에서 현실태이며, 분리되며 영향받지 않고 섞이지 않는 성질을 갖는다고 합니다. 그는 이렇게 작동하는 이성은 불멸이며, 분리되었다고 합니다. 즉 마음이 아니라 활동하는 이성이 불멸이고 분리되었다는 의미로 보이는데, 이렇게 해석해도 문제가 사라지지는 않아 보입니다.

왜냐하면, 그의 질료형상론은 대상을 질료와 형상의 복합체로 보지만, 여전히 하나로 파악합니다. 즉 내부 구조가 질료와 형상으로 구별될 뿐, 여전히 하나입니다. 즉 이원론이 들어올 자리는 없습니다. 그는 이성에 분리와 불멸이라는 성질을 부여하기 때문입니다. 이 누스nous(마음, 이성)의 독특한 지위는 그의 체계에서 특이합니다.

심신 문제에도 그는 질료형상론을 적용합니다. 그는 인간이 영혼과 육신의 복합체라 여깁니다. 물론 영혼이 형상으로 질료인 육신에 앞섭니다. 즉 형상 없이는 육신은 한갓 고깃덩어리라 할 수 있습니다. 그는 죽은 육신은 엄밀히 말해 육신이 아니라고 말합니다. 즉 말만 육신이지 실제로는 육신이 아니라고 합니다. 영혼이 사라지면 이제는 육신이 아니라는 형상 중심주의입니다. 그에게 형상은 본질이나 실체와 같습니다. 그는 살아 있다면, 식물이든 동물이든 모두 영혼이 있다고 합니다. 하지만 개와 사람의 삶 방식이 다른 이유는, 바로 영혼의 본질이 다르기 때문입니다. 이 본질을 수행하지 못하면, 더는 인간이나 개가 아니라고 합니다. 이런 그의 태도로 보아, 영혼은 물질로 환원되지도 않고, 이원론으로 가지도 않게 됩니다. 즉 영혼이 물질적인 요소, 예를 들어, 흙이나 불로 환원되지도 않으며, 영혼과 육신이 별개의 실체가 되지도 않습니다. 왜냐하면, 영혼 없는 육신은 존재하지 않으니까요.

지식

아리스토텔레스는 지식이, 지각에서 시작하여 기억, 경험, 기술을 거쳐 이론 지식에 이른다고 말합니다. 그리고 이 지적 탐구의 목적은 지혜이며, 지혜는 원인과 사물의 원리에 대한 지식이라고 합니다. 좀 더 설명하면, 같은 종류의 기억을 많이 쌓으면 경험이 생기며, 경험을 통해 기술이 생긴다고 합니다. 기술자는 단순한 노동자보다 사물의 원인을 더 잘 알고 있기에, 더 지혜롭다는 주장입니다. 그리고 기술자보다는 유용성은 덜 하지만 학문을 하는 사람이 이론 지식과 지혜의 본성을 더 알고 있습니다. 그리하여 결국, 지혜란 사물에 대한 원인과 원리에 대한 지식입니다. 여기서 짐작할 수 있듯이, 이런 지식이 바로 형이상학이 됩니다. 그의 지식 이야기는 흔히 밑에서 위로 올라가는 방식이라고 합니다. 맨 밑에 지각이 있고, 맨 위에 형이상학이 있으니, 그런 평가가 나올 만합니다. 그리하여 귀납과 연역, 증명과 변증술, 논리, 삼단논법 등이 등장합니다.

    아리스토텔레스의 삼단논법은 유명하여 지금도 강의에 등장하지만, 그가 논리학을 별도의 학문 분야로 생각하지는 않았습니다. 즉 진리를 탐구하는 방법으로 관심을 가졌을 뿐입니다. 진리는 참을 보장해야 하는데, 연역법이 아니면 힘들다고 보았고, 그 가운데 하나가 삼단논법입니다. 삼단논법은 식과 격으로 따지는 방식인데, 너무나 많은 식과 격의 순열이 존재하고, 따지는 법도 쉽지 않아서, 중세 신부 양성 과정에서는 대놓고 부정행위를 했다고도 합니다. 시험 감독 신부도 눈감아 주었다는 말이 있습니다. 그런데 그는 연역으로는 충분하지 않다고 여겼습니다. 즉 연역은 형식일 뿐 내용에 필연성과 인과 설명력이 있어야 한다고 말합니다. 다시 말해서, 형식이 타당할 뿐 아니라 내용에서 설명으로서 만족할 수 있어야 증명이라 부를 수 있습니다. 즉 인과로 세계를 설명해야 타당하다는 주장입니다. 그는 세계를 앞의 네 가지 원인으로 설명하려고 합니다.

그럼, 철학은 증명에 속하는 걸까요? 아니라고 보입니다. 철학에서 증명할 수 있는 주장이 과연 얼마나 될까요? 네 가지 원인도 아마 증명 가능하지 않을 겁니다. 질료형상론도 마찬가지겠지요. 모든 사람은 죽는다. 소크라테스는 사람이다. 따라서, 소크라테스는 죽는다. 이런 삼단논법으로 간단히 해결될 철학 주장은 아마도 없지 않을까요. 그는 철학 작업은 변증술에 속한다고 합니다. 변증술은 이미 존재하는 여러 의견을 비판으로 검토한 후에, 자신의 견해를 제시하고, 그 견해로 생길 수 있는 난제에 대해 다시 해결책을 제시하여, 문제를 해결하고 자신의 주장을 강화하는 형식입니다. 물론 이런 방식이 학문의 특징인 증명에 어울린다고 할 수 없습니다. 하지만 매우 유용한 방식입니다. 다른 식으로 철학 하기는 어렵지 않을까요? 철학이 변증술을 택한다면, 증명과 달리, 틀릴 수밖에 없습니다. 어떻게 딱 떨어지게 증명되겠습니까? 하지만 이런 점에서 철학의 진보는 더디고 어려우며, 성공하려면 많은 축적이 있어야만 합니다. 자연과학도 마찬가지입니다.

핵심에 의존하는 같은 철자 단어

20세기 철학자 비트겐슈타인은 가족 유사성이란 개념을 제시했습니다. 우리는 〈게임〉이란 단어를 다양하게 사용하고 있는데, 이 단어의 정의가 되는 한 가지 속성이 있지 않고, 가족이 서로 닮은 바와 같은 가족 유사성만이 있을 뿐이라고 말합니다. 즉 게임의 본질은 없으며 단지 유사성만이 있다는 겁니다. 이 주장은 본질주의를 논파하는 중요한 무기로 평가되었습니다. 왜냐하면, 플라톤의 형상 이후로 하나의 개념에는 본질에 해당하는 하나의 의미만 있다고 여겨 왔기 때문입니다. 그런데, 아리스토텔레스는 플라톤의 일의성 즉 본질에 해당하는 하나의 의미만 있다는 주장을 부인하고, 철자가 같은 단어에는 여러 다양한 의미가 있지만, 그렇다고 해서 가족 유사성이라든가 일의성이 아니라 핵심이 되는 단어가 있고, 다른 단어는 이 핵심 개념과 연관이 있기에, 실제로 세계에 그런 관계가 존재한다고 주장합니다.

어려워 보이지만, 그가 든 예를 보면, 그렇지도 않습니다. 그는 세 문장을 제시합니다. 소크라테스는 건강하다. 소크라테스의 안색은 건강하다. 소크라테스의 운동 훈련은 건강하다. 모두 건강하다가 들어 있으나, 의미는 조금씩 다릅니다. 안색이 건강하다는 혈색이 좋다는 의미로, 운동 훈련이 건강하다는 바람직하다, 혹은 건전하다는 의미로 보입니다. 의미가 다르지만, 뒤의 두 문장은 첫 문장에 의존합니다. 즉 전체적으로 건강하면, 혈색도 좋고 훈련 방식도 건전합니다. 하지만 뒤의 두 문장이 맞아도, 첫 문장이 옳지는 않습니다. 즉 혈색이 좋거나 훈련 방식이 바람직해도, 건강하지 않을 수 있기 때문입니다. 아리스토텔레스는 이와 같은 관계에 있을 때, 첫 문장의 〈건강하다〉가 핵심이 되고, 뒤 문장은 이 핵심에 의존한다고 합니다. 이런 관계를 핵심에 의존하는 같은 철자 단어라고 합니다. 이런 해석은 세 문장이 한갓 가족 유사성이 아니라는 걸 보여 주고, 동시에 일의성을 부인합니다.

이런 관계는 물론 〈건강하다〉에만 적용되지 않습니다. 아리스토텔레스는 이 관계를 정의, 좋음, 존재에도 적용합니다. 그는 존재의 경우, 실체의 존재가 핵심으로, 모든 사물은 실체의 존재에 자신의 존재를 의존한다고 말합니다. 즉 모든 대상은 실체로 돌아간다는 겁니다. 그에게 실체는 곧 존재를 말합니다. 앞서 말한 실체가 바로 이것입니다. 이런 식으로 정의와 좋음도 분석하고 설명합니다.

윤리학

아리스토텔레스는 인간 영혼을 다음과 같이 분류합니다. 영혼은 우선 이성과 비이성으로 나뉩니다. 이성에는 사색, 그리고 지성에 속하는 지혜와 실천에 속하는 지혜가 있습니다. 비이성은 두 가지로 다시 나뉩니다. 영양 섭취, 성장, 번식이 한쪽이고, 다른 한쪽은 용기, 관대함, 절제 등입니다. 흔히 그의 덕에 등장하는 용기나 절제는 비이성에 속합니다. 즉 지성에 속하지 않지만, 전혀 지성과 관련이 없다는 의미가 아니라, 명령을 내리는 지성이 아니라 순종하는 지성이라는 의미로 보입니다. 이런 특징으로 이 덕목은 습관에 의해 형성된다고 합니다. 이에 반해, 명령을 내리는 지성은 배워서 얻는다고 합니다.

아리스토텔레스는 앞에서 본 바와 같이, 목적 즉 기능을 가장 우선합니다. 인간의 경우, 인간의 기능을 가장 잘 구현하는 바가 바로 덕입니다. 즉 그에게 덕은 탁월함의 다른 말입니다. 칼이 제대로 벤다면, 그 칼은 탁월합니다. 즉 덕을 갖추고 있다고 그는 말합니다. 칼의 기능을 가장 잘 수행하면, 덕이 있다고 합니다. 인간의 경우, 이성을 가장 잘 발휘하는 바가 바로 덕입니다. 그런데, 이성을 가장 잘 발휘하는 경우는 바로 사색입니다. 즉 아무런 행동도 하지 않고 오로지 이성으로만 하는 일이 바로 사색이기 때문입니다. 사색할 때, 인간은 오롯이 이성일 뿐이기 때문입니다. 따라서 그는 사색을 가장 높은 덕으로 여기는데, 이런 그의 주장은 행복이 행동에 있다, 즉 행복은 영향을 받는 쪽이 아니라 행동하는 쪽에 있다는 그의 주장과 상충해 보입니다. 하지만 행동해야 얻게 되는 덕은 지성에 속하는 덕이 아니라 비지성에 속하는 습관의 덕이기에 충돌은 없어 보입니다.

    소크라테스는 사람들이 알지 못하기 때문에, 악을 저지른다고 주장하면서, 무엇이 옳은지 아는데도, 일부러 악을 행하지는 않는다고 하였습니다. 즉 알기는 하는데, 의지박약으로 덕을 행하지 못한다는 비판입니다. 이에 대해 아리스토텔레스는 의지박약이 아니라 잘못 알았기 때문에, 악을 행한다고 합니다. 그 가운데 하나가, 덕을 안정된 상태가 아니라 흘러가는 감정으로 잘못 여기는 경우입니다. 그때그때의 쾌락이 덕인 줄 잘못 알아, 결국은 악을 저지르게 된다고 그는 말합니다. 그리고 그가 제시하는 중용도 잘못된 판단 즉 잘못 알기에 생기는 행위를 막기 위함입니다. 예를 들어, 용기는 만용과 비겁의 중용이라고 할 때, 어떤 경우가 만용이고, 어떤 경우가 비겁함인지 알면, 자연스럽게 용기를 택한다고 그는 말합니다. 그런데 여기에서 중용은 기계적인 중립을 말하지 않습니다. 왜냐하면, 모든 경우 상황이 다르기에, 그때그때 상황에 맞는 판단을 해야, 제대로 안다고 할 수 있기 때문입니다.

그의 윤리학 덕목에 대해 이기적이거나 자기중심적이라는 비판이 있습니다. 즉 용기, 절제, 관대함을 보면, 모두 자신에 관한 덕목입니다. 희생이라든가 이타심에 관한 덕목은 없다는 겁니다. 윤리학이라면, 의당 이웃이나 남에 대한 사랑 혹은 배려가 있어야 할 텐데, 없다는 겁니다. 이에 대해 그가 제시한 우정이 약점을 메울 수 있다고 합니다. 즉 우정이란 친구를 위한 사랑과 배려라고 볼 수 있기에 친구가 없다면, 자기 충족은 불가능하기 때문입니다. 하지만, 친구가 이웃이나 타인을 대신하지는 못합니다. 왜냐하면, 그가 말하는 친구는 조건이 붙어 있기 때문입니다. 즉 덕을 갖춰야 친구가 될 수 있다고 그가 말합니다. 그에게 친구는 제2의 자아입니다. 자신만큼 좋은 사람이 아니면, 친구가 될 수 없습니다. 그는 친구라는 인간 자체를 사랑하지 않고, 친구의 속성 즉 좋음, 덕을 사랑합니다. 남이 아니라, 또 다른 자신을 사랑할 뿐이지요. 여기에 하찮은 이웃이나 악행을 하는 타인을 위한 자리가 있을 리 만무합니다. 그는 행복에 대해 말합니다. 하지만 그가 말하는 행복은 근대에 발명한 행복과는 다릅니다. 그는 인간 본성에 따라 그 본성을 만개하는 데 행복이 있다고 합니다. 인간 본성이란 다시 말할 필요도 없이, 이성입니다. 따라서 이성을 가장 잘 활용하고 표현하는 사람이 행복합니다. 물론 그는 현실에 충실합니다. 돈과 세속 성공이 행복에 도움이 된다고 인정하지만, 그런 행복은 이성이 거두는 행복과 비교하면, 보잘것없다고 합니다.

정치학

아리스토텔레스는 귀족정을 가장 바람직한 정치체제로 생각합니다. 민주주의와 독재를 배격하고, 귀족이 다스리는 정체를 꼽은 이유는 귀족의 덕의 총합이 전체 시민의 덕의 총합보다 크기 때문입니다. 즉 그는 덕을 구현할 수 있는 체제를 원하는데, 그렇게 하기 위해선 지도자가 먼저, 덕이 있어야 한다고 말합니다. 당시 그가 말하는 덕을 쌓을 수 있는 집단은 귀족이 거의 유일했고, 또한 그들은 여가가 있었기에 사색에도 적합한 환경을 갖고 있었습니다. 앞서 말한 바와 같이, 그에게 덕은 인간 기능을 제대로 발휘하도록 하는 행위입니다. 그리고 그것은 다름 아닌, 이성의 기능입니다. 따라서 배우고 습관을 들일 수 있는 귀족이 당연히 유리하겠지요. 이런 국가를 그는 군대 사령관이 이끄는 군대에 비유합니다. 덕이 있는 지도자가 군대를 이끌 듯이, 시민들을 잘 훈련시켜 자신의 역할과 기능을 훌륭히 발휘하도록 하여, 사회 전체가 번영하도록 하면, 인간의 선이 실현된다고 합니다.

 이런 주장은 전체주의 인상을 줄 수 있습니다. 하지만 그렇지는 않습니다. 지도자와 시민은 서로를 의존하는 공생 관계이기 때문입니다. 지도자가 이끌기는 하지만, 지배하거나 지시하지는 않기 때문입니다. 유기체의 부분과 전체의 관계와 비슷합니다. 위장이 신체의 부분이기는 하지만, 자신의 기능과 역할을 제대로 다하지 않으면, 신체 전체에 영향을 줍니다. 신체에 지도자 역할을 하는 영혼이 있다, 해도, 부분의 도움 없이는 아무것도 못 할 겁니다. 하지만, 여전히 지도자가 우선하는 점은 변하지 않습니다. 영혼이 육신에 우선하는 경우와 마찬가지입니다.

왜냐하면, 그에게는 무엇보다 목적이 우선인데, 유기체에서 목적인의 역할은 영혼이 맡고 있으며, 목적에 맞게 부분이 기능하기에, 영혼이 우선이기 때문입니다. 그런데 국가에서 영혼의 역할은 지도자가 맡고 있기에, 지도자가 우선합니다.

    부분과 전체 문제는 시간으로 따지는 순서와 논리로 따지는 순서가 다릅니다. 시간으로는 부분이 앞섭니다. 당연히 개인이 먼저 존재했겠지요. 사람이 생존을 위해 사회를 만들었을 겁니다. 하지만, 일단 사회가 이루어지고 난 후에는, 더 잘 살기 위해 사회를 지속하려 했다고 그는 말합니다. 그가 말하는 논리 순서는 사회 지속을 위한 단계를 말합니다. 더 잘 살기 위해 지속해야 할 사회는 전체가 부분에 우선이라고 합니다. 이렇게 국가를 구성하고 국가 안에서 살아가는 성향이 인간의 본성입니다. 즉 국가는 인간의 발명품이 아니라, 인간 본성의 결과라고 합니다. 왜냐하면, 인간은 사회 밖에서는 혹은 사회 구성원이 아니고서는, 인간의 본성을 발휘하거나 표현할 수 없기에, 인간이 사회를 구성하고 유지하는 일은 본성에 속하기 때문입니다. 즉 인간은 원래 사회적 혹은 정치적 동물이라는 이야기입니다. 그는 윤리학에서 최종의 선은 자급자족하며 완결된 상태라고 합니다. 그는 정치학에도 이 개념을 도입합니다. 즉 폴리스는 자급자족하면 완결되어야 한다고 말이죠.

우주론

우주가 영원하다고 아리스토텔레스는 여겼습니다. 아마 당시의 우주관이었겠지요. 즉 지구가 우주의 중심에 있고, 흙, 물, 공기,

불 순서로 하늘로 올라갑니다. 무거운 요소가 아래에 있는 일은 자연의 질서이겠지요. 그 위로 달이 있고, 그 위로 열등한 행성, 태양, 우월한 행성, 고정 별, 하늘, 그리고 으뜸 가동 장치가 있습니다. 그는 달 아래와 그 위의 천체를 구분합니다. 즉 달 아래는 네 가지 요소로 이루어진 변화의 세계이지만, 그 위의 천체는 영원하며 구성 물질도 썩지 않고 신성하며 다른 요소와 섞지 않은 에테르입니다. 이 에테르를 제5 원소라 부릅니다. 그리고 달 위의 천체는 영원하기에 원운동을 합니다. 즉 달 아래와 달 위는 전혀 다른 세계입니다. 이렇게 보면, 그는 우주에 관해서는 이원론을 주장한다고 볼 수 있습니다. 그의 철학 세계로 보자면, 특이한 일입니다. 앞서 나온, 작동하고 있는 이성이 질료의 도움 없이 기능할 때, 그런 이성에게서도 이원론의 그림자가 보였습니다. 하지만, 우주론은 꽤 분명해 보입니다.

앞서 국가를 다스리는 일을 군대 사령관에 비유했습니다. 이 비유는 우주에도 해당합니다. 즉 우주는 훌륭한 질서이며, 하나가 되기 위해 만물이 조직되었습니다. 차이점은 사령관과 같은 지적 존재나 행위자가 우주에는 존재하지 않는다는 겁니다. 즉 국가에는 사령관 역할의 귀족이 존재하지만, 아리스토텔레스의 우주에는 그런 존재는 없습니다. 자연 속에 있을 뿐입니다. 창조자가 없는 그의 우주는 시작과 끝이 없습니다. 만든 존재자가 없으므로 만든 적이 없기에, 시작과 끝이 없습니다. 그냥 존재하는 겁니다. 그리고 우주 밖에는 아무것도 존재하지 않는다고 합니다. 우주는 지금 존재하는 사물의 총합이고, 그 밖에는 아무것도 없습니다.

덧붙이자면, 그는 제논의 역설이 성립하지 않는다고 합니다. 화살이 주어진 거리를 가려면, 그 반을 가야 하고, 또 그 반을 가야 하기에, 무한 분할에 빠져 역설이 생긴다고 합니다. 그는 주어진 거리는 무한하지 않고 정해져 있다고 하면서, 정해진 거리를 무한으로 잘못 생각해 생긴 오류라고 합니다. 그리고 주어진 한정된 거리도 무한 분할이 가능하지 않다고 합니다. 그것은 가능성과 가능태를 혼동하기 때문이라고 하면서, 소가 말할 가능성은 있지만, 소가 말할 가능태를 갖고 있지 않은 경우와 같다고 합니다. 그리고 실제로 주어진 선분을 머릿속으로 무한 분할한 사례가 있습니까.

그는 또한, 내일 해전이 있을 예정이다, 라는 문장의 참·거짓에 대해, 운명론을 비판하면서, 문장 전체를 필연이라고 하면, 문제가 해결되는데, 내일에 대해 필연이라고 하기에 문제가 생긴다고 주장합니다. 즉 문장이 필연이라면 괜찮으나, 세계 속의 대상이 필연이라면 곤란하다고 합니다.

『기후학』에서 그는 달 아래에 있는 금속과 광물의 자연스러운 형성에 대해 논하면서, 네 가지 요소가 증발로 상호 변화할 수 있다고 말합니다. 즉 급한 증발을 증기라 하고, 건조한 증발은 연기 종류라고 하면서, 변화를 말합니다. 이런 주장은 후에, 연금술에 영향을 미칩니다. 즉 기술은 자연을 모방한다는 믿음으로, 유황-수은 이론으로 발전하게 됩니다. 그는 플라톤만큼 비전주의에서 큰 인물은 아닙니다. 플라톤이 열어 놓은 이원론은 규모도 크고, 형상론은 비전주의자에게는 아주 매력이 컸습니다. 하지만 연금술에서는 아리스토텔레스가 중요한 인물입니다.

제 2 부

고대에서 중세로
공존의 시대 1

헬레니즘 및 로마 시대에 철학은 쇠퇴합니다. 개인 행복 추구나 삶의 지혜 제공에 그치게 되는데, 그리스 철학은 이슬람 지역으로 옮겨 가 보존, 발전합니다. 특히 아리스토텔레스는 인기가 있었습니다. 서양에서는 기독교가, 아랍에서는 이슬람이 자리를 잡으면서, 종교, 철학, 신비주의는 각각의 영역을 분명히 합니다. 그전에는 셋이 섞여 있는 공생의 시대였다면, 이제는 독자 영역을 구축한 후에, 서로 영향을 주고받는 공존의 시대에 접어듭니다. 종교의식은 신비주의에 영향을 받았으며, 종교 내용은 철학과 관계를 맺습니다.

13
에피쿠로스학파

위의 쾌락이 모든 쾌락의 시작이고 뿌리라고 주장하는 에피쿠로스학파는 쾌락을 인생의 목표로 한다고 하지만 육신의 쾌락을 말하지는 않는다는 점을 니체가 말했습니다. 그는 조그만 정원, 무화과 몇 그루, 치즈 몇 조각, 그리고 친구 서너 명이 에피쿠로스 사치의 전부라고 합니다. 이런 삶이 목표라면, 사소해 보이지만, 철학사에서 중요한 자리를 차지하고 있습니다. 헬레니즘 시대 철학자는 이전 철학자 특히 플라톤과 아리스토텔레스를 싫어했습니다. 한마디로 추상에 치우친 사변 철학이라고 비판했습니다. 에피쿠로스는 자신은 스승도 선배도 없다고 하면서, 고대 경험론에 관심을 가졌습니다. 에피쿠로스의 제자가 썼다고 하는 책의 이름도 『플라톤 반박』, 『아리스토텔레스 반박』이었습니다. 그는 감각에서 자신의 철학을 시작합니다.

 그는 세 가지를 진리 기준으로 삼는데, 감각, 선개념 그리고 감정입니다. 그는 감각에는 오류가 없다고 주장하는데, 그 이유는 우리가 처음 받아들이는 감각은 틀릴 수가 없기 때문입니다. 심지어 환각에서 본 감각도 틀릴 수 없다고 하는데, 그 이유는 그 감각은 참인데, 해석에 문제가 있다는 겁니다. 환각에서 빨갛게 보았다면, 그 빨강은 참이지만, 그것을 현실로 여기는 해석이 잘못입니다. 요즘 말하는 감각질과 비슷해 보입니다. 아무튼, 그에게 감각은 진리의 토대 가운데 하나입니다. 선개념은 반복된 경험으로 생긴 개념을 말합니다. 예를 들어, 나무를 거듭해 보면 나무에 대한 기억이 생기는데, 이 개념이 없다면, 우리가 나무를 보았을 때, 나무라고 인식할 수 없다고 합니다. 이런 선개념은 경험 감각에 따라 생기므로 이 또한 감각처럼 명백하다고 그는 주장합니다. 아리스토텔레스의 기억과 비슷해 보이는데, 어쨌든, 그는 선개념 또한, 진리 근거의 하나로 삼습니다. 마지막으로, 감정입니다. 감정은 쾌락과 고통에 대한 느낌을 말합니다. 그는 이 느낌은 증명할 필요가 없다고 합니다. 즉시 알 수 있기 때문입니다. 그는 눈이 하얗고, 불은 뜨거우며, 꿀이 달콤한 바와 같이, 쾌락과 고통에 대한 느낌은 증명 없이 알 수 있다고 합니다. 이 세 가지를 바탕으로 지식이 가능하다고 말한 후 윤리학에 대해 논합니다.

육신의 고통이 없고, 마음이 동요하지 않은 상태를 그는 지상에서의 신과 같은 생활이라고 합니다. 즉 인간이 추구해야 할 상태입니다. 앞의 상태를 아포니아, 뒤의 상태를 아타락시아로 부릅니다. 그런데, 이 상태는 쾌락입니까? 위의 쾌락과는 분명히 다릅니다. 여느 감정처럼 증명 없이 즉각 알 수 있는 쾌락인가요? 그렇게 보이지 않습니다. 육신에 고통이 없으면, 바로 즐거운가요? 마음에 근심이 없고 외부 환경에 흔들림이 없다면, 즉각 즐거운가요? 아니라고 생각합니다. 육신의 고통에서 해방되었고, 마음의 동요가 없어 평안하겠지만, 이 상태가 감각이나 감정에서 생기는 쾌락이라 말하기는 어려워 보입니다.

그는 이런 상태에 이르기 위해서는 기본 가르침에 대한 지식이 필요하고, 그 가르침을 수용해야 한다고 말합니다. 즉 감각이나 감정으로는 이런 상태에 이를 수 없으니, 가르침이 필요하다는, 생각해야만 알 수 있다는 의미입니다. 그런데, 여기에서 생각이란, 증명이 아니라 반성이나 숙고를 말합니다. 즉 지식 추론이 아니라 마음의 태도를 가리킵니다. 에피쿠로스학파는 밖의 환경이 아니라, 안의 태도를 소재로 삼습니다. 즉 외부 환경을 바꾸거나 지배하려는 의도가 아니라, 안의 마음을 바꾸려는 자세입니다. 그렇다면, 어떻게 바꾸면 좋을까? 이에 대해 내일이 필요하지 않은 사람이, 내일 가장 큰 쾌락을 얻는다고 답합니다. 즉 쾌락의 총합을 크게 한다든가, 순간순간의 쾌락을 중시한다든가, 혹은 더 오래 살아 더 많은 쾌락을 얻고자 하지 않습니다. 내일이 필요 없다는 말은 오늘로 완성되었다는 의미입니다. 아니, 오늘이 아니라 이미 완성되었다고 해야 하지 않을까요. 여기에서 완성이란 삶의 전략 완성을 뜻합니다. 그가 생각하는 삶의 전략 완성은, 더하거나 덜하지도 않은 상태로 육신의 고통에서 해방되고, 외부 환경에 휘둘리지 않고 마음의 평정을 유지하는 상태를 말합니다. 앞서 말했듯, 육신의 고통에서 해방된 상태를 아포니아라고 하고, 마음의 평정을 유지하는 상태를 아타락시아라 부릅니다. 그런 태도로 살아가는 바가 삶의 전략입니다. 이런 전략은 감각이나 감정이 아니라 이성으로 배워야 습득할 수 있습니다. 욕구와 쾌락의 한계를 설정하고 받아들이는 자세는 스토아학파와도 비슷합니다. 이런 자세를 취하면, 행운에도 마음이 흔들리지 않습니다. 행운은 외부 환경의 일부일 뿐이니 외부 환경이 아니라 내부에서 평안을 찾으라고 합니다. 즉 복권에 당첨되어도, 아무런 동요가 없는 삶을 자기 충족이라 할 수 있습니다. 외부의 도움이 필요 없기 때문이지요. 아타락시아라는 삶의 전략 수행은 행복이고 최선의 삶이라고 말합니다.

하지만, 아포니아와 아타락시아 개념은 그리 분명하지는 않아 보입니다. 육신의 고통이 없는 상태로 해방감이나 안도감을 느낄 수는 있겠지만, 보통 생각하는 쾌락이나 즐거움과는 거리가 있어 보입니다. 아타락시아도 마찬가지입니다. 마음이 동요하지 않은 상태는 바람직할지 몰라도, 역시 즐거움이나 쾌락이라고 말하기에는 주저됩니다. 그는 고통을 완전히 제거하면, 쾌락이라 부르는 게 옳다고 말하지만, 이분법으로 보입니다. 즉 세상에는 쾌락 아니면 고통뿐이다, 그런데 고통이 아니다, 따라서 쾌락이다, 라는 추론으로 보입니다. 하지만 쾌락도 고통도 아닌 상태가 존재합니다. 게다가 쾌락이나 고통의 담당이 감정이 아니라 반성이나 숙고하는 이성이라면, 애당초 아포니아와 아타락시아는 쾌락, 고통과는 멀리 있지 않았을까요.

아타락시아가 음식이나 옷과 같이, 인간의 자연스럽고 없어서는 안 되는 욕구에 속한다고 합니다. 섹스는 자연스럽지만, 필수는 아니라고 합니다. 그리고, 없어서는 안 되는 욕구 대상은 얻기가 쉽지만, 그렇지 않은 대상은 얻기 힘들다고 합니다. 그렇다면, 아타락시아는 얻기 쉬운 대상이 됩니다. 정말 그럴까요? 음식이나 옷처럼 자연스럽고 필수에 속하는 욕구 대상이 될 수 있을지 의심이 갑니다. 하지만 그는 이런 욕구를 자연스럽다고 봤습니다. 당시에는 자연에 순응하는 태도를 바람직하다고 여기는 상황이었다고 하는데, 인간 이성 활동을 자연스럽게 여겼다면, 이해할 수도 있습니다. 그의 자연에 대한 태도는, 요람 논증에서도 찾을 수 있습니다. 쾌락 추구가 인간 본성이라는 주장을 뒷받침하는 논증은 요람 논증 외에는 찾을 수 없습니다. 적어도 남아 있는 그의 저작에는 없습니다. 그런데, 요람 논증은 단순합니다. 어렸을 때의 인간을 보면, 즐거움을 좇고, 고통은 피한다는 겁니다. 이런 성향은 인간뿐만 아니라 동물에서도 쉽게 발견할 수 있다 하면서, 인간의 본성이라고 말합니다. 이런 인간 본성에 따라 쾌락을 좇고, 고통을 피한다고 말합니다.

    에피쿠로스학파를 의사에 비유합니다. 의사가 병을 고치듯, 그는 인간을 공포에서 벗어나게 하려 합니다. 첫째는 죽음 공포입니다. 하지만 걱정할 필요가 없습니다. 즉 죽으면, 아무것도 남지 않기에, 지옥을 염려할 필요가 없기 때문입니다. 그 근거는 자연관입니다. 그는 데모크리토스를 이어받아, 세계는 원자와 허공으로 이루어져 있으며, 사람이 죽으면 사람을 구성하던 원자가 흩어져 버릴 뿐 아니라, 자연의 물질에는 아무 감정이 없기에, 죽은 후의 삶은 없으므로, 전혀 걱정할 거리가 없다고 합니다. 둘째는 신에 대한 두려움입니다. 그는 신이 인간이 행복하게 살기를 원할 거라 하면서도, 신도 자신들이 행복하기를 바라기 때문에, 자신들의 행복을 위해서 인간사에 관심을 두지 않으리라 생각합니다. 그는 이런 이유에서 인간이 죽음이나 신을 두려워할 필요가 없다고 했습니다.

    앞서 그가 플라톤이나 아리스토텔레스를 싫어한다고 했는

데, 그런 점은 덕을 대하는 그의 태도에서도 알 수 있습니다. 즉 그는 덕은 덕 자체로서 가치가 있다는 주장을 반박하면서, 덕은 쾌락에 도움이 되어야만 가치가 있다고 합니다. 용기를 예로 들면, 죽음이나 공포를 걱정 없이 대면할 수 있다면, 용기 있다고 합니다. 용기 그 자체가 가치 있거나, 중용으로서 가치 있다는 주장과는 많이 달라 보입니다. 정의도 마찬가지입니다. 정의롭지 못한 일을 하면, 걱정과 근심이 커지기 때문에, 고통이 커집니다. 따라서 하지 않는 쪽이 쾌락이 더 크다고 합니다. 정의로운 일을 하면, 그 반대로 걱정이나 불안이 생기지 않겠지요. 이런 점에서, 쾌락은 왕좌에 앉아 있고, 정의는 시녀의 자리에 있다는 말이 있습니다. 그리고 평온한 삶을 원했던 그는 정치 참여를 권하지 않습니다. 사회에서 멀어져 무명으로 살라고 그는 말했습니다. 하지만, 그는 학파를 이룬 유명 인사였습니다.

14
스토아학파

스토아학파는 윤리학으로 유명합니다. 지금도 인기가 있는데, 감정을 드러내지 않고, 쾌락과 고통에 무심하며, 운명을 받아들이는 태도 때문이라고 하네요. 특히 세계화된 지금과 같은 시대에는 자신에게 침잠하여 살길을 찾는 경향이 있다고 하는데, 세상과 조금은 거리를 두는 스토아철학이 그래서 인기가 있는지도 모르겠습니다. 하지만 이런 면은 스토아철학의 표면입니다. 왜냐하면, 스토아철학은 자연과 이성을 두 축으로 하여 조금 더 깊은 이야기를 하기 때문입니다. 물론, 스토아철학에서 윤리학의 위치는 확고합니다. 왜냐하면, 논리학은 달걀 껍데기, 윤리학은 흰자위, 자연학은 노른자위라는 말이 있기 때문입니다. 흰자위와 노른자위 가운데 어느 쪽이 더 중하지는 잘 모르겠습니다만, 논리학은 정원의 담장, 자연학은 정원의 흙과 나무, 윤리학은 그 나무의 열매라는 말에서는, 분명히 윤리학이 돋보입니다.

논리학도 스토아학파에서 중요합니다. 왜냐하면, 메가라학파의 위협에 대처할 필요가 있었기 때문입니다. 메가라학파가 제시한 역설이 스토아학파의 믿음, 즉 세계는 질서 잡혀 있고, 이성이 지배한다는 믿음을 위협했습니다. 지금과 비슷한 상황입니다. 지금도 〈모든 크레타인은 거짓말쟁이다〉를 크레타인이 말하면, 이 문장은 참인가 아닌가 하는 역설이 있습니다. 이 역설은 언어 체계에 무언가 잘못이 있다는 징조이기에 방치할 수 없습니다. 그리하여 언어학자, 철학자들이 나서게 됩니다. 같은 취지에서, 스토아학파는 이성과 세계 질서를 수호하기 위해 논리학에 몰두했습니다.

즉 논리학은 그들에게 달걀의 껍데기이자 정원의 담장 역할입니다. 하지만, 명제논리를 만들어 내는 성과도 있었습니다. 즉 아리스토텔레스의 식과 격의 논리학, 주어와 술어로 쪼개는 논리학이 아니라, 문장이나 명제 전체를 하나의 단위로 보고, 명제와 명제를 연결하는 작업을 하였습니다. 이 작업은 지금까지도 유효합니다. 지금도 학교에서 배우고 있습니다.

자연학에는 범신론의 그림자가 보입니다. 즉 스토아학파는 우주가 유한하고, 구 모양이며, 중심에는 지구가 있다고 상정합니다. 우주가 유한하다는 의미는 시간으로 시작과 끝이 있다는 뜻입니다. 따라서 우주 밖은 허공입니다. 그런데 우주 안은 신성한 힘을 가진 불이 세계 곳곳에 언제나 퍼져 있습니다. 이 불은 만물에 내재합니다. 돌, 식물, 사람 등 모든 사물에 내재하는데, 지성으로 만물을 이끄는 힘을 갖고 있습니다. 즉 자연과 신은 하나라고 말할 수 있을 정도입니다. 신이 만물에 내재하여 지성의 힘으로 이끌고 있다는 겁니다. 후기에 불은 혼으로 바뀝니다. 그런데, 내재한다는 말에 주목할 필요가 있습니다. 왜냐하면, 신의 힘이 내재한다면, 반드시 내재할 몸체가 있어야 하기 때문입니다. 즉 신성한 지성의 힘은 공중에서 아무런 접촉 없이 만물에 작용하지 않고, 반드시 몸체를 통해 몸체로 전하기 때문입니다. 스토아학파는 두 가지 원리로 신성한 힘이 작동한다고 하는데, 신은 능동적인 원리이고, 물질은 수동적인 원리라고 합니다. 그런데 두 원리 모두 몸체에 작동하기 위해서는, 물질일 수밖에 없습니다. 즉 신성한 힘도 몸체를 빌려야만 작동할 수 있습니다.

그런데, 우주에서 특별한 지위에 있는 두 가지가 있습니다. 하나는 천체이고, 다른 하나는 인간 영혼입니다. 이 두 가지에 특별히 성스러운 합리성이 집중된다고 하는데, 인간 영혼은 이런 의미에서 특권이 있습니다. 즉 우주의 부분이라기보다는 특권으로 신과 연합이나 동맹이라 할 수 있는 관계입니다. 세계를 지배하는 합리성, 질서를 함께 나누는 관계로 상호 의존한다고 할 수 있습니다. 물론 스토아학파에게 우주, 신, 자연은 하나이기에, 인간은 합리성으로 그 우주, 신, 자연과 연합합니다.

합리성을 특징으로 하는 이런 자연을 따르고, 자연과 일치하는 삶을 추구하는 바가 스토아학파의 윤리학입니다. 즉 인간에게는 덕에 관한 타고난 성향이 있고, 좋음이란 개념 역시 인간에게 자연스럽다고 합니다. 다시 말해서, 인간은 원래 덕을 추구하기 때문에, 덕을 갖춘 삶이 곧 행복입니다. 그렇다면, 왜 덕인가? 하는 문제가 생깁니다. 아마도 소크라테스의 전통으로 보입니다. 즉 플라톤의 대화에서 자주 등장하는 덕이 스토아학파가 말하는 덕과 매우 유사합니다. 수단이 아니라 덕 자체를 추구하는 자세를 말합니다. 그런데 그들이 말하는 덕은 물론 에피쿠로스처럼 도구로서의 덕은 아닙니다. 훨씬 강한 의미입니다. 즉 덕이 없는 사람이 행한 행위는 비록 적절하다 해도, 결코 올바른 행위가 되지 않기 때문입니다. 왜냐하면, 동물도 환경에 맞는 적절한 행위를 하지만, 스토아철학의 가치를 모르기 때문에 올바른 행위를 하지는 못하기 때문입니다. 같은 행위라 해도, 덕이 있는 사람이 해야, 올바른 행위가 된다는 주장은 과해 보이지만, 현명한 사람만 덕을 갖출 수 있다는 주장을 보면, 이해할 수도 있습니다. 즉 현명한 사람은 옳고 그른 행위를 가릴 수 있는데, 이런 능력은 이성을 통해 습득할 수 있기 때문입니다. 우주와 인간이 합리성을 공유하므로, 이성을 통해 알지 못하면, 올바른 행위를 할 수 없다는 의미입니다.

행위자가 스토아학파 윤리학의 중심입니다. 즉 행위자에게 이로움을 주어야 하는데, 덕이 유일한 후보입니다. 즉 덕을 행하지 않으면, 행위자 자신에게 이롭지 않다고 합니다. 그렇다면, 어떤 행위가 주어진 본성 즉 덕을 행하고자 하는 인간 성향과 일치할까요? 우선 어떤 선택을 해도 차이가 나지 않는 행위가 있습니다. 돈이나 건강입니다. 돈이 많든 적든, 건강하든 그렇지 않든 상관이 없습니다. 왜냐하면, 돈이나 건강은 영혼에 악이나 덕을 일으키지는 않기 때문입니다. 돈이 있다고 해서 더 악해지거나 덕이 더 생기지도 않으며, 건강이 나쁘다고 해서 악해지지는 않기 때문입니다. 어떤 선택을 해도 영혼과는 상관없는 대상입니다. 이에 반해, 좋음은 사람을 좋은 사람으로 만들고, 악이 될 수 없으며, 악에서 나올 수도 없고, 좋음을 추구하는 우리를 악으로 인도하지도 않는다고 합니다. 이런 기준에 맞으면, 득이 될 수 있습니다. 스토아학파는 돈이나 건강을 선호하는 대상이라 부릅니다. 이에 반해, 덕은 좋은 대상이라 부릅니다. 이에 따르면, 선호하는 대상에는 부, 건강, 행운 등이 있습니다. 하지만 선호하는 대상도 행위자가 어떻게 사용하느냐에 따라, 좋은 대상이 될 수 있다고 합니다. 고통이나 가난도 행위자에게 해가 되지 않는다고도 합니다. 모두 행위자가 과연 덕을 갖춘 사람이냐에 달려 있기 때문입니다. 행위자가 선과 악, 옳고 그름을 구별할 수 있다면, 어떻게 하느냐에 따라 선호 대상도 좋은 대상이 될 수 있습니다. 따라서, 행위자가 먼저 덕을 갖춰야 합니다. 이런 논리라면, 덕을 갖추지 못한 사람은 바보이거나 악인이 되겠지요. 얼핏 보기에 스토아학파는 세상과 거리를 둔 은둔자의 모습이지만, 그들의 철학은 심하게 배운 사람 위주입니다. 이런 특징은 소크라테스에게서 나오지 않았나 합니다. 그는 알지 못하기 때문에 사람들은 악을 저지른다고 주장했으니까요.

　이성을 중시하는 스토아학파의 자세는 격한 감정을 다루는 데서도 알 수 있습니다. 그들은 격한 감정으로 공포, 욕망, 고통, 쾌락 네 가지를 듭니다. 이 가운데, 공포와 욕망은 주된 격한 감정이고, 고통과 쾌락은 외부 자극에 대한 반응으로 주된 지위는 아닙니다. 주된 지위냐 아니냐를 가르는 기준은 이 감정들이 미래의 선과 악에 미치는 영향 크기입니다. 즉 공포와 욕망은 자극에 대해 반응하는 고통과 쾌락보다 선과 악에 미치는 영향이 크기 때문에, 주된 지위를 차지합니다. 그런데, 이런 감정들은 가치에 대한 잘못된 판단에서 비롯되었다고 봅니다. 즉 잘못 알았기에, 공포와 욕망이 격해져 선과 악에 대해, 판단을 올바로 못한다는 겁니다. 따라서 믿음을 교정하면, 이런 잘못에서 벗어날 수 있습니다. 왜냐하면, 이런 격한 감정들은 비이성적이고 지나치기 때문입니다. 그리고, 그들은 인지와 감정을 구별하지 않습니다. 이성과 감정의 구별에 반대합니다. 즉 이성이 중심이기에, 감정의 잘못은 언제나 이성을 통해 바로잡을 수 있다고 여겼습니다.

이성의 역할을 강조하고 있는 스토아학파는 인간이 발전한다고 생각합니다. 즉 본성으로 자기 보존을 으뜸으로 여기지만, 자라면서 점차 영혼이 발전한다는 겁니다. 다시 말해, 어렸을 때는 자기 사랑이, 어른이 되면 덕이 본성이 된다고 합니다. 따라서 영혼을 발전시키는 교육에 많은 관심을 기울입니다. 때때로 스토아학파 발언이 혼돈을 주는 데는 교육용이 존재하기 때문이기도 합니다.

감각 지각에서 지식이 시작된다고 스토아학파는 말합니다. 즉 감각 지각에서 인상으로, 인상에서 지성으로, 지성에서 언어적 표현으로 진행한다고 주장합니다. 그런데 이런 주장을 내놓은 이유 가운데 하나는, 당시 회의주의자의 공격이 거셌기 때문입니다. 즉 옛날에는 지식이 무엇인지를 놓고 논쟁했다면, 회의주의자는 과연 지식이 가능한가를 물었기 때문입니다. 따라서 지식이 어떻게 가능한가에 대해 답을 해야 했습니다. 스토아학파의 경우, 감각 지각 다음 단계인 인상이 회의주의자의 공격을 받았습니다.

15
회의주의자

플라톤의 대화집을 보면, 소크라테스가 질문을 던지고, 운이 없는 사람이 답을 하고, 그 답에 다시 질문하고. 이런 과정이 계속됩니다. 그리하여, 결국에는 운이 없는 사람은 자신이 아무것도 모른다는 사실을 인정하고 끝납니다. 산파술이라 하는 이 방법은, 무지를 일깨우는 효과가 있을지는 몰라도, 아무것도 증명하지는 못합니다. 즉 소크라테스의 논변이 옳다고 증명하지 못합니다. 어느 쪽도 자신의 주장을 증명하지 못한 채, 이것도 저것도 아닌 채로, 운이 없는 사람이 무지한 사실만 확인하고 끝납니다. 그렇다면, 소크라테스는 무엇인가를 알고 있나요? 그 역시 무지만 일깨우는 재주만 있을 뿐, 역시 무지하지 않을까요? 그렇다면 지식은 어디에 있나요?

플라톤이 세운 아카데미의 원장인 아르케실라오스는 이런 점에 의문을 품고, 회의론을 주장했습니다. 즉 이러지도 저러지도 못하는 곤경에 빠진 상황을, 회의론이라 불렀을지도 모릅니다. 이런 회의론은 스토아학파의 인상에 대한 공격을 보면, 좀 더 분명히 알 수 있습니다. 즉 아카데미 회의론자는 스토아학파의 지식 형성 과정에서 지각 감각에서 인상, 인상에서 지성으로, 지성에서 언어적 표현으로 전개된다고 하였는데, 인상이 수상하다고 합니다. 왜냐하면, 인상 바로 다음 단계는 지성으로, 믿음에 해당합니다. 그런데 단순한 의견이 아닌 참인 지식이 되려면, 인상이 믿을 만해야 합니다. 그런데, 감각에서 오는 인상이 어떤 근거로 믿을 만할까요? 이에 대해, 스토아학파는 사실을 담고 있는 인상이 참이고, 그런 인상에 대해 동의하기 때문에, 믿을 만하고, 따라서 단순한 의견에 그치지 않는다고 주장합니다. 물론 사실을 담지 않은 인상이 있으며, 그런 인상을 구별해 낼 수 있다고 합니다. 하지만, 아카데미 회의론자는 그런 구별은 가능하지 않으므로, 우리가 할 수 있는 일은 판단을 중지하는 일이며, 그것이 현명하다고 말합니다.

이런 회의론이 유일한 회의론이 아닙니다. 독단론에 대한 비판에서 시작한 퓌론주의가 있습니다. 독단론은 적어도 몇몇 질문에 대해서는 답을 찾았다고 주장합니다. 소요학파, 에피쿠로스, 스토아학파가 여기 속합니다. 또 다른 독단론은, 질문에 답을 찾을 수 없고, 진리는 알 수 없다고 하는 아카데미 회의론입니다. 그리고 퓌론은 둘 다 비판하면서, 진리 탐구를 계속하겠다고 합니다. 즉 퓌론은 알 수 있다, 알 수 없다는 두 주장, 모두를 독단이라 여기고, 자신은 계속하겠다고 합니다. 이런 의미에서 퓌론을 회의주의자가 아니라 탐구자라고 불러야 한다고도 합니다. 하지만, 그는 우리가 아무것도 알 수 없다면, 우리의 믿음은 단순히 의견일 뿐만 아니라, 모든 믿음에 관해 판단 유예를 해야만 하고, 어떠한 믿음도 가져서는 안 된다고 말합니다. 하지만, 유의할 점은, 그가 사물은 선도 악도 아니며, 사람은 관습과 습관에 따라 행위할 뿐이라고 하면서, 사물은 이것도 저것도 아니라고 말했다는 점입니다. 즉 그는 사물이 선인지 악인지, 이것인지 저것인지 알 수 없기에, 판단을 유예해야만 한다고 하지 않았습니다. 우리가 알 수 없는 게 아니라 실제로 사물은 선도 악도 아니기 때문입니다. 그렇다면, 그에게는 분명히 아는 지식이 있었습니다.

섹스투스는 퓌론주의자인데, 그는 논쟁거리인 인상에 대해 그것이 참인지 아닌지는 알 수 없다 해도, 독단이 아니라면, 즉 참이라고 말하지 않는다면, 어쩔 수 없이 가질 수밖에 없으며, 삶의 안내자가 될 수 있다고 말합니다. 즉 인상이 참인지 아닌지 따질 필요가 없다는 겁니다. 그냥 어쩔 수 없는 과정이라면, 받아들이고 살면 된다는 의미입니다. 그런 상태에서 얻을 수 있는 바를 얻는 전략이 행복이라고 합니다. 그는 논쟁으로 해결할 수 없는 문제를 안고 살아갈 필요가 없다고 합니다. 사람은 질병에 대해 여전히 걱정합니다. 하지만 질병이 악인지, 혹은 질병으로 죽은 후에는 어떤 자세를 취해야 하는지 등은 만들어서 걱정할 필요가 없다는 겁니다. 감각 지각이 인상이 되는지, 인상은 사실을 담고 있는지, 이런 걱정 없이도 잘 살 수 있다는 의미입니다. 회의론은 2세기 무렵에는 매력을 잃게 되고, 3세기에는 거의 사라집니다.

16
마법

기원후 2세기 무렵 스토아학파는 살아남았지만, 에피쿠로스학파는 거의 사라졌습니다. 에피쿠로스학파는 아리스토텔레스나 플라톤주의에 흡수되었고, 스토아학파도 살아남기는 했지만, 관심사는 사변이 아니라 실제 생활이나 실용으로 바뀌었습니다. 세네카, 마르쿠스 아우렐리우스 등의 스토아학파도 실제 생활에 관련된 주제를 주로 다루었습니다. 이는 당시 시대와 관련 있어 보입니다. 이 당시 초월 신, 신의 섭리, 불가피한 운명, 죽지 않는 영혼 등이 관심을 끌고 있었습니다. 즉 신은 예전처럼 세계의 일부이거나 세계에 내재하지 않고, 세계와는 동떨어진 존재가 되기 시작했습니다. 따라서, 이제 세계는 질서만으로 생각하지 않게 되었습니다. 이 세계와는 다른 세계가 존재한다는 믿음이 기원후 1세기에, 본격 등장했습니다. 피타고라스학파가 다시 등장하였고, 악마학, 마법, 점, 점성술 등이 널리 퍼졌습니다.

이런 시대는 플라톤에게 유리했습니다. 플라톤은 이 세상은 가짜이고 그림자에 지나지 않으며, 진짜 세계는 다른 세계에 있으며, 사후 세계가 있다고 믿었습니다. 아리스토텔레스나 에피쿠로스에게는 이런 세계는 없습니다. 자연히 그들은 자리를 잃게 됩니다. 스토아학파는 마법이나 점성술, 악마, 신의 섭리를 용인함으로써 살아남습니다. 이제 중심은 플라톤으로 이동했으며, 심지어 플라톤은 권위자 자리에 오릅니다. 그의 저작을 신성하게 여겨, 철학이 아니라 문헌학이라는 말을 들을 정도였다고 합니다. 플라톤이 중심이 된 후, 다른 철학자의 이론이나 심지어 이교도의 가르침도 경계를 넘어 섞이게 됩니다. 즉 플라톤주의의 초월 신이나 사후 세계, 다른 세계의 영적 존재를 중심으로 절충주의가 새롭게 시작합니다. 기원전 155년 아테네에서 로마로 사절단을 파견하였습니다. 아카데미, 스토아학파, 그리고 소요학파로 구성된 사절단은 벌금 경감을 목표로 하는 당대 최고 지식인 집단이었습니다. 즉 당시 아테네는 철학의 중심지였습니다. 하지만 1세기 후에는 아테네에 철학자가 없었습니다. 철학자는 로마, 알렉산드리아, 그리고 로도스에 있었고, 특히 로마는 기원전 1세기에서 기원후 3세기까지 철학 중심지였습니다. 3세기 후반이 되면, 플라톤주의가 확고한 우위를 차지하게 되었고, 이후로는 플라톤주의와 기독교의 관계 정립이 시작되었습니다.

17
플로티노스

근대 철학자 버클리와 헤겔은 프로클로스의 팬이었고, 베르그송은 플로티노스의 팬이었다고 합니다. 꽤 시간 차이가 있습니다. 그는 3세기에 활동했고, 베르그송은 19~20세기 인물이니까요. 하지만, 유럽 철학계는 플로티노스를 대표로 하는 신플라톤주의를 대체로 평가 절하하였거나, 애써 외면하려 하였습니다. 요즘 나온 헤겔 평전에서 프로클로스란 이름을 찾을 수 없습니다. 그 이유는 그가 이교도이고, 비전주의를 열심히 옹호했기 때문으로 보입니다. 그는 마법, 점성술, 미신, 동양의 이교도, 절충주의, 마술 등을 옹호하거나 영향을 받았기에, 후대 철학자들의 평가가 낮아졌을 겁니다. 하지만, 당시 로마에서는 마법, 미신이 일상생활의 부분이었습니다. 그를 몹시 싫어한 마법사가 그에게 저주를 걸었지만, 오히려 마법사가 마법에 걸렸다는 이야기도 있으며, 친구가 그를 초대해 그의 수호신을 불러냈는데, 나타난 수호신이 소소한 악마가 아니라 진짜 신이었다는 이야기도 있습니다. 이런 분위기는, 기원전 5세기쯤 어떤 사람에게 적이 곡물과 사람에게 주술을 건다면, 무엇을 하겠냐고 물으니, 지는 게 유일한 방법이라 답하는 이야기가 역사서에 나올 정도

이니, 그냥 지어낸 이야기는 아니라고 생각합니다.

플로티노스 철학의 뼈대는 형이상학입니다. 형이상학을 중심으로 다른 작업을 하는데, 형이상학은 실체의 단계로 이루어집니다. 즉 세계를 지성으로 이해할 수 있는 지성 세계와 감각으로 파악할 수 있는 감각 세계로 나눕니다. 지성계에는 유일한 하나, 지성, 그리고 영혼이 속하고, 감각계에는 자연이 속하는데, 자연은 다시 세계영혼과 개인 영혼, 유기체, 육신 그리고 질료로 등급이 나뉩니다. 얼핏 보면, 지성 세계와 감각 세계로 된 이원론으로 보이지만, 그에게는 지성 세계만이 실제로 존재합니다. 즉 지성 세계에 속하는 유일한 하나, 지성 그리고 영혼이 존재입니다. 감각 세계는 엄밀히 말하자면, 환상입니다. 즉 존재가 아닙니다. 이런 종류의 이원론이라면, 충분히 플라톤주의자라 할 수 있을 겁니다.

플로티노스가 유일한 하나, 지성, 영혼, 자연으로 단계를 나누는 기준은 단일성입니다. 즉 대상과 대상이 아닌 것을 나누는 기준은 그것이 단일성을 갖고 있느냐의 여부입니다. 어떤 것이 개체가 되는 이유는 그것을 단일한 것으로 만들어 주는 무엇이 있기 때문입니다. 사람을 예로 들면, 홍길동이 개인이 되는 이유는 그의 영혼이 그 유기체에 단일한 영혼을 부여하기 때문입니다. 그의 육신의 각 부분이 서로 다른 역할을 하고, 서로 실제로 달라도, 홍길동이라는 단일성을 유지하는 바는, 오로지 영혼이 그 많은 다름을 하나로 통일하기 때문입니다. 그 덕에 어떤 대상이 단일성을 유지한다고 그는 말합니다. 즉 단일성이란, 하나로 만드는 성질, 통일성 등으로 설명할 수 있습니다. 그리하여, 그는 존재는 하나의 대상이 되는 바이며, 통일되는 것이기에, 통일이 되면 될수록, 더 높은 존재가 된다고 말합니다. 그리하여, 가장 높은 존재가 유일한 하나입니다.

유일한 하나를 포함한 지성 세계는 공간을 차지하지 않습니다. 이에 반해, 감각 세계는 공간을 차지합니다. 공간을 차지하기에 감각에 노출되어 있습니다. 이에 반해, 지성 세계는 감각으로는 파악할 수 없습니다. 그렇다면, 어떻게 이런 세계가 있다는 걸 알 수 있을까요? 그것은 영혼 덕이라고 합니다. 영혼이 자연 세계에 영향을 끼쳐, 자연 세계에 속하는 유기체 가운데 인간이 그 영향으로 지성 세계의 존재를 알게 된다고 합니다. 그리하여, 감각 기관은 지성 세계와 감각 세계를 잇는 교차로 역할을 합니다. 즉 영혼이 외부 사물을 내면화 즉 자신의 것으로 만든다고 합니다. 영혼의 이런 역할은 지성 세계와 감각 세계를 나누는 이원론에서는 피할 수 없는 과제입니다. 즉 지성 세계와 감각 세계는 전혀 공유하는 바가 없는 별개의 세계입니다. 그런데, 현실에서는 관계를 맺고 있지 않습니까. 정신과 육신의 관계와 비슷해 보입니다. 그렇다면, 전혀 다른 세계가 어떻게 관계를 맺느냐 하는 문제를 해결해야만 합니다. 플로티노스는 육신의 감각 기관을 통해 해결하려 합니다. 이 문제를 해결하기 위해 프로클로스는 좀 더 정교한 해법을 내놓습니다.

영혼이 감각 세계와 직접 접촉한다면, 지성은 영혼의 바로 위 단계로, 플라톤의 관념과 같은 역할을 합니다. 또한, 아리스토텔레스의 신이나 활동하는 성과도 비슷합니다. 즉 자신은 아무것도 하지 않지만, 생각만으로 세계를 움직이게 하는 역할입니다. 물론 공간을 차지하지 않고, 단지 지성이나 형상만으로 이루어집니다. 그렇다면, 왜 유일한 하나보다 아래 단계인가? 이에 대해, 그는 지성은 개념이기는 하지만, 생각과 생각 대상이 구별되기 때문에, 유일한 하나보다 아래 단계라고 합니다. 다시 말해서, 단일성이 완전하게 유지되지 않는다는 겁니다. 구별이 있다면, 구별이 없는 경우보다, 단일성에서 떨어지기 때문에, 유일한 하나는 아닙니다. 하지만, 지성 단계에서는 존재론과 인식론은 구별되지 않고 하나입니다. 왜냐하면, 개념으로만 생각과 생각 대상이 구별될 뿐, 실제로는 관념이 지성 안에 들어가기 때문에, 어떤 대상을 어떻게 아느냐 하는 문제는 애초에 생기지 않기 때문입니다. 우리처럼, 대상을 인상으로만 받아들인다면, 실체인 형상을 알 수 없게 되는데, 이는 곤란합니다. 따라서, 지성은 형상을 처음부터 내장하고 있어야 합니다. 거기에 더 나아가, 아예 대상과 아는 과정이 하나가 되어, 그런 과정을 겪지 않아야 합니다. 즉 있는 게 아는 게 됩니다. 따라서, 생각을 따로 할 필요가 없습니다. 우리는 생각이 먼저 있고, 그 생각을 전하는 수단인 말을 갖고 있으나, 지성은 그런 매개체를 가질 필요가 없습니다. 생각이 곧 존재이기 때문입니다. 우리가 생각하고 추론하는 이유는, 대상과 생각이 일치하지 않기에, 그 틈을 메우려 하기 때문입니다. 태양을 보고, 태양이라고 생각해야만 합니다. 태양이라는 말이 사이에 필요하지요. 하지만, 생각과 존재가 일치한다면, 태양을 보고 생각할 필요가 없겠지요. 상상하기는 어렵지만, 그럴 수 있어 보입니다.

유일한 하나는 단순하고 유일합니다. 단일성이 완전하므

로, 어떤 변형이나 한계도 없습니다. 이런 단일성은 인간의 생각을 초월하기에, 기술하기 불가능합니다. 왜냐하면, 인간의 생각은 언제나 두 개 이상의 복합체이기 때문입니다. 예를 들어, 태양은 뜨겁다, 이 표현은 〈태양〉과 〈뜨겁다〉로 이루어집니다. 즉 구별되는 것들의 합입니다. 그런데, 유일한 하나는 완전한 단일성을 갖고 있기에, 구별되지 않습니다. 따라서, 언어로 기술할 수 없습니다. 〈유일한 하나〉라는 이름도 사실은 이름이 아니겠지요. 이름을 붙일 수 없는 존재라고나 할 수 있을까요. 아니, 존재라는 말도 어울리지 않아 보입니다. 즉 유일한 하나는 인간 개념을 초월합니다. 그렇다면, 이런 유일한 하나를 어떻게 알 수 있을까요? 이에 대해, 그는 그런 유일한 하나와의 결합이 가능하다고 합니다. 하지만, 방법은 철학을 통해서는 아닙니다. 철학은 개념을 이용한 추론 작업이기에, 이런 방식으로는 유일한 하나와 결합할 수는 없겠지요. 따라서, 이성이 아닌 방식 즉 신비주의 방식을 택할 수밖에 없습니다.

유일한 하나에서 질료에 이르는 단계는 위에서 아래로 진행됩니다. 즉 유일한 하나에서 지성이 생겨나고, 지성에서 영혼으로, 그리고 영혼에서 자연으로 물이 위에서 아래로 흐르듯이, 혹은 빛이 위에서 아래로 비추듯이 진행된다고 합니다. 이런 주장을 유출설이라고 하는데, 한 방향의 흐름만 떠올리게 하는 단점이 있습니다. 즉, 위에서 아래로만 행해진다는 인상을 줍니다. 물론 틀린 인상이 아닙니다. 유일한 하나는 정신을 낳습니다. 그런데, 생성 과정을 통해 원인인 유일한 정신은 아무것도 잃지 않습니다. 자신은 항상 그대로이면서, 밑으로는 단계를 만듭니다.

따라서 일방으로 보입니다. 불을 예로 들어 설명합니다. 불은 뜨겁습니다. 이 뜨거움이 언 손을 녹입니다. 불의 뜨거움은 안의 작용이고, 그 뜨거움으로 언 손을 녹이는 바는 밖의 작용이라고 합니다. 우리는 밖의 작용에 보통 주목하지요. 이런 식으로 유일한 하나의 밖의 작용은 정신이 되고, 정신의 밖의 작용은 영혼이 되며, 영혼의 밖의 작용은 자연이 됩니다.

    하지만, 이것으로 끝이 아닙니다. 안의 작용을 주목할 필요가 있습니다. 플로티노스는 존재 단계가 역방향으로 진행한다고 말합니다. 즉 낮은 단계의 존재는 자신의 원천인 높은 단계로 돌아가려는 성향이 있다는 겁니다. 유일한 하나의 밖의 작용은 지성의 안의 작용이 되고, 지성의 밖의 작용은 영혼이 됩니다. 그런데, 지성을 보면, 지성의 밖의 작용은 영혼이지만, 안의 작용은 〈유일한 하나〉에 대한 생각입니다. 왜냐하면, 유일한 하나가 자신의 원천이기 때문입니다. 즉, 안으로는 자신의 원천이 위 단계를 생각하고, 밖으로는 아래 단계를 생산하는 구조입니다. 이런 흐름은 그의 형이상학 체계 전체에 해당합니다. 즉 맨 아래 단계인 질료는 스스로 다른 대상을 생산하지 못하므로, 가장 밑에 있는 겁니다. 이렇게 따지면, 유일한 하나는 이 체계 전체에 영향을 준다고 할 수 있습니다. 단계를 거치기는 하지만, 단계가 지날수록 유일한 하나의 힘이 약해지지만, 모든 대상에 퍼져 있다고 할 수 있습니다. 즉, 유일한 하나도, 정신도, 영혼도 만물에 있다고 그는 주장합니다.

    여기에서 그는 흥미로운 주장을 합니다. 유일한 하나에서 모든 대상이 나오고, 유일한 하나가 모든 대상에 깃들어 있다고 하는데, 그 전개 과정에서 유일한 하나의 이미지나 표현이 나온다고 합니다. 즉 정신은 유일한 하나는 아니지만, 유일한 하나에서 나오고 유일한 하나를 생각하기에, 유일한 하나의 이미지나 거울이라고 할 수 있다는 겁니다. 그렇게 하면, 자연은 영혼의 이미지나 거울이라고 할 수 있겠지요. 유일한 하나는 정신, 영혼, 자연을 통해 자신을 전개한다고 할 수 있습니다. 감각 세계에서 구체적으로 전개되는 바를 볼 수 있습니다. 이런 주장은 영원과 시간을 나누는 데서도 분명히 알 수 있습니다. 즉 그는 영원은 존재에 속하고, 존재 안에 있는데, 공간을 차지하지 않고, 틈도 없이, 한꺼번에 충만하게 있다고 합니다. 한마디로, 지성 세계에 속합니다. 이에 반해, 시간은 변화 속에 있는 영혼의 삶이라고 합니다. 즉 감각 세계에 속합니다. 따라서, 시간은 영원의 이미지로 영혼의 단계에 속합니다. 이런 감각 세계에서 영원이 지성 세계에서 갖는 바를 전개한다는 겁니다. 그런데, 이런 반론이 가능합니다. 결국 이 세계는 진짜 세계의 거울 이미지에 지나지 않는 게 아닌가. 플라톤의 그림자와 다를 게 없다는 비판입니다. 그런 면이 있습니다. 하지만, 거울 이미지가 환상은 아닙니다. 실재의 이미지일 뿐이지만, 실재와 무관하게 자신이 만들어 낸 환상은 아닙니다.

　유일한 하나는 플라톤의 형상처럼 좋음과 일치합니다. 즉 유일한 하나와 좋음은 구분이 없습니다. 이런 좋음은 위의 체계에 따르면, 밑의 자연에도 미칩니다. 비록 밑으로 갈수록, 약해지기는 해도, 여전히 영향을 미칩니다. 왜 죽은 사람보다 산 사람이 더 아름다운가, 하는 문제의 답을 그는 이런 구조에서 찾습니다. 막 죽은 사람 즉, 살이 썩지 않고 상하지도 않은 사람의 얼굴은 산 사람의 얼굴과 다를 게 없다고 합니다. 그런데, 죽은 사람의 얼굴보다 산 사람의 얼굴이 더 아름답다고 하는 이유는, 산 사람은 죽은 사람이 갖지 못한 영혼이 있기 때문이라고 합니다. 즉 산 사람이 더 높은 단계에 있어, 더 좋음을 닮았고 더 좋음의 영향을 받았기 때문입니다. 한마디로, 좋음에 가까울수록 더 아름답습니다. 산 사람의 얼굴이나 죽은 사람의 얼굴이나 대칭에서는 차이가 없습니다. 그러니, 대칭이 아름다움의 원인이라고 할 수 없습니다. 원인은 다른 데 있다는 거죠.

　이런 태도는 플라톤의 예술론과는 크게 다릅니다. 플라톤은 예술가를 그림자의 그림자를 추구한다고 비난하였지만, 플로티노스는 이 세계도 약하나마 좋음의 빛이 머무는 곳이기에, 예술은 자연과 함께 존재한다고 말합니다. 오히려, 예술가를 높게 평가합니다. 왜냐하면, 예술가는 지성 세계를 엿보고 그것을 이용해 감각 세계를 표현하기 때문입니다. 인간은 영혼을 갖고 있기에, 지성 세계와 감각 세계의 경계에 있다고 할 수 있습니다. 앞서 말한 대로, 인간 영혼은 밖으로는 표현하지만, 안으로는 자신의 원천인 지성 세계를 생각하고 있습니다. 예술가는 이 경계의 끝에 서 있다고 할 수 있습니다. 지성 세계에 대한 앎은 참된 삶이고, 인생의 적절한 목표이기에, 예술가들이 지성 세계를 나타내고 있다면, 바람직하고 참되겠지요. 이런 의미에서, 예술가는 작은 데미우르고스 즉 작은 창조자라 할 수도 있습니다. 이런 주장은 신이 직접 세계를 창조했다는 성경이나 쿠란과는 크게 다릅니다. 즉 플로티노스는 직접 창조가 아니라 매개가 있는 자연 세계 창조를 말합니다. 신이 스스로 자의에 의해, 직접 자연을 만들지는 않았다고 합니다.

플로티노스가 싫어한 영지주의는 자연을 실패작으로 여깁니다. 즉 무지한 신의 잘못된 작품이라고 합니다. 따라서, 이런 사실을 깨달은 소수의 엘리트가 육신의 감옥에서 영혼을 벗어나게 하는 일을 자신들의 사명이라고 합니다. 소수의 엘리트는 선택받은 자의 느낌이 납니다. 이를 매우 싫어하는 플로티노스는 자연 세계의 세부에 불완전한 점이 있다 해도, 전체로 보아서는 완전하다고 여기고, 또한 물질세계가 인간 영혼에 위협하지만, 물리칠 수 있다고 말합니다. 이런 주장은 그대로 악의 문제에 적용할 수 있습니다. 그는 악행이 존재한다고 인정합니다. 하지만 악은 존재하지 않는다고 합니다. 왜냐하면, 유일한 하나는 좋음이고, 모든 것은, 좋음에서 나오기에, 자연에 악이 존재할 수 없기 때문입니다. 즉 좋음이 존재라면, 악은 무입니다. 즉 존재하지 않습니다. 자연이 존재의 마지막 단계이지만, 여전히 좋음의 영향이 미치는 세계입니다. 여기에 좋음이 전혀 없는 악이 존재할 수는 없습니다. 어떤 경우에도, 어떤 행위에도 선은 남아 있습니다. 따라서, 전체로 보아서는 선이지만, 세부에는 구멍 뚫린 스위스 치즈처럼 악행이 있습니다. 즉 악행은 존재가 부족한 상태입니다. 그리고 악행이 인간의 영혼을 위협하지만, 인간은 충분히 악행을 물리칠 수 있습니다.

덕을 빼놓을 수는 없을 겁니다. 그도 덕에 대해 말했습니다. 세 가지 덕을 말하는데, 정치, 영혼 정화, 그리고 지성 단계에 있는 덕의 원형입니다. 그런데, 이런 덕을 행복과 함께 다룹니다.

왜냐하면, 덕과 행복은 지성에 속하는 삶이 참된 삶이고 인간의 고유한 목표라는 입장에서 나오기 때문입니다. 인간 행복은 지성의 삶이어야 좋은 삶이라는 그의 생각이 덕이나 행복의 바탕입니다.

플로티노스는 기원후 270년 죽음을 맞이했습니다. 곁에 앉아 있던 친구에게 신이 돌아오게 해보라고 하였는데, 때마침 뱀이 꿈틀거리며 벽에 있는 구멍을 통해 나갔습니다. 마치 그가 칭칭 감긴 죽음의 끈을 벗어 던지는 듯하였습니다. 이런 장면은 후기 고대 철학의 임종 장면의 상징입니다. 육신을 벗어 던지고, 육신에서 해방되어 지성 세계로 향하는 모습이 당대 철학자의 바람이었나 봅니다. 그는 로마에서 가까운 캄파니아에서 죽었습니다.

18
포르피리오스

플로티노스의 제자로 알려진 포르피리오스는 기독교 혐오로 유명합니다. 그는 기독교가 비합리라는 이유로 아주 싫어했다고 하는데, 요나의 고래 이야기 등이 그 근거라고 합니다. 하지만, 유대교는 존중했습니다. 유대교와 비교해 기독교가 족보가 약해서가 아니라, 합리성과는 거리가 멀다는 이유였다고 합니다. 그는 단호한 이교도였습니다. 이교도로서 플라톤 철학을 아리스토텔레스 철학과 처음으로 화해시키려 했습니다. 두 철학자가 겉보기와는 달리 일치한다고 주장했습니다. 특히 아리스토텔레스의 논리학에 공헌이 큽니다. 주석뿐만 아니라, 책『오르가논』을 철학 입문 맨 처음에 놓았습니다. 즉 철학을 배울 때, 첫 단계는 논리학이라는 전통은 중세를 거쳐 이후에도 계속 이어졌습니다. 그는 논리학을 형이상학이나 자연학 일부가 아니라, 독립 과목으로 여겼고, 자연에 대한 의미 표현이라 여겼습니다.
　그는 채식주의자였습니다. 스승인 플로티노스도 채식주의자였고, 피타고라스학파와 엠페도클레스도 마찬가지였습니다. 그런데, 그가 고기를 먹지 않은 이유는 고기가 맛있기 때문이었습니다. 이유는 맛있는 고기를 먹으면, 쾌락을 느끼는데, 쾌락은 영혼이 육신에서 벗어나는 일을 방해하기 때문입니다. 즉 참된 삶은 지성에 속하므로, 육신을 벗어나 지성 세계로 향해야 하는데, 맛있는 고기는 이를 방해하기에, 먹지 않는다고 하였습니다. 그는 쾌락을 못에 비유했고, 육신을 피부 옷이라 불렀습니다. 고기를 먹는 일은 피부 옷에 못을 박는 일입니다. 한편으로는, 고기가 비싸고 구하기 어려워서 그랬다는 말도 있습니다.

그는 동물도 이성이 있다고 주장했습니다. 스토아학파는 동물은 이성이 없기에, 정의가 해당하지 않는다고 했습니다. 논의 거리가 아니라는 의미이겠지요. 하지만 포르피리오스는 동물도 사람과는 정도의 차이가 있을지언정, 이성이 있다고 말했습니다. 따라서, 제단에 동물을 바치는 점은 인정할 수 있지만, 제단에 바쳐진 동물을 먹을 필요는 없다고 말합니다. 원래는 수확한 곡물을 제단에 바쳤지만, 흉작으로 곡물을 바치지 못할 때, 동물을 대신 바치는 일까지는 이해한다는 의미로 보입니다.

그의 이름 포르피리오스는 그리스어로 보랏빛이라는 의미라고 합니다. 즉 포르피리오스는 별명이지요. 그의 원래 이름은 왕이라는 뜻이었다고 합니다.

플로티노스 제자에는 포르피리오스와 함께 이암블리코스도 있습니다. 두 사람은 같이 여행하면서 공부하지 않았나 생각합니다. 그 역시 이교도이면서 플라톤주의자입니다. 그는 마법, 마술을 적극적으로 옹호했습니다. 지혜의 원형은 그리스가 아니라 이집트나 동방에서 왔는데, 그 중심에는 후에 비전주의 슈퍼스타가 되는 헤르메스 트리스메기스투스가 있습니다. 이 인물은 그리스의 헤르메스, 이집트의 토르와 같은 인물이라고도 하는데, 신화 속 인물입니다. 이 인물은 이성의 한계를 말하고, 신과 하나가 되는 방법은 마법이라고 주장합니다. 그는 신과 보통 사람 사이에는 중간 단계로 영웅이나 악마가 있다고 하면서, 우리 삶의 목적은 영혼의 정화인데, 이를 실현하기 위해서는 영웅이 되는 수밖에 없다고 합니다. 즉 영웅은 신과 보통 인간의 고리이기에, 영웅이 되면, 신과 같이 신성해진다고 여깁니다. 이런 영웅은 피타고라스나 플라톤 같은 사람으로, 정화된 순수한 영혼을 가졌기에, 신과 직접 소통할 수 있습니다. 하지만, 보통 사람은 영웅이 아니기에 그렇게 하지 못합니다. 따라서, 마법을 통해서만, 보통 사람은 영혼 정화, 신과의 소통을 이룰 수 있다고 합니다. 즉 의식을 시행할 때, 조각이 미소 짓고, 웃게 하는 일이 마법의 목적이 아니라는 겁니다. 의식을 통해 신을 인간의 땅으로 끌어내리는 일은 마법사의 일이 아닙니다. 보통 사람의 영혼을 정화하고, 다른 사람의 영혼도 정화하여, 그들을 신에게로 끌어올리는 일이 마법사의 일입니다. 마법이란 영어 단어 〈theurgy〉는 신을 만든다는 뜻이라고 합니다. 아마도 보통 사람을 신과 같은 존재로 만든다는 의미겠지요.

 프로클로스는 이암블리코스와 마찬가지로, 철학에서 얻은 지혜보다는 신과의 소통 기술에서 얻는 완전함에서 더 큰 행복을 느낀다고 주장합니다. 그도 당시 억압받는 이교도였으나, 플라톤학파의 우두머리였습니다. 그가 만든 체계는 후에 기독교 신학에 커다란 영향을 끼쳤다고 하니, 어찌 보면 복수에 성공했다고 할 수도 있습니다. 그는 삼중 구조로 유명합니다. 삼위일체와 비슷합니다. 플로티노스의 실체 단계를 그대로 받아들이면서, 그는 각 단계는 삼중 구조라고 주장합니다. 즉 유일한 하나는, 유일한 하나, 한정, 비한정으로 구성됩니다. 한정은 지성과 영혼을 통해 영혼과 육신에 영향을 주는데, 단일한 형태를 만들어 주는 역할, 즉 한정하는 역할을 합니다. 비한정은 육신이 여러 부분을 갖는다든지, 시간에 속한다든지 하는 하나가 아닌 여럿을 만드는 역할을 합니다. 그렇다면, 유일한 하나는 무엇을 하나요? 직접으로는 아무것도 안 합니다. 왜냐하면, 유일한 하나는 한정, 비한정과 달리, 완벽하게 초월한 상태이기에 자신의 손에 흙은 묻히지 않기 때문입니다. 그가 각 실체 단계를 셋으로 나누어, 역할을 분담하게 하여, 전체 구조가 틈 없이 하나로 빈 틈없이 메워지게 만들고자 했습니다. 반드시 단계를 연결하는 장치가 있습니다. 그러면서도, 고유함을 잃지 않는 구조를 만들었습니다. 유일한 하나는 자신의 지위를 지킵니다. 하지만 역할 분담을 통해, 아래 단계에 인과적 영향을 미칩니다. 이런 과정을 각 단계 모두에 적용합니다. 그리하여, 지성, 플라톤의 형상도 삼중 구조를 갖습니다. 참여하지 않은 플라톤의 형상, 참여하는 형상 즉 내재하는 형상, 그리고 물질로서 참여하는 참여자가 그것입니다. 사람의 형상, 육신에 내재하는 형상, 그리고 육신이 각각에 해당합니다. 휴지 / 과정 / 역전, 한정 / 무한 / 혼합, 실존 / 생명 / 생각, 크로노스 / 레아 / 제우스 등을 예로 듭니다. 모든 것이 세 박자로 춤을 추는 인상입니다.

　세계는 전체로 볼 때 선합니다. 악이 생기는 이유는 질료로 만들어졌기 때문인데, 질료로 만들어지면, 충돌을 피할 수 없기 때문입니다. 불은 좋습니다. 따듯하게 해주고, 음식을 익게 합니다. 기린도 좋은 동물입니다. 그런데, 초원에 불이 나면, 기린은 희생되고 맙니다. 둘 다 좋은 존재인데, 왜 이런 일이 일어나는가? 이에 대해, 그는 악은 좋은 대상에 기생한다고 말합니다. 즉 좋은 대상에 따라 생기고, 좋은 대상에 의존한다고 합니다. 왜냐하면, 세계는 좋고, 신성으로 가득하지만, 모든 시간, 모든 곳에서 공평하게 적용되지는 않기 때문입니다. 따라서, 그는 기도하고 의식을 거행하여, 신성이 이 세계에 더 분명하게 드러나게 해야 한다고 말합니다. 그 역시 철학보다는 마법이 더 신성에 다가갈 수 있다고 주장했습니다. 그는 자신을 게라사 출신 니코마코스의 환생이라 하였는데, 니코마코스는 초기 피타고라스학파 철학자이자 수학자였습니다.

19
아우구스티누스

알기 위해서는 믿으라고 말한 아우구스티누스는 철학보다는 삶으로 더 유명합니다. 어머니 모니카도 유명하며, 그가 마니교도였던 사실도 그렇습니다. 즉 그는 『고백록』으로 자신을 드러내어, 기독교를 꽤 인간 냄새가 나는 종교라는 인상을 남겼습니다. 『고백록』의 내용은 지나칠 정도로 솔직하여 감동을 주지만, 형식도 눈길을 끌었습니다. 즉 그전에는 찾아보기 힘든 일인칭 시점에서 종교와 철학을 이야기합니다. 보통은 다른 사람을 가르치는, 혹은 다른 사람에게 편지를 쓰는, 아니면 대화를 나누는 형식을 취하였는데, 자신의 고백이라는 일인칭 시점을 택했습니다. 물론 장점이 있습니다. 솔직하게 말할 수 있고, 내면의 이야기를 잘 할 수 있기에, 더 공감할 수 있습니다. 일인칭 시점을 택한 일이 그저 우연은 아니겠지요. 왜냐하면, 그의 철학을 두 가지로 요약한다면, 아마도 안의 사람, 혹은 안에 사는 사람과 삼위일체가 아닐까 생각하기 때문입니다. 한마디로, 안의 사람이 될 수 있을 겁니다. 즉 안의 사람이란 자신의 육신 안은 물론, 자신의 정신 안에 있는 사람을 말합니다. 즉 『고백록』은 자신의 육신이나 정신의 고백이 아니라, 그 안에 있는 사람의 고백이라는 생각이 듭니다.

　그는 아카데미 회의론자들이 당신이 틀렸을 수도 있지 않을까? 하고 공격하자, 내가 틀렸다면, 나는 존재한다, 왜냐하면, 존재하지 않는다면, 틀릴 수도 없으니까, 라고 답합니다. 이와 비슷한 논증은 후에 아비센나도 제시한 적이 있습니다. 즉 〈허공에 매달린 남자〉 논증이라 하는데, 허공에 매달려 있는 사람이 있는데, 외부 자극이 전혀 없습니다. 즉 감각 자극도 다른 신체 자극도 없습니다. 하지만, 이런 상황에서도 자신이 존재한다는 사실을 알 수 있다고 주장합니다. 그럼, 감각 자극이나 다른 자극이 없는데, 자신의 존재를 어떻게 알 수 있을까요? 현대에 제시된 〈병 속의 뇌〉라는 사고 실험은, 신체는 없이 뇌만 존재하고, 그 뇌에 전기 자극을 주는 상황이기에, 아비센나의 경우와 다릅니다. 아무런 자극 없이, 자신의 존재를 알 수 있다면, 그 방법은 무엇일까요? 아우구스티누스의 경우, 내가 존재한다고 할 때, 그 〈나〉는 무엇일까요?

　그는 외부 사실을 아는 과정을 다음과 같이 말합니다. 우리가 감각으로 사물을 지각할 때, 감각뿐 아니라, 마음도 함께 하는데, 마음은 지성과 이성으로 이루어집니다. 그런데, 우리가 그 사물을 즉각 알아차리는 바는, 진리의 안의 빛이 비치기 때문이라고 합니다. 즉 감각으로는 부족하고, 마음이 필요한데, 그 마음은 지성과 이성으로 이루어지며, 지성과 이성의 원천은 신이라고 주장합니다. 즉 신의 빛이 우리에게 바치는 덕에 우리가 사물을 인식할 수 있다는 겁니다. 플라톤처럼 우리가 기억을 상기함으로써 안다고 하지 않습니다. 여기에서 안의 사람, 진리의 안의 빛이란 표현은 흥미를 끕니다. 진리는 안에 있다는 표현이고 그 진리는 신에게서 온다는 의미로 보입니다. 이런 입장은 아리스토텔레스의 추상 이론과 경쟁할 수 있습니다. 아리스토텔레스의 추상 이론은 신의 도움 없이, 우리가 추상 개념에 이르는 과정을 보여 주기 때문입니다.

신의 존재 증명이나 신의 본성에 관한 아우구스티누스의 주장은 크게 새롭지는 않습니다. 즉 신의 정의로 신의 존재를 증명하거나, 신은 본질과 실존이 같다고 주장합니다. 우선, 신은 인간 마음보다 우위에 있고, 신보다 더 우위에 있는 존재는 없으므로, 신은 존재한다고 말합니다. 그리고 신에게 속성을 부여할 수 없다고 하면서, 그 이유로 신은 본질과 실존이 하나이기에, 그런 구분은 가능하지 않다고 합니다. 인간의 본질이 이성이라고 하지만, 인간은 무겁다, 크다, 하얗다 등 많은 속성이 있습니다. 즉 본질과 속성은 다릅니다. 하지만, 신에게는 이런 일이 일어나지 않습니다. 왜냐하면, 신은 단일하기 때문입니다. 즉 구분이 없으며, 부분을 갖지도 않기 때문입니다. 이런 논의는 아퀴나스에서 제대로 다루어집니다. 그런데, 아우구스티누스가 신을 정의할 때, 신과 진리를 같은 존재로 여깁니다. 즉 신이 진리라는 주장인데, 이 주장에 많은 사람이 고개를 갸웃했습니다. 혹시 진리의 안의 빛이 신에게서 왔기에, 진리와 신을 같은 존재로 보았을까요? 어떤 학자는 예수의 말로 위안으로 삼기도 합니다. 즉 내가 길이요, 진리요, 빛이라는 구절입니다.

악의 문제는 피해 갈 수 없습니다. 신은 선하고, 모두를 알고 어떤 일이든 할 수 있고, 어느 곳이든 존재하는데, 왜 악행이

이 세상에 있을까요? 신이 선하고, 모든 일을 미리 알고 있다면, 악행은 불가능해 보입니다. 이에 대해, 그는 인간의 자유의지를 원인으로 제시합니다. 즉 인간에게 자유의지가 없다면, 악행은 불가능하겠지만, 인간은 자유의지를 갖고 있기에, 악행을 행할 수 있다고 합니다. 대신, 신의 본성에 참여하라고 준 자유의지를 잘 사용해, 신의 본성에 참여한다면, 보상이 있지만, 잘못 사용하면, 그 대가를 치러야 한다고 말합니다. 그는 자유의지가 인간에게 허용된 의미를 돌멩이와 말에 빗대 말합니다. 즉 돌아다니는 말이 움직이지 못하는 돌멩이보다 낫다는 겁니다. 돌멩이는 감각도 없고 운동도 못 하기 때문입니다. 인간은 자유의지가 있기에, 말보다 낫다고 합니다. 그런데, 여기에서 자유의지는 마음으로 해석할 수 있습니다. 왜냐하면, 그에게 마음은 지성, 의지, 기억 모두를 뜻하기 때문입니다. 즉 인간은 마음이 있어, 악을 행할 수 있다, 신은 인간에게 그런 힘이 있다는 사실을 알고 있기에, 인간에게 자유를 주었다고 그는 말합니다. 그는 신플라톤주의에서 말하는 존재의 결핍이라든지 비존재라는 말은 하지 않습니다. 인간의 의지 문제라고 합니다. 즉 악의 원인이 인간에게 있다는 주장입니다.

그는 인간 마음이 지성, 의지, 그리고 기억으로 이루어진다고 합니다. 각각의 역할이 다르지만, 그는 세 가지 마음이 아니라, 하나의 마음이라고 주장합니다. 즉 셋으로 되어 있지만, 하나라는 겁니다. 죄도 세 가지로 이루어집니다. 즉 제안, 쾌락, 그리고 동의입니다. 여기에 좋은 냄새가 풍기는 고급 요리가 있습니다. 그것을 보니, 마음에 기쁨이 떠오릅니다. 먹고 싶은 욕망이 생기지만, 금식 기간이라 참아야만 합니다. 하지만, 먹고 싶은 욕망에 동의하면, 마음속으로 완전히 죄가 된다고 그는 말합니다. 그리고 겉으로는 어떠한 행위도 하지 않아서 사람들은 모르지만, 신은 알고 있다고 합니다. 즉 세 가지 요건을 갖추면, 실제로 아무런 행위를 하지 않아도, 완벽하게 죄가 된다고 주장합니다. 겉으로 드러나는 행위가 없어도, 마음속으로 세 가지를 모두 하면, 죄가 된다고 하여, 그의 윤리학을 안의 삶 윤리학이라고도 합니다. 즉 마음속으로 짓는 죄, 안의 사람이 짓는 죄를 말합니다.

그전에는 죄는 주로 행위를 보고 판단했습니다. 아우구스티누스처럼 오로지 마음속을 기준으로 죄를 판단하는 일은 흔하지 않았습니다. 그는 성경 『창세기』에 나오는 이브의 예를 듭니다. 유혹하는 뱀이 제안을, 그 제안에 알고 싶다는 기본 욕망에 기쁨을 느끼는 이브가 기쁨을, 그 제안을 이성으로 동조하는 아담이 동의를 맡았다고 합니다. 그리하여, 이들은 에덴동산에서 쫓겨나고, 죽음에 이르게 되었다고 합니다. 그리고, 이 일은 엄격히 정의에 부합한다고 하는데, 그 이유는 강제가 아닌 설득 즉 제안에서 시작되었기 때문입니다. 인간의 자유의지가 다시 등장합니다.

아우구티누스는 기독교를 옹호하였습니다. 신을 막연하게 유일한 하나가 아니라, 인간사에 세세하게 영향을 미치고, 율법을 내리고, 세계 역사를 이끌어 가는 존재로 옹호하였습니다. 그런데, 전에 있던 철학과 가장 크게 다른 점은 아마도 축복을 도입하였다는 사실이 아닐까 합니다. 즉 자신의 힘이 아니라, 신의 축복이 존재한다는 사실, 신의 축복이 없으면, 우리는 지식을 가질 수 없고, 신의 용서가 없다면, 죄에서 사면받을 수 없다는 사실 등을 알게 되었다고 합니다. 그전의 철학은 그 반대 방향이었습니다. 즉 모두를 자신의 힘으로 해결하라는 주문이었지요. 그 중심에 덕이 있습니다. 덕은 보통 절제, 용기 등을 포함하는데, 자신의 힘으로 쌓아야만 합니다. 아주 소수 사람만 성취할 수 있겠지요. 보통 사람은 그 덕이 무엇인지를 이해하는 일조차 힘겹습니다. 스토아학파는 역경을 견디라고 권합니다. 세상을 변화시킬 수 없다면, 자신을 변화시키라는 가르침도, 역시 힘든 과제입니다. 차라리 세상을 변화시키는 쪽이 더 쉽지 않을까요. 이런 환경에서, 기독교는 밖에서 구원이 있다고 제안합니다. 모든 게 신에게서 비롯되니, 모두를 신에게 맡기고, 가르침을 따르면, 축복이 쏟아진다고 합니다. 게다가, 이 세상에서 보상받지 못하면, 죽은 후에는 더 좋은 삶이 기다리고 있다고 합니다.

20
초기 유대교, 기독교 신비주의

구약 성경 『에스겔서』(『에제키엘서』)를 보면, 마차를 타고 신을 만나 계시를 듣고, 하늘나라에서 여러 경험을 하고, 천사의 전례에 참여하며, 천사로 변하기도 하면서, 통찰력을 얻게 되고, 하늘나라에서 배운 대로 지상에서 사원 의식을 재구축하는 이야기가 나옵니다. 『에스겔서』는 유대교 신비주의의 기본 텍스트 가운데 하나입니다. 특히 마차 이야기는 인간과 신의 틈을 메워 주는 상징으로 작동합니다. 즉 신비주의는 신과 인간이 만나거나 신의 목소리를 듣거나 모습을 보는 등 하나가 되는 장면을 연출하고자 합니다. 보통 종교의 경우 신은 모습을 드러내지 않고, 멀리 떨어져 존재하고, 가까이 다가갈 수도, 얼굴도 볼 수 없어 항상 거리를 느껴야 합니다. 신과 인간 사이에 틈이 존재할 수밖에 없습니다. 그리하여, 항상 목마름이 존재하겠지요. 이런 틈을 메워 목마름을 해소하는 장치가 바로 신을 직접 대면하는 일입니다. 『에스겔서』가 그런 장면을 자세하게 손에 잡힐 듯 보여 주기에 신비주의에서 좋아할 수밖에 없을 겁니다. 그런데, 이런 일이 살아생전에 일어난다는 점에 주목할 필요가 있습니다. 즉 살아서 마차를 타고 하늘나라에 가서, 여러 가지 일을 겪고, 다시 돌아와 하늘나라의 전례를 재현하는 일도, 역시 살아생전에 하는 일입니다. 죽어서 하늘나라에 갈 준비를 하는 단계가 아니라, 살아 있는 동안에 일어나는 일입니다.

초기 기독교 신비주의 역시 신과 대면하고, 하나가 되기를 바랍니다. 하지만, 방법은 유대교 신비주의와 다릅니다. 마차가 등장하지 않고, 자기 수련과 묵상, 육신 욕망의 정복, 올바른 삶 등을 요구합니다. 즉 이런 삶을 통해 타락 전의 아담으로 돌아갈 수 있다고 여기며, 다시 낙원에서 살면서, 예수와 신의 볼 수 있다고 생각합니다. 이런 과정을 통해, 신을 대면하게 되고, 원래의 영광스러운 상태로 되돌아간다고 믿습니다. 이런 신비주의는 후에 동방정교로 이어집니다.

신비주의는 종말론과 다릅니다. 종말론이 미래를 이야기하면서 우주 관점에서 부활이나 구원을 말한다면, 신비주의는 종말론이 말하는 세상이 즉시 오기를 바라면서 개인 관점에서 말합니다. 개인 관점에서 즉시 신과의 합일을 바라는 기독교 신비주의는, 성체를 통해서, 성령과 성자 그리고 예수의 피인 포도주를 먹은 신자와의 합일을 끌어냅니다. 즉 신과 하나가 되는 장치가 마련되어, 신자 모두가 쉽게 신과 하나가 될 수 있습니다. 예수의 피를 마시고 예수의 육신을 먹으면, 신과 하나가 됩니다. 제사에 바친 동물의 고기를 먹으면, 제사를 받는 신과 하나가 되는 원리와 같습니다. 이리하여, 마차를 타지 않아도, 비교적 쉽게 신과 하나가 될 수 있어, 대중화에 큰 공헌을 하게 됩니다. 이런 장치에는, 세례, 기름 바름, 그리고 성찬이 있습니다.

21
알킨디, 알파라비

10세기에 태어나 11세기에 활동한 아비센나는 이슬람 철학에서 큰 비중을 차지합니다. 13세기 인물 아퀴나스가 자신의 책상 위에 대놓고 아비센나의 책을 올려놓고 보았다고 할 정도로 중세 유럽에 큰 영향을 끼쳤습니다. 그의 일생은 할리우드 영화에 어울릴 정도였다고 하는데, 정치 음모, 투옥, 비참한 도주, 독살설, 음주 파티 그리고 과한 섹스 등으로 이루어져 있습니다. 그는 어린 나이부터 천재였고, 의학에도 조예가 깊어 궁중에서 일하기도 하였습니다. 그는 많은 책을 통해 큰 업적을 남겼는데, 이는 개인이 뛰어난 점도 물론 있지만, 그 당시 정치, 문화 환경이 그가 업적을 내는 데 많은 도움을 주었습니다. 즉 10세기 바그다드는 새로운 종교, 정치 중심지로서, 지성의 중심지이기도 하였습니다. 즉 그가 배우기 시작할 무렵에는, 그리스 철학 특히 아리스토텔레스의 책은 거의 번역되어 그가 접할 수 있었습니다. 그가 17살 무렵 철학책에 빠졌는데, 꿈에서도 철학 문제와 씨름하였다고 합니다. 그런 그에게 아리스토텔레스의 형이상학은 이해할 수 없는 책이었습니다. 즉 그는 마흔 번 정도 그 책을 읽어 외울 정도가 되었지만, 그 내용은 전혀 이해할 수 없어, 포기하였다고 합니다. 그런 어느 날, 책방 거리에서 어떤 책 장사가 그에게 알파라비의 『아리스토텔레스 형이상학의 목적』이란 얇은 책을 권했는데, 그는 무시했습니다. 하지만, 책 장사가 돈이 궁하다며 끈질기게 권해서, 마지못해 샀고, 읽고 난 후 즉시 형이상학의 의도를 깨우쳤습니다. 그리하여, 신에 대한 감사를 표하기 위해, 바로 그다음 날, 가난한 사람에게 많은 기부를 하였다고 합니다.

아리스토텔레스의 『형이상학』은 850년 무렵 아랍어로 번역되었다고 합니다. 프톨레마이오스의 천체론 『알마게스트』, 유클리드의 『원론』, 프로클로스의 플라톤 『국가』 주해서도 9세기에 번역되었습니다. 큰 규모 번역 작업은 칼리프가 주도하였고, 기독교인 그리고 바그다드 소요학파 등이 참여하였습니다. 이런 번역 작업으로 등장한 아랍 최초의 철학자는 알킨디입니다. 즉 번역자이면서 이슬람 철학의 토대를 만든 사람입니다. 직접 번역하지는 않았지만, 책 선정과 번역 내용에 관여하였습니다. 그는 당시 이슬람 신학자들이 외래 철학은 필요하지 않다는 주장에 맞서, 그리스 철학이 유용하고 가치가 있다고 주장했습니다. 그리스 철학이 이슬람 신앙에 도움이 된다는 점을 밝히려 노력했습니다. 어디서 발견하든 진리는 쓸모가 있다고 말하면서, 그리스 철학이 이슬람 신앙과 내용에서 다르지 않다고 주장했습니다. 그는 세계는 영원하지 않고 한정되어 있다고 말하는데, 그 이유는 세계 안에 있는 사물, 운동, 시간이 서로 동시에 작동하기 때문입니다. 사물이 유한하다면, 그와 동시에 작동하는 운동이나 시간도 유한하다는 겁니다. 따라서, 이 셋으로 이루어진 세계는 영원하지 않고 유한하다, 한정되어 있다고 그는 말합니다. 아리스토텔레스를 따르면서도, 세계가 영원하다는 아리스토텔레스의 주장만은 부정합니다. 그가 영원함에 주목한 이유는 창조자만이 영원하다고 말하기 위해서입니다. 즉 창조물도 영원할 수 있다면, 세계도 영원할 수 있고, 신의 말씀도 영원할 수 있고, 신의 말씀을 적은 쿠란도 영원할 수 있는데, 그는 이를 부정하고 싶었습니다. 창조자만 영원하다는 말을 하고 싶었습니다.

그는 아리스토텔레스를 따르지만, 기본에서는 신플라톤주의를 따릅니다. 신플라톤주의의 유일한 하나는 참된 하나로 표기하기도 하지만, 같은 개념입니다. 그 참된 하나에서 사물이 흘러나온다는 유출설도 그대로 유지합니다. 물론 참된 하나는 이 세계를 초월합니다. 이런 참된 하나 개념은 이슬람 신학과 다르지 않습니다. 유출설은 참된 하나에서 천체가 나오고, 그 천체는 세계를 만드는 원인이라는 겁니다. 즉 살아 있고 생각하는 천체입니다. 이런 면도 신플라톤주의를 벗어나지 않습니다. 초월 신과 인간의 만남은 피할 수 없는 주제입니다. 여기에서 선지자가 등장합니다. 이 세계와 신을 연결하는 존재입니다. 알킨디는 신은 선택한 선지자에게 실체에 대한 지식을 제공하는데, 실체에 관한 지식은 보이는 실체와 보이지 않는 실체 모두를 말합니다. 이에 반해, 보통 사람은 오랜 기간 학문과 수학을 통한 각고의 노력으로 이런 지식을 얻는다고 합니다.

그리스 학문을 지식 얻는 통로로 여겼지만, 그는 점성술 신봉자였습니다. 이런 일은 당시에 전혀 이상한 일이 아니었습니다. 일상이었지요. 그는 신플라톤주의 영향을 많이 받았고, 아리스토텔레스의 학문을 따랐지만, 헤르메스 주의도 따랐습니다.

알파라비는 제2의 스승으로 불렸다고 합니다. 제1의 스승은 아리스토텔레스입니다. 이런 별명은 그가 아리스토텔레스의 논리학에 능통해 얻었습니다. 그 역시 아리스토텔레스의 영향을 받았으며, 신플라톤주의를 따랐습니다. 즉 제1 원인에서 천체, 인간의 기능, 육신 기관 등이 계층을 이룬다고 생각했습니다. 별로 새롭지 않습니다. 하지만, 그는 그리스 철학을 아랍어에 맞게 그리고 이슬람 신앙에 맞게 하여, 체계를 만들었습니다. 즉 알킨디보다 훨씬 체계를 갖춘 철학을 제시했습니다. 여기에 그치지 않고, 그는 철학이 종교보다 앞선다고 주장합니다. 알킨디가 철학이 종교와 어긋나지 않는다, 철학으로 종교를 더 잘 설명할 수 있다고 주장한 바와 달리, 그는 철학이 종교에 우선한다고 합니다. 즉 좋은 종교 율법은 실천 철학의 보편적 원리에 속한다고 합니다. 그 방식은 상상이 지성에 속하고, 설득이 증명에 속하는 이치와 같다고 그는 말합니다. 즉 철학, 지성, 증명이 종교, 상상, 설득보다 위에 있다는 주장입니다.

그는 플라톤의 영향으로 지혜롭고 신중한 철학자가 지도자가 되어야 한다고 말합니다. 그런데, 지혜롭고 신중한 지도자는 여기에서는 선지자를 말합니다. 즉 그가 말하는 지도자는 선지자와 철학자의 합입니다. 즉 종교와 철학을 결합하는 지도자를 그는 이상으로 삼았습니다. 그런데, 철학이 종교에 우선한다면, 철학의 색채가 좀 더 짙은 지도자의 모습이 떠오릅니다. 그는 선지자를 활동하는 지성으로 설명합니다. 즉 선지자의 마음은 활동하는 지성으로 충분히 구현되어서, 다른 사람들과 지식을 공유하게 된다고 합니다. 이때, 선지자가 활동하는 지성을 통해 신에게 받은 상징 이미지 덕분에, 선지자는 미래를 예언하고, 사람들이 이해할 수 있는 방식으로 자신이 아는 바를 전합니다. 그는 사람들이 천체 지성을 믿기는 하지만, 천체 지성을 천사로 여긴다고 하면서, 천사는 활동하는 지성의 상징이라고 말합니다. 즉 신과 선지자 사이의 매개라는 겁니다. 보통 이슬람 철학자는 알파라비처럼 선지자의 존재를 인정합니다. 왜냐하면, 무함마드가 선지자이기 때문입니다. 하지만, 알파라비보다 앞서 활동했던 알라지는 선지자의 존재를 부인했습니다. 그는 윤회를 거듭할수록 인간은 더 높은 단계로 올라간다고 주장하였는데, 신은 모든 인간에게 똑같이 영감을 불어넣지만, 이 영감을 이용하는 데서는 똑같지 않다고 말합니다. 선지자를 부인하는 일이 이슬람에서 가능한지 의심이 가긴 합니다. 그는 바그다드 병원의 책임자로 일했으니까요.

앞서 선지자-철학자 주장에서는 플라톤의 영향이 보였다면, 아리스토텔레스의 견해를 따르는 모습도 보입니다. 이 세상의 사물이 단일함을 유지하는 바는 — 예를 들어, 책상은 책상으로, 시계는 시계로 — 플라톤의 형상 때문이 아니라, 그냥 마음의 개념 때문이라고 합니다. 즉 이 마음이 단일하고 초월한다는 거죠. 또한, 아리스토텔레스의 내일 해전 문제도 그는 쉽게 해결합니다. 즉 내일 해전이 있을 것이다, 라는 문장이 참인가에 대한 논쟁입니다. 그는 우리는 절대로 확실한 것에 의지해야만 하는데, 그것은 필연적이고, 본질적이고, 그리고 영원한 진리여야 한다고 합니다. 그런데, 내일 해전이 있을 것이다,라는 주장은 미래 사건에 관한 주장이기에, 절대로 확실한 주장이 될 수 없는데, 신의 지식은 모두 확실하기에, 미래 사건은 신의 지식에 들어가지 못한다고 합니다.

22
아비센나

『치유』라는 책은 22권으로 이루어져 있는데, 아비센나가 자신의 철학 모두를 모았다고 볼 수 있습니다. 차례를 보면, 논리학, 이론 철학(자연학, 수학, 형이상학) 그리고 실용 철학(정치학, 가정 경제, 윤리학)입니다. 우선, 이런 방대한 철학책은 아비센나 이전에는 거의 없었습니다. 왜냐하면, 아리스토텔레스의 저작으로 철학은 완성되었다고 생각했기에, 후의 철학자들은 그에 대한 주석이나 해석으로 충분하다고 여겼기 때문입니다. 즉 이런 식의 종합이 필요 없다고 생각했기 때문입니다. 하지만, 아비센나는 아리스토텔레스 이후 1330년이란 시간이 흘렀기 때문에, 지식이 많이 쌓이고 진보했기에, 최신판이 필요하다고 여겼습니다. 하지만, 이런 이유만은 아니었습니다. 더 큰 이유는, 자신의 책으로 세계의 실재를, 전체로 다루고 싶었기 때문입니다. 즉 이 책의 구조나 내용은 명상이나 추측 혹은 들은 이야기가 아니라, 세계 있는 모습 그대로 즉 실재를 통으로 담아내고 있다고 그는 말합니다. 그리하여, 책의 전개 순서도 논리학으로 시작하여, 자연의 모습, 실재를 탐구하고, 사람이 어떻게 살아야 하는가 하는 문제를 차례로 다룹니다. 즉 진리를 다루는 도구로서의 논리학을 먼저 배우고, 그 도구를 갖고 식물, 동물 등 자연 현상을 탐구하는데, 기하학이나 산수, 음악과 천문학을 이용합니다. 그리고 인간이 혼자서는 어떻게 해야만 하는가를 탐구하는 윤리학과 다른 사람과는 어떻게 해야 하는가를 다루는 정치학을 알아보는 순서입니다. 이런 의미에서 그가 다루는 실재에 대한 지식과 설명은 요즘 말로는 아마도 과학에 해당하지 않을까 합니다. 즉 우주와 우주의 작동에 대한 논리를 통한 합리적 이해이기 때문입니다. 그의 이 작업은 성공을 거뒀다고 할 수 있습니다. 아비센나 이후의 철학자들은 더는 아리스토텔레스나 갈레노스를 읽지 않고 대신에 그를 읽었기 때문입니다.

그가 작업하면서 반복해서 쓴 주제가 있다면, 바로 논리학과 인간 영혼입니다. 둘 다 지식과 관련이 있습니다. 논리학은 지식 탐구 도구인데 인간 영혼도 마찬가지입니다. 인간 영혼을 통해 활동하는 지성과 접촉하기 때문입니다. 아비센나도 신플라톤주의의 영향을 받아, 우주를 계층 구조로 파악합니다. 즉 맨 위에 첫째 원리가 있고, 첫째 원리에서 천체 지성이, 천체 지성에서 활동하는 지성이, 활동하는 지성에서 지상의 지성이 나옵니다. 달을 기준으로 천상과 지상으로 나뉘는 분류는 아리스토텔레스를 따랐습니다. 그런데 아비센나에게 천체 지성과 인간 지성은 같은 종류입니다. 즉 물질로 이루어지지 않습니다. 그의 우주 계층은 위 단계와 아래 단계가 언제나 공유하는 바가 있는 구조라, 천체 지성과 지상의 인간 지성도 같은 종류에 속합니다. 물론, 차이점이 있습니다. 천체 지성은 영원한 물체(아마도 제5원소)와 관련이 있고 언제나 작동하고 있지만, 인간 지성은 가능태로만 생겨나기에 현실태가 되기 위해서는 소멸할 육신과 관련을 맺어야만 합니다.

인간 지성이 지식을 얻는 방법은 두 가지라고 합니다. 하나는 논리를 이용한 이성을 통한 방법이고, 다른 하나는 인간 지성을 이용해 천체 지성이나 활동하는 지성과 접촉하여, 지식을 얻는 방법입니다. 앞에서 말한 대로, 인간 지성은 천체 지성과 같은 종류라, 영향을 주고받을 수 있습니다. 하지만, 이런 방식은 누구나 할 수 있는 게 아닙니다. 알파라비가 말하는 대로, 신이 사람을 선택하지는 않지만, 활동하는 지성과 통할 수 있는 조건을 갖추어야 합니다. 아비센나는 이런 부류의 사람을 선지자라 부르는데, 그는 담즙이나 기본 원소의 조합이 선지자의 성향에 영향을 미친다고 말합니다. 즉 선지자는 활동하는 지성과 접촉하여, 보편 인과 질서를 알게 됩니다. 보편 인과 질서란 세계 안에 있는 필연이면서 인과인 질서, 자신의 이 질서 안에서의 위치, 미래 예측 등을 말합니다. 이런 내용은 초자연적인 일로 보입니다. 맞습니다. 아비센나는 당시 사람들과 마찬가지로, 기도, 단식, 성자 묘소 참배, 진지한 꿈, 점쟁이의 예언, 염력, 그 시선이 닿으면 재앙이 닥친다는 흉안의 마력 등을 일상의 일로 받아들이고, 이를 합리적으로 설명하려 했습니다. 즉 이런 초자연 현상은 당시의 환경에서는 엄연한 현실이기 때문입니다.

인간과 초월적 존재와의 접촉은 언제나 틈이 있기에, 이를 메워 줄 존재로 이슬람에서 항상 선지자가 등장합니다. 아비센나도 예외가 아닙니다. 그의 설명도 당시로 보아선 다른 사람과 많이 달라 보이지는 않습니다. 하지만, 그는 여기서 그치지 않고, 그렇게 알아낸 세계의 보편 인과 질서가 어떻게 학문이 될 수 있는지를 설명합니다. 즉 선지자가 알아낸 바는, 삼단논법의 중간항과 같다고 합니다. 즉 〈A이면, B이다. B이면, 따라서 C이다〉에서 중간항인 B와 같다고 합니다. 즉 선지자는 B를 알게 되는데, 이를 통해 삼단논법이 완성되어, 세계의 인과 질서를 알게 된다는 겁니다. 이런 작업에 이성이 동원되고, 삼단논법은 학문에 속하기에 선지자가 알아낸 내용이 진정한 학문이 될 수 있습니다. 게다가, 선지자는 보통 이미지를 통해 내용을 얻고 전달하기에, 이미지를 해석하는 일도 학문의 일이 되겠지요. 선지자가 필요한 이유는 선지자가 없었다면, 활동하는 지성과 접촉할 수 없기에, 이런 내용 자체를 아예 알 수 없기 때문입니다. 아비센나는 선지자는 통찰력으로 밝게 빛난다고 말합니다. 그리고 선지자의 지성이 가장 높은 단계라고 합니다. 여기에서 인간 지성이란, 〈날아다니는 사람〉이란 사고 실험에 등장하는 물질이 아닌 합리성이 있는 영혼을 말합니다. 즉 육신이나 외부 요소가 전혀 없어도 자신의 존재를 알고 있습니다.

그럼, 선지자가 아니면, 지식을 얻을 수 없는가? 이에 대해, 아비센나는 그렇지 않다고 답합니다. 인간 영혼은 죽어서 육신에서 벗어난 후에, 아니면 여전히 육신에 갇혀 있을 때라도, 철학 훈련으로 지성만이 알 수 있는 것을 파악할 수 있다고 말합니다. 즉 천체 지성은 아비센나가 철학 용어로는 행복, 종교 용어로는 천국이라 부르는 상태입니다. 논리로도 지식을 얻을 수 있습니다.

아비센나는 본질과 실존을 처음으로 구별하였습니다. 지

금은 당연하게 보이지만, 당시에는 처음 제시되었는데, 이해하는 데 어려움이 많습니다. 이 개념은 필연과 우연에서 비롯합니다. 당시 지식이 되려면, 두 가지 기준을 만족해야 했습니다. 하나는 원인 설명입니다. 즉 어떤 사건의 원인을 설명하지 못하면, 지식이 될 수 없습니다. 아리스토텔레스의 네 가지 원인이 한 사례입니다. 다른 하나는, 지식은 필연성이 있어야 합니다. 즉 우연히 참인 지식은 지식이 아니라는 겁니다. 따라서, 어떤 지식이 필연성이 있는지가 항상 논쟁거리였습니다. 오늘 아침 낙엽이 떨어졌다,는 주장은 우연히 참일 수 있지만, 물론 지식이 아닙니다. 필연성이 없으니까요. 그런데, 내각의 합이 180도인 삼각형을 생각해 봅시다. 이것을 삼각형의 본질이라고 한다면, 이런 본질을 만족하는 삼각형이 실제로 있을 수도 있고, 없을 수도 있습니다. 없다고 해도, 아무 문제가 없습니다. 따라서 삼각형의 실존은 우연입니다. 그런데, 실제로 삼각형이 있습니다. 그렇다면, 이 삼각형에는 본질이 없습니다. 왜냐하면, 이제는 실존뿐이기 때문입니다. 아비센나는 이렇게 주장합니다. 그렇다면, 본질은 도대체 어떤 존재일까요? 그는 본질은 실존에 영향을 미치지는 못하지만, 개별 대상의 지위는 결정한다고 말합니다. 즉 본질은 보편자도 개별자도 아니고, 다수도 복수도 아니며, 실존 안에 있지도 마음속의 개념으로만 있지도 않다고 주장합니다. 알기 어렵습니다. 그는 직접 달리는 말의 예를 듭니다. 보편자〈말〉을 보편성〈말임〉과 구별합니다. 그런데, 보편성〈말임〉은 오직 신성한 존재에만 해당한다고 하면서, 신의 생각에서 비롯한다고 말합니다. 이해하기 쉽지 않습니다.

이런 그의 주장은 본질과 실존은 구별되고, 실존 없이도 본질이 존재하며, 실존과 본질이 일치하는 존재는 신밖에 없다는 주장에서 나옵니다. 즉 신만이 다른 존재에는 없는 필연성이 있다는 말입니다. 신을 제외한 천체 지성, 활동하는 지성 모두 우연한 존재라고 합니다. 물론 인간 지성도 우연한 존재이겠지요.

23
아베로에스

아베로에스는 12세기, 13세기 유럽에서 아리스토텔레스에 대해 알려 주는 최첨단 저자였습니다. 이 무렵 아랍어와 그리스어로 된 그의 책이 라틴어로 번역되었기 때문입니다. 하지만, 이슬람 지역에서는 아비센나와 알가잘리 이후 등장한 그를 유성영화가 나온 후의 무성영화에 비유하기도 합니다. 그는 종교와 철학은 서로의 역할이 다르며, 서로가 필요하기에 잘 지낼 수 있다고 말합니다. 이런 주장을 한 배경에는, 알가잘리가 있습니다. 그는 철학이 쓸데없다고 주장합니다. 즉 이성으로는 천국이나 지옥, 죽은 후 육신 부활을 증명할 수 없다고 하면서, 철학자들은 이런 사안들은 부정하면서도, 죽은 후 정신의 윤회만을 인정한다고 비웃었습니다. 그의 책 이름은 『철학자의 자멸』입니다. 그는 비전주의인 이스마일파, 기독교인, 광신자라 할 수 있는 자유 사상가 그리고 철학자를 심하게 비판했는데, 철학자에 대한 공격이 가장 격렬합니다. 그는 인과론에서는 우인론자라 할 수 있습니다. 즉 목화가 불에 타도, 불이 원인이 아니라고 합니다. 목화와 불이 접촉해 타는 게 아니라, 신이 직접 개입하여 타게 한다는 겁니다. 즉 신이 일상의 세세한 구석구석까지 일일이 개입한다는 주장입니다. 그 이유는, 불과 목화가 접촉하여 타는 현상은 이성을 동원한 논증으로는 증명할 수 없기 때문입니다. 그리고, 접촉 이외의 다른 원인은 없다는 사실도 역시 증명할 수 없다고 합니다. 이 문제는 근대 유럽에서 치열한 논쟁으로 다시 등장합니다.

아베로에스는 알가질리의 철학 비판을 논박합니다. 즉 철학이 종교에 쓸모 있을 뿐 아니라, 꼭 있어야만 한다고 주장합니다. 그리하여, 책 제목도『자멸의 자멸』입니다. 그는 신이 천사와 선지자를 통해 계시를 내리는데, 그 계시는 상징으로 되어 있기에, 해석이 필요합니다. 종교는 상징을 통해 보이는 것에서, 보이지 않는 것으로 가려고 합니다. 즉 더 높은 세계로 오르려 합니다. 방법은 경전, 신학자, 율법학자의 해석을 통해서입니다. 하지만, 이 방법도 쉽지 않습니다. 왜냐하면, 해석의 방식이 서로 다르기 때문입니다. 글자 그대로 읽기, 숨은 의도를 찾아 읽기로 크게 나뉩니다. 아베로에스도 이 문제를 다룹니다. 그는 글자 그대로 읽기를 바탕으로 해서, 숨은 의도도 고려하고 있습니다. 하지만, 여기에서 주의할 점이 있는데, 그것은 종교에서 상징을 통해 한 해석은 근사치에 지나지 않는다는 점입니다. 즉 보이는 것과 보이지 않는 것 사이의 틈을 메우는 일이 상징의 역할이지만, 이 상징 해석이 아무리 잘해도 정답은 아니라, 거의 비슷한 정도라는 사실을 잊지 말아야 한다고 말합니다.

철학은 계시와 달리 이성을 이용해 체계를 갖고 해석합니다. 즉 아리스토텔레스의 학문을 이용합니다. 변화, 운동, 범주, 실체 등을 이용해 사물의 원인을 찾습니다. 왜냐하면, 신의 섭리는 신의 창조물인 이 세계 사물의 원인으로 나타나기 때문입니다. 신의 지혜는 다름 아닌 존재하는 사물의 원인을 아는 일이라고 아베로에스는 말합니다. 이 작업은 그에게 의미가 있습니다. 왜냐하면, 결과에서 원인을 찾아 나아가는 작업이 아리스토텔레스의 방식이며, 이 방식을 통해 인간은 능동인, 목적인, 형상인을 찾아내 결국 신에게 이를 수 있기 때문입니다. 즉 연구와 명상이라는 지성의 훈련을 통해, 인간 지성은 바로 위의 계층 구조에 있는 활동하는 지성과 접촉 혹은 연결할 수 있기 때문입니다. 이 방식을 연결 이론이라 하는데, 아베로에스에게 중요한 이론입니다. 왜냐하면, 일단 인간의 노력으로 인간 지성이 활동하는 지성과 연결되어, 오래 같이 일하다 보면, 둘은 구별할 수 없을 정도로 하나가 되는데, 이 단계가 되면 바로 위의 단계도 알 수 있게 되어, 결국 맨 위의 단계까지 이를 수 있기 때문입니다. 그 이유는 항상 결과보다는 원인 우위에 있고, 결과에는 항상 원인이 남아 있기 때문이라고 합니다. 모든 단계의 시작은 신인데, 신의 창조 결과로 단계별로 만들어진 지성은 모두의 원인인 신을 포함하게 됩니다. 그리하여, 인간 지성이 활동하는 지성과 구별할 수 없을 정도가 되면, 그 위 단계를 알게 되고, 더 연구하고 명상하면, 그 이상으로 올라간다고 합니다.

    이런 과정이 가능한 또 하나의 이유는 인간의 지성이 다른 지성과 마찬가지로, 영원하고 물질이 아니라는 점입니다. 즉 지성은 스스로 생존할 수 있고, 다른 것과는 섞이지 않은 존재입니다. 아베로에스는 물질이 아닌 실체는 원래 지성으로 알 수 있기에, 지성끼리는 알 수밖에 없다고 주장합니다. 즉 인간 지성도 활동하는 지성과 똑같은 지성이기에, 활동하는 지성이 안다면, 인간 지성도 알 수 있다는 겁니다. 그런데, 그는 여기에 그치지 않고 인간 지성은 단일하다고 말합니다. 즉 인간 지성은 하나뿐이라고 주장합니다. 물론, 이 주장은 많은 논란을 낳습니다.

아베로에스는 아비센나와 달리, 신이 창조자라고 인정하고 동시에 세계가 영원하다고 주장합니다. 보통은 세계가 유한해야 신의 창조가 인정되었습니다. 그는 또한, 신의 속성에 대해 부정으로밖에 정의할 수 없다는, 즉 무엇무엇이 아니라는 주장에 반대해서, 신에게 긍정의 속성을 부여하였고, 아비센나의 본질과 실존의 구별을 거부하였습니다. 그리고, 신플라톤주의가 흔히 말하는 유출설에도 반대합니다. 그는 밖의 유출보다는 우주의 내부로 스며든 신의 역할을 강조하였습니다.

그는 플라톤의 『국가』에 대한 책을 썼는데, 그 내용이 조금은 의아합니다. 즉 그는 당시 이슬람 사회에 대해 놀랄 정도로 냉담한 태도를 보입니다. 종교를 정치 관점에서 봅니다. 종교를 법과 윤리 요소의 부분으로, 모든 사회 구조의 한 부분으로 보기에, 이슬람이나 선지자에게 어떤 특권도 인정하지 않습니다. 즉 선지자는 철학자-왕 위에 있지 않습니다. 게다가, 그는 이슬람 율법에도 특별한 관심을 두지 않습니다. 율법에 반하여, 남녀의 동등한 권리와 책임을 주장하고, 어찌 보면, 플라톤의 수호 계급 양성에도 동의하는 듯합니다.

제 3 부

중세
공존의 시대 2

중세는 신의 시대였습니다. 대학에서 신학은 전문 과정이었지만 철학은 교양의 한 조각에 불과했기에, 종교와 철학의 관계는 명확해 보입니다. 이성은 믿음을 위해 일합니다. 하지만, 이성과 함께 계시가 있기에, 신학자와 철학자는 계시를 해명하기 위해 애씁니다. 이성으로는 되지 않기에, 다른 방법을 취할 수밖에 없는데, 신비주의는 이에 대한 해결책을 제공합니다. 더욱이, 예수는 신의 육화이기에, 육신의 역할을 논해야만 합니다. 성경 안의 각종 기적과 신과의 대면 역시 해명거리입니다. 신비주의는 제도권 대학에 과목을 설치하지 않아도 충분한 영향력을 과시했습니다. 그리고, 육신의 문제에도 나름의 답을 제공하여, 공존의 시대를 이어 갑니다.

24
중세 철학의 시작

6세기에서 15세기까지를 중세 철학의 시기로 본다면, 아마도 13세기를 분기점으로 하는 데 많은 사람이 동의할 겁니다. 왜냐하면, 13세기가 되어서야 비로소 철학이 제 모습을 드러내기 때문입니다. 즉 그 전까지는 철학이 체계를 갖추지 못했습니다. 간간이 철학 문제가 제기되었고, 또 논쟁도 있었지만, 제대로 된 철학이라 할 수 없기 때문입니다. 시기로 보자면, 6세기에서 8세기까지는 거의 철학 활동이 없었습니다. 철학서는 거의 저술되지 않았고, 필사본마저 찾아보기 힘들 정도입니다. 하지만, 6세기에 보에티우스는 아리스토텔레스의 책 몇 권을 번역했습니다. 그리고, 플라톤의 번역본도 몇 권 있었고, 알렉산드리아 출신의 필로, 오리게네스, 포르피리오스의 책도 있었지만, 전체로 볼 때 빈약했습니다. 이런 환경에서 8세기를 대표하는 지식인 앨퀸은 논리학을 중심으로 형이상학과 신학을 다루기도 했습니다. 그는 주로 궁중에서 일했는데, 그것은 당시 샤를마뉴 왕의 배려 덕이었고, 그는 왕에게 『열 가지 범주』라는 책을 바치기도 했습니다.

8세기부터 10세기에 걸쳐 철학은 영역을 확대했습니다. 궁중에서 시작해서 9세기는 수도원, 10세기 후반에는 도시의 대성당 그리고 12세기에는 파리로 넓혀 갑니다. 8세기 프랑스 궁정이나 리옹의 대성당에는 플라톤의 『티마이오스』의 사본이 있었고, 프랑스 이외 지역인 이탈리아나 갈리아 지역에서도 철학과 논리학은 흥미를 끌었고, 또한, 충분한 독자도 확보했습니다. 하지만, 철학서다운 책이 나오지는 않았고, 사본의 여백이나 행간에 자신의 의견을 적어 넣는 수준이었습니다. 그리고 10세기가 돼서는 철학서가 더 널리 읽히게 됩니다. 수도원이나 대성당에서 책을 공급한 이유가 큽니다. 기독교 신앙과 성경 해설이 대세인 이 시기에 철학서가 읽힌 이유는 철학이 성경이나 교부철학을 이해하는 데 도움이 되었기 때문입니다. 즉 철학 자체보다는 언어나 문법에 더 관심이 있었습니다. 그런 과정에 철학도 있었다고 볼 수 있을 겁니다. 그리고 국가의 안정을 위해 왕이 교육과 학문을 진흥한 이유도 있습니다. 즉 화폐 제도를 안정시키고 가치를 보장받으려면, 기독교인의 지적 활동이 요구되었기에, 전체로 보아 학문 진흥이 있었으며, 철학도 그 일부였습니다. 이 시기에 주로 읽힌 책은, 『티마이오스』, 『철학의 위안』, 『범주론』, 『열 가지 범주론』, 키케로의 『스키피오의 꿈』 그리고 포르피리오스의 『이사고게』 등이 있습니다. 그리고 9세기에 고트샬크가 말하기를, 신은 두 가지를 예정하는데, 하나는 선한 자는 축복을 받고, 악한 자는 지옥에 간다고 합니다. 이에 대해 에리우게나가 반박합니다.

    10세기에서 11세기에는 개인이 계약을 통해 사본을 입수하는 방법을 활용하여 철학서가 더 유통됩니다. 궁중이나 수도

원, 대성당뿐만 아니라 개인이 참여합니다. 이 시기에는 철학의 문제도 달라집니다. 9세기에 에리우게나는 아리스토텔레스의 범주는 신에게는 해당하지 않는다고 주장하였으나, 이 시기의 철학자들은 그런 문제는 사변에 치우친다고 하면서, 실체와 속성의 구별, 한 가지 뜻과 애매한 뜻의 구별, 공간과 시간의 본질 등 아리스토텔레스의 철학 문제에 더 관심을 둡니다. 그리고, 고대 논리학이 신앙에 도움되지 않는다는 주장도 있었지만, 보에티우스의 논리학이 이단을 공격하여 정통 교리를 수호하는 데 도움이 된다는 주장이 더 유효했습니다. 오히려 라틴어 서적이 신앙과 어울리지 않는다고 하였습니다. 그리고 11세기 중엽부터 랜프랑크와 베렝가르 사이에 성체 논쟁이 일어납니다. 또한, 피터 다미안은 처녀성 회복 문제를 제기하면서 신의 전능에 대한 논쟁을 일으킵니다.

    11세기 후반부터 철학이 모습을 갖추기 시작하는데, 이는 신학의 체계 정비와 관련이 깊습니다. 즉 신학이 많은 모순과 상반된 주장을 해소하고 학문으로 체계를 잡으려 할 때, 철학도 그에 발맞춰 발전했습니다. 즉 신학 문맥에서 철학의 발전이 있었습니다. 피에르 롱바르의 『문장들』이란 책을 중심으로 논박이 이루어집니다.

25
요하네스 스코투스 에리우게나

849년 프랑스 왕은 천국에 갈 사람과 지옥 갈 사람이 예정되어 있다는 고트샬크의 주장에 대한 논쟁에서, 반대편 손을 들어 줍니다. 그 결과 그는 종신형을 받고 투옥됩니다. 신학 논쟁을 왕의 결정으로 끝낼 수 있을 만큼, 그때는 왕의 권위가 더 강했습니다. 고트샬크 주장은 혼란을 초래할 위험이 있었겠지요. 원래부터 구원받을 사람은 굳이 선행할 필요가 없어질 뿐 아니라, 아무리 악행을 저질러도 천국에 가게 되니, 인정하기 어려웠을 겁니다. 하지만, 이런 주장은 그리 새롭지 않습니다. 왜냐하면, 앞서 아우구스티누스도 비슷한 주장을 했기 때문입니다. 즉 그는 인간은 원죄 속에 태어나기에, 신이 도와주지 않으면 누구도 악행에서 벗어날 수 없다고 하는데, 신이 은총을 베푼 사람은 구원받을 수 있다는 의미입니다. 그는 신의 은총을 강조합니다. 인간은 자신의 힘으로는 구원받을 수 없고, 오로지 신의 은총에 기댈 뿐이라고요. 그런데, 누가 신의 은총을 받을지는 신의 마음에 달려 있기에, 인간의 행위와는 무관하다고 할 수도 있습니다. 이런 논리를 발전시키면, 고트샬크 주장처럼 천국과 지옥 가는 사람이 원래 정해져 있다고 할 수 있습니다.

이를 반박하기 위해 에리우게나는 예정설이란 제목으로 책을 썼습니다. 그는 신은 천국에 갈 사람은 예정하지만, 지옥에 갈 사람은 알고는 있어도, 예정하지 않는다고 말합니다. 그는 신은 순수하게 단일하기에, 즉 하나이기에 악인 동시에 선이 될 수 없다고 하면서, 신은 선이기 때문에 악이 들어갈 자리가 없다고 합니다. 이에 덧붙여, 신은 단순히 선이나 진리가 아니라, 선이나 진리의 원인이기에 더더욱 악이 들어갈 여지가 없다고 합니다. 따라서, 신은 악을 취급하지 않는다는 의미가 됩니다. 그리고, 플로티노스의 악은 존재의 결핍이란 주장을 이용합니다. 즉 악은 존재의 결핍된 상태이므로, 존재가 아닌데, 신은 존재이므로 신은 악을 다루지 않습니다. 따라서, 악은 신과는 관계가 없습니다. 악이 존재의 결핍이란 주장은 아우구스티누스, 가짜-디오니시우스 등도 주장합니다. 특히 가짜-디오니시우스는 에리우게나에게 큰 영향을 끼쳤습니다.
　악이 존재의 결핍이라 해도, 여전히 남는 문제가 있습니다. 즉 인간의 자유의지입니다. 신이 천국 갈 사람을 알고 또 예정해 놓았다면, 선택받은 사람은 자유의지가 없게 됩니다. 하지만, 인간의 자유의지는 철학자라면 지키려 하는 항목입니다. 이 문제를 그는 자유의지와 의지를 구별하여 풀려고 합니다. 즉 아담이 타락하기 전에는 의지와 자유 둘 다 있었지만, 타락 이후 자유는 사라지고 의지만 남았는데, 예수 이후 신의 은총에 의해 소수에게만 자유의지가 부여된다고 합니다. 따라서, 선택받은 사람은 자유의지가 있지만, 그렇지 못한 사람은 의지만 있습니다. 그러므로, 자유의지는 지켜지고, 천국에 가는 사람을 선택하는 신의 예정설도 유지할 수 있다고 합니다. 이런 해법으로 이단으로 규정된 펠라기우스를 논박하려 합니다. 즉 펠라기우스는 인간 행위는 악행이든 선행이든 모두 인간의 책임이기에, 신이 개입할 여지가 없다고 합니다. 아우구스티누스가 말하는 신의 은총은 거부됩니다. 신의 은총도 인정하면서 인간의 자유의지도 살리고 예정설도 유지하려는 전략이 에리우게나의 해법입니다.

그는 자연학에 관한 책에서 〈참된 철학은 참된 종교이고, 참된 종교는 참된 철학〉이라고 말합니다. 여기에서, 〈참된〉이란 군더더기를 빼면, 철학은 종교이고, 종교는 철학이 됩니다. 이런 태도에서 종교를 철학보다 우위에 놓는 흔적을 찾기 어렵습니다. 이리하여, 그는 이단으로 많은 비판을 받습니다. 그는 기독교를 배경으로 철학을 전개합니다. 위에서 본 바와 같이, 자유의지도 타락과 연관이 있습니다. 다른 분야도 마찬가지입니다. 자연을 그는 네 가지로 나눕니다. 그 기준은 창조하는가 그리고 창조되었는가인데, 이를 기준으로 네 개의 조합을 만듭니다. 1) 창조하나 창조되지 않는다. 2) 창조하고 동시에 창조되지 않는다. 3) 창조하지는 않지만 창조되었다. 4) 창조하지도 않고 창조되지도 않는다. 이 네 가지 단계가 자연을 구성하고 있다는 겁니다. 신이 창조하고 창조되지 않은 세계가 바로 첫 번째입니다. 창조자로서의 신입니다. 신의 말씀은 두 번째 세계입니다. 창조는 하지만 창조되지 않았다는 의미는, 플라톤의 형상이나 근본 원인을 가리킬 수는 있으나, 그는 신의 말씀 즉 신의 아들로 해석합니다. 즉 삼위일체에서 첫 번째 자연은 성부, 두 번째 자연은 성자에 해당합니다. 신의 아들로 인해 세상 만물이 태어난다고 합니다. 아들과 아버지는 일체이기에, 창조되지 않습니다. 셋째 단계가 바로 우리가 사는 자연인데, 다른 말로 하면, 신의 나타남 즉 현시라고 합니다. 신이 자기 모습을 자연의 모습으로 드러냈다는 주장입니다. 따라서, 이 자연은 아무것도 창조하지 않고, 동시에 창조되지도 않습니다. 그저 신의 모습이 신의 속성이 드러난 상태일 뿐입니다. 이런 생각은 가짜-디오니시우스의 영향으로 보입니다. 네 번째 자연은 모든 게 신에게 돌아온다는 표현입니다. 이 역시 신플라톤주의 영향으로 보이는데, 만물은 신에서 나와서 결국은 신에게로 돌아간다고 합니다. 즉 세상의 모든 존재는 신에게 돌아가도록 기획되었다는 겁니다. 따라서, 아무것도 창조하지도 않고 창조되지도 않은 세계입니다. 즉 처음부터 예정되었고 기획되었다는 의미입니다. 이 마지막 단계에서 만들어진 모든 사물의 차이가 사라지게 됩니다. 즉 신으로 돌아갑니다. 이런 주장은 기독교의 천국이나 지옥을 생각해 보면, 위험해 보입니다. 마지막에도 신과 인간은 구별되어야 하고, 인간도 서로 구별되어야 심판이 가능할 테니까요. 창조된 모든 존재가 구별 없이 하나가 된다는 그의 주장은 비난받았습니다.

    그는 앞서 악을 존재의 결핍이라고 말했습니다. 그리고 악은 결국 존재가 아닌 〈무〉라고 합니다. 즉 무이기에 신의 영역이 아니라는 주장인데, 그는 신이 무에서 만물을 창조했다고 여깁니다. 그럼, 이때의 무는 무슨 뜻인가요? 존재가 결핍되었다고 해도, 결핍된 존재이지 무는 아니지 않습니까. 신의 존재는 완전하기에 조금이라도 결핍이 있으면, 바로 무로 전락하는가요? 이런 의문에 대해 그는 인간 언어는 신에게는 그대로 적용되지 않는다고 말합니다. 예를 들어, 신은 〈supergood〉이라고 말한다면, 이때의 super는 긍정이 아니라 부정의 의미라고 합니다. 왜냐하면, 신은 인간에게 해당하는 good은 적용될 수 없기에, super를 앞에 붙였는데, 이때 효과는 대단한 선이라는 의미가 아니라, 인간의 선은 아니라는 부정을 뜻하기 때문이라고 합니다. 이런 분석을 앞의 무에서 창조에 적용하면, 이때 〈무〉는 아무 것도 없다는 의미가 아니라, 인간의 영역이 아닌 신의 영역에서의 무를 말합니다. 즉 굳이 표현하자면, 암흑 정도일까요. 모든 존재를 넘어선다는 겁니다. 다시 말해서, 신은 모든 존재를 넘어서는 무엇에서 세계를 창조했다는 뜻으로 보입니다. 우리의 언어는 세 번째 단계에서만 유효하기에, 신에 대해 부정으로 말하든 긍정으로 말하든 별 차이가 없습니다.

언어에 대해 그는 새로운 관점을 제시합니다. 언어의 의미가 관계에서 생긴다는 주장입니다. 그전에는 아리스토텔레스를 따라, 언어로 표현되기 이전에 실재가 있고, 그 실재를 서로 다른 언어로 표현한다고 생각했습니다. 즉 하나의 실재가 공통으로 있고, 그 실재를 표현하는 방식은 언어에 따라 다르다고 했습니다. 이와는 다르게, 에리우게나는 언어의 의미는 반대말이 있어야 생긴다고 합니다. 위의 신에 관한 기술이 이에 해당합니다. 신에 대해 긍정으로 말했으나, 부정의 뜻이었고, 부정으로 말했으나 긍정의 의미가 된다는 겁니다. 하지만, 어떤 의미든 긍정과 부정이 대비되면서 짝을 이루어야 온전한 의미가 생겨납니다. 그는 어원, 제유나 환유 같은 비유법 등의 탐구를 통해 언어는 실재가 중심이고 표현은 부차가 아니라, 실재와 언어는 대등한 관계라고 주장했습니다. 요즘처럼 언어의 의미는 언어 안의 관계에 속한다고 주장하지는 않았지만, 실재 중심에서 관계 중심으로 전환하였습니다. 그는 〈육신〉이란 말은 타락에 적용되지만, 동시에 부활에도 적용되며, 〈영혼〉이란 말 역시 타락과 구원 모두에 적용된다고 합니다. 〈육신〉이나 〈영혼〉이란 말의 실재에 해당하는 것이 과연 있을까요? 그런 것이 있다면, 상반되는 타락과 구원에 어떻게 동시에 적용될 수 있을지 의문이 듭니다. 더 나아가, 비유와 글자 그대로의 의미 사이의 구별이 이제는 작동하지 않는다고 말합니다.

26
안셀무스

안셀무스를 철학자로 인정하지 않는 평가도 있습니다. 그 이유는 철학은 이성을 통해 결론에 도달해야 하는데, 그는 결론을 정해 놓고 이성을 그 결론을 도출하는 데 이용했을 뿐이기 때문이라고 합니다. 즉 이성은 신학에 봉사하는 역할에 불과했기에, 그를 철학자로 볼 수 없다는 겁니다. 하지만, 그는 자신의 책을 스승 랜프랑크에게 보냈을 때, 이성만으로 작업했고, 성경에서 인용하지 않았다고 말했습니다. 랜프랑크는 이에 불만을 표했으나, 그는 전혀 고치지 않고 그대로 출간할 정도로 이성으로만 작업했다는 자부심이 있었습니다. 그리하여, 아무리 바보라도 심지어 이교도라도 논증으로 설득할 수 있다고 말할 정도였습니다. 물론 그에 대해 이성으로만 신학을 하려 했다는 평가도 있습니다.

그의 진리론은 조금 특이합니다. 진리란 있는 그대로의 세계를 말한다는 그의 주장은 전혀 이상하지 않습니다. 대응설이라 할 수 있습니다. 문장이 참이 되려면, 문장의 내용과 세계의 모습이 맞아야 한다는 주장은 전혀 이상하지 않습니다. 그다음이 문제입니다. 그는 긍정문은 단순히 세계를 있는 그대로 기술하는 데 그치지 않고, 무엇인가 하려고 한다고 말합니다. 즉 올바른 일을 하라고 우리에게 권한다는 겁니다. 예를 들어, 〈신은 사랑이다〉라는 긍정문은 〈신을 사랑하라〉라는 의도인데, 그 이유는 진리와 올바름은 하나이기 때문입니다. 즉 신이 바로 선이라서, 신에게 진리와 올바름은 다르지 않고 하나이기 때문입니다. 따라서, 올바른 행위는 곧 참된 행위가 됩니다. 그런데, 이런 확장은 여기에 그치지 않습니다. 그는 의지도 진리와 같다고 주장합니다. 즉 의지도 참과 거짓이 있다는 겁니다. 참된 의지는 신을 사랑하고, 거짓 의지는 신을 반하고 악을 저지릅니다. 이리하여, 참과 올바름과 의지는 모두 하나가 됩니다.

　의지에 참과 거짓이 있고, 또한 의지는 올바름과 같다면, 신은 선이기에 참이고 올바른 의지밖에는 없을 겁니다. 즉 신은 악을 의지할 수 없습니다. 즉 선을 택할 수밖에 없습니다. 그렇다면, 신은 선택할 수 있는 인간보다, 덜 자유롭지 않은가요? 그는 아니라고 합니다. 신이 오히려 더 자유로운 이유는, 신은 목적을 갖기 때문입니다. 즉 올바른 행위에 대한 보상이나 잘못된 행위에 대한 벌이 아니라, 올바름 자체를 지키려는 목적을 신이 갖고 있기 때문입니다. 게다가, 신에게는 외부 강제가 없습니다. 동기 부여 자체를 스스로 하기에 자유롭고, 그 동기가 올바름 자체를 지키는 일이기에, 신은 선택을 강요받는 인간보다 자유롭다고 그는 주장합니다.

　긍정문에서 행위를 찾아내고, 의지를 선택이 아닌 목적으로 바꾸는 그의 능력으로 보아 개념을 다루는 데 능숙해 보입니다. 이런 그의 능력은 신의 존재 증명으로 이어집니다. 성경이나 권위에 기대지 않고 오로지 이성만으로 신의 존재를 증명할 수 있다는 그의 시도입니다. 신을 우리가 생각할 수 있는 어떤 것도, 그보다 더 나은 것을 생각할 수 없는 존재로 믿는다는 전제로 시작합니다. 그리고, 이런 존재가, 이것이 지성에만 있을 리 없다고 합니다. 즉 생각 속에서만 있을 수 없다는 겁니다. 왜냐하면, 그것이 지성 안에 있다면, 실재로서도 있어야만 하기 때문입니다. 왜냐하면, 실재가 더 낫기 때문입니다. 즉 없음보다 있음이 더 낫기 때문에, 어떤 것도, 그보다 나은 것을 생각할 수 없는 존재라면, 당연히 없음보다는 있음을 택해야 하기 때문입니다. 그는 힘없음보다는 힘 있음이 낫기 때문에, 최고의 선은 당연히 힘 있음을 포함한다고 합니다. 이런 식으로 하면, 무지보다는 지혜, 추함보다는 아름다움 등 모든 속성이 최고의 선에 포함됩니다. 생각할 수 있는 이런 모두를 포함하는 존재가 신입니다. 따라서, 신은 능력, 지혜, 선함, 아름다움 등을 모두 갖습니다. 이런 방식에 따라, 비존재보다 존재가 더 낫습니다. 따라서, 어떤 것도, 그보다 더 나은 것을 생각할 수 없는 존재는 실제로 존재해야만 합니다. 그의 논증은 어떤 것도, 그보다 더 나은 것을 생각할 수 없는 존재가 생각에 존재한다는 전제에서 시작했는데, 결론은 실제로 존재한다가 됩니다. 즉, 처음 전제가 부정됩니다. 생각이 아니라 실제로 존재하니까요. 따라서, 신은 생각이 아니라 실제로 존재한다가 됩니다. 이 논의 정리에서 필연성, 가능성 등의 양상 개념이 제거되어 단순화의 오류가 생길 수 있습니다.

가우닐로는 안셀무스의 이 논증을 반박합니다. 신을 섬으로 바꿉니다. 생각할 수 있는 가장 아름다운 섬이 있다. 머릿속에보다 실제로 있는 쪽이 더 낫기 때문에, 실제로 그런 섬이 있다. 이런 추론은 안셀무스 논증을 그대로 따르고 있지만, 뭔가 잘못되었지요. 따라서, 그는 안셀무스의 논증도 잘못이라고 말합니다. 그가 제기하는 요점은 본질과 실존은 엄연히 다르다는 점입니다. 아무리 머릿속으로 본질을 생각해 내도, 즉 본질이 있다고 해도, 실제로 존재가 생겨나지 않기 때문입니다. 그런 의미에서 가우닐로는 안셀무스에게 먼저 그런 존재가 실제로 있다는 점을 증명하라고 요구합니다. 안셀무스는 신은 세상의 존재와는 근본에 있어 다르다고 합니다. 즉 세상 사물에서는 본질과 실존이 구별 혹은 구분되지만, 신에게 본질과 실존은 아무런 틈이 없어, 본질이 바로 실존이 되기 때문입니다. 안셀무스는, 신은 어떤 것도, 그보다 더 나은 것을, 생각할 수 없는 존재이기에, 본질만으로 있지 않고 실재를 가질 수밖에 없다고 합니다. 즉 실제로 존재해야만 하기에, 우연한 존재가 아니고 필연의 존재라고 합니다.

안셀무스의 신 존재 증명은 꽤 논리가 탄탄해 보입니다. 자신만만하게 이성으로만 누구도 설득할 수 있다고 했으니까요. 하지만, 유의할 점이 있습니다. 우리가 사용하는 언어에 대한 그의 태도입니다. 그는 신에게는 인간의 언어가 그대로 적용되지 않는다고 합니다. 사물에 대해 세 가지 방식으로 말합니다. 첫째는 보통 우리가 말하는 방식입니다. 즉 누구나 볼 수 있는 방식과 기호를 이용해 사물에 관해 말하는 방식이고, 둘째는 말없이 조용히 생각하는 방식입니다. 누구나 사용하는 기호를 남들은 모르게 속으로 말합니다. 셋째는 감각할 수 있는 기호를 감각도 아니고 비감각도 아닌 방식으로 이용해 사물 자체를 말하는 방식입니다. 가령, 사람을 감각으로 알 수 있는 형태를 상상하거나 아니면 사람의 보편 본질인 동물, 이성적, 죽는 존재 등을 생각해서, 사람을 인식하는 방식입니다. 바로 이 셋째 방식이 신의 마음에 해당합니다. 이런 구별로 안셀무스가 신과 인간은 방식이 다르다고 말하고 있습니다. 그렇다면, 인간은 어떻게 신을 알 수 있을까요? 신에 관한 말할 때, 우리는 인간의 언어에서 벗어날 수 없습니다. 신에게 접근하기도 신을 이해하기도 어렵습니다. 안셀무스는 이 점을 강조합니다. 신에 대한 표현 즉, 어떤 것도, 그보다 나은 것을 생각할 수 없는 존재라는 표현도 신에 대해 말로 표현할 수 없다는 점을 나타낸다고 말이죠. 그는 우리가 사용하는 기호는 적절하지는 않지만, 비슷하기에 사물의 진리를 포함한다고 말합니다. 즉 비슷한 정도이긴 하지만, 그래도 진리가 포함되어 있다는 뜻이겠지요. 그렇다면, 그가 제시한, 신 존재 증명 안의 논리도 진리 구현이 아니라 진리 반영 정도로 보아야 하겠지요.

27
피터 다미안

안셀무스보다 조금 앞선 시기에 수도원에서 은자의 삶을 추구한 피터 다미안은 처녀성이 회복될 수 있는가? 하는 문제를 다루었습니다. 그는 교회 부패와 성직자 남색을 격렬하게 비난하였고, 신의 사랑의 여지를 더 만들기 위해 다른 욕망을 억제하기 위해 잠 안 재우기나 채찍질도 권하였습니다. 모두와 분리되면서도 모두와 연대한다는 고대의 가르침을 지키고자 했던 그가, 처녀성 회복 가능성 문제를 다루게 된 계기는, 처녀성 회복은 신도 할 수 없다는 히에로니무스의 주장을 접하고 나서입니다. 이 문제는 공공의 토론이 아니라 개인 사이의 편지에서 다루었는데, 결론을 말하자면, 신은 처녀성을 회복시킬 수 있다고 그는 말합니다.

    그는 평소에 철학을 비판해 왔습니다. 즉 철학으로는 신을 알 수 없기에, 플라톤, 피타고라스, 유클리드보다는 신의 단순함을 더 좋아했습니다. 따라서, 그가 이 문제에 대해 신의 능력은 인간으로서 알 수 없다고 간단하게 넘어가지 않을까, 생각했으나, 신앙이 아닌 이성으로 이 문제를 다루었습니다. 그는 신은 과거도 변하게 할 수 있다고 합니다. 즉 로마도 없앨 수 있다는 겁니다. 과거는 이미 일어난 일이기에, 변경될 수 없기 때문에 필연이라고 합니다. 로마가 존재했다는 사실은 과거이기에, 다시 어떻게 할 수 없기에, 따라서, 필연이라고 합니다. 게다가, 있었던 로마가 없어지면, 로마는 존재했다가 존재하지 않게 되는데, 이는 모순으로 보입니다. 이렇게 되면, 논리로 불가능한 일도 신에게는 가능하다는 말이 되나요? 다미안은 보에티우스를 끌고 옵니다. 즉 신은 시간과 전혀 관계가 없다고 합니다.

시간과 무관하게 영원하다는 의미는 알기 어렵습니다. 로마가 있었던 사실은 우리의 관점으로 보면, 변경할 수 없으므로 필연입니다. 하지만, 신의 관점에서는 아니라고 합니다. 신에게는 과거, 현재, 미래라는 시제가 없기 때문입니다. 따라서, 미래만 어떻게 될지 몰라 열려 있다는 주장도, 인간의 관점일 뿐입니다. 신이 볼 때는 한 번에 모든 게 보인다고 합니다. 미래를 바꿀 수 있듯이, 과거도 바꿀 수 있다고 합니다. 즉 과거조차도 신의 영역에서 벗어나지 않는다는 겁니다.

신은 뭐든 할 수 있어 보입니다. 과거도 송두리째 바꿀 수 있다면, 무엇을 못 하겠습니까. 하지만, 신은 피자를 먹지도 못하고, 산책할 수도 없을 겁니다. 이런 썰렁한 우스갯소리는 그냥 넘기겠지만, 약 2백 년 후에 등장한 주장은 그냥 넘기기 쉽지 않아 보입니다. 작가가 알려지지 않은『센틸로퀴엄』을 보면, 논리 모순이 되지 않고, 신이 무엇이든 가능하다면, 신이 인간이 아닌 당나귀나 돌이나, 나무의 본성을 떠안는 게 가능한가, 인간을 구하기 위해, 신이 인간의 몸으로 왔다면, 같은 목적을 위해 당나귀로 오는 일은 가능한가, 하는 문제 제기가 있습니다. 이런 제안은 논리 모순도 없고, 신의 전능함에 어긋나지도 않아 보입니다. 신의 목적이 인간 구원이고, 신이 전능하다면, 인간이 아닌 당나귀 모습이라도 되지 않겠습니까.

28
피에르 아벨라르

엘로이즈와의 사랑 혹은 추문으로도 유명한 피에르 아벨라르는 논리학, 윤리학 그리고 신학에서 업적을 남겼습니다. 거세까지 등장한 그의 이야기는 중세에 많은 사람의 관심을 끌었지만, 그의 철학자로서의 명성도 그에 못지않습니다. 그는 12세기 가장 유명한 논리학자였습니다. 아리스토텔레스의 주요 저작은 13세기 이후에 소개되었기에, 그는 『범주론』을 비롯한 아리스토텔레스의 저작 일부만을 읽었습니다만, 조건문, 양상 문제 등에서 흥미로운 제안을 합니다.

〈소크라테스는 사람이다〉라는 문장에서, 〈소크라테스〉가 가리키는 대상은 소크라테스이고, 〈사람이다〉가 가리키는 대상도 역시 소크라테스라고 아벨라르는 말합니다. 이런 주장은 당시에 이상하지 않았습니다. 왜냐하면, 당시 유명론은 특수자만이 존재한다고 주장하기에, 가리킬 수 있는 대상은 특수자뿐인데, 이 문장에서 특수자는 소크라테스뿐이기 때문입니다. 보편론이라면, 소크라테스라는 실체에 사람임이라는 보편자를 적용하면, 이 문장이 생긴다고 하겠지요. 아벨라르는 유명론자이기에, 그의 이런 주장은 전혀 이상하지 않습니다. 문제는 어떻게 사람임이란 술어 즉 보편자가 의미를 확보하는가입니다. 즉 보편자가 존재하지 않는데, 어떻게 보편자가 의미 있는가? 보편자가 실제로 존재한다면, 설명은 쉽겠지요. 사물로 존재한다면, 알기 쉬울 테니까요. 아벨라르는 우리가 보편자를 접할 때 드는 생각은 사물이 아니라, 허구에 지나지 않는 이미지라고 합니다. 즉 우리가 보편자라고 여기는 바는 이미지로서 허구이기에 존재하지 않습니다. 이미지는 내용으로만 생각할 수 있습니다. 인간 이미지는 피와 살로 이루어진 실제 인간이 아닙니다. 그런데, 인간 이미지는 소크라테스 이미지보다 훨씬 흐릿하다고 할 수 있습니다. 그는 참나무 조각을 예로 들면서, 그 조각을 보고 우리는 참나무 조각, 나무, 물체 등을 떠올린다고 합니다. 하지만, 인간의 경우는 내용이 있습니다. 아벨라르는 인간임이라는 보편자를 예로 들면서, 합리성, 죽음을 면할 수 없음, 감각 기관을 갖고 있음, 동물임 등이 내용이라고 합니다. 이것이 동물과 인간을 나누는 속성들 즉 종차가 됩니다.

그럼, 이런 종차를 알고 인간이라고 이름을 지었던 걸까요? 종차가 존재한다면, 보편자가 아니라 특수자여야 합니다. 유명론자이니까요. 아벨라르는 종차란 특수자들에서 추상한 결과라고 합니다. 즉 세상에 있는 특수자들의 비슷한 속성을 추상화를 통해 얻었다는 겁니다. 이런 주장은 유명론에서 새삼스럽지 않습니다. 그럼, 이런 작업을 마치고 즉 종차를 알게 된 후에야, 우리는 인간이라는 말을 사용할 수 있나요? 아벨라르는 그렇지 않다고 합니다. 그는 아담을 소환합니다. 최초의 인간이기 때문이지요. 아담이 종차가 무엇인지 확실하게 알지 못했지만, 비슷한 사물들을 보고, 인간이라 불렀다고 합니다. 세례와 비슷합니다.

〈소크라테스는 사람이다〉를 다시 보겠습니다. 소크라테스는 고유명사로, 다른 사람들과 구별되는 우연한 속성을 갖는다고 합니다. 머리카락 색, 코 모양 등. 이에 반해, 사람은 일반명사입니다. 공통의 속성을 갖습니다. 합리성, 죽음을 피할 수 없음, 동물임 등입니다. 그런데, 아벨라르는 이런 구별을 거부하고, 고유명사나 일반명사가 차이가 없다고 합니다. 즉 〈소크라테스〉도 〈사람〉과 같이, 합리성, 죽음을 피할 수 없음, 동물임 등을 의미한다고 합니다. 왜냐하면, 소크라테스의 우연한 속성 즉 머리카락 색이나 코 모양은 시간이 지나면서 변할 수 있고, 소크라테스의 쌍둥이가 있을 수도 있기 때문이라고 합니다.

다음으로, 조건문입니다. 그는 보에티우스가 조건문을 하나의 명제로 여겨, 하나의 의미라고 주장했는데, 이는 잘못이라고 합니다. 이런 예를 듭니다. 〈낮이면, 밝다.〉 이 문장은 조건문이지만, 의미는 〈낮이고 밝다〉라는 문장과 같다고 보에티우스는 말합니다. 즉 조건문을 〈그리고〉를 이용해 바꾸어 쓸 수 있다는 겁니다. 그리고 아벨라르는 〈아폴로는 예언자이고 주피터는 천둥 친다〉라는 문장은 왜 〈아폴로가 예언자라면, 주피터는 천둥 친다〉라고 되지 않는지 묻습니다. 당시에는 명제 개념이 없었습니다. 예를 들어 두 문장을 비교해 보겠습니다. 〈소크라테스는 앉아 있다는 명제는 참이 아니다.〉 〈소크라테스는 안 앉아 있다.〉 앞의 문장은 문장 전체 즉 〈소크라테스는 앉아 있다〉라는 명제를 부정하지만, 뒤의 문장은 주어 〈소크라테스〉를 부정합니다. 앞의 문장은 명제를 부정하지만, 뒤의 문장은 단순히 주어만을 부정합니다. 큰 차이점은 앞의 명제 경우, 명제의 주어가 실제로 존재하지 않아도, 의미가 있지만, 뒤의 경우는 주어가 실제 존재하지 않으면, 의미가 없다는 점입니다. 예를 들어, 어떤 것이 장미라면, 그것은 꽃이라고 할 때, 실제로 장미가 존재하지 않더라도, 이 조건문은 참입니다. 왜냐하면, 장미라면 꽃이기 때문입니다. 그것은 사람이면 동물이다, 와 같은 경우입니다. 하지만, 장미는 꽃이라는 문자에서, 장미가 실제로 없다면, 아무런 의미도 없겠지요.

전체 부정인가 주어만 부정인가는 양상 즉 필연성과 가능성 문제에도 등장합니다. 섭리를 예로 들어 보겠습니다. 아벨라르는 신의 섭리를 인정하여, 지옥 갈 사람은 정해져 있지만, 천국에는 누구나 갈 수 있다고 말합니다. 그렇다면, 이렇게 말할 수 있습니다. 지옥 갈 사람은 반드시 지옥에 간다, 왜냐하면, 신은 지옥 갈 사람만 지옥에 보내는데, 그런 사람을 신이 안 보낼 수는 없기 때문이라고 그는 주장합니다. 이에 반해, 사람은 누구나 천국에 갈 가능성이 있다고 합니다. 왜냐하면, 누구에게나 천국에 갈 가능성이 있기 때문이라고 그는 말합니다. 이 경우에는 가능성이 문장 전체에 해당합니다. 지옥 갈 사람은 주어에만 〈반드시〉가 해당하지만, 천국 경우에는 사람이 있다면, 모두에게 해당합니다. 즉 명제에 〈가능성〉이 해당합니다.

조건문은 앞 문장(전건)과 뒤 문장(후건) 사이의 관계에 따라, 참이나 거짓이 결정됩니다. 앞의 조건문 〈낮이면, 밝다〉라는 경우 〈낮이다〉가 전건, 〈밝다〉가 후건입니다. 아벨라르는 전건과 후건 사이에 엄격한 조건을 둡니다. 즉 전건이 후건을 포함해야만 한다고 합니다. 다시 말해서, 전건이 참이면, 반드시 후건도 참이어야 하는데, 그에게 이 주장은 당연해 보입니다. 왜냐하면, 전건에 후건의 내용이 이미 들어 있어야만 하기 때문입니다. 예를 들어, 소크라테스가 사람이라면, 그는 동물이라는 조건문에서, 사람이라면 합리성, 죽음을 피할 수 없음, 감각 기관을 가짐, 동물 등을 이미 포함하기에, 후건인 그는 동물이다는 당연히 참이 됩니다. 아니, 참이 되지 않으면 안 된다고 아벨라르는 주장합니다. 그는 전건와 후건의 관계에서, 서로 참과 거짓을 다르게 하면 안 된다고 합니다. 즉 두 문장 모두 참이거나 모두 거짓이어야 하는데, 모두 거짓인 경우는 아무 연관이 없으므로 제외합니다. 따라서, 전건, 후건 모두 참인 경우만 남습니다. 당연하게 보입니다. 이미 전건이 후건을 포함하고 있으므로, 모두가 참일 수밖에 없습니다. 이런 주장은, 참인 전건에서 거짓인 후건이 나올 수 없다는 데서 나옵니다. 전제가 참인데, 거짓이 나온다면, 뭔가 잘못되었다는 겁니다. 따라서, 전건이 참이고, 후건도 참이어야 한다고 합니다.

포르피리오스 이후로 중세에 줄곧 등장하는 예가 있습니다. 까마귀의 검음과 사람의 웃음 능력입니다. 즉 까마귀와 검은 색깔은 떼놓을 수 없지만, 이 색깔이 까마귀의 본질은 아니라는 겁니다. 웃음도 마찬가지입니다. 사람은 누구나 웃지만, 그렇다고 웃을 수 있는 능력이 사람의 본질은 아닙니다. 따라서, 소크라테스가 사람이라면, 그는 웃을 수 있다는 문장은 거짓입니다. 아벨라르는 본질주의자라고 할 수 있습니다.

그의 업적 가운데 하나는 토피컬 추론입니다. 이 추론은 생략 삼단논법과 비슷합니다. 예를 들겠습니다. 세계가 섭리에 따라 다스려진다면, 사람은 섭리에 따라 다스려진다. 이 조건문에는 생략된 숨은 전제가 있다고 합니다. 그 전제는 사람은 세계의 부분인데, 이것만으로는 부족하고, 전체에 해당하는 바는 부분에 해당한다는 보편 진리인 전제가 있습니다. 즉 전체에 해당하는 바는 부분에 해당한다. 사람은 세계의 부분이다. 그런데, 세계가 섭리에 따라 다스려진다면, 사람도 섭리에 따라 다스려진다. 이런 추론입니다. 추가로 제시하는 문장은 어휘의 정의나 권위에서 옵니다. 즉 정의나 권위는 필요할 때 언제나 투입될 수 있습니다. 그는 보에티우스의 조건문과 토피컬 추론을 통합 추론으로 만들었는데, 이는 큰 업적이라고 합니다.

13세기에 의무 논변이 있었습니다. 불가능한 바를 조건문의 전건으로 놓고, 이를 받아들여 모순 없이 논리를 전개하는 게임 같은 논변 형식입니다. 두 사람이 등장하여, 서로 공방을 펼치는데, 시작을 불가능한 전제로 합니다. 예를 들어, 신이 존재하지 않는다고 하자, 그렇다면, 그런 상황에서 인간은 어떻게 선하게 살아야 하는가 등을 논변합니다. 논변 가운데 모순에 봉착하면, 전제 즉 〈신이 존재하지 않는다〉를 부정하게 되면, 게임에서 지는 겁니다. 이 논변은 14세기에 논란이 되어 결국 사라졌습니다. 게임을 통해 체제를 위협하는 발언들이 나왔겠지요.

예수가 십자가에 못 박혀 죽음을 맞이하게 된 이유 가운데 하나는 유다의 배신입니다. 유다의 배신이 없었다면, 십자가 죽음도 없었겠지요. 하지만, 유다의 책임만은 아닙니다. 신의 뜻이 아니라면, 역시 이런 일은 일어나지 않았겠지요. 행위로만 보면,

신도 유다와 마찬가지로 책임이 있습니다. 신은 예수의 이런 죽음을 허용했으니까요. 그런데, 왜 유다만 배신자로 낙인찍히게 되었나요? 아벨라르는 이렇게 묻습니다. 그러고는, 드러난 행위로 죄를 말하면 안 된다고 주장합니다. 그렇다면, 동기의 문제인가요? 그렇지도 않다고 합니다. 당시에는 죄를 외부 행위가 아니라 사람 안에서 찾는 흐름이 대세였습니다. 따라서, 의도, 욕망, 성향, 동기 등이 죄의 후보가 되었는데, 아벨라르는 이 모두를 거부하고, 나쁜 행위에 대해 동의하느냐를 죄의 기준으로 삼았습니다. 자신이 나쁜 행위 하는 바에 동의 여부가 바로 죄 판단의 기준이라 주장합니다.

그 이유는 인간 자유와 관련합니다. 즉 욕망은 즉각 일어나는 바이기에, 인간 자유가 개입하지 않습니다. 외부 행위는 본질에서 중립입니다. 어떤 속사정인지 모르기 때문입니다. 배가 고파서 허기를 해결하기 위해 빵을 훔친 경우, 그 동기만으로는 죄가 아니라고 합니다. 왜냐하면, 자유롭지 못한 상황이기 때문입니다. 그는 이런 식으로 하나씩 후보들을 제거하고, 결국, 잘못된 행위에 동의하느냐가 열쇠라고 합니다. 배가 고파서 빵을 훔친 행위는 본능이나 환경 때문으로, 인간의 통제 밖에 있다고 봅니다. 따라서, 죄 판단 기준이 될 수 없습니다. 왜냐하면, 성인이 스스로 판단해야 죄가 성립하기 때문입니다. 아벨라르는 간통을 예로 들면서, 욕구나 동기만으로는 죄가 되지 않으며, 결국에는 그런 행위에 동의하지 않는 사람이 윤리로 보아 훌륭하다고 말합니다.

동의의 기준이 주관주의가 아닐까, 하는 의심이 듭니다. 어떤 행위에 대해 동의하고, 또 어떤 행위에는 동의해서는 안 되는지가 밝혀지지 않으면, 자신이 기준이 될 수 있기 때문입니다. 그는 신을 멸시하는 행위는 안 된다고 합니다. 두 가지 기준을 제시하는데, 하나는 어울리지 않는 행위를 하는 일, 다른 하나는 신을 위해 해야만 하는 행위를 하지 않은 일입니다. 이 두 가지를 해서는 안 된다고 합니다. 어려워 보이지만, 자연법과 양심에 따르면 됩니다. 살인, 강간, 절도 등은 자연법에 해당하고, 양심을 따르면, 어느 행위를 하면 안 되는지 알 수 있다고 합니다. 이런 기준은 신의 계율이나 가르침과 다르지 않다고 합니다.

엘로이즈와의 사랑, 출산, 그리고 비밀 결혼, 거세로 이어진 두 사람의 이야기는 그의 자서전을 통해 자세히 알 수 있습니다. 사건 이후 두 사람 모두 수도원으로 향했으며, 아벨라르는 스스로 피정처를 세웠습니다. 위로자라는 뜻의 이 피정처에는 엘로이즈가 다른 수녀들과 함께 들어와 생활했습니다. 가르침과 함께 많은 편지를 주고받은 두 사람은 평생 가까운 거리에서 교류를 이어 갔습니다. 아벨라르는 그녀의 지성에 매혹되었다고 합니다. 그는 젊은 시절부터 두각을 나타낸 적이 많았는데, 1140년에는 19개의 항목에서 이단으로 고발되기도 했습니다. 그는 죽기 전 2년 동안 병을 앓았습니다. 아벨라르와 엘로이즈는 파리 공동묘지에 같이 묻혔습니다. 그곳에는 철학자 메를로퐁티, 리오타르도 묻혀 있습니다.

29
푸아티에의 질베르

1147년, 질베르는 재판에 회부되었습니다. 죄목은 신을 신성과 구별 혹은 분리했다는 주장이었습니다. 물론 이단이라 했습니다. 신과 신성 사이에 틈이 있다면, 신을 이루는 속성이 신을 만든다는 주장이므로, 신과 신성은 구별되지 않은 하나라는 기독교 교리에 어긋나기에 이단이 됩니다. 가령, 신은 선하고 전지전능하다고 하는데, 신이 원래 선하고 전지전능하지 않고, 선하고 전지전능하다는 성질로 인해, 신이 된다는 의미이기에, 이단이 됩니다. 이런 방식은 이전에는 찾아보기 힘들었습니다. 질베르는 〈소크라테스는 키가 180센티미터이다〉라는 문장에서, 주어인 소크라테스는 소크라테스의 속성들, 예를 들어, 사람, 동물, 180센티미터 등의 성질을 전혀 포함하지 않고, 순수한 호칭이라고 여깁니다. 그전에는 〈소크라테스〉에 사람, 동물, 180센티미터 등이 다 포함되어 있기에, 술어는 소크라테스에 포함된 성질을 나타내면, 참이 되는 구조였습니다. 아리스토텔레스 방식입니다. 소크라테스가 실체이고, 다른 성질들은 속성입니다. 그런데, 질베르는 소크라테스에 해당하는 실체와 180센티미터에 해당하는 속성을 구별해서, 실체에는 속성이 없다고 합니다.

따라서, 실체와 속성은 구별되며, 속성이 있어서 실체가 존재하게 된다고 주장합니다. 신에 대입하자면, 선하고 전지전능한 속성이 신을 만든다는 주장이 됩니다. 이렇게 되면, 신은 속성들의 묶음 한 다발이 되나요?

보에티우스는 〈소크라테스는 사람이다〉라는 문장에서, 〈사람이다〉라는 술어는 소크라테스를 가리키며, 〈사람이다〉는 다른 사람들과 공유하는 보편 속성이라고 말합니다. 즉 술어 사람이다는 가리키기도 하고 속성을 의미하기도 합니다. 질베르는 이에 반대합니다. 그에게 술어는 단일자입니다. 즉 세상에 하나밖에 없는 대상이라는 뜻입니다. 소크라테스는 사람이다에서, 사람임이라는 술어는 보편자가 아니라, 단일자라고 합니다. 즉 세상에 하나밖에 없으니, 소크라테스의 사람임, 바로 그것입니다. 다시 말해서, 나의 사람임과 소크라테스의 사람임은 서로 다릅니다. 이 사람임, 저 사람임, 이렇게 된다고 합니다. 하나의 공통된 사람임이란 보편자를 나누어 갖지 않고, 각자가 하나뿐인 사람임을 갖고 있습니다. 그런데, 소크라테스는 세상에 하나밖에 없습니다. 그리고, 소크라테스는 세상에 하나밖에 없으면서, 동시에 개체입니다. 속성도 실체도 모두 세상에 하나밖에 없지만, 세상에 하나밖에 없다고 해서, 개체는 아닙니다. 이 합리성, 저 합리성은 단일자이지만, 소크라테스는 단일자이면서 동시에 개체입니다.

개체를 구별하는 일반적인 방법입니다. 예를 들어, 쌍둥이를 어떻게 구별하는가? 하는 문제입니다. 쌍둥이가 모든 면에서 같다면, 구별하기 어렵겠지요. 머리카락 길이가 차이가 나거나, 옷 색깔이 다르면, 구별할 수 있겠지만, 이 경우 우연한 속성이 구별의 기준이 됩니다. 즉 머리카락 길이나 옷 색깔은 두 쌍둥이의 본질은 아니니까요. 이런 우연한 속성으로 구별한다는 주장은 포르피리오스나 보에티우스가 하였습니다. 이런 입장을 유지하면서 보에티우스는 유일하게 그 사람에게만 있는 속성을 상정합니다. 그렇게 되면, 그 속성으로 개체를 구별할 수 있을 테니까요. 그리하여, 플라톤임이라는 성질을 만듭니다. 이런 입장과 달리, 아무리 똑같아도, 즉 머리카락이나 옷 색깔 등 생각할 수 있는 성질이 모두 같아도, 서로 다른 장소에 있다면, 구별할 수 있다는 주장이 있습니다. 하지만, 천사에는 해당하지 않습니다. 천사는 물질이 아니어서, 공간을 차지하지 않기 때문입니다. 수많은 천사는 각자의 역할이 다른데, 그렇다면 어떻게 구별할까요?

이런 논의는 개체 구별과 관련이 있지만, 개체가 무엇인지를 설명하지는 않습니다. 질베르는 개체를 만드는 속성은 총체라고 말합니다. 즉 과거, 현재, 미래의 모든 속성이 다 함께 개체를 만든다고 합니다. 지금은 머리카락이 길지만, 미래에는 없을 수도 있고, 옷 색깔이 과거에는 어두웠으나 지금은 밝을 수도 있습니다. 그는 이런 변화하는 속성 모두를 합해야, 개체가 된다고 합니다. 그렇다면, 어떤 세계에서도 소크라테스는 소크라테스가 될 겁니다. 아무리 똑같은 존재가 있다 해도, 모든 시간에 걸쳐 똑같은 속성을 가질 수는 없을 테니까요. 심판의 날에 신원확인에는 아무 문제가 없지 않을까요.

하지만, 문제가 없지는 않습니다. 그는 실체와 실체를 구성하는 속성이 동등하고 합니다. 즉 실체가 중심이 아니라는 겁니다. 여기서 실체는 속성이 전혀 없는 벌거벗은 실체로 보입니다. 그렇다면, 어떻게 속성들이 실체와 결합하게 될까요? 무엇이 이렇게 만드나요? 이런 의문에 대해 그는 답하지 않습니다. 또한, 그는 사람임이란 속성이 단일자이지만, 복합이라고 말합니다. 즉 사람임이란 속성은 합리성, 동물임 등의 복합이라고 합니다.

    그는 종교재판에 회부되었으나, 무사히 풀려났습니다. 신의 단일성을, 즉 신의 실체와 속성이 구별되지 않는다고 주장했다고 합니다. 신과 신성은 애초부터 구별되지 않은 하나라고.

30
번역과 대학

이슬람 지역인 바그다드에서 762년부터 10세기 말까지 거의 2백 년 동안 엄청난 번역 작업이 있었습니다. 당시 이런 큰 작업은 사회나 정치에서 수요가 있었기에, 지배층이 크게 지원했습니다. 종교 지도자의 교체로 인한 혼란을 수습하고, 이교도에게 이슬람의 우수성을 설명하기 위해, 더 깊은 지식이 필요했을 겁니다. 이 시기 많은 책을 번역하였는데, 아리스토텔레스, 의학자 갈레노스, 히포크라테스 그리고 신플라톤학파인 포르피리오스 등이 눈에 뜨입니다. 아리스토텔레스가 중심이라고 해도 지나친 말은 아닐 정도로 그의 책은 거의 모두 번역되었습니다. 갈레노스의 의학서는 실용 목적에서 번역했지만, 그 안에 철학도 많이 담겨 있습니다. 특히 플라톤 인용이나 요약을 찾을 수 있습니다. 플라톤은 당시에 인기가 없었나 봅니다. 왜냐하면, 그의 대화편은 한 편도 완역되지 않았기 때문입니다. 아리스토텔레스는 책은 물론, 주석도 아주 많이 나왔는데, 플라톤 경우는 제대로 된 책은 전혀 소개되지 않았습니다. 다른 책에 인용, 요약되거나, 격언집 등에 등장하는 게 고작이었으니까요. 그나마 소개된 대화편은 『법률』, 『티마이오스』, 『파이돈』 세 편입니다.

한편 유럽에서는 12세기에 번역 작업을 시작하였고, 13세기에 본격 설립된 대학은 그 후 철학에 큰 영향을 미칩니다. 우선 번역 작업을 보면, 두 가지 방향이 있습니다. 그리스어에서 라틴어로, 그리고 아랍어에서 라틴어로. 그런데, 겹치는 책도 있습니다. 아리스토텔레스의 『분석론 후서』는 베니스의 제임스가 12세기에 그리스어를 번역하였고, 크레모나의 제라르드가 역시 12세기에 아랍어를 번역하였습니다. 이 밖에도 뫼르베크의 윌리엄은 13세기에 번역했습니다. 이 가운데 제임스 번역서가 가장 인기가 있었다고 합니다.

　그리스어를 라틴어로 옮기는 작업에서 가장 큰 부분은 아리스토텔레스가 차지합니다. 위에서 본 바와 같이 같은 책이 몇 가지 판본으로 나올 정도로 인기 있었습니다. 그의 저작 거의 모두가 번역되었다는 사실만 보아도, 그가 얼마나 환영받았는지 알 수 있습니다. 『범주론』과 『명제론』은 이미 6세기에 보에티우스가 번역했지만, 13세기에 뫼르베크의 윌리엄이 다시 번역했습니다. 『분석론 전서』, 『변증법』, 『궤변론』은 이미 6세기 번역이 있었지만, 이 역시 다시 번역되었고, 다른 책들은 12세기부터 번역되기 시작하여, 13세기에는 아리스토텔레스의 거의 모든 책이 유럽의 손에 들어갔습니다. 『자연학』, 『기상학』, 『영혼론』, 『형이상학』, 『니코마코스 윤리학』, 『정치학』, 『시학』, 『천체론』, 『생성과 소멸에 관하여』, 그리고 『동물학』 등 거의 모든 분야의 그의 책이 공급되었습니다. 이런 공급 홍수가 서양 지식인의 사상에 영향을 끼치지 않았다면, 오히려 이상한 일이 되겠지요.

아리스토텔레스 외에도, 다른 철학자도 많이 소개되었습니다. 포르피리오스, 프로클로스, 오리게네스, 섹스투스 엠피리쿠스, 다마스쿠스의 요한, 그리고 아랍어에서 번역한 유클리드의 『원론』도 있습니다. 플라톤도 소개되었으나, 거의 영향을 끼치지 못했습니다. 『티마이오스』와 『프로타고라스』는 기원전 1세기에 키케로가 번역하여 소개하였고, 『파이돈』, 『메논』은 12세기에 소개되었으나 인기는 없었습니다. 13세기에 나온 『파르메니데스』는 사정이 조금 나았다고 합니다.

아랍어를 라틴어로 옮기는 번역 작업에서도 아리스토텔레스는 꽤 중요합니다. 하지만, 역시 아랍 철학자들의 책이 많이 번역됩니다. 알킨디, 알파라비, 그리고 알가잘리도 등장하지만, 역시 아비센나와 아베로에스가 많이 나옵니다. 아비센나의 경우, 논리학, 자연학, 형이상학 등 많은 책이 소개되는데, 아벤다우트가 자주 번역자로 등장합니다. 아베로에스는 엄청난 양의 아리스토텔레스 주석과 함께 소개됩니다. 즉 단순히 원문이 번역되지 않고, 거의 모든 구절에 주석이 다 달린 상태로 번역되어, 큰 영향을 끼칩니다. 그는 〈주석가〉라는 이름을 얻게 됩니다. 당시 〈철학자〉는 물론 아리스토텔레스의 이름이었습니다. 루나의 윌리엄과 마이클 스콧의 이름이 자주 등장합니다. 그리고 유명한 유대인 철학자 마이모니데스도 목록에 있습니다.

그리고, 라틴어에서 그리스어로 옮기는 비잔틴제국이 있습니다. 철학 도서의 양으로 보아서는 라틴어 사용 지역이 비잔틴제국보다 약 12배 정도 많았다고 합니다. 비잔틴제국으로 소개된 철학자를 보면, 안셀무스, 아우구스티누스, 보에티우스, 키케로 등입니다. 주로 13세기, 14세기에 알려집니다. 가장 인기 있었던 철학자는 단연 아퀴나스입니다. 주로 15세기에 많은 책이 번역되었습니다. 플라톤의 경우는 14세기에 『공화국』 한 편 정도만 알려졌고, 아베로에스는 13, 14세기에 소개됩니다.

아벨라르와 연인이었던 엘로이즈는 그리스어를 할 줄 알았습니다. 당시 그리스어를 하는 여성은 드물었을 뿐만 아니라, 남성도 별로 없었습니다. 신학자 가운데서도 많지 않았으니까요. 당시 고전 문학이나 사상은 거의 수도원에서 독점하고 있었습니다. 그 밖의 기관이 뚜렷이 존재하지 않았습니다. 수사들은 종교의 전례를 위한 교육은 받았지만, 교양 교육은 많지 않았습니다. 이런 흐름은 12세기가 되어, 주교제가 확립되면서 생긴 가톨릭 학교 등장으로 변하기 시작합니다. 즉 가톨릭 학교에서 논리학과 자연학을 배우기 시작했고, 돈을 받고 가르치는 곳도 등장하였습니다. 이 가운데 파리가 가장 규모도 크고 명성도 높았습니다. 노트르담 성당은 각처에서 온 학생들로 붐볐다고 합니다. 점차 성당 밖에서 자신의 학원을 차려, 돈을 받고 학생을 가르치게 되었고, 이 선생들이 모여 자신들의 법률 보호, 경제 이득 그리고 사회 지위를 위해 일종의 조합을 만들게 됩니다. 이런 조합에서 14세기에 대학이 탄생합니다.

대학 탄생에는 물론 사회 배경이 있습니다. 12세기가 되면서, 상류 계층의 전문화가 이루어집니다. 그전에는 거의 모든 일을 구두로 처리하였으나, 사회가 복잡해지면서, 정부나 가정 그리고 병원이나 성당에서도 전문가가 필요하게 되었고, 13세기가 되어서는 글로 된 서류만 효력이 있게 되었습니다. 따라서,

사람들은 법률, 행정, 사업, 교육, 의료, 종교, 세금 등의 분야에서, 자격과 권위를 갖는 전문가를 원했습니다. 이런 전문가를 공급하는 데 대학은 필수였습니다.

철학이 대학의 관심사가 아니었다는 사실은, 이런 시대 상황을 보면 알 수 있습니다. 즉 대학은 주로 법률가, 의사 그리고 신학자를 배출하는 일에 집중하면서, 관료나 교육자 등을 공급하는 데 그 목적이 있기 때문입니다. 다시 말해서, 철학은 독립 과목이 아니었습니다. 보통 교양 교육을 마친 후, 법률, 의학 그리고 신학 전문가 과정을 밟았습니다. 요즘으로 말하면, 앞의 세 개는 전문대학원이라 할 수 있겠지요. 철학과 관련한 과목은 교양 과정에 속한 논리학이 전부였습니다. 즉 문법, 수사학 그리고 논리학이 기본이었고, 후에 기하학, 음악, 그리고 평화로울 때 수학과 천문학이 추가되었습니다. 기본 틀로 보아서는, 논리학에서 철학이 다뤄지지 않으면 안 되었습니다. 이런 상황에서도, 철학은 대학을 중심으로 발전합니다. 논리학 운영 방식 덕분으로 보입니다.

논리학 강의의 기본은 매일 아침 있는 강독입니다. 선생이 권위 있는 책을 읽어 주는데, 상세히 설명하거나 알기 쉽게 풀어 말해 줍니다. 이런 정규 강독 말고도, 특별 강연도 있는데, 문제 제기를 활발하게 하였습니다. 12세기에 유행했습니다. 강독 외에도, 토론이 있습니다. 일종의 이벤트로 학생 두 명이 서로 다른 입장에서, 토론하고, 선생이 마지막에 판결을 내립니다. 이 판결이 단순히 한쪽 손을 들어 주지 않고, 자신의 견해를 피력하기도 했습니다. 이 과정에서 새롭고 대담한 견해가 등장하기도 합니다. 또, 자유 주제 토론이 있습니다. 제목 그대로 어떤 주제든 토론할 수 있는 장치입니다. 자리에 참석한 사람이 자유롭게 질문하면, 선생이 답을 하는 식입니다. 자유 주제인 만큼, 재미있는 질문도 나왔다고 합니다. 예를 들어, 머리가 두 개인 채로 태어난 사람은, 세례를 한 번 받아야 하나요? 아니면 두 번인가요? 이런 과정을 통해, 철학 논의를 전개했습니다. 실제 강의에서 논박을 그대로 책으로 옮기거나, 실제 강의가 없었더라도 강의 형식으로 책을 쓰는 일은 흔했습니다. 토마스 아퀴나스도 이 형식을 취했습니다. 이런 강의에서 피에르 롱바르의 책 『명제집』은 항상 표준 교과서였습니다. 네 권으로 된 이 책으로 강의가 시작하여, 논박으로 이어집니다.

아리스토텔레스를 강의할 수 있느냐가 문제가 되었습니다. 그의 사후 세계 부정과, 세계는 창조되지 않았고, 원래 영원하다는 주장은 기독교의 교리와 충돌하기 때문입니다. 이는 형이상학과 자연학 분야인데, 이 두 가지 책은 1215년 대학에서 금지됩니다. 하지만, 별 소용이 없었습니다. 흐름을 막을 수는 없었겠지요. 1250년 다시 교과 과정에 등장하였으나, 1270년 다시 아리스토텔레스의 과도한 주장을 금지합니다. 즉 신학과 교양이 충돌하였습니다. 유럽에서는 이런 충돌을 겪고 있었지만, 영국에서는 별다른 충돌 없이 아리스토텔레스가 다뤄지고 있었고, 결국은 아리스토텔레스는 유럽 전체로 퍼집니다.

대학은 선생과 학생의 권익 보호를 위해 결성한 조합으로 출발했고, 1348년 프라하에 대학이 설립된 후, 15세기에는 북유럽을 비롯한 유럽 전역으로 퍼져 나갑니다. 앞서 우리가 살펴본 안셀무스는 수도원에서, 에리우게나는 수도원 학교에서 수업을 받았으나, 아벨라르는 파리의 노트르담의 선생이었고, 피터 다미안은 대학에서 교육받고 수사학 선생을 하였습니다. 그리고, 질베르는 파리에서 자신의 철학 학교를 세웠습니다. 시대가 변했지요. 13세기 보나벤투라는 파리 대학의 교수를 한 적이 있는데, 그는 교양은 집의 토대와 같고, 의학과 법률은 집의 벽과 같으며, 신학은 꼭대기의 지붕과 같다고 말했습니다. 당시 대학의 교육 과정을 말해 줍니다. 철학은 집의 주요 구조물은 아닙니다. 토대의 부분일 뿐입니다. 그는 프란체스코 교단에 속했는데, 도미니크 교단과 프란체스코 교단이 쾰른과 피렌체에 대학을 설립합니다. 이 두 대학은 다른 대학과의 연대를 거부하고, 교양도 거부했으며, 다른 선생들의 일자리를 빼앗습니다. 즉 두 교단 출신이 파리 대학 등에서 교수 자리를 차지했습니다. 토마스 아퀴나스도 그 가운데 한 명이었습니다.

31
토마스 아퀴나스

어떤 사람이 토마스 아퀴나스에게 편지를 보내, 축복받은 사람들의 이름이 천국에 두루마리로 전시되어 있는가, 하고 물었습니다. 당시는 편지를 주고받는 일이 쉽지 않은 시대였습니다. 아퀴나스는 도착한 편지가 무엇이든 답을 했습니다. 이 질문에 대해, 그는 자신이 보기에는 사실이 아니라고 하면서, 그래도 그렇게 말한다 해도, 해가 되지 않는다고 답했습니다. 그는 브라방의 시제르와의 마지막 논쟁을 마치고 돌아온 후에 은퇴합니다. 한동안 침묵으로 일관하며 한 마디도 말하지 않던 그는, 미사를 드리는 가운데 자신에게 무슨 일인가 일어났다고 합니다. 그 후 이제 글을 쓸 수 없다고, 친구에게 말했고, 다시 복귀를 권하는 그 친구에게, 자신이 지금까지 쓴 글 모두가 하찮아 보이기에, 더 쓸 수 없다고 말합니다. 무슨 글을 쓴 건가요?

본질과 실존

천사는 많이 있다고 합니다. 역할도 다르다고 합니다. 그런데, 천사는 육신을 갖고 있지 않습니다. 그렇다면, 천사를 어떻게 구별할까요? 인간은 육신을 갖고 있기에, 어떻든 구별할 수 있습니다. 하지만, 천사는 정의로 볼 때, 육신이 없으므로 구별할 수 없지 않을까요? 육신이 아닌 다른 방법이 있을까요? 이런 논의에 앞서, 육신이 없는 천사는 도대체 어떤 존재인가에 대한 논쟁이 있습니다. 즉 본질과 실존의 관계에 대한 논쟁입니다. 인간은 본질과 함께 실존 즉 실제 육신으로 존재합니다. 머릿속에 존재하는 데 그치지 않고, 실제로 머리 밖에 물질로 존재합니다. 즉 인간은 인간다움이란 본질과 함께 실제로 머리 밖에 존재하는 실존이 있습니다. 기독교는 모든 피조물이 이에 해당한다고 여깁니다. 그런데, 문제는 본질과 실존의 관계입니다. 즉 세 가지가 논의됩니다. 실존과 본질은 실제로 구별된다; 아니다. 실존과 본질은 실제로는 같고, 개념으로만 구별된다; 아니다. 둘은 중간 정도로만 구별된다. 이 세 가지입니다.

아퀴나스는 첫 번째를 지지합니다. 즉 본질과 실존은 실제로 구별된다고 합니다. 그는 형상과 질료를 들어 설명합니다. 아리스토텔레스를 따르면, 사물은 형상과 질료의 복합체이며, 형상이 있어야 질료는 사물이 되고 완전하게 됩니다. 흙은 도자기 형상을 만나야, 도자기가 되고 완전하게 된다고 합니다. 이 경우, 형상과 질료는 실제로 구별됩니다. 이런 관계는 현실태와 가능태에도 적용할 수 있습니다. 즉 실존은 본질의 현실 구현이자 완전함입니다. 형상이 실존에, 질료는 본질에 해당한다고 할 수 있습니다. 이렇게 놓으면, 아퀴나스에게는 실존이 본질보다 우선하게 됩니다.

아퀴나스는 실존이 없는 존재 즉 천사의 존재를 받아들입니다. 즉 가능태만 있고, 현실태는 없는 경우가 천사인데, 가능태와 현실태는 실제로 구별되므로, 가능태만의 존재인 천사가 존재할 수 있다고 주장합니다. 그는 사물을 질료와 형상의 복합체로 보지 않고, 가능태와 현실태의 복합체로 여겨, 질료가 없다면 천사를 구별할 수 없다는 문제에서 빠져나오려 합니다. 하지만, 비판이 제기됩니다. 본질과 실존의 구별이 없는 유일한 존재가 신이라는 데에 모든 참가자가 동의합니다. 그리고 피조물은 본질과 실존의 합이라는 데도 동의합니다. 하지만, 여전히 피조물의 본질과 실존은 같고 개념으로만 구별된다는 주장이 있습니다. 이런 주장은 브라방의 시제르와 퐁텐의 고드프리가 주장했습니다.

    두 사람은 피조물의 실존은 본질에 속한다고 주장합니다. 즉 실존과 본질이 하나인데, 다만 개념으로 구별한다는 겁니다. 고드프리는 우리가 사태를 기술하는 양식이나 방식이 달라서, 다르게 보일 뿐이라고 합니다. 즉 구상명사, 추상명사, 동사가 사실은 하나를 가리킨다고 하면서, 예를 듭니다. 뛰는 사람이 있다고 합시다. 이를 뛰는 사람, 경주, 달리다 등으로 기술할 수 있습니다. 기술하는 방식이 다를 뿐, 같은 것을 기술한다고 합니다. 실존과 본질도 마찬가지입니다. 구별한다면, 단지 개념으로만 할 뿐이라고 합니다. 이런 점에서, 그는 확실하게 아퀴나스와 다릅니다. 하지만, 천사를 현실태와 가능태의 복합체로 보는 점에서는 다르지 않습니다. 그렇다고 해서, 천사를 나무와 같은 자연물과 같은 차원에서 보지는 않습니다. 즉 천사는 자연물이 아니라 논리의 산물이라고 합니다. 즉 신보다는 덜 완전하지만, 다른 피조물보다는 더 완전하다고 합니다. 천사는 자연물이 아닐 뿐, 논리의 산물이기에, 상상이나 허구가 아니라고 말합니다.

　세 번째 입장은 중간 정도의 구별만 인정합니다. 겐트의 헨리는 실존이 본질에 부가되지만, 그리고 우연히 부가되지만, 사실은 우연이 아니라 의도가 있는 우연이라고 주장합니다. 아퀴나스가 말하는 둘의 구별을 보면, 우선 본질이 존재하는데, 외부 원인이 작동해 실존이 생기는 구조입니다. 즉 본질에 실존이 부가되는 구조입니다. 이런 의미에서 헨리는 실존이 부가된다고 말합니다. 그렇다면, 실존이 외부 원인에 의해 부가되는 일이 우연인가요? 이 질문에 대한 답이 애매합니다. 즉 중간 어디쯤 있는 기분이 듭니다. 우연이라고는 하지 않습니다. 우연히 부가될 수 없는 이유는, 실존을 통해야 비로소 존재하기 때문입니다. 우연이지만, 아마도 신의 의도가 있기에 의도한 우연이라고 봅니다. 의도한 우연이라는 말 자체가 애매하고, 중간입니다. 휴대전화 알림에는 여러 종류가 있습니다. 진동과 소리가 주로 쓰이는데, 진동과 소리도 설정하기에 따라 종류가 많습니다. 이때, 특정한 방식을 택한다면, 의도가 있다고 보아야 할 겁니다. 어떤 방식을 택하느냐는, 정해져 있지 않으니, 우연이라 할 수 있지만, 의도가 있기에 단순한 우연은 아니라고 해야겠지요.

　아퀴나스는 천사를 구별할 필요가 없다고 합니다. 왜냐하면, 모든 천사가 각각의 종이기 때문입니다. 사람이란 종에는 수많은 개체가 있습니다. 따라서, 수많은 사람을 어떻게 구별하느냐 하는 문제가 생깁니다. 하지만, 그는 천사 각각이 하나의 종이기에 그런 수고를 할 필요가 없다고 주장합니다. 특이한 해법으로 보입니다. 아퀴나스의 실존과 본질의 구별은 후대에 환영받지 못합니다. 둔스 스코투스는 이를 거부했고, 심지어, 14세기에는 도미니크 교단에서도 거부하는 일이 있었습니다.

신앙과 철학

러셀은 아퀴나스에게 철학 요소가 전혀 없다고 평합니다. 추론을 시작하기도 전에, 이미 결론을 정해 놓았고, 철학 문제를 다루더라도 모두 신학을 위한 소재에 불과하다는 비판입니다. 그는 아퀴나스가 철학이란 물을 신학이란 포도주로 바꾼다고도 말합니다. 아퀴나스의 어떤 면이 이런 주장을 낳게 하였을까요?

    아퀴나스 학문의 시작과 끝은 신입니다. 즉 인간의 역사는 신에게서 벗어나 다시 신에게로 돌아오는 길이라고 합니다. 즉 신이 피조물의 능동인이면서, 동시에 돌아가야 할 목표인 목적인입니다. 이런 상황에 놓인 피조물은 신의 속성을 닮으려 하고 또 신 안의 존재가 되고자 한다는 주장이, 그의 학문의 큰 구조입니다. 이런 얼개라면, 철학의 영역은 별로 없어 보입니다. 하지만, 그는 철학의 역할을 말합니다. 즉 보통 사람은 신의 존재를 증명하지는 못하지만, 신의 존재는 안다고 하면서, 철학은 신의 존재를 증명할 수 있다고 그는 주장합니다. 즉 모순을 범하지 않고, 참인 전제에서 신이 존재한다는 결론을 끌어낼 수 있다는 겁니다. 그는 다섯 가지 방법을 제시하는데, 요즘, 이 방법에 주목하는 학자는 거의 없어 보입니다. 논리에 허점이 있기 때문입니다. 그는 신을 부동의 동자, 불변의 변화자 등으로 규정하는데, 이미 아리스토텔레스에서 보던 개념입니다. 그래도 주목할 만한 발언도 있습니다. 신은 물질 대상이 아니기에, 이 세상에서 인간은 신에 대해 직접 지식을 가질 수 없다고 합니다. 왜냐하면, 인간의 감각으로는 신을 접촉할 수 없기 때문입니다. 그는 항상 신, 천사, 자연 세계라는 계층 구조를 염두에 두고 있으며, 신은 자연 세계와는 완전히 다르기에, 직접 접촉은 당연히 가능하지 않습니다. 흥미롭게도, 그가 이성이 없는 사물은 이성이 있는 존재의 지배를 받아야 한다고 주장합니다. 즉 자연 세계에서도 계층이 있다는 겁니다. 이성이 있는 인간이 이성이 없는 동식물을 지배해야 한다는 의미이니까요. 그리고, 이 세계는 이 세계만으로는 이해할 수 없다고 합니다. 자연 세계를 자연 세계만으로 이해할 수 있다는 주장과는 반대편에 있습니다. 자연 세계를 자연 세계만으로 이해할 수 없다면, 다른 도움이 필요하겠지요.

그는 신과 피조물의 관계에 대해 피조물은 신과 관계가 있지만, 신은 피조물과는 관계가 없다고 말합니다. 왜냐하면, 인간은 피조물이기에 신에게 의존할 수밖에 없어 신에게서 독립할 수 없지만, 신은 인간이 무엇을 하든 전혀 영향을 받지 않기 때문입니다. 즉 신이 세계를 창조하든 안 하든, 인간이 선하든 악하든, 신에게는 아무런 변화도 없기에, 신은 인간과 관계없다는 겁니다. 그렇다면, 기적은 어떻게 설명할 수 있을까요? 앞의 주장을 보면, 신은 이 세계에 간섭하지 않는 것으로 보입니다. 관계가 없으니까요. 그런데, 기적은 보통 자연법칙이나 질서에 역행하는 일입니다. 그렇다면, 기적은 신의 개입이 아닐까요? 즉 신이 질서를 만들어 놓고, 때때로 개입하여 필요한 일을 한다고 봐야 하지 않을까요. 이에 대해, 아퀴나스는 그런 일은 없다고 합니다. 즉 신은 간섭하지 않는다고 하면서, 기적은 무엇인가가 없기에 일어난다고 주장합니다. 즉 마땅히 있어야 하는, 신 이외의 원인이 빠지게 되면, 기적이 일어난다고 말합니다. 악이란 존재의 결핍이라는 구조와 비슷해 보입니다.

기적은 이성과는 반대 방향입니다. 이성이 아니라 믿음이 다뤄야 합니다. 즉 신앙과 이성의 충돌 현장일 수 있습니다. 이런 충돌은 성체에서도 볼 수 있습니다. 빵과 포도주가 예수의 피와 살로 변한다는 교리를 어떻게 이해할 수 있는가? 아퀴나스는 실제로 빵과 포도주가 예수의 피와 살로 변한다고 말합니다. 빵과 포도주의 속성은 그대로이지만, 실체는 변한다고 합니다. 즉, 맛이나 향은 빵이나 포도주에 속하겠지만, 실체는 변한다고 합니다. 아리스토텔레스는 사물은 실체와 속성으로 구성되며, 속성은 우연이라고 말합니다. 우연인 속성은 변할 수 있지만, 실체는 그대로라는 주장입니다. 이와는 다르게, 아퀴나스는 속성은 유지되지만, 실체는 변한다고 하면서, 이렇게 되려면, 신의 은총이 필요하다고 말합니다. 신앙은 감각을 바탕으로 하는 이성이 밝힐 수 없는 바를 요구한다고 말합니다. 그렇다면, 신앙과 이성은 역할이 다릅니다. 신앙은 이성을 넘어서는 은총의 영역이 되니까요. 과연, 신이 세계에 간섭이나 개입을 하지 않는지 의문이 들지 않을 수 없습니다. 기적은 신의 영역이 아닐 수도 있습니다. 악처럼 무엇인가 결핍되기에 발생하기 때문입니다. 하지만, 성체는 신의 개입 즉 은총으로 보입니다. 그에게 신앙과 이성은 조화가 아니라, 역할 분담으로 보입니다.

그는 신앙을 생각으로 정의합니다. 즉 믿음이란 동의한 생각입니다. 믿음은 생각이지만, 모든 생각이 믿음이 되지 않고,

자신이 동의한 생각만 믿음이 됩니다. 이런 식이라면, 믿음과 생각, 신앙과 이성이 같은 결이 될 수 있어 보입니다. 왜냐하면, 기본에서 같기 때문입니다. 하지만, 성체 예에서 볼 수 있듯이, 생각으로는 풀 수 없는 은총이 등장합니다. 신의 은총은 생각 너머에 있습니다. 즉 생각이 아닙니다. 아퀴나스의 일관성이 의심됩니다. 그의 신앙 형성에는 아리스토텔레스, 아우구스티누스 그리고 성경의 영향이 가장 크다고 합니다. 아퀴나스의 믿음은 동의한 생각이라는 주장은 바로 아우구스티누스의 주장입니다. 아퀴나스는 믿음이나 의심을, 논리를 따르는 정신 활동으로 여깁니다. 같은 생각인데, 믿음은 동의한 생각이고, 의심은 동의하지 않은 생각입니다.

그는 철학이 많은 일을 할 수 있다고 여기지만, 이성과 신앙이 충돌할 때는, 어김없이 신을 끌어들입니다. 은총이 등장하곤 합니다. 그리고 항상 신앙이 위에 있습니다. 자유의지 문제도 마찬가지입니다. 인간의 자유의지를 윤리 문제 때문에 인정하지만, 결국 인간은 우주의 아주 작은 조각에서조차 영향받지 않아, 자유롭지만 신에게서는 독립하지 않으며, 독립할 수도 없다고 말합니다. 이런 상황의 인간이 과연 자유인가, 의심이 듭니다.

인간 영혼

죽은 후에도 영혼은 살아남는가? 이런 질문에 아퀴나스는 당연히 그렇다고 답합니다. 그가 기독교 신학자라면, 이런 질문 자체가 하찮을 수 있습니다. 하지만, 이런 답에 이르는 과정은 단순하지 않습니다. 그는 우선 인간이 신과 달리 육신을 가졌기에,

죽으면 육신이 사라진다고 생각합니다. 하지만, 영혼은 살아남는다고 하는데, 그가 말하는 영혼은 당시 개념과는 다릅니다. 당시에는 육신과 영혼이 별개의 실체라고 인정했습니다. 즉 두 개의 실체가 한 몸에 있다, 죽으면 분리된다고 여겼습니다. 하지만, 그는 인간이 육신과 영혼으로 이루어진다고는 생각하지만, 단 하나의 실체만 있다고 합니다. 즉 영혼입니다. 이 영혼은 생명의 원리로, 이것이 없으면 죽은 것이 되고, 있으면 산 것이 되는 원리입니다. 그런데, 그는 이 영혼이 여러 개로 나뉘지 않고, 단 하나라고 주장합니다. 당시에는 영혼은 여러 개의 하위 영혼들이 있어, 각각이 역할을 한다고 여겼는데, 그는 이를 부인합니다. 즉 아리스토텔레스가 영양 섭취, 감각 지각, 욕구, 장소 이동, 그리고 사고를 담당하는 각각의 실체로서의 영혼이 있다고 했는데, 그는 이를 부인하고, 단 하나의 영혼이 있다고 합니다. 사람들이 형상과 기능을 혼동했기에, 이런 잘못된 분류가 생겼다고 하면서, 여러 개의 영혼이 있지 않고, 하나의 영혼이 여러 기능이나 힘을 가졌다고 말합니다.

영혼이 문제가 되는 이유 가운데 하나는 보편 지식입니다. 즉 보편 지식이 어떻게 가능한가에 대한 답이 다릅니다. 아리스토텔레스는 추상으로 보편 지식을 얻는다고 하고, 당시 학자들은 아리스토텔레스를 따르면서도, 감각을 통해 얻은 지식에서 보편 지식으로 가는 과정은 불완전하고 보증되지 않으므로, 신의 도움으로 보편 지식에 이를 수 있다고 합니다. 즉 조명설입니다. 신이 활동하는 지성을 통해 인간의 영혼에 빛을 비추어 이런 일이 일어나게 한다는 겁니다. 아퀴나스는 이 조명설을 부인하고, 인간이 태어날 때, 신이 개인 영혼 안에 자연의 빛을 부여해서, 보편 지식을 얻게 한다고 주장합니다. 아퀴나스는 개인 단위를 중하게 여깁니다. 즉 인간의 지성이나 의지는 자기의 것이라고 말합니다. 나의 팔이 아플 때, 아픈 주체는 〈나〉라고 합니다. 나의 영혼이 아니라 〈내〉가 아프다는 겁니다. 나의 팔이 아픈 게 아니라, 팔이 있는 〈내〉가 아프다고 합니다. 그럼, 영혼도 아닌 〈나〉는 무엇일까요? 뚜렷한 답을 찾기 어려워 보입니다.

아리스토텔레스의 영혼론에서 의아한 구석은 사고를 담당하는 혼입니다. 이것은 육신의 기관과 관계없다고 하기 때문입니다. 즉 육신과 관계없이 육신에서 기능한다면, 죽은 후에는 육신을 떠나 살 수 있다고 해석할 수 있기 때문입니다. 아퀴나스는 영혼이 죽은 후에도 살아남는다고 말하면서도, 어느 영혼이 살아남느냐는 신이 정하기에, 아무런 보장이 없다고 합니다. 즉 그 문제는 신의 의지라고 합니다.

영혼론에서 빼놓을 수 없는 인물이 아베로에스입니다. 그의 영혼론은 당시 비판의 대상이었습니다. 그는 아리스토텔레스를 거부하고, 보편 지식은 활동하는 지성이 담당하는데, 이 활동하는 지성은 단 하나로, 모든 인간은 이 지성을 통해 보편 지식을 획득한다고 주장합니다. 개인 영혼에 부여된 자연의 빛이라든가 신을 통한 조명설은 거부합니다. 아베로에스의 이런 주장은 당시 커다란 파문을 일으키고, 이런 주장을 하면 비난을 받았습니다. 아퀴나스도 이런 비판 행렬에 참여했습니다.

러셀이 아퀴나스를 비판하면서, 그는 물을 포도주로 만든다고 하였습니다. 위에 논한 바를 보면, 그는 그 포도주를 예수의 피로 만든 게 아닐까, 하는 생각이 듭니다. 물을 포도주로 만드는 데까지를 철학이라 할 수 있다면, 포도주를 예수의 피로 만드는 작업은 신학으로 보이기 때문입니다. 그는 물에서 포도주보다는, 포도주에서 예수의 피에 더 관심 두지 않았나 생각합니다. 그는 예수의 신성을 믿을 합당한 근거가 있지만, 예수가 신이라고는 증명할 수 없다, 예수의 신성을 믿는 바는 신앙의 문제다,라고 말합니다.

창조와 영원한 세상

서양 중세에 신의 세계 창조는 상식이었겠지요. 그렇다면, 창조는 없고, 처음부터 영원한 세계가 있다는 아리스토텔레스의 주장은 별로 들어갈 틈이 없어 보입니다. 하지만, 철학자들은 창조와 영원한 세계 사이에서 길을 찾으려 애를 썼습니다. 즉 아리스토텔레스의 네 가지 원인과 신의 창조를 적절히 섞어 조화시키려 노력했습니다. 두 가지 입장이 대립합니다. 모두가 신의 창조라는 태도와, 모두 사물 안에 들어 있다, 즉 모두가 모두 안에 있다는 태도입니다. 두 입장은 극단입니다. 즉 모두가 신의 창조라면, 창조 이후에도 모든 일에 신이 일일이 개입한다는 주장이 됩니다. 즉 우인론입니다. 우인론이 참이라면, 인간의 윤리 문제는 사라지고 맙니다. 아퀴나스는 이에 반대합니다. 창조는 없고, 사물 안에 아리스토텔레스의 네 가지 원인이 들어 있어, 그 원인이 변화를 만든다고 합니다. 아리스토텔레스를 따릅니다. 이때, 질료인과 형상인은 내재되어 있으면서 결과에도 포함되지만, 능동인과 목적인은 사물 외부에 있기에 누군가 혹은 무엇인가가 작동해야만 합니다. 이런 역할을 아리스토텔레스의 부동의 동자가 하면, 충분하다고 말합니다. 아베로에스는 능동인은 개입이나 유출하지 않고 형상을 부여하지도 않으며, 단지 가능태를 현실태로 끌어내는 일을 한다고 합니다. 철저하게 아리스토텔레스를 따릅니다. 이런 유형은 아마도 아베로에스가 유일할 겁니다. 우인론과 아베로에스의 극단 사이에 많은 가운데 길이 있습니다.

아비센나가 가운데 길을 대표합니다. 그는 능동인은 존재를 부여하고, 목적인은 신에게 돌아가는 목적을 부여한다고 합니다. 즉 질료나 형상은 조금 뒷전으로 밀어내고, 능동인과 목적인을 앞에 두는 방식입니다. 능동인과 목적인을 신의 창조와 연결할 가능성이 열립니다. 능동인은 외부에서 작용해서, 본질을 실존으로 바꾸기에 생산에 이바지하고, 목적인은 사물의 본질을 말해 주고 바람직한 모습을 보인다고 할 수 있기 때문입니다. 이렇게 되면, 신의 창조와 아리스토텔레스의 네 원인이 조화를 이룰 수도 있지 않을까요. 이런 방식은 알가질리도 택합니다. 즉 그는 능동인을 신의 창조로, 목적인은 신의 지혜로 봅니다. 그런데, 목적인이 말하는 사물의 본질과 바람직한 모습은 신에게로 돌아가는 모습입니다. 즉 신에게로 향하는 자세를 말합니다. 아리스토텔레스의 목적인을 이렇게 해석하는 데는, 신플라톤주의가 영향을 미쳤습니다. 즉 발현되고 머물다 되돌아오는 일련의 과정입니다. 발현이 창조이고, 창조된 후 세상에 머물다 신에게 되돌아간다는 구도입니다. 이런 구도는 앞서 언급한 대로, 아퀴나스의 기본 구도입니다.

그런데, 논의가 복잡해지는 이유 가운데 하나는, 창조를 다르게 해석하는 데에도 있습니다. 흔히 기독교에서는 무에서 창조를 말합니다. 즉 완전한 무에서 신이 세계를 창조했다고 합니다. 그런데, 아무리 신이라고 그런 일이 가능할까? 하는 의심이 들 수 있습니다. 그래서, 무에서는 나올 수 없다, 무엇이든 있는 것으로 만든다는 주장이 나옵니다. 즉 창조를 두 가지로 해석하려 합니다. 목수와 같이 만듦과, 신과 같이 무에서 유를 만듦입니다. 목수는 플라톤의 데미우르고스와 비슷할 겁니다. 이렇게 나눈다고 해서, 문제가 쉽게 해결되지는 않습니다. 그래서, 모든 사물에는 기원이 있다, 거슬러 올라가면, 그 원천이 나오는데, 무한 소급은 불가능하므로, 신의 창조가 옳다고 주장합니다. 하지만, 영원한 세계를 옹호하는 사람은, 천체를 보라고 합니다. 아리스토텔레스가 천체는 생성 소멸이 없는 영원한 물질로 이루어진다고 했기 때문입니다. 창조로는 천체를 설명하기 어렵다는 겁니다.

창조 문제를 이성으로 해결하기 어렵다는 주장은 12세기 스페인 안달루시아 지역에서 이미 나왔습니다. 즉 결정할 수 없다는 겁니다. 유다 하레비, 마이모니데스 그리고 아퀴나스도 이런 주장에 동의했습니다. 아퀴나스는 창조 쪽으로 기울었다고 하지만, 기본 태도는 이들과 다름이 없습니다.

아퀴나스는 신의 창조가 한정된 과거에 일어났다고 말하면서도, 신은 시간과는 관계없는 존재이기에, 보나벤투라가 말하는 창조의 순간을 말하는 일은 의미가 없을뿐더러, 오히려 신의 창조를 깎아내리는 일이 될 수 있다고 합니다. 왜냐하면, 신만이 시간과 관계없기에, 영원이라는 개념은 신의 무시간에 비하면 한참 모자라기 때문입니다. 따라서, 세계가 창조되었든 아니든 간에, 세계가 시간 안에 존재한다면, 그것은 세계를 창조한 신에 비해 열등하다는 점만 증명한다고 합니다.

브라방의 시제르는 닭이 먼저냐, 달걀이 먼저냐 하는 문제를 제기합니다. 즉 신이 어느 것을 먼저 만들었는가? 묻습니다. 그는 닭이라고 합니다. 예를 들어, 지구에 큰 재앙이 있어, 모든 동식물이 사라졌다면, 신은 달걀이 아니라 닭을 먼저 만든다고 합니다. 신이 상위 동물을 먼저 만들면, 그다음은 원리대로 진행된다는 겁니다. 노아의 방주에 상위 동물을 싣는 장면을 연상하면 되지 않을까요.

창조에서 신의 전능은 항상 논의됩니다. 무에서도 창조할 수 있다고 하니까요. 전능을 뜻하는 영어 〈omnipotence〉는 13세기 이후 대세가 되는데, 원래는 순종하는 가능성에서 나왔다고 합니다. 즉 아담과 같이 순종할 준비가 되어 있는 존재일 때, 신의 능력이 통한다고 합니다. 이런 능력은 아주 드물게 사용한다고 둔스 스코투스는 말합니다. 즉 신이 아무 때나 전능을 사용하지 않고, 꼭 필요한 경우에만 행사하는데, 그는 그때가 창조의 순간과 기적이라고 말합니다. 그는 신의 전능에 제약을 두려고 합니다. 논리에서 모순이 된다면, 신도 그런 일은 못 한다고 말합니다.

정의로운 전쟁

구약 성경은 이스라엘의 전쟁은 신에 의해 정당화된다고 하며,

신약 성경에서 예수는 폭력을 사용하지만, 비폭력을 권합니다. 아리스토텔레스는 비그리스인에 대항하는 그리스의 전쟁을 정의롭다고 하고, 키케로는 잃어버린 재물을 되찾거나, 적을 물리치거나 벌하는 전쟁을 정의롭다고 합니다.

중세에는 12세기부터 기독교의 정의로운 전쟁에 대한 논의가 시작됩니다. 중세 초기에는 거의 없었는데, 대학의 시작과 함께 논의는 세 가지 갈래로 진행됩니다. 로마법, 교회법 그리고 신학입니다. 로마법은 공공의 권위가 없다면, 합법의 전쟁이 될 수 없다고 합니다. 즉 만민법입니다. 여기서 공공의 권위란, 많은 영주의 지지 여부입니다. 지지가 있다면, 황제가 전쟁을 선언하거나 종식할 수 있습니다. 이는 법률로 보아 합법이라고 합니다. 그런데, 만약 그 전쟁이 정의에 어긋난다면, 영주는 어떻게 해야 할까요? 이에 대해 합의된 바는 없습니다. 고대 로마인은 야만인, 이교도, 이단을 적대했는데, 정통에서 벗어난 유대인, 무신자 등도 여기에 포함되는데, 이들의 믿음만으로도 처벌할 수 있다고 여겼습니다. 이는 중세에도 지속되었습니다. 볼로냐 대학의 법학자 아쿠르시오는 이단을 반역과 비교합니다. 이 주장은 모두 후에 십자군 전쟁을 정당화하는 데 이용됩니다.

교회법은 정의로운 전쟁을 신의 권위와 손상에 대한 복구에서 찾습니다. 여기까지는 별로 이상해 보이지 않습니다. 중세이기에 신이 등장하고, 손상에 대한 복구는 오래된 정의라고 할 수 있기 때문입니다. 그런데, 권위가 신에게서 점차 세속의 군주, 교황 그리고 고위 성직자로 옮겨 갑니다. 즉 이노센트 4세가 정의로운 전쟁에 권위를 부여하며, 군주도 교황이나 고위 성직자와 같은 권위를 갖게 되었습니다. 군주와 교회가 하나가 되어, 공동의 적인, 성지를 지배하고 있는 이슬람교도나 이단 그리고 무신자들을 공격하게 되었으나, 내부에서는 군주가 폭력 독점권을 갖게 되어, 교황을 공격할 수 있는 근거를 마련하게 되었습니다.

아퀴나스와 아우구스티누스는 정의로운 전쟁을 구성하는 조건 세 가지를 제시하는데, 겉으로는 아주 비슷합니다. 명분, 권위 그리고 의도입니다. 아우구스티누스는 신의 섭리 안에서 교회의 가르침과 로마법의 조화를 이루고자 하였습니다. 그는 전쟁을 죄의 결과이자 그 치료라고 여겨, 죄지은 사람을 처벌하는 일이 당연하다고 여겼습니다. 여기에서 그는, 죄지은 사람을 처벌하는 일은 그가 더는 죄를 짓지 못하게 도와주기에, 오히려 사랑의 행위라고 하면서, 악한 사람이라 해도, 이런 일에 동참하면, 사랑의 행위를 하기에, 신의 도구로 쓰인다고 말합니다. 죄를 벌함으로써 모두에게 도움이 된다는 뜻으로 보입니다. 그의 주장에는 위험해 보이는 구석이 있습니다. 즉 전쟁 수행 과정에서 민간인, 어린이, 그리고 기독교인도 희생될 수 있는데, 그가 어쩔 수 없다는 태도를 보이기 때문입니다. 즉 신은 누가 누구인지 알기에, 괜찮다고 합니다. 즉 누가 신자인지 구별할 수 있기에, 문제가 없다는 거죠. 죄를 벌하고, 믿음을 지키는 일이 우선이기에, 이단에게 용서는 없습니다. 하지만, 그의 정의로운 전쟁 논의에는, 체계가 없습니다. 주석의 형식을 띠고 있으며, 전체로 보아서는 내키지 않지만, 말을 할 수밖에 없다는 분위기입니다.

아퀴나스는 아리스토텔레스의 정치학을 아우구스티누스

조건에 섞었습니다. 즉 비슷한 주장으로 보이지만, 아리스토텔레스의 정치학에 등장하는 공공선을 강조하였습니다. 그가 말하는 세 가지 조건이란, 적이 죄를 지어서 공격할 가치가 있어야 한다는 명분, 선을 증진하고 악을 피하고자 하는 의도, 그리고 공동선을 추구하는 군주라는 권위입니다. 교회 수호라든가 죄인을 벌한다든가, 손상을 복구한다든가 하는 이야기가 큰 비중을 차지하지 않습니다. 즉 윤리와 성경에서 벗어나, 공동체 즉 국가 방위라든가 합법성으로 논의가 넘어갑니다. 아리스토텔레스의 색깔이 더 드러나는 분위기입니다. 국가 방어를 위해서는 상비군이 필요합니다. 적이 언제 공격할지 알 수 없으니, 공동체를 지키기 위해서는 항상 군대를 유지해야 합니다. 그리고 상비군의 존재는 제후의 행위를 제한합니다. 그는 손상을 복구할 뿐 아니라, 공동체와 공공선을 보호하기 위해서 전쟁을 정당화합니다. 그는 공공선과 신의 선이 같다고 보기에, 군주가 전쟁을 수행할 수 있는 이유는, 공공선을 위해 신이 군주를 내세웠기 때문이라고 합니다. 아퀴나스는 정당방위를 용인했는데, 정의로운 전쟁 과정에서 일어나는 민간인, 어린이, 신자의 죽음을 어쩔 수 없는 부작용으로 보았습니다. 하지만, 아우구스티누스처럼 신이 신자를 알아보리라는 믿음은 그에서 찾아볼 수 없습니다. 그는 전사가 약탈물을 소유하는 데에도 찬성합니다. 그것이 탐욕이 아니라 정의에서 나온다는 조건에서 말입니다.

1277년 파리 주교는 대학에서 가르쳐서는 안 되는 목록을 발표합니다. 1270년에 이은 금지 목록 발표인데, 1277년은 공교롭게도 아퀴나스가 죽은 지 3주기였습니다. 정확히 그날이기에, 이 금지 목록 발표가 아퀴나스를 겨냥했다고 보는 편이 다수의 의견입니다. 아퀴나스가 아닌 그의 제자 이름이 명기되어 있었지만 말이죠. 이 금지 명령은 1260년대 보나벤투라의 결정론, 세계의 영원함 그리고 하나의 지성을 온 인류가 공유한다는 주장이 이단이라 선언하고, 행복을 이 생애에서 얻을 수 있다는 그의 주장 역시 이단이라고 했습니다. 이런 금지 조치가 오히려 근대 과학 발전에 도움이 되었다는 주장도 있습니다. 즉 공간의 문제입니다. 아리스토텔레스는 우주에 공간이 존재하지 않는다고 하는데, 목록에서는 이를 금지합니다. 즉 공간이 인정되고, 이는 근대 과학 발전에 큰 도움이 되었다고 합니다. 어쨌든, 비난의 중심에는 아베로에스가 있습니다. 즉 아베로에스를 과격한 아리스토텔레스주의자로 보고, 신앙을 보호하기 위해 아베로에스와 그 동조자들을 공격했습니다. 브라방의 시제르와 다치아의 보에티우스가 라틴 아베로에스주의자로 불렸습니다. 아퀴나스는 아리스토텔레스를 구하기 위해, 브라방의 시제르와 논쟁했으며, 아베로에스를 상식과 어긋나고, 무엇보다 브라방의 시제르의 아리스토텔레스 해석이 잘못되었다고 공격했습니다. 아퀴나스가 그와의 논쟁으로 지쳤다는 사실은 이 글 첫머리에서 언급하였습니다.

아퀴나스의 영향은 서서히 증가했는데, 15세기에는 존 카볼, 16세기에는 토마스 카예탄 등이 그를 높게 평가했고, 1879년 교황 레오 1세가 칸트주의자와 마르크스주의자에 대항하기 위해, 그를 적극 지지했습니다.

32
겐트의 헨리

1277년 금지 목록 발표 때, 겐트의 헨리는 목록 작성에 조언하는 위원회에 속했습니다. 그는 성직자가 아닌 세속인으로서 파리 대학에서 가르쳤습니다. 형이상학과 윤리학에서 공헌한 그는, 신의 본질을 알 수 있다고 말합니다. 즉 전에는 신의 존재는 알 수 있어도, 신은 인간과 차원이 다르기에 부정에 의해서만 정의할 수 있다고 하였습니다. 즉 유한하지 않다, 시간과 관계없다 등으로 정의하였으나, 그는 신을 알 수 있고 알아야 한다고 주장합니다. 소크라테스가 돌이 아니라는 사실에서 소크라테스가 무엇인지를 끌어낼 수는 없다고 하면서, 우리는 보이지 않는 것은 사랑할 수 있지만, 모르는 것을 사랑할 수는 없다고 합니다. 그는 알아 가는 과정 세 단계를 제시합니다. 앞서 가짜-디오니시우스 방식이라 한 단계입니다. 마음의 상승이라 불리며, 피조물에서 신에게 이르는 단계를 알려 줍니다. 추상, 부정, 탁월입니다. 추상은 피조물인 사물에서 추상으로, 가장 넓게 아는 단계이고, 부정은 신의 속성에서 불완전함을 부정하여 제거합니다. 예를 들어, 사람은 환경에 따라 의지가 변할 수 있으나, 신은 그런 변덕을 부정합니다. 이런 식으로 하여, 신에게 완전함을 부여하여 신이 탁월하다고 말하는 단계가 탁월입니다.

아비센나는 인간이 제일 먼저 갖게 되는 관념은 존재라고 합니다. 즉 신이나 사물에 대한 관념에 앞서, 인간은 존재라는 관념을 맨 처음 갖고, 후에 신이나 사물에 대한 관념을 갖는다고 하면서, 이 존재 관념은 하나의 의미라고 말합니다. 이런 구조라면, 신의 관념은 존재 관념 다음이 됩니다. 헨리는 이를 거부합니다. 그는 추상을 두 가지로 나눕니다. 하나는 피조물에서의 추상, 다른 하나는 피조물과 신에게 모두 적용되는 추상입니다. 먼저 피조물에서 추상하는 바는 아리스토텔레스의 작업입니다. 즉 감각 기관을 통해 들어온 개체들에서 추상을 통해 일반 관념을 끌어내는 과정입니다. 존재 관념도 여기에 속합니다. 그런데, 존재 관념은 피조물과 신 모두에게 적용된다고 그는 말합니다. 즉 피조물에서 얻은 관념이 그대로 피조물과 신에게 적용된다는 주장인데, 그렇다면, 이때 존재라는 관념은 하나의 의미가 아니겠습니까. 단일한 하나의 〈존재〉 관념이 신에도, 피조물에도 적용되어야 하지 않을까요. 하지만, 헨리는 그렇지 않다고 합니다. 즉 신과 피조물은 근본이 다르기에, 하나의 같은 의미가 신에게 적용되지 않는다는 겁니다. 즉 신은 피조물과 다릅니다. 신은 창조자인데, 어떻게 피조물과 같은 차원이 되겠냐고 반문하면서, 그는 신은 무한한 실체이지만, 피조물은 유한한 속성이라고 합니다. 즉 인과 관계의 원인과 결과인데, 같은 지위로 보아서는 안 된다는 겁니다. 피조물 추상은 보편 속성을 얻지만, 신의 존재 관념은 별개라고 합니다.

하지만, 여기서 끝이 아닙니다. 신과 피조물은 차원이 다르긴 하지만, 존재 관념은 마치 하나처럼 쓰인다고 그는 말합니다. 즉 별개이지만, 쓰임에서는 같아 보인다는 의미인데, 그는 이를 유비라고 말합니다. 즉 하나의 의미와 여러 의미 사이에 유비가 있는데, 신과 피조물 모두에 적용되는 존재 관념이 이 유비에 속합니다. 즉 유비가 공통 관념으로 보이기에, 신과 피조물 모두에 적용합니다. 이런 유비를 통해 우리가 신 관념에 다가갈 수 있지만, 그렇다고 해서, 두 관념이 별개라는 사실을 잊어서는 안 된다고 합니다. 두 관념이 사실은 별개인데도, 구별할 수 없기에, 공통 관념이라 여겨, 피조물과 신 사이에 다리로 이용합니다. 구별할 수 없을 뿐이지, 공통 관념은 아닙니다. 따라서, 한 가지 의미라는 아비센나는 옳지 않다고 그는 주장하지만, 그는 때때로 마치 공통 의미가 있는 양, 쓰기도 합니다. 둔스 스코투스는 이런 점을 공격 대상으로 삼습니다.

헨리는 이성을 믿음 아래 두었습니다. 믿음에 근거해 확실하지 않게 알기보다는, 이성에 근거해 확실하게 아는 편이 낫다고 말하지만, 이성이 우위에 있다는 의미가 아니라, 믿음을 통해 흔들리지 않게 확신하는 행운은 좀처럼 찾기 어렵다고 합니다. 천지창조나 삼위일체는 분명한 진리이지만, 사람들 대부분은 확실하게 믿지는 못합니다. 확실한 지식은 신에게서 온다는 말입니다. 즉 감각 경험을 통해 얻은 보편 지식은 진리의 근사치에 불과하고, 확실한 지식은 신에게서 온다고 하여, 조명설을 받아들입니다. 하지만, 아퀴나스와 달리, 자연의 빛이 태어날 때 개인에게 부여된다고 생각하지 않습니다. 그렇다고 해서, 아비센나처럼 활동하는 지성을 통해 인간에게 부여된다고도 여기지 않습니다. 신이 창조한 모범 사례를 통해서만 진리를 얻을 수 있다고 하는데, 플라톤을 염두에 두지 않았나 합니다. 하지만, 그는 우리가 얻는 모범 사례와 영원한 진리를 구별합니다. 영원한 진리는 신에게서만 온다고 말합니다. 헨리를 지나서, 영원한 진리는 보편 진리 탐구로 점차 바뀝니다. 직관과 추상으로 보편 지식을 설명하려고 합니다.

헨리는 이성도 의지 아래에 둡니다. 즉 윤리 판단에서 의지가 주인이라고 합니다. 이는 이성을 중시하는 아퀴나스와 다른 입장이며, 아리스토텔레스와도 다릅니다. 그는 의지를 영혼 왕국의 첫째 움직이는 힘이라고 부릅니다. 즉 이성의 무질서가 의지의 무질서를 일으키지 않고, 오히려 의지의 무질서가 이성의 무질서를 일으킨다고 주장합니다. 의지는 이성에 의지하지 않는 첫째 움직이는 힘이라고 합니다. 이를 하인이 들고 가는 호롱불에 비유합니다. 즉 하인이 주인이 넘어질까 봐 앞을 밝히기 위해 호롱불을 비추는 일과 이성이 하는 일이 같다는 겁니다. 주인이 하인을 통제하지, 하인이 주인을 통제 못 하는 바와 같이, 의지는 이성을 통제하지만, 이성은 의지를 통제 못 한다고 합니다.

33
둔스 스코투스

둔스 스코투스는 헨리의 구별할 수 없는 공통 관념에서 존재 논의를 시작합니다. 즉 헨리가 신과 피조물은 서로 다른 별개의 존재인데, 우리는 구별할 수 없기에, 공통이 아님에도 불구하고, 마치 공통 관념이 양, 사용하여 신과 피조물 사이를 연결한다고 말합니다. 이에 대해, 둔스 스코투스는 공통 관념이 있다고 말합니다. 그는 신과 피조물을 파악하는 데 토대가 되는 이런 중요한 관념이, 확실하게 존재하지 않을 수 없다고 하면서, 공통 관념은 존재하는데, 불완전하게 존재한다고 말합니다. 우리는 신의 존재를 압니다. 피조물을 아는 바와 같이 알지만, 신이 무한한지 아닌지는 모릅니다. 즉 우리는 신의 본성에 대해 모르지만, 신의 존재를 사물의 존재와 똑같이 안다고 합니다. 즉 신의 존재나 피조물의 존재나, 하나의 관념으로 파악한다고 그는 말합니다. 물론, 그럴 수 있으나, 이렇게 되면, 신과 피조물이 같은 차원의 존재가 되고 맙니다. 당시에는 신과 피조물을 차원이 다른 별개의 존재로 여겼는데, 그의 주장은 신과 인간이 같은 차원이 될 수 있다는 주장이므로, 조금 놀랍습니다.

사람은 동물에 속합니다. 기린도 동물에 속합니다. 사람과 기린은 같은 동물에 속하므로, 공통 속성을 갖습니다. 하지만, 공통 속성만 갖는다면, 사람과 기린은 구별되지 않기에, 공통 속성에 추가로 사람만의 속성, 기린만의 속성을 갖습니다. 사람의 경우는 아마도 이성이겠지요. 그렇다면, 신과 피조물이 공통 속성을 갖는다면, 신에게는 어떤 속성이 추가되어야 하나요? 이에 대해, 둔스는 신에게는 그런 일은 일어나지 않는다고 합니다. 존재 관념은 공통 속성에 무엇인가를 추가하지 않기 때문입니다. 그 이유는 동물의 공통 속성에 이성을 추가하면, 사람이 되는데, 이 경우 이성을 추가하면, 그 존재는 사람이 될 가능성이 있다는 뜻입니다. 즉 공통 속성이 가능태가 됩니다. 그런데, 신에게는 가능태가 없습니다. 신은 가능태이자 현실태이기 때문입니다. 따라서, 신에게 고유 속성이 추가되는 일은 없으므로, 신과 피조물의 존재 관념이 같은 종으로 되는 일은 없다고 합니다. 즉 공통 속성에 고유 속성을 추가하지 않기에, 같은 종이 되지 않으므로, 신과 피조물의 존재는 같은 차원이 되지 않습니다.

    존재는 공통 속성에 고유 속성을 추가하지 않고, 불완전함과 완전함의 결합이라고 그는 말합니다. 즉 공통 속성과 고유 속성은 두 개의 서로 다른 속성입니다. 하지만, 불완전함과 완전함은 하나의 실재이며, 단지 정도의 차이가 있을 뿐입니다. 예를 들어, 흰색이 있는데 그 등급을 1에서 10으로 나눈다면, 모두 하나의 흰색인데, 단지 정도가 다를 뿐입니다. 이렇게 되면, 신이 단일하다는 주장도 지킬 수 있습니다. 즉 신이 만약 공통 속성과 고유 속성의 합이라면, 복합체가 되면, 신의 단일성은 깨지겠지요. 그런데, 문제는 신의 존재는 완전함과 불완전함의 정도 차이에 있기에, 우리가 신의 존재를 파악할 때는, 불완전하게 파악할 수밖에 없다는 사실입니다. 즉 신의 존재는 분명하고 하나의 의미이지만, 불완전하게 파악한다는 결론입니다. 이때 〈불완전하게〉라는 주장과 헨리가 말하는 〈구별할 수 없는〉이라는 주장과 다른 점이 무엇일까요? 물론, 문맥이 다르겠지만, 보기보다 큰 차이가 있어 보이지는 않습니다.

존재가 하나의 의미로 파악된다는 둔스의 주장은 아리스토텔레스와 크게 다릅니다. 아리스토텔레스는 존재가 여러 방식으로 파악한다고 말하기 때문입니다. 물론, 존재는 범주를 뛰어넘습니다. 존재가 범주의 영역에 속하지 않기에, 초월성이 있습니다. 감각 경험으로는 알 수 없는 관념이 있는데, 존재, 진리, 선, 단일함 등입니다. 아리스토텔레스는 존재의 다양함을 인정하고 존재 관념에 초월성이 있다고 하면서도, 존재는 여러 가지 의미로 파악할 수 있다고 합니다. 이와 다르게, 둔스는 존재의 다양함, 초월성을 인정하지만, 존재는 하나의 의미라고 말합니다. 이런 존재 논의는 물론 둔스가 처음은 아닙니다. 그보다 100여 년 전에 이슬람교도 파크르 알 딘 알라지도 시도하였습니다. 아비센나는 본질과 실존을 구별하여, 신은 본질과 실존이 일치하므로 필연 존재이고, 피조물은 그렇지 않으므로 우연 존재라고 하였습니다. 우연과 필연은 인간의 자유, 의지와 관련해, 둔스에게 중요합니다. 그리고, 퐁텐의 고드프리는 본질과 실존은 단지 형식으로만 구별할 뿐, 우리는 세상에 실제로 존재하는 대상만을 상대로 작업한다고 말합니다. 즉 본질이 있은 다음, 거기에 외부의 무엇인가가 작용하여, 실존이 생긴다는 주장을 거부하고, 본질과 실존은 형식 구별이라고 합니다. 삼위일체와 마찬가지입니다. 즉 셋은 구별되지만, 하나인 경우와 같다고 합니다. 이런 구별에 헨리도 둔스도 동의합니다. 물론, 헨리는 의도 있는 구별이라 합니다.

불을 지피면, 따듯해집니다. 차가워지는 일은 없습니다. 자연 인과는 같은 원인에서 같은 결과가 나옵니다. 하지만, 인간의 의지는 다릅니다. 같은 조건에서 얼마든지 다른 선택을 할 수 있습니다. 이런 의미에서 자연 원인과는 다릅니다. 즉 자연법칙을 따르지 않는다고 볼 수 있습니다. 그리고 자연법칙은 항상 앞선 원인과 조건을 상정합니다. 그리하여, 아리스토텔레스처럼 제일 원인, 처음으로 원인을 제공하는 부동의 동자를 상정합니다. 하지만, 둔스는 의지는 다르다고 말합니다. 즉 의지는 앞선 원인을 갖지 않기에 스스로 움직인다고 말합니다. 이런 주장은 신에 대한 상당한 도전으로 보입니다. 인간을 포함한 모든 피조물이 신의 의지에 따라 움직인다는 주장이 대세인 시대에, 신만이 아니라, 인간도 첫째 동자가 될 수 있다고 주장하기 때문입니다. 그는 인간의 의지는 필연이 아니라 우연이어서, 동시에 주어진 대안에서 하나를 선택할 수 있다고 합니다. 자연에는 이런 선택이 없지요. 불을 지피면, 물은 끓습니다. 물이 끓을까 말까 고민하거나, 선택하지는 않습니다. 이런 의미에서, 그는 의지는 이성에 해당하고, 세계를 움직이는 활동하는 지성은 이성에 해당하지 않는다고 말합니다. 즉 지성은 항상 정해진 결과만을 내놓기에 자연 원인에 가깝지만, 이성은 반대의 결과도 내놓기 때문입니다. 다른 말로는 지성은 자신의 이익을 위하지만, 이성은 정의를 구하는 성향이 있다고 합니다. 자신의 이익을 추구하는 바가 자연의 이치이지만, 정의는 선택의 문제라는 뜻으로 보입니다.

개인이 자유롭지 않으면, 윤리 책임을 묻기 어렵습니다. 둔스는 인간은 의지로 인해 자유롭기에, 윤리 책임을 질 수 있다고 말합니다. 즉 의지는 스스로 움직이기에, 자유롭고 따라서 책임을 질 수 있습니다. 그렇지 않다면, 인간의 자유는 부정되겠지요. 그의 윤리학은 아리스토텔레스와 다릅니다. 즉 아리스토텔레스의 윤리학의 토대를 인간 본성에 두고 있다면, 그의 윤리학은 인간 의지 즉 내면에 두고 있기 때문입니다. 아리스토텔레스는 인간 본성을 이성에 두어, 이성 기능이 가장 잘 발휘하는 상태 즉 탁월함을 선으로 여깁니다. 이런 상태에 이르기 위해서는, 습관이 필요하기에 그는 습관을 제2의 천성이라 부르며, 한 가지 덕이 생기면, 다른 덕도 따라온다고 말합니다. 이 모든 덕은 선을 향하기에, 행복에 이르는 길이라고 말합니다. 이에 대해, 둔스는 이성으로 덕이 생긴다는 주장을 부인합니다. 아리스토텔레스는 결국 인간 본성인 이성으로 인해, 덕이 생긴다고 하는데, 둔스는 이성은 위에 말한 대로, 자연법칙과 비슷합니다. 즉 불을 피우면, 따듯해질 수밖에 없는 일처럼, 사람은 이성에 따라 자연스럽게 선을 추구할 수밖에 없다고 합니다. 즉 그리하여 행복을 추구하는 일은 선택의 여지가 없는, 고정된 일이라고 주장합니다. 따라서, 아리스토텔레스 윤리학에는 둔스의 기준으로는, 사실상 선택은 없기에, 이성에 속하지 않습니다. 의지가 윤리의 담당자입니다. 그는 신중함이 덕이라는 아리스토텔레스의 주장에 대해, 신중함은 이성에서 나오는데, 실제로는 힘이 없다고 합니다. 예를 들어, 이성에 따르면 간통이 악이기에 해서는 안 된다는 사실을 알고 있지만, 이성의 가르침대로 되지 않습니다. 이때 신중함이 어떤 영향을 끼쳤을까요.

둔스는 의지에 윤리학의 중심을 두고 있으므로, 내면에서 윤리학의 근거를 찾으려는 인상을 줍니다. 이 해석은 잘못은 아니지만, 다른 면도 그의 주장에는 있습니다. 그는 행위도 고려합니다. 십계명을 예로 듭니다. 이웃의 아내와 재물을 탐하지 말라는 분명 내면에 관한 이야기입니다. 하지만, 간음하지 말라는 계명은 분명 행위에 대한 이야기입니다. 신은 두 가지 계명을 동시에 주었기에, 내면과 행위는 동등하게 고려해야 한다고 말합니다. 그럼 아브라함에게 아들을 제단에 바치고 죽이라고 하는 신의 명령은 어떻게 이해할 수 있을까요? 살인하지 말라는 계명과 정면으로 충돌하는 명령이 아닌가요. 실제로 행하면, 아브라함은 십계명을 어기게 됩니다. 이에 대해, 그는 신의 힘에는 두 가지가 있다고 합니다. 절대 힘과 규정 힘입니다. 규정 힘은 자연이나 윤리에 질서나 계명을 부여하여, 자연이나 윤리를 규정하게 하는 힘입니다. 자연법칙이나 십계명이 그 예가 되겠지요. 절대 힘은 모순이 아니라면, 무엇이든 신은 할 수 있다는 의미입니다. 신이 아브라함에게 내린 명령은 규정 힘이 아니라, 절대 힘을 사용한 경우입니다.

그리고, 그는 십계명 1번에서 4번은 신을 사랑하라는 계명인데, 이는 당연하다고 합니다. 왜냐하면, 신은 사랑이기에, 신을 미워하라고 말할 수는 없기 때문이지요. 둔스 스코투스는 〈미묘한 박사〉라는 별명을 가졌는데, 그가 구별 혹은 분류에 뛰어났기 때문입니다. 포착하기 어려운 미묘한 지점을 솜씨 있게 포착해 구별함으로써 자신의 논지를 효과 있게 펼쳤습니다. 그런 솜씨는 보편자 문제에서도 볼 수 있습니다. 장미를 장미로 만드는 무엇인가가 있다면, 그것을 보편자라고 합니다. 그런데, 보편자는 잘 알려진 대로 모든 장미에 공통으로 있기에, 장미와 달리 장미다움을 파악하기 어렵습니다. 즉 셀 수는 없습니다. 둔스는 이런 어려움에도 불구하고, 우리는 일반 관념을 통해 사물을 인식하므로, 보편자 논의는 피할 수 없다고 합니다.

개별화는 보편자의 반대편에 있습니다. 보편자가 어떻게 개별자가 되느냐의 문제이니까요. 아퀴나스는 질료로 개별화가 일어난다고 보았습니다. 그가 질료가 없는 천사의 개별화를 어떻게 다루었는가는 이미 살펴보았습니다. 둔스는 개별자를 공통 성질과 단일 본질의 합으로 봅니다. 즉 어떤 장미 한그루가 있다면, 그 장미는 장미다움이라는 공통 성질과 그 장미만 갖는 본질을 가져야만 한다고 말합니다. 왜냐하면, 그 장미만 갖는 본질이 없다면, 개별자가 될 수 없기 때문입니다. 쌍둥이를 각각의 개별자로 만드는 바가 개별자만이 갖는 유일한 속성이라고 합니다. 그런데, 이 유일한 속성을 그는 〈이것임〉이라고 합니다. 이것을 이것으로 만드는 바는 바로 〈이것임〉 때문이라는 이야기입니다. 그는 〈이것임〉이란 단어는 별로 쓰지 않고, 개별자의 형상, 가장 낮은 단계의 형상이란 용어를 씁니다. 그런데, 이것을 이것으로 만드는 바가 바로 〈이것임〉이라고 한다면, 어떤 설명력이 있는지 알기 어렵다는 문제가 있습니다. 그리고, 어떻게 이것임을 알 수 있을까요? 감각 경험이나 초월성, 모두 아니라고 봅니다. 둔스는 이것임은 지금 이 세상에서는 알 수 없다고 합니다. 즉 인간은 살아서는 이것임을 파악할 수 없다고 합니다. 아리스토텔레스는 개별자는 본질이 없다고 말합니다. 개별자의 본질은 죽은 후에 신 앞에서 파악할 수 있다는 말인가요?

34
오컴의 윌리엄

1324년 이단으로 기소되어 아비뇽으로 간 후, 몇 년 동안 가택 연금 상태였던 오컴은 이 기간 자신이 아니라 교황이 이단이라고 확신하게 되었습니다. 그는 그 후 독일 황제 편에 서게 되어, 1328년 독일로 도주한 후, 1347년 사망했습니다. 그는 1327년 이후로는 철학이나 신학 논문을 단 한 편도 쓰지 않았습니다. 약 20년 동안 그는 주로 정치 관련 글을 썼습니다. 그는 유명론 지지자로 잘 알려져 있으나, 인생 전체로 보면, 그런 모습은 전반기에 해당합니다. 즉 후반기는 정치학에 온 힘을 쏟았습니다. 그는 개인의 권리와 자유를 옹호합니다. 이때 개인은 성별, 나이와는 아무 관련이 없이, 신이 자연을 통해 준 소멸하지 않는 권리를 갖습니다. 이런 개인은 신이 준 이성과 감각을 저마다 갖고 있기에, 교회의 도움 없이도 스스로 구원을 위해, 무엇이 필요한지를 판단할 수 있다고 합니다. 오컴은 개인의 권리는 교회가 아니라 신이 주었기에, 아무도, 어떤 기관도 빼앗을 수 없다고 합니다. 그리고 개인의 자유에도 마찬가지입니다. 심지어 개인은 교회 권위자의 주장에 맞서 잘못 선택할 자유조차 있다고 말합니다. 또한 지상에서 참된 교회가 사라지지는 않겠지만, 참다운 믿음은 교회가 아니라 각 개인에 있다고도 말합니다. 하지만, 개인의 자율에 대한 그의 정치 주장이 새로워 보이긴 해도, 교회법, 로마법 그리고 성경과 종래의 스콜라철학에 기반하기에, 주류에서 벗어난 주장으로 보기는 어렵습니다. 오히려, 당시 세계관에 근거하여 개인 권리와 자유를 확장하려는 주장으로 보는 편이 옳아 보입니다.

11세기 아랍의 수학자이자 철학자 이븐 알 알하이삼은 광학의 아버지로 불립니다. 그는 우리의 눈에서 빛이 나와 사물을 비추는 게 아니라, 사물의 빛이 우리 눈에 닿아 우리가 사물을 인식한다고 주장합니다. 이런 주장은 서양에 영향을 미쳐, 로저 베이컨은 사물은 주변에 자신을 재연하는 형상을 계속 내보내고 있다고 합니다. 아퀴나스는 이를 좀 더 발전시킵니다. 사물이 끊임없이 주변에 하는 방사는 종으로서, 이 종은 매개를 통해 인간 지각에 다다르게 되어, 감각에 새로운 비슷함을 만듭니다. 그리고 감각에 생긴 이 비슷함은 추상화되어, 지성으로 알 수 있는 종이 된다고 그는 주장합니다. 즉 우리가 밖의 사물을 추상화하는 과정은, 매개된 종, 감각으로 알 수 있는 종, 그리고 지성으로 알 수 있는 종의 세 단계를 거친다는 겁니다. 아퀴나스는 감각에서 추상한다고 말하지만, 아베로에스처럼 단 하나의 지성이 추상 작업을 한다고 하지도 않고, 추상 작업이 별개의 초월 능력이 아닌 개인 영혼의 기능의 하나라고 말합니다. 이와 마찬가지로, 지성으로 알 수 있는 종은 지성에 저장되어 있다 쓰일 뿐, 지성 인식의 대상이 아니라고 주장합니다. 즉 추상 작업의 대상 등을 독립한 대상이 아니라 기능이나 수단으로 보는 데에서 새롭습니다.

하지만, 오컴은 아퀴나스의 작업이 필요 없다고 비판합니다. 즉 아퀴나스가 제시한 세 단계 모두 불필요하다고 하면서, 추상 작업은 지성의 행위와 자연 습관이면 충분하다고 합니다. 즉 밖의 사물이 지성 행위를 일으킵니다. 사물을 보면 자연스럽게 즉각 행위가 일어나며, 이런 행위는 마음에 흔적을 남기며, 그와 같은 행위가 또 일어나면, 비슷한 행위를 다시 일어나게 하여, 지성의 재현이 이루어집니다. 다시 말해서, 우리에게 비슷한 사물을 인식하는 자연스러운 성향이 있기에, 사물을 보는 행위가 자연스럽게 밖의 사물을 우리 마음에 재현시킨다고 합니다. 이런 주장은 특별히 무엇인가를 상정할 필요가 없습니다. 매개된 종, 감각으로 알 수 있는 종, 지성으로 알 수 있는 종을 상정할 필요가 없다는 거죠. 지성의 행위 그리고 자연 습관으로 충분히 설명할 수 있기 때문입니다.

오컴은 〈필요 없이 다수를 상정해서는 안 된다〉라고 말합니다. 또한 〈필요 없이 대상을 늘려서는 안 된다〉라는 말도 있는데, 이 말은 코크 출생의 존 폰세가 1639년에 했습니다. 이후에 오컴의 면도날이라는 명칭이 붙었다고 합니다. 그런데, 같은 설명력이면 쓸데없이 대상을 늘릴 필요가 없다는 주장은 새롭지 않습니다. 아리스토텔레스도 같은 바를 이야기합니다. 그는 자연과 초월 힘은 다수보다는 단수의 방법을 선호한다고 말합니다. 다시 말해, 경제 원칙입니다. 하지만, 오컴은 무조건 다수보다 단수를 택하지는 않습니다. 그는 단수를 선호하지만, 예외가 있다고 합니다. 즉 이성, 경험 또는 잘못이 없는 권위가 증명한 바는 예외로 합니다. 삼위일체를 예로 들면서, 삼단논법은 세상의 일에는 적용할 수 있으나, 삼위일체에는 타당하지 않다고 하며, 이성이나 경험이 교회를 거스른다면, 당연히 교회의 주장이 옳다고 합니다. 즉 성경에 나오는 대로, 모든 생각은 포로와 같다고 합니다. 하지만, 그는 이성이나 경험에 반대되는 기적을 필요 없이 늘려서는 안 된다고 말합니다.

아리스토텔레스는 범주를 열 가지로 나누었습니다. 하지만, 오컴은 두 가지면 충분하다고 합니다. 즉 실체와 속성 두 가지만 있으면, 똑같이 설명할 수 있다고 합니다. 그가 이런 일을 한 동기는 신입니다. 그는 이 세계는 신의 창조하였기에, 신을 닮았다고 합니다. 즉 신의 단순함을 이 세계도 그대로 갖고 있다고 하면서, 단순함은 단일함과 필연성에 있기에 세계를 되도록, 적은 수의 범주로 파악하려 합니다. 물론, 우리가 적은 수의 범주로 세계를 파악하려는 의도가 아니라, 실제로 세계가 적은 수의 범주로 이루어져 있다고 그는 주장합니다. 실체와 속성, 두 범주로 세상은 구성되어 있기에, 두 범주만으로 논리학을 구성하려 합니다. 즉 〈소크라테스는 남자이다〉라는 문장을, 그는 두 개의 명사로 분석합니다. 즉 〈소크라테스〉라는 명사와 〈남자이다〉라는 명사로 이루어집니다. 아리스토텔레스의 분석과는 크게 다릅니다. 즉 아리스토텔레스는 〈소크라테스〉라는 실체와 〈남자이다〉라는 속성으로 이 문장을 분석해, 속성이 실체에 해당하면, 참이라고 합니다. 즉 속성은 실체에 속합니다. 주체는 어디까지나 실체입니다.

실체와 속성은 대등한 관계가 아닙니다. 하지만, 오컴은 이를 두 개의 명사로 대등하게 취급합니다. 속성은 실체에 속하지 않습니다. 둘 다 명사이기에, 각각 무엇인가를 지시합니다. 그는 〈소크라테스〉는 실체를 지시하고, 〈남자이다〉라는 개인 본질을 지시한다고 주장합니다. 그런데, 〈남자이다〉라는 개인 본질은 소크라테스 개인뿐만 아니라 모든 남자에게 있다고 합니다. 그렇다고 해서, 플라톤의 보편자처럼 있지는 않습니다. 그는 속성을 가진 개별자만 존재한다고 주장합니다. 〈남자이다〉라는 속성이 실제로 존재하지만, 개별자와 함께하기 때문입니다. 그럼, 〈남자이다〉라는 보편 속성은 어디서 생겼을까요? 앞서 추상화 과정을 설명했습니다.

다른 문장을 하나 더 보겠습니다. 〈모든 사람은 동물이다〉라는 문장입니다. 이 문장이 참이 되려면 어떤 조건을 만족해야 하나요? 이에 대해, 오컴 이전에는 이 문장에 대응하는 정신의 문장이 참이면, 이 앞의 문장은 참이라고 합니다. 그렇다면, 대응하는 정신의 문장은 어떤 조건을 만족해야 참인가요? 이에 대해, 정신의 문장이 의미하는 바가 대응하는 실제 문장이 존재하면, 이 정신의 문장은 참이라고 합니다. 즉 어떤 문장이 참이 되려면, 그에 대응하는 정신의 문장이 참이어야 하고, 정신의 문장이 참이 되려면, 그 문장이 의미하는 바에 대응하는 실제 문장이 존재해야 합니다. 이에 대해, 오컴은 정신의 문장이라든가 그 문장이 의미하는 바에 대응하는 실제 문장은 헛것이라고 비판합니다. 즉 필요 없이 헛것을 만들었다는 겁니다.

그는 지시와 의미로, 언어를 설명하려 합니다. 즉 우리의 언어의 의미가 어떻게 만들어지는지, 지시와 의미 두 가지로 해명합니다. 우선 지시입니다. 그는 지시에는 세 가지가 있다고 합니다. 〈소크라테스는 명사이다〉라는 문장에서, 〈명사이다〉와 같은 술어를 갖는 경우, 〈사람은 좋이다〉라는 문장에서, 〈사람〉과 같이, 이름이 그 의미하는 바가 되는 경우, 그리고 〈어떤 사람이 달리고 있다〉라는 문장에서, 〈어떤 사람〉처럼 개체를 지시하는 경우입니다. 각각을 실질 지시, 단순 지시, 그리고 개인 지시라고 합니다. 이 가운데, 그는 단순 지시가 정신의 상태 즉 생각을 일으킨다고 합니다. 다시 말해, 정신 상태의 원인은 단순 지시입니다. 즉 이름이 지시하는 바가 곧 의미가 된다고 하는데, 이때 지시는 감각이 만들어 내는 인상이 아니라 그 인상을 넘어서, 인과의 결과인 신호와 의미를 만듭니다. 즉 우리가 이름으로 지시하면, 그 사물에 대한 이해를 얻게 된다고 합니다. 오컴은 우리가 사물에 대한 직접 지식을 얻을 수 있다고 주장합니다. 이런 과정이 인과라는 점에 유의할 필요가 있습니다. 인과라고 한다면, 자연의 과정이기 때문입니다.

그는 정신 상태가 언어의 원인이라고 합니다. 즉 우리가 소리를 내거나 글로 쓰는 언어는 정신 상태 즉 생각에서 나온다는 거죠. 이런 과정으로 우리가 문장의 의미를 획득한다면, 대응하는 정신 문장이라든지 이에 또 대응하는 실제 문장 등은 필요하지 않겠지요. 하지만, 오컴의 이런 주장은, 언어의 사회 상호 작용을 고려하지 않습니다. 즉 지식은 개인의 단순 지시로 비롯되며, 그다음 과정에서도 사회가 끼어들 틈은 없어 보입니다. 언어가 그토록 간단한지는 매우 의심스럽습니다. 그리고, 그는 이름이 있다면, 지시체의 의미가 안정감 있게 보장된다고 믿습니다.

하지만, 이 역시 크게 의심스럽습니다. 언어 기호는 안정성이 없습니다. 지시체, 소리 언어, 문자 언어 사이에는 안정감이 없습니다.

35
신비주의

신비주의란 용어는 1736년 처음 사용했다고 합니다. 영국에서 신비 신학이란 용어가 1639년에 사용된 적이 있는데, 별 영향을 미치지는 못했던 모양입니다. 그리고, 18세기가 되어서야, 신비주의란 용어가 본격 사용되었다는 사실로 보아, 그전에는 종교계에서 가끔 이단으로 공격을 받기는 했으나, 주류에서 벗어나지는 않았다는 의미일 수 있습니다. 중세 신비주의는 교회 밖이라든가 교회 안의 소수자의 특별한 주장이 아닙니다. 주류에 속해 있었고, 진지한 검토 대상이었습니다. 아우구스티누스는 에덴동산은 역사가 아니라 우화로 보아야 한다고 말합니다. 즉 죄를 짓는 인간 성향에 관한 비유라고 합니다. 이런 우화가 필요한 이유로, 그는 순수한 철학은 그늘 속에 있으며 가시가 많은 덤불을 통해 인도되는데, 그 이유는 소수 사람이 철학을 분명하고 순수하게 보존하기 위해서라고 합니다. 그는 진리를 감추는 이 방법을 유용한 고안이라 평가합니다. 즉 진리는 소수자에게 전해지는 쪽이 진리를 감추고 보존하기에 좋다는 이야기입니다. 소수자에게 전해지며, 널리 알리기보다는 오히려 숨겨서 진리를 보존하고자 하는 성향은 신비주의의 한 특징입니다. 이런 특징을 아우구스티누스만 주장하지는 않았습니다.

아퀴나스는, 다른 사람이 있는 데서는 침묵해야만 하지만 다른 사람이 없다면, 현명한 사람에게 설명할 수 있는 것들이, 있다고 하면서, 이런 것들은, 모호한 언어로 숨겨서 교육받지 못한 사람들이 알아차릴 수 없게 해야 한다고 말합니다. 아랍의 마이모니데스도 같은 취지로 말을 합니다. 즉 무거운 짐을 들지 못하게 하는 이치와 같다고요. 역시 아랍의 알파라비도 상징, 수수께끼, 모호함, 그리고 어려움을 이용해, 진리를 감당하지 못하는 사람들 손에 진리가 들어가는 일을 막아야 한다고 말합니다.

이런 성향은 신비주의의 주요한 특징이며, 후세에도 계속 지속합니다. 그런데, 12세기에서 15세기 초에 걸친 중세 신비주의는 이런 특성뿐만 아니라, 신과 직접 그리고 즉각 합일하는 바를 목적으로 삼습니다. 즉 인간 영혼이 신과 저세상에서가 아니라 이 세상에서 직접 그리고 즉각 하나가 될 수 있다고 하며, 그 합일이 신앙의 목표라고 합니다. 죽은 후에 신과 함께한다는 믿음이 기독교라면, 죽기 전에 신과의 합일을 목표로 하면 신비주의입니다. 이런 목표를 달성하는 데는, 크게 두 가지 방향이 있습니다.

하나는, 반어법으로, 자아를 상실해야, 그리고 지식을 버려야 신과 하나가 될 수 있다는 주장입니다. 지식을 버려야 한다면, 먼저 지식을 가져야만 합니다. 지식을 가지려면, 감각 경험에서 벗어나 추상 개념을 가져야만 하는데, 추상 개념은 신이 준 활동하는 지성에 의해 가능합니다. 그런데, 신이 있다면, 피조물은 신의 완전함과 시간 초월을 공유하지만, 피조물은 신 밖에 있으므로, 아무것도 아니라고 합니다. 즉 신은 인간과 근본이 다르기에, 도저히 알 수 없습니다. 인간은 신과 비교해서는 아무것도 아니며, 신은 인간에게 결코, 알려지지 않기에, 인간은 신에 대해 알 수 없습니다. 신은 미지의 상태로 그대로 있습니다. 따라서, 인간이 신과 합일하기 위해서는, 자아를 버리고 자신의 의식을 신의 지성에게로 흡수시켜야 합니다. 마이스터 에크하르트는 근거라는 개념을 도입합니다. 어쩌면 신보다도 앞서 근거가 있다고 하면서, 신뿐만 아니라 진리, 존재, 선, 하나됨 등의 초월도 여기에서 나왔다고 합니다. 근거를 영원한 신의 숨긴 어둠이라고 그는 표현합니다. 즉 신은 어둠 속에 알려지지 않은 상태로 있으면서, 모든 존재, 초월의 근거가 된다는 겁니다. 인간에게는 숨은 어둠이 아니라, 신의 속성인 진리, 선, 하나됨, 순수한 존재로 알려질 뿐이라고 합니다. 인간은 신과 비교해, 아무것도 아니기에, 겨우 속성을 짐작만 할 뿐, 근거나 숨은 어둠으로 가지 못합니다. 하지만, 자아를 버리고 지식을 버린다면, 신과의 합일을 통해 갈 수도 있지 않을까요.

이런 주장은 에리우게나도 합니다. 그는 피조물이 존재한다면, 신은 존재의 하나가 아니라고 주장합니다. 즉 피조물과 신이 같은 범주가 아닙니다. 그런데, 신은 무에서 모두를 창조합니다. 여기에서, 무란 존재하지 않는다는 뜻이 아니라, 존재보다 낮다는 반어 표현입니다. 즉 존재보다 낮다는 의미로 무라고 합니다. 따라서, 실제로는 신이라고 그는 말합니다. 그런데, 세계는 신의 표현입니다. 즉 세상 모두가 신과 같습니다. 이런 주장은 당연히 범신론이란 비판을 받게 되어, 이단으로 몰립니다. 하지만, 그는 신과 피조물 사이에는 무한한 차이가 있다고 말합니다. 즉 피조물은 신과 비교하면, 아무것도 아니라는 거죠. 마르그리트 포레트는 근거와 비슷한 개념으로, 심연을 말합니다.

이런 방법은 14세기에 들어오면서, 변합니다. 즉 지성을 부인하는 데 그치지 않고, 의지나 사랑을 강조합니다. 마르그리트 포레트는 지성을 부정하면, 의지나 사랑만 남는다고 말합니다. 즉 이런 흐름은 이성의 역할에서 다릅니다. 앞의 입장은 이성의 도움을 받아, 추상 개념에 다다르고, 그 후에 추상 개념을 버리고 신과의 합일을 주장한다면, 이 입장은 이성의 도움 자체를 부정합니다. 오히려, 방해가 된다고 합니다. 『무지의 구름』이란 책은 아예 추상 기능은 필요 없다고 하면서, 대학 교육도 필요 없다고 합니다. 언어 또한 방해라며, 신은 생각이 아니라 사랑의 대상이어야만 한다고 말합니다. 영국의 노리치의 줄리안은, 신은 우리의 마음으로는 파악할 수 없고, 파악할 수 없는 상태로 남겠지만, 우리의 사랑으로는 그렇지 않다고 말합니다. 마음이나 정신이 아니라, 사랑이 신과의 합일로 가는 길입니다. 또 묵상은 천사나 성자에게 맡기고, 우리는 오로지 신 자신만을 사랑하면 된다고 합니다. 지식보다는 무지가 낫다고 하면서, 밖이 아닌 안을 보라고 권합니다.

이런 주장은, 인간과 신의 합일을 뜻하는 듯합니다. 자아를 상실하니까요. 이와는 다르게, 성 베르나르는 사랑을 강조하고, 인간은 신과 떨어지면, 아무것도 아니라고 말하면서도, 합일의 상태에서도 여전히 신과 인간은 별개의 존재라고 합니다. 즉 사랑이 두 사람을 하나로 하지만, 그런데도 두 사람이 여전히 별개의 존재인 바와 마찬가지라고 합니다.

다른 하나는, 정서에 호소하는 방법입니다. 여기에서 정서란 감각 경험을 말합니다. 즉 신과의 합일을 감정이나 신체 혹은 감각을 통해 경험하는 방법입니다. 그리고 그 경험을 이성에 의해 표현합니다. 환상 속에서 신을 만나거나, 신의 음성을 듣거나, 냄새를 맡거나 맛을 느끼는 등의 감각을 경험합니다. 시에나의 카타리나는 자기 손가락의 결혼반지를 보았으며, 예수가 자기 집 문밖에 서서, 공동체에 합류하고 이웃을 돌보라는 말을 했다고 합니다. 또한, 1370년에는 네 시간 동안 숨도 안 쉬고 심장박동도 없이 죽어 있었으며, 1375년에는 예수가 십자가에 못 박혔을 때 생긴 상처와 같이, 손과 발에 흔적이 생겼습니다. 이런 현상이 육신에서 일어난다는 점이 특징입니다. 즉 반어법처럼, 자아가 없어진다거나 의식이 사라지지 않고, 육신에서 감각을 통해 육신으로 자아가 실현된다는 특징이 있습니다. 육신은 더는 영혼을 가두는 감옥이나 영혼의 반대편에 있는 악이 아닙니다. 오히려 신과 하나가 되는 훌륭한 통로이자 도구가 됩니다. 정서에 호소하는 방법에서, 육신으로 온 예수가 중심입니다. 왜냐하면, 신이 육신으로 이 세상에 왔다면, 육신 자체가 악일 수는 없기 때문입니다. 성 빅토르 휴는, 처음으로 신을 인간으로 보았습니다. 즉 예수의 신성과 인간의 합일은 한 사람이라고 말합니다. 아리스토텔레스처럼, 질료와 형상의 결합으로 봅니다. 이리하여, 육신은 이제 악의 원천이 아닙니다. 오히려, 껴안아야 할 대상이 됩니다.

아시시의 프란치스코는 죽기 2년 전에 환상을 봅니다. 날개 여섯 달린 천사가 십자가에 못 박힌 장면을 보았는데, 환상이 사라진 다음, 손, 발, 옆구리에 생긴 성흔을 발견했습니다. 이런 성흔은 권위를 부여했습니다.

36
카발라

유대인의 신비주의인 카발라는 유대인 풍습을 토대로, 신성불가침의 내면을 다루는 전통입니다. 다시 말해서, 경전인 토라를 통해 여호와의 백성인 이스라엘에 알려 주는 신의 계시의 일부입니다. 세 가지 요소입니다. 즉 신, 토라 그리고 이스라엘입니다. 셋 가운데, 신이 가장 높고, 그다음이 토라, 맨 아래가 이스라엘이 자리합니다. 신과 토라, 토라와 이스라엘 사이에는 숨김과 드러남이 각각 존재합니다. 카발라는 이런 단계 사이의 숨김과 드러남 그뿐만 아니라, 숨김과 동시에 드러난 신, 토라, 이스라엘과도 관련이 있습니다. 먼저 신에 대해 알아보겠습니다.

신은 초월 존재입니다. 인간의 잣대로는 설명할 수 없는, 무한하고 숨어 있는 초월 존재입니다. 이런 신의 속성을 나타내는 표현이 〈아인 소프〉입니다. 끝이 없다는 뜻으로, 말로 표현할 수 없기에, 부정을 통해 신의 속성을 말하고자 합니다. 그런데, 초월 신은 그냥 저 멀리, 초월 상태로 존재하지 않고, 〈세피로트〉를 비추어 이 세상 안에 내재합니다. 즉 아인 소프는 잡을 수 없지만, 세피로트는 잡을 수 있습니다. 세피로트는 열 가지라고 합니다. 가장 높은 왕관, 지혜, 이해 등등, 충실함까지 있습니다. 이 열 가지는 편의상 나누었을 뿐이고, 실제로는 하나이어서, 서로 조화롭습니다. 이 열 가지를 별개로 보면, 이단이 됩니다.

신은 또한 양성입니다.『창세기』에 신은 자기 모습으로 사람을 창조하였고 남자와 여자로 창조하였다고 쓰여 있습니다. 동시에, 남자의 갈빗대에서 여자를 지었다고 되어 있습니다. 이를 신은 자웅 동체와 같다고 설명합니다. 즉 신의 모습이 남자와 여자의 모습이므로, 신은 남자와 여자 모두를 갖고 있다는 거죠. 따라서, 신의 남성에서는 엄격함이, 신의 여성에서는 자비가 나옵니다. 그리고, 남성은 형상에, 여성은 질료에 해당합니다. 왜냐하면, 형상과 질료가 하나가 되는 과정을 임신에 비유하기 때문입니다.

그다음은 토라입니다. 여기에서 말하는 경전 토라는 문자로 된 경전입니다. 즉 구술이 아니라 문자로 된 책입니다. 토라에는 신의 계시가 담겨 있을 뿐만 아니라, 토라 자체가 신성합니다. 토라를 읽으면, 신을 직접 만날 수 있는 길이 열립니다. 즉 카발라에서는 신이 앞의 열 가지 세피로트와 히브리문자 22자를 합해, 32가지의 길로 세상에 지혜를 전한다고 합니다. 즉 토라 자체가 신에게 가는 길입니다. 따라서, 토라를 읽으면, 아인 소프의 빛을 통해, 신에게 가는 통로가 열립니다. 이리하여, 토라의 저자, 토라라는 텍스트, 그리고 독자가 하나가 된다고 합니다. 그런데, 개인 모두가 자기만의 해석이 있다는 사실을 카발라는 인정합니다. 즉 신의 계시에 유일한 해석은 있지 않고, 무한한 가능성이 있다고 합니다. 사람 수만큼의 해석이 가능하니까요. 하지만, 이것으로 끝이 아닙니다. 누구나 자기만의 해석을 할 수 있지만, 제대로 된 해석에는 구술 토라가 있어야만 합니다. 이스라엘이 구술 토라입니다. 그런데, 여기서 이스라엘은 단순한 이름이 아닙니다. 살아 있는 토라 사회입니다. 즉 신의 뜻이 드러나는 사회로, 손에 잡히지 않는 접신론 개념의 표현입니다. 즉 문자로 쓰인 토라로는 부족하고, 신의 뜻이 드러나는 사회 공동체인 이스라엘 즉 구술 토라가 있어야만, 신의 여성 짝으로서 이스라엘의 진정한 의미가 구현됩니다. 이스라엘은 해석 공동체입니다. 그리고 그 공동체가 살아 있는 공동체가 아니라면, 신의 뜻을 드러내는 일이 실제로 일어나지 않습니다. 즉 이스라엘은 구술 토라입니다. 그 이유는, 이스라엘에 내재한 유일한 특성 때문인데, 그것은 바로 세계는 오직 이스라엘을 위해서 창조되었다는 믿음입니다. 신에게 이스라엘이 독점 파트너로 필요한 이유는, 세계의 상호 공생과 번영을 위해서라고 합니다.

구술 토라는 시나이의 계시에 바탕을 둡니다. 즉 신에게 직접 근거를 둡니다. 문자로 된 토라가 아니라, 구술 토라에 중점을 두기에, 지성이나 통찰은 필요 없다는 주장이 나옵니다. 13세기에 카발라의 비밀은 소수에게만 전해져야 한다는 의견이 나오면서, 비밀결사의 분위기를 풍깁니다. 즉 개인 계시는 개인 숨김을 요구하는데, 숨김과 드러남의 관계는, 유한 속에 무한이 들어 있고, 무한 속에 유한이 들어 있다는 방식입니다. 즉 세상 안에 신이 있고, 신 안에 세상이 들어 있다는 사고입니다.

제 4 부

르네상스에서 근대로
부활의 시대

르네상스에는 그리스, 로마의 인문학만 부활하지
않았습니다. 고대 이교도도 함께 부활합니다. 오래된
지혜일수록 권위를 인정받았기에, 기독교도 연원을
끌어올리려 애를 씁니다. 이를 경계해, 고대 지혜도
사실은 얼마 되지 않았다는 주장이 나왔으나, 큰 영향을
미치지는 못합니다. 연금술은 자연의 요소로 자연을
변화하려는 시도로, 자연 과학 발전의 디딤돌이 됩니다.
과학 발전은 철학자를 자극해, 신과 인간 그리고
자연에 대한 새로운 접근법을 모색하게 합니다. 자연에
관해서는 기계론이 등장하고, 신에서 벗어난 자유를
탐색하고, 이성의 특권을 내려놓으려고 시도합니다. 신의
정신과 상통하는 이성이 아니라 기능으로서의 이성을
탐구합니다.

37
인문주의자들

이탈리아 시에나 성당에는 흥미로운 모자이크가 바닥에 있습니다. 〈헤르메스 메르쿠리우스 트리스메기스투스, 모세의 동시대인〉이라고 적혀 있고, 고대 마법사로 알려진 헤르메스가 가운데 자리하고 있습니다. 이 성당은 1488년에 지어진, 르네상스 건축물입니다. 지금은, 고대 마법사를 기독교 건축 장식에 쓰지 않을 겁니다. 하지만, 르네상스에는 이 모자이크에서 볼 수 있듯이, 이교도와 기독교가 공존하였습니다.

르네상스 인문주의자들은 심할 정도로 중세 스콜라철학을 혐오했습니다. 페트라르카는 스콜라철학이 야만스럽고, 짜증이 날 정도로 현학을 자랑하고, 건조하고, 이해 불가라고 비판합니다. 특히 야만스럽다는 비판은 최악으로 보입니다. 왜냐하면, 당시 야만은 문명의 반대, 혹은 인간다움의 반대에 가까웠기 때문입니다. 이런 가혹한 비판은 특히 오컴에게 가해졌습니다. 페트라르카는 오컴의 논리학이 사변이 넘치고, 형식 용어에 치우쳐서 중요한 사항을 못 보게 하여, 신학자를 논리학자로 만드는 꼴이라 비판합니다. 한마디로 신학이나 철학이 아닌 논리학일 뿐인데, 그나마 형식 용어에 얽매이고, 분류에 분류를 거듭하여 나중에는 무엇을 하는지조차 알지 못하게 되어, 무미건조하게 된다는 겁니다. 그는 플라톤주의자입니다. 따라서, 세계 창조나 영혼 불멸, 인간 구원과 같은 주제와 신에 가까이 가는 방법들을 탐구해야, 철학입니다. 그런 그에게, 오컴의 논리학은 전혀 철학의 모습이 아니었습니다. 뛰어난 논리학자일지 몰라도, 전혀 철학자나 신학자로 보이지는 않았습니다. 스콜라철학에 대한 신랄한 비판은 다른 인문주의자에게서도 볼 수 있습니다. 니졸리우스는 키케로의 수사학과 라틴어 문법, 문헌학이 스콜라철학을 대체해야 한다고 하고, 브루니는 오컴 논리학을 야만스럽고 우둔하며 천박하다고 비난합니다. 키케로가 인기를 끈 이유는 스콜라철학과 달리, 마음에 덕을 향한 사랑을 불어넣는 데 있다고 페트라르카는 말합니다. 즉 대학에서 아무리 아리스토텔레스의 윤리학 강의를 들어서, 덕의 정의는 잘 아는지 몰라도, 덕이 생기지는 않는다는 겁니다. 따라서, 실제로 덕을 함양할 수 있는 방향으로 나아가야 한다고 합니다. 그는 아우구스티누스가 키케로를 읽고, 참다운 철학으로 방향을 틀었다고 하면서, 그것이 지혜에 대한 사랑의 길이라고 합니다. 즉 그는, 키케로를 기독교인을 다시 깨우는 방편으로 여깁니다.

　　스콜라철학 비판에 이어 라틴어 문법과 수사학이 등장합니다. 스콜라철학의 교과 과정인 논리, 기하, 산술, 천문학을 버리고, 문법, 수사학, 시학, 역사, 도덕철학을 배워야 한다고 말합니다. 여기에서, 철학은 도덕철학만을 가리킵니다. 즉 형이상학, 인식론, 논리학 등은 다루지 않습니다. 전통으로 보자면, 형이상학이 철학의 중심인데, 인문주의자는 이를 거부합니다. 세상 사는 데 도움이 되는, 도덕철학만 필요하다고 봅니다. 여기에서 말하는 도덕철학은, 윤리학, 가정경제학 그리고 정치학을 포함합니다. 윤리학은 일반 성격을 띠기에, 가정에 적용하면 가정경제학, 정치에 적용하면 정치학이 됩니다. 즉 우리의 삶에 와닿는 분야의 철학만 남겼습니다. 다른 철학은 삶에 도움이 안 된다고 보았지만, 그렇다고 해서 대학 교과 과정이 바뀌지는 않았습니다. 대학에서는 여전히 교양에서는 논리, 자연철학, 형이상학을, 그 위 단계에서는 신학, 법학, 의학을 가르쳤습니다. 하지만, 대학은 인문주의자의 영향을 직간접으로 받습니다.

라틴어 문법과 수사학을 인문주의자가 강조한 이유는 고대 지혜와 삶을 표본으로 삼는 그들에게, 언어가 중요한 도구이기 때문입니다. 그들은 중세 후기를 어둡고, 부패하여 죽어 간다고 봅니다. 이런 위기를 초래한 스콜라철학의 라틴어가 왜곡되고 썩었기에, 성스러운 라틴어로 회복하려 합니다. 즉 제대로 된 언어로 위기를 극복하려 합니다. 따라서, 수사학은 단순한 말솜씨가 아닙니다. 그것은 사물을 정확하게 표현하는 기술입니다. 로렌초 발라는 키케로보다 퀸틸리아누스를 더 높게 평가하는데, 스콜라철학을 혐오하고, 아리스토텔레스를 어리석다고 합니다. 심지어 당시 야만인 고트족이나 갈리아에 비유할 정도입니다. 그는 스콜라철학이 말장난과 모호한 말로 언어를 왜곡했다고 비난합니다. 또 언어를 통해 고전 해석의 진위를 가리고자 합니다. 예를 들어, animals를 뜻하는 aloga는 로고스가 없다는 no logos인데, 로고스에는 두 가지 뜻이 있다는 겁니다. 즉 〈이성·생각하다〉와 〈이성·말하다〉인데, 동물은 후자의 뜻, 즉 말하지 못한다고 해석해야 옳다고 합니다. 다시 말해서, 동물은 이성은 있지만, 다만 말을 하지 못할 뿐이라는 새로운 해석을 내놓습니다. 이렇게 되면, 인간은 이성 동물이라는 아리스토텔레스의 정의는 흔들릴 수 있습니다. 동물도 똑같이 이성을 갖고 있으니까요. 그는 상식을 중시하는데, 실제 상황에서 주부가 쓰는 언어를 더 높게 평가합니다. 그는 로마 시대에 누가 시장에서 책에 나오는 라틴어를 실제로 말했겠는가라고 묻습니다.

라틴어 문법과 수사학을 중심으로 인문주의자는 웅변을 탐구합니다. 웅변이란 남을 설득하는 능력입니다. 스콜라철학에서는 치밀한 논리를 우선하는데, 이는 설득과는 거리가 멉니다. 그 이유는 학생과 교수라는 특정 대상을 상대하기 때문입니다. 즉 공공의 영역으로 나갈 필요가 없기에, 설득보다 논리 싸움에 치중합니다. 하지만, 인문주의자는 공공에 관심이 많습니다. 키케로는 진정한 철학은 도시의 삶이니, 고독을 피하고 공공선에 이바지하라고 말합니다. 즉 철학은 공공선을 위한 작업입니다. 따라서, 남을 설득하는 능력이 무엇보다 중요하다고 인문주의자는 생각합니다. 다시 말해, 스콜라철학은 덕과 공공 삶을 소홀히 하고, 사변과 단어 논쟁만 일삼았다고 합니다. 그리고, 사회에 필요한 의례 즉 장례식, 외교 행사, 취임식, 환영사, 대학 졸업식 등은 공공의 영역이기에 중시합니다. 따라서, 이런 의례에서 필요한 연설문을 작성하는 서기나 비서로 인문주의자는 사회에 진출했습니다. 그리고, 인문주의자는 편지를 자주 썼습니다. 편지는 개인의 경험이나 감정 그리고 의견을 표현하는 수단인데, 여기에서 개인이라는 점을 주목할 필요가 있습니다. 즉 개인 탄생의 싹이 보입니다. 이런 의미에서, 몽테뉴를 자주 언급합니다. 그리고 이들은 문장 스타일에도 관심이 많았는데, 대화 형식을 좋아했고, 독설을 사용하기도 합니다. 특히 키케로의 독설 스타일은 인기가 많았다고 합니다. 그런데, 이 당시 독설은 스콜라철학이 아니라, 과학기술을 겨냥합니다. 아그리파는 기술과 과학보다 해롭고 해로운 것은 없다고 하면서, 과학은 인간의 의견일 뿐이어서, 의심스럽고 오류라고 합니다. 즉 산술과 형이상학부터 도박과 음탕한 기술에 이르기까지, 기술과 과학은 인간을 더 행복하게 혹은 도덕에서 더 낫게 하지 않기에, 성경을 논리 논쟁이 아니라, 믿음으로 받아들여야 한다고 주장합니다.

물론 수사학 강조에 대해 비판이 있습니다. 즉 수사학 관심이 도덕성 관심은 아니며, 설령 그렇다 해도 도덕성 관심이 종교 관심도 아니고, 설령 그렇다 해도 종교 관심이 기독교 옹호를 말하는 게 아니라는 비판입니다. 수사학이 설득력으로 마음을 움직이고 끓어오르게 할 수는 있지만, 그렇다고 도덕심이 생기지는 않는다는 겁니다.

그리고 인문주의자는 정치에서 도시 공화국을 지지합니다. 즉 황제나 교회, 장원이 아니라 고대 로마를 모델로 하는데, 고대 로마의 공화정을 모델로 합니다. 고대 로마 공화정을 모델로 하지만, 간단하지 않아 보입니다. 왜냐하면, 현실은 그와 같지 않았기 때문입니다. 14세기 이탈리아는 군주제를 택했는데, 단테는 모두가 전제군주라고 평합니다. 군주제를 택한 이유는 역사 경험에 바탕을 둡니다. 사람이 자기 일을 할 수 있게 하는 제도가 군주제인데, 역사를 보면, 왕정이나 군주정에서는 각자가 자기 일을 할 수 있었으나, 공화정에서는 없었다는 겁니다. 즉 왕이 유능하고 선정을 베풀면, 사람들은 자기 일만 하면 되기에, 군주제가 좋다는 겁니다. 하지만, 인문주의자는 로마의 공화정을 이상으로 삼기에, 군주의 덕이 아니라, 시민 모두의 덕을 요구합니다. 즉 공화정이 군주가 아니라 모든 시민을 위한 체제가 되려면, 시민 모두의 덕이 필요합니다. 시민의 자유를 보존하고, 도시를 위대하게 하려면, 공공의 덕이 필요하다고 말합니다. 이때 무엇보다 중요한 덕목은 정의인데, 키케로는 각자에게 각자의 몫을 주는 바가 정의라고 하면서, 폭력을 피하고 남에게 피해를 주어서는 안 된다고 합니다. 그는 정의가 실현되는 사회는, 말만으로도 신뢰가 지켜지기에, 공포가 아니라 사랑이 군주에게 돌아가며, 동시에 국가의 안전도 보장된다고 합니다. 즉 군주의 영광은 군주의 덕에서 나온다고 합니다. 그는 군주의 덕과 시민 모두의 공공 덕을 요구합니다. 인문주의자는 공화정을 지지한다고 하지만, 실제로는 키케로의 이런 군주제 즉 군주가 덕이 있다면, 국가의 평화와 안전이 보장된다는 주장을 따르는 경향이 있습니다.

 15세기 피렌체는 메디치가가 장악했습니다. 당시 피렌체는 군주제와 대중 요소를 섞은 혼합 체제였는데, 실제로는 메디치가의 과두정치였습니다. 메디치는 플라톤의 철학자-왕을 꿈꿨으나, 왕이 될 수는 없었기에, 혼합 체제를 택하지 않았을까요. 즉 밀라노의 공격을 막기 위해서는 군대가 필요하기에 군주제가 필요하고, 개인 자유 보장과 도시의 발전이 확보되지 않으면, 내부 반란이 일어날 수 있기에 대중 요소가 필요했다고 합니다. 브루니는 이런 현실을 용인합니다. 그도 겉으로는 공화정을 지지하지만, 반복하는 메디치의 추방과 복귀를 보면서, 대중은 자제심이 없다고 여겨, 귀족을 제어하면서 동시에 대중이 직접 정치에 참여하도록 합니다. 즉 대중이 착취나 억압에서 벗어나려면, 직접 참여해야 한다는 주장입니다. 그리하여, 실제로는 메디치는 과두정치를 옹호하게 됩니다. 한편, 사보나롤라는 전제정을 거부하고 공화정을 지지합니다. 그는 중요한 지위 선출은 선거로, 소소한 지위는 추첨으로 하길 권유하고, 평의회를 확대해 대중 참여를 늘리기를 바랍니다.

인문주의자는 저세상이 아니라 이 세상을 추구합니다. 따라서, 아퀴나스를 부정합니다. 왜냐하면, 아퀴나스는 로마의 명예, 영광, 명성이란 모두 시간이 가면 사라지기에 가치 없다고 생각하기 때문입니다. 아퀴나스는 이 세상이 아니라 저세상을 추구합니다. 인문주의자와 아퀴나스는 서로 다른 세상을 바라보고 있습니다. 인문주의자가 이 세상을 우선한다면, 신보다는 인간이 먼저일 겁니다. 그들은 인간의 자율, 존엄성, 자유의지, 운명, 의지와 지성, 최고선, 덕과 악, 그리고 활동하면서 관조하는 삶에 관심을 둡니다. 포지오는 디오게네스 라에르티오스를 재발견하여, 에피쿠로스학파를 소생시킵니다. 즉 수도원 삶을 거부하고, 세속 삶을 택합니다. 발라 역시 에피쿠로스학파를 소개하는데, 그는 신을 인정하지만, 섭리는 거부하고, 신은 인간 삶에 무관심하므로 두려워할 필요가 없다고 합니다. 그리고 원자론을 통해 인간의 자유의지가 가능하다고 주장합니다. 스토아철학도 신의 섭리를 거부합니다. 즉 세계의 사건과 사건 사이에 반드시 그리고 심오하게 존재하는 상호 관련을 이해하면, 마음의 평정을 찾을 수 있다고 하는데, 그 원리가 신의 섭리는 아니라고 합니다.

　살루타티는 조금 더 앞으로 나아갑니다. 그는 인간은 운명이나 자연의 지배를 받지 않고, 자신의 힘으로 역경을 극복하고 덕을 쌓는다고 합니다. 운이나 운명은 자연에만 해당할 뿐, 인간에게는 적용되지 않기에, 운이나 운명은 인간과 관계가 없다고 말합니다. 보카치오는 운명은 별이 아니라, 신의 명령과 자연의 원인에 의해 결정된다고 주장하는데, 천체의 움직임과 인간은 무관하지만, 여전히 신과 자연이 인간에게 큰 영향을 끼친다고 말합니다. 살루타티는 질병은 운명이나 하늘의 별이 아니라, 바로 인간 자신의 죄에 있다고 하면서, 원인은 바로 당신이라고 말합니다. 하지만 그는 아들을 잃었을 때, 신의 도움은 없었다고 한탄했습니다.

38
플라톤주의

1439년 이슬람의 위협에 대처하기 위한 공의회가 피렌체에서 열렸습니다. 그리스 정교회 대표단의 한 사람으로 예요르요스 예미스토스가 도착했는데 그는 80세 전후였고, 피렌체의 플라톤 수준을 보고 놀랐습니다. 즉 플라톤 연구가 거의 없었고, 그리스어에 능한 사람도 많지 않았기 때문입니다. 페트라르카는 플라톤을 지지했지만, 대화편 네 편밖에 읽지 못했고, 그리스어를 못 했기에, 번역본을 읽을 수밖에 없었습니다. 이런 상황에서 그는 적극 플라톤을 소개하였고, 제2의 플라톤처럼, 플라톤의 신비를 말한다는 평을 얻습니다. 그는 스스로 플레톤으로 이름을 바꿉니다. 〈Plethon〉이 〈꽉 찬〉이라는 의미이지만, 플라톤을 따라 했다는 의도를 부인하기 어려울 겁니다. 이런 평은 얼핏 보아서는 칭송 같지만, 입장에 따라 다르게 보일 수 있습니다. 왜냐하면, 그는 기독교를 옹호하면서도, 이교도를 부활시켰기 때문입니다. 이탈리아 인문주의자들은 플라톤 철학을 기독교 옹호에 쓰려고 하였으나, 그는 플라톤을 고대 그리스의 이교도를 다시 세우는 토대로 사용합니다. 이때 이교도는 다신교를 가리킵니다. 플레톤은 아리스토텔레스를 심하게 비판하여, 명성을 떨어뜨리고자 했고, 그 자리를 플라톤으로 메우려 합니다. 그리고 플라톤주의는 기독교와의 고리를 끊고, 앞선 시대의 이교도를 부흥하려 합니다. 그는 대담하게도, 미래에 이교도와 비슷한 종교로 지금의 종교가 통일된다고 합니다. 즉 기독교도 이슬람도 통합 종교는 아니라고 주장합니다. 그는 모세를, 2세기 초반 기독교를 반대했던 켈수스나 5세기 그리스 철학을 고수하려 한 프로클로스로 대체하려 합니다. 이는 기독교에서는 중대 도전이었겠지요. 그리고 한 걸음 더 나아가, 조로아스터 철학의 불과 빛을 지향합니다. 즉 조로아스터교의 마기 즉 마법사를 중심에 놓습니다.

그가 영원한 철학을 추구했다는 의견도 있습니다. 르네상스에 지혜를 추구하는 방식에 크게 세 가지가 있습니다. 여기에서 지혜란 sapiens로 지식에 한정되지 않습니다. 지식보다 넓고 깊은 세상에 대한 앎이라고 할 수 있겠지요. 고대 지혜가 첫 번째인데, 고대에 참된 지혜가 있었는데, 시간이 지날수록 쇠퇴해서 없어져 간다고 여깁니다. 따라서, 고대 지혜를 회복하기 위해서는, 될 수 있는 한 더 먼 옛날로 거슬러 올라가야 합니다. 즉 더 시간이 오래될수록 더 참된 지혜에 가까이 가게 됩니다. 이런 분위기에서 기독교, 유대교, 이교도 모두 자신의 종교가 더 연원이 오래되었다고 증명하려 애씁니다. 유대교는 모세를, 이교도는 조로아스터 등을 먼 옛날로 끌어올리려 합니다. 이런 점에서 기독교는 불리한 처지입니다. 즉 예수를 시조로 삼는다면, 신흥 종교이기 때문입니다. 로마 시대의 교부철학자들도 기독교를 옹호하기 위해 호교론을 펼쳤는데, 이때의 문제가 다시 돌아온 느낌이 듭니다.

　두 번째는, 영원한 철학입니다. 여기에서 영원의 뜻은 변화나 발전이 없다, 그런 요소는 필요하지 않다는 의미입니다. 즉 보편성과 지속성을 갖춘 지혜가 원래 있었으며, 그 지혜가 겉모습이나 방식에서 다를 뿐, 실제로는 변하지 않는 지혜라고 합니다. 보편 종교의 바탕이 됩니다. 아우구스티누스는 이 입장을 지지합니다. 즉 이교도의 로고스가 기독교의 예수로 바뀌었다고 말합니다. 플레톤은 조로아스터를 원형으로 삼아, 다른 종교를 변형으로 봅니다. 스테우코도 영원한 철학 편입니다. 그는 이성과 신앙은, 같은 결론에 이른다고 하면서, 영원한 철학은 계시와 지혜로 이루어지는데, 유대인, 칼데아인, 이집트인을 통해, 그리스인에게 전해졌다고 합니다. 형태는 다양하지만, 삼위일체, 세계 창조, 영혼 불멸에서 같은 입장이기 때문입니다. 그는 이교도의 핵심이 기독교에 있음을 밝히려 했으나, 오히려 기독교 핵심을 이교도에서 발견하고 맙니다.

　세 번째는, 예언으로 해석하는 방식입니다. 즉 예수를 정점에 놓고, 이전을 모두 기독교 탄생을 위한 예언으로 봅니다. 고대 철학자도 모방에 불과하여, 그런 예언의 부분이 됩니다. 이런 방식을 취한 이유는 단계별 교육을 위해서입니다. 이렇게 하면, 기독교의 우월성 주장이 되겠지요. 지혜를 찾는 세 가지 유형 가운데 어느 쪽이 더 나은가를 따지는 일은 크게 의미가 없어 보입니다. 왜냐하면, 이런 논의 자체가 기독교 안에서 이교도 부흥을 부추겼기 때문입니다. 예전 이교도 논의는 기독교와 이교도를 분리하고 시작했습니다. 즉 이교도는 항상 기독교 밖에 있는 신성하지 못한 무엇이었습니다. 하지만, 르네상스 논의에서는 더는 밖의 이물질이 아닙니다. 기독교 안에서 눈에 보이게 혹은 안보이게, 여러 형태로 존재하면서, 심지어 기독교와 경쟁하는 관계가 되었습니다. 고대 지혜, 영원한 지혜 그리고 예언, 어느 곳이든 이교도가 등장합니다. 그리고 어떤 점에서 기독교보다 더 나은지 경쟁합니다. 중세에서는, 신학이 철학을 공격하면, 철학은 독자성을 강조했고, 반대로 철학이 신학을 공격하면, 신학은 계시를 제시했습니다만, 이제는 사라지고 말았습니다.

이런 분위기에서 플라톤은 철학자가 아니라, 고대 종교 지도자의 모습으로 르네상스에 등장합니다. 즉 육신 해방을 통해 성스러운 마음과 하나가 되고, 신화나 의례를 통해 신비를 행하는 종교 지도자의 모습으로 등장합니다. 당시 주술이나 마법은 일반 경향이었기에, 이런 모습이 이상하지는 않습니다. 그런데, 플라톤은 젊은 시절 이집트를 방문한 적이 있다고 합니다. 고대 그리스 철학자들이 이집트나 중동 지방을 방문하는 일은 보통이었기에, 이집트 방문이 특별하지 않습니다. 하지만, 플라톤이 이집트에서 신을 직접으로 만났다거나, 헤르메스의 마법을 배웠다고 하면, 철학이 아니라 종교 색채를 띠게 됩니다. 플라톤은 영혼 구원에 관심 두는 종교 지도자로서, 그 신성한 지혜는 동방에서 얻었다는 해석을 플라톤 오리엔탈리즘이라 부릅니다.

메디치의 후원을 받았던, 피치노는 1428년 플라톤 대화편 36편을 완역했습니다. 이 번역본은 19세기까지 표준 번역이었으니, 그 권위가 있었다고 해야겠죠. 그는 플라톤을 도덕철학자가 아닌 심오한 형이상학자로 보았으나, 신플라톤주의 해석을 취했습니다. 신의 유출인 사랑으로, 영혼의 상승이 일어나 하나 임과 황홀한 결합이 이루어진다는 신플라톤주의를 그대로 따릅니다. 이런 결합은 프란세스코 다 디아체코도 지적하는데, 그는 여기에서 더 나아갑니다. 즉 기독교와 플라톤주의가 양립할 수 있도록 합니다. 이런 시도는 당시 베사리온도 했습니다. 즉 그는 플라톤, 기독교, 아리스토텔레스를 화해시키려 했습니다. 피치노는 우선 스콜라철학의 이중 진리 즉 신학과 철학의 분리를 거부하고, 둘은 실제로는 동지라고 합니다. 그는 기독교와 플라톤이 어울릴 수 있다는 점을 보이기 위해, 플라톤을 그리스어를 하는 모세로 규정합니다. 즉 플라톤이 이집트에서 예레미야를 만났고, 성경을 배웠으며, 헤르메스와 동시대 사람이라고 주장합니다. 즉 플라톤은 기독교 전통과 분리된 존재가 아니라, 맞닿아 있기에, 다르지 않다는 겁니다. 이런 의미에서, 그는 모세 율법, 구약 성경, 플라톤 이론은 유사하다고 주장합니다.

이에 더해, 헤르메스를 말합니다. 피치노는 메디치의 명령을 따라, 헤르메스 저작을 번역했는데, 헤르메스를 비유대인에게 보낸 신의 계시로 여깁니다. 즉 신의 지혜와 계시는, 유대인 모세와 비유대인 헤르메스를 통해 전해진다고 합니다. 그는 헤르메스에게 전해진 지혜는 오르페우스, 피타고라스를 통해 플라톤에게 이어지며, 지혜 전승에 단절은 없었다고 하면서, 소크라테스의 데몬이 그 증거가 되고, 예수 탄생에 등장하는 동방박사는, 알렉산드리아의 클레멘스와 마찬가지로, 조로아스터교의 제자라고 합니다. 그는 플라톤이 플로티노스의 입을 통해 말하고 있다고 하는데, 이는 플라톤도 플로티노스도 원천이 아니라는 뜻입니다. 원천은 신입니다. 즉 신의 지혜가 고대에는 모세와 헤르메스에게 전해졌고, 그 후 이 지혜가 모습을 달리할 뿐, 단절 없이 전승되었다는 겁니다. 이런 입장을 보면, 그는 고대 지혜를 지지합니다. 즉 고대로 올라갈수록, 진실에 가깝고 따라서 권위가 있다는 뜻입니다. 피치노는 역사를 볼 때, 세 차례의 쇠망과 부활이 있었는데, 자신이 세 번째 부활에 역할하고 있다고 자평합니다. 고대 지혜가 쇠망과 부활을 반복하지만, 사라지지 않는다는 겁니다. 그는 조로아스터가 시작한 고대 신학은 플라톤 아카데미가 폐쇄될 때 처음 시련을 맞았으며, 다음 시련은 교회 탄압 때문이었는데, 신플라톤주의자가 이를 극복했으며, 중세 아리스토텔레스주의로 인해 세 번째 시련을 맞이했으나, 이제 자신이 극복에 역할을 한다고 말합니다. 즉 오직 기독교만이 참이라고 여기는 자신이 부활의 도구로 쓰인다고 여깁니다.

이런 접근은 기독교를 옹호하는 데 도움이 됩니다. 즉 기독교는 신흥 종교로 뿌리가 없다는 비판을 받아 왔고, 다른 종교에 담을 쌓아 고립을 자초했다는 비난을 피하지 못했습니다. 하지만, 기독교와 플라톤 그리고 헤르메스가 사실은 신의 지혜를 전하는 다른 길일 뿐이라면, 기독교는 신흥 종교도 아니게 되고, 배타성도 많이 약해질 수 있습니다. 피치노는 신부였습니다. 그는 기독교를 지키기 위해, 고대 종교 부활을 꾀하였는데, 고대 사람들은 자신은 모르지만 사실은 기독교인이라고 말합니다.

39
인간 개념

르네상스는 인간 재발견의 시대라고 하는데, 인간 중심 사고가 본격 등장한 시기로 봅니다. 인간에 관해 크게 세 가지 개념이 있습니다. 먼저, 인간을 세계와 신을 잇는 매개자로 보는 관점은 여전히 유지되었습니다. 즉 인간은 신의 속성인 불멸, 영원, 신성과 육신의 속성인 죽음, 시간에 갇힘, 세속성을 함께 갖고서, 두 세계를 연결하여 하나로 합니다. 이런 의미에서, 인간은 지상의 원소인 물, 불, 공기, 흙으로 이루어진 소우주라 할 수 있는데, 파라켈수스는 이런 네 가지 원소가 인간 안에서 제5 원소로 변해서, 하늘과 땅이 하나가 된다고 주장합니다. 여기에서 주목할 점은, 아리스토텔레스의 제5 원소와의 차이입니다. 아리스토텔레스는 천체에 지상과는 전혀 다른 불멸의 원소인 제5 원소가 존재한다고 하였으나, 파라켈수스는 제5 원소는 존재하되, 천체가 아닌 인간 안에 있다고 합니다. 즉 지상과 분리되는 천체는 적어도 제5 원소 구도에서는 사라지게 됩니다. 인간이 불멸의 요소까지 자기 안에 갖게 되는 셈입니다.

다음으로는, 인간이 신과 다름없이 되었다는 개념입니다. 즉 인간은 이성으로 신과 같은 힘을 갖게 되어, 지상을 지배하는 동물이 되었습니다. 즉, 동물, 식물, 금속, 광물, 돌, 산 등은 오직 인간을 위해 존재하며, 인간이 이 모두의 왕이고 지배자라고 투르메다는 말합니다. 그는 신이 인간의 모습으로 지상에 왔다, 이것으로 끝!이라고 하면서, 이로써, 인간의 불멸과 지성이 보장되어, 인간은 단순히 신의 이미지가 아니라 두 번째 신이라고 합니다.

그리고 마지막으로는, 인간 몸에 대한 찬양입니다. 찬양의 근거는 역시 신입니다. 인간 몸은 신의 이미지를 반영하기에, 아름다움과 대칭에서 다른 모든 피조물을 압도합니다. 아그리파는 인간 몸이 만물의 척도이기에, 성당, 집, 극장, 배, 노아의 방주도 몸의 비율에 맞게 짓는다고 합니다. 그는 인간이 직립 보행을 하는 이유는, 얼굴과 눈이 인간의 원래 고향인 하늘을 향하기 위해서라고 합니다. 고대 철학자 프로타고라스가 인간은 만물의 척도라 말할 때, 인간은 개인을 의미합니다. 개인의 인식 능력을 가리키니, 판단은 개인에 따라 다르다는 주장이 됩니다. 하지만, 아그리파는 인간의 인식 능력이 아니라 인간 몸을 전면에 내세웁니다.

이에 대해 반론이 있습니다. 몽테뉴는 인간이 동물보다 낫다는 주장을 의심합니다. 그는 낙타나 타조가 인간보다 더 직립 보행하니, 더 하늘을 향하는 동물이냐고 묻고, 인간의 지식도 삶의 질을 높이지 않는다고 합니다. 동물을 보라고 합니다. 동물은 본능에 따르는 존재로 보이는데, 인간보다 평화, 평온, 안전, 순수, 건강을 더 누린다고 합니다. 인간이 동물보다 낫다고 말하기 어렵다는 겁니다. 피에르 샤롱도 비슷한 주장입니다. 그는 인간은 이성이 있기에, 오히려 더 큰 대가를 치른다고 합니다. 이성이 비탄의 원천이기에, 동물이 오히려 낫습니다. 살루타티도 지식을 비판하는데, 그는 지금 이 시대에 가장 배우지 못한 사람도 키케로, 플라톤, 아리스토텔레스보다 낫다고 합니다. 왜냐하면, 기독교인이기 때문입니다.

40
자연 개념

조반니 피코 델라미란돌라는 1486년 대토론회를 개최한다고 널리 알립니다. 로마에서 한 달에 걸쳐 900문항에 대해 자신과 토론을 하자는 겁니다. 이 토론회를 통해, 그는 플라톤, 아리스토텔레스 사이의 화해는 물론, 이집트인, 히브리인도 모두 합의에 도달할 수 있다고 믿었고, 여행 경비와 숙박비 모두 그가 내려 하였으나, 무산됩니다. 교황은 이 토론회를 통해 이교도 철학의 잘못이 부활할 수 있고, 유대인의 속임수가 축복받을 수 있을 뿐 아니라, 자연철학의 탈을 쓴 기술을 부각할 수 있다는 이유로 금지합니다. 피코는 인간을 동물의 육신으로도, 천사의 마음으로도 파악하지 않고, 그 어느 쪽도 선택할 수 있는 존재로 봅니다. 자신이 인생을 선택할 수 있는데, 그는 인간의 육신이 더 고상하다고 말합니다. 즉 인간 중심주의자입니다. 인간의 절대가치와 자유, 존엄성, 책임을 강조하는 면에서, 르네상스 인문주의자의 모습을 보입니다. 그는 또한 철학의 의무와 목표는 진리를 여는 일이기에, 여는 열쇠는 나무 열쇠이든 황금 열쇠이든 상관없다고 합니다.

피코는 자연에 신비한 힘이 있다고 생각합니다. 즉 자연에는 숨은 비밀이나 힘이 있는데, 이것을 알아내어 이용하는 일을 마술이라고 합니다. 이 마술은 초자연 현상이 아니라, 자연 현상을 다루기에, 자연학에 속합니다. 인간은 신이 주신 능력 덕에, 이런 마술이 가능하다고 합니다. 그런데, 그는 기독교와 카발라의 결합을 시도합니다. 그리고 카발라를 포함하지 않으면, 그 어떤 마술도 효과가 없다고 주장합니다. 원래 카발라는 모세에 구술로 전해진 고대 지혜를 말하는데, 피코는 기독교 카발라의 연원은 이교도도 모세도 아닌 아담이라고 주장합니다. 즉 아담이 신에게 직접 들은 후, 숨김과 드러냄의 방식으로 전해졌다고 합니다. 아담으로까지 올라간다면, 더는 유대인만의 카발라는 아니기에, 기독교의 카발라가 될 수 있겠지요. 그는 아담에게서 시작된 카발라가 이교도, 유대인에게 보존되었을 뿐, 기독교의 가장 오래된 기본 교리는 오래된 신학에 보존되었다고 합니다. 카발라는 시대에 맞게, 그리고 인간 발달 단계에 맞게, 숨기고 드러냅니다. 페트라르카와 보카치오는 시로 표현한 신화와 숨긴 지혜가 서로 통한다고 하는데, 고대에는 수비학이 그런 역할을 했습니다. 그는 이런 교육 과정을 사람의 인생에 비유합니다. 즉 임신, 탄생, 양육, 그리고 단계에 맞는 성장과 성숙이 단계입니다. 기독교 카발라도 아담에서 임신 혹은 생성의 단계를 시작으로 진행되었다는 겁니다.

고대 지혜, 마법, 카발라는 피코에게 구별되지 않고, 같습니다. 이렇게 되면, 모세, 마리아, 예수와 주피터, 아폴론, 달의 신 등은 동등합니다. 교육 과정 단계에 맞는 표현일 뿐, 어느 쪽이 더 나은 존재라고 말하기 어려우니까요. 게다가, 카발라의 전통 방식인 숨김과 드러냄은 스콜라철학의 기둥인 아리스토텔레스 논리학과도 맞지 않습니다. 즉 숨김과 드러냄에는 모순율이 존재할 수 없기 때문입니다. 그는 점성술을 인정합니다. 즉 인간 소우주와 자연 대우주를 결합하는 신비의 영역을 점성술이라고 하면서, 점성술은 물질과 인간 육신에는 영향을 미치지만, 인간 정신에는 영향력이 없다고 합니다. 인간의 자유를 보장하기 위한 장치로 보입니다. 그는 우주와 댄서 사이에 유비가 성립한다고 말합니다. 즉 우주의 변화를 댄서 몸의 변화에, 우주의 배열이나 부분을 댄서의 몸짓에 연관 짓습니다. 이교도 철학의 잘못된 부활이라고 교황이 우려할 만한 내용으로 보입니다. 마리아와 예수가 주피터나 아폴론과 동등하게 되고, 유대인과 기독교인도 근본에서는 다르지 않게 되는 일을 좌시할 교황은 없었으리라 봅니다.

 니콜라우스 쿠자누스는 신플라톤주의자입니다. 하지만, 당시에는 플라톤과 신플라톤주의자와의 구별이 없었습니다. 17세기 말 라이프니츠 때, 비로소 성립합니다. 그는 세계를 신의 축약으로, 지상 사물을 우주의 축약으로 파악하여, 소우주론을 주장합니다. 즉 만물은 신뿐만 아니라, 다른 모든 사물을 반영한다고 하는데, 이 주장은 라이프니츠와 매우 비슷합니다. 그는 모든 사물은 조화를 이루어 모순이 없다고 하면서, 아리스토텔레스의 모순율을 부정합니다. 그리고 인간 이성은 세계 진리를 감당하기 어렵기에, 부정 표현으로밖에 신을 표현할 수 없다는 부정 신학을 지지합니다. 신플라톤주의자의 모습이지요. 자연을, 산이 자신을 밖에 표현한 산물로 여깁니다. 또 지구를 유기체로 보아, 세계영혼에 의해 살아 있는 체제로 봅니다. 그 체제는 자주성이 있는 통일체입니다.

    아그리파는 피코와 비슷하게 자연을 봅니다. 자연에 숨은 비밀이나 힘이 있으며, 이것을 찾아내 이용하는 일을 마술이라고 여깁니다. 즉 자연에서 법칙을 찾아내는 일이 지혜입니다. 그는 마술을 자연의 산물이라 여기며, 고대부터 중세로 이어져 왔고, 마술사magus와 철학자가 같은 용어를 사용한다고 하면서, 둘은 뿌리가 같다고 합니다. 철학자philosopher는 연금술사의 의미도 있습니다. 그는 세계는 지상, 천체, 정신세계로 구성되는데, 인간은 이 셋 모두를 가졌기에, 세계를 통제할 힘이 있다고 합니다. 또한, 신이 창조한 이 세상에서 절대자와 하나가 되는 경험을 할 수 있다는 신플라톤주의의 주장을 지지합니다. 그는 흑마술로 악마와 연합했다는 비난을 받았습니다. 당시에는 연금술이 인기가 있었습니다. 신에 의존하지 않고, 인간이 창의력으로 자연을 통제, 변화시켜, 부를 확장하고자 하는 욕망이 르네상스에 꽤 퍼져 있었기 때문입니다. 초월이 아니라 내재로 방향을 바꾸기 시작했다고 할 수 있습니다. 자연의 숨은 비밀이나 힘을 찾아내, 자기의 힘으로 세상을 바꿀 수 있다고 믿는, 인간 중심의 시대가 오는 신호일지도 모르겠습니다.

41
르네상스의 아리스토텔레스

중세에 인기 없었던 플라톤이 르네상스에는 완역본이 나올 정도로 활성화되었지만, 그렇다고 아리스토텔레스를 대체하거나 주류가 되지는 못했습니다. 1576년이 되어서야 피사 대학 과정에 플라톤이 등장했습니다. 토메오는 스콜라철학을 비판했지만, 그리스인의 아리스토텔레스 주석은 순수하고, 권위가 있다고 인정합니다. 즉 스콜라철학은 비판하지만, 아리스토텔레스는 옹호합니다. 16세기 중엽에는 아리스토텔레스의 고대 주석이, 원본과 함께 라틴어로 인쇄되어 보급되었습니다. 가톨릭 개혁 때에는, 아리스토텔레스 출판이 정점에 다다라, 70명이 번역한 300권의 라틴어 번역본이 존재할 정도였습니다. 이 정도로 활성화되었지만, 16세기에는 스페인과 이탈리아에서 주로 성행했습니다. 여전히 아베로스주의자에 대한 논쟁이 지속되었고, 큰 진전은 없었습니다. 즉 세계 창조, 섭리, 세계 지성, 영혼 불멸에 대해 논쟁했습니다.

    17세기까지도 여전히 아리스토텔레스 철학이 주도권을 잡고 있었으나, 경험주의에서 실험주의로 넘어가지는 못했습니다. 즉 우리의 지식이 경험에서 출발한다는 아리스토텔레스의 철학을 받아들이지만, 반복 실험으로 입증해야 한다는 생각은 거의 없이, 여전히 사변에 치우쳐 있었습니다. 크레모니는 갈릴레오의 망원경을 실제로 보기를 거부했습니다. 갈릴레오, 케플러, 뉴턴을 거친 후에는, 아리스토텔레스의 자연학은 주도권을 잃게 됩니다. 대학에서 점성술은 위력을 상실하고, 천체는 제5원소가 아니라, 중력 법칙으로 대체됩니다.

42
헤르메스

헤르메스 저작이 그리스어에서 라틴어로 번역된 시기는 3세기에서 4세기 무렵입니다. 꽤 오래전에 소개되었지요. 그리고, 르네상스에 와서, 널리 읽히게 됩니다. 그런데, 16세기에 와서, 프란치스코 파트리키우스는 헤르메스 저작의 진위를 의심합니다. 그리고 아이작 카사우본도 역시 헤르메스 신화가 거짓이라고 폭로합니다. 즉 헤르메스는 고대가 아니라 기독교 초기 시대에 썼다는 사실을 증명합니다. 사료 비판을 통해, 당시에는 사용하지 않았던 용어가 책에 등장한다는 사실을 보입니다. 다른 신비주의 책들도 마찬가지라고 그는 말합니다. 이런 증명은 학술에서 보면, 신빙성이 있습니다. 즉 고대 신비주의 책은 그렇게 오래되지 않았다는 겁니다. 고대 지혜는 항상 마술, 이교도, 이단이라는 위험을 안고 있습니다. 이런 위험은 사회에 위협이 되기에, 고대 지혜에 동조한다고 여겨지는 대상에 대해서, 마녀사냥이 일었습니다. 이교도와 기독교의 자연스러운 결합을 분쇄하려는 의도였습니다. 예수회의 마르탱 델 리오는 마술은 미신이고, 우상숭배와 떨어질 수 없다고 비판합니다. 에라스무스도 기독교의 구원은 순수하고 흠결 없는 삶을 통해 얻어야 하는데, 외부의 의식으로 얻으려 한다고 비판합니다. 즉 신부의 마법이 아니라, 성경과 교부에 의존해야 한다는 주장입니다.

　학술에서는 허위라고 증명되었고, 사회에서는 마녀사냥을 벌일 정도로, 분쇄하려 애를 썼지만, 헤르메스를 비롯한 고대 지혜와 신비주의는 아랑곳하지 않고, 지속합니다. 지지자들의 가치관, 감성과 맞았기에, 사실 여부와 관계없이 성했다고 할 수 있으나, 더 깊은 원인과 이유가 있지 않았나 생각합니다. 16세기, 플라톤주의는 교회 안의 바이러스 같은 존재였습니다. 기독교를 옹호하기 위해, 플라톤철학과 고대 지혜 그리고 신비주의를 끌어들였으나, 결과는 혼합이었습니다. 하지만, 신비주의에는 큰 진전이 있습니다. 바로 헤르메스 저작이 기준이 된 겁니다. 공동의 기준이 등장하여, 의심스럽거나 문제가 생기면, 찾아볼 수 있는 근거를 마련했습니다.

43
철학

르네상스에는 크게 세 가지 철학 흐름이 있었습니다. 스콜라철학이 있고, 인문주의자들이 찾아낸 회의주의, 스토아주의 그리고 에피쿠로스주의가 다른 한쪽에 있으며, 그리고 부활한 플라톤주의가 있습니다. 인문주의자는 우선은 스콜라철학에 불평하고 비난하며, 새로운 철학을 찾았는데, 그 새로운 철학은 기독교 안에 있어야 했기에, 아리스토텔레스는 거부되었고, 고대 철학이 후보가 됩니다. 그들은 아리스토텔레스를 비판하는 데에 그치지 않고, 철학 자체를 비판합니다. 즉 philosophia란 말은 그리스에서 라틴어로 온 말인데, 철학 일반이라는 추상명사가 아니라, 그리스 제도를 의미한다고 해석합니다. 그리하여, 그리스 철학 학파가 가르치는 특정한 학문을 뜻한다고 합니다. 그런데, 특정한 학문인 아리스토텔레스의 철학이 너무 널리 퍼져 있어 위험하다고 보았습니다. 그 내용보다는 널리 유포된다는 사실이 문제라고 보았습니다. 인문학자는 아우구스티누스도 이 세상의 철학을 비판한다고 말합니다. 이런 비판에서 회의주의 가치를 인정하려 합니다. 즉 많은 철학 학파가 결국, 의견 일치를 보지 못하므로, 쓸모없다는 겁니다. 그런 방식으로는 진리를 얻을 수 있는지 회의에 빠질 수밖에 없다는 거죠. 샤롱과 몽테뉴는 실제로나 도덕에서 중요한 바는 알 수 없기에, 학문이 지혜를 만든다면, 사기라고 말합니다. 쓸모없다는 거죠. 오히려, 덕으로 이끄는 철학은 스토아학파라고 합니다. 왜냐하면, 스토아학파는 정치 투쟁, 철학 학파 투쟁 등 당시의 온갖 투쟁 속에서, 위안과 자기 함양을 주기 때문입니다. 그리고 세상사에는 무관심하지만, 신의 섭리는 인정하기도 하니까요. 발라가 옹호한 에피쿠로스학파는 스토아학파와 마찬가지로, 세계가 물질이라는 점을 인정하지만, 섭리는 부인합니다. 고대에서 찾아낸 이런 철학은 르네상스가 원한 새로운 철학은 아니었습니다. 새로운 철학의 등장은 시간이 더 필요했습니다.

스콜라철학에서는 찾아볼 수 없는, 짧고 간결한 소논문 형식이 등장하여, 후대에까지 영향을 미쳤습니다.

44
데카르트

새로운 철학

1628년 샹두는 그의 후원자 집에서 강연했습니다. 그는 새로운 철학으로 참석자들에게 깊은 인상을 주려 했으나, 성공하지 못했다고 하네요. 당시 무명이었던 데카르트가 일어나, 샹두의 견해는 스콜라철학과 어휘만 다를 뿐, 한갓 개연성에 지나지 않는다고 비판하였기 때문입니다. 이 자리에는, 메르센, 가상디 그리고 홉스도 있었습니다. 같은 해, 데카르트는 추기경 베륄을 만나 그의 후원을 받게 됩니다. 베륄은 스페인 신비주의 영향을 받은 오라토리오 수사회 소속이었고, 데카르트에게 확실함의 새로운 토대를 발견하라는 임무를 줍니다. 이 후원은 평생 지속되었는데, 데카르트는 새로운 책이 나올 때마다, 수사회의 출판 허락을 받았습니다.

여기에 등장하는 새로운 철학은 기계론입니다. 17세기 철학은 르네상스 철학에 반기를 들었고, 스콜라철학에 대한 반감도 숨기지 않았습니다. 즉 데카르트는 인간이 추구할 매우 바람직한 학문은 물리학인데, 물리학은 기계학뿐이라고 말합니다. 즉 자연을 기계처럼 인식하여, 불가사의한 성질을 전부 배제하고, 물질과 운동으로 설명하려 합니다. 즉 자연을 살아 있는 유기체로 보고, 다양한 힘이 상호 연결되어 있다는 르네상스 자연주의에 정면으로 반발합니다. 초자연 현상과 자연 현상이 혼재되어, 신비한 힘이 자연 현상으로 해석될 여지를 없애고자 합니다. 불가사의한 혹은 신비한 성질을, 분명하고 구별되는 성질로 바꿔, 새로운 체계를 구축하려 합니다.

그리고 새로운 철학이 추구하고자 한 바는 실용성입니다. 베이컨은 철학이 덕을 쌓는 데 도움이 된다고 하지만, 자연을 지배해야 인간 삶에 도움이 된다고 합니다. 즉 유명한 철학자가 아니라, 화약, 인쇄술, 나침반 등을 만든 무명의 사람이 세상을 변화시킨다는 겁니다. 이런 의미에서, 데카르트는 물리학이 삶에 아주 큰 도움을 주기에, 매우 바람직한 학문이라고 말합니다. 그는 철학을 나무에 비유합니다. 뿌리는 형이상학이고, 줄기는 물리학, 그리고 가지는 다른 학문이라고 하지만, 형이상학이 가장 중요하다고 해석해서는 안 됩니다. 열매를 뿌리나 줄기에서 얻지 않고, 가지에서만 얻을 수 있기 때문입니다. 즉 삶에 도움이 되는 학문은 가지에 속하는 물리학입니다. 그는 스콜라철학은 사변철학이기에, 삶에 도움이 안 된다고 하면서, 실용 철학을 추구한다고 선언합니다. 즉 인간을 자연의 왕이나 주인으로 만들려고 합니다.

후원자인 베륄은 데카르트에게 확실함의 새로운 토대를 요구했습니다. 새로운 토대가 자연철학을 위함이기도 하지만, 무신론에 대항하기 위한, 신 존재 토대이기도 합니다. 당시에는 무신론이 무시할 수 없을 정도로 큰 세력을 얻고 있었기 때문입니다. 이런 무신론에 맞서기 위해, 파스칼은 종래의 사변을 통한 방법을 포기하고, 죽은 후에 지옥이 있으면, 곤란하니 보험으로 신을 믿는 편이 낫지 않느냐는 방식을 취하기도 합니다. 파스칼은 예수를 보라고 말합니다. 데카르트는 신앙이 부족한 사람을 겨냥해, 신 존재 증명을 시도합니다. 확실함의 새로운 토대를 구축하려 합니다.

의심을 이용한 방법

의심하면 선입견에서 해방될 수 있다고 데카르트는 생각합니다. 기존의 모든 지식을 의심해 보면, 반드시 참이라는 보장이 없다는 사실을 알게 됩니다. 특히 자연을 대상으로 하면, 의심에서 벗어나기 힘듭니다. 왜냐하면, 외부에 존재하는 대상은 감각에 의존할 수밖에 없는데, 감각이 확실함을 보장하기 어렵기 때문입니다. 이는 고대부터 지속한 흐름이기도 합니다. 그리하여, 실제로 외부의 존재 여부와는 관계없는, 기하학이나 산술은 확실함이 보장된다고 하였습니다. 그는 자연 대상이 무엇이든, 별이든 소리이든, 모두 질서와 측정의 문제라고 하면서, 대상과 상관없이, 양으로 표현된다면, 수학이 과학으로 적당하다고 말합니다. 하지만, 이런 주장은 한 번뿐이고, 그 후에 이를 전개하거나 언급한 적이 없습니다. 포기하지 않았나 합니다.

 그는 확실함의 토대를 위해 첫 번째 원리에서 연역하는 방법을 택하지 않습니다. 흔히 데카르트는 연역을 통해, 신과 외부 세계 존재를 증명하려 했다고 하면서, 그를 합리주의의 시작처럼 이야기하는데, 이는 1870년대 독일의 쿠노 피셔가 규정한 바로, 19세기 사고방식일 뿐입니다. 쿠노 피셔는 칸트를 돋보이게 하려는 의도로, 근대 철학을 합리주의와 경험주의로 나누고, 칸트가 이를 해소한 사람이라는 도식을 만들었습니다. 데카르트는 그런 분류에 속하지는 않습니다. 그는 연역이 아니라, 문제 해결을 위한 방식을 택하기 때문입니다. 문제가 있다면, 해결해야 한다, 그렇다면, 어떤 방식이 좋을까?라는 접근입니다. 그는 삼단논법을 거부합니다. 삼단논법은 새로운 사실을 알려 주지 않는다는 오랜 비판이 있습니다. 즉 전제와 결론이 같은, 순환 논법이라는 비판입니다. 이런 비판에 대해, 중세에 대응이 있었습니다. 즉 삼단논법을 두 가지, 즉 왜 그러한가를 알려 준다 / 그냥 사실을 알려 준다,로 나누어, 차이점을 형식에서 찾았으나, 실패했습니다. 게다가, 전제의 참을 밝히기 위해서는, 무한 소급에 빠질 수밖에 없다는 약점도 있습니다. 무한 소급을 멈추기 위해, 아리스토텔레스는 모순율을 제시합니다. 하지만, 이런 모순율은 사실이 아니고, 일반 사람이 용인하는 바에 지나지 않는다는 비판이 있습니다.

그런데, 데카르트가 자신의 방법을 소개하는 『철학 원리』는 연역 구조입니다. 이는 탐구에 연역 구조가 쓸모가 있다는 점을 보여 준다고 할 수 있습니다. 어떤 주장이 경험과 관찰로 정당화되었다 해도, 체계 안으로 들어오면, 허점이나 문제가 드러날 수 있습니다. 즉 체계에 들어왔을 때, 기존 체계와의 관계가 문제가 됩니다. 따라서 연역 체계로 검토해야 합니다. 즉 이런 작업을 하지 않으면, 낱낱의 주장은 체계에 편입만 될 뿐, 체계 전체의 연역 구조를 보지 않으면, 작업의 목적이 없어집니다.

데카르트 방법은 당시 누구나 하던 방식입니다. 17세기에는 접근하기 쉽고 알려진 것에서, 알려지지 않은 것으로 진행하여 발전하는 방법을 누구나 사용합니다. 알려진 것에서, 알려지지 않은 것으로, 나아간다는 방법은 당시에는 하나의 범주라고 할 수 있습니다. 데카르트는 이 방식을 택하되, 알려진 것이 아니라, 의심할 수 없을 정도로 확실한 것에서, 시작하려 합니다.

그는 문제 해결 방법을 택하면서, 조건을 제시합니다. 즉 해결할 문제를 양으로 표현해야 하며, 불가사의한 성질 같은 용어를 상정하면 안 되고, 반드시 단순한 성질을 찾아야 한다는 겁니다. 여기서 단순한 성질은 더는 분석할 수 없는, 직관으로 파악할 수 있는 성질입니다. 즉 체계를 쌓기 위한 벽돌 같은 역할이겠지요. 이런 역할을 하는 단순한 성질은 인식하는 데 틀릴 수가 없습니다. 왜냐하면, 자명하고 허위가 없기 때문입니다. 그는 우리가 이런 성질을 직접 정신 자각으로 알 수 있다고 합니다. 이는 그의 주장인데, 그는 단순한 성질을 네 가지로 제시합니다. 첫째, 형태, 연장, 운동과 같은 순전히 물질을 대상으로 하는 성질입니다. 둘째, 이해, 의심, 무지와 같이, 물질 이미지가 전혀 없는, 순전히 지성의 대상이 되는 성질입니다. 셋째, 앞의 두 가지 성질을 지식으로 만드는 시멘트 역할을 하는 성질로, 논리학의 기초 법칙, 의지와 같은 성질입니다. 넷째, 심신 연합입니다. 영혼이 육신에, 육신이 영혼에 영향을 미치는 사실은, 누구나 경험으로 알고 있기에, 단순한 성질에 속한다고 합니다. 여기에서, 두 번째 단순한 성질, 즉 순전히 지성의 대상이 되는 의심이 유명합니다. 즉 〈나는 의심한다. 그러므로 존재한다〉라는 명제로 시작하여, 신이 있다는 증명까지 나아가려 합니다. 그는 〈소크라테스가 모든 것을 의심한다고 말하면, 적어도 그가 의심한다는 사실을 그가 알고 있다는 필연이다〉라고 말합니다. 즉 틀릴 수가 없다는 겁니다. 〈그러므로, 나는 몸과 다른, 마음을 갖고 있다. 또는 나는 존재한다〉라고 말할 수 있다고 합니다.

그런데, 이런 단순한 성질은 지성만이 파악할 수 있습니다. 즉 감각하고는 관련이 없기 때문입니다. 감각과 관련이 있다면, 확실함은 사라지기 때문입니다. 그렇다면, 첫 번째 단순한 성질에 속하는 형태, 연장, 운동은 어떻게 되나요? 이런 성질들은 순전히 물질을 대상으로 하기에, 감각의 도움 없이는, 파악할 수 없지 않을까요? 지성으로 파악한다 해도, 완전한 추상 개념이기에, 외부 물질세계와 접촉하기 위해서는, 연결 고리가 필요하다고 데카르트는 말합니다. 예를 들어, 다섯임이라는 개념은 다섯 개의 대상과는 다릅니다. 따라서, 다섯임이란 개념이 다섯 개의 대상과 대응하려면, 상상이 필요하다고 주장합니다. 즉 상상이 외부 세계와 마음의 만남의 장소입니다. 이런 만남은 어색해 보입니다. 차라리, 추상 작용이 더 낫지 않을까요. 그리하여, 그는 마음과 물질에 공통인 것들을 소개합니다. 공통이므로, 매개 역할을 할 수 있다는 주장으로 보입니다. 공통 성질에는 존재, 단일함, 지속 등이 속한다고 하네요. 그는 형태, 연장, 운동과 같은 단순한 성질은, 마음과 물질의 상호 작용이 만들어 낸, 이차 성질로 파악합니다.

그런데, 외부 세계와 마음이 만나는 장소는 뇌의 송과선이라고 합니다. 즉 상상의 장소는 뇌의 송과선인데, 그 이유는 송과선이 뇌의 기하학 초점이고, 복제되지 않는 단 하나의 기관이기 때문이라는군요. 지각 정보가 모두 전해지는 곳이기도 하네요. 그는 상상의 장소로 뇌의 송과선을 지목한 일에 대해 무덤덤했지만, 송과선에서 마음과 몸이 만난다는 주장에는 겸연쩍어했다고 합니다. 아마도, 자신의 설명이 충분치 않다거나, 조금 무리라고 여겼던 게 아닐까요. 그는 몸과 마음이 송과선에서 만나지만, 영혼은 몸 전체와 함께하기에, 특정 부위에서만 그렇다고 할 수 없다고 말합니다. 송과선에서 시작하여, 신경계, 심지어 피를 통해 전신으로 퍼진다고 주장합니다.

동의와 타고난 기능

의심은 데카르트가 말하는 단순한 성질입니다. 데카르트는 자신이 의심한다는 사실은 의심할 수 없으므로, 자신이 존재한다는 결론을 끌어냅니다. 즉 〈나는 생각한다. 그러므로, 나는 존재한다〉가 성립한다고 하는데, 의심 자체가 단순한 성질이라면, 그 자체로는 참이 될 수 없습니다. 즉 명제가 아니라는 거지요. 따라서, 앞의 문장처럼 되어야, 명제입니다. 그럼, 〈나는 생각한다. 그러므로, 나는 존재한다〉를 참으로 만드는 것은 무엇인가요? 그는 어떤 명제는 진리 기준을 들이대지 않더라도, 참인 걸 직관으로 안다고 합니다. 왜냐하면, 보기만 하면, 알기 때문이라고 하네요. 즉 단순한 성질의 정의대로, 더는 분석하지 않고, 직관으로 알 수 있다는 겁니다. 물론, 후에 그는 분명하고 구별되는 관념이라는 기준을 제시합니다만, 이 기준을 따르더라도, 분명하고 구별되는 관념이 확실함은 분명하지만, 그렇다고 해서 참이 되지는 않습니다. 즉 아무리 분명하고, 직관으로 알 수 있다 해도, 참이 된다고 할 수 없습니다. 데카르트 방식은 증명이 아니라, 동의입니다. 자, 모두 동의하시죠. 이런 분명한 사실에 동의하지 않을 수 없을 겁니다. 그러니, 참일 수밖에 없습니다. 이런 식이라면 심리 차원입니다.

또한, 네 번째 등장하는 심신 연합이 단순한 성질에 속한다는 점을 주목할 필요가 있습니다. 즉 심신 인과를 부인한다는 이야기입니다. 몸과 마음이 서로에게 원인이 아니라, 하나의 단위로 묶여 있는, 인과 관계보다 더 밀접한 관계라는 뜻이기 때문입니다. 스콜라철학에서 인과는 원인에서 결과로 속성이 전해지는 것이기에, 과정이 투명하다고 합니다. 과정이 투명하지 않으면, 인과가 아니라는 겁니다. 그런데, 심신 관계는 투명하지 않습니다. 감각을 통해 뇌까지 전해지는 정보는 기계처럼 진행되지만, 송과선에서 정신 사건이 생깁니다. 물질과 정신은 데카르트에게 별개의 실체라서, 속성을 주고받을 수 없는 데도, 갑자기 때에 딱 맞게, 물질 자극과 정신 사건이 동시에 발생합니다. 경험으로는 분명히, 정신과 물질이 섞여서 작용하기에, 심신 관계는 더욱 불투명합니다. 따라서, 그는 심신 관계는 인과가 아니라고 합니다. 그는 〈뇌에 물질 운동이 필요한 때에 맞춰, 색깔을 마음에 재현하는 타고난 기능이 있다〉라고 합니다. 뇌에 전해지는 물리 자극 외에 감각 기관을 통해, 외부에서 전해지는 것은 없기에, 관념은 뇌에 전해지지 않고, 외부 운동이 뇌에 전해졌을 때, 때마침 딱 필요한 바로 그 순간에, 타고난 기능에 의해 관념이 생긴다고 합니다. 즉 심신 관계는 인과처럼 보이지만, 실제로는 인과가 아닌, 타고난 기능에 따른 연합이라는 겁니다. 심신 관계는 중요한 문제로 보이지만, 데카르트는 자연 성향 즉 타고난 기능으로 취급하여, 기초항으로 놓습니다.

자연법칙

홉스는 자연에 관해서는, 확실한 지식은 가능하지 않고, 다만 개연성만 얻을 수 있다고 합니다. 즉 그럴 것이다, 정도의 지식이지, 그렇다는 지식은 가능하지 않다고 하는데, 그 이유는 자연은 인간이 만들지 않았기에, 원인을 알 수 없기 때문입니다. 이와 다르게, 기하학이나 인간 사회는 인간의 작품이기에, 투명하게 알 수 있으므로, 증명 가능하다고 하네요. 즉 인간이 만든 작품에서는 확실한 지식을 얻을 수 있다는 겁니다. 자연과 인간 사회를 대비시키는 장치는, 고대 철학에서도 볼 수 있습니다. 이성을 가진 인간이 만든 사회가, 이성을 갖지 못한 자연보다, 우월하다고 믿는 태도입니다. 인간 작품에는 이성에 따른 법칙이 있지만, 그렇지 못한 자연에는 법칙이 없다는 자세입니다. 홉스도 이 틀에서 크게 벗어나 보이지는 않습니다. 자연에 대한 지식은 개연성이지만, 인간 사회에 대한 지식은 확실하다고 하니까요.

하지만, 데카르트는 자연에서 확실한 지식을 얻을 수 있다고 주장합니다. 그 이유는 자연에는 신이 부여한 법칙이 있기 때문입니다. 즉 법칙이 있으므로, 확실한 지식이 가능합니다. 신이 자연에 법칙을 부여한다는 개념은 16세기 말에는 이미 친숙해서, 특별한 설명이 필요 없었습니다. 하지만, 당시에는 막연하여 과학에는 쓸모가 없었다고 합니다. 데카르트는 이 개념을 과학으로 만들려 했습니다. 그는 자연법칙을 운동 법칙으로 인식하여, 여러 가지 법칙을 제안합니다. 운동량 보존을 주장하는데, 보존 법칙과 관성 법칙입니다. 그리고, 물체가 다른 물체에 영향을 끼치는 방법은 접촉뿐이라고 합니다. 불가사의한 성질이 접촉 없이, 영향을 주고받는 바를 부인한 것이겠지요. 그가 제안한 법칙 가운데, 관성 법칙은 이후 모든 역학의 초석이 되었습니다. 그런데, 자연에 대한 확실한 지식이 가능하려면, 신이 자연에 법칙을 부여했을 뿐만 아니라, 신은 불변이면서 이 세계를 지속해야만 합니다. 그런데, 이런 신의 존재를 어떻게 증명할까요?

데카르트의 신은 자연에 법칙을 부여할 뿐 아니라, 인간을 속이지 않는 신이어야 합니다. 즉 단순한 성질에 속하는 관념과, 분명하고 구별되는 관념이 거짓이라면, 그의 지식 토대는 한순간에 무너지기에, 속이지 않는 신이 요구됩니다. 그런 신이 있다는 것을 증명하기 위해, 의심할 수 없는 관념에서 시작한다면, 순환에 빠지게 됩니다. 여기에 관해, 앞에서 본 바와 같이, 그는 동의에 의존합니다. 이와 마찬가지로, 자연에 법칙을 부여하는 신의 존재에 대해, 그는 신의 관념은 날 때부터 갖는 내장된 관념이라고 합니다. 즉 자연 성향이라는 이야기입니다. 우리가 신의 존재를 어떻게 아는가? 이런 질문에 그는, 원래 그렇다, 태어날 때 내장된 상태로 신의 관념을 갖기에, 자연 세계에 대해서도 우리는 신의 존재를 알고 있다고 답합니다. 확실한 지식의 토대는 안으로는 동의에, 밖으로는 자연 성향에 의존합니다. 그에게 신 존재 증명은 자연 성향이므로, 이성으로는 할 수 없습니다. 그는 분명하고 구별되는 관념에 집중하여, 실수하지 않는다면,

신 존재 증명을 위한 전제를 의심할 수 없다고 하네요. 즉 이성으로는 증명하지 못한다는 자백입니다.

　자연 성향을 그는 외부 세계 존재 문제에 다시 적용합니다. 17세기 회의론, 특히 데카르트 회의론은 예전 회의론과는 다릅니다. 예전 회의론은 주로 판단 유예 문제였으나, 데카르트는 외부 세계 존재 자체를 회의합니다. 즉 그가 접하는 바는 순수한 정신 관념뿐인데, 어떻게 외부 세계가 실제로 존재한다는 바를 알 수 있겠는가? 하는 문제입니다. 다시 말해서, 외부 세계와 마음 사이에, 관념이 존재하는데, 그 관념은 순수하게 정신적이어서, 그 관념이 외부 세계를 반영한다는 보장이 없다는 겁니다. 이런 회의는 데카르트 전에는 없었다고 합니다. 즉 관념이란 벽이 생긴 겁니다. 마음이 접하는 관념은 정신적일 수밖에 없습니다. 모든 관념이 그러하니까요. 외부 세계의 나무도 마음속 관념이 된다면, 정신적 관념일 뿐입니다. 이에 대해, 그는 외부 세계 물체에 대한 감각 관념은 몸이 원인이라고 합니다. 즉 신이나 다른 특이한 존재가 아니라, 몸이 원인이라고 하면서, 자연 성향의 문제라고 주장합니다. 즉 외부 세계 관념은 분명하고 구별되는 관념이 아니기에, 이성으로 증명할 수 없다고 하네요. 하지만, 분명히 존재하고, 이성으로 증명할 수는 없다면, 자연 성향이라 해야겠지요. 자연 성향이라면, 동의를 강요할 필요도 없습니다. 누구나 다 자신도 모르게 하고 있으니까요.

　신이 부여한 법칙이 존재하는 자연은 데카르트에게, 자력으로는 움직이지 못하는 물질세계입니다. 이 말은 자연은 기계와 같다는 의미입니다. 다시 말해서, 아리스토텔레스의 형상과 성질, 플라톤의 영혼과 본질, 공감이나 반감과 같은 용어는 적용하지 않습니다. 오로지 기계를 다룰 때와 같은 용어를 사용합니다. 그리하여, 자기장이나 동물의 생명을, 기하학이나 운동 법칙으로 설명하려 하겠지요. 그는 자연이 혼돈에서 시작하여, 운동 법칙만을 사용해, 태양, 행성, 자기장, 산과 같은 물리 세계가 나왔다고 합니다. 또한, 자연은 스스로는 아무것도 하지 못하기 때문에, 자연 안에는 어떤 힘도 존재하지 않습니다. 즉 불가사의한 힘은 없습니다. 따라서, 자연에 변화가 있다면, 즉 인과로 보이는 현상이 있다면, 그것은 신이 한 바입니다. 즉 자연에는 아리스토텔레스가 말하는 힘이나 활동, 가능태, 인과는 없다는 말입니다. 그리하여, 자연은 수월하게 양화됩니다. 즉 양으로 표현할 수 있습니다. 〈질료는 쪼개질 수 있고, 형태가 있으며, 사방으로 운동할 수 있다. 이것을 기하학자는 양이라고 한다. 이것이 증명의 대상이다. 다른 물리학 원리를 용인하거나 바라면, 안 된다〉라고 그는 말합니다.

인간의 영혼

동물도 자연과 마찬가지로, 기계론으로 설명할 수 있다고 데카르트는 주장합니다. 즉 감각, 생명, 영혼이라는 용어 없이, 동물을 설명할 수 있다고 하면서, 〈시계 안에 영혼이 있어, 시간을 말해 준다고 생각하지 않는 바와 같이, 경험으로 보아, 우리 의지가 제어할 수 없는 운동을 일으키는 것이, 영혼이라고 생각할 이유가 없다〉라고 그는 말합니다. 아리스토텔레스의 영혼 개념이 필요 없다는 선언입니다. 아리스토텔레스는 동물도 영혼이 있으나, 그 수준이나 급이 낮을 뿐이라고 합니다. 그에게 영혼은 인간이든 동물이든 먹는 일부터 시작하여, 사고하는 일까지 모두를 장악합니다. 그런데, 데카르트는 이런 주장을 거부하고, 동물은 기계론으로 충분하다고 합니다. 하지만, 인간은 다릅니다. 그는 인조인간은 진정한 언어를 갖지 못하며, 인생에서 발생하는 많은 우연을 다루지 못하기 때문에, 인간이 될 수 없다고 합니다. 진정한 언어와 우연이란 문제가 인조인간과 신이 만든 인간의 차이라는 겁니다. 하지만, 여기에만 머물지는 않습니다. 그는 신이 인간을 창조했다면, 뇌와 신경계를 비롯한 생리적 기계장치 외에, 합리적 영혼이라는 별개의 존재를 만들었다고 말합니다. 기계장치와 영혼의 이원론입니다. 즉 인간 영혼을 속성이 아닌 몸과 다른, 실체로 봅니다. 물질세계와 완전히 독립한 별개의 존재라는 거지요. 〈몸이 없더라도, 존재한다〉라고 말합니다. 그렇다면, 그 근거는 무엇일까요? 앞에서 본 바와 같이, 몸과 마음은 별개의 관념으로, 각각 분명하고 구별되기 때문입니다. 하지만, 몸은 그렇다고 해도, 마음의 관념이 분명하고 구별되는지는 의문입니다. 이 의심에 대해, 그는 적어도 신이 보기에는 두 관념은 분리될 수 있기에, 문제가 없다고 하네요. 그렇다면, 몸이 죽은 후에, 실제로 마음이 존재하는가? 하는 질문에, 그는 이성으로는 결정할 수 없고, 종교의 문제라고 답합니다.

여기에서 주목할 바는, 그는 인간 영혼을 마음으로만 여긴다는 사실입니다. 즉 영혼은 마음 위나 그 너머에 있지 않다고 하면서, 마음은 영혼의 부분이 아니라, 생각하는 영혼이라고 합니다. 그에게 인간 영혼은 다름 아닌 마음이며, 마음에서도 생각입니다. 여기에서, 생각이란 의심하고, 이해하고, 확신하고, 의욕하고, 거부하고, 상상하며, 감각하는 바입니다. 그는 자신이 처음으로 생각을 비물질적 실체의 주요 속성으로 여긴다는 주장을 합니다. 다시 말해서, 인간 영혼은 합리성이 있고, 순수한 지성이지만, 영혼의 본질은 생각이지, 이성이나 지성이 아니라고 합니다. 즉 인간 영혼은 마음이며, 마음은 생각이라고 주장합니다.

전능한 신

신은 전능하지만, 논리적 모순을 범할 수는 없다는 주장은 중세에도 있었습니다. 신에게도 한계가 있는 게 아니냐는 지적으로 볼 수도 있습니다. 데카르트는 인간의 능력 한계가 신의 한계는 아니라고 하면서, 인간의 잣대로 신을 평가해서는 안 된다고 주장합니다. 즉 인간이 파악할 수 없는 바도, 신에게는 문제가 되지 않는다는 자세입니다. 그는 신은 전능하다고 합니다. 신이 전능하다면, 영원한 진리는 있을 수 없을 겁니다. 왜냐하면, 신이 마음을 바꾸면, 진리도 바뀌기 때문입니다. 왕이 명령을 바꾸듯이, 신이 자연법칙을 바꿀 수 있기 때문입니다. 이렇게 된다면, 영원한 진리는 있을 수 없는데, 신은 전능과 함께, 지혜도 갖고 있다고 합니다. 그래서, 분명하고 구별되는 관념이 거짓이 아니라는 생각도, 신의 지혜에 대한 믿음에서 나온다고 할 수 있습니다.

　신의 전능과 지혜는 긴장 관계입니다. 지혜는 전능을 제어할 수 있고, 전능은 지혜를 무시할 수 있기 때문입니다. 영원한 진리에 관해서, 데카르트는 신이 자연법칙을 바꿀 수 있을 정도로 전능하지만, 동시에 지혜롭기에, 기하학에는 영원한 진리의 속성인 필연이 있다고 합니다. 물론, 그는 형이상학이 물리학보다 더 확실한 지식이라고 합니다. 앞의 나무 비유에서, 형이상학은 뿌리이기에, 가지인 물리학보다 확실하다고 할 수 있겠지요. 그리고, 영원한 진리는 신이 만들었기에, 신에 의존하는데, 신은 지혜롭기에, 자유롭게 행하지 않아, 영원한 진리를 만듭니다. 다시 말해서, 변하지 않는 영원한 진리는 존재하며, 그것은 신의 창조라고 하는 이야기입니다. 신은 전능하지만, 동시에 지혜롭기에, 나온 결과입니다.

이 이야기는 자연 설명에서 목적인을 제거한 상태입니다. 즉 아리스토텔레스의 목적인은, 물체는 신이 창조한다는 주장을 받아들이면, 설 자리가 없어지기 때문입니다. 신이 모든 사물을 직접 창조하고, 유지하는데, 사물 안에 목적인이 자리한다는 주장은 받아들이기 어렵겠지요. 하지만, 딜레마가 발생합니다. 무에서는 아무것도 생기지 않는다면, 신은 자신 안에 모두를 품고 있어야 합니다. 즉 창조 전에, 이미 신 안에 세계 모두가 있어야 하는데, 이렇게 되면, 창조된 세계는 신의 발현이 되어, 범신론의 위험이 있게 됩니다. 하지만, 세계가 원래 존재하며, 신이 개입하지 않는다면, 성경의 창조론과 어긋나게 됩니다. 그는 만물과 영원한 진리, 모두 신이 원인이라고 합니다. 그렇다면, 무에서는 아무것도 생기지 않는다는 주장을 무시할 정도로, 신이 전능하다는 의미가 되는 건가요?

여기에서, 데카르트의 신과 인간의 틈에 대해 생각해 볼 필요가 있습니다. 그는 인간에게 필연인 바가, 신에게는 아닐 수 있기에, 인간 마음과 사물의 진짜 본성 사이에는 틈이 있을 수 있다고 합니다. 왜냐하면, 자연을 지배하는 법칙이 필연이라고 해도, 인간은 그 필연을 발견 못 할 수도 있기 때문입니다. 또한, 인간이 발견한 법칙은, 신에게는 단순히 규칙성일 수 있으며, 인간이 파악한 우주의 질서도, 사실은 신이 마음 내키는 대로 만들었을 수도 있기 때문입니다. 그는 인간의 참이, 신의 참이라는 보장은 전혀 없다고 말합니다. 무에서는 아무것도 생기지 않는다는 주장도 인간에게는 참이지만, 신에게는 그렇지 않을 수 있습니다. 그는 이성이 절대 진리로 인도한다고 주장하지 않습니다. 그보다는 약한 주장을 선호합니다. 이성으로 받아들이지 않을 이유가 없다, 받아들이지 않는다면, 비이성이라고 합니다.

45
가상디

1628년 무명의 데카르트가 참석했던 모임에 가상디도 있었다고 이미 적었습니다. 가상디는 당시 여행하고 있었는데, 2년 전인 1626년 그의 평생 과업인 에피쿠로스 복원을 시작했고, 그 2년 전인 1624년에는 아리스토텔레스주의 비판 책을 출간했습니다. 1614년에는 신학 박사 학위를 받았으며, 2년 후에는 신부가 되었습니다. 1618년부터는 천문 관측을 시작하여 죽을 때까지 하였고, 천문학으로 대학교수가 되기도 했습니다. 그는 아리스토텔레스주의를 싫어합니다. 하지만, 시간이 흐른 후, 그는 단순한 비판에 그치지 않고, 그 대안을 제시하려 했고, 에피쿠로스를 택합니다. 에피쿠로스를 통해, 아리스토텔레스를 비판하고 동시에, 자신의 철학을 전개하려는 전략으로 보입니다. 하지만, 과제가 있습니다. 즉 에피쿠로스는 덕이 아니라, 쾌락을 중시하는 철학자로 알려져 있기에, 쾌락과 신을 조정이나 화해시켜야 하는 문제와 에피쿠로스는 인간 영혼의 불멸과 신의 섭리를 부인한다는 문제입니다.

우선, 쾌락 중시 문제는 두 가지 방향으로 옹호하려 합니다. 하나는, 오해라는 겁니다. 에피쿠로스가 쾌락을 중시한다는 주장은, 키케로를 비롯한 스토아학파가 그의 인기를 부러워 만들어 낸 이야기일 뿐, 사실은 크게 다르다는 주장입니다. 그는 르네상스 인문학자처럼 그리스어와 라틴어 고전을 뒤져서 증거를 찾아내어 반박합니다. 하지만, 이런 작업으로 신과 화해가 되지는 않을 겁니다. 그는 신이 인간에게 쾌락을 허용한다고 합니다. 인간과 다른 생물이 생존하기 위해서는 쾌락이 필요하기에, 신이 쾌락을 부여하였다는 거죠. 즉 쾌락은 신이 부여한 인간 생존에 필요한 일종의 도구인 셈이죠. 하지만, 여기에서 그치지 않습니다. 당시의 기계론을 따라, 인간의 욕구나 열정은 외부 자극에 대한 반응이라는 점을 인정하지만, 인간은 한갓 반응에 그치지 않고, 그 반응을 번복할 능력이 있다고 합니다. 즉 이성 덕에 자유롭다는 겁니다. 이는 당시의 물리적 결정론에 대한 반박이기도 합니다.

에피쿠로스는 원자론을 옹호합니다. 세계가 원자로 이루어진다고 하면 당연히 물질론자로 보입니다. 원자는 물질이고, 원자로 세계가 이루어지니, 당연히 에피쿠로스는 물질론자이겠지요. 가상디는 이에 대해, 원자의 성격을 다시 규정합니다. 즉 에피쿠로스의 원자는 수가 무한하고, 영원하며, 어떤 형태라도 띨 수 있으며, 스스로 움직입니다. 하지만, 가상디의 원자는 수가 한정되어 있으며, 신이 만든 겁니다. 즉 신이 만들었기에, 신이 원자로 세계의 변화를 일으키며, 유지합니다. 다시 말해서, 신이 만들었기에, 신의 섭리에 따릅니다. 따라서, 무신론의 성격은 원자론에서 사라집니다.

그럼, 인간 영혼은 어떻게 되나요? 에피쿠로스 원자론은 영혼을 물질로 보기에, 영혼 불멸을 부인합니다. 하지만, 가상디는 물질이 아닌 실체를 옹호합니다. 초기에는 에피쿠로스를 따라, 물질이 아닌 실체는 존재하지 않는다고 했지만, 후기에는 견해를 바꿉니다. 그는 데카르트와 마찬가지로, 생명과 생각을 구별합니다. 여기서 생각이란 인간 고유의 합리적 생각을 뜻합니다. 그리하여, 생명에 관해서는 기계론을 인정합니다. 즉 생명 현상은 어떤 것이라도, 기계론으로 설명할 수 있다고 합니다. 에피쿠로스학파에서는 이런 물질 영혼을 아니마라 부릅니다. 아니마는 생물이라면, 모두 갖습니다. 하지만, 가상디는 인간 영혼은 다르다고 합니다. 즉 인간 영혼은 물질이 아니며, 아니무스라고 부릅니다. 즉 이성과 신앙을 나누어, 기독교의 교의를 지키려는 듯한 전략입니다. 하지만, 그는 그렇지 않다는 걸 보여 주려는 듯이, 인간 영혼이 물질이 아니라는 논증을 네 가지나 제시합니다. 이를 바탕으로, 즉 이성을 바탕으로, 인간 영혼은 물질이 아니어서, 당연히 불멸이라고 합니다. 주된 이유는, 물질이 아니기에 부분이 없고, 부분이 없기에 파괴되지 않는다는 겁니다. 이런 주장과 전략은 스콜라철학과 비슷하네요.

    가상디는 물질주의를 옹호했다고 알려져 있습니다. 앞에서 본 바와 같이, 그가 인간 영혼이 물질이 아니라 하고, 원자가 신의 창조물이고 신이 움직이고 있다고 주장하지만, 그는 그 외의 문제는 모두 기계론으로 설명할 수 있다고 말하기 때문입니다. 그의 논리 체계는 관념, 명제, 추론 그리고 발견의 방법으로 구성됩니다. 체계의 시작인 관념을 보면, 그의 물질주의 태도를 알 수 있습니다. 그는 보편 관념은 감각에서 나온다고 합니다.

우리는 감각을 통해 외부 세계를 접하는데, 감각 관념이 담을 수 있는 관념은 개별 사물에 대한 관념밖에 없습니다. 그런데, 우리에게는 보편 관념이 있습니다. 따라서, 보편 관념은 외부 세계가 아닌, 마음의 작용에서 나옵니다. 그는 마음의 작용을 설명합니다. 소크라테스, 플라톤, 아리스토텔레스 등의 낱낱 관념을 모아, 공통 성질은 남기고, 개인 차원의 다른 성질은 버려, 추상 관념을 만듭니다. 이러면, 추상 관념은 특정한 사람과는 관계없기에, 일반 관념이 되겠지요. 그런데, 그는 일반 관념이 완전하길 바랍니다. 즉 사람들 집합에서, 아시아인, 아프리카인, 유럽인은 있는데, 미국인이 없다면, 완전하지 않다는 겁니다. 또, 키가 5큐빗인 이성적 동물을 인간의 추상 관념으로 정한다면, 역시 완전하지 않겠지요. 왜냐하면, 5큐빗 키는 모든 사람에게 적용되지 않기 때문입니다. 이런 식으로 나아가면, 인간에 대한 보편 관념은 전혀 명확하지 않아지겠지요. 도대체 어떤 속성이어야 추상 관념 인간이 될까요? 가능성이 별로 없어 보이는군요. 데카르트가 말하는 분명하고 구별되는 추상 관념 〈인간〉은 가능해 보이지 않습니다.

　가상디는 여기에서, 단어의 정의는 관념 자체에 없고, 외부에 있다고 합니다. 즉 아무리 〈인간〉에 대한 정의를 인간에 해당하는 관념에서 찾아봐야 헛수고라는 겁니다. 앞에서 본 바와 같이, 분명하고 구별되는 관념은 사실 불가능하니까요. 그리하여, 관념 자체가 아닌, 관념 밖의 무엇인가가 단어를 정의한다고 합니다. 그는 사물과 떼어 놓을 수 없는 속성, 즉 필수 속성으로 정의한다고 하네요. 예를 들어, 동물이면서 이성이 있다면, 즉 인간이라면, 웃을 수 있고, 도구를 사용한다는 방식입니다. 동물이면서 이성이 있다는 필수 속성을 정하면, 웃을 수 있고, 도구를 사용한다는 속성이 뒤따라올 수밖에 없고, 이런 속성을 합하여, 인간을 정의한다고 주장합니다. 중요한 점은, 그가 단어를 정의할 때 관념 자체가 아닌 인간에게 둔다는 점입니다.

감각은 우리를 속일 수 있습니다. 물이란 매개체가 우리의 감각을 속일 수 있듯이, 그리고 멀리서 보면 잘못 볼 수 있듯이, 감각은 신뢰할 만하지 않지만, 이성이 바로잡는다고 합니다. 그는 땀과 땀구멍을 예로 듭니다. 땀구멍은 보이지 않지만, 살기 위해서는 땀구멍이 필요하다는 사실을 이성으로 알 수 있다고 합니다. 공허도 마찬가지라는 거죠. 운동을 위해서는, 공간이 필요하다, 따라서, 공허는 존재한다. 또한, 합리적 이성은 자신을 알고, 추상화된 세계가 아닌 실재 세계를 알고, 신을 안다고 하네요. 이런 의미에서, 그에게 진리는 감각과 이성의 합입니다. 한쪽만으로는 진리가 될 수 없다는 자세입니다. 관념은 감각에서 시작하지만, 속임의 가능성도 있고, 일반화, 유비, 상상 등은 정신 작용이기 때문입니다. 그런데, 그는 데카르트와 달리, 지성에 특별한 지위를 부여하지 않습니다. 즉 데카르트는 지성은 물질이 아니라고 하지만, 가상디는 지성은 이미지 비교에 지나지 않으므로, 상상에 포함되는데, 상상은 결국 감각에서 나오기에, 물질적이라고 합니다. 데카르트는 지성이 실체라는 점을 확립하지 못했지만, 가상디는 생각이란 다름 아닌 물질 조직의 기능이라고 합니다. 데카르트에게, 생각은 영혼이지만, 가상디에게 생각은 유기체의 기능일 뿐입니다.

가상디의 원자는 에피쿠로스의 원자와 같습니다. 즉 데모크리토스는 원자에 크기, 모양, 무게가 있다고 하지만, 에피쿠로스는 크기와 모양만 있다고 합니다. 그리고 원자는 다른 원자와 충돌하지 않고 복합체의 구성 요소가 아니면, 직선 운동을 한다고 합니다. 원자론을 지지하는 그는, 앞서 본 바와 같이, 물질이 아닌 인간 영혼을 인정합니다. 그뿐 아니라, 천사, 공간, 시간도 인정합니다. 공간과 시간은 물체가 없더라도 존재하기에, 물질이 아니라고 논변합니다. 이런 이유라면, 천사도 물체가 없더라도 존재하기에, 물질이 아닐 수 있겠습니다. 그런데, 인간 영혼도, 천사도 원자로 이루어질 수 있다는 가능성을 배제하지는 않습니다. 인간 지식의 취약함과 진보 때문입니다. 즉 인간 지식은 항상 발전하고 있기에, 지금 단계에서 무엇이 진리라고 말하기 어렵기 때문입니다. 지금은 천사를 물질로 생각하지 않겠지만, 미래에는 모른다는 태도인 게지요. 그는 사물의 본질을 확실하게 알 수는 없지만, 개연 혹은 가설 지식은 가능하다고 합니다. 즉 원자론은 지금 가장 좋은 설명 수단일 뿐이라는 겁니다. 데카르트의 절대 지식과 비교되는군요. 그의 원자론은 대륙보다는 영국에서 영향력이 있었습니다. 대륙에서는 데카르트의 기계론이 더 인기가 있었습니다.

에피쿠로스의 윤리학은 고통을 피하고, 쾌락을 즐기라고 권합니다. 그리고, 마음의 평정도 찾으라고 하지요. 그런데, 가상디는 이런 권유에 사회성을 추가합니다. 즉 사회 활동 없이는 즐거운 인생이 되지 못한다고 합니다. 여기서 즐거운 인생이란 물론 고통이 아닌 쾌락을 추구하는 인생입니다. 그는 은둔이나 고요하고 고독한 명상이 아니라, 사회에서 큰일을 하면서 평온하게 사는 삶이 바람직하다고 합니다. 게다가, 개인 차원의 일이나, 개인의 이해관계에만 관심이 있어서는 안 된다고 하면서, 즐거운 삶을 위해서는 특히 정의가 요구된다고 합니다. 정의가 사회 덕목이기 때문이겠지요. 즉 생존을 위한 지나친 투쟁에서 벗어나기 위해, 정의를 요구하였고, 정의를 통해 국가 안전을 도모하려 합니다.

46
홉스

아리스토텔레스를 홉스는 몹시 싫어했나 봅니다. 아리스토텔레스의 주요 주장을 매섭게 반박하니까요. 인간은 사회적 동물이라는 아리스토텔레스의 주장을 부인합니다. 오히려 그 반대라는 거지요. 즉 인간은 사회적으로 만들어져야만 한다는 겁니다. 인간의 사회성이 타고난 본능에 가깝다는 옛날의 주장을 전면 부인하면서, 홉스는 정치 체제가 자연산이 아니라 인위라고 주장합니다. 즉 인간이 필요에 따라, 만들어 낸 산물입니다. 계약으로, 국가를 만든다고 하는데, 그 이유를 인간 본성에서 찾기 시작합니다. 그는 인간이 처한 상황을 비관적으로 봅니다. 어떤 사람이든, 행복을 추구하는 한, 전쟁을 피할 수 없다고 봅니다. 그 이유는 다음과 같이 설명합니다. 인간은 자신이 원하는 재화를 마련하기 위해, 불가피하게 경쟁하는 상황에 놓여 있는데, 맹목적이고 비인간적인 힘에 지배를 받습니다. 끝없는 욕망과 공포를 느끼면서도, 맹목적이고 비인간적인 힘에서 벗어나지 못하면, 전쟁밖에 없다고 합니다. 그리하여, 평화를 찾기 위해서는, 절대 권력에 절대복종하도록 동의하는 방법이 합리적이라고 합니다. 그렇지 않으면, 인간 삶은 외롭고, 더럽고, 짐승 같고,

수명이 짧아진다는 게 그의 생각입니다. 이런 주장은 아리스토텔레스와는 크게 다릅니다. 그는 시민의 판단과 법을 통해, 사회 안정과 평화를 구합니다. 시민의 절대 권력에 대한 절대복종이 아니라, 시민의 이성과 판단 그리고 법에 호소합니다.

홉스는 덕과 판단, 그리고 쾌락 사이의 관계도 단호히 부인합니다. 아리스토텔레스는 덕을 쌓으면, 이성적 판단이 올바르게 되고, 삶의 기쁨도 늘어난다고 말합니다. 지, 덕, 체는 하나다, 이런 식의 사고라고 할 수 있겠지요. 하지만, 홉스는 덕과 이성의 판단은 별개라고 합니다. 즉 아무리 덕을 쌓아도, 개인적 판단은 얼마든지 잘못일 수 있고, 또한, 아무리 덕을 쌓아도, 즐겁지 않을 수 있다는 거죠. 즉 덕, 판단, 쾌락은 상관이 없다는 겁니다. 아리스토텔레스의 이성 중심주의에 대한 비판으로 보입니다. 홉스는 인생 전반기에는 정치 문제로 씨름하지 않았지만, 1637년 정치 소요가 있고 난 뒤, 정치에 관심을 두게 되었습니다.

유물론

라이프니츠는 홉스를 과격한 유물론자라 불렀습니다. 홉스가 세계는 물질이라고 주장하기 때문입니다. 홉스는 세계 모두는 크기 즉 길이, 넓이, 그리고 깊이가 있는 물질로 이루어진다고 하면서, 세계를 하나의 몸이라고 합니다. 그리하여, 몸의 부분도 모두 몸이 됩니다. 따라서, 몸이 아닌 것은, 우주의 부분이 아니라고 합니다. 그리고, 우주가 전부이기에, 우주의 부분이 아닌 것은, 아무것도 아니라고 합니다. 세상 모든 것이 물질이며, 물질이 아닌 것은, 세계에 존재하지 않는다 주장합니다. 그렇다면, 영은 어떻게 되나요? 보통 영이라고 하면, 물질이 아니라는 의미로 쓰이기에, 홉스는 영을 부정하나요? 그렇지 않습니다. 그는 영이 실제로 몸이 있다며, 영의 실재를 인정합니다. 그렇다면, 설명이 필요합니다. 인간의 영이 크기가 있는 몸이라면, 영은 어디에 있나요? 이에 대해, 홉스는 착각이라고 합니다. 영을 기계 안의 유령처럼 생각하기에, 생겨난 착각이란 겁니다. 우리가 도약할 때, 우리 안에 도약하는 실체가 있다고 여기지 않는 바와 같이, 우리가 생각할 때, 생각하는 실체가 있다고 여기지 않아야 한다는 겁니다. 즉, 생명이나 생각, 기능, 몸의 움직임을 물건이나 영혼, 마음으로 착각하기에, 영혼을 물질이 아닌 것으로 여겨, 유령처럼 만들었다는 거죠. 그는 몸을 실체로 봅니다. 실체는 변화를 겪으면서도 변화의 터로 남아 있다는 게 보통의 정의입니다. 홉스는 몸도 마찬가지라고 합니다. 즉, 몸은 공간을 점유하고, 변화를 겪기에, 실체라고 합니다. 다양하고 우연한 속성의 주체이지요. 영혼은 물질입니다.

 그는 이런 유물론은 이성의 산물이고, 참이라고 합니다. 즉 성경과 어긋나지 않는다는 거죠. 그는 성경에서는 혼을 인정한다, 하지만, 성경 어디에도, 혼이 물질이 아니라고는 하지 않는다고 합니다. 즉, 크기나 성질이 없다는 말은 찾아볼 수 없다는 겁니다. 성경에는 물질이 아니라는 말 자체가 아예 없다고 하면서, 성경의 영혼은 언제나 생명 아니면 살아 있는 피조물을 가리킨다고 하네요. 몸과 영혼이 함께 한 상태, 즉 살아 있는 몸을 가리킨다고 합니다. 그럼, 죽은 후의 부활은 어떻게 되나요? 영혼이 물질이라면, 소멸하고 그것으로 끝이 아닌가 하는 의문이 생깁니다. 이에 대해, 그는 가능하다고 합니다. 『창세기』를 보면 인간에게 생명의 숨결을 불어넣어, 먼지와 진흙에서 인간 생명을 만들었으니, 죽은 후에 시체를 되살리는 일도 신이 능히 할 수 있기 때문입니다.

그는 무신론 발언을 합니다. 신을 물질로 봅니다. 사람은 물질이 아닌 영혼이라는 표현을 쓰지만, 영혼에 대한 어떤 관념도 없습니다. 즉 비물질인 영혼이란 표현은, 경건한 의미만 있을 뿐, 신학 용어는 아니라고 주장합니다. 신이 존재한다면, 공간을 차지하고 동시에 물질이어야만 합니다. 왜냐하면, 그래야 우리가 신에 대한 관념을 가질 수 있기 때문입니다. 그런데, 우리는 신에 대한 어떠한 관념도 갖고 있지 않습니다. 따라서, 신은 존재하지 않는다는 결론이 나옵니다. 신이 존재한다면, 물질입니다.

그는 인간 이성으로는, 신의 속성을 알 수 없고, 단지 신의 존재만 알 수 있을 뿐이라고 합니다. 신에 대한 정보 즉 신의 속성은 성경을 통해서만 알 수 있다고 하는데, 그리스 철학 특히 아리스토텔레스 철학이 성경 해석을 오염시켰다고 주장합니다. 유대교도 철학과 신학으로 모세 율법에 아부한다고 합니다. 신의 속성을 인간 이성으로는 알 수 없다는 자세로, 신이 물질이라는 주장에서 한 걸음 비켜서는 듯합니다. 신은 성경으로만 알 수 있고, 권위자 해석이 필요하다고 말하지만, 그렇다고 신의 문제에 손을 놓지는 않습니다.

그는 신의 본질을 인과로 봅니다. 즉 신이 세계 모두의 원인이라는 데서 신의 속성을 찾습니다. 부정어로 신의 속성을 표현하는 일은, 오래전부터 있어 와, 낯설지는 않습니다. 부정어로 표현하는 이유는, 신을 인간 이성으로는 이해할 수 없기 때문입니다. 그리하여, 신의 위대함이나 힘도 역시 떠올릴 수 없습니다. 따라서, 신의 속성은 무한한, 영원한, 최상의 등의 부정 표현일 수밖에 없다고 하네요. 그는 이런 표현은 신의 속성을 나타내는 게 아니라, 신에 대한 찬양이라고 합니다. 따라서, 신의 존재는 신의 속성이 아니라, 신이 세계의 원인이라는 점에서 찾아야 한다고 주장합니다. 그는 자연 학문이든 사회 학문이든, 대상을 분해해서 원인을 찾아야 하고, 또 분해해서 찾은 원인을 모으면, 대상을 만들 수 있다고 합니다. 이것이 그의 학문 방법론입니다. 즉, 세상의 원인을 찾는 일을 학문의 과제로 삼는데, 이런 태도는 신의 본질인 인과와 무관하지 않습니다. 사물의 원인을 찾는다고 해도, 그것은 겉보기 현상일 뿐이라고 합니다. 학문은 우리에게 현상의 필연적 원인을 알려 주지는 못하기 때문입니다. 그런데, 신이 세계의 원인이라면, 신의 존재가 증명되는가? 하는 의문이 듭니다. 그리고, 우리가 사용하는 원인이라는 개념을, 무한한 존재인 신에게도 사용할 수 있는지, 즉 피조물에게 해당하는 용어가 신에게도 똑같이 적용될 수 있는지 의심이 듭니다.

언어

관념은 감각에서 시작하기에, 감각에 속하지 않는다면, 어떠한 것도 마음에 재현할 수 없습니다. 즉 모든 관념은 감각에서 시작하는데, 감각이 재현하는 관념은 보편 관념일 수는 없습니다. 왜냐하면, 관념은 개별 사물에 대한 이미지이기에, 개별 관념이 될 수 없기 때문입니다. 이 점은 이미 많이 논의하였습니다. 그리하여, 개별 관념에서 비슷한 속성은 남기고, 우연한 속성을 버리는 추상화를 통해, 보편 관념을 얻는다고 합니다. 사물의 유사성을 홉스는 인정하지만, 그것만으로는 일반명사를 설명할 수 없다고 합니다. 예를 들어, 〈돼지〉라고 하면, 각자 떠올리는 이미지가 다를 겁니다. 하나의 같은 이미지를, 모든 사람이 떠올릴 리가 없으니까요. 그렇다면, 사물의 유사성만으로는 일반 이름이 되지 못한다고 할 수 있습니다. 그는 그 외에, 사회 관습이 필요하다고 합니다. 즉 언어는 소리나 글자로 다른 사람과 소통하는 게 주 기능인데, 이런 기능은 말의 정의를 통해야만 가능한데, 정의를 내리는 데는, 사회가 개입한다는 주장입니다. 보편 관념이 만드는 일반명사는 사물의 유사성을 바탕으로 한, 사회 관습의 작품이라는 이야기로 보입니다. 일반명사 생성에 사회 차원의 개입이 없어서는 안 된다는 새로운 제안입니다.

필연성은 언어와 관련 있지, 대상과는 관련이 없다고 하는 당시로는 색다른 주장을 홉스가 합니다. 데카르트와 가상디는 영원한 대상은 없다고 하면서도, 자연에는 필연 진리의 토대가 있다고 합니다. 그 필연 진리를 알아내면, 법칙이 되겠지요. 하지만, 홉스는 사물이든 자연이든, 어떠한 필연성도 인정하지 않습니다. 즉 필연성은 명제에 속하지, 대상에 속하지 않는다고 합니다. 예를 들어, 소크라테스가 사람인 게 필연은 아닙니다. 소크라테스가 사람인 일은 우연이지요. 돼지에게 소크라테스라고 이름 붙일 수 있으니까요. 소크라테스가 음악에 천재라면, 그

또한, 우연한 일이지요. 소크라테스라는 존재에 음악에 능함이라는 속성이, 필연적으로 있다는 말을 누가 인정하겠습니까. 하지만, 〈사람은 동물이다〉라는 문장은 필연입니다. 왜냐하면, 사람이란 말 속에, 동물이 이미 들어 있기 때문입니다. 사람과 동물의 뜻이 바뀌지 않는 한, 이 문장은 필연이겠지요. 따라서, 필연성은 대상이 아니라, 명제 즉 언어에 속한다고 그는 말합니다. 이에 대해, 데카르트는 즉각 반박합니다. 즉 우리는 이름이 아니라, 이름을 통해 사물에 대해 생각한다면서, 홉스도 이름이 사물을 의미한다고 하지 않았느냐고 반박합니다. 다시 말해, 이름은 사물과 생각의 매개일 뿐, 그 자체로는 의미가 없다는 비판입니다. 이에 대해, 홉스는 명제의 필연성은 사물의 본질이 아니라, 이름 사용에 있다고 답합니다. 그의 이런 주장은 17세기에 무시당했습니다.

사람 몸은 끊임없이 변합니다. 원자가 바뀌니까요. 노인 몸과 젊었을 때의 몸은 같지 않겠지요. 그럼, 이런 변화에도 불구하고, 같은 사람이라고 하는 근거는 어디에 있는가? 이런 물음에 대해, 아리스토텔레스는 실체가 있기에, 변화를 겪어도 같은 사람으로 남는다고 합니다. 하지만, 홉스는 그런 실체를 인정하지 않습니다. 그는 우리가 무엇을 정체성 기준으로 삼느냐에 달려 있다고 합니다. 주민등록번호가 같다면, 같은 사람이다. 혹은 유전자 검사 결과가 같다면, 같은 사람이다. 이런 기준이 가능하다는 거죠. 즉 정체성 기준은 사물에 있지 않고, 우리에게 있다는 주장입니다. 우리는 사물의 본질을 알지 못하기에, 우리의 관점에 따라, 정체성이 정해집니다. 즉 이름 부르기에 달려 있다는 겁니다. 전통적으로는, 형상, 질료, 우연한 속성의 합, 세 가지를 정체성 기준으로 삼았습니다. 테세우스 배는 형상을 기준으로 한 예입니다. 즉 한 배에서 한 조각씩 떼어, 바로 옆에 그대로 옮겨 놓아, 원래 배를 똑같은 조각으로 그대로 만든다면, 두 배는 한 배인가 아닌가? 하는 문제입니다. 같은 형상이기에, 형상을 기준으로 하면, 한 배가 되겠지만, 아무리 봐도 이상하지요. 질료를 기준으로 하면, 죄를 지은 사람과 처벌을 받는 사람은 그사이에 질료가 변했기에 다른 사람이 되므로, 처벌할 수 없어지겠지요. 그리고, 우연한 속성의 합이 기준이라면, 서 있는 사람과 조금 전 앉아 있었던 사람은 같은 사람이 아니겠지요.

도덕심리학, 도덕철학

유물론을 옹호하는 홉스는 자연의 변화를 설명하는 데, 질료가 아니라 운동을 사용합니다. 그는 세상이 질료로 이루어지지만, 세상을 변화시키는 바는 운동이라고 합니다. 그런데, 실제로 세상을 움직이는 바는 정지한 질료가 아니라, 운동이기에, 운동을 설명에서 핵심으로 삼습니다. 〈인생은 사지 운동에 지나지 않는다〉라고까지 말합니다. 앞서 본 바와 같이, 영혼도 물질로 보며 유기체 기능으로 보기에, 그가 마음을 자연의 다른 사물과 다르지 않게 보는 바는 자연스럽습니다. 즉 마음을 몸 위에나 몸 너머의 그 무엇으로 여기지 않습니다. 이런 그이기에, 감각, 생각, 감정, 의지 모두 복잡한 운동이라고 합니다. 즉 마음 운동을 감각이나 인식을 넘어, 감정에까지 적용합니다. 감정은 뇌의 운동과 요동이 가슴까지 전해진 바이며, 가슴은 피 순환으로 몸 안의 생명 운동을 제어합니다. 다시 말해서, 감정도 기계처럼 다룰 수 있다는 겁니다. 물리학이나 도덕심리학이나 똑같은 기계학입니다.

도덕철학은 윤리학이라 할 수 있는데, 도덕철학도 수학과 마찬가지로, 증명하는 학문이 될 수 있다고 합니다. 즉 유클리드 기하학처럼, 공리를 세우고, 공리를 이용해 도덕철학을 세울 수 있다는 겁니다. 그럼, 그의 도덕철학 공리는 무엇인가요? 그는 지혜는 책이 아니라, 사람에게서 배운다고 하면서, 자신의 내면을 들여다보라고 합니다. 들여다보면, 이 사람, 저 사람이 아닌 사람 일반에 대해 읽게 되어, 이를 통해 증명이 필요 없는 공리를 알게 된다고 합니다. 자신도 해봤다고 합니다. 그리하여, 읽어 낸 첫째 공리는 평화를 구하는 일입니다. 사람이면, 누구나 평화를 원한다는 사실에서, 도덕철학을 시작해야 한다면서, 이로부터 18가지 정리 혹은 법칙을 끌어냅니다. 문제는 이 공리에 모든 사람이 경험으로 알 수 있고, 아무도 부인하지 않는다고 하는 주장 외에는, 아무런 근거도 없다는 겁니다. 데카르트처럼 동의를 구하고 있습니다.

선생에는 두 가지 유형이 있다고 홉스는 말합니다. 하나는, 수학 유형으로, 가장 능력이 모자란 사람도 명백하다고 인정하는, 매우 낮고 평범한 원리에서 시작하여, 첫 번째 명제를 추론하고, 그 추론을 바탕으로, 계속 추론을 이어가는 유형입니다. 홉스는 자신이 이 유형에 속하며, 데카르트도 마찬가지라고 하네요. 즉 역사 무게에 짓눌리지 않고, 역사와는 무관하게 명백한 사실에서 출발한다고 하는데, 아리스토텔레스, 프톨레마이오스, 갈레노스 등의 승인에서 독립했다는 의미입니다. 다른 하나는, 도그마 유형으로, 권위자에게서 격언을 취하고, 입으로 추론하는 유형입니다. 즉 권위자의 책에서 지식을 가져오기는 하나, 소화하지 못하기에, 논쟁이나 말다툼밖에 못 하는 유형입니다. 낮고 겸손한 원리에서 작업한 적이 없기에, 권위자의 대변인에 지나지 않는다고 홉스는 비판합니다.

47
스피노자

1676년 11월 라이프니츠는 스피노자를 방문했습니다. 이 방문에 대해, 스피노자는 아무런 기록도 남기지 않았으나, 라이프니츠는 단 몇 시간 방문이라 하였고, 그 흔적을 자신의 책에 남겼습니다. 그들이 직접 만난 일은 이때가 처음이었으나, 편지 왕래는 1671년부터 있었습니다. 라이프니츠가 스피노자에게 편지를 썼고, 비밀 유지를 부탁했습니다. 이에 스피노자도 동의하여, 편지에 가시 돋친 장미와 조심이라는 표식을 했습니다. 스피노자는 1656년 잘못된 견해와 끔찍한 이단이란 이유로 파문당했으며, 1673년 하이델베르크 대학 교수직을 사양하였고, 1677년 폐결핵으로 사망하였습니다. 악명이 높았다지만, 장례식에는 사회 명사와 추종자가 많이 참석했다고 합니다.

    스피노자가 철학에서 추구한 바는 인간에게 좋은 삶이란 무엇인가? 하는 문제로 보입니다. 철학의 목표는 사회적 행위라고 합니다. 즉 사회 변화에 간섭하고자 합니다. 그가 겪은 여러 현실이 이런 목표를 주었을지도 모르겠습니다. 그는 자전 고백에서, 일상에서 일어나는 일이 모두 헛되고 쓸모없다는 걸 경험으로 안다고 하면서, 진짜로 좋은 것이, 인간과는 관계없이, 객관적으로 존재한다고 말합니다. 즉 인간에게 좋은 것은, 실제로 객관적으로 있다는 겁니다. 그는 다른 것은 거부당해도, 그 좋은 어떤 바는 마음을 움직인다고 합니다. 다시 말해서, 진짜라면, 마음의 상태와 관계없이, 마음을 움직인다고 합니다. 세상에 즉 자연에 그런 좋은 것이 존재한다고 여긴다는 점에서, 그를 자연주의자라 할 수 있습니다.

    자연주의는 그의 철학의 핵심입니다. 세상의 모두는 자연의 산물이라고 합니다. 국가는 발명되지 않았고, 그냥 존재한다고 합니다. 인간이 자연을 창조하지 않았듯이, 사회 제도도 인간이 만들지 않았다고 합니다. 이 역시 자연의 산물인 거지요. 하지만, 자연의 산물이 저절로 생겼다는 의미는 아닙니다. 인간의 본성에 따라, 개인과 사회의 상호 연관으로 생겨난다고 합니다. 즉 인간 본성에서 비롯되었는데, 인간 본성은 자연에서 왔습니다. 그는 인간 본성을 탐구하는데, 인간 본성은 신에게서 시작한다고 여깁니다. 그 이유는 신만이 유일한 실체이기 때문입니다. 인간 본성은 신에게서 비롯되며, 인간에게 좋은 바가 있다면, 그 역시 신에게서 나오기에, 객관적일 수 있습니다.

신

스피노자의 세계는 신-속성-양태로 이루어집니다. 이 가운데, 신만이 유일한 실체입니다. 여기서 실체란 하나라는 의미이지, 변화를 겪어도 지속하는 어떤 것은 아닙니다. 즉, 나눌 수 없는 실재라는 의미입니다. 그런데, 스피노자의 신은 인격신이 아니며, 창조주도 아닙니다. 질투나 사랑을 하지도 않으며, 흙으로 인간을 만들지도 않습니다. 그리고, 목적이 있지도 않습니다. 왜냐하면, 목적이 있다면, 무엇인가 결핍이 있다는 뜻이 되는데, 신은 완전하기에, 부족함이 없어, 목적이 있을 수 없기 때문입니다. 공부하는 목적이 돈 버는 데 있다면, 돈이 부족하다는 의미가 되겠지요. 신에게 그런 결핍은 없습니다. 유일한 실체인 신은 무한한 속성을 갖습니다. 데카르트는 무한함, 완전함, 그리고 자신이 원인임을 신의 속성으로 삼는데, 스피노자는 아무런 설명 없이, 이를 그대로 따르고 있습니다. 어쨌든, 그 가운데 연장과 생각이라는 속성도 있습니다. 스피노자는 연장과 생각을 속성으로 취급합니다. 데카르트가 인간 마음을 생각으로, 몸을 연장으로 구분하면서, 생각과 연장을 실체로 여긴 태도와 다릅니다. 스피노자에게는 생각이나 연장은 실체가 아닌 속성입니다. 이렇게 되면, 데카르트가 제시한 몸과 마음 문제에 다른 해법이 나오겠지요. 그런데, 이렇게 되면, 신은 실체는 하나지만, 속성으로는 연장인 동시에 생각입니다. 즉, 신은 이렇게 보면 연장이지만, 저렇게 보면 생각이고, 하나이면서 같은 존재입니다. 이런 신의 특징은, 양태에도 그대로 적용됩니다.

　세상에 있는 돌이나 의자, 인간의 몸과 마음 등이 양태입니다. 유일한 실체인 신은 무한한 속성을 갖고, 그 속성은 양태를 갖습니다. 양태는 한계 지워졌다는 뜻입니다. 즉 속성이 퍼져 있다면, 양태는 속성에 한계를 부여해, 개별자로 만들었다는 이야기이지요. 빨강이란 속성이 빨간 사과의 빨강으로 되면, 테두리가 생겼다 할 수 있겠지요. 이런 양태에는 두 가지가 있습니다. 돌이나 의자와 같은 개별자를 한정된 양태라 하고, 자연법칙을 무한 양태라고 합니다. 눈에 보이지 않아, 한정되지는 않지만, 세계의 사물을 규제하고 있으니, 양태라고 할 수 있습니다. 주목할 점은, 양태는 속성에 의존하고, 속성은 실체인 신에게 의존한다는 사실입니다. 스피노자는 의존할수록, 자유롭지 못하다고 주장합니다.

그는 자유를 말하면서, 결정론도 함께 말합니다. 세상의 모든 사건에는 앞선 원인이 있기에, 즉 인과 관계이므로, 마구잡이 사건은 없다고 합니다. 그리고, 자연 세계의 인과 법칙과 논리나 수학의 진리는, 같은 종류의 필연 진리입니다. 속성이 달라도, 모두 필연입니다. 그 이유는 신의 속성인 〈자신이 원인〉임에 있습니다. 즉 자신이 원인이면, 본질이 곧 실존이 됩니다. 예를 들어, 삼각형은 내각의 합이 180도라는 등의 본질이 있지만, 본질만으로는 실제 삼각형이 되지 않습니다. 외부의 원인이 있어야 실제 삼각형이 되겠지요. 하지만, 본질이 곧 실존이면, 다시 말해서, 자신이 원인이라면, 외부 원인은 필요 없습니다. 왜냐하면, 본질이 곧 실존이기에, 다른 원인이 끼어들 여지가 없기 때문입니다. 그런데, 신은 완전하기에, 상황이나 때에 따라 참이 거짓이 되거나, 거짓이 참이 되는 예는 없을 겁니다. 신은 항상 진리만을 생각하겠지요. 아니, 진리 자체이겠지요. 따라서, 신의 속성인 완전함은 필연을 뜻합니다. 즉 신의 본질에 있는 것은 필연으로 존재해야 합니다. 따라서, 존재하는 것은 필연 존재입니다. 신도 여기에서 벗어날 수는 없습니다. 이 세계가 존재합니다. 그렇다면, 필연으로 존재하며, 신이 자유롭게 선택하지 않았다는 이야기입니다. 신도 본성에 따라, 선택의 여지 없이 이 세계를 창조한 겁니다. 본질이 실존이기 때문입니다. 즉 신은 이 세계를 창조하지 않을 수 없었고, 지금 세계와 다른 모습으로 만들 수도 없었다는 이야기입니다. 자연법칙도 초기 조건도 마찬가지이겠지요.

몸과 마음 문제

데카르트의 몸과 마음의 이원론 문제는, 스피노자에게 해당하지 않습니다. 그 이유는 스피노자의 몸과 마음은, 실체가 아니라 양태이기 때문입니다. 즉 양태는 속성의 표현입니다. 양태는 속성에 의지합니다. 속성의 개별화입니다. 그렇다면, 양태가 의존하는 속성은 인과를 담당하지 못합니다. 왜냐하면, 인과는 실체 사이에 일어나기 때문입니다. 데카르트는 몸과 마음, 모두 실체로 봅니다. 따라서, 실체 사이에 인과가 일어납니다. 그런데, 실체의 속성이 서로 다르기에, 어떻게 두 실체가 영향을 주고받는지를 해명하기 어렵습니다. 하지만, 스피노자에게 몸과 마음, 모두 양태이기에, 인과는 일어나지 않습니다. 빨강이란 속성이 크기라는 속성의 원인이라면, 이상하겠지요. 그는 실체와 양태를 혼동하지 말라고 합니다. 따라서, 스피노자에게 데카르트의 심신이원론 문제는 발생하지 않습니다.

　몸이 연장된 양태이고, 마음은 몸에 대한 관념이라고 스피노자는 말합니다. 몸과 마음, 모두 양태인데, 그 속성이 연장과 생각으로 다르다는 겁니다. 한 사물의 서로 다른 두 가지 표현으로, 원을 예로 듭니다. 자연에 있는 원과 그 원에 대한 관념은, 다른 속성이어도, 사실은 하나이고 같다고 합니다. 책상 위에 그린

원과 그 원에 대한 관념도, 같은 하나라고 합니다. 쉽사리 수긍하기 어렵습니다. 그 이유는, 아마도 책상 위의 원을 사물로, 머릿속의 그 원에 대한 관념은 이미지로 여겨, 둘 사이의 거리를 두는 데 익숙하기 때문이 아닐까 합니다. 스피노자는 그런 사고를 부인하며, 둘은 모두 양태일 뿐, 어느 것도, 실체가 아니기 때문입니다. 그에게 실체는 신뿐입니다. 그리고, 신은 연장되어 있고, 동시에 생각하는 존재입니다. 그런 신의 속성이 그대로 양태에게도 나타납니다. 즉 그는 자연에 있는 원과 그 원에 대한 관념은 양태만 다를 뿐, 결국 하나뿐인 실체인 신에 속하기에 하나이고 같다고 합니다. 원에 대한 관념은, 다른 속성으로 설명한다 해도, 신 안에도 있다는 겁니다.

연장과 생각이 하나이며 같다는 주장은 이해하기 힘듭니다. 고통이란 사건을 정신적 용어로 기술할 수도 있고, 물리적 용어로 기술할 수도 있을 겁니다. 그렇다면, 두 가지 방식으로 기술할 수 있는 그 사건은 무엇일까요? 정신적 용어와 물리적 용어가 하나이며, 같다고 하기는 어렵습니다. 스피노자는 신의 무한한 속성에 대한 무한한 양태를, 한정된 마음을 갖는 인간이 다 수용할 수는 없다고 합니다. 즉 유한이 무한을 수용할 수 없다는 의미로 보입니다. 그에게 마음은 관념입니다. 그는 관념의 질서와 결합은, 사물의 질서와 결합과 같다고 말합니다. 즉 관념과 사물이 하나이며 같다는 주장을 반복합니다. 그리고, 실재 대상, 지향하는 대상, 그리고 생각의 양태는 같다면서, 단지, 이성이 구별할 뿐이라고 합니다. 그리고, 데카르트와 다르게, 그는 몸이 있는 모든 존재에는 마음이 있다고 합니다. 데카르트는 인간만이 마음을 갖는다고 하지만, 스피노자는 몸을 가진 모든 존재로 확대하면서, 인간의 마음이 수준에서는 으뜸이라고 덧붙입니다.

몸은 스피노자에게 공통 개념인 연장이거나, 여러 몸에서 추상한 개념도 아닙니다. 앞서 말한 바처럼, 신의 속성인 연장의 양태입니다. 이는 데카르트의 활기 없는 몸이 아니라는 뜻입니다. 아리스토텔레스나 데카르트의 몸은 정신이 기능을 부여해야만 작동합니다. 그렇지 않으면, 죽어 있는 상태로 보입니다. 하지만, 스피노자의 몸은 신의 속성을 나타내는 양태이기에, 죽어 있지 않고, 활동합니다. 즉 본래 몸은 움직입니다. 이 초월 신에게 의지하지 않는다는 의미이기도 합니다. 초월 신은 멀리서 그리고 동떨어져, 인간 몸에 관여하지만, 스피노자의 몸은 원래 움직입니다. 그런데, 그는 〈가장 단순한 몸〉을 말합니다. 이는 몸을 다른 몸과 어떻게 구별하느냐는 문제를 다루기 위한 장치로 보입니다. 즉 몸은 연장이라는 속성을 갖는데, 이때 연장은, 몸이라면 갖는 공통 속성이기에, 이런 주장으로는 어떤 몸을 다른 몸과 구별할 수 없습니다. 따라서, 구별 기준을 마련해야 합니다. 그전에는, 몸을 이루는 미립자를 상정하고, 미립자의 운동, 정지, 속도, 그리고 느림으로, 미립자를 구별했습니다. 즉 이런 미립자가 집단을 이루고, 그 집단이 하나의 몸을 이룬다는 겁니다. 스피노자는 미립자와 같은 존재를 〈가장 단순한 몸〉이라 부릅니다. 그리고 가장 단순한 몸의 구별 기준으로 운동과 정지를 제시합니다. 우주가 가장 단순한 몸의 운동과 정지의 동일 비율 보존 법칙을 갖고 있다고 봅니다. 이 몸과 저 몸을 구별하는 기준은, 가장 단순한 몸의 운동과 정지의 비율이라는 거죠. 그리고 우주 전체로는 운동과 정지를 같은 비율로 보존하는 법칙이 있다고 하네요.

그가 몸의 개별화에 관심이 있는 이유는, 개인에 관심이 있기 때문입니다. 개인은 실체가 아닙니다. 실체는 신이지요. 유일한 실체는 신이기에, 개인은 양태에 지나지 않습니다. 그런데, 개별화는 다른 개인을 염두에 두는 겁니다. 즉 개인은 다른 개인과 관계를 맺으며, 의존합니다. 그런데, 다른 개인과 관계를 맺으며, 변화를 겪어도 정체성을 유지하는데, 그것은 몸의 구성에 의존합니다. 그리고, 몸의 구성은 바로 가장 단순한 몸이며, 운동과 정지의 비율로 개별화합니다. 그런데, 개인 몸에 그치지 않고, 그 비율은 우주 전체에 해당합니다. 즉 개인만이 아니라, 상호 관계로 모든 사물을 개체화합니다. 이런 생각은, 개체 안에 있는 무엇이 개인을 개체화한다는 스콜라철학과는 다릅니다. 그는 세상에 정지는 없고 운동만 있다면, 운동만으로는 몸을 개체화하지 못한다고 합니다. 정지도 마찬가지입니다. 세상에 정지만 있다면, 어떻게 개체화가 되겠습니까. 따라서, 운동과 정지 비율이 우주에 적용되듯이, 개인은 개인 안의 무엇으로 개별화되지 않고, 다른 개체와의 상호 관계로 개별화합니다.

지식

참인 관념과 적절한 관념은 다르다고 합니다. 참인 관념은 대상과 관념이 일치해야 하지만, 그것으로는 부족합니다. 즉 대상과 관념이 대응하면, 참이라는 대응설을 지지하지 않습니다. 참인 관념을 진리가 아니라 지식이라고 보기 때문입니다. 앞서, 그에게 관념은 판단이라고 했는데, 관념은 동의와 부인의 행위인 게지요. 참인 관념을 갖는 일은, 동시에 자신이 그것을 알고 있다는 사실을 아는 일이라고 합니다. 즉, 참인 관념을 갖는다는 것은, 어떤 것을 완벽하게, 아니면, 가장 좋은 방식으로 아는 것이라고 합니다. 참을 지식으로 해석하는 바는, 그의 독특한 해석으로 보입니다. 그렇다면, 그에게 지식이란, 완벽하게 아니면 가장 좋은 방식으로 어떤 것을 아는 바입니다. 그는 지식을 세 가지로 나눕니다. 즉, 상상, 이성 그리고 직관 지식입니다. 이에 따르면, 세 가지 지식 모두, 완벽하게 혹은 가장 좋은 방식으로 알아야 합니다. 그런데, 첫째 지식인 상상은 얼핏 보면, 의심이 갑니다. 상상은 감각 경험과 귀납으로 얻은 지식을 말하는데, 스피노자도 이런 지식은 확실하지 않고 일정치 않다고 인정합니다. 즉 상상에 속하는 지식은 파편이고, 뒤섞였다고 하네요. 이런 상태는, 마치 전제 없는 결론과 같다고 합니다. 그렇다면, 이런 지식은 적절한 지식이 아니며 거짓 관념이라고도 할 수 있습니다.

물론, 어떤 감각 장애나 환상은 없는 상태입니다. 스피노자는 모든 사물이나 사건에 대한 설명을 요구합니다. 따라서, 설명하려면, 감각 경험만으로는 되지 않겠지요. 대상과 감각 기관 그리고 뇌의 관계를 밝혀야 하고, 물질 상태와 그에 대응하는 관념 사이의 관계도 밝혀야 합니다. 즉 물리 설명만으로는 부족하고, 형이상학 설명이 있어야 합니다. 귀납도 마찬가지입니다. 불에 기름을 부으면 더 잘 탄다는 사실은 귀납으로 알고 있지만, 왜 그런지는 말하지 못합니다.

이런 약점에도 불구하고, 그는 이런 지식을 옹호합니다. 왜냐하면, 눈앞에 연필이 있다는 명제는 연역으로는 얻을 수 없고, 이런 식의 명제는 오직 감각 경험으로만 얻을 수 있기 때문입니다. 그는 안락의자 철학자가 아닙니다. 경험이 지식을 얻는 데 얼마나 중요한지 잘 알고 있습니다. 문제는, 설명하기 위해서는, 건전한 학문과 형이상학이 필요하다는 겁니다. 즉 우리가 느끼는 대로 몸이 존재한다는 사실을 보여 준다면, 경험을 의심하지 않아도 됩니다. 그리고 그 경험은 속성 생각에서 일어나는 표현으로, 생각 속성에는 연장 속성과, 지각자의 몸과 외부 세계의 인과 과정이 있다는 형이상학의 뒷받침이 있어야 합니다. 간단히 말하자면, 몸이 존재한다는 사실을 의심하지 않아도 되고, 감각 경험은 생각의 표현인데, 생각은 그 무엇에 관한 생각으로, 그 무엇은 외부 세계와 지각하는 사람을 포함하는 인과 과정입니다. 그리고, 그것은 연장이란 속성 안에서 일어나는 그 무엇이라는 겁니다. 그는 상상에 속하는 지식은 결점이 있어, 완벽하거나 가장 좋은 방식으로 아는 지식은 아니지만, 그런 지식은 일상생활과 지식에 중요하고 없어서는 안 되며, 학문과 형이상학이 원인을 설명하면, 의심할 필요가 없다고 합니다.

　두 번째인 이성과 세 번째인 직관적 지식은, 모두 적절한 지식입니다. 즉 전제 없이 결론을 제시하지 않습니다. 연역으로 제시하는데, 전제는 공통 개념과 사물의 성질에 대한 적절한 지식입니다. 공통 개념은 공리처럼 작동하고, 사물의 성질에 대한 적절한 지식은, 성질 X는 X에 반드시 속하지만, 그것의 본질 부분은 아닌 경우입니다. 다시 말해서, X의 정의에서 나오는 바를 따르지만, 그 정의의 부분은 아닌 경우입니다. 예를 들어, 이 사과는 껍질이 있지만, 껍질이 사과의 정의 즉 본질은 아닙니다. 소크라테스는 사람이므로, 화를 냅니다. 하지만, 화를 냄이 소크라테스 본질의 부분은 아니겠지요. 이처럼, 두 번째 지식은 이 사람, 저 사람 혹은 이 사건, 저 사건이 일어났다고 단순히 말하지 않고, 시간과 관계없는, 논리적 관계를 파악합니다. 시간과 무관하므로, 영원한 지식이 되며, 필연입니다. 즉, 보편입니다. 화난 소크라테스가 아니라, 일반적인 화에 대해 말합니다.

세 번째 지식인 직관적 지식은, 이성처럼 반드시 참이고, 영원한 관점에서 사물을 인식하고 이해하지만, 이성과 달리, 특수자에 대한 지식이며, 이름 그대로, 직관으로 압니다.

어려워 보이는 이 개념을, 그는 수학의 비례항을 예로 들어 설명합니다. 네 번째 숫자를 맞추는 문제입니다. 앞에 세 개의 숫자가 있습니다. 순서가 의미가 있어, 두 번째와 세 번째 숫자를 곱하고, 그 결과를 첫 번째 숫자로 나누어야 합니다. 그는 세 가지 방법이 있다고 하네요. 하나는, 작은 숫자로 일일이 해보는 겁니다. 예를 들어, 1, 2, 3이라고 하면, 답은 6이 되겠지요. 그러고는, 다른 경우에도 적용하도록, 일반화합니다. 이런 방법을, 귀납이라고 하면서 첫 번째 지식에 속한다고 합니다. 다른 하나는, 이미 다른 곳에서 증명된 규칙을 받아들여, 적용하는데, 비례항의 공통 속성이라 부릅니다. 두 번째 지식인 이성에 속합니다. 마지막은, 규칙을 사용하지 않고, 누구나 6이라고 안다는 겁니다. 첫째 숫자와 둘째 숫자의 비례를 보아, 규칙 없이, 직관으로 6이라고 한다고 합니다. 하지만, 이것을 직관이라 부를 수 있을까요. 추론으로 보이는데요. 데카르트도 같은 문제에 직면했습니다. 즉, 나는 생각한다, 그러므로 나는 존재한다는 명제는 직관이 아니라, 추론이라는 질문이 제기된 적이 있습니다. 즉, 〈생각하면 존재한다. 나는 생각한다. 그러므로, 나는 존재한다〉는 추론이 숨어 있다는 반론에 대해, 데카르트는 논리로는, 〈생각하면 존재한다〉라는 명제가, 〈나는 생각한다. 그러므로, 존재한다〉라는 명제보다 앞서는 건 사실이지만, 뒤 명제를 알기 전에, 앞의 명제를 알 필요는 없다고 답합니다. 데카르트는 우리는 개별 사례에서 일반 명제를 분리하지 않으며, 오히려 일반 명제를 개별 명제 속에 생각한다라고 합니다. 아마도, 스피노자도 이 노선을 따르지 않았을까요.

　직관 지식은 신과 연관하여 쓰인다고 스피노자는 말합니다. 신의 본성에서 비롯되는 본질과 실존에 관하여, 아주 분명하게, 우리 마음이 따르는 방식, 그리고 끊임없이 신에게 의존하는 방식이, 세 번째 지식인 직관 지식의 예라고 합니다. 그리고, 여기에서 주목할 점은, 직관 지식이 이성보다 더 강하다는 점입니다. 즉, 직관 지식은 보편적 지식이 아니라, 개별 사물에 대한 지식이기 때문입니다. 즉 개인에 대한 지식입니다.

인간 본성

사람에게 이성에 따라 살라고 하는 일은, 고양이에게 사자의 본성에 따라 살라고 하는 일처럼, 어리석다고 스피노자는 말합니다. 즉, 고양이는 고양이 본성대로, 사자는 사자 본성대로 살아야 한다는 의미로 보입니다. 그렇다면, 인간은 인간 본성의 법칙에 따라 살아야 한다고 그는 말하겠지요. 우선, 그는 인간을 자연의 부분으로 봅니다. 즉, 자연의 티끌로 봅니다. 이런 태도는 인간을 세계의 주인이나 지배자로 보는 르네상스 이후의 자세와 크게 다릅니다. 게다가, 그는 인간의 감정도 특별하게 보지 않습니다. 인간 감정이나 행동에도 사물과 똑같이, 연역이나 수학을 적용합니다. 인간의 행동이나 욕구를 기하학의 선이나 면과 똑같이 여기고, 몸도 마찬가지라고 합니다. 그리고, 세상의 모든 개체는 존재하면서 지속하려 애쓴다고 합니다. 즉, 그것이 모든 개체의 본질인데, 그 힘은 관성과 비슷합니다. 운동하는 물체는 다른 물체가 저지할 때까지 운동을 계속합니다. 이런 힘을 콘투스라 부르는데, 노력한다, 애쓴다는 의미입니다. 인간도 자연의 부분이기에, 당연히 콘투스를 갖습니다. 이 콘투스는 물론 신의 본성인 영원한 필연성에서 나옵니다.

그는 인간 내면을 세분합니다. 정서, 욕구, 의지, 욕망, 열정, 지성, 이성, 그리고 행동 등입니다. 굳이 나누자면, 정서, 욕구, 욕망, 의지를 한 무리로, 열정과 이성을 다른 한 무리로, 그리고 지성과 행동은 별개로 할 수 있을지 모르겠습니다. 이 모두의 중심은 욕구입니다. 즉, 욕구가 바로 인간의 본질입니다. 그는 몸과 마음을 같은 위치에 놓습니다. 몸에서 아주 많은 일이 자연법칙으로 일어난다고 하면서, 몸과 마음은 같은 지위이고, 등가이기에, 몸은 마음이 사용하는 도구도 아니며, 마음의 사원도 아니라고 합니다. 몸은 자연법칙에 해당하지 않는 행동을 할 수 없고, 마음도 마찬가지기에, 몸과 마음은 상대적으로 자율성이 있습니다. 개체라면 존재하면서 지속하게 하는 힘이 있는데, 개체가 갈구하는 바가 바로 욕구입니다. 그런데, 욕구는 단순히 마음만으로 생기지 않습니다. 갈구하는 바가 마음과 몸이 함께 관련해야 욕구입니다. 이 욕구가 인간의 본질이고, 자신을 보존하려는 바가 뒤따릅니다. 몸은 관여하지 않고, 오로지 마음으로 갈구하면, 의지이고, 욕구를 느끼고 그 욕구에 대한 인식을 하면, 욕망이라고 합니다.

신스토아학파는 인간 행동이 욕구에서 비롯되며, 욕구는 정서에서 비롯된다고 합니다. 이런 주장을 자연주의라고 할 수 있는데, 스피노자는 정서, 욕구 그리고 욕망의 순서를 말합니다. 그런데, 인간에게는 감정 말고도, 이성과 열정이 있습니다. 그는 이성에 따라 사는 사람은, 원래 자신이 결정되어 있다는 사실을 알기에, 자유로워지지만, 열정에 따라 사는 사람은, 자신이 주인이라고 믿거나 상상한다고 합니다. 상상에 따라 사는 사람은, 자연에 목적이 있다고 스스로 만들어 생각합니다. 원래는 자연에 아무런 목적이 없고, 모든 것은 인과로 결정된다는 사실을 모르고, 자연에 목적이 있다고 믿는다는 겁니다. 자연이 헛되이 하는 일은 없다. 즉 인간에게 쓸모없는 일은 없다는 것을 보여 주려 하지만, 보여 주는 바는 자연과 신이 미쳤다는 사실이라고 스피노자는 말합니다. 즉 자연은 지진, 질병, 폭풍 등을 보여 주는데, 이런 현상이 인간에게 쓸모 있다고 말하기는 어려울 겁니다. 인간이 집을 짓듯이, 보편 관념을 만들고, 그 관념에 따르도록 모델을 만드는데, 자연은 아니라고 합니다. 그는 신은 목적 없이 존재하고, 목적 없이 행위한다고 한 후에, 그게 아니라, 신은 행위하지 않는다고 합니다. 신에게 존재 원리나 목적이 없듯이, 행위도 하지 않는다는 겁니다. 목적은 인간의 산물입니다. 그리고, 그것은 이성이 아닌 열정의 산물입니다. 이성은 인간이 자연의 티끌로 산다고 말하니까요.

그런데, 스피노자는 의지, 지성 그리고 행동을 욕구로 통합합니다. 하지만, 의욕은 제외합니다. 그 이유는, 의욕은 관념의 관계이기 때문입니다. 즉 몸이 관여하지 않았기에, 욕구에서 제외합니다. 욕구는 몸과 마음이 함께 관여하는 갈구이니까요. 그렇다면, 마음으로만 갈구하는 의지는, 왜 욕구에 포함되는지 이해가 안 되네요. 지성은 이성과는 달라 보입니다. 왜냐하면, 스피노자는 지성으로 신을 사랑하는 일이 궁극의 기쁨이라고 말하기 때문입니다. 이 경우, 몸은 상관하지 않습니다. 그렇다면, 지성이 어떻게 욕구로 통합 가능한지 역시 알기 어렵습니다.

그런데, 그는 이성과 열정뿐만 아니라, 열정과 행동도 대비합니다. 인간의 자연에 대한 투사는, 행동이 아니라 열정의 표시라고 합니다. 즉 행동은 자신의 본성에 따라 사는 바로, 자연의 티끌임을 아는 일입니다. 그리하여, 행동은 언제나 우리의 힘을 알려 주지만, 열정은 우리의 힘과 지식이 부족하다는 걸 알려줍니다. 즉 이성이 부족하기에, 지식이 부족하고, 본성에 따르지 않기에, 힘이 부족하다는 겁니다. 이렇게 보면, 행동과 이성은 동의어는 아니더라도, 매우 밀접한 관련이 있어 보입니다. 그럼, 행동이 보여 준다는 힘은 무슨 뜻일까요? 여기에서, 그가 제시한 세 가지 지식을 살펴볼 필요가 있습니다. 즉, 첫 번째 지식은 감각 경험에서 비롯하는 지식과 귀납을 말합니다. 이 지식은 파편적이고 뒤섞여 있지요. 이성의 도움이 없다면, 온전한 지식이 되기 어렵습니다. 열정이 여기에 해당합니다. 즉 열정은 이성이 부족한 경우입니다. 따라서, 열정은 이성보다 지식이 부족합니다. 그런데, 열정은 본성에 따르지 않기에, 힘이 부족합니다. 이를 이해하기 위해서는, 인간 본성인 자기 자신을 보존하고 유지하려 한다는 원리를 다시 보아야 합니다. 즉, 인간은 다른 사물과 마찬가지로, 자기 보존과 유지를 위해 행동의 힘을 증가시키기 위해 노력합니다. 예를 들어, 사람은 음식물을 먹으면, 더 독립적으로 됩니다. 즉, 육체 힘이 생겨, 스스로 일을 할 수 있으니, 남에게 부탁하지 않아도 됩니다. 또 운전하면, 남에게 의존할 필요가 없습니다. 지식을 얻으면, 할 수 있는 게 많아져, 행동의 힘이 더 세집니다. 즉, 행동의 힘이 세질수록, 자유가 증가합니다. 그는 인간은 자기 보존과 유지, 그리고 행동의 힘 증가를 본성으로 한다고 주장합니다. 이성에 따라서만 살면, 인간은 자신에게 좋은 일만 하려 하기에, 행동의 힘이 세집니다. 그렇다면, 자유로운 사람은, 행동의 힘이 세지는 일만 하는 사람이겠지요. 하지만, 사람에게는 열정도 있습니다. 즉, 열정은 사람을 해치는 일이나, 행동의 힘이 약해지도록 합니다.

세 가지 지식 가운데, 두 가지인 상상과 이성으로 스피노자의 인간 본성을 알아봤습니다. 남은 하나는 직관적 지식으로, 개체에 관한 지식입니다. 앞서 본 바와 같이, 이성은 보편적 지식입니다. 그는 소크라테스의 분노가 일반적인 분노보다 강하다고 했습니다. 그럼, 개체에 대한 지식은 인간 본성과 어떤 관련이 있나요? 그가 분명 개인에게 관심을 두고 있고, 국가론은 개인을 바탕으로 하고 있지만, 직관적 지식과 어떻게 관련하는지,

파악하기 어렵습니다.

국가

스피노자는 유토피아에 반대합니다. 이상향이 아니라, 현실 세계를 과학과 자연주의 방법으로, 연역하고자 합니다. 그는 경험이 선생인 현실 정치가에게서 더 많이 배운다고 합니다. 또 국가는 발명되지 않았다고 하면서, 그냥 존재한다고 합니다. 왜 그런가? 이에 대해, 그는 두 가지를 제시합니다. 하나는, 자연주의 국가 이론으로, 자연법의 결과로 봅니다. 즉 자연법칙에 따라 생겼다는 주장이고, 다른 하나는, 계약을 통해 국가 성립이 이루어졌다는 주장입니다. 자연주의 국가는, 사회와 심리 구조의 결과로 탄생하고, 계약 국가는 많은 사람이 연합하여, 한 사람의 지도에 따라 살기로 한 결과 만들어졌다고 합니다. 서로 달라 보이는 주장에서, 그는 어느 쪽을 지지하는가요?

자신을 보존하고 유지하고자 하는 인간 욕구는 외부 사물 없이는 잘할 수 없습니다. 가장 보잘것없고 조악한 자원이라도, 서로 돕지 않으면, 얻기 힘듭니다. 따라서, 서로 도와야 한다는 결론은 자연스럽습니다. 그는 인간에게, 인간보다 더 유용한 자원은 없다고 합니다. 왜냐하면, 사람은 합의에 이르자마자, 교환이 이득이란 걸 알기 때문입니다. 합의로 상호 도움에 이릅니다. 사람이 가장 큰 도움이 되는 이유는, 사람 본성에 가장 잘 어울리는 존재는 역시 사람이기 때문입니다. 그런데, 상호 도움이 잘 작동하려면, 합의와 함께 좋은 믿음이 있어야 하고, 서로를 동등하다고 인식해야 합니다. 이렇게 하면, 국가가 특별히 필요하지 않을 겁니다. 즉, 이성에 따라서 산다면, 사람은 정의롭고, 신실하며, 또한 명예롭겠지만, 이것은 현실이 아닙니다. 그리하여, 현실에서는, 힘으로 작동하는 정치 질서를 만들어야 합니다. 즉 협동을 하게끔, 외부의 힘을 제도화해야 합니다. 이런 제도화된 힘을 법이라고 합니다.

상상은 이런 제도화에 역할을 합니다. 상상을 통해서 사람은 시민법을 지키기 위해, 계약했다고 믿습니다. 즉 자유의지로 국가를 구성했다고 믿습니다. 상상이 클수록 더 굳게 믿기에, 더 효과가 큽니다. 그런데, 계약은 이익이 있을 때만 지키기에, 계약을 엄숙하게 하여, 계약 지키기에 매달리게 만듭니다. 즉 엄숙한 계약일수록, 지키지 않으면 멸시를 받게 되므로, 더 지키려 한다는 겁니다. 유대인 국가에서는 신과의 계약, 네덜란드 공화국에서는 사람 사이의 계약이 그것입니다. 그는 계약을 통한 국가 개념을, 이데올로기의 유용성이라 봅니다. 이런 계약 이론이 이데올로기로 작동하여, 사회 통합에 매우 유용하다는 의미이겠지요.

그런데, 계약은 자신의 권리를 주권자에게 허용하거나 양도하는 의미가 있습니다. 앞서 사람은 행동의 힘을 키우고자 하는 본성이 있다고 했는데, 이 본성은 자유를 증진하는 데 목적이 있습니다. 그렇다면, 주권자가 행동을 지시한다면, 자신의 능력을 증진하려 한다는 본능과 맞지 않습니다. 이러니, 복종이 결국 자신의 선을 증진하리라는 상상은 그런 희망의 표현입니다. 사람이 이성을 따르면, 이런 복종은 아마 없을 겁니다. 하지만, 상상을 따르면, 복종도 가능하겠지요.

그는 안정된 국가보다 합리적 국가를 원합니다. 즉, 주권자든 국민이든 욕구를 위해서만 살지 않고, 공통 선을 위해 움직여서, 자신의 선을 위하게 되는 국가를 말합니다. 이성에 따라 행위를 하는 국가이겠지만, 그가 말한 대로 현실은 아니겠지요. 계약 국가가 현실인 점을 인정하더라도, 그는 국가가 자연법칙의 산물이라 생각합니다. 첫 번째 지식인 상상도 역시 자연의 산물이니까요. 그는 자연을 줄곧 인정합니다. 자유도 마찬가지입니다. 인간은 자유롭다고 착각합니다. 사람은 욕구를 알지만, 그 욕구를 결정하는 원인에 대해서는 모르기 때문입니다. 우리가 이런 사실을 알면, 자유롭게 된다고 하면서, 자유를 얻는 방법을 알려 줍니다. 즉, 결정론과 자유 사이에서, 우리의 길을 알려 주려 합니다. 국가도 마찬가지입니다. 계약 국가이지만, 이성으로 합리적 국가를 만들 수 있음을 보려 주려 합니다.

스피노자가 죽은 후, 그가 보유한 책을 팔려고 내놓았더니, 3분의 1은 과학책이었다고 합니다. 렌즈, 유성, 행성, 우연 확률 계산, 자신이 한 압력 실험 책 등. 그는 당대 과학에 관심이 많았고, 그런 면은 철학에도 잘 나타납니다. 성경 해석에도 적용합니다. 그는 자연법칙으로 설명할 수 없는 성경의 기적은 없다고 말합니다.

48
말브랑슈

팔을 움직이려 하나, 움직이지 못한다. 이 말에는 모순이 없습니다. 왜냐하면, 팔을 움직이려 할 때마다 반드시 팔이 움직이지는 않으니까요. 다시 말해서, 마음의 의지와 몸의 운동 사이에는 필연성이 없습니다. 그런데, 말브랑슈는 사건 사이를 인과 관계라고 말하려면, 사건 사이에 필연성이 있어야 한다고 말합니다. 예를 들어, 물이 90도에서도 끓고, 10도에서도 끓는다면, 물의 비등과 온도 사이의 상례성 혹은 규칙성은 없을 겁니다. 100도에서 언제나 끓어야, 인과를 말할 수 있겠지요. 그는 마음과 몸의 인과만 부인하지 않고, 의욕과 감정 사이, 몸과 몸 사이의 인과도 부인합니다. 즉, 연민의 감정을 가지려 해도 연민이 생기지 않고, 몸은 마음의 중재 없이 몸의 다른 부분에 영향을 끼치는 일은 생각하기 어려워 보입니다. 아무런 의식 개입 없이, 팔이 머리를 치는 일은 찾기 어렵겠지요. 당구공과 당구공이 충돌할 때, 충돌로 힘을 전달합니다. 말브랑슈는 당구공 충돌로 힘이 전달되는 현상을 인과라 할 수 있는데, 이때 당구공은 아무런 힘이 없다고 합니다. 즉, 당구공은 다른 당구공을 움직일 힘이 없답니다. 왜냐하면, 당구공 자체에 그런 힘이 아예 없기 때문입니다. 공은 연장과 운동 외에는 아무런 성질도 없습니다. 즉, 움직여 주지 않으면, 움직일 수 없는, 철저한 수동 상태입니다. 그런데, 마음도 몸을 움직여 주지 못합니다. 왜냐하면, 마음은 감각과 자연 성향을 갖고 있으나, 감정을 불러일으키는 힘은 없기 때문입니다. 즉, 마음 홀로는 아무것도 못 합니다. 움직이는 힘이 없습니다. 그렇다면, 팔을 올리려고 할 때, 팔이 움직인다면, 그 힘은 어디에서 나올까요? 의지도, 팔도 움직이는 힘이 없으니까요. 말브랑슈는 그 힘이 신에서 나온다고 합니다.

내가 팔을 올리려 할 때, 그렇게 마음먹을 때, 신이 팔을 움직이게 한다는 겁니다. 물론, 팔을 올리려는 생각도 신이 했고, 그 생각의 의지도, 물론 신이 원인입니다. 그렇다면, 인간의 행위는 자유와는 멀어 보입니다. 팔을 올리려는 생각조차 신이 원인이라면, 인간의 자유는 없다고 해야 하지 않을까요. 하지만, 그는 인간의 자유를 옹호합니다. 그렇다면, 자유는 어디에 있을까요? 마음의 유일한 힘은 마음의 자연 성향에 동의하거나 유예하는 바에 있다고 합니다. 우리는 자연 성향에서 벗어날 수 없습니다. 우리는 쾌락을 추구하게 되어 있습니다. 즉, 자연 성향은 쾌락을 추구하는데, 마음은 그 성향에 동의하거나, 유예할 수 있다는 겁니다. 여기에 우리의 자유가 있습니다. 우리는 신을 위해 만들어졌기에, 참된 선을 언제나 생각할 수 있다고 합니다. 우리는 동의하지 않고, 유예하면서 우리가 지금 즐기고 있는 선이, 참된 선인지 아닌지, 진지하게 검토할 수 있다고 합니다. 하지만, 유의할 점은 동의에는 아무런 효능이 없다는 겁니다. 즉, 자연 성향으로 어떤 대상을 사랑하는 바와 그 사랑에 대해 동하는 바는 구별해야 합니다. 자연적 성향은 인과에서는 효능이 있지만, 그에 대한 동의에서는 없습니다. 그는 이 세상에는, 자연 성향에서 벗어나는 일은 없지만, 그 성향에 대한 동의는 비록 효능은 없지만, 우리에게 자유를 준다고 합니다. 동의의 중요성을 강조하는 점에서, 아우구스티누스의 영향을 받지 않았나 합니다.

    신이 진정한 원인이라면, 과학은 소용이 없을 겁니다. 즉, 신이 창조하고 모든 걸 유지한다면, 모든 원인의 필요충분조건이므로, 다른 원인은 끼어들 틈이 없을 터이니, 과학이 무슨 의미가 있겠습니까. 하지만, 그는 현미경으로 작업했고, 미분을 놓고 영향력 있는 토론을 한, 프랑스 과학 아카데미 회원이었습니다. 또한, 평생 수도원에 속한 신부였습니다. 이런 상황을 누구보다 잘 알기에, 그는 도로를 말리고, 강물을 얼리는 존재가 신이라고 말하면, 웃음거리가 될 거라고 합니다. 그러면서, 우리는 공기가 도로를 말린다고 해야 한다, 즉, 공기가 도로를 적시는 물을 휘저어 들어 올려서, 도로를 말리며, 공기나 아주 작은 물질이 강을 얼리는데, 그 이유는, 이 계절에는 공기가 강을 흐르게 하는 물에 충분한 운동을 전달하지 않기 때문이라고 합니다. 이런 설명에 등장하는 원인을 부차적 원인 혹은 계기 원인이라고 합니다. 즉 진정한 원인은 신이지만, 과학적 설명에 등장하는 원인은 부차적 원인이라는 겁니다. 부차적 원인은 설명하려는 대상과 자연법칙을 연관합니다. 즉 자연법칙이 없다면, 부차적 원인을 이용한 설명을 가능하지 않겠지요.

    계기 원인론에 대해, 이런 비판이 있습니다. 바다를 가로지르는 배를 상상해 보자. 뱃머리에 파도가 끊임없이 부서지는데, 파도가 뱃머리에 부딪힐 때마다, 그 계기에, 신은 그 많은 파도에 일일이 힘을 주는가? 물론, 전능한 신이기에, 가능은 하겠지만, 이상하지 않은가? 말브랑슈는 신에게 두 가지 의욕이 있다고 합니다. 신은 의욕만으로도 원인이 되기에, 신이 의욕 하면, 실제로 발생합니다. 하나는 일반 의욕이고, 다른 하나는 특정한 의욕입니다. 일반 의욕은 신의 지혜와 불변을 보여 주기 위해서이고, 특정한 의욕은 신의 선과 정의를 보여 주기 위함이라고 합니다. 일반 의욕은 일반 법칙을 낳는데, 일반 법칙은 원리로 발견할 수 있습니다. 일반 법칙은 다시 두 가지로 나눌 수 있습니다. 하나는 자연법칙, 다른 하나는 은총 법칙입니다. 자연법칙은 이성과 경험으로 알 수 있는데, 세 가지가 있다고 합니다. 첫째, 운동을 전달하는 자연법칙으로, 인간과 동물, 사물에 해당합니다. 둘째, 영혼과 몸의 연합으로, 몸에는 자발적 운동을, 마음에는 감정을 만듭니다. 셋째, 영혼과 몸이, 신이나 보편 이성과 연합하여, 신 안의 관념을 지각합니다. 은총 법칙은 두 가지입니다. 하나는, 천사에게 몸을 지배할 힘을 줍니다. 일시적인 선과 불행을 만들기 위해서입니다. 다른 하나는, 예수에게 몸과 마음을 지배할 힘을 줍니다. 일시적이고 영원한 선을 주기 위해서입니다. 예수와 천사의 욕망은, 은총의 영역에서 부차적 원인이고, 신은 천사가 원하는 대로, 몸을 움직이게 하고, 예수가 원하는 대로, 사람에게 은총을 줍니다.

    일반 자연법칙이 있으므로, 뱃머리에 부딪히는 파도의 운동은 해결할 수 있습니다. 신이라는 원인이 없다 해도, 자연 현상을 이성과 경험으로 탐구한다면, 근대 물리학과 다를 바가 없기 때문입니다. 그는 계기 원인론은 오히려 탐구 목적을 명확하게 해준다고 합니다. 즉, 인과 힘이 아니라, 자연법칙의 효능을 결정하는 조건을 찾기 때문입니다. 어떤 조건에서 도로가 마르고, 어떤 조건에서 강물이 어는지를 탐구한다는 겁니다.

여기에서, 자연법칙 가운데, 셋째를 봅시다. 영혼과 몸이, 신이나 보편 이성과 연합하는 법칙으로, 신 안의 관념을 지각한다고 합니다. 이 법칙은 이해하기 쉽지 않습니다. 플라톤의 이데아가 떠오르기도 하고, 신플라톤주의를 연상하게 되네요. 영혼이 신과 연합한다는 주장까지는 이해할 수 있지만, 몸도 신과 연합한다는 의미는 알기 어렵네요. 그는 영혼에 특별한 지위를 주지는 않습니다. 보통은 육신이 아닌 영혼이, 신이나 보편 이성과 결합한다고 하는데, 그는 영혼과 몸을 동등하게 다룹니다. 둘 다 스스로는 힘이 없기 때문이 아닐까요. 즉, 진정한 원인이 아니라는 점에서, 동등하지 않나 생각합니다. 그런데, 신 안의 관념이란 표현에서 알 수 있듯이, 여기에서 관념이란, 마음의 양태와는 다릅니다. 즉 추상적이고 논리적인 신 안의 존재입니다. 이런 존재를 지지하기 위해 그는 『요한복음』을 제시합니다. 즉, 〈세상에 오는 모든 사람에게 비추는 참된 빛〉 즉 로고스나 말씀을, 관념으로 보는데, 이는 지성만이 이해할 수 있습니다. 말브랑슈는 로고스나 말씀이 신자뿐만 아니라, 모든 추상적 사고 그리고 심지어 모든 감각 기관에도 있다고 합니다. 즉 추상적 사고가 영혼에 해당하면, 감각 기관은 몸에 해당할 겁니다. 그리하여, 마음과 몸이 연합하여, 신 안의 관념을 봅니다.

여기에서, 마음과 몸에 대해 다시 생각해 볼 필요가 있습니다. 우선, 마음입니다. 마음이 물질이라면, 직접 잴 수 있기에, 잘 알 수도 있을 겁니다. 하지만, 우리는 마음이 있다고만 알고 있을 뿐, 본질에 대해서는 아무것도 알지 못합니다. 왜냐하면, 자의식과 감정으로만 마음을 경험하기 때문입니다. 있다는 걸 알지만, 뭔지는 모르는 상태입니다. 그 이유에 대해, 말브랑슈는 신은 자신 안의 수많은 관념에서, 그가 공개하기로 선택한 것만, 우리에게 보여 주기 때문이라고 합니다. 그에게 관념은, 데카르트와 마찬가지로, 분명하고 구별되는 관념인데, 이런 이유에서, 마음은 이런 관념에 해당하지 않습니다. 따라서, 우리는 영혼에 대해 사실 아무것도 모릅니다. 몸도 마찬가지입니다. 몸은 연장이기에, 측정할 수 있고, 확실한 관념도 가질 수 있어 보이기에, 마음보다 나아 보이지만, 그렇지 않다는 겁니다. 우리의 감각은 신이 만든다고 합니다. 즉, 우리가 보는 바는, 물질적인 연장이 아니라, 신 안에 있는 관념입니다. 그는 신은 우리 몸이 없어도, 우리 마음에 몸의 감각을 일으킬 수 있다고 하면서, 우리가 몸이 있다고 믿는 이유는 자연적 성향이지, 관념으로 믿지는 않는다고 합니다. 몸이 있다는 믿음은 자연 성향일 뿐이기에, 오직 신의 계시만이 몸이 존재한다는 걸 알려 준다고 합니다. 다시 말해서, 우리 관념과 닮은 외부 세계의 존재를 아는 일은, 계시 덕입니다.

　그렇다면, 은총의 법칙은 왜 필요한가요? 좋은 삶을 위해 필요합니다. 마음의 관념은 아무런 인과적 힘이 없습니다. 몸을 움직이기 위해서는, 자연 성향이 필요합니다. 즉, 쾌락을 추구하고, 자신과 다른 사람을 보존하려는 성향이 작동해야, 몸이 움직입니다. 그런데, 자연 성향은 이성이 지시하는 대로 움직이지 않습니다. 그 이유는 에덴동산에서의 타락이라고, 그는 말합니다. 그리하여, 열정에 따라 마음이 움직이는 약점이 생겼습니다. 이 약점을 제어하지 않으면, 좋은 삶은 가능하지 않기에, 때때로 막아 줘야 합니다. 이성이 이 역할을 한다지만, 그는 이를 부인합니다. 즉, 이성은 결국, 마음에 갇혀 있어, 몸을 움직일 힘이 없기에, 열정을 극복할 만한 충분한 강도의 기쁨을 줄 수 없다고 하네요. 이성은 생각하기에, 능동적이지만, 의지의 도움 없이는 물질세계에서 무기력합니다. 따라서, 이성이 아닌, 은총이 필요합니다. 이 은총은 강한 욕망을 제어해, 균형을 잡아 줍니다. 그는 이를 저울에 비유합니다. 열정적인 욕망을 상쇄하거나, 올바른 행위를 하거나 하지 않도록 한다고. 그는 인간을 무기력한 존재로 봅니다. 구원자인 예수의 은총 없이는, 덕이 높은 행위를 할 수 없다고 보는 겁니다. 예수와 인간의 협력으로, 덕이 높은 행위가 가능합니다. 인간은 올바른 추론을 하고, 예수는 은총이란 감정을 줍니다.

말브랑슈는 스콜라철학을 배웠으나, 아리스토텔레스와 교회의 결합을 재앙으로 여겼습니다. 아리스토텔레스는 영혼을 몸의 형상으로 보았는데, 실은 영혼은 신의 이미지라고 그는 말합니다. 즉, 아리스토텔레스를 받아들여, 성경 가르침을 저버렸다고 비판합니다. 그리하여, 그는 아우구스티누스를 부활하려 했습니다. 믿음이 먼저라는 가르침을 따릅니다. 그리고, 데카르트의 영향도 많이 받았지만, 비판도 합니다. 데카르트의 코기토도, 아우구스티누스의 〈실수하므로, 존재한다〉라는 명제의 영향을 받았다고 합니다. 그리고, 물론 성경을 따르지만, 그 이유가 딱히 이성에 있다고 생각하지 않습니다. 성경을 택한 이유는, 믿음의 결과이지 이성의 선택이 아니라고 합니다. 이성으로 따지면, 쿠란을 택하지 않을 이유도 없다고 하면서, 믿음을 강조합니다. 기적에 대해, 경험으로는 추적할 수 없다고 하는데, 이유는 신이 특정한 의도를 갖고도, 일상적인 사건을 일으킬 수 있기 때문이라고 합니다. 즉, 일상 사건도 일반 의욕이 아니라, 특정한 의욕에서 생길 수 있으므로, 특정한 의욕에서 생기는 사건만이 기적이라 할 수 없겠지요. 중심에는 신이 있습니다. 철학의 독립이 주 관심사는 아니지만, 도움은 됩니다. 부차적 원인 탐구를 하는 이유이겠지요.

개가 다치면, 비명을 지르는데, 이는 개에게 영혼이 없다는 걸 보여 준다고 그는 말합니다. 하지만, 개에게는 동물 혼이 있습니다. 그런데, 동물 혼은 인간에게도 있습니다. 그는 다친 사람을 보면, 그 사람의 상처에 대응하여, 동물 혼이 우리 몸에 흘러들어 와, 몸이 공감하여, 그 공감이 부차적 원인이 되어, 동정이 생긴다고 합니다. 이런 계기 원인론은 많은 반발을 불러일으켰습니다. 많은 사람과의 편지 왕래와 토론이 있었는데, 라이프니츠도 그 가운데 한 사람이었습니다.

49
라이프니츠

광산, 수학, 외교, 철학, 신학 등 여러 분야에서 활약한 라이프니츠는 당시 유행하던 중국학에도 관심이 많았습니다. 그는 진정한 문자는 예정 조화설이나 충분한 이성과 통한다고 믿었습니다. 예정 조화설을 형이상학 영역과 물리적 영역을 나누고, 두 영역이 대응한다고 합니다. 서로 다르지만, 대응으로 조화를 이룬다는 거죠. 이와 마찬가지로, 생각과 문자/소리 사이에도, 이런 대응이 있다고 믿어, 원초적인 언어가 있었다는 결론에 이르고, 새로운 보편 문자를 만들 수 있다고 믿었습니다. 그리고, 그는 철학 언어를 아주 정확하게 구사하면, 많은 철학 논쟁이 없어지리라 생각했습니다. 수학이나 기하학처럼 된다는 거죠. 이런 의미에서, 신은 세계를 영(무)과 하나(신)의 단위에서 창조했다고 합니다. 이것을 창조 비밀이라 했는데, 중국의 음, 양의 이분법과 비슷한 점이 있어 보입니다. 하지만, 그의 철학 관심사는 하나는 개인의 불멸이고, 다른 하나는 아리스토텔레스 철학과 근대 기계론을 종합하는 두 가지로 보입니다.

개인의 불멸은 학생 시절부터의 관심사입니다. 개인의 불멸을 다루려면, 먼저 개인 즉 개체를 다루어야 합니다. 개체가 무엇인지를 파악한 후에, 죽지 않으려면 무엇이 필요한지를 고민하는 것이, 순서로 보입니다. 우선 하나가 아니면, 존재가 아니라고 합니다. 즉, 단일하지 않은 대상은, 하나의 존재가 아니라고 말합니다. 다시 말해서, 하나라는 통일성이 없다면, 존재가 될 수 없습니다. 예를 들어, 소크라테스는 통일성이 있기에, 하나의 존재이지만, 양 떼는 통일성이 없으므로, 하나의 존재가 아닙니다. 양 떼는 그저 유기체의 군집일 뿐입니다. 여기에서 그가 유기체를 실체로 여긴다는 점을 알 수 있는데, 그는 유기체가 아니면, 실체가 아니라고 합니다. 아리스토텔레스의 실체 개념을 동원합니다. 즉, 술어의 궁극적인 주어가 실체라는 겁니다. 소크라테스가 그에 대한 술어의 주어라는 이야기입니다. 그리고, 이 주어 자리에 유기체만이 들어갈 수 있다고 합니다. 유기체가 아닌 군집은 주어 자리에 들어갈 수는 있어도, 실체는 아닙니다. 예를 들어, 군대는 각각의 군인으로 이루어지는 군집입니다. 따라서, 각각의 군인은 유기체로 실체가 되지만, 군대는 진정한 단일체가 아니므로, 실체가 아닙니다. 그렇다면, 왜 그는 유기체만을 실체로 고집하나요? 실체만이 단일성이 있는 영혼이나 생명의 원리를 갖고 있기 때문입니다. 즉, 영혼이나 생명의 원리만이 단일성을 부여하기에, 유기체만이 실체라는 게지요. 여기에서, 생명의 원리는 거의 유기체와 같은 의미로 보이고, 영혼도 살아 있다는 의미와 닿아 있습니다. 그런데, 반론이 제기됩니다. 벌레를 조각내면, 두 마리가 됩니다. 그럼, 이제 하나가 아니어서 단일성이 없어진다면, 실체도 없어지니, 두 마리의 벌레는 계속 움직여도, 둘 다 영혼이 없는 건가요? 아니면, 둘 다 영혼이 있는 건

라이프니츠 325

가요? 둘 다 영혼이 있다면, 새로운 영혼의 탄생이 되는가요? 이런 반론에, 그는 둘 다 아니라고 할 필요는 없다고 하면서, 하나에는 영혼이 계속 작동하기에, 그쪽이 그 벌레라고 합니다. 이 경우, 벌레는 몸의 분할을 이겨낸 겁니다. 하지만, 이런 답에 만족하지 않아 그는 후에 새로운 이론을 내놓습니다.

그 이론이 모나드입니다. 우선 모나드는 쪼개지지 않습니다. 벌레처럼 분할된다면, 문제가 생기니까요. 그리고, 물질이 아니어야 합니다. 즉, 영혼과 같은 존재여야, 통일성이나 단일성을 유지할 수 있습니다. 즉, 물질이 아니며, 단순하고, 쪼개지지 않으며, 영혼과 같은 존재입니다. 이런 모나드를 제시하기 전에, 그는 논리와 형이상학에서 네 가지 원리를 끌어냅니다. 이 네 가지 원리의 시작은 완전한 개념입니다. 라이프니츠의 실체는, 그 안에 실체에 관한 모든 술어를 포함하고 있습니다. 즉 주어가 모든 술어를 포함한다는 거죠. 소크라테스라는 실체는 그에게 해당하는 술어, 예를 들어, 독배를 마시고 죽는다, 등을 모두 포함하고 있습니다. 따라서, 이런 실체의 완전한 개념에서 진리를 찾아낼 수 있습니다. 그에게 진리는 대응이 아닙니다. 즉, 명제와 사태 사이의 대응이 아니라, 개념과 개념 사이의 관계입니다. 이 때 개념은 실체에 포함된 개념입니다. 즉, 실체와 실체 사이의 관계에 진리가 있다는 겁니다. 모든 긍정 명제에서, 필연이든 우연이든, 보편이든 특수이든, 술어 개념은 주어 개념에 포함된다고 하면서, 이것 말고는 나는 진리가 무엇인지 모른다고 말합니다. 이를 개념-포함 진리론이라고 부릅니다. 예를 들어, 율리우스 카이사르가 루비콘강을 건넜다,는 문장에서 율리우스 카이

사르는 임의의 이름이 아닙니다. 그것은 소금과 같은 종류의 개념입니다. 보통명사처럼 취급하는 거죠. 〈율리우스 카이사르〉 개념에 〈루비콘 강을 건넘〉이라는 개념이 포함됩니다. 어떤 경우에도 이 진리론은 성립한다고 하는데, 이런 진리론에서 네 가지 원리를 끄집어냅니다. 물론 순수하게 진리론은 아니고, 형이상학적 주장이 끼어듭니다.

첫째는, 구별할 수 없다면, 같다고 합니다. 완전히 닮은 두 개의 실체는 있을 수 없습니다. 둘째는, 모든 실체는 온 우주를 표현하거나 반영한다고 하며, 셋째는, 실체 사이의 인과 상호 작용은 없다는 겁니다. 넷째는, 예정 조화설로, 실체의 상태는 신에 의해 조화를 이루는데, 겉보기에는 인과 상호 작용으로 보인다, 입니다. 첫 번째 원리에 대해, 두 개의 사물이 수적으로만 구별될 뿐, 완전히 똑같다는 주장은 경험으로도 맞지 않다고 합니다. 똑같은 나뭇잎 두 잎을 찾으려고 시도한 사람의 예를 들면서, 아무리 애를 써도 완벽하게 똑같은데, 장소만 다른 곳에 나뭇잎 두 잎이 있는 경우는 경험으로 보아 불가능하다고 합니다. 여기에 그치지 않고, 이런 일은 논리적으로도 불가능하다고 합니다. 왜냐하면, 신은 충분한 이유 없이는, 아무것도 하지 않기 때문입니다. 이런 원리를 그는 충분한 이유 원리라고 합니다. 즉, 신이 똑같은 두 개를 만들어, 이것이 아니면 저것이 되는 일을, 충분한 이유 없이는, 하지 않는다는 거죠. 이때 신이 만드는 것은 실체입니다. 즉, 신이 충분한 이유 없이, 똑같은 실체를 두 개 만들지 않는다는 겁니다. 왜냐하면, 개체는 개별 실체로 인해 개체가 되는데, 개체의 정의대로, 개체는 단 하나 존재하기에, 똑같은 개체는 존재할 수 없기 때문입니다. 개체는 단 하나 존재한다는 주장은 논리가 아니라, 형이상학적 주장이라고 보아야 하겠지요. 이런 주장을 하는 이유는, 원자론을 반박하기 위해서입니다. 원자론에서는 구별할 수 없는 원자가 문제 되지 않습니다. 원자는 쪼개지지 않는 속성이 있지만, 수적으로만 구별된다면, 아무 상관이 없기 때문입니다. 원자의 이합집산으로 사물이 생기지만, 라이프니츠의 모나드는 그런 이합집산을 거부합니다. 그는 원자론을 논박하기 위해, 수적 구별만으로는 부족하다는 점을, 모나드 하나하나가 실체를 갖고 있다는 점을 강조합니다. 그리고, 이합집산으로 인한 우연을 막기 위해 개별 실체는 완전한 개념을 갖기에, 주어에 속하는 술어를 모두 갖고 있으므로, 개체는 완전히 결정되어 있다는 점을 말하고자 합니다. 그리하여, 구별할 수 없다면, 같다는 원리와 충분한 이유 원리를 제시합니다. 이 두 가지 원리에 대해, 상당한 자부심을 보입니다. 그는 구별할 수 없다면, 같은 것이라는 원리는, 원자론 철학 전부를 전복시킨다고 하며, 구별할 수 없다면, 같은 것이라는 원리와 충분한 이유 원리를 합하면, 형이상학의 상태를 바꾼다고까지 말합니다. 이전까지의 형이상학은 공허한 단어로 가득했다고 진단합니다.

둘째, 모든 실체는 온 우주를 표현하거나 반영한다는 원리입니다. 이때 표현한다, 반영한다, 지각한다, 재현한다, 포함한다는 같은 의미입니다. 모나드는 다른 모나드와 연관됩니다. 예를 들어, 알렉산더에게 완전한 개념이 있다면, 알렉산더를 제외한 모든 실체의 술어를 읽어 낼 수 있습니다. 물론, 실제로는 신만이 할 수 있지만, 원리로는 그렇습니다. 즉, 알렉산더는 다른 실체와 연결되어 있기에, 알렉산더의 완전한 개념을 안다면, 결국 우주의 모든 것을 알 수 있겠지요. 우주의 모든 것이라고 할 때, 현재뿐만 아니라, 과거와 미래도 포함합니다. 라이프니츠는 알렉산더의 영혼에는 언제나 그에게 일어나는 모든 일의 흔적과 앞으로 그에게 일어날 모든 것의 흔적 그리고 우주에서 일어나는 모든 것의 자국까지도 있다고 합니다. 시간 경과는 문제가 되지 않습니다. 왜냐하면, 본래 본성이나 완전한 개념은, 신이 창조했을 때 실체에 부여한 초기 상태의 결과이기에, 특별한 경우가 아니라면, 앞의 상태와 그 상태의 변화에 따라, 전개되기 때문입니다. 즉, 프로그램이 되어 있기에, 시간 경과에 따라, 전개될 뿐, 시제와는 무관하단 겁니다. 물론, 모든 실체가 연관된다는 주장은, 그의 형이상학의 전제입니다.

셋째, 실체 사이의 인과 작용을 부인한다는 원리는 피조물 사이의 인과 관계를 부정함은 물론이고, 모나드 사이의 인과도 부정한다는 의미입니다. 우선, 〈스미스는 존보다 키가 크다〉는 문장을 보겠습니다. 이 문장은 관계에 대한 문장으로 볼 수 있습니다. 즉, 스미스와 존의 관계에 관한 문장입니다. 하지만, 라이프니츠는 개체의 속성으로 환원합니다. 즉, 스미스는 키 180센티미터이고, 존은 키 170센티미터로 다시 됩니다. 키는 개체의 속성이 되었습니다. 그리고, 비교는 인간의 작품이지 실체의 관계는 아닙니다. 카이사르가 브루투스에게 암살당했다는 문장도 마찬가지입니다. 브루투스가 카이사르 암살의 원인이 아니라, 카이사르의 완전한 개념에 그 시간에 브루투스에게 칼에 찔린다는 것이 포함되어 있고, 브루투스의 완전한 개념에는 그 시간에 카이사르를 찌른다는 것이 역시 포함되어 있을 뿐입니다. 따라서, 두 사람 사이에는 인과 관계는 없습니다. 있다면, 겉보기이고, 거짓입니다. 그런데, 개체의 완전한 개념에는 개체에 속하는 술어뿐만 아니라, 우주의 법칙이 들어 있습니다. 이 법칙은 인과 법칙이 아닙니다. 다른 실체와 공존하는 법칙으로, 이 법칙으로, 한 실체의 개념에서 다른 모든 실체의 술어를 연역할 수 있습니다.

 모나드는 실체이지만, 창이 없습니다. 즉 다른 모나드와 무엇도 주고받을 수 없습니다. 아무런 인과 효력이 없기에, 실제로 아무 일도 못 합니다. 결국, 라이프니츠는 피조물 사이의 인과는 물론, 모나드 사이의 인과도 부정합니다. 그럼, 인과처럼 보이는 현상은 어떻게 일어날까요? 심신의 상호 작용은 겉보기에는 인과로 보이지만, 그는 아니라고 합니다. 실체 사이의 인과도 아니면, 심신의 상호 작용을 어떻게 설명할까요?

 넷째, 예정 조화설입니다. 실체는 신에 의해 조화를 이루며, 겉보기에는 인과 작용처럼 보이지만, 실제로는 두 개의 시계가 정확히 조정된 것처럼, 조화롭게 작동한다고 합니다. 영혼과 몸은 그에게 실체가 아닙니다. 실체가 아니니, 데카르트와 같은 심신 문제는 아예 발생하지 않습니다. 몸은 실체가 아니라, 모나드의 군집입니다. 따라서, 겉으로는 상호 작용으로 보여도, 인과는 아니며, 실제로는 각자가 자신의 법칙을 따를 뿐입니다. 즉, 몸은 기계론 법칙을, 마음은 심리 법칙을 따릅니다. 나의 몸과 마음은 신이 미리 프로그램해 놓은 대로, 모자를 들어 올리려 하면,

팔이 적절한 움직임을 준비합니다.

　예정 조화설을 라이프니츠가 처음 주장하지는 않았습니다. 스토아학파와 신플라톤주의가 말하는 공감을 시초로 볼 수 있고, 르네상스에 마술로 부활합니다. 라이프니츠는 피조물은 실체의 변화에, 조화로운 질서를 이루면서 적응한다고 하며, 우주의 모든 것에 공감한다고 말합니다. 그리고, 우주의 모든 운동은 멀리 떨어진 물체에 영향을 끼친다고 합니다. 거리에 상관없이 영향을 미치므로, 모든 사물은 우주에 있는 모든 사물에 대응합니다. 존재는 다름 아닌 조화로움이라고 합니다. 하지만, 그는 접촉으로 속성이 물체에서 물체로 옮겨간다는 스콜라철학을 지지합니다. 즉, 당구공 충돌처럼, 접촉 없이는 속성이 전달되지 않는다는 주장을 옹호합니다. 그런 그가, 거리와 관계없이 우주의 모든 사물이 영향을 주고받는다고 합니다. 이런 모습은 신비주의 옹호로 보이는데, 다른 주장에서도 신비주의를 엿볼 수 있습니다. 세계는 공감하는 활기로 가득하며, 살아 있는 실체가 세계를 구성하며, 그 실체의 겉보기가 물질이라고 합니다. 그리고 우주에는 사용하지 않거나, 불모이거나, 죽은 것은 없다고 하며, 모든 실체는 어느 정도 생명과 마음을 갖고 있고, 모든 마음은 전체의 행위를 지각한다고 합니다. 이런 주장은 르네상스 신비주의 철학과 비슷합니다. 유기체의 공감이 우주의 조화를 지탱한다든가, 영혼이나 마음과 같은 실체로 세계가 이루어진다는 주장도 그렇습니다. 또한, 카발라의 활력론, 모든 사물에 감정을 불어넣는 은둔 철학자, 플라톤과 피타고라스가 말하는 조화, 아리스토텔레스와 스콜라철학의 형상이론 등을 지지합니다. 라이프니츠는 겉으로는 마술과 신비주의를 비판하고 비웃었지만, 실제로는 그렇지 않았습니다. 하지만, 모나드의 창문을 없애 버려, 마술이 세상사에 개입할지도 모른다는 우려를 없앴습니다. 마술은 인과 역할로, 분명히 현상을 바꿀 수도 있습니다. 하지만, 이것을 끊어 버린다면, 처음 예정된 궤도대로 진행하고, 마술이 개입할 여지는 없습니다. 기계학이 엄격하게 지배합니다.

아리스토텔레스를 비판하면서도 라이프니츠는 그의 주장을 수용하여, 근대 기계론과 종합하려 합니다. 아리스토텔레스는 사물은 형상과 질료로 구성된다고 합니다. 질료는 죽은 존재와 같지만, 형상이 들어가면, 활성화됩니다. 이를 라이프니츠는 받아들이면서, 자신의 용어로 바꿉니다. 즉, 형상을 원초의 능동 힘으로, 질료는 원초의 수동 힘으로 부르고, 두 가지 힘은 모나드의 관점이라고 합니다. 모나드는 단일한 실체이지만, 두 가지 관점으로 볼 수 있다는 거죠. 이렇게 관점으로 보면, 형상이 질료를 활성화하는 신비스러운 장면은 보지 않아도 됩니다. 힘은 단지 관점에 지나지 않기 때문입니다. 그는 몸을 예로 들어, 몸 안의 수동 힘은 연장, 능동 힘은 운동이라고 합니다. 즉, 형상과 질료가 능동 힘과 수동 힘으로, 그리고 운동과 연장으로 바뀝니다. 이렇게 되면, 연장은 기계론의 법칙을 따르게 됩니다.

아리스토텔레스의 영향은, 유명론과 개체화에서도 볼 수 있습니다. 라이프니츠는 종이나 유를 인정하지 않습니다. 그리고, 개인을 개인으로 만드는 개인의 본질도 인정하지 않습니다. 모든 개체는 온전한 존재로 개체화하며, 온전한 존재는 형상과 질료를 원래 갖고 있고, 다른 원인은 없다고 합니다. 이는 수아레스의 주장으로, 사물은 원래 갖추어진 채로 사물이 되며, 하나가 된다고 합니다. 유기체를 생각하면 되지 않을까요. 형상과 질료를 원래 갖추고 있고, 다른 외부의 도움 없이, 하나의 사물이 되니까요. 라이프니츠는 세계의 모든 것은, 보편 속성이라든지 형상을 언급하지 않고도, 설명할 수 있다, 이보다 더 참인 바는 없다고 말합니다. 후에, 그는 이런 스콜라철학의 개체화를 버리고, 모나드를 택합니다. 하지만, 공통점은 남습니다. 즉, 개체성을 이루는 바와 개체성을 아는 바는 구별해야 한다는 점과 개체가 보편에 우선한다는 점 등입니다.

　모나드 이해를 위해 몸과 마음에 대한 그의 주장을 들어 보겠습니다. 그는 우리 몸이 존재한다는 것을 증명할 수 없다고 합니다. 알가잘리의 주장대로, 삶이 오랜 시간에 걸친, 잘 짜인 꿈일 수도 있기 때문입니다. 그는 현실과 꿈을 구분할 수 있는 기준 몇 가지를 제시하지만, 설사 꿈이라 할지라도, 이성을 사용해 속지 않는다면, 진짜라고 하면서, 꿈이든 아니든, 실제 생활에는 아무런 차이가 없다고 합니다. 그런데, 여기서 진짜라는 의미는, 무지개처럼 몸도 진짜라는 겁니다. 즉 모나드와 같은 실체는 아니라, 모나드 군집의 현상입니다. 주의할 점은, 몸은 모나드의 군집이 아니라, 엄격히는 모나드 군집의 현상입니다. 현상이므로, 그것이 꿈이든 아니든 상관없습니다. 실체가 아니면, 근본에서는 차이가 없으나, 현상에서는 차이가 있습니다. 몸은 우리 감각 기관이 지각하는 현상이라 해도, 꿈이나 상상과는 다릅니다. 즉, 꿈이나 상상보다 훨씬 잘 짜인, 토대가 좋은 현상입니다. 이에 비해, 돌이나 벽돌은 유기체가 아니기에, 복합 모나드의 현상이 아니라, 통합하는 영혼이나 형상이 없는, 모나드의 우연한 군집일 뿐입니다. 우연한 군집이기에, 잘 짜인 토대가 없습니다.

그런데, 공간을 차지하지 못하는 모나드 군집 현상이 어떻게 공간을 차지하는 몸이 될 수 있을까요? 그는 모나드가 공간을 차지하지 못하기에, 모나드의 군집도 그렇다고 추론하면, 합성의 오류라고 답합니다. 하지만, 더 중요한 답은, 모나드 군집의 현상을 몸으로 인식하는 바는, 지각의 작품이라는 겁니다. 즉, 우리가 몸이라는 현상을 만들어 낸다는 겁니다. 즉 실체로 잘못 지각하여, 몸이 크기, 형태, 위치를 갖는다고 합니다. 실체를 제외한 모든 것은, 정신이 만들어 낸 정신의 구조물일 뿐입니다. 그리하여, 그는 의도적인 대상을 현상과 같은 뜻으로 씁니다. 몸은 우리가 만들어 낸 의도적인 대상이고 현상입니다. 실체가 아닌, 잘 짜인 토대가 좋은 현상입니다.

데카르트는 마음 자체가 투명하다고 하면서, 우리가 의식하지 못하는 것은 마음에 없다고 말합니다. 즉, 우리는 외부 세계나 몸은 몰라도, 마음만큼은 투명하게 볼 수 있다는 겁니다. 그리하여, 마음이나 관념에 특별한 지위를 줍니다. 관념이 실체가 되지요. 하지만, 라이프니츠는 다릅니다. 마음은 공간을 차지하지 않고, 실체를 자각하지만, 지각이 일어나는 순서를 결정하는 법칙을 모른다고 합니다. 즉, 마음은 실체를 압니다. 자기 성찰을 통해, 마음이 무엇인지에 대한 분명한 관념을 갖는다고 합니다. 즉, 마음에 대한 분명한 관념은 있으나, 다른 것과 구별되는 관념은 갖지 않는다는 의미로 보입니다. 그런데, 성찰로 얻은 분명한 관념으로, 마음이 단순하고, 공간을 차지하지 않는 실체로, 언제나 생각하거나 지각하며, 또 언제나 한 지각에서 다른 지각의 이동을 알 수 있다고 합니다. 즉, 실체와 속성, 같음과 다름, 단일과 복수, 행위와 수동, 원인과 결과 등 모든 범주에 대해 알 수 있습니다. 그가 구별되는 관념을 갖지 못한다고 주장하는 이유는, 지각이 일어나는 순서를 정하는 법칙을 모르기 때문입니다. 즉, 우리 마음이 어떻게 작동하는지 그 법칙이나 힘을 모르기에, 마음이 실체라는 바는 알지만, 마음의 본질에 대해서는 모른다고 합니다. 생각은 마음의 본질이 아닙니다. 마음의 본질은 생각이라는 주장은 잘못입니다. 왜냐하면, 생각은 마음에 없어서는 안 되는 행위이지만, 생각이 사라지면, 다른 생각이 생겨나는데, 이런 변화에도 변하지 않고 지속하는 무엇인가가 바로 본질인데, 그 본질은 지각이 일어나는 순서를 정하는 법칙이기 때문입니다.

관념은 존재론에서 지위가 없습니다. 그저 마음 안에 있는 기능입니다. 어떤 방식으로 생각하는 성향을 관념이라고 합니다. 다시 말해서, 심리입니다. 관념이 타고난 성향이라면, 특정한 관념을 타고난다는 의미도 아니고, 기본 속성이라는 의미도 아닙니다. 이런 상황이라면, 이렇게 생각하리라는 성향만을 말합니다. 그런데, 깨지기 쉽다는 성향은, 유리의 구조에 바탕을 둡니다. 구조로 보아, 깨지기 쉽다는 거죠. 하지만, 마음은 그렇지 않습니다. 마음의 어떤 구조에 바탕을 두어, 그런 성향이 있는지 분명하지 않습니다. 삼각형 관념을 감각 경험을 통해 얻을 수는 없습니다. 우리가 성찰을 통해, 모든 범주를 알 수 있는 바와는 다릅니다. 그렇다면, 삼각형 관념은, 태어날 때부터 갖고 있지 않으면 안 되는데, 이는 관념을 성향으로 보는 그의 주장과 달라 보입니다.

　　모나드의 속성은 지각과 요구입니다. 지각을 하나 안에서의 많은 것의 표현으로 정의하는데, 결국 온 우주를 지각한다는 의미로 보입니다. 욕구란 모나드 안의 법칙으로, 모나드의 상태를 바꾸게 하는 힘입니다. 그런데, 모나드는 영혼과 같기에, 항상 지각해야 합니다. 잠들어 있는 영혼을 생각할 수 없듯이, 모나드는 항상 지각해야 하는데, 실제는 그렇지 않습니다. 그는 우리가 의식하지 못할 때는, 미약한 의식이 계속 작동하고 있다고 합니다. 세기가 약해서 우리가 의식하지는 못하지만, 항상 미약한 의식이 있습니다. 그에게 마음은 의식의 문턱 밑에 펴져 있습니다. 무의식을 포함하여, 마음은 늘 생각합니다. 언제나 의식한다는 게 아니라, 지각이나 미약한 의식이 없을 때는 없다는 거죠. 꿈이 없는 수면이나 혼수상태에서도, 마음은 미약한 지각을 합니다. 마음은 물질이 아니라서, 불멸이며 언제나 지각한다고 그는 말합니다. 우리가 의식으로 듣지 않는 소리라도 우리를 깨우는 바처럼, 우리에게 영향을 끼치는 것은, 무엇이든, 의식이 아니라면 무의식으로 실제로 지각된다고 합니다. 아울러, 동물은 생각이 없을 뿐, 지각이 없지는 않다고 합니다.

　　모나드에는 계급이 있습니다. 물론 맨 위는 신이고, 바닥은 벌거벗은 모나드로, 물질의 형이상학적 토대를 제공합니다. 계급을 나누는 기준은 지각의 명료함과 구별됨입니다. 즉, 모나드는 지각의 질이 다를 뿐, 지각 대상은 같은데, 인간은 매우 높은 지각 등급 즉 이성으로, 정상에 가까운 자리에 있습니다. 모든 모나드가 자신의 관점에서 온 우주를 보지만, 질의 차이는 있습니다.

그는 시간과 공간을 논리적 구조물로 봅니다. 즉, 뉴턴의 절대 시간, 공간에 반대합니다. 몸이 없다면, 공간은 없을 것이며, 사건이 없다면, 시간은 없으리라 말합니다. 라이프니츠가 이런 주장을 하는 이유는, 시간과 공간을 실체가 아니라, 관계로 보기 때문입니다. 실체는 모나드 뿐이기에 당연해 보입니다. 따라서, 공간은 존재의 순서나 질서이고, 시간은 연속하는 존재의 순서나 질서입니다. 뉴턴은 시간과 공간을, 몸이나 사건에서 독립한 존재로 여기지만, 라이프니츠는 몸이 공간보다 우선이고, 사건이 시간보다 먼저입니다. 모나드만이 실체이기에, 시간과 공간은 정신적 구조물일 뿐입니다.

예정 조화설은 결정론입니다. 모두, 모나드 안에 프로그램으로 들어 있습니다. 그렇다면, 인간의 자유는 가능할까요? 그는 결정론을 몇 가지로 나눕니다. 의미, 신학, 형이상학, 물리, 개념 결정론으로 나누어, 설명합니다. 유다의 배신은 의미, 신학 결정론이라 하는데, 가장 인간에게 위협이 되는 결정론은 형이상학 결정론입니다. 그런데, 유다의 경우, 의미나 신학으로 결정되어 있으나, 그의 선택과 그 후의 행동은 자유였다고 합니다. 즉, 선택이 우연이라면, 형이상학 결정론에도 불구하고, 자유라고 합니다. 선택이 우연이라는 의미는, 어떤 결정을 하든 모순이 되지 않는다는 의미입니다. 예를 들어, 내가 떠날 것인가를 결정할 때, 내가 어떤 결정을 하든, 모순되지 않습니다. 이런 경우, 선택이 우연이라고 하고, 자유라고 합니다. 그런데, 선택을 유예하는 경우가 있습니다. 어느 쪽도 선택하지 않고, 미루는 거죠. 결정 유예 능력을 인간의 자유로 봅니다. 물리적인 결정론에서 벗어날 수 있기 때문으로 보입니다.

50
로크

라이프니츠는 로크와 편지를 주고받기 위해 여러 번 시도했으나, 뜻을 이루진 못했습니다. 로크가 『인간지성론』을 출간하기 전이었는데, 로크는 별 관심을 보이지 않았다고 합니다. 로크가 가깝게 지낸 사람은 보일이었는데, 그는 뉴턴의 몇 안 되는 개인적인 그리고 지적인 친구였습니다. 로크는 보일의 연구원으로 같이 실험을 했고, 보일의 유작 관리자였습니다. 로크는 보일에게서 지식은 실험 과학에서 보여 주는 바와 같이, 경험과 관찰에 토대를 두어야 한다는 걸 배웠고, 보일의 업적인 가설 개념도 배웠습니다. 즉, 결론이 전제의 확실성을 능가할 수 없으므로, 결론은 단지 개연성뿐이라는 점을 알게 되었고, 원리나 공리를 만드는 데에, 치우치지 말고, 즉 자연 현상 모두를 설명할 수 있는 이론을 세우지 말고, 그 전에 그런 현상의 10분의 1이라도 실험하고 관찰 자료를 모아야 한다는 걸 배웠습니다. 실험은 신비의 속성을 배제합니다. 신비한 속성이 아니라, 분명한 속성으로 자연 현상을 설명하려 합니다. 형태, 크기, 운동이나 정지, 접촉 등을 일차 성질로, 맛, 색, 소리나 냄새 등을 이차 성질로 나누는 일은 갈릴레이도 했습니다. 보일은 눈이 하얗고, 석탄이 검은 이유는, 빛이 있다면 우리 눈에 그렇게 보이는 성향 때문이라고 합니다. 로크는 보일과 같이, 입자를 물질세계의 기본으로 보는데, 입자의 어떤 크기, 형태, 운동이 우리에게 색, 맛, 소리의 관념을 불러일으키는지 알 수 없다고 합니다. 즉 아직은 입자에 대해 모르기에, 지금 관찰할 수 있는 바에 한한다면, 눈에 보이는 것만 말할 수 있다는 태도를 견지합니다.

로크는 이전 철학자를 몽땅 비판합니다. 스콜라철학자, 형이상학자 등을 위대한 조폐국장이라 부르면서, 흐릿하고 쓸모없다고 합니다. 그 이유는, 실험과 경험을 철학의 토대로 하려 하기 때문입니다. 하지만, 실험은 보통의 요구에는 충분히 응할 수 있지만, 실재에 대한 지식은 되지 못한다고 말합니다. 즉, 실험이나 경험만으로는 그가 원하는 철학이 될 수 없다는 겁니다. 그의 철학에는 세 가지가 있습니다. 자연철학은 신, 천사, 영혼, 몸과 물질 등을 다루고, 이론철학은 윤리학이며, 논리학은 다름 아닌 기호학입니다. 그럼, 우리의 모든 지식은 경험에서 나온다는 그의 주장에서, 신이나 영혼, 윤리학이나 논리학이 나올 수 있을까요? 또한, 마음은 자신의 관념만을 지각한다고 주장합니다. 이런 주장에서, 외부 세계나 몸의 존재를 끌어낼 수 있을까요?

지식

지식은 모두 경험에서 나온다는 주장은, 어떤 지식도 경험에 앞서지 않는다는 의미입니다. 그리고, 어떤 지식도 타고난다는 바를 부인하는 주장이기도 합니다. 데카르트는 타고나는 지식을 성향으로 봅니다. 특정한 지식을 갖고 태어나는 게 아니라, 조건과 상황이 되면, 자연스럽게 떠오른다고 합니다. 하지만, 로크는 이런 지식은 없다고 하면서, 경험을 두 가지로 나눕니다. 감각과 반성입니다. 경험하면, 감각 경험만 떠올릴 수 있으나, 그는 감각 경험과 함께, 자신의 내부를 들여다보는 반성이나 성찰을 경험에 포함합니다. 성찰은 자신 마음의 작동에 대한 관념을 제공합니다. 지각, 생각, 의심 등입니다. 즉, 지각이라는 관념, 의심이라는 관념 등을 제공합니다. 여기에서, 경험이 지각을 제공한다는 점이 로크에게 중요합니다. 왜냐하면, 마음은 관념만을 지각하는데, 그 관념을 제공하는 원천이 경험이고, 경험은 감각과 성찰로 이루어지기 때문입니다. 그리고, 경험에서 얻는 관념은 반드시 단순 관념은 아니기에, 다른 요소들, 즉 양태, 결합, 관계 등을 고려해야 한다고 합니다. 예를 들어, 실체 관념을 보겠습니다. 실체 관념은 성찰로는 얻을 수 없습니다. 따라서, 감각 경험으로 얻어야 하는데, 사물의 실체에 대한 관념은 불가능합니다. 아무리 애써도, 실체를 경험할 수는 없기 때문입니다.

 실체를 경험으로 알 수 없다면, 신이 물질에 생각하는 힘을 주었는지도 알 수 없습니다. 경험으로는 진짜 본질을 알 수 없기 때문이겠지요. 관념을 일으키는 바는 사물 안에 있는데, 사물의 입자에 대해 알 수 없기에, 실체에 대한 단순 관념을 얻을 수 없습니다. 불에서 열기나 색을, 감각으로 즉시 지각하는 경우와는 다릅니다. 그런데, 우리는 실체라는 관념을 쓰고 있습니다. 따라서, 그 관념의 담지자가 필요합니다. 왜냐하면, 어떤 관념이든, 관념을 담는 그릇이 있어야 하니까요. 다시 말해서, 실체는 단순 관념이 아니라, 유명론의 명목 본질이라는 겁니다. 다시 말해서, 우리가 관찰된 속성을 바탕으로, 선택하고 구성한 것입니다. 스콜라철학이 말하는 실제 본질이나 형상이 아니라, 유명론이 말하는 명목 본질이지요. 유명론의 실체는, 양상이나 관계라는 관념처럼, 복합 관념입니다.

로크는 관념과 단어 사이에 아주 긴밀한 결속이 있다고 하면서 언어의 본질, 사용, 의미를 말하지 않고, 지식에 대해 분명하게 말하는 일은 불가능하다고 말합니다. 그는 지식을 세 가지로 구별합니다. 직관, 증명 그리고 감각 지식입니다. 로크는 지식을 관념 사이의 비교에서 찾습니다. 관념을 비교해서, 일치와 불일치를 따지는 겁니다. 일치하면, 지식이 되고, 그렇지 않으면, 지식이 아닙니다. 이런 기준에서 보면, 직관적 지식은 관념 사이의 일치 혹은 불일치에 대한 즉각적인 지각이고, 증명 지식은, 관념을 비교할 때, 중간 관념이 필요한 지식이고, 감각 지식은, 감각에 나타나는 사물의 속성 이상으로는 나아가지 못하는 지식입니다. 이런 지식 분류는 그의 주요한 목적인 인간 지식의 한계를 밝히는 작업에 도움이 됩니다. 세 가지 지식 가운데, 증명 지식이 가장 취약합니다. 왜냐하면, 가운데 중간 관념이 있어야 하는데, 이 중간 관념이 적절한지 의심이 들기 때문입니다. 그는 증명 지식의 예로 신을 듭니다. 신의 존재는 증명 지식으로 알 수 있다고 하는데, 과연 어떤 관념을 중간에 넣어야 성공할 수 있을까요? 직관 지식의 예는 자신의 존재이고, 감각 지식의 예는 사물입니다. 지식을 분류하지만, 그는 인간 지식의 한계에 대해 상당히 신랄합니다.

우선, 만약 지식이 관념 사이의 비교에서 생긴다면, 광신자의 환영이나 멀쩡한 사람의 추론이나 똑같이 확실하다고 합니다. 그리고, 공중의 성은, 유클리드 기하학만큼 진리가 되며, 하르피이아는 켄타우로스가 아니라는 주장은, 사각형은 원이 아니라는 주장만큼이나 확실한 지식이 된다고도 합니다. 이런 주장은, 이해 대상이 되면 무엇이든 관념이라는 그의 발언을 보면 알 수 있습니다. 그는 공상이든 무엇이든 생각할 때, 마음은 관념을 사용하는데, 관념이 실체이든 아니면 단순한 양태이든, 관계없이, 관념의 본질에 대해 아는 것은 없다는 겁니다. 그러면서, 관념을 지각으로 여깁니다. 그런데, 마음은 자신의 관념만을 지각한다고 말합니다. 그렇다면, 탁자나 의자를 지각하지 못합니다. 탁자라고 여겨지는 관념만을 지각할 뿐이죠. 자신의 몸도 지각할 수 없습니다. 하지만, 그는 외부 세계가 존재한다고 믿고, 아무런 의심도 하지 않습니다. 외부 사물인 탁자와 그 관념 사이에 어떤 틈이 존재한다면, 어떻게 해결할 수 있을까요? 사물을 지각할 때, 그 관념은 사물을 있는 그대로 나타내고 있나요? 이런 경우, 전통에서는 이성을 내세웁니다. 이성이 이런 오류를 바로잡아 준다는 거죠.

하지만, 로크는 이성을 인간의 본성이라 여기지 않습니다. 추론 기능 등의 이성의 정의를 받아들이지 않고, 하나의 기능으로 봅니다. 다시 말해서, 인간 기능에는 여러 가지가 있는데, 이성은 그 가운데 하나라는 거죠. 이해 역시 마음의 기능이나 힘으로 보고, 지각은 이런 기능의 가장 기본 작용으로 봅니다. 안다는 기능을 이해라고 합니다. 앎이 이해라고 한다면, 추론이나 연역은 판단과 지식으로 더 높은 기능입니다. 즉, 이해보다는 이성이 더 높은 기능입니다. 그런데, 더 높은 기능 가운데 하나인 추론을, 논리 규칙에 따른 형식 연산이 아니라, 두 관념의 일치 혹은 불일치를 처리하는 마음의 능력에서 비롯한다고 봅니다. 즉시 지각으로 관념을 비교하면, 세련되지 않은 지각입니다. 규칙에 따르지 않고, 즉시 비교로 판단하므로, 당연히 확실한 지식이 되기 힘들겠지요. 그는 지식의 확실함과 개연성을 어떤 경우에 적용하는가를 판단하는 기능을 이성이라고 합니다. 즉, 이성은 그에게 추론 자체가 아니라 판단 기능이며, 인간 마음의 다른 기능을 다스리고 교정하는 기능이 아닙니다.

그런데, 로크가 지식으로 인정하는 바는 별로 없습니다. 우리의 관심사를 다스리기에는 개연성만으로 충분하다고 합니다. 증명이나 확실함을 요구하지 말고, 개연성에 만족하라는 의도로 보입니다. 그리고 그는 영혼의 실체를 알 수 없다고 합니다. 즉, 우리가 몸의 실체를 알 수 없듯이, 영혼의 실체를 알 수 없으니, 불멸에 대한 믿음은, 영혼이 무엇이든 관계없이, 위협받지 않는다고 합니다. 즉, 영혼 불멸을 믿을 수 있으나, 증명은 할 수 없다는 겁니다. 우리 지식의 한계로, 영혼의 실체를 알 수 없기 때문입니다. 영혼 불멸을 증명할 수 없다는 주장으로, 그는 당시 위험하고 체제를 전복하는 인물이 됩니다.

로크는 신과 물질이 우주의 전부라고 하는데 뉴턴과 비슷합니다. 뉴턴은 만유인력의 직접적인 원인은 비물질이며, 신이라고 여깁니다. 인력은 어떤 법칙에 따라, 행위자가 끊임없이 일으켜야 하는데, 이 행위자가 물질인지 아닌지는 독자에게 맡긴다고 하지만, 뉴턴은 신이라고 생각합니다. 그는 우주에는 두 가지 대상이 있는데, 하나는 물질 입자로, 모이면 큰 물질적 대상이 되고, 다른 하나는 능동 행위자 즉 신이라고 합니다. 로크도 같은 입장입니다. 그런데, 뉴턴은 기계론적 철학을 언급한 적이 없습니다. 다시 말해서, 만유인력이 기계론으로 모두 설명되었다고 하지 않습니다. 즉, 만유인력은 관찰된 운동은 올바로 설명하지만, 그렇다고 만유인력 자체를 설명하지는 않습니다. 뉴턴은 접촉 없이는 물질이, 다른 물질에 영향을 주지 못하기에, 먼 거리 영향을 배제하지만, 인력의 원인에 대해서는 안다고 한 적이 없습니다. 다시 말해서, 접촉 없는 먼 거리 영향을 배제하며, 원인은 모르지만, 어쨌든 관찰 자료를 잘 설명한다는 의미로 보입니다. 게다가, 그는 만유인력이 물질의 필수 속성이라고 하지도 않습니다. 왜냐하면, 거리에 따라 약해지기 때문입니다. 보편 속성이라면, 거리에 따라 증가하거나 감소하면 안 되기 때문입니다. 게다가, 인력은 눈에 보이는 어떤 행위의 결과도 아닙니다. 사물들이 서로 끌린다는 사실을 관찰한 적은 없습니다. 그렇다면, 뉴턴은 무엇을 설명한 걸까요? 그저 관찰 자료를 잘 설명했을 뿐입니다. 화학 결합의 본질이나 전자기 현상에 대해 만족할 만한 답을 내놓지 못했습니다. 신을 모두의 원인으로 여깁니다. 뉴턴 자신도, 아무런 증명도 하지 못했다는 사실을 알고 있었습니다. 로크도 비슷합니다. 경험에서 나온 지식을 다루었을 뿐, 그 원인이나 실체에 대해 증명하거나 심지어 확실하게 안다고 한 바는 거의 없으니까요.

    그는 믿음이나 신앙에 관해 말합니다. 믿음은 확실한 지식은 아니더라도, 개연성은 있는데, 개연성은 세 가지 지식 가운데, 증명 지식과 관련이 있다고 합니다. 그런데, 우리의 주장 대부분은 한갓 믿음에 지나지 않습니다. 신앙은 이성의 판단을 거칩니다. 계시는 이성의 판단 없이는, 타당성을 알기 어렵습니다. 즉, 계시는 이성 너머의 사실이나 진리를 알려 주는데, 확실하지 않은 명제에 대해 동의를 구하기도 합니다. 어느 경우이든, 이성만이 신의 계시인지 여부를 판단합니다. 계시가 진리의 원천이긴 하지만, 판단은 이성이 합니다. 이성은 신이 인간에게 준 자연의 빛이기 때문이라고 말합니다. 그리하여, 이성의 비판을 피하는 광신을 믿지 말라고 합니다. 그런데, 이런 태도는 이성을 하나의 기능으로 보는 자신의 주장과 사뭇 달라 보입니다. 다시 전통적인 이성으로 돌아간 느낌입니다.

아리스토텔레스를 부인하지만, 아예 외면하지는 않았습니다. 로크는 귀납에서 베이컨이 아니라, 아리스토텔레스를 택합니다. 감각 자료에서 관념이 나오고, 명제는 관념을 비교해서 만든다는 아리스토텔레스 주장을 따릅니다. 그런데, 아리스토텔레스 자연철학은 수학을 거부합니다. 자연에 대한 진리를 아는 바와 수학은 관련이 없다는 이유인데, 로크는 가설에 관심을 보일 뿐, 수학에는 그다지 관심이 없어 보입니다. 그리고, 로크는 인간과 동물의 유사성에 주목했습니다. 인간과 동물 모두 감각에서 지식을 얻기에, 인간과 동물의 연결을 부정한다면, 말이 안 된다고 합니다. 그는 동물을 통해, 인간 심리를 설명하려 합니다. 아리스토텔레스도 동물을 관찰하고 관심을 가졌으나, 유사함보다는 다른 점, 인간의 우월함에 초점이 있었습니다.

정치

인간은 이해력이 있기에, 동물보다 우월해서 동물에 대한 지배권이 있다고 로크는 주장합니다. 즉, 우월함이 지배의 근거입니다. 그리하여, 신은 인간보다 우월하기에, 인간에게 지시하고, 인간을 인도한다고 말합니다. 그의 정치학의 근거는 신의 우월함입니다. 신이 인간보다 우월하기에, 명령을 내렸는데, 내용은 인간이 살아남고, 수를 늘리고, 지구를 복속시키라는 바이며, 이는 성경에 나와 있다고 합니다. 다른 말로는 자신을 보존하고, 사회에 살며, 신을 경배하라는 지시입니다. 자신을 보존하고 종을 번식하는 일은, 신이 인간에 심은 자연 충동으로, 욕망입니다. 자신을 보존하라고 해서, 자신만 보존하지는 않습니다. 이 지시를 역지사지와 결합하면, 남을 보존하라는 법칙이 나오기 때문입니다. 이렇게 되면, 자유를 보장하게 됩니다. 사람이 절대 권력을 원하는 유일한 이유는, 다른 사람의 생명을 위협하기 위해서라고 합니다. 하지만, 자유는 양도할 수 없고, 어떤 목적으로 양도되어도, 소환할 수 있어야 합니다. 그런데, 개인 차원에서는 이런 욕망을 충족하기 어렵기에, 사회를 만듭니다. 이 사회를 정부라고 할 수 있는데, 인간은 욕망 외에도, 이성과 의지를 부여받았기에, 정부를 만들 수 있습니다. 즉, 합리성의 작품입니다. 로크는 공들인 교묘한 작품이라고 합니다.

    로크가 말하는 정부는 절대주의가 아닙니다. 절대주의에서 통치자는 피통치자에게 아무런 책임지지 않습니다. 왜냐하면, 신에게만 책임을 지기 때문입니다. 그리고, 피통치자는 통치자에게 그들의 권리를 무조건 양보하며 되돌릴 수도 없습니다. 이런 체제가 당시에는 유행이었습니다. 이런 흐름에 로크는 쿠데타를 일으킵니다. 즉, 신은 한 사람에게 세상에 대한 지배권을 주지 않았고, 모든 사람이 다 비슷하기에, 어떤 사람도 다른 사람 위에 있지 않다고 말합니다. 평등한 사람들이 정부를 만들려면, 정부에 대해 제한을 두어야 합니다. 그는 정치 권력에 대해, 목적이 구체적이고 분명해야 하고, 권위는 제한적이어야 하며, 취소할 수 있어야 한다고 말합니다. 로크의 정부는 목적을 한정할 뿐만 아니라, 시민에게 설명해야 합니다. 왜냐하면, 정부는 특정한 목적을 위해 만들어졌으므로, 효용이 없어지면, 정당성을 잃기에, 정부의 정당성을 설명해야만 하기 때문입니다. 이런 논리라면, 효용과 타당성이 없다면, 새로운 정부를 요구하겠지요.

홉스는 정부 없이는, 재산도 지배권도, 내 것과 남 것의 구별도 없다고 하면서, 사유 재산은 정부의 작품이라고 하지만, 로크는 사유 재산은 정부에 복종함으로써 얻는 게 아니라, 자유의 산물이라고 합니다. 자유는 로크에게 중요한 주제로 보입니다. 그는 남의 지시에 따르지 않아도 되는 자유를 말합니다. 사람은 다른 사람의 지시에서 독립해야, 자유롭게 됩니다. 자유롭다면, 인간은 사유 재산을 갖게 됩니다. 자신이 한 작업의 결과는 온당하게 자신의 것이기 때문입니다. 이는, 신이 인간에게 세상을 다스릴 권리를 주었는데, 무엇으로 세상의 것을 개인 소유로 하는가? 하는 질문의 답이기도 합니다. 자신의 노동은 자신의 것이기 때문입니다. 여기에서, 자신의 노동으로, 자신의 것을 갖는다고 할 때, 자신의 것에는 땅이나 재화뿐만 아니라, 개인으로 갖는 것도 포함합니다. 로크의 이런 해석은 강합니다. 왜냐하면, 예전에는 세상을 지배할 권리를 신의 축복이나 인간의 권리로 여겼으나, 로크는 신의 명령이나 요구로 여기기 때문입니다. 신은 인간에게 세상뿐만 아니라, 신의 목적까지 알려 주었다고 합니다.

51
버클리

1710년 목사가 되고, 버클리는 1713년에서 1729년까지 유럽에 있었습니다. 말브랑슈를 1713년에 파리에서 만났다고 합니다. 그는 철학, 수학에 관한 책을 썼으나, 후기에는 경제학책도 썼는데, 국가의 부, 은행의 적절한 역할, 신용 그리고 유행을 다룹니다. 돈의 가치는 돈의 원료인 금속과는 무관하며, 경제 거래를 기록하고 조작하여, 번영에 편의를 제공하는 데에, 돈의 가치가 있다고 합니다. 게다가, 1744년에는 의학서도 출간하였는데, 타르 물을 권하고 있습니다. 모든 육체적 고통을 치유하거나 완화하는 데 효과가 있다고 하네요. 과학과 입자론에 관한 책으로 보입니다. 다양한 책을 내놓았으나, 버클리는 비물질주의 혹은 관념론으로 유명합니다. 로크가 그를 가르쳤고, 말브랑슈는 그에게 영감을 불어넣었다는 평가가 있는데, 세 사람은 관념을 마음의 즉시 대상으로 생각합니다. 피에르 베일은 데카르트주의의 회의론을 경고하는데, 버클리는 회의론에 빠지지 않기 위해 애씁니다. 그리고 종교를 지키기 위해, 홉스와 스피노자를 염두에 둡니다. 그는 당시 과학자로는 유일하게 뉴턴만을 언급합니다. 뉴턴의 기계론과 절대 시간과 공간을 비판합니다.

비물질주의

마음만이 실체라고 하면서, 물질세계를 부인하는 책을 낸 1710년, 버클리는 무시당하거나 조롱거리였습니다. 상식에 어긋난다는 이유였습니다. 한 의사는 그가 미쳤으니, 치료를 받아야 한다고 말했습니다. 버클리는 1730년 한 편지에서, 자신의 책을 시간순으로 내놓았으니, 기획과 상관성을 지적한 후에, 비판해 달라고 합니다. 다시 말해서, 시간 순서대로, 차례로 모두 읽고 난 후에, 비판하라는 주문입니다. 그의 비물질주의 기획은 시각에 대한 논의에서 시작합니다. 즉, 거리는 마음에 의존한다는 주장에서 시작하여, 우리가 보는 모두는 마음에 의존하며, 마음만이 실체이기에, 물질세계는 존재하지 않는다,는 주장으로 나아갑니다. 먼저, 사물의 크기를 눈으로 측정할 수 있느냐고 묻습니다. 눈이 먼 사람이 눈을 떴을 때, 어떤 것이 사각형이고, 어떤 것이 원인지 알 수 없는 이유는, 배우지 않았기 때문이라고 합니다. 즉, 사물의 모양을 알려면, 보는 것만으로는 충분하지 않고, 반드시 배워야 한다는 겁니다. 사물의 모양뿐만 아니라, 크기, 거리 등에도 해당한다 합니다. 즉, 거리가 얼마인지는, 시행착오를 통해 배워야만 하기에, 마음에 의존합니다. 시각만으로는 거리를 알 수 없다는 주장을, 사람이 화가 난 줄 어떻게 아는지로 비유합니다. 즉, 우리가 어떤 사람이 화가 났다는 사실을 알려면, 표정, 목소리, 손짓 등을 보아야 합니다. 화가 났다는 신호나 표현이라는 점을 배워서, 적절한 감정과 연결 짓는 추론이 있어야, 화가 난 사실을 알 수 있습니다. 즉, 보는 것과 아는 것 사이에, 반드시 추론이 있어야 하기에, 우리가 보는 것은 모두 마음에 의존한다고 말합니다.

그렇다면, 마음이 중심입니다. 마음이 지각하는 바는 관념이지만, 관념은 실체가 될 수 없습니다. 왜냐하면, 실체가 되려면, 행위를 지각할 수 있어야 하는데, 관념은 완전히 수동적이어서, 스스로는 아무것도 하지 못하기에, 실체가 될 수 없기 때문입니다. 다시 말해서, 마음은 능동이며, 자신의 행위를 즉각 의식할 수 있기에, 실체가 될 수 있습니다. 마음은 실체로서, 물질이 아니며, 단순하고 분할되지 않은, 능동 존재로 정의합니다. 마음은 마음에서 일어나는 지각을 변화시킬 수는 있으나, 자연법칙을 바꾸지는 못합니다. 따라서, 자연법칙을 바꿀 수 있는 마음이 있어야 하는데, 그런 존재를 버클리는 신이라고 합니다. 신은 자연 세계는 물론이고, 감각 관념의 원인입니다. 신은 인간 관념을 모두 바꿀 수 있지만, 인간 영혼은 사라지지 않습니다. 인간 마음의 교류의 원인도 신입니다.

마음만이 실체이므로, 물질은 실체가 아닙니다. 즉 물질은 아무런 능동 힘이 없고, 변화를 스스로 일으키지 못합니다. 물질 개념 자체가 무의미하거나 자기모순이라고 합니다. 우선, 우리가 지각하는 모두가 마음에 의존한다면, 사물의 물리적 속성이나 사물 자체도 마음에 의존합니다. 마음이 지각하는 관념은 종류를 가리지 않고, 모두 평평합니다. 관념일 뿐입니다. 관념은 관념을 닮을 뿐이라고 말합니다. 생각이나 감정이 물질에 존재할 수 없듯이, 물리 속성 역시 물질에 존재할 수 없습니다. 생각이든 물리 속성이든, 모두 마음에 의존하기에, 물질 개념은 의미가 없습니다. 그리고, 마음과 물리적 대상 사이에 관념이 있다면, 두 가지 경우밖에 없습니다. 하나는, 그 관념이 물리 대상을 닮은 경우입니다. 이 경우, 물리 대상은 마음에 의존합니다. 독립 물질은 존재하지 않습니다. 만약 닮지 않는다면, 그 관념은 무엇을 닮은 건가요? 마음과 물리 대상 사이에 관념을 설정하는 대응설은, 관념과 독립한 대상을 상정하나, 대상은 관념이 됩니다. 즉 전제와 결론은 상충합니다. 따라서, 물질 개념은 거부됩니다.

하지만, 그렇다고 해서 일상생활에서 물질 개념이 쓸모없지는 않습니다. 왜냐하면, 인지적으로는 무의미해도, 감정적으로는 의미가 있기 때문입니다. 마치 물질세계가 있는 양, 관념이 구성되고 연결되기에, 우리는 감각 관념의 원인이 물질인 줄 알고, 행위를 합니다. 물질이란 단어는 인지 단어로 가장한, 해로운 감정 단어라고 합니다. 일상 믿음에 의문을 품는 게 아니라, 독립한 물질세계가 불가능하다고 증명하려 합니다. 하지만, 객관적인 세계를 무시할 수 있을까요? 만약 그렇다면, 타르 물을 권하지 않지 않았을까요. 그는 안뜰 나무는 계속 존재할 거라고 합니다. 우리가 보고 있지 않아도. 왜냐하면, 신이 관찰하기 때문입니다. 그는 신의 마음속에 있는 나무는 원형인데, 실제 물리적 대상으로 독립성과 영원함을 유지한다고 주장합니다. 그렇다면, 신의 원형 나무와 내가 지각하는 나무는 같은가? 이런 질문에 그는 언어 문제라고 치부합니다. 그렇다면, 존재는 지각되는 것이라는 그의 주장도, 한갓 언어 문제가 되는 건가요?

버클리는 존재란, 지각되거나 지각하거나 의지하는 것이라고 말합니다. 그런데, 마음은 지각되지 않습니다. 마음이 지각하거나 의지할 수는 있을지 몰라도, 지각되지 않고, 지각될 수도 없기에 과연 존재하는지 의심이 갑니다. 우리는 마음에 대한 관념도 경험도 없습니다. 지각할 수 없는 존재인 마음에 대해, 그는 개념을 동원합니다. 우리는 마음의 행위나 작용에 대한 개념을 갖고 있다는 겁니다. 관념은 감각과 상상의 즉각적인 대상이지만, 개념은 의식과 순수한 지성의 대상이라고 합니다. 말브랑슈도 우리는 의식만으로 영혼을 알게 된다고 합니다. 즉, 성찰과 같은 매개는 필요 없다고 하는데, 버클리도 동의합니다. 즉, 성찰로는 우리 생각과 영혼에 대한 관념은 얻을 수 없으며, 의식이 자신과 관계 맺는 유일한 길이라고 합니다. 이런 지식을 그는 즉시 혹은 직관 지식이라고 합니다. 그렇다고 해도, 남의 마음은 어떻게 알까요? 우리는 다른 사람의 마음을 직접 지각할 수 없습니다. 왜냐하면, 마음은 지각될 수 없고, 지각하고 의지하는 능동적인 존재이기 때문입니다. 그는 다른 사람의 질서 있는 물리적인 운동, 자신과 비슷한 감각 관념의 집합으로, 다른 사람의 마음을 추론한다고 합니다. 결국, 지각 못 하지만, 추론으로 안다는 겁니다. 그리고, 신이 인간 마음을 교류할 수 있게 한다고 하네요.

과학

물질세계를 대하는 태도와 과학을 대하는 버클리의 태도는 비슷합니다. 즉, 과학은 현상 사이의 규칙성이나 균일성을 찾아내어 만족감을 주지만, 진짜 지식은 아니라는 거죠. 다시 말해서, 규칙성은 관념에 대한 다양한 조작에서 나오기에, 자연법칙이 아니라는 겁니다. 이런 규칙성은 사물 사이의 변하지 않는 습성이나 관계에서 나오지 않고, 관념 사이의 조화와 일치만 있으면 충분하기 때문입니다. 그렇다고 해서, 과학을 발전시키지 말자는 주장은 아닙니다. 과학은 규칙성으로, 우리에게 만족감을 주고, 눈에 보이는 것 너머로 시야를 넓혀 주기 때문입니다. 유용하지요. 하지만, 진짜 원인은 알지 못합니다. 능동인을 찾지 못합니다. 과학은 표식에서 표식으로 넘어갈 뿐이지만, 그래도 우리 삶을 이해하는 데 매우 유용하기 때문이기도 합니다. 다시 말해서, 관찰과 실험은 인간에게 유용한데, 이런 일은 신의 선의와 친절 덕분이라고 하네요.

이런 태도는 인과에도 해당합니다. 불은, 다가갔을 때 느끼는 나의 통증의 원인이 아니라, 경고의 신호라고, 그는 말합니다. 말브랑슈와 비슷합니다. 관념의 결속이 인과는 아니라는 거죠. 진정한 원인은 현상이나 현상에 대한 관념이 아니라, 영혼이나 마음의 의지에 있기 때문입니다. 우리는 관념 사이의 유비, 일치, 조화를 볼 뿐이고, 개연성을 얻을 뿐입니다. 모든 인과는 신에게서 비롯합니다. 하지만, 인간이 일으키는 인과도 있습니다. 그는 인간 의지가 인과에서 능동일 수 있다면서, 산책하는 존재는 신이 아니라, 인간이라고 합니다. 관념에서도 이런 면이 있습니다. 관념에는 감각 관념 말고도, 기억이나 상상이 있는데, 기억이나 상상은 감각 관념을 합하거나 쪼개거나 아니면 그대로 재현하기에, 질서도 덜 하고, 강도도 더 약하지만, 수동이지 않은 관념의 사례로는 충분합니다.

수학에 대해서도 옛날의 해석을 거부합니다. 즉, 수학을 양이나 추상에 대한, 작업이 아니라, 규칙에 따른 상징 조작으로 봅니다. 아마도, 최초의 형식주의자가 아닐까 합니다. 또한, 공간의 무한 분할을 거부합니다. 길이에서 가장 짧은 길이보다 더 짧아서, 보이지 않는 길이를, 논하는 바는 무의미하다는 거죠. 지각되지 않으면, 존재하지 않기에, 그는 무한 분할을 전제로 하는 뉴턴의 미적분학을 거부합니다. 그러면서, 이런 식이라면, 종교나 수학이나 신비하기는 마찬가지라고 합니다. 여기에서 신비하다는 의미는 조금 비꼬는 어감이지만, 신비한 일은 의미가 없다는 비판에 대해서는, 다르게 대응합니다. 신비는 인지적 의미는 없으나, 감성적인 역할을 하기 때문입니다. 하지만, 신의 증명은 단호하게 이성에 바탕해야 한다고 말합니다. 성경의 신비한 일은 성경을 근거로 정당화할 수 있다고 하네요.

또한, 뉴턴의 절대 시간과 공간도 거부합니다. 마음은 거대한 컨테이너 안에 있지 않다고 하면서, 시간과 공간 역시 마음에 있다고 합니다. 시간은 마음속 관념의 연속일 뿐이며, 절대 공간이 있다면, 진짜 공간은 신이거나, 신 옆의 무엇으로, 영원하며, 피조물이 아니며, 무한하며, 분할되지 않고, 변하지 않게 됩니다. 이런 절대 공간은 신이 되겠지요. 뉴턴 비판은 여기에서 그치지 않습니다. 그는 신이 세계를 만들고, 작동을 시작하게 했으나, 세계 자신의 방식에 따르도록 내버려두었다는 뉴턴의 주장을 거부합니다. 즉, 신이 창조자일 뿐만 아니라, 선견지명 있는 주재자로 인간 관심사에 실제로 그리고 친밀하게 같이 있으며, 주의를 기울인다고 합니다.

52
흄

1739년 흄은 『인간 본성론』을 냈습니다. 하지만, 언론에서 사산이라는 평가를 받을 만큼, 영국과 프랑스 모두에서 무시당했습니다. 아무도 그의 위대한 업적을 알아채지 못했습니다. 그는 당시 철학자가 아니라, 역사학자와 에세이스트로 알려졌습니다. 그가 1754년에서 1762년까지 발간한 여섯 권으로 된 『영국사』는 이후 백여 년 동안 역사 교과서 역할을 합니다. 볼테르는 흄의 이 책을 극찬합니다. 즉, 지금까지 언어로 쓰인 것 중 아마도 최고의 작품일 뿐 아니라, 역사는 철학자의 책무라는 사실을 증명한다고 합니다. 볼테르는 영국사가 전통적인 인문주의의 역사 서술과 관습, 견해, 상업, 그리고 학문에 대한 철학 설명의 결합이라고 평가합니다.

흄의 시대에는, 회의론이 팽배했습니다. 18세기 초, 몇몇 뛰어난 젊은이들이 베일의 두껍고 큰 책을 응시합니다. 더블린의 버클리, 스코틀랜드의 흄, 그리고 프랑스의 볼테르와 디드로입니다. 흄이 『인간 본성론』을 쓰려 프랑스에 갔을 때, 베일의 여덟 권짜리 큰 책을 가지고 갔습니다. 그곳에서, 그는 프리메이슨의 지도자이자 가톨릭 신비주의자와 함께 지내기도 했습니다.

회의론의 논증은 강력하였는데, 흄은 회의론에서 벗어나는 방책으로, 자연주의를 제시합니다. 즉, 소위 배운 사람 병에 걸린 흄에게 과학이나 합리적인 방법은 통하지 않았지만, 자연주의가 그를 구합니다. 하지만, 자연이 답을 준 게 아니라, 다른 곳으로 관심을 돌리게 한 겁니다. 전에는 회의론의 해결책으로 종교가 있었습니다. 즉, 이성으로 탈출구를 찾을 수 없으니, 신의 은총에 기대야 한다는 태도로, 몽테뉴나 베일이 취했습니다. 흄은 심리로 그리고 생물학으로 어떻게 믿음이 생기며, 또한 실제로 믿는가를 보이려 합니다. 이성이 아니라, 감정이나 열정, 본능 그리고 인간의 생물학적 구조가 〈어떻게〉를 설명할 수 있다고 합니다. 흄은 종교는 떨쳐 버리고, 초자연이 아닌 자연에서 해결책을 찾으려 하는데, 이런 시도는 뉴턴의 영향이 큽니다. 뉴턴의 새로운 학문을 인간 본성 탐구에 적용하는데, 관찰과 실험으로 알아낸 원리는 현상을 잘 설명하고, 또한 현상 너머의 법칙도 알려 주지만, 그것이 전부라고 합니다. 〈왜〉에 대해서는 말하지 않습니다. 만유인력은 왜 작동할까요? 이런 질문에 침묵합니다. 흄도 마찬가지입니다. 흄은 지각의 원천인 인상에 관해서, 설명할 수 없다, 고유하고 이해할 수 없는 사실이라고 하면서 논의를 시작합니다.

지각

인상은 감각과 반성에서 온다고 합니다. 인상은 특히 생생하고 강한 지각으로, 원천은 두 가지입니다. 하나는 감각으로, 얼음 호수에 빠졌을 때 느낍니다. 다른 하나는 반성인데, 반성에는 세

가지가 있습니다. 즉, 열정, 욕구, 상상입니다. 다시 말해서, 인상은 감각 경험과 내적 경험에서 오는데, 열정이나 욕구, 상상도 감각 못지않게 생생하고 강합니다. 생생하고 강한 인상은 흄의 철학에서 중요한 역할을 합니다. 이에 비해, 관념은 힘이 약합니다. 즉, 관념은 춥다고 생각할 때나 추운 장소에서 벗어나려 계획할 때 떠오르는 지각입니다. 다시 말해서, 관념은 인상의 복사입니다. 감각 인상의 복사일 수도 있고, 열정이나 상상 또는 욕구 인상의 복사일 수도 있습니다. 관념이 인상의 복사라면, 당연히 인상이 없다면, 관념도 없을 겁니다. 우리는 관찰과 경험으로, 인상이 관념보다 앞서고, 단순 관념이라면, 언제나 단순 인상과 단순 관념이 함께한다는 걸 압니다. 인상과 관념 모두 단순과 복합이 있습니다.

그리고, 관념은 기억과 상상에서 옵니다. 그렇다면, 감각과 반성(열정, 욕구, 상상)이 인상의 원인이고, 인상의 복사가 관념으로, 관념은 기억과 상상에서 오는 구조입니다. 즉, 감각과 반성, 인상, 관념의 순서입니다. 여기에서 주목할 만한 점은, 순서에서 맨 앞이 감각과 반성, 즉 열정, 욕구, 상상이란 겁니다. 다시 말해서, 인간 지각의 시작은 감각 경험과 열정, 욕구, 상상으로, 인간 본성은 합리성과는 별 관련이 없다는 겁니다. 인간 본성이라면, 그 시작에 이성이나 합리성이 있어야 하지 않겠습니까. 하지만, 흄은 감각 경험, 열정, 욕구, 상상을 제시합니다. 합리성은 일단 자리가 없습니다.

그런데, 상상은 반성에도 등장하고, 관념에도 등장합니다. 다시 말해서, 열정, 욕구와 함께 반성의 한 가지인데, 기억과 함께 관념을 구성합니다. 관념과 반성 모두에 등장합니다. 그만큼 역할이 크다고도 할 수 있겠는데, 실험 하나가 있습니다. 파란색을 색조에 따라 배열합니다. 예를 들어, 채도 순서로 놓을 수 있겠지요. 순서대로 놓다가 한 곳을 빠뜨렸다고 합시다. 그러면, 그 빠진 색조에 대한 인상은 없을 겁니다. 왜냐하면, 감각 경험이 가능하지 않으니까요. 하지만, 빠진 색조를 지적할 수는 있을 겁니다. 그리고, 어느 정도 색조를 상상할 수 있겠지요. 이처럼, 상상은 기본 법칙의 압박에서 벗어납니다. 또한, 우리는 형태 없는 색깔을 얻지 못합니다. 우리가 어떤 사물을 보든, 사물은 언제나 형태와 색깔이 함께 합니다. 분리할 수는 없지만, 상상으로 가능합니다. 마음은 인상 형성에서, 온전히 수동적이지만, 경험하지 못한 바를 인식할 수 있기에, 마음은 모순이 아닌 한, 괴물을 만들 수 있다고 말합니다. 네모난 원을 만들 순 없지만, 세모난 귤은 만들 수 있습니다.

그는 이에 그치지 않고, 마음의 보편 원리를 제안합니다. 중심은 연합 원리입니다. 즉, 관념끼리 연합하는 원리로, 세 가지가 있습니다. 닮음, 근접, 그리고 인과입니다. 닮음은 말을 보면, 옆집 말이 떠오르는 경우이고, 근접은 교황 사진을 보면, 교황과 시공간이 가까운 바티칸이 떠오르며, 유리잔이 책상에서 떨어지면, 깨지는 장면이 떠오릅니다. 흄은 이 셋을 우주의 시멘트라고 부릅니다. 시멘트처럼, 낱개로 존재하는 것들을 매끈하게 연결해 줍니다. 외부 사물의 성질이 연결하는 게 아니라, 마음의 세 가지로 구성된 연합 원리가 합니다. 이런 연합 원리 외에도, 상상이나 습관 그리고 본능이 인간 본성에 매우 중요하다고 합니다.

추상 관념을 그는 거부합니다. 예를 들어, 아름다움이라는 추상 명사가 있습니다. 아름다움은 추상 명사기에, 감각 경험으로는 얻을 수 없으며, 그렇다고 반성에서 얻을 수도 없습니다. 열정, 욕구, 상상 어디에도 해당하지 않으니까요. 그는 추상 명사는 관념이 아니라, 언어의 일반성에서 나온다고 합니다. 즉, 언어는 본질에서 일반성을 추구하기에, 그렇게 보인다는 겁니다.

인과

흄은 인간의 추리나 탐구 대상을 두 가지로 봅니다. 하나는, 관념의 관계에 관한 탐구이고, 다른 하나는, 사실에 관한 탐구입니다. 그는 관념의 관계는 즉각적이거나 증명으로 확실하여, 세계가 실제로 어떠한지에 관계없이 성립한다고 합니다. 이에 비해, 사실에 관한 탐구는, 참인 줄 알기 위해서는, 세계를 들여다보아야 하기에, 실제 세계가 어떤지를 보아야 합니다. 사실 탐구는 참일 수도 거짓일 수도 있습니다. 즉, 언제나 참이나 거짓이 바뀔 수 있다는 점이 특징입니다. 지식이 거짓일 수 없는 믿음이라면, 수학이나 기하학 등에 한정될 겁니다. 하지만, 우리는 세계에 관한 믿음에서, 증명이나 개연성도 찾을 수 있습니다. 이런 종류는 지식이 아니라, 믿음과 관련이 있습니다. 흄은 로크와 마찬가지로, 지식은 확실성이 특징이라면서, 지식은 본질에서 이성과 관련이 있다고 합니다. 이성에 속하는 지식 종류는 세 가지로, 지식, 증명, 개연성입니다. 인간의 탐구에서 이성의 역할을 인정한다는 점을 보여 주지만, 셋 가운데 지식을 제외하고는, 성립하기 어려워 보입니다. 지식이 확실해야 한다면, 개연성은 당연히 제외되고, 증명에는 의심과 불확실성이 전혀 없다지만, 그 방법이 인과라면, 의심받을 수밖에 없기 때문입니다. 옛날에는, 결과가 원인에 이미 존재하므로, 원인을 알면 결과를 알 수 있다고 했습니다. 이런 추론에는 의심과 불확실성이 전혀 없다고 했습니다. 그리고, 결과를 보면, 원인을 알 수 있기에, 둘 사이의 결속에 대해서도 의심하지 않았습니다. 원인과 결과의 관념을 비교하면, 실험과 관찰 없이도 알 수 있다고도 했고, 전통적 경험론에서도 원인은 결과를 낳는 힘이 있다고 말했습니다.

흄은, 옛날에는 증명을 이성의 영역이라 여겼으나, 따져 보면 그렇지 않다고 합니다. 지식을 거짓일 수 없는 믿음으로 한정한다면, 대부분 지식은 지식이 아니라 믿음으로 보아야 합니다. 따라서, 잘 보면, 논의의 대부분은 지식이 아니라 믿음입니다. 믿음은 현재 인상과 연합한 생생한 관념이라고 흄은 정의합니다. 믿음은 생생한 관념으로, 믿음은 관념을 인상과 비슷할 정도로, 생생하고 힘 있게 합니다. 관념은 생각의 대상에 그치지만, 믿음은 인상 즉 감각, 열정, 감정과 같이, 더 사실처럼 보입니다. 믿음이 더 생생한 이유는, 습관 때문입니다. 우리가 어떤 인상을 지각하면, 자연스럽게 그것과 비슷하거나, 가까이 있거나, 인과 관계인 인상이나 관념을 떠올리게 되는데, 이런 관계를 반복하여 경험하면, 어떤 인상을 받을 때마다, 다른 인상이나 관념을 떠올리게 된다고 합니다. 믿음은 습관과 반복에서 생깁니다. 인과는 믿음과 같은 프로젝트의 다른 관점입니다. 믿음은 습관과 반복에 생기고, 인과는 상례적 연접에서 생깁니다.

17세기, 18세기에는 세 가지 인과론이 있었습니다. 신이 세계 모든 사건의 원인이라는 주장과 우리가 행위의 원인이라는 주장, 그리고 세계 사건 사이에 상호 원인이 존재한다는 주장입니다. 흄은 우리가 행위의 원인이라는 주장에는 동의합니다. 그렇지 않다면, 도덕적 책임을 물을 수 없기 때문입니다. 신이 원인이라는 주장에는 동의하지 않습니다. 보통 신이 세계 모든 사건의 원인이라는 주장의 근거로, 결과를 보면 원인을 알 수 있다는 기획 이론을 제시합니다. 이런 정교하고 놀라운 세계를 신이 아니면, 누가 만들었겠는가? 하는 논리입니다. 하지만, 흄은 결과에서 원인을 찾을 수 없기에, 이 주장은 명백하게 참이 아니라고 합니다. 또한, 세계 사건의 상호 원인 주장도 부인합니다. 이유는 물리 사물 사이에는 상례적 연접이 있을 뿐, 필연적 결속이 없기 때문입니다. 필연 결속이 없다면, 인과라 부를 수 없는데, 대상 사이에서 필연 결속을 관찰할 수 없기 때문입니다.

두 사건을 언제나 같은 순서로 반복해서 지각하면, 즉, 상례적 연접을 경험하면, 자연스럽게 그 두 사건을 원인과 결과로 여긴다고 그는 말합니다. 순서에서 앞뒤가 있고, 시공간에서 가깝고, 상례적으로 연접하면, 인과로 판단하는데, 원인과 결과 사이의 필연성은 관찰할 수 없지만, 마음이 자연스럽게 만든다는 겁니다. 즉, 필연성 부여는 마음의 습관이나 상상 혹은 본능입니다. 과정은 두 단계입니다. 상례적 연접 그리고 추론입니다. 상례적 연접에서 습관이나 상상으로, 자연스럽게 인과로 넘어간다는 거죠. 흄은 합리론이나 전통 경험론은 인상을 독립 존재로 여기기에, 인과를 제대로 설명하지 못했다고 합니다. 즉, 원인이나 결과는 지각의 성질이나 관계가 아닙니다. 다시 말해서, 인상을 들여다보아도 그 안에 원인이 되는 성질은 없기에, 이성으로는 알 수 없습니다. 불의 인상을 원인이라 여기는 일은, 상례 연접을 통한 마음의 작용 이후이지요. 인상 자체만으로는 원인이 될 수 없기 때문입니다. 인과 판단은 관념 비교에서 나오지 않습니다. 하나 더 말하자면, 지각을 독립 존재로 여기면, 대상과 지각, 지각과 인식이라는 이중 구조가 됩니다. 즉, 지각이 대상을 제대로 반영하느냐, 또한 그 지각을 우리는 제대로 인식하느냐의 문제가 생깁니다.

흄은 생각을 외부 사물에 전가하고는, 사물 사이에 실제로 필연적 결속이 존재한다고 믿는 일을 잘못이라고 합니다. 즉, 필연 결속은 마음에 있을 뿐인데, 사물 사이에 있다고 잘못 믿는다는 거죠. 이와 같은 종류의 잘못을 자아에서도 찾을 수 있습니다. 생각하는 실체에 관한 믿음은 정당화할 수 없다고 합니다. 왜냐하면, 내적 경험과 관찰로, 우리가 얻는 바는 지각의 다발뿐이기 때문입니다. 내적 경험으로 우리가 알 수 있는 바는, 지각, 생각 그리고 느낌이 전부입니다. 시간이 지나도 계속 남아 있는 영혼이 있다는 증거는 없습니다. 지각의 묶음은 알아차리지 못할 정도로 빠르게 계속 지나가며, 끊임없이 흐르고 움직입니다. 그것이 전부입니다. 하지만, 마음의 성향은 다릅니다. 하나이면서 같은 자아를 부여합니다. 지각의 연속에서 자연적 성향은, 다양함이 아니라 동일성을 찾습니다. 다양하고 변하기 쉬운 게 아니라, 방해받지 않고 다양한 것을, 하나로 묶으려 합니다. 그리하여,

자아나 영혼을 만들어 냅니다. 흄은 인간의 마음에 부여한 동일성은 오로지 허구일 뿐이라고 합니다. 이런 허구를 만드는 데는, 인과와 기억이 역할을 합니다. 그런데, 왜 인과가 역할을 하는지는 분명해 보이지 않습니다. 기억이 없다면 인과는 없다는 주장은 이해할 수 있으나, 인과가 자아라는 허구를 만드는 데에, 이바지한다는 주장은 이해하기 어렵습니다. 그리고, 이런 허구를 만드는 데에, 생각이나 상상만큼이나 우리 자신에게 갖는 열정이 관여한다고 합니다. 즉, 열정이 지각 사이의 인과 관계를 명백하게 한다고 합니다. 열정으로, 자아라는 허구가 더 쉽게 그리고 강렬하게 만들어진다는 겁니다. 흄은 자아와 마찬가지로 실체 개념도 만들었다고 합니다. 즉, 변화에도 변하지 않고 남아서, 터전이 되어 준다는 실체 개념은 고대 철학에서 만들었는데, 아직도 일상 용어에 남아 있습니다.

몸이 실제로 외부에 있느냐고 묻는다면, 헛된 일이겠지요. 누구나 몸이 있다고 믿을 겁니다. 그럼, 무엇 때문에 그렇게 믿는가? 이에 대해, 흄은 이성이 아니라, 상상 때문이라고 합니다. 보통 사람의 믿음은, 추론이나 논증에서 나오지 않고, 지각에 대한 믿음 즉, 즉각 지각하는 것은 실제로 존재한다는 믿음에서 나옵니다. 몸이 외부에 존재하는지는, 보면 알 수 있는데, 지금 보는 것은, 외부에 실제로 존재한다는 믿음이 그 밑에 있다는 겁니다. 그럼, 관찰되지 않아도 몸이 여전히 존재한다는 믿음은 어디에서 오는가? 이에 대해, 그 믿음은 상상의 산물로, 지각이 한결같은 형태를 보이고, 반복 경험해도 아주 비슷하면, 자연적 성향으로 자연스럽게, 지각의 연속성을 동일성으로 혼동하여, 대상이 지속한다는 허구를 만든다고 합니다. 형태를 반복하여 한결같이 경험하면, 닮은 지각에 동일성을 부여한다는 겁니다. 몸을 보았을 때, 팔다리의 위치가 변하지 않고, 반복해 보아도 여전히 같은 모습이라면, 몸이 계속 존재한다고 믿는다는 겁니다. 물론, 이는 허구로 잘못된 믿음입니다.

흄은 인과, 자아, 실체, 몸에 관해 회의적인 태도를 보입니다. 하지만, 흄은 자신의 초기 자아 설명이 흠은 있지만, 더 할 수는 없다고 합니다. 도그마를 피하면서 주장을 하는데, 문제가 너무 어려워 이해하지 못했다고 합니다. 즉, 온건한 회의주의 태도를 보입니다. 지식은 한계가 있으며, 더더욱 무오류와는 거리가 멀다고 하네요. 하지만, 본능과 습관으로 얻는 믿음은 긍정의 면이 있다고 합니다. 순전히 이론적인 문제에, 실용적인 해결책을 제시하기 때문입니다. 그는 예전의 형이상학 문제는, 형이상학에서 보아도 의문스럽다는 말을 덧붙입니다.

이성

예전에는 이성은 특별한 지위를 누렸습니다. 신의 비밀을 공유하는 특권이 있었고, 자연의 이치를 꿰뚫어 보는 능력도 있었습니다. 그리하여, 세계의 원리나 자연의 첫 번째 원리를 품고 있기도 했습니다. 또, 육신과 구별되는 특별한 힘이 있기에, 추론을 정당화했습니다. 즉, 이성으로 증명하였다는 선언은, 증명의 끝을 알렸습니다. 한마디로, 이성은 세계의 어떤 존재보다 특별하였습니다. 하지만, 흄에게 이성은 규칙의 힘일 뿐입니다. 즉, 우리가 사용하는 생각의 규칙은, 경험을 통해 우리가 만들며, 제대로 작동하지 않으면, 우리가 고칩니다. 이런 규칙이 갖는 힘이 이성입니다. 따라서, 흄의 이성은, 자연법칙, 사물의 질서, 신의 고유한 이성과 의지와 아무런 상관이 없습니다. 그저 본능이 만든 규칙의 효능일 뿐입니다. 다시 말해서, 이성은 고유한 토대를 갖지 않고, 감각이나 반성 즉 열정, 욕구, 상상이 만드는 인상의 복사인 관념만을 다룰 뿐입니다. 여기에서, 주목할 바는, 이성은 관념만을 다루는데, 관념은 모두 본능에서 나온다는 겁니다. 즉, 이성의 바탕은 본능 즉 비이성입니다. 이성에 대한 경험 개념은 없습니다. 이성 자체를 경험할 수는 없을 테니까요. 그리하여, 이성에 대한 개념이 없기에, 인간 마음이 규칙을 어떻게 만들고, 사용하는지를 설명할 수 있을 뿐입니다. 경험과 반성을 통해, 규칙을 만들기에, 충돌은 이성과 상상 사이에 있지 않습니다. 왜냐하면, 예전에는 이성의 반대쪽에 본능이 있었으나, 이성도 본능에 속하기에, 충돌이 생기지 않기 때문입니다. 오히려, 규칙을 만드는 마음의 성향과 그것을 고치려는 성향 사이에 실랑이나 충돌이 있습니다.

이성은 열정의 노예이고, 노예여야만 한다고 흄은 말합니다. 즉, 열정을 섬기고 복종하는 일 외에, 다른 일을 할 수 없다고, 꽤 단호하게 주장합니다. 그 이유는 행위를 일으키는 바는 열정이지, 이성이 아니기 때문입니다. 열정은 직접 그리고 즉시로 행위의 원인입니다. 하지만, 이성은 관념을 다룰 뿐인데, 관념은 인상의 복사이기에, 행위에는 무기력합니다. 이성만으로는 어떤 행위도 일으킬 수 없습니다. 행위의 원인이 되는 열정에 비해, 낮은 위치라 할 수 있을 겁니다. 이성으로는, 행위뿐만 아니라,

열정, 욕구도 일으킬 수 없습니다.

    그렇다고 해서, 이성이 행위에 전혀 관여하지 않는 것은 아닙니다. 직접적인 원인이나 동기가 아닐 뿐, 방향을 제시합니다. 예를 들어, 고통이 예상될 때, 고통을 피하고자 하는 방법을 이성이 제시합니다. 여러 가지 대안을 제시합니다. 이성의 판단이 달라지면, 물론 행위가 달라질 수 있습니다. 참모 역할이라 할 수 있을 겁니다. 제안하지만, 결정을 내리지는 못합니다. 다시 말해서, 이성은 행위에 직접 영향을 주지 않고, 행위의 판단에 영향을 줍니다. 이성은 열정이 목적에 맞는 수단을 찾는 데 도움을 주는 역할을 하지만, 아무리 결정 전에 성찰하고 숙고해도 이성의 역할은 변하지 않습니다. 따라서, 이성과 열정 사이의 갈등은, 철학자가 만든 허상입니다. 그런데, 흄은 이성을 선과 악에서도 분리합니다. 왜냐하면, 이성이 다루는 관념은 참과 거짓을 판단할 수 있으나, 선과 악, 칭찬과 비판과는 상관이 없기 때문입니다. 도덕성은 이성이 아닌, 도덕 감각에 토대를 둔다고 흄은 말합니다. 자신의 손가락을 할퀴는 것보다, 전 세계 멸망을 택한다 해도. 이성으로는 적합하지 않은 게 아닙니다. 이것이 선과 악의 문제라면, 이성의 영역이 아니기 때문입니다. 도덕성은 이성이 아니라 도덕 감정의 문제라는 주장은, 우리가 어떤 행위를 승인하거나 부인해도, 찬성이나 반대의 이유를 모른다는 의미입니다. 즉, 도덕 감정이 일어날 뿐이지. 그 이유에 대해서는 모른다는 겁니다. 예를 들어, 어떤 행위가 자신이나 다른 사람에게 유용하기에, 그 행위를 칭찬할 수 있습니다. 이 경우 유용성이 원인입니다. 하지만, 유용성이 원인이라는 걸 제외하고는, 무엇 때문에, 우리가 그 행위를 칭찬하는지는 모릅니다. 그냥 자연의 도덕 감각에서 올 뿐이어서, 그 이유는 모릅니다. 원인은 이유가 아니기 때문입니다. 사자가 본능으로 토끼를 잡아먹을 뿐, 그 이유는 사자도 모르겠지요. 원인은 배고픔이겠지만, 배고프면 왜 잡아먹는지, 그 이유는 아마도 모를 겁니다.

이성이 행위에 직접 영향을 미치지 못한다면, 직접 영향을 미치는 열정을 제어할 수 있는 바는, 역시 열정입니다. 즉 반대 충동이 앞선 충동을 제어할 수 있습니다. 예를 들어, 어떤 사람이 주먹으로 자신을 쳤을 때, 상대방이 덩치가 훨씬 크다든가 아니면 아버지였다면, 받아치지 못할 겁니다. 이때, 반격을 제어하는 바는 이성이 아니라, 반대 충동이라고 합니다. 보통은 이성 판단이라고 하지만, 흄은 조용한 열정이라 부릅니다. 장기 프로젝트 같은 경우도, 조용한 열정의 결과라 합니다. 하지만, 무엇이 조용한 열정을 자극하는지는 말하지 않습니다. 열정은 이성과는 다릅니다. 즉, 이성이 다루는 관념은 인상의 복사이지만, 열정은 원초의 존재나 사실입니다. 복사이거나 이차 산물이 아닙니다. 따라서, 재현하는 성질은 없습니다. 그러므로, 참, 거짓의 재현이 아니기에, 열정은 이성과 모순이 될 수 없으며, 이성과 반대되거나 이성에 순응할 수도 없습니다. 이성은 열정의 노예라는 말은 이런 의미에서, 이해하지만, 후에 그의 태도는 상당히 완화됩니다. 이성의 역할이 생깁니다.

도덕 감정

도덕은 문화와 시대에 따라 다르다고 흄은 말합니다. 고대 그리스에서는 남색이 우정, 공감, 상호 애착, 충성심의 원천이었고, 근대 프랑스에서는 결투가 명예, 충성심, 우정, 용기를 보이는 행위입니다. 당시에는 거부감 없이 수용하였고, 전혀 이상하지 않았습니다. 그는 표면 현상을 보지 말고, 그 밑의 원리를 보라고 합니다. 즉, 현상 너머의 원리를 찾으면, 도덕 원리는 언제나 같으며, 비난과 저주의 원리도 일정하다는 사실을 알게 됩니다. 도덕 원리는 인간 본성에서 나오기에, 문화나 시대에 따른 겉모습과는 상관없이, 어느 정도 같다는 주장입니다. 하지만, 유용하지 않은, 기분 좋지 않은 덕목도 있다고 하면서, 독신, 금식, 참회, 금욕, 비하, 침묵, 고립 등을 예로 듭니다. 이런 덕목은 원리에 해당하지 않는다는 거죠. 그에게 도덕성은 판단이 아니라, 적절한 느낌입니다. 이성으로 판단하여 독신이나 금식이 바람직하지 않다는 게 아니라, 느낌이 좋지 않다는 뜻으로 보입니다. 이런 느낌은 이성적 판단을 거치지 않고, 바로 반응하기에 자연 감정에 해당합니다.

도덕 감정은 사람의 성격이나 행위에 대한 반응입니다. 음악이나 포도주를 보고, 도덕 감정이 생기지는 않을 겁니다. 즉, 인간에 관한 감정이고, 인간의 자연스러운 본능이라는 의미입니다. 그런데, 도덕 감정은 주관이 아닙니다. 열정은 주관일 수 있으나, 도덕 감정은 그렇지 않습니다. 왜냐하면, 특정한 이해와 상관없이, 성격이나 행위를 일반적인 관점에서 고려할 때, 도덕 감정이 생기기 때문입니다. 자신을 일반적인 관점에 놓고서, 무슨 감정이 생기는지를 보아야 합니다. 예를 들어, 전쟁에서 비록 적이지만, 훌륭한 성격을 가졌을 경우, 적이 아닌 상황에서 만났더라면, 그런 훌륭한 성격에 기쁨을 느꼈을 거라고 여깁니다. 즉, 가정법을 사용하여, 자신을 일반적 상황에 놓고, 그 감정을 살피면, 도덕 감정을 느낄 수 있습니다. 하지만, 이럴 경우, 도덕 감정이 생길지 몰라도, 행위를 일으키는 열정을 발견할 수는 없습니다. 도덕성은 행위를 위함인데, 가정법을 이용한 성찰은 행위를 이끌지 못합니다. 흄에게, 도덕성이 행위에 영향을 미치려면, 감정이 지금 있어야 하기 때문입니다. 성찰에서 나오는 도덕 감정은 열정이 아니기에, 감정을 누를 수 없습니다.

도덕 구별은 이성이 아니라, 감정에서 나온다는 흄의 주장은 당시 회의론에 속하지 않습니다. 당시 도덕 회의론의 기준은, 한 가지만을 기준으로 내세워, 도덕 구별을 거부하는 바이기에, 여기에 해당하지 않습니다. 그는 실제 세계에는 다양한 동기가 존재한다고 인정하기 때문입니다. 도덕 감정에 좋게 작용하는 성질은 앞서 본 바와 같이 다양합니다. 자기 이해라든지 자기 사랑 한 가지만을 기준으로 제시하지 않습니다. 자기 이익만을 위한다고는 하지만, 실제로는 남을 위해 행위를 하기도 합니다. 이런 사실을 근거로, 흄은 도덕 구별을 부인하는 사람은 성실한 토론자가 아니라고 합니다. 그리고, 그는 존재와 당위를 구별합니다. 흔히 존재에서 느닷없이 당위를 끌어내는데, 이는 명백한 잘못이라 합니다. 존재에서 당위가 나올 수 없다는 거죠. 부모를 사랑한다는 사실에서, 부모를 사랑해야만 한다는 당위는 나올 수 없다는 겁니다.

정의

덕에는 자연 덕과 인위 덕이 있다고 흄은 말합니다. 자연 덕은 자비, 인간다움, 동정, 절제, 검약, 신종 등이고, 인위 덕은 정의입니다. 인위 덕은 정의 하나밖에 없습니다. 정의가 인위 덕이란 건, 정의로운 행위의 동기는 정의인데, 이 정의는 자연스럽게 생기지 않고, 교육이나 관습으로 생기기 때문입니다. 처음에는 필요하지 않아 없었습니다. 흄은 인간 사회의 첫 번째 원리로, 자기 사랑이 아니라, 남녀 사이의 자연적 욕구를 꼽습니다. 자기 사랑은 성립하지 않는다고 합니다. 그 이유는, 사랑이란 외부의 감각 있는 존재를 향한 감정이기에, 사랑이 자기 자신에게 향하는 바는 적절하지 않기 때문입니다. 그는 남녀 사이의 욕구를 기본으로 보며, 남녀 사이에서 자식이 생기면, 새로운 결속이 생겨나며, 그 결합을 지키려 합니다. 하지만, 자연은 거칠기에, 사회를 구성하는 게 유리하다는 걸 알게 되어, 사람들 사이의 연합을 촉진합니다. 그리하여, 남의 것을 갖지 못하게 하고, 만족할 줄 모르는 탐욕을 억제하여, 자신의 것과 다른 사람의 것에, 안정성을 부여하려는 관습에 동의합니다. 이로써, 자신의 것을 안전하게 소유하게 되고, 서로의 약속이나 계약을 존중해야 하는 의무가 생깁니다. 즉, 정의 개념이 생깁니다.

사회의 장점을 알게 된 후에, 정의를 발명했습니다. 재산을 다스리는 규칙을 만들어, 재산을 지키려 했고, 정의의 장점을 지키기 위해 정부를 발명했다고 흄은 말합니다. 따라서, 정부에 대한 복종이나 충성은 인위입니다. 왜냐하면, 정의 자체가 인위 덕이기에, 그 덕을 지키기 위한 행위 역시 인위이기 때문입니다. 재산권 말고, 정의의 다른 한 축인, 약속이나 계약을 지키는 의무는 중요한 역할을 합니다. 이것을 지키는 것이 유리하기 때문입니다. 자기 이익을 지키기 위해, 약속이란 관습을 촉진했고, 이 관습은 새로운 동기가 됩니다. 즉, 인위 덕으로 발명한 정의이지만, 발전한 후에는 자연이 되었습니다.

그럼, 인간의 어떤 특징으로, 이런 발전을 이루게 된 걸까요? 흄은 우리의 내적 성향이나 구조에 답이 있다고 합니다. 그는 자연법이라든가 사회계약설을 거부합니다. 인간만의 권리라든가 자연법, 법을 만드는 순수한 이성의 규범적 원리 등을, 과장하자면, 난센스라고 합니다. 다시 말해서, 인간의 자연 본능이나 기능 외에는 모두 거부합니다. 원래 있다는 자연법, 이성의 원리, 그를 통한 사회계약 등은 한마디로, 어이없다고 합니다. 이런 것들을 거부하고, 제도를 중요하게 봅니다. 제도는 정부를 뜻하고, 정부는 선험에서 나오지 않고, 오직 인간의 필요, 역사 경험과 문제 해결에서 나오기에, 언제나 변하고 발전할 수 있습니다. 물론 목적은 존재하지 않으며, 언제나 조건부로 남습니다. 인간이 외부 영향 없는 자유를 누리고자 하는 본성에 적합한 제도를 찾는다는 의미로 보입니다.

그는 정의를 발명하고 지속하는 인간의 특성으로 두 가지를 듭니다. 하나는, 일반 법칙을 세우려는 성향입니다. 이런 성향은 언어에서도 볼 수 있습니다. 보편성이나 일반성을 띠지 않으면, 언어는 제 기능을 아마도 하지 못할 겁니다. 특수한 명제에서 일반 명제를 얻으려는 인간의 특징이, 정의라는 추상명사를 만드는 데에, 많은 영향을 주었겠지요. 다른 하나는, 공감입니다. 공감이 없다면, 다른 사람의 행복에 신경 쓰지 않을 터이고, 다른 사람의 마음이나 태도에 공감할 수 없다면, 공평할 수가 없습니다. 자신과 남의 마음을 모두 알아야 비교적 공평할 수 있기 때문입니다. 역지사지가 도움이 되겠지요. 공감은 특정한 느낌이 아닙니다. 보통의 인상이나 관념입니다. 즉, 바늘에 찔렸을 때의 느낌이나 밥을 먹었을 때의 포만감 같은 게 아니라, 홀로 있는 어린아이를 보았을 때의 인상이나 그 인상에 대한 관념입니다. 이런 인상이나 관념을 통해, 의사소통합니다.

그는 이런 특성 외에도, 우리에게는 법을 지키려는 감정이 있고, 자신과 다른 사람에게 인정받으려는 욕구도 있다고 합니다. 그런데, 왜 정의는 선이고, 불의는 악인가? 하는 문제를 설명해야 합니다. 그는 약속이나 동의한 바를 위반하면, 불쾌하다고 합니다. 즉, 약속을 어기면, 불쾌하고 사회에도 해롭기에, 정의롭지 않다고 여겨, 악이라고 합니다. 다시 말해서, 공공 이익이 개입합니다. 물론, 공공 이익은 정의로운 행위의 동기는 아닙니다. 공공 이익 때문에, 행위를 하지는 않기 때문입니다. 하지만, 약속을 지키지 않는 바는, 전혀 다른 문제입니다. 약속이나 동의에 신경을 씁니다. 자기 이익이 아니라, 공감으로 참여하고 있기 때문입니다. 따라서, 누군가 약속을 지키지 않는다는 생각만 해도, 불쾌감이 생깁니다. 자신이 불의한 행위를 저지를지 모른다고 생각하면, 기쁠 수도 있지만, 악에서 벗어나지는 못합니다. 왜냐하면, 그 감정은 일반적인 관점 즉 가정법을 취하면, 생기지 않기 때문입니다. 결국은 불쾌함과 악이란 걸 느끼게 됩니다. 일반 관점 밑에는 공감이 있습니다. 일반 관점은 도덕 감정에서 볼 수 있습니다. 정의는 이런 관점에서, 이제 도덕 감정과 같은 위치에 있습니다. 인위 덕으로 시작했지만, 자연 도덕 감정과 다를 바가 없게 된 겁니다. 그리하여, 정의와 불의 뒤에는, 도덕의 선과 악이 뒤따라옵니다. 자기 이익이 정의를 세우는 원래의 동기였지만, 공공 이익에 관한 공감이, 도덕 승인과 부인의 원천이 되어, 덕목이 됩니다. 덕에 관한 감각이 가장 자연스러운데, 정의도 이런 자연스러운 덕목이 되었습니다. 인간의 발명품이어서, 인위이지만, 인간 본성을 따랐기에, 임의이지 않습니다.

그런데, 정의의 등장은, 앞서 말한 이성은 열정의 노예라는 흄의 주장을 약화합니다. 자연 열정인 분노, 공포, 자부심, 증오 등은. 동물과 다르지 않습니다. 여전히 이성은 열정에 봉사합니다. 하지만, 도덕 감정에는 일반 관점이라는 좋은 비평가가 개입합니다. 즉, 이성 요소가 개입합니다. 정의에도 이런 요소가 들어 있습니다. 다시 말해서, 이성 덕에 새로운 개념이 생긴 거죠. 정의, 재산, 권리, 약속, 복종 등이 새로운 개념입니다. 여전히 이런 새로운 개념은 열정에 봉사하지만, 더는 이성의 노예가 아닙니다. 왜냐하면, 우리는 정의를 위해 죽을 수도 있고, 형벌을 각오하고 약속을 깨기도 하기 때문입니다. 정의나 약속이 열정의 노예라면, 이런 일은 벌어지지 않을 겁니다. 다른 동물은 할 수 없는 일을, 이성 동물이 하는 거죠. 이렇게 되면, 이성이 지배자라고 할 수 있습니다.

정확한 철학

인간의 가장 크고 순수한 즐거움은 공부와 사회라고 흄은 말합니다. 그는 다양한 분야의 글을 남겼는데, 경제, 정치, 사회, 역사 등 분야가 매우 다양합니다. 이런 글쓰기가 아마도 공부에 속하겠지요. 사회라는 말에서는, 사교라는 말이 떠오르는군요. 그는 직업도 여러 가지였고, 성격이 아주 유쾌하여, 많은 사람과 잘 어울렸다고 합니다. 그는 철학을 두 가지로 나눕니다. 편한 형식과 정확한 형식입니다. 편한 형식은 적절하게 생각하기보다, 잘 사는 방법을 알려 주려 합니다. 상식을 더 아름답고, 더 매력적인 색깔로 재현해서 제공하기에, 더 유용하고 더 오래갑니다. 물론 더 잘 팔리는 책이 되겠지요. 하지만, 그는 정확한 형식을 택합니다. 독자는 별로 없겠지만, 장점은, 이 방식이 아니었다면 검토하지 않았을 바를, 검토한다는 점입니다. 상식을 넘어서는, 진실을 탐구하는 겁니다. 그 진실은 편하지 않습니다. 편한 쪽을 택한 철학자가 작품으로 감각을 고양하는 화가라면, 정확한 철학자는 무게를 달고, 자세히 살피고, 세밀하게 검토하는 작가입니다.

정확한 철학자는 세밀한 검토를 거쳐, 기적은 이전의 자연 운행과 모순이기에, 자연 운행이 실제로 변했다고 하는 편이 낫습니다. 원인의 존재를 원리로는 관찰할 수 없기에, 단 한 번의 사건으로, 원인을 말하는 바는 잘못이라 하고, 종교는 계시와 기적에 토대를 두는데, 종교 믿음은 불가능할 뿐 아니라, 원리에서 합리성과 양립할 수 없다고 합니다. 또한, 국민성 논란에 대해서도 당시 태도와는 사뭇 다른 이야기를 합니다. 당시에는 국민성을 기후, 음식, 공기의 영향으로 보는 경향이 강했지만, 그는 이런 요인을 완전히 배제하지는 않지만, 국민성은 자연이 아니라 사회의 문제로 봅니다. 즉, 개인의 문화, 경제, 정치적 상호 작용의 맥락에서, 역사로 형성된다는 거죠. 같은 지역 안에서도, 문화, 종교, 언어 등으로 생활 방식이 나뉘는 게 그 증거라고 합니다. 군인과 목사는 어느 나라이든 성격이 비슷합니다. 자연보다 사회가 국민성을 형성합니다. 사회나 정부가 역사 맥락에 따라, 발전하고 진화하기에, 보수주의를 지지합니다. 즉, 시행착오에서 살아남은 바를 보존하고, 새로운 것은, 믿지 않는 자세입니다. 정부의 안정을 위해서 신참자는 기존 제도를 따라야 합니다. 아버지들이 선조의 발자국을 따라 표시해 놓은 길을 세밀하게 따라야 한다고 말합니다.

그는 회의론을 지지하지 않습니다. 회의론의 전제가 거짓이라든가 그 논증이 힘이 없어서가 아니라, 회의론을 지속해 봐야 얻을 게 없기 때문입니다. 외출에서 돌아와 보니, 난로의 종이가 재가 되었다면, 누가 인과 관계를 의심하겠냐고 합니다. 자신도 불이 종이를 태웠다고 생각한답니다. 하지만, 세밀히 검토하면, 상례적 연접만 나올 뿐이겠지요.

흄은 결정론자입니다. 인과성이 물리적 세계를 지배한다면, 인간도 똑같이 지배한다는 겁니다. 하지만, 인간 행위의 특정한 동기를 말하기는 가능하지 않습니다. 왜냐하면, 우리 안에는 너무 많은 힘이 상호 작용하고 있고, 힘의 활동은 아주 다양해서, 공식화할 수 없기 때문입니다. 행위를 결정하는 원리는, 이해하기에는 너무 미세하고 정교하다고 말해야만 합니다.

제 5 부

근대 계몽주의 이후

분리 그리고 반격

계몽주의는 이성 아니라, 지식이 중심입니다. 그리고, 지식은 관찰과 이성의 합작품이라 여겼기에, 과학을 중시합니다. 이성 못지않게 과학을 높이 평가하기에, 이성으로만 인류 진보할 수 있다고 여기지 않았습니다. 그런데, 대학에서는 이성 중심주의가 득세하여, 신비주의를 학문에서 추방하려 합니다. 이성 중심의 철학이 확립됩니다. 한편, 신비주의는 경험 과학을 중시하는 시대 흐름에 맞춰, 개인 단위의 신비 체험을 대중 앞의 퍼포먼스로 바꿉니다. 검증을 자처하여 적극 공세를 취합니다. 19세기에 미국에서 부흥회가 인기를 끌었고, 동양이 신비롭다는 전설이 생기기 시작합니다.

53
프랑스 계몽주의

18세기 초, 프랑스는 감내하기 힘들 정도의 억압에 시달리고 있었습니다. 주로 교회와 정부의 탓이었는데, 이에 대한 비판이 따를 수밖에 없었겠지요. 교회 제도와 기독교 신앙을, 유신론과 무신론의 관점에서 비판한 작품이, 은밀하게 원고의 형태로 유통되고 있었습니다. 작가는 성직자인 메시에였고, 1762년 볼테르가 정식으로 출간하였습니다. 프랑스에서 18세기에 등장한 계몽주의는 이런 상황에서 탄생하였기에, 영원하고 궁극적인 문제가 아니라, 현재를 변화시키는 문제에 집중하게 됩니다. 즉, 전통적인 형이상학의 사변적인 태도가 아니라, 현재를 바꾸어 더 나은 삶을 사는 데에 초점을 맞춥니다. 하지만, 그들은 대체로 사회의 실제 권력자를 직접 언급하지 않았고, 사회 변화를 가져오는 지적인 힘이 되고자 했습니다. 민주적인 공화정이 아니라, 계몽 군주를 원했고, 그들에게 충고하는 자리를 얻고자 했으나, 예외 없이 실패합니다. 하지만 그들은 여전히 귀족과 상류 사회의 일원으로 남았습니다.

인간이 처한 상황을 바꾸려는 의도가 계몽주의 주목표였기에, 자연스럽게 논의 중심은 인간에게 있습니다. 인간에서 시작해서, 모든 것이, 인간에게 돌아가야만 했습니다. 나의 존재와 동료 인간의 행복 외에, 무엇이 나에게 중요한가? 하고 묻습니다. 디드로와 달랑베르는, 인간의 능력과 성취, 그리고 문명 진보에 대해 찬사를 보냈고, 이 진보와 인간 행복을 위해 일하려 합니다. 이런 인간의 능력과 문명 진보에 걸림돌이 되는, 기독교에 반대합니다. 즉, 기독교는 이성을 권위에 굴복시키고, 억압하고 제한하는 주체이고, 수 세기 동안 계몽주의를 가라앉히려 했다는 겁니다. 그들은 기독교에 적대하지만, 그렇다고 모두 신을 부인하지는 않습니다. 기적을 부인하지만, 신의 존재를 부인하지는 않는 태도를 보이기도 하며, 이성과 신앙을 조화하려는 철학자도 있습니다. 계몽주의를 이성의 시대로 부르는데, 그렇게 정확한 표현이 아닙니다. 왜냐하면, 이성이 중심이 아니라, 지식이나 지성이 중심이기 때문입니다. 지식은 관찰과 이성의 합작품이기에, 이성 중심은 아닙니다. 경험 과학이 계몽주의의 중심입니다. 경험 과학 지식이 인류의 진보를 가져오고, 인간을 행복하게 한다고 주장합니다.

    프랑스 계몽주의에는 몇 가지 특징이 있습니다. 주지주의, 보편 인간 본성, 개인주의, 과학의 일반화, 그리고 보편주의와 국제주의 등입니다. 주지주의는 합리주의 혹은 이성주의의 다른 이름입니다. 보편 인간 본성은 과학의 일반화, 보편주의와 국제주의와도 맞닿아 있습니다. 왜냐하면, 인간 본성은 보편적이고 모두 같아서, 별로 다르지 않다고 주장하기 때문입니다. 이런 보편이나 일반성은 과학에서 볼 수 있습니다. 자연법칙이 지역이나 사람에 따라 다르다면, 과학이 성립하기 어려울 겁니다. 경험 과학을 중심에 놓고 보편성을 추구하는 바는, 지극히 자연스러워 보입니다. 그리고, 개인주의는 개인에서 사회로 논의를 진행하려는 의미입니다. 이런 주장들은 대가가 따릅니다. 즉, 주지주의는 열정이나 상상을 무시하며, 보편 인간 본성은 개별성에 손상을 주고, 개인주의는 사회적이고 영적인 전체론을 염두에 두지 않고, 과학적 일반화는 개별자의 역사성을 무시하며, 보편주의와 국제주의는 지방과 국가에 대한 존중이 없습니다.

로크, 데카르트

볼테르는 1726년에서 1728년까지 영국에 머물렀습니다. 체류하면서 로크, 뉴턴 등을 접하고 큰 영향을 받습니다. 영국의 관용과 자유를 추구하는 정치 제도도 그의 마음을 끕니다. 프랑스로 돌아온 후 로크를 소개하였고, 로크는 계몽주의에 큰 영향을 끼칩니다. 두 가지를 꼽을 수 있습니다. 하나는, 로크의 경험론입니다. 그는 지식은 감각과 반성에서 나온다고 합니다. 각각을 극단으로 사유하면, 유물론과 관념론이 됩니다. 계몽주의는 관념론으로 가지는 않았습니다. 유물론은 큰 자리를 차지하지만, 모두가 유물론을 지지하지는 않았습니다. 콩디야크는 로크의 반성이 감각의 기능에 지나지 않는다는 걸 입증하기 위해, 조각에 감각 기능을 하나씩 투입하는 사고 실험을 합니다. 이 실험은 원래는 뷔퐁의 작품입니다. 이 사고 실험으로, 그는 단순한 감각에서 복잡한 감각으로, 또 추상 관념으로, 심지어 도덕 판단과 미적 판단에 이르는 모든 과정이, 자동으로 이루어진다고 말합니다. 그는 나아가 기억, 반성, 판단은 주목도의 차이일 뿐이라고 말합니다. 판단은 관계 지각이며 자동인 비교 개입인데, 비교는 두 개의 관념을 동시에 주목하는 일일 뿐입니다. 즉, 고도의 정신 작업이 아니라, 관념을 동시에 비교하는 자동작업의 하나일 뿐입니다. 이런 주장은, 로크의 감각과 정신의 구별을 허무는 동시에, 데카르트의 이원론도 무력화합니다. 왜냐하면, 정신이 특별한 지위를 갖지 못하기 때문입니다. 그냥 감각의 한 기능에 불과하니까요. 콩디야크는 언어 발명으로 반성의 기능이 생겨서, 마음먹은 대로 주의를 기울여, 마음의 고등 기능을 수행한다고 말합니다. 즉, 마음의 고등 기능은 인간 발명품으로, 실체로서의 정신이나 영혼이 필요하지 않습니다. 그가 외부 세계의 존재를 알게 되는 통로는 촉감입니다. 버클리처럼 신을 요구하지 않습니다. 관념은 자신의 마음과 외부 세계를 구별해야 비로소 생기는데, 촉감으로 이 관념이 생깁니다. 따라서, 외부 세계 관념이 마음에 대한 관념보다 먼저입니다. 그는 조각에 대해서도, 최초의 감각만으로는, 감각을 전혀 갖지 못하는데, 변화가 있어야 비로소 지각하기 시작하기에, 움직이는 장애물을 의식하면, 공간과 다른 존재를 연역한다고 말합니다. 또한, 그는 지식은 경험으로만 얻을 수 있기에, 관찰 너머를 관통하려는 시도는 헛되다고 말해, 뉴턴의 태도를 따릅니다. 반형이상학적이고 실증주의 태도입니다. 돌바크는 더 물질주의 태도를 보입니다. 즉, 감각은 신체 기관에 주어진 충격이고, 지각은 뇌에 증식된 충격이라고 하면서, 관념은 뇌가 지각할 수 없는 양태이고, 또한 관념은 사물의 이미지이고, 감각과 지각은 이 사물의 속성이라고 합니다. 정신이 끼어들 틈은 없어 보입니다.

계몽주의는 이성을 부인하지 않습니다. 달랑베르는 이성은 물리학이나 수학을 주 대상으로 작업하나, 실재와 올바른 관계를 맺고 있는 마음의 다양한 작업에도 참여한다고 말합니다. 그리하여, 문명이나 사회 진보에 맞춰, 조정하며 안내자 임무를 수행합니다. 다시 말해서, 주로 수학을 담당하지만, 마음의 조정이나 안내도 하여, 미신이나 광신을 막는 역할을 한다는 거죠. 문명 진보에 도움을 준다는 의미로 보입니다. 한편, 디드로는 이성과 사물의 틈을 넓힙니다. 달랑베르가 이성과 사물 사이의 틈을 좁히고자 한 바와 다릅니다. 디드로는 이성은 추상 관념을 다루기에, 결국은 동어반복이어서 싫증이 난다고 합니다. 물리학은 자연의 무한히 다양한 사물을 다루는데, 천재가 자연과의 접촉 즉 경험을 통해, 진리를 찾아냅니다. 즉 이성이 아니라 경험입니다. 디드로는 이성과 사물을 이혼시킵니다. 이와는 다르게, 루소는 이성과 본능의 이분법을 거부합니다. 즉 이성을 완전해질 가능성으로 바꾸어, 완전해질 가능성과 본능으로 나눕니다. 그는 완전해질 가능성을 본능보다 우선하며, 여기에서 이성, 역사, 언어가 나온다고 합니다. 즉 이성과 인지를 파생으로 파악합니다. 이런 주장은 데카르트, 로크와는 다릅니다. 데카르트는 이성과 생각, 로크는 지각과 인지 기능을 강조하는데, 루소는 역사적으로 완전해질 가능성을 중심으로 하여, 인간 세계를 도덕과 역사 관점에서 봅니다.

　로크의 백지 이론은 교육 이론에 큰 영향을 끼칩니다. 로크의 주장대로, 인간이 백지 상태에서 태어난다면, 얼마든지 원하는 대로 인간을 만들 가능성이 있기 때문입니다. 즉, 인간 진보는 정신 발달에 유리한 환경에 노출하는 데 달려 있다, 다시 말해서, 인간 미래는 교육에 달려 있다는 의미입니다. 엘베시우스는 교육이 사람을 만드는데, 계급의 이해 충돌은 이를 방해하기에, 인류에 위협된다고 하면서, 사회 비판론을 전개합니다. 교육을 위한 사회 조성이 우선이란 의미입니다. 루소는 사회 조직과 인간 이기심으로, 사람은 의지대로 살기 어렵기에, 사람이 아니라 법이 지배하는 사회가 필요다고 주장합니다. 그는 지성만 강조하고, 감정은 소홀히 하는 교육을 비판하며, 교육의 목적은 인간성이라고 합니다. 즉, 개인을 진실하고 이기적이지 않은, 자연상태의 인간으로 되돌리는 일이 교육의 목적입니다. 그리고, 어린이는 작은 어른이 아니며, 어른 예비 단계도 아니라며, 인간 발달의 독립적 단계라고 합니다. 인간은 모든 조건에 적응할 수 있어, 완전해질 수 있다고 주장합니다. 그리하여, 교육은 미래에 대한 믿음과 사회 개혁의 도구가 될 수 있다는 겁니다. 콩도르세는 미래에는 완전한 인간이 나올 가능성이 있다고 합니다.

인간 본성, 신

최초의 유물론자인 메트리는 의사였는데, 데카르트 기계론을 인간에게, 뉴턴의 결정론을 인간 심리에 적용하였습니다. 기억을 예로 듭니다. 물리 조건과 우연한 사건으로 사람의 기억이 영향을 받는다고 하면서, 이는 기억이 육체의 부분이며, 완전히 기계적이라는 증거라고 말합니다. 또한, 영혼은 육체가 잠들 때도, 쉬지 않고 기능하려면 음식이 필요하기에, 육체의 어떤 기능에 불과하다고 말하면서, 불멸의 영혼이란 개념은 알기 어렵다고 합니다. 자유도 마찬가지입니다. 자유는 감각의 결정에 따르며, 판단은 감각 증거를 수동으로 따른다는 겁니다. 한마디로, 인간은 그냥 또 하나의 동물입니다. 동물 본능이 뇌와 신경계의 산물이듯이, 인간의 행위는 더 복잡할 뿐, 동물 가운데 가장 복잡한 뇌의 결과일 뿐이라고 합니다.

뷔퐁은 인간은 처음에는 다른 동물과 다르지 않았는데, 흔하지 않게 긴 가임 기간으로, 가족과 사회를 만들었다고 합니다. 가족과 사회가 없었다면, 인간을 살아남지 못했을 터이고, 사회생활로, 언어라는 결정적인 발명품이 생겨, 사회 유산을 보존하고, 지식과 생각을 전달하여, 눈부신 발전을 했다고 합니다. 일종의 진화론으로 볼 수 있겠지요. 그는 역사를 중시합니다. 모든 식물과 동물이 일시에 한꺼번에 생겨나서 영원히 같은 모습으로 존재한다는 주장을 거부합니다. 지질학은 지구 나이가 매우 많다는 걸 보여 줍니다. 신이 아니라, 자연의 무한한 창조성을 강조합니다. 즉, 자연은 시행착오를 통해, 멸종하는 괴물을 만들기도 하지만, 환경에 성공적으로 적응하여 살아남는 종도 만듭니다. 이것이 자연의 연속성입니다. 그는 동물, 식물, 광물이란 분류는 인간이 편의로 붙인 이름일 뿐, 자연에는 그런 구별은 없다 합니다. 모페르튀이는 우연이 거듭되면, 무한하게 다양한 종이 생긴다고 합니다.

디드로, 콩디야크, 엘베시우스는 인간 본성은 고정되었으며, 인과로 완전히 예측 가능하다고 합니다. 하지만, 디드로는 태도를 바꿉니다. 그는 인간이 생각하는 기계라는 주장을 아예 버리고, 인간은 환경에 반응하면서, 환경과 자신을 물질로 바꾸는, 전에 없는 능력을 갖추게 되었다고 합니다. 어떤 하나의 감각이 이성을 지배하지 않고, 균형을 이루기에, 모든 감각이 중심 역할을 하기 때문입니다. 개는 후각, 매는 시각이 뛰어나, 다른 기능이 발전할 수 없기에, 능력에 한계가 있지만, 인간은 다르다는 겁니다. 디드로는 인간에게 단 하나의 의무로 행복이 있다고 하며, 절대적인 도덕 기준이 있다고 믿습니다. 자연은 태초부터 좋은 법을 만들었다고 합니다. 신이 만들지는 않았지만, 자연이 만드는 도덕 기준이 있다는 겁니다. 이런 도덕 기준을 알아차리는 통로는, 미학의 진리 터득 과정과 같습니다. 즉, 적절한 감별력이 있는 사람만 미를 느낄 수 있듯이, 도덕적 감정이 있어야 그 기준을 알 수 있습니다. 악행을 저지르는 사람은 도덕 감각이 없습니다. 악행을 처벌받지 않을 수 없는데 그 이유는, 악행은 동료의 경멸을 피할 수 없기 때문입니다. 인간 행위는, 물리적 체질과 환경의 산물이기에, 조건을 바꾸면, 행위를 수정할 수 있다고 하면서, 돌은 안 돼도, 사람은 된다고 주장합니다.

볼테르는 이신론을 지지하는데, 신은 인간에게 신의 도덕 감각과 성향을 주었다고 합니다. 이런 도덕 감각은 보편으로 인간에게 내재하여, 자연법에 복종하라는 명령을 수행합니다. 하지만, 이런 태도는 1755년 리스본 대지진으로 변합니다. 수만 명의 목숨을 앗아 간 대지진으로, 우주의 절대적 질서는 금이 갑니다. 그는 적어도 지금 존재하는 질서는 인간과는 무관하다고, 즉 신은 인간에게 관심이 없다고, 이 세계는 가장 좋은 세계는 아니라고 생각합니다. 그는 악의 문제를 고민하게 되는데, 작품『캉디드』에서, 튀르키에 왕은, 왕이 항해를 허락할 때, 선창의

쥐를 신경 쓰겠냐고 말합니다. 악의 문제로 고민하지만, 종교 없는 사회를 용인하지 않습니다. 무신론과 미신을 위험하다고 여기기 때문입니다. 미신이나 광신이 무신론보다 더 위험하다고 하는 이유는 미신은 고칠 수 없기 때문입니다. 그가 종교를 사회 안정을 위한 도구쯤으로 여긴다고도 할 수 있습니다. 왜냐하면, 세계가 단 한 번에 창조되었고, 이는 신의 섭리라는 증거인데, 신이 창조의 대가로 신을 경배하고 좋은 사람이 되라 하지만, 신이 없다면, 발명이라고 말하기 때문입니다. 그러면, 자신은 강도를 덜 당하고, 오쟁이를 덜 질 거라고, 덧붙입니다. 그는 무신론과 유신론 모두를 반대합니다. 동시에, 기독교와 형이상학도 거부합니다. 그리고 신비주의도 반대합니다. 하지만, 신은 믿습니다. 시계공을 예로 들면서, 정교한 시계를 만든 사람이 있듯이, 놀라운 질서를 보이는 세계를 만든 존재가 있다고 말합니다. 그런데, 놀라운 질서는 뉴턴처럼 광대한 우주에만 적용되지 않고, 구더기, 벌레, 곤충과 같은 미물에서도 발견할 수 있다고 말합니다. 동물학 발전의 결과입니다. 디드로도 나비의 날개조차 놀랍다고 합니다.

 디드로는 스피노자의 〈신 또는 자연〉이란 표현을 〈신 아니면 자연〉으로 해석합니다. 이 표현을 신=자연으로 해석하면, 잘못이라는 겁니다. 스피노자의 범신론은 해석의 잘못일 수 있다고 합니다. 그는 신 아니면 자연인데, 신은 아니다, 따라서 자연이라고 추론합니다. 즉, 신은 필요 없다, 자연의 힘은 자체로 끝없이 창조적이고, 영원히 운동하기에, 초월 원인이나 내재하는 영혼은 필요 없다고 합니다. 그는 자연의 전부는 언제나 운동하고 있으며, 우주는 하나라고 합니다. 우주는 하나라는 주장은 달랑베르와 같은데, 전부는 하나이며, 사람과 동물, 식물, 무생물의 차이도 없다고 합니다. 우주가 하나라는 개념을, 모페르튀이도 말합니다. 그는 우주에는 물리로나 도덕으로나, 자연의 모든 것 사이에는 보편 결속이 존재한다고 합니다. 베를린 과학 아카데미 총재를 지낸 그는 인생에 대해 염세입니다. 미래는 현재의 고통과 악을 참게 할 뿐이라고 하면서, 불멸을 믿지 않는다면, 자살이 합리적인 해결책이라 하고, 불멸은 사실은 기독교의 행복 소원에 대한 답에 지나지 않는다고 말합니다. 종교는 인간의 연약함과 행복 추구의 결과이며, 세상에 악이 없다는 주장은, 신이 있다면 순수한 신앙의 모습이고, 없다면, 완벽한 잘못이라고 합니다.

달랑베르도 우주는 우리가 이해하는 한, 단일하다고 합니다. 모든 자연 현상 밑에는 어떤 종류의 하나임이 있지만, 우리는 알지 못한다고 합니다. 자기장을 예로 듭니다. 따라서, 우리가 할 수 있는 유일한 길은, 관찰 자료를 모으고, 질서를 부여하고, 조심스럽게 분석하는 일입니다. 실용이고 인간 중심인 태도입니다. 왜냐하면, 진리를 자연이 아니라, 현상에 대한 인간 지각에 토대하기 때문입니다.

돌바크도 통합을 말합니다. 그는 모든 사물, 물질, 우주, 인간, 사회 그리고 정부는 통합된 체계로, 원인과 결과의 필연 연쇄의 부분이라고 합니다. 즉, 존재하거나 일어나고 있는 모든 것, 그리고 필연적으로 일어나는 것은, 우연으로 보일 수도 있으나, 우리가 인과의 연쇄를 모를 뿐이라고 하면서, 지진이나 유성과 같은 이변도, 훗날 비밀이 밝혀질 거라 합니다. 그는 감성이 물질의 보편 속성이라고 하면서, 살아 있든 죽었든, 생각이나 의지까지도 감정의 형식이라고 합니다. 겉으로는 상반되어 보이지만, 사실을 아니라는 겁니다. 의지도, 인과 연쇄일 뿐이라면서 예를 듭니다. 나무에 달린 과일을 보면, 과일을 따기 위해, 팔을 움직이도록, 뇌를 조정합니다.

사회 개혁

계몽주의자는 물질로 풍요롭고, 불평등이 최소화되는 사회를 원하지만, 과격한 혁명을 원하지 않았고, 무질서를 두려워했습니다. 즉 평화롭고 구조적인 변화를 원했지요. 당시의 불의와 억압의 원천이, 교회, 귀족, 국회의 권력과 특권 남용에 있다고 보고, 이를 개혁하려 합니다. 하지만, 현실에서는 군주제를 유일한 체제로 봅니다. 그 이유는, 당시 진리를 절대이고, 쪼갤 수 없는 속성으로 여기기 때문입니다. 진리가 그러하듯이, 정치 체제도 그러해야 한다는 의미입니다. 하지만, 여러 개혁의 생각이 표출됩니다. 디드로는 주권은 국민에게 있고, 계약으로 위탁하기에, 국민의 동의가 없다면, 찬탈이라고 합니다. 돌바크는 정의로운 법이 보장해야 하는 바는, 국민의 재산, 자유 그리고 안전인데, 자유와 안전은 재산을 지키기 위한 장치라고 합니다. 콩도르세는 진보는 사회와 자연의 불평등 해소에 있다고 하면서, 노예 제도를 비판하고, 여성을 포함하는 보통 교육과 교사의 독립성을 요구합니다. 그리고, 아이들 스스로 생각하도록 교육해야 한다고 합니다. 모렐리는 탐욕으로, 사유 재산제가 생기는데, 사유 재산이 모든 악의 근원이므로, 이상 사회에서는 모든 땅과 땅의 산물을 공동 소유로 해야 하며, 다른 상품은 필요에 따라 법으로 나누어야 한다고 주장합니다.

사회 변혁의 방향은 대체로 개인에서 사회로입니다. 개인을 변화시키는 일을 우선합니다. 하지만, 개인과 사회는 분리할 수 없기에, 서로가 영향을 미친다고 합니다. 디드로는, 국가 번영은 인구수에 달려 있기에, 남녀의 성 충동은 바람직하다고 합니다. 또한, 개인의 선은 일반 선과 밀접하게 연결되기에, 자신을 해하지 않고, 시민이 사회에 해를 끼치는 일은 불가능하다고 하며, 돌바크도 부분의 행복은 오로지 전체 사회의 행복에서만 나온다고 합니다. 또한, 엘베시우스도 근대 국가에서 사회와 개인의 연결이 없다면, 근대 인간은 소외되며, 그렇게 되면 인간도 시민도 아닌 상태가 된다고 합니다.

몽테스키외는 루소처럼 당시 프랑스 문학계에서 주변이었습니다. 하지만, 사회에 관련해서는 업적을 남깁니다. 경험과 분석으로 주제를 다뤄, 사회학을 만들었습니다. 그의 유명한 견제와 균형 체계는 권력 분립 확보하기 위함인데, 인간의 권력 남용을 막기 위한 장치입니다. 그런데, 이 장치는 동적인 사회가 아니라 기존의 정적인 사회의 균형을 유지하여, 어떠한 변화에도 대항하려는 의도가 엿보입니다. 하지만, 진보와 개혁 가능성을 믿었고, 시민을 변화시킬 수 있는 정부의 능력도 믿었습니다. 즉, 그이 이론은 미묘합니다. 좋은 정부를 유지하는 데는 좋지만, 불의와 억압 체제에는 오히려 역으로 작용할 수 있으니까요. 그는 인간의 원초적 모습을 투쟁이 아닌, 약함에서 찾습니다.

즉, 인간이 약하기에, 사회를 만들었단 거죠. 그는 민주주의보다는 군주제를 원했고, 개인이 공동의 선을 위해 일하지만, 스스로는 자신의 이익을 위해 일한다고 믿도록 해야 하는데, 사람은 명예를 추구하고 뛰어나고자 하는 욕망이 있으므로, 이를 이용해야 한다고 합니다.

18세기 영국의 흄, 애덤 스미스, 벤담은 철학과 계몽주의가 인류의 행복에 도움이 된다고 여겼지만, 영국의 자유 사회의 틀 안에서 허용된다고 여겼기에, 혁명 잠재력만 보일 뿐이었습니다. 흄은 누구보다 보수주의자였으니까요. 독일에서 계몽주의는 목사와 공무원 교육을 위한 도구가 되어, 기존 사회 안정화에 도움을 주었습니다.

54
야콥 브루커

1614년 중세 수도승 형제단이었던 크리스티안 로젠크로이츠의 무덤을 열었던 장면을 묘사하는 책이 나왔습니다. 로젠크로이츠는 신학과 과학의 개혁을 시도하고, 아랍과 아프리카를 순례하였고, 인간에게 허락한 지식은 연금술, 카발라 그리고 마법이라 주장했는데, 이런 그의 주장이 17세기에 부활합니다. 당시는 자연을 해독하는 과학의 시대였는데, 그는, 자연의 표식 안에는 대우주의 이미지가 들어 있다고 여기는 사람이 해독할 수 있다고 말합니다. 이런 그를 따르는 무리가 18세기의 장미십자회입니다. 이 단체는 신비한 지식이 아니라, 변신에 중점을 둡니다. 연금술의 영향이 커 보이는데, 육신이 절반은 영적인 상태로 변해서, 신과 비슷한 지위와 힘을 얻는 걸 목표로 삼습니다. 이것을 기독교와 연금술의 전통이라 여기고, 이렇게 변한 존재가 무리를 이루어, 세계 역사에 선한 영향력을 행사하려 합니다. 프리메이슨이 그 단체 이름이라고 합니다.

이런 의도는 세계 정부 음모론으로 연결되곤 했습니다. 그런데, 비밀 지식이 조직을 통해 전수한다는 개념은 17세기 이전에는 없었습니다. 장미십자회가 처음으로 형식을 갖춘 조직을 갖추었고, 비밀 형제단이 임무를 수행합니다. 당시 가톨릭과 개신교가 맞서는 상황에서, 장미십자회는 가톨릭의 예수회에 맞서, 은밀히 활동하는 개신교 형제단이란 이야기가 널리 퍼졌습니다. 그 정도로 조직화된 인상을 주었습니다. 또한, 숨어 있는 신비한 음모단은 기존 질서를 전복하기 위해 조용히 작업하고 있다는 생각이 널리 퍼졌습니다. 19세기, 20세기에도 이런 생각은 지속하였고, 소설 『다빈치 코드』나 유대인, 이슬람, 사탄주의자에게 초점을 맞춘 정치적 편집증에서도, 여전히 그 유산을 볼 수 있습니다. 다시 말해서, 계보가 있다는 겁니다. 피타고라스학파, 유대교의 신비주의 파인 에세네파, 템플기사단, 그리고 프리메이슨으로 이어지는 계보는, 끊임없이 지금도 역사적 판타지와 음모론을 확장하고 있습니다. 즉, 궁극적인 비밀을 찾고 있거나 이미 갖고 있다고 의심되는 비밀 결사의 연결망과 사회 결사체가 존재한다는 음모론입니다.

기독교 신지학은 근대 초기 개신교 독일의 신비주의 운동입니다. 천사를 직접 접촉했다는 주장을 하는 이 운동은 낭만주의와 철학 특히 관념론에 큰 영향을 끼쳤습니다. 헤겔은 그 중심 인물인 뵈메를 첫 번째 독일 철학자라고 하면서, 비록 문체는 세련되지 못해 매우 야만적이지만, 그의 철학 내용은 진정한 독일답다고 합니다. 1600년 뵈메는 놋쇠 그릇에 반사된 섬광을 보고, 갑자기 모든 존재를 직접 경험했다고 합니다. 그 후 12년 동안 침묵을 지킨 후, 책을 썼습니다. 연금술, 파라켈수스 그리고 카발라를 읽었다고 하는데, 구원을 단순히 예수를 믿는 데 있지 않다고 주장합니다. 즉, 구원은 현명해지는 데 있지만, 구원은 구원인 동시에, 신 자체를 깨닫는 일이라고 합니다. 신은 완벽한 숨김과 무의식에서 시작하여, 자신을 명료하게 하는데, 이런 현시의 마지막이 인간이라고 합니다. 인간은 깨어 있으려 분투하고, 자신을 알게 되고, 자신의 반영으로서의 전체를 알게 됩니다. 하지만, 이것이 바로 신의 깨어 있음이고, 신에 대한 지식입니다. 근원의 무의식이 마침내 극복되어, 자기의식의 영혼으로서의 신이 세계에 태어난다고 하는데, 이해가 쉽지 않습니다. 주요 기독교 신지학자는 주로 독일인이나, 영향은 영국이나 프랑스에서 컸습니다. 영국에서는 존 밀턴, 아이작 뉴턴, 윌리엄 블레이크가 그의 책을 읽었고, 독일 낭만주의자에서는 셸링이 대표입니다.

윌리엄 블레이크, 칸트, 에머슨, 코난 도일, 카를 융 등에게 영향을 미친 신비주의자는 스베덴보리입니다. 그는 창세기는 물리 세계와 인간 창조가 아니라, 모든 인간의 잠재적인 영혼의 탄생 혹은 영적으로 다시 태어남이라고 말합니다. 자연의 비밀을 신이 인간에게 준 힘으로 밝히려 애쓰지만, 살아 있는 영혼의 비밀은 삶 자체이고, 무한한 신의 계시로만 알 수 있다고 합니다. 1758년 7월 19일 스톡홀름에서 멀리 떨어진 곳에서, 스톡홀름의 화재를 두 시간 동안 생중계하듯이 보고하였는데, 이틀 후 모두 사실로 밝혀져, 천리안을 입증했다고 합니다.

18세기에 자기장을 이용한 새로운 치료법이 등장했는데, 의사 메스머의 제안이었습니다. 그가 말하는 동물 자성은 보편 유동체 혹은 영혼과 물질 사이를 매개하는 생명력입니다. 동물 자성이 우주 공기와 모든 유기체에 스며들었고, 중력의 흐름에 따라 조화롭게 움직인다고 합니다. 따라서, 이런 유동체의 흐름이 막히면, 병이 생기고, 환자는 심각한 위기를 겪는데, 이는 치료 과정의 부분이라고 합니다. 자연은 자신의 비밀을 이성 너머의 무아경을 통해 알려 준다는 주장으로, 신비주의(에소테리시즘)의 모습을 볼 수 있습니다. 그를 이어받은 퓌세귀르는 몽유병을 유발해, 환자를 몽환에 빠뜨리는 기술을 고안합니다. 그리하여, 한 문장도 말하지 못하는 농부가 자기장 상태에서는 사람이 완전히 변하여, 엄청난 지식을 갖게 되어, 퓌세귀르가 그에게 조언을 구했다고 합니다. 이는 심리학의 결정적인 사건으로, 19세기 그리고 20세기에 심대한 영향을 끼쳤습니다. 즉 무의식 발견이 근대 심리학과 정신 의학을 이끕니다.

에소테리시즘을 학계에서 쫓아내는 혹은 배제하는 사건이 야콥 브루커의 『철학의 역사』 출간이라고 합니다. 1731년에서 1736년까지 처음 출간 후, 1776년에서 1777년까지 증보판이 나왔습니다. 역사학자인 브루커는 이성을 옹호합니다. 즉, 에소테리시즘과 종교를 배격한 순수한 이성의 역사로서의 철학사를 쓰려고 합니다. 이를 위해, 그는 지금까지의 사상사를 정리합니다. 우선 역사가의 일은 사상 전역 탐구이기에, 종교, 에소테리시즘, 철학 모두를 알아본 후, 그 가운데 인간 이성에 맞는 바를 고릅니다. 이를 바탕으로, 자율 학문 분과로, 근대 철학사의 기초를 놓으려 합니다. 종교에 이성과 계시는 모순이 아니라, 둘 다 자율적이기에 비교할 수 없다고 합니다. 즉, 비교할 수 없으니, 각자의 길을 가면 된다는 겁니다. 또한, 가톨릭은 호교를 위해, 이교의 요소를 많이 도입하여, 혼란이 일어났으므로, 가톨릭과 철학을 섞으면 안 된다고 합니다. 각자의 영역을 엄격히 지켜야 합니다. 그런데, 이교는 신비하지만, 기독교와, 철학의 영역에 속하지 않습니다. 즉, 이교는 계시도 이성도 아닌 자연 종교인데, 그동안 기독교로 위장하고 숨어서 지속해 왔다고 합니다. 이교는 토대는 철학과 공유하지만, 이성에 토대를 두지 않고, 종교 색채는 기독교와 공유하지만, 계시에 토대를 두지는 않습니다. 다시 말해서, 토대는 철학과 비슷한데 이성은 아니고, 종교적 색채는 기독교와 비슷한데 계시는 아니라는 겁니다. 그는 이것이 서양 에소테리시즘의 역사적 기원이며, 동시에 이론의 핵심이라고 주장합니다. 이교는 어느 쪽에도 속하지 않으므로, 어느 쪽에도 끼워 줘서는 안 된다고 하면서, 철학사와 교회사에서 추방을 말합니다.

55
칸트

인식

이탈리아 철학자 비코는 자연 탐구에 열중한 17~18세기에, 인간이 만든 세계에 관심을 두었습니다. 우리는 기하학을 증명한다, 왜냐하면, 우리가 기하학을 만들었으니까,라고 말합니다. 기하학의 진리가 하늘에서 떨어지지도 않았고, 이데아 세계를 엿보아 알게 되지도 않았으며, 태어날 때부터 알고 있지도 않았다는 의미입니다. 인간의 작품이기에, 당연히 증명할 수 있다고 합니다. 칸트도 이런 태도를 보입니다. 인간이 세계에 질서를 부여하지, 그 반대가 아니라고 합니다. 즉, 예전에는 대상을 중심으로 놓고, 대상을 인간이 얼마나 잘, 정확히 반영하느냐를 문제로 삼았는데, 이는 잘못이라고 합니다. 그 반대가 옳다고 합니다. 즉, 인간이 중심이 되어야 한다고 주장합니다. 그는 스스로 이를 코페르니쿠스적 혁명이라 부릅니다. 코페르니쿠스는 천체 운동을 천체 자신의 운동뿐만 아니라, 지구의 관찰자 운동의 결과로 봅니다. 즉, 천체가 아니라, 관찰자의 관점에서 운동을 봅니다. 그와 같이, 칸트도 대상이 아닌 인간 관점에서 봅니다. 이런 시도는 칸트 이전에는 찾아보기 어려웠습니다. 거의 언제나 대상을 중심으로 논의했으니까요.

칸트는 인간 이성을 회복하려 합니다. 당시 수학과 물리학은 성공하였는데, 철학은 무질서에 빠졌다고 진단합니다. 뉴턴의 역학이 성공 모델이었습니다. 왜 뉴턴은 성공했는데, 철학은 이 모양인가에 대해, 이성의 기능을 먼저 비판합니다. 즉, 이성은 자신이 알 수 없는 바를 안다고 하기에, 독단이 되었다는 겁니다. 인간이 객관 실재의 본성을 발견할 수 있고, 그렇게 발견한 지식은 초감각 세계로 확장할 수 있다고 하면서, 이성의 범위를 넘어서게 되고 그리하여 독단론에 빠졌다는 겁니다. 이에 대한 반발로 회의론은 대상에 관한 지식을 감각으로 환원하기에, 지식은 가능해 보이지 않습니다. 따라서, 칸트는 이성이 할 수 있는 일과 할 수 없는 일을 구별하여, 지식이 가능하다는 바를 보이는 데에 그치지 않고, 이성 존재가 자연보다 우위이며, 인간 이성이 없다면, 세계는 아무 의미도 없다는 데에까지 나아가려 합니다. 즉, 그는 이성을 복원하여, 이성을 중심으로 지식, 종교, 도덕, 신의 문제 모두를 다시 세우려 합니다.

그는 세계를 경험으로 알 수 있는 세계와 경험으로는 알 수 없는, 순수하게 지적인 세계로 나눕니다. 즉, 현상계와 물-자체입니다. 이 둘은 별개입니다. 즉, 서로를 간섭하지 않습니다. 우선, 현상계를 다룹니다. 대상에 관한 지식을 우리는 어떻게 가질 수 있는가? 하는 질문에 답합니다. 대상이 지식이 되는 과정에는 세 단계가 있다고 합니다. 우선, 직관입니다. 그에게 직관은 시간과 공간입니다. 이 둘을 제외하면, 칸트에게 직관은 없습니다. 시간과 공간이 없다면, 대상을 감각으로 경험조차 할 수 없다고 말합니다. 즉, 우리가 외부의 무엇인가를 보고, 대상으로 파악해야 하는데, 외부 감각에 해당하는 바가 공간이고, 내부 감각은 시간입니다. 다시 말해서, 직관으로, 잡다한 감각 자료를 서로 구별되는 감각으로 만듭니다. 그렇게 조직화하지 않으면, 아마도 감각 자료는 없겠지요. 다음으로는, 감각을 서로 연결하여, 같은 대상에 대한 감각으로 인식합니다. 색깔, 크기, 모양 등 서로 다른 감각 자료가 같은 대상에 속한다고 인식하는 일입니다. 마지막으로, 개념으로 대상을 판단합니다. 대상에 범주를 적용합니다. 우리는 12가지의 범주를, 대상을 경험하기 전에, 이미 갖고 있다고 합니다. 이 범주를 대상에 적용합니다. 범주를 양, 질, 관계 그리고 양상으로 나누는데, 관계에는 단언 관계, 조건 관계 그리고 선언 관계가 있습니다. 인과는 조건 관계에 속합니다. 그리고, 판단에는 또한, 12가지가 있는데, 관계에 관한 판단에는, 고유와 존속 관계, 인과성과 의존 관계 그리고 공통의 관계가 있습니다. 흄은 인과를 심리로 봅니다. 즉, 자연의 속성이 아니라, 반복 등의 조건을 주면, 자연스럽게 생기는 심리 현상이라고 합니다. 이와 다르게, 칸트는 인과는 범주에서는 조건 관계에, 그리고 판단에서는 인과성과 의존 관계에 해당한다고 봅니다. 즉, 범주는 대상을 다루고, 판단은 판단을 다룹니다. 판단은, 감각 기능(감각력), 상상력 기능(상상력) 그리고 이해 기능(이해력)의 단계를 거칩니다. 다시 말해서, 직관은 감각력, 감각 자료를 조직하는 일은 상상력, 그리고 개념으로 판단하는 일은 이해력이라 할 수 있습니다.

이런 단계를 거쳐, 경험을 개념으로 만들고, 개념을 비교하여 판단한다 해도, 그전에 반드시 통일성이 있어야 합니다. 감각 자료를 하나로 묶어 주는 무엇이 있어야 합니다. 개념의 통일성이 없으면, 지식이 될 수 없기 때문입니다. 연극을 하고 있습니다. 그런데, 관객이 없다면, 연극을 한다는 개념조차 없을 겁니다. 관객이 있어야, 비로소 무대 위의 행위가 연극이 되겠지요. 관객이 없다면, 잡다하고 질서 없는 움직임의 연속이겠지요. 칸트는 이런 사태를 막으려면, 이해력 범주 이전에, 그리고 상상력이 작동하기 이전에, 심지어 직관이 대상을 파악하기 이전에, 통일성이 있어야 한다고 말합니다. 즉, 통일성이 하나라는 개념을 불어넣습니다. 만약 통일성이 없다면, 나에게 어떤 것이 재현되어도, 전혀 생각할 수 없을 터이고, 아무것도 아니기 때문입니다.

    통일성을 부여한다고 하는 자아에는 세 가지가 있습니다. 경험 자아, 순수한 통각의 초월 자아, 그리고 물-자체 자아입니다. 물-자체 자아는 현상계가 아닌, 물-자체에 속하며, 시공간의 영향을 받지 않기에, 자유입니다. 전혀 다른 세계이지요. 물론, 이 개념이 하늘에서 떨어지지는 않습니다. 범주에서 발견할 수 있는데, 양상의 미심쩍은 혹은 불확실한 범주에 속합니다. 물-자체 자아를 이론 차원에서는, 이렇게 파악할 수밖에 없습니다. 따라서, 이론 차원에서, 물-자체 자아에 대해 어떠한 판단도 내릴 수 없습니다. 하지만, 실천 이성에서는 객관 실재가 된다고 칸트는 말합니다. 이와 달리, 경험 자아는 심리 자아 혹은 현상으로서의 자아라고 하는데, 현상계를 다룹니다. 흄의 다발과 비슷합니다. 끊임없이 쏟아지는 경험 자료를 하나로 묶어, 통일된 지각으로 만드는 역할을 합니다. 다른 말로는, 내적 감각이라 할 수 있습니다. 우리는 안에서 자아를 느낍니다. 그 자아 안에서, 경험의 내용에 접근하기도 하고, 의식하기도 합니다. 하지만, 이런 내적 감각 즉 경험 자아만으로는, 대상을 다룰 수 없습니다. 왜냐하면, 내적 감각에 무엇이 존재해도, 이해력이 없으면, 무엇이 존재한다고 할 수 없기 때문입니다. 범주에서는 참, 거짓으로 나타나지만, 판단에서는 존재, 비존재로 나타나기 때문입니다. 즉, 이해력이 없다면, 밖의 대상과 연결할 수 없습니다. 바로 이런 역할을 하는 바가, 순수한 통각의 초월 자아입니다. 여기에서, 〈순수한〉은 아무 내용이 없다는 의미입니다. 즉, 〈나는 생각한다〉는 텅 빈 내용입니다. 내가 〈나〉를 의식한다는 의미만 있을 뿐, 아무런 내용도 담고 있지 않으며, 데카르트의 실체도 아닙니다. 생각에 따라다니지만, 통일성을 부여하는 역할 이외는 하지 않습니다. 그런 의미에서, 이해력에도 앞서는 조건입니다. 오직 생각의 초월 주체일 뿐입니다. 이때, 초월이란, 경험 내용과 개념 틀을 뛰어넘는 혹은 아래 있으면서, 앞서 있다는 의미입니다. 이런 순수한 통각의 초월 자아는, 이해력을 통해 대상과 관계를 맺기에, 대상과 실재로 향하게 됩니다. 통일성은 주어진 선분이라 할 수 있습니다. 우선, 선분이 있어야, 분할할 수 있습니다. 분할을 한 후에, 잇는 것은 아마도 불가능하지 않을까요. 칸트는 선분이 있고, 그 후에 분할이 있다는 태도로 보입니다. 분할의 전제 조건은, 통일된 하나의 선분이겠지요.

칸트는 의견, 믿음, 지식을 구별합니다. 기준은 주관 근거와 객관 근거입니다. 주관 근거도 객관 근거도 없으면, 의견이고, 주관 근거만 있으면, 믿음이며, 모두 있으면, 지식입니다. 그리고, 주관 근거의 특징은 확신이고, 객관 근거의 특징은 확실성입니다. 예를 들어, 수학에 관해 의견이 있다면, 어리석습니다. 왜냐하면, 수학은 지식을 요구하기에, 의견은 수학에 아예 해당하지 않기 때문입니다. 수학에 대해서는, 지식을 말해야 합니다. 하지만, 신의 존재나 자유의 유무 그리고 인간 영혼 불멸은, 지식이 아니기에, 의견을 말할 수 있습니다. 이런 문제는 이론 이성에서는 믿음에 속합니다. 하지만, 이런 믿음이 어떻게 이성과 연결되는지를 밝힙니다. 여기에서, 주관이라 해서, 임의라는 뜻은 아닙니다. 왜냐하면, 마음 구조가 임의이지 않기 때문입니다. 즉, 마음대로 생각한다는 뜻이 아니라, 우리 안에서 단일한 경험을 구성하는 주관 통일성에 근거한다는 의미입니다. 즉, 내적 감각에 근거한다는 겁니다. 이런 내적 감각 역시 인간의 마음 구조에 의존하기에, 마음대로 생각한다고 할 수 없겠지요. 이와 달리, 초월 통일성은 생각을 대상과 실재로 향하게 하는데, 범주와 원리는 경험과는 관계없이 주어지므로, 즉 선험이기에, 확실성이 보장됩니다. 즉, 지식이 됩니다. 다시 말해서, 대상을 규칙에 따라 구성합니다. 예를 들어, 우리는 삼각형을 하나의 대상으로 생각합니다. 왜냐하면, 세 직선의 조합을 규칙에 따라 의식하기 때문입니다. 즉, 대상을 규칙에 따라 구성합니다. 이렇게 되면, 규칙 없이는, 즉 범주 없이는, 대상이라 부를 수 없습니다. 우리는 대상을 알 수 있습니다. 왜냐하면, 우리가 구성하기 때문입니다. 따라서, 현상의 질서와 규칙성을 사물의 본성이라 부르는데, 사실은 우리가 도입했습니다. 마음이 대상의 본성을 부여하지 않는다면, 현상에서 대상의 본성을 결코 발견할 수 없을 겁니다. 결국, 이해력이 자연에 법칙을 부여합니다.

직관, 상상력, 이해력에 관한 설명은, 개념과 판단을 끌어내는 과정이라 할 수 있습니다. 즉, 범주가 개념으로 단어라면, 판단은 개념의 비교로 문장이라 할 수 있을 겁니다. 그런데, 문장만으로 학문이 성립하지 않습니다. 판단은 이론이나 체계에 속해야 의미가 있기 때문입니다. 그렇지 않으면, 낱낱이 흩어지기에 학문이 될 수 없습니다. 이것은 좁은 의미의 이성으로, 라이프니츠의 유산입니다. 칸트는 이성은 통일성에 의존하는데, 통일성은 체계의 총체성을 지배한다고 말합니다. 그리고, 이런 총체성을 부여하는 관념은, 자아, 세계, 그리고 신입니다. 하지만, 이런 관념은 지식에 궁극적인 질서와 통일성을 주고자 하는 주관의 필요에서 나온 표현에 지나지 않습니다. 즉, 정당화할 수 없고, 질서를 제공하는 원리이지만, 세계에 대한 완전히 이성적인 설명을 위해 필요하기도 하고, 또한 편리합니다. 하지만, 도덕에서는 다릅니다. 정당화할 수 있고, 토대도 됩니다.

뉴턴의 만유인력을 칸트는 종합이자 선험 진리로 여깁니다. 여기에서 종합이란, 질료를 제공한다는 의미입니다. 즉, 형식 논리학에서 나오지 않는다는 겁니다. 판단의 내용을 제공합니다. 그리고, 선험이란, 개념을 제공한다는 의미입니다. 그런데, 개념은 앞서 본 바와 같이, 경험에 앞서 우리가 이미 갖고 있습니다. 예전에는 선험을 분석이란 의미로 흄이 사용했지만, 칸트는 관념 비교만의 진리는 없다고 봅니다. 그는 기하학이나 수학도 경험에서 나오며, 개념이 구성한다고 합니다. 두 점 사이에 단 하나의 직선이 있다는 사실은, 공간 개념에서 나오지 않고, 실제로 직관할 수 있을 뿐이라고 합니다. 또한, 세 개의 주어진 점을 통과하는 면이 있다는 사실도 명백합니다. 왜냐하면, 직관으로 즉각 그릴 수 있기 때문입니다. 이런 그림은, 형식 논리학이나 공간 개념에서 나오지 않습니다. 마음이 공간 개념을 부여하기 때문이며, 인간이 개념을 부여하지 않는다면, 기하학의 확실성은 안전하지 못할 겁니다. 즉, 마음이 공간을 부여하기에, 기하학의 확실성이 보장됩니다. 라이프니츠에게 공간은 사물 사이의 관계이기에, 유클리드 기하학 말고도 다른 기하학이 생길 수 있으며, 기하학은 경험 학문이 되어, 확실성을 보장하지 못하게 됩니다. 즉, 선험이지 않으면, 확실성은 없습니다. 수도 구성의 대상일 뿐입니다. 〈7+5=12〉를 다루면서, 양은 단위의 배수로, 수의 개념은 이해력에 속하지만, 실제로 실현하려면, 시간과 공간이라는 보조 개념이 필요하다고 합니다. 다시 말해서, 단순한 분석이지 않고, 종합이고 선험이라는 겁니다. 즉, 형식 논리 규칙에 따르지 않고, 개념으로 구성됩니다. 종합이고 선험이란, 다른 말로, 초월이라고 합니다.

    칸트는 관념론에 속합니다. 자신을 초월 관념론자로 부르기도 합니다. 범주로 세계를 구성하기에, 우리가 부여한 질서대로, 세계는 존재하기 때문입니다. 인식과 대상 사이에 아무런 틈도 없습니다. 따라서, 형이상학을 인식론과 분리할 수 없습니다. 형이상학의 근원 개념은 결국, 인식론의 개념입니다. 우리가 사용할 수 있는 유일한 양상 개념은, 인식론에 속하며, 그 안에서, 가능 세계가 아니라, 가능 경험을 말합니다. 필연성과 선험은 동등하게 됩니다. 필연과 선험은 내재하는 세계에서만 작동할 뿐, 초월 세계에서는 아닙니다. 칸트에게 인간은 만물의 척도입니다. 범주가 가능한 경험의 기초입니다.

도덕

인간은 만물의 척도를 넘어, 자연의 궁극의 목적이 된다고 칸트는 말합니다. 즉, 인간이 자연의 목적입니다. 쉽게 납득하기 어려운 주장으로 보이는데, 그는 이를 보여 주려 합니다. 현상계와 물-자체의 구분이 그 시작입니다. 현상계는 앞서 본 바와 같이, 지식을 다룹니다. 즉, 이론 이성은 세계를 알게 합니다. 이와는 달리, 물-자체는 실천 이성의 영역으로 행위를 다룹니다. 다시 말해서, 이론 이성과 실천 이성, 지식과 행위, 그리고 자연법칙과 자유, 존재와 당위로 대비할 수 있습니다. 현상계는 결정론인 자연법칙이 지배하지만, 물-자체에는 자유가 있다고 주장합니다. 그리고, 앞서 흄이 존재 기술에서 당위 기술을 끌어낼 수 없다고 지적한 바 있습니다. 이에 대해, 칸트는 존재와 당위는 원래 별개라고 답합니다. 즉, 〈무엇이다〉에서 〈무엇을 해야만 한다〉는 나오지 않습니다. 〈무엇을 해야만 한다〉는 이론 이성이 아닌 실천 이성에서 나옵니다. 그렇다면, 어떤 근거로 실천 이성이 있다고 주장하는 걸까요?

　의지를 근거로 제시합니다. 경험 사실을 무시할 수 있는 의지를 갖고 있다는 사실에서 출발합니다. 아무리 이론 이성이 이런저런 방법이나 선택을 제시해도, 그것을 무시하는 의지를 우리는 느낍니다. 게다가, 특정한 행위에 대한 의무를 어쩔 수 없이 인식하고 있습니다. 아, 이게, 아닌데, 이렇게 해야만 하는데, 하는 인식이 실제로 있습니다. 무엇을 느끼고 욕망하든 당위에 대한 인식이 있습니다. 이런 인식이 바로 의지입니다. 경험에서 나오는 욕망을 무시하고, 해야만 하는 일을 하려는 인식이 의지라면, 의지는 실천 이성이라 할 수 있습니다.

실천 이성은 행위에 관계하는 이성입니다. 경험에 흔들리지 않습니다. 현상계에서 경험하는 욕망은 불안정합니다. 만족은 불가능하기에, 인간 욕망은 소유에서는 멈출 줄 모르고, 쾌락에서는 만족할 줄 모릅니다. 남과 비교해서는, 시기, 배은망덕, 앙심, 명예, 권력, 부를 욕망합니다. 하지만, 실천 이성은 이성이기에, 불안정하지 않은, 당위로서의 도덕법칙을 세우려 합니다. 이론 이성이 잡다한 경험에 법칙을 부여하여, 지식으로 만들 듯이, 실천 이성도 이성이므로, 법칙을 만듭니다. 그런데, 이 법칙은 외부에서 주어진 재료를 사용하지 않습니다. 오로지 이성의 힘으로, 도덕법칙을 만들어 냅니다. 자신을 스스로 실천 이성을 가진, 합리적 존재라 여긴다면, 반드시 단언적 의무에 따른다고 합니다. 여기에서, 합리적이란, 논리학 규칙을 따라 추론한다는 의미로, 주장만을 외치지 않고, 스스로 논리로 과정을 밟아 간다는 뜻입니다. 그리고, 단언적 의무는, 조건이 없는 의무입니다. 즉, 이해관계 없이, 그것이 의무라는 이유 하나만으로 따르고 행위를 하는 의무입니다. 칸트는 그런 의무가 없을 수도 있지만, 그런 의무가 있다고 합니다.

의무를 네 가지로 나눕니다. 한편으로는, 완전한 의무와 불완전한 의무, 다른 한편으로는, 자신에 대한 의무와 타인에 대한 의무로 나눕니다. 그리하여, 네 가지 종류의 의무가 생깁니다. 즉, 자신에 대한 완전한 의무의 예는, 자살하지 말라이고, 자신에 대한 불완전한 의무의 예는, 재능을 계발하라이며, 타인에 대한 완전한 의무의 예는, 남에게 거짓말을 하지 말라이고, 타인에 대한 불완전한 의무의 예는, 자비를 베풀라입니다. 이 네 가지가 의무의 종류입니다. 그런데, 불완전한 의무는, 말 그대로 불완전하여, 절대 의무는 아닙니다. 재능을 계발하지 않는다고, 벌을 받거나 불이익을 당하지는 않습니다. 자비를 베풀라는 의무도 마찬가지입니다. 선택 사항이지, 반드시 해야만 하는 사항은 아닙니다. 이렇다면, 불완전한 의무는 단언적 의무가 아닙니다. 단언적 의무란 반드시 해야만 하기에, 절대 명령과 같기 때문입니다. 선택이 아니란 거죠. 다르게 말하면, 인간 의지는 무엇이라도 의지의 대상으로 삼을 수 있기에, 한계가 없습니다. 따라서, 재능을 계발하지 않겠다는 의지는, 의지의 본질에서 보면, 모순입니다. 완전한 의무는, 의지에 한계를 두지 않고, 반드시 해야만 하는 의무입니다. 칸트는 자살하지 말라는 의무와 거짓 약속하지 말라는 의무를, 당신의 원칙이 동시에 보편 법칙이 되도록 하라는 단언적 의무의 예로 보는 듯합니다. 자살하지 말라는 원칙은 당연히 보편 법칙이 될 수 있고, 거짓 약속하지 말라는 원칙도 마찬가지로 보이기 때문입니다. 이렇게 이성으로 따지면, 단언적 의무가 있다고 할 수 있을 겁니다.

    그는 단언적 명령은 목적으로서 절대적 가치를 갖는다고 합니다. 조건 없어야 합니다. 조건문 형식의 명령은, 항상 이해관계를 포함합니다. 이렇게 하지 말고, 수단이 아닌 목적으로 대하라고 합니다. 어떤 사람이든, 한갓 수단이 아니라, 언제나 목적으로 대하라는 명령입니다. 그리고, 단순히 도덕법칙을 따르지 않고, 스스로 법칙을 만들었기에, 즉 자신의 의지로 법칙을 만들었기에, 따라야 합니다. 복종은 겉으로 보기에는, 의무와 같을 수도 있습니다. 하지만, 복종은 단언적 의무에서 나오지 않기에, 선의를 나타내지도 않으므로, 도덕적 가치가 없습니다. 그는 의무를 이해하고, 선한 의지로 행위를 하는 것이 도덕이라고 합니다.

여기에서, 도덕법칙을 스스로 만든다는 데 주목해 보면, 자유롭지 않으면 안 된다는 사실을 알 수 있습니다. 이때의 자유는 여러 선택지 가운데 고를 수 있는 자유가 아니라, 스스로 알아서 하고 책임진다는 의미의 자율입니다. 단언적 명령이 되려면, 외부의 영향이 있어서는 안 되고, 우연한 이해관계에 토대를 두면 안 됩니다. 절대이니까요. 칸트는 합리적 존재가 단언적 명령을 받아들여야 하는 이유는, 자율로 자신이 만들기 때문이라고 합니다. 즉, 자신이 스스로 책임지고 만든 명령을, 자신이 지키지 않는다면, 합리적인 존재일 수 없기 때문입니다. 자신의 주장에 논리를 적용하면, 자유롭게 단언적 명령을 받아들일 수밖에 없는 거죠. 자유는 선택 능력이 아니라, 자기 결정 능력이라고 그는 말합니다.

국가

칸트는 인간이 세계에서 완수해야 할 역할이 있다고 주장합니다. 도덕의 완성입니다. 그럼, 도덕의 완성이란 임무는 어떻게 주어지는가요? 그는 자연의 목적과 인간의 목적은 다르다고 합니다. 즉, 자연의 목적은, 인간 문화 발전으로 자연법칙의 제약을 받는 인간이 스스로 설정한 목표를, 만들고 추구하는 능력입니다. 여기에서, 자연의 목적은 자연법칙을 벗어나지 않는 점에 주의해야 합니다. 즉, 현상계의 일입니다. 자연은 인간 문화 발전을 위해 존재한다는 의미로 해석할 수 있습니다. 다시 말해서, 인간이 스스로 목표를 만들고 추구할 능력을 갖출 수 있는 환경을 조성하는 바가, 자연의 목적입니다. 당시에는 거의 사라진 목적을 부활시킨 이유는, 목적 없이는 사물을 제대로 이해할 수 없기 때문입니다. 기계론으로는, 유기체를 설명할 수 없다고 생각합니다. 유기체를 기계론으로는 제대로 이해할 수 없기에, 목적을 도입해야 한다는 겁니다. 유기체는 자연의 산물로, 그 안에는 무엇도 헛되지 않고, 목적이 없는 게 없다는 아리스토텔레스의 목적인이 떠오릅니다. 그런데, 그의 주장은, 인간 중심 관점입니다. 그 한 사물을 목적 없이는, 제대로 이해할 수 없다고 하는데, 철저히 인간의 관점입니다. 나무를 예로 들면서, 내부에서 보면 성장과 번식이 목적이겠지만, 외부에서 보면 산소 공급이 목적으로 보인다고 합니다. 하지만, 기계론과 목적인은 충분하지 않습니다. 왜냐하면, 자연의 궁극적인 목적은 인간 문화이기 때문입니다. 즉, 기계론도 목적인도 자연의 궁극적인 목적이 아닙니다.

다른 한편, 자연법칙의 지배를 받는 사물과 달리, 인간은 도덕법칙 지배를 받습니다. 이성의 존재인 인간은, 도덕법칙을 따르기에, 자연 안에 있는 모든 존재의 최종 목적을 제공한다고 말합니다. 즉, 사람이 도덕법칙에 따라 행위를 할 때만, 자연은 외부에서 오는 목적인 인간 문화에 이바지합니다. 인간이 도덕법칙에 따라 행위를 한다면, 자연은 도덕 완성의 부분이 되겠지요. 칸트는 인간이 없다면, 자연은 한갓 야생일 터이고, 쓸모없는 사물이며, 최종 목적이 없다고 합니다. 즉, 인간만이 도덕법칙을 적용할 수 있기에, 목적과 관련해, 스스로 도덕법칙을 제정할 수 있습니다. 따라서, 이런 제정으로, 인간은 자연의 마지막 목적이 되며, 그 마지막 목적은, 인간의 도덕성 완성입니다.

국가는 인간의 도덕성 완성을 위해 없어서는 안 된다고, 칸트는 주장합니다. 자연의 궁극이고 마지막 목적을 향한, 인간의 발전은, 국가 안에서만 실현될 수 있는 이유로, 국가는 다른 사람에 대한 완전한 의무를 완수하도록 강제할 수 있고, 그렇게 해서, 국민의 외적인 자유를 보장하고, 국민이 스스로 목적을 만들고 추구하도록 할 수 있습니다. 물론, 다른 사람에게 동등한 자유가 보장되어야 합니다. 이에 더해, 도덕은 국가 구성원이 아닌 다른 사람이 국가 구성원이 되도록 강제하기를 허용한다고 합니다. 다시 말해서, 도덕성 완성을 위해, 그 목적을 추구할 자유를 국가가 보장한다면, 성공할 수 있다는 겁니다. 여기에서, 국가가 다른 사람에게 완전한 의무를 완수하도록 강제한다는 의미는, 앞에 나온, 거짓말을 하지 말라는 남에 대한 완전한 의무를 가리킵니다. 국가는 법을 제정하여, 외적인 자유를 보장하려 하는데, 칸트는 인간의 도덕성 완성을 위해서는, 남에 대한 완전한 의무를 법으로 만들어, 강제해야 한다는 겁니다. 불완전한 의무는 앞서 본 바와 같이, 선택 사항이기에, 법 제정에 어울리지 않습니다. 그런데, 자신에 대한 완전한 의무 즉 자살하지 말라는 법은 제정에서 제외합니다. 아마도 이런 의무를 법으로 강제한다면, 목적 실현이 조금 더 쉬워질 수는 있겠으나, 인간의 도덕성 완성에서 보면, 가치가 훼손될 가능성 때문이 아닐까, 합니다. 자신에게 해당하는 의무는, 외부 강제가 아닌 자신의 의지로 완수해야, 자율이라는 가치가 지켜지겠지요.

국가가 없다면, 외부 자유에 대한 선천적 권리를 보장할 수 없고, 그렇게 되면, 도덕의 완전함을 달성할 수 없기에, 국가는 없어서는 안 됩니다. 그리하여, 칸트는 국가 구성원이 아닌 사람을, 구성원으로 편입하도록 하는 강제를 국가에 허용합니다. 국가 밖의 사람은 외적 자유를 확보할 수 없기에, 억지로라도 국가 구성원으로 만들어, 임무 완성에 참여시켜야 한다고 여깁니다. 국가는 선택 사항이나 우연의 산물이 아닙니다. 국가가 없다면, 자연과 인간의 최종 목적도 없어지니까요. 따라서, 국가를 없애고자 하는, 혁명과 저항에 반대합니다. 즉, 혁명과 저항은 국가 자체를 불가능하게 하여, 국민의 권리를 상실케 하므로, 인간의 도덕성 진보에 대한 희망을 앗아가기 때문입니다. 아마도, 민주 정부를 경험한 적이 없는 칸트가 국가와 정부를 아직은 구별하지 못해서 나온 결과 아닐까요. 그리고, 그는 국가의 주권을 절대로 여겨, 강제 조정권을 인정합니다. 하지만, 국내가 아닌 국제 문제에 관한 그의 입장은, 별로 진전이 없습니다. 즉, 건강한 국가 연합을 언급하지만, 국가 사이의 분쟁에 대해서는 별로 말하지 않습니다. 국가의 주권끼리 충돌할 때, 누가, 아니면 어느 국가가 강제력을 행사할 수 있을까요? 이에 대해, 분명히 밝힌

적이 없습니다.

국가가 합법인 이유는 선험이기 때문입니다. 국가 성립에 대한 암묵적인 동의나 실제의 동의를 바탕으로, 계약으로 국가를 세운 게 아니라, 마치 동의한 것처럼 여기고, 가정법의 사회계약으로 국가가 이루어진다고, 말합니다. 다시 말해서, 경험이 아니라 이성으로, 국가가 성립합니다. 왜냐하면, 이성의 존재라면, 국가의 일원이 되는 일은, 이성적 이성의 요구이기에, 선험으로 이루어지기 때문입니다. 인간 경험에 필수인 선험 원리를 제공하는 바가, 순수 이성의 역할이기에, 국가 구성도 그와 같은 작업의 하나입니다.

선험적 원리와 도덕성 완성을 말하는 그는, 법 앞의 평등을 지지합니다. 따라서, 시민의 노예화를 금지합니다. 하지만, 흑인은 머리끝에서 발끝까지 까마며, 이것은 흑인이 말하는 바가 어리석다는 분명한 증거라고 말합니다. 그리고, 어떤 환경에서는 시민이 아니라고 합니다. 하지만, 어떤 환경에서 노예가 되는지는, 분명한 답을 하지 않습니다. 비슷한 시기에, 헤르더는 커다란 다양성에도 불구하고, 인류는 지구 위에서 하나이고, 같은 종족이라고 말합니다.

이성이 도덕의 토대를 제공한다는 그의 주장은, 신이나 자연 그리고 관습이 도덕의 토대를 제공하지 않는다는 의미입니다. 그는 자연 종교를 거부합니다. 자연의 엄청난 힘을 경험한 인간이 그런 힘을 가진 존재에 대해 공포를 느끼게 되어, 생겨난 자연 종교는, 종교가 요구하는 신이 아니라는 겁니다. 인간은 종교 경험을 통해, 이성으로 성스럽고, 정의롭고, 자애로운 세상의 지배자 개념을 제공합니다. 이런 신을, 칸트는 도덕 개념으로 파악하고, 없어서는 안 된다고 합니다. 그런데, 신이 도덕 개념이라면, 신은 이론 이성에서는 찾아볼 수 없을 겁니다. 왜냐하면, 도덕은 실천 이성 개념이기 때문입니다. 신, 영혼 불멸 그리고 자유는 이론 이성에서는 다룰 수 없다고 앞서 말했습니다. 이론 이성으로는 신의 존재나 신의 속성을 알 수 없습니다. 하지만, 실천 이성에서 보면, 신의 원리와 인간의 원리는 같습니다. 왜냐하면, 도덕법칙은 이성적 존재에게 타당하기 때문입니다. 차이는, 인간에게 법은 명령이고 규범이지만, 신에게는 마음에 내재하여, 묘사에 지나지 않는다는 점입니다. 왜 신이 이성적 존재인지는 알 수 없으나, 신은 실천 이성에서, 요구된다고 합니다. 행복과 도덕적 가치는 비례해야 하는데, 현실은 그렇지 않습니다. 좋은 사람에게 나쁜 일이 일어나며, 의지와 세계는 아무 관련이 없어 보입니다. 이런 현실은, 행복과 도덕성이 정확히 대응하기를 요구합니다. 그 근거가 바로 신입니다. 이렇게 행복과 도덕성이 정확히 대응하려면, 신이 이성이 있어야 합니다. 반드시 신을 상정해야만 한다고 말합니다. 그래야, 인간의 최종 목적인 도덕성의 완성이 이루어지니까요. 신이 존재한다면, 도덕성에 비례하는 행복으로 보답하기에, 도덕성의 완성을 이루는 데 도움이 될 겁니다.

 칸트는 신의 계시나 사변 이성에 근거하지 않고, 이성 신학을 세우려 한 최초의 철학자입니다. 도덕법칙이 신이 내린 십계명에 근거하거나, 종교 창시자의 권위에 기대거나, 아니면, 경험에 바탕을 두지 않은 철학자의 논변에 토대를 두었던 시대가 있었으나, 그는 이론 이성의 한계를 밝혀, 실천 이성의 필요성으로 이끌어, 신을 상정합니다. 이렇게 상정된 신은, 철학자의 신입니다. 이런 신이 아브라함, 이삭 그리고 야콥의 신이라고 보여 주려 하지 않습니다. 라이프니츠의 가장 좋은 세상을, 칸트는 최고선으로 바꾸는데, 최고선은 도덕성과 행복의 연합입니다. 인간 도덕성의 정당한 대가로 바라는 바는 바로 최고선입니다. 칸트는 도덕을 말하면서, 줄곧 개인을 단위로 합니다. 하지만, 루소는 소외된 불행한 존재는 문명 탓이라 하면서, 인간 본성이 아니라 인간 사회와 역사를 말합니다. 루소는 악은, 인간 사회와 역사의 문제라고 주장합니다. 칸트는 흄과 루소의 영향을 가장 크게 받았다고 합니다. 루소의 자유는 그에게 큰 울림이 있었지만, 다루는 관점은 달라 보입니다.

56
헤겔

칸트는 아무리 머릿속으로 백 달러 지폐를 생각해도, 실제로 지폐가 생기지 않는다고 합니다. 즉, 사고와 실제는 근본에서 다르기에, 개념에서 존재가 생기지 않습니다. 안셀무스는 개념에서 신의 존재를 연역하려 했지만, 성공하지는 못했습니다. 하지만, 헤겔은 다릅니다. 칸트의 예는 유한한 마음에만 해당한다고 하면서, 신과 같은 무한한 존재에게, 개념과 존재의 구별은 성립하지 않는다고 합니다. 즉, 신은 존재를 포함하기에, 신의 생각과 존재 사이에는 아무런 틈도 없다는 겁니다. 다시 말해, 개념은 존재와 일치합니다. 헤겔은 사람들이 재현과 개념을 혼동하기에, 이런 결과가 나온다고 합니다. 로크의 재현은 사물의 실재와는 다릅니다. 그렇겠지요. 단순히 현상에 지나지 않으니까요. 하지만, 개념은 현상이 아니라, 실재로서의 사물을 파악하기에, 재현이 아니라고 합니다. 그는 칸트와 달리, 물자체를 파악할 수 있다고 합니다. 하지만, 엄격히 말해서, 헤겔의 개념은 존재를 포함하는 신을 말하지 않습니다. 그 자체로서의 개념입니다. 즉, 신의 개념이 아니라, 개념 자체입니다. 헤겔에게, 그 자체로서의 개념은 신입니다.

헤겔의 개념이 보통의 개념이 아니란 걸 알 수 있습니다. 신과 같은 역할을 합니다. 그런데. 신과는 달리, 그의 개념은 성장합니다. 가장 빈약한 내용에서 절대정신이 되기까지의 과정이 있습니다. 다시 말하면, 주관 정신에서, 객관 정신으로, 그리고 마지막으로 절대정신으로 되어 갑니다. 좀 더 자세히 말하면, 개인 심리에 의식이 등장하는 단계인 주관 정신에서, 가족, 시민 사회, 그리고 국가가 발전하는 단계인데, 분명히 인간 의도를 포함하지만, 이런 의도는 정신 자체의 표현이기에 객관 정신이라고 합니다. 마지막인 절대정신 혹은 절대 앎은, 이성이 마침내 자신이 만들어 내는 힘이 있다는 걸 이해하게 됩니다. 여기서 힘은, 자연과 인간 행위와 제도의 발전 등 모든 과정에 작동한 힘입니다. 쉽게 말하면, 정신이 이성을 통해 모든 걸 다 합니다. 주인공은 정신입니다. 따라서, 정신이 자신을 드러내거나 작동하는 정도에 따라, 단계를 나눕니다. 개인의식에 등장하고, 사회적 제도를 만드는 데에 인간이 개입하고, 마지막에 와서야, 정신은 자신의 힘을 이해하게 된다는 이야기입니다.

이해하기 힘들고 따라가기 벅찬 이야기입니다. 개념과 존재가 일치한다는 주장을 받아들이고, 시작해야 합니다.

논리학

생각을 다루는 영역은 논리학이고, 생각이 물질을 변화하는 연대기를 다루는 영역이 철학입니다. 여기에서, 생각이란 개념을 말합니다. 즉, 개념이 존재와 일치하기에, 개념을 다루면, 존재도 다루게 됩니다. 또한, 개념에 해당하는 원리나 방법은, 그대로 존재에 해당합니다. 물론, 그 역도 성립합니다. 이렇게 개념과 존재를 넘나들면서, 헤겔은 정신의 연대기를 서술합니다. 연대기란, 개념이 진행하는 역사입니다. 처음에, 개념은 추상이고 형식인데, 결국, 자신 밖에서 자신을 물질화합니다. 즉, 자연입니다. 여기에서 자연이 생명을 만들고, 그리고 이 생명이 의식을 낳고, 자기에 관한 의식으로 진행합니다. 그리고, 자기에 관한 의식에서 모든 제도 등이 생겨납니다. 그런데, 헤겔은 자신의 체계를 논리학과 철학으로 나누고, 철학을 다시, 자연철학과 정신 철학으로 나누는데, 그 기준은 생각의 의식 포함 여부입니다. 즉, 자연은 의식을 포함하지 않기에, 정신 철학이 아닙니다. 따라서, 헤겔은 자연에 역사가 있다는 걸 부인합니다. 역사는 마음과 관련이 있지만, 자연에는 의식이 없기 때문입니다. 발전 없이, 끊임없이 그저 변할 뿐입니다.

생각과 존재가 일치한다면, 논리학은 순수하게 형식만을 다루지 않겠지요. 아리스토텔레스 논리학은, 문장의 내용과 관계없이, 문장의 형식만을 다룹니다. 이것이 일반 논리학 개념입니다. 하지만, 헤겔 논리학은 다릅니다. 논리학은 진리를 다루기에, 실재를 다루지 않는다면, 진리를 다룰 수 없기에, 형식만을 다뤄서는 안 됩니다. 따라서, 그의 논리학의 시작은, 아리스토텔레스처럼 동일률과 같은 자명한 원리가 아닙니다. 어떤 규칙을 토대로, 연역으로 확장하는 방식이 아닙니다. 즉, 전제가 없는 데에서, 그의 논리학을 시작합니다. 바로, 존재입니다. 그런데, 이때의 존재는 우리가 일상에서 접하는 존재가 아닙니다. 이 존재는 확정되지 않은 추상 존재입니다. 왜냐하면, 순수한 앎에서 만나는 존재이기 때문입니다. 순수한 앎이란, 감각이란 조건 제한이 없고, 이해 편견도 없으며, 선입견도 없는, 생각이 생각 자체로만 향하는 상태입니다. 순수한 앎에는, 아는 자와 알려지는 것, 주체와 세계의 구별이 완전히 사라집니다. 형식 구별만 있을 뿐입니다. 왜냐하면, 순수한 앎에서는, 세계와 생각의 내용이 일치하기 때문입니다. 이렇게 되면, 순수한 앎이란 존재의 모습이겠지요. 쉽게 말하자면, 논리학과 형이상학은 일치하는데, 생각 자체가 감각과 상관없이, 내용 있는 개념을 제공한다는 겁니다. 그런데, 사람이 감각의 도움 없이, 어떤 관념을 갖는 게 가능할까요? 타고난 관념이 있다면, 그 관념은 구체 내용을 담고 있을까요? 헤겔이 말하는 논리학은 순수한 앎에서 자유롭게 나온다고 하는데, 그것이 인간의 상태인가 하는 의구심이 듭니다. 그는, 보통 삶은 개념을 갖지 않고, 그림과 같은 역할을 하는 생각과 일반 관념을 가질 뿐, 단순한 일반 관념을 제외하고는, 개념은 갖지 못한다고 합니다. 철학만이 이런 개념을 인식할 수 있다고 하네요. 즉, 정신이 발전하면, 마지막에 철학이 개념을 인식한다는 겁니다. 헤겔은, 논리학의 본질 조건은, 논리학자의 태도나 상태에 있다고 말합니다. 즉, 철학자가 아니면, 논리학의 본질을 알 수 없습니다. 철학자가 아니면, 논리학을 알 수 없다면, 개인의 사고와 관련이 없다는 의미이고, 특정한 문화, 시대, 그리고 학문을 지배하는 생각의 규칙과도 상관이 없다는 의미입니다. 개인의 사고와 관련한 분야는 심리학입니다. 다시 말해서, 논리는 순수한 이성의 체계이며, 순수한 생각의 영역입니다. 이 영역은 가림막이 없고, 자신의 절대 본성으로, 진리입니다.

생각의 구조와 존재의 구조가 일치하기에, 생각의 구조는 세계에 구조대로 구현됩니다. 즉, 자연 안에서 구현되면, 자연철학이 되고, 사회 구조에서 구현되면, 객관 정신의 철학이 되며, 인간 행위의 인상적인 산물에서 구현되면, 절대정신의 철학이 됩니다.

개념

마음이 개인의 영역이고, 정신은 개인보다 큰, 종교 의미를 담는다고 하면, 헤겔의 정신은, 인류 전체의 궁극 통합이고, 인간과 세계의 통합을 말합니다. 거창한 이야기이지만, 생각과 존재가 하나라고 한다면, 이해 못 할 바도 아닙니다. 그리하여, 헤겔의 정신을 지각한다면, 자신이 신이 아니라, 우리가 모두 신이고, 정신은 우리에게 퍼져 있으며, 우리를 규정한다는 걸 알게 됩니다. 이런 정신은 일반 의식이고, 자아로서 우리 모두에게 퍼져 있고, 궁극으로는 우리를 감싼다고 합니다. 이런 주장은, 신플라톤주의나 중세 철학을 떠올리게 하는군요. 하지만, 정신은 내재할 뿐 아니라, 발전하고 있다는 사실이 중요합니다. 즉, 플라톤의 이데아처럼, 정적이고 불변이지 않습니다. 만약 그렇다면, 죽었다고 해야 하거나, 목적 없이 관계없는 것들의 그저 합에 지나지 않겠지요. 관념과 운동은 발전을 통해서만 이해할 수 있다는 생각은, 대담한 추론이고, 헤겔 이전에는 없었습니다.

이런 정신은 개념을 통해 작업을 수행하며, 개념은 이성을 통해 세계를 전체로 이해합니다. 개념은 자기 운동으로, 자신을 전개합니다. 운동하지 않고, 발전하지 않으면 개념이 아닙니다.

자기 운동이란 의미는, 세계에서 일어나는 일을 규정하는 이상을 스스로 만든다는 의미입니다. 즉 이상을 만드는데, 그 이상은 세계가 실현하려 애쓰는 이상이고, 그 이상으로, 세계에서 일어나는 일을 의미 있게 합니다. 예를 들어, 〈나〉나 〈자아〉는 실체가 아니라, 자기 행위를 조직하는 행위입니다. 다시 말해서, 칸트의 통각으로서의 〈나〉나 데카르트의 〈코기토〉의 〈나〉는 자신을 조직하는 행위입니다. 헤겔을 이런 자기 조직 행위를, 개념의 속성으로 여깁니다. 즉, 개념은 자기 조직하는 행위입니다.

 궁극의 존재는, 보편 자기 구성 행위인데, 절대성에 관한 사람의 지식에서, 자기의식이 시작된다고 헤겔은 말합니다. 우선, 궁극의 존재는, 자기 구성 행위라는 점에 주목할 필요가 있습니다. 바로 개념을 말하기 때문입니다. 헤겔에게 개념이 중요합니다. 궁극의 존재이니까요. 이런 개념은 자기 구조 안에서, 자기 조직을 발전하기에, 능동입니다. 즉, 감각을 통해 재현되는 수동의 관념과 대조됩니다. 이 개념은, 목적을 가졌기에 자기실현을 통해 목적을 향해 나아갑니다. 헤겔은 개념은 원인이 동시에 결과이고, 자기 발전이며, 대상을 움직이고 그것에 성격을 부여한다고 합니다. 대상이 무엇인지 그리고 왜 대상이 통일성을 가졌는지를 설명합니다. 칸트의 통일성은 내부의 이성에서 나오지만, 헤겔의 대상 통일성은 객관 개념에서 나옵니다. 또한, 개념은 자신의 만든 사례와 분리할 수 없습니다. 왜냐하면, 사례를 통해서, 그리고 사례 안에서 자신을 나타내기 때문입니다. 개념은 이상을 제공하며, 동시에 목적을 향해, 자기실현을 합니다.

 헤겔은 어떤 순수한 개념이라도, 철저히 생각하면, 그 반대에 도달한다고 합니다. 즉, 모든 개념은 자체에 반대 개념을 이미 포함하기에, 끝까지 몰아가면, 반대에 달한다는 주장으로, 보통 정립-반정립의 만남을, 종합이 해소하는 방식입니다. 하지만, 이런 기계적인 도식은 통하지 않습니다. 변증법은 개념 사이의 상호 작용으로, 어떤 개념은 다른 개념의 단순한 발전이고, 또 어떤 개념은 종합이란 해결책을 요구하는 정말로 반대 개념이며, 또 어떤 개념은 개념의 사망을 뜻하기에, 다시 시작할 필요를 가리키기 때문입니다. 즉, 헤겔의 변증법은 직선으로 진보하지 않습니다. 그보다는, 벽걸이로 보입니다. 즉, 많은 인간 경험과 철학이 서로 부딪혀서, 적절함을 완수하는 벽걸이로 보입니다. 다시 말해서, 변증법은, 제거의 과정이나 적자생존이 아니라, 목적론적입니다. 즉, 덜 적절한 생각 방식에서, 더 적절하고 포괄적인 생각 방식으로, 그리고 마침내 가장 포괄적인 방식으로 나아가는 방식입니다. 변증법은, 별개이지만 평행인 두 영역에서 작동합니다. 즉, 생각과 역사입니다. 따라서, 이성이 현실이고, 현실이 이성이라는 말이 나옵니다.

자기의식

헤겔은 정신은 일반 의식으로, 그리고 자아로, 우리 모두에게 퍼져 있고, 궁극으로는 우리를 감싼다고 합니다. 하지만, 정신이 내재할 뿐만 아니라, 발전한다고 하는데, 일반 의식이 자기 인식이 되는 단계가, 아주 중요한 발전입니다. 왜냐하면, 일반 의식이 자아의식이 되어야, 자아가 생기고, 자아가 생겨야, 사회적 제도가 가능하기 때문입니다. 이런 중요한 의미가 있는 자기 인식은, 의식이 자신을 이해의 원천으로 이해할 때 생깁니다. 즉, 나에게 자아라는 감각을 줄 때 생깁니다. 감각이 확실한 바와 같이, 자기도 확실하다는 감각이 듭니다. 그런데, 이런 감각이 스스로 완전하다는 감각을 준다고 하면서, 헤겔은 자아가 방향을 자신에게로 돌리면, 보편성을 만난다고 합니다. 즉, 인간이 무엇인지 알게 된다는 거죠. 따라서, 자신이 개인이면서 보편자입니다. 즉, 종에 속하면서 동시에 개인이고 완전하다는 겁니다.

그런데, 헤겔에게 자아는 전혀 확실하지 않습니다. 즉, 데카르트의 코기토도 아니고, 상식에서 말하는 확실한 감각도 아닙니다. 그 이유는, 자아는 홀로는 자신의 정체성을 알 수 없기 때문입니다. 최초의 인간은 불완전합니다. 왜냐하면, 타인을 마주쳐야만 자신이 누구인지를 알 수 있기 때문입니다. 이때까지의 자아는 추상입니다. 즉, 추상 보편성입니다. 개별성은 사람 사이에서만 나타나며, 자기의식은 다른 사람과의 대면을 통해서만 생깁니다. 사람은 자신에 대한 이미지를 고립 상태가 아니라, 사회에서 얻습니다.

자아는 타인과의 대면을 통해 자신의 이미지를 만들고, 자신이 누구인 줄 알게 되는데, 보편성과 개인, 객관과 주관의 다툼 사이에서 진화합니다. 그런데, 자아는 이런 데에 그치지 않고, 자신을 외부로 확장합니다. 사물에, 자신과 자신의 의지를 투입합니다. 하지만, 사물이 그다음에는 자아를 둘러쌉니다. 사물은 통해 나의 자아는 연장되고, 다른 사람과의 관계 속으로 들어가게 됩니다. 헤겔은, 재산을 추상 권리에서 발을 빼는 첫걸음으로 여기고, 사회 조직 창조에 들어가는 첫걸음으로 여깁니다.

이제, 자기 것인 재산을 통해 사회화합니다. 헤겔은 사회의 토대는 상호 인정이라고 여기는데, 계약이 아니라, 심리이자 자기에 관련한 의식 때문입니다.

　자기의식은 도덕성의 열쇠입니다. 왜냐하면, 자기의식에서 시작하여, 자아로, 자아에서 연장된 자아 그리고 상호 인정의 사회적 존재가 되기 때문입니다. 윤리는 개인 차원이지만, 도덕은 사회 차원입니다. 칸트는 도덕을 개인의 실천 이성에서 시작하여 국가로 확대하지만, 헤겔은 다릅니다. 헤겔의 도덕은 사회 산물입니다. 칸트는 사람이 사는 환경과 관계없이, 실천 이성의 단호한 명령으로, 도덕률을 이룬다고 하지만, 헤겔은 환경과 관련 없는 경우는 없다고 합니다. 도덕은 사회적 가치의 반영입니다. 예를 들어, 사유 재산 가치에 대한 약속이 있다고 합시다. 사유 재산은 함부로 하지 못한다는 내용이겠지요. 그런데, 모든 사람이 도둑질한다면, 그런 세상은 재산이 없는 사회가 됩니다. 그런 세상을 피해야만 합니다. 즉, 사회적 토대가 있어야만 하겠지요. 그런데, 헤겔은 여기에서도 주관 의지와 사회 의지를 맞붙입니다. 즉, 사람은 개인은 내면화 과정에서, 사회 가치를 흡수해서, 개인 가치로 만듭니다. 마치 각각이 스스로 가치를 만든다고 여기면서.

　헤겔은 도덕을 통해서, 인간 소외를 말합니다. 즉, 이성과 자연 성향 사이의 분열입니다. 십계명 같은 율법은 밖에서 주어지고, 칸트의 단호한 명령은 실천 이성을 통해 안에서 주어집니다. 칸트의 도덕이 자율에서 나온다 해도, 헤겔은 역시 명령이라고 합니다. 즉, 안이든 밖이든 주어진 명령은, 아무리 내면화해도, 덜 실천해서는 안 되기에, 명령으로 느끼기에 인간은 소외됩니다. 즉, 명령이 밖에 있다고 느끼기에, 거리가 생기고, 노예처럼 느끼게 된다는 겁니다. 다시 말해서, 주인과 노예의 관계입니다. 이와 동시에, 이성과 자연 성향 사이의 분열도 경험합니다. 즉, 도덕 규범이 규제라면, 자연 성향은 소외되고, 자연 성향이 규범이면, 도덕이 있는지 의심하게 됩니다. 이런 식으로 해석하면, 칸트의 도덕률은 자연 성향을 소외시키거나, 아니면 율법주의자처럼 법 존중을 남긴다고 헤겔은 해석합니다. 자율로 만들고, 자율로 규범을 따르면, 이런 소외나 법 존중은 없지 않을까 하는, 의구심이 들긴 하지만, 헤겔은 반대합니다. 그는 율법의 반례로, 예수의 산상 수훈을 듭니다. 즉, 사랑이 더 낫다는 걸 보이면서, 사랑은 율법보다 더 높기에, 율법이 필요하지 않다고 합니다. 그런데, 우리가 주목해야 할 바는, 충동입니다. 헤겔은 충동이 이성과 자연 성향의 갈등을 해소한다고 말합니다.

사랑은 율법과 같은 규범에도 반응하지만, 감각 성향처럼, 마음이 쏠리거나 끌립니다. 즉, 사랑은 이성과 자연 성향 모두에 반응합니다. 여기, 정의를 사랑하는 사람이 있습니다. 이 사람은 불의를 볼 때마다, 맞서 싸우려는 충동을 느낍니다. 이때, 그가 느끼는 충동은, 단순한 의무에서 비롯되는 게 아닌, 하지 않을 수 없다는 느낌입니다. 즉, 도덕 의무가 아니라, 어쩔 수 없는 충동입니다. 충동이 도덕 동기라면, 외부에서 오는 명령이 소외를 가져오는 사실과는 달리, 동일성을 가져옵니다. 충동으로, 어쩔 수 없이 한 경우, 이성과 자연 성향은 모두 사라지고, 그냥 자신의 실제적인 존재를 나타내기에, 자신의 정체성을 표현합니다.

충동은 무엇보다, 자신에게 즉시이고 가깝습니다.

칸트의 선한 의지는, 아무것도 하지 않을 때에만 지켜진다고, 헤겔은 말합니다. 왜냐하면, 어떤 행위든 특정한 목적을 가질 수밖에 없기에, 행위자의 이해관계를 포함할 수밖에 없기 때문입니다. 내가 실제로 행위를 하면, 다른 사람을 의식하고, 또 기존의 존재자들을 의식하며, 내가 만들고 싶은 것을 의식하기 마련입니다. 즉, 인간은 진공 속에서 행위를 하지 않습니다. 그리하여, 헤겔은 칸트의 도덕적 자아는, 환상이라고 합니다. 헤겔은, 윤리학은 개인이 아니라, 공동체 가치에 토대를 둔다고 말합니다. 자율이 아니라, 공유하는 관습이 토대입니다. 이런 맥락에서, 윤리학은 자신이 아니라, 공동체에 대한 의무와 책임입니다. 다시 말해서, 윤리학은 공동체의 산물이고, 공동체를 위해 존재합니다. 헤겔에게 이성은, 셈하고 숙고하는 선험 능력이 아닙니다. 앞서 등장한 개념은 이성을 통해, 세계를 전체로 이해합니다. 이성은 개인의 기능이 아닙니다. 이성은 조화와 지향으로 부조화를 해결합니다. 즉, 자아와 타인, 신과 인간, 도덕성과 개인의 자연 성향, 그리고 자연과 지식 등의 부조화를 해결합니다. 특정한 기능이 아니라, 하나의 과정입니다. 윤리학에서는 사회 과정이라 할 수 있습니다. 자신이 아니라, 공동체에 대한 의무와 책임을 이해하는 일이, 실천 이성의 역할입니다.

아리스토텔레스는 즐거운 삶을 윤리학의 중요한 목표로 삼았고, 칸트는 단호한 명령을 목표로 삼습니다. 다시 말해서, 세속의 즐거움과 도덕 명령을 목표로 합니다. 헤겔은 도덕성을 행복과 분리할 수 없다고 합니다. 즉, 즐거움은 도덕성의 원리에 있습니다. 만약 즐거움을 도덕성에 제외한다면, 행위자를 심하게 분열시키고 소외시키기에, 아무리 규범이 중요해도, 행위자에게는 충분한 설명이 되지 못합니다. 그는 도덕성과 즐거움의 조화가 세계의 마지막 목표라고 합니다.

국가

역사는 목적이 있으며, 그 목적은 정신이 완전히 진화하여, 완전한 자기의식이 있는 정신이 되는 바라고, 헤겔을 말합니다. 중심은 정신이고, 정신이 충분히 자기의식을 갖게 되면, 우리는 자유롭게 행위를 할 수 있고, 우리의 의지에 따라 행위를 할 수 있고, 또한, 합리성에 맞도록, 삶을 꾸려 갈 수 있습니다. 이런 의미에서, 우주 진화의 모든 과정은, 자유에서 절정을 이루고, 역사란 자유 출현에 관한 설명이라 할 수 있습니다. 헤겔은, 역사를 자유 안에서, 우리의 잠재 합리성이 점차 성취하는 과정으로 봅니다. 그는 역사의 의미는, 완전한 자유의 공공 생활에서 명백하게 드러난, 완전히 분명한, 자기의식의 합리성이라고 봅니다. 국가 안에서 그런 자유가 실현된다는 겁니다.

하지만, 역사를 보면, 자유와는 전혀 어울리지 않는 사건이 많이 있습니다. 인간성을 의심할 정도의 일도 흔합니다. 그럼, 이런 일도 역사 발전에 도움이 되는가? 하는 질문이 있습니다. 헤겔은, 이를 역사의 간교함이라 부릅니다. 역사는 도살장이지만, 역사의 비합리 요소는, 이성의 궁극 목적 달성을 위해서는, 불가피하다고 합니다. 즉, 이런 사건은 도구입니다. 역사는 날실과 씨실로 짭니다.

국가 안에서, 역사의 궁극 목적인 자유가 실현되므로, 국가가 가족이나 시민 사회보다 우선입니다. 가족은 국가의 첫 번째 윤리적 뿌리라 하고, 도덕성은 시민 사회의 사회와 법의 기능에서 나온다고 합니다. 또한, 시민 사회는 필요한 물건의 체계입니다. 이런 주장은, 자유 분류에서 나옵니다. 그는 자유를, 추상 자유, 주관 자유, 그리고 객관 자유로 나눕니다. 객관 자유가 국가 안에서의 자유인데, 그 이유는 사회 토대 때문입니다. 즉, 가족, 시민 사회 그리고 국가에 참여하고, 하나로 여기는 일이 없다면, 객관 자유는 없습니다. 다시 말해서, 가족은 사랑을, 시민 사회는 시민권을 통해, 자신과 하나가 되고, 자신이 아닌 무엇에서 편안해지는 바가, 객관 자유입니다. 칸트는 근대 국가는 추상 권리, 주관 자유 그리고 개별성을 실현하고 보호한다고 말하지만, 헤겔은 다릅니다. 국가 자체가 객관 정신이고, 절대 부동의 목적입니다. 그는 국가를 인격체처럼 봅니다. 국가를 자신의 목적을 스스로 자유롭게 결정할 수 있는 주체로 보고, 시민의 자유를 실현하므로, 정신 자체를 실현한다고도 봅니다. 국가는 시간이 지나면서 배울 수 있고, 성장할 수 있으며, 그 결과 세속인 구원 같은 것을 제공한다고 합니다.

개인의 가장 위대한 의무는, 국가의 일원이 되는 일이라고, 헤겔은 말합니다. 개인은 자신이 속한 다양한 사회 존재 안에서, 자신의 역할을 정의하는 의무와 책임감을, 자유롭게 받아들이고 형성하여, 자신의 역할을 해야 합니다. 이 정도면, 전체주의라는 비판을 피하기 어려워 보입니다. 이에 대해, 헤겔의 국가는 법의 지배이며, 정치 자유를 통해, 개인의 목적을 달성하려 하기에, 개인에게 자유를 보장한다는 반론이 있습니다. 하지만, 충분해 보이지 않습니다. 헤겔은, 국가는 인간이 아니라, 신이 만든다고 하며, 군주가 없다면, 국민은 형태 없는 군중에 지나지 않는다고 합니다. 국가는 유기적인 전체이고, 군주는 전체의 인격입니다.

57
니체

한때 장래가 유망한 문헌학자였으나, 프랑스와의 전쟁에 프로이센군의 의무대로 참전한 니체는, 자신은 철학자가 아니라, 심리학자라고 했습니다. 그는 많은 것을 부인합니다. 객관 지식이나 가치, 역사의 필연성이나 목적, 초월하는 힘에 대한 믿음, 세상의 의미, 언어, 보편성, 이타주의, 자아 등입니다. 하지만, 그에 못지않게 많은 것을 옹호합니다. 능동 허무주의, 개인, 초인, 변이, 운명, 시련과 고통, 거짓말, 현상, 생명력, 활력에 대한 의지 등입니다. 기존의 주장을 뒤엎고, 자신의 의견을 적극적으로 펼칩니다.

지식

니체는 우리가 시각에서 벗어날 수 없다고 합니다. 생물학, 개인, 사회, 언어 그리고 역사 위치에서, 결코 완벽하게 벗어날 수 없기에, 더 잘 이해하는 유일한 길은, 비교, 대조와 다른 시각에 대한 평가밖에 없습니다. 생물학에서 보면, 지식이란 생명의 형식입니다. 생명은 활력에 대한 의지인데, 그 의지 표현 형식 가운데 하나가 바로 지식입니다. 다시 말해서, 단 하나뿐인 절대 지식이란 존재하지 않고, 지식은 생물로서 자연스러운 표현 형식 가운데 하나일 뿐입니다. 따라서, 지식은 발견되거나, 알려지지 않고, 생물로서 만드는 겁니다. 따라서, 이런 지식은 자연에 대한 해석이 되기에, 지배의 수단이 됩니다. 즉, 지식을 이용해, 자연과 환경을 지배합니다. 그리고, 개인과 사회에 따라, 지식이 달라진다는 주장은 줄곧 있었습니다. 이런 주장을 상대주의라고 폄훼하는 흐름이, 철학의 주된 흐름이었으나, 니체는 거부합니다. 이런 주장 역시, 하나뿐이라는 절대 지식을 옹호하기 때문입니다. 그는, 언어에 주목합니다. 언어가 우리의 잘못된 지식관의 원인이라고 합니다. 우리는 거짓말이 필요합니다. 왜냐하면, 우리 지식은 은유에 기반하는데, 은유가 실제로는 거짓말이기에 필요하기 때문입니다. 그 이유는, 언어가 세계를 있는 그대로 드러내지 못하기에, 일치하지 않은 것을 일치한다고 할 수밖에 없는데, 즉 언어를 그렇게 사용할 수밖에 없습니다. 그렇게 해야, 규칙의 세계를 만들어, 안심할 수 있기 때문입니다. 언어가 세계를 있는 그대로 반영하지 못하는 이유는, 지각 기관이 일어나는 것 가운데 아주 작은 파편만 이해하기 때문입니다. 즉, 지각 기관은 생존에 맞춰져 있기에, 이해는 생존에 필요한 정도이기에, 온전히 반영할 수 없습니다. 따라서, 단어는 편견입니다. 또한 은유여서 거짓말입니다. 하지만, 우리는 안정된 세계에서 살고 싶기에, 환상을 요구합니다. 세계는 안정되었고, 조화롭다는 환상을 위해, 허구를 만들어 냅니다. 세계를 언어나 숫자나 공식으로 이해하려 합니다. 변화뿐인 세계는, 이해할 수도 없고, 불안을 안겨 줄 뿐이니까요. 이런 의미에서, 과학은 현상을 설명하지 않고, 그저 현상을 기술하는 데 만족해야 합니다. 왜냐하면, 그 기술조차 사실은, 은유이고 환상이기 때문입니다. 하지만, 인간은 그런 가설을 취하지 않을 수 없기에, 위험을 무릅쓰고 지식을 탐구하며, 위험하게 살 수밖에 없습니다.

언어의 구조도 영향을 미칩니다. 그는 문법의 주어에 대한 조악한 숭배로, 존재, 인과, 그리고 자유의지와 같은 의심스러운 범주가, 실체를 부여받았다고 합니다. 주어는 한갓 우화나 허구, 혹은 말장난이나 의식의 표면 현상에 지나지 않는데, 실체가 되었습니다. 이런 주장은, 소쉬르의 언어관과 같은 흐름입니다. 소쉬르는 기호가 본질이거나 본래의 성질을 갖지 않는다고 합니다. 즉, 사물이나 추상 관념을 지시하지 않습니다. 체스 게임처럼, 언어 기호는, 언어 체계의 자체 내부 구조로 결정되는, 순수한 관계 가치입니다. 즉, 말하기나 구체 사용의 사례인 파롤이 아니라, 추상 규칙 혹은 관습으로, 의미 체계를 구성하는 랑그가 언어의 중심입니다. 개인도 공동체도, 자기 힘으로 랑그를 창조하거나 수정할 수 없습니다. 이런 의미에서, 주체에게 실재를 이해할 수 있는 특권은 없습니다. 그런 주체를 상상한다면, 니체 말대로, 우화이거나 허구 혹은 말장난이 되겠지요. 단어와 지시 대상의 관계는, 논리나 본질이 아니라, 수사라고 합니다. 진리는 은유, 환유, 의인화로 이루어진 이동하는 군대일 뿐입니다.

사정이 이러하다면, 확실성을 주장하는 믿음, 즉 확신을 피해야만 하겠지요. 확신은 거짓말보다 진리의 위험한 적이라고 합니다.

신의 죽음

과거를 니체는 무척이나 싫어합니다. 사람들이 객관 진리나 가치를 안다고 주장하는 일은, 자신이 지식을 만들지 않고, 단지 집단이 만든 의미나 물려받은 관습에 복종하는 것일 뿐이기 때문입니다. 즉, 철학이나 역사 그리고 예술도, 인간을 한갓 과거의 산물로 여겨, 이미 있는 정체성을 신화화하고, 환상으로 만들기 때문입니다. 역사 필연이란, 집단의 정체성을 위해서 만들었으며, 문화의 의미나 도덕규범 역시 지배를 위해서입니다. 이런 것들은, 필연이 아니라 우연한 행위와 권력 투쟁에서 비롯되었다고 합니다. 한마디로 말하면, 과거는 초월하는 힘에 대한 믿음을 만들었다는 겁니다. 즉, 세계를 하나라고 주장하고, 목적과 의미를 부여하여, 사람에게 영혼이나 정체성을 줍니다. 이런 주장의 근거는 신이라고 하면서, 신의 죽음이란 진리와 의미의 죽음이고, 역사 필연성의 죽음이라고 합니다. 즉, 아무도 명령하지 않고, 아무도 복종하지 않으며, 아무도 한계를 넘으려 하지 않는다는 겁니다.

그런데, 니체는 신의 죽음만을 말하지 않습니다. 보편성도 비판합니다. 자신의 시대에는, 신이 아니라 자연종으로서의 보편 인간 본질을 말한다고 하면서, 이런 보편성은 없다고 합니다. 즉, 객관 진리는 없고, 시각과 해석을 초월하는 진리는 없다는 주장은, 보편 인간성을 부정합니다. 보편성은 자연에 반한다고 봅니다. 자연은 다양성이 풍부한데, 한 묶음의 규칙을 따르라고 요구한다면, 어리석지 않겠습니까. 그는 실재를 믿지 않습니다. 감각을 믿습니다. 즉, 실재가 아닌 현상을 믿습니다. 현상 그 자체를 긍정합니다. 예전 철학자들이, 현상 너머에 실재가 있다 했지만, 그는 단호히 부인합니다. 현상이 불안정하고 모순이라도, 감각의 증언을 받아들인 과학 덕에, 감각을 더 예리하게 다듬고, 감각으로 무장하고, 감각을 철저히 생각하기를 배웠다고 합니다.

신의 죽음과 보편성 거부로, 허무주의가 생깁니다. 허무주의는 두 가지 결과를 낳습니다. 하나는, 보편 의미, 진리의 중심, 토대가 없게 되어, 무를 경험하는 현기증이고, 다른 하나는, 객관이고 안정된 의미에 대한 부인에서 나오는, 활력의 해방입니다. 즉, 과거라는 형식의 짐에서 벗어나, 자기를 창조하고, 생을 긍정하는 개인이 생겨납니다. 개인이 의미의 유일한 원천이라고 니체는 여깁니다. 그리하여, 다른 힘의 지배받는 노예가 아니라, 자신의 삶을 창조하는 주인이 되고자 합니다. 즉, 존재에 내재하는 특정한 역사적 목표도 없고, 삶에 본래부터 있다는 역사 의미도 없습니다.

근대 허무주의는, 크게 두 가지입니다. 하나는, 러시아 허무주의로, 기독교의 무상함과 세상 부패와 관련이 있기에, 진정한 정치적 삶을 동경합니다. 쇼펜하우어의 허무주의는, 금욕주의와 예술을 통한, 인간의 구원을 허용합니다. 그의 허무주의를, 니체는 쇠락의 신호일 뿐만 아니라, 마음을 취하게 하고 흐리게 하는 마약으로 봅니다. 니체는 근대 허무주의를 거부하지만, 고대 그리스 비극은 수용합니다. 그리스 허무주의는, 세계를 도덕화하지 않고, 결코 해결할 수 없는, 실존 중심의 비극적 갈등에 온전히 승복합니다. 소크라테스가 이성으로, 낙관론을 펼친 바와 다릅니다. 그리고, 그리스 허무주의는 삶을 긍정합니다. 삶의 자연스러운 조건을 받아들이고, 비극적인 갈등을 축복합니다. 즉, 아무리 심하고 거친 문제에서도, 삶에 대해 예스라고 말합니다. 허무주의를 실존의 정상적인 조건이라 봅니다. 허무주의는, 우리가 가치 창조자란 걸 알면, 극복할 수 있지만, 결코 완전히 극복할 수는 없습니다. 왜냐하면, 허무주의는 삶의 정상 조건이기 때문입니다. 즉, 완전히 제거할 수도 없고, 제거해서도 안 됩니다. 가치와 규범 세계에서 탈출할 수 없지만, 가치와 규범은 인간 실존 자체가 아니면 근거 없기에, 능동 허무주의는, 가치가 어떠한 실재에도 대응하지 않는다는 걸 알기에, 힘과 자율을 가질 수 있습니다.

노예 도덕

우월한 로마 지배자에 대한 원한에서, 노예 도덕이 생겼다고 합니다. 지배자에 대한 원한, 공포 그리고 무력감에서 생겨나서, 노예의 이익 증진을 목표로 했습니다. 지배자인 주인의 도덕은 부유함과 자기 성취를 내세우나, 노예 도덕은 기본에서, 반발, 방어 그리고 부정입니다. 〈좋다〉와 〈나쁘다〉라는 용어는, 한때 귀족과 평민에 대한 사회 차별을 지칭했습니다. 노예 혁명으로, 주인의 삶을 긍정하는 가치는 전복됩니다. 즉, 힘에 대한 원시적인 주장이, 겸손, 동정, 그리고 자기 부정이라는 병적인 가치로 바뀌었습니다. 그리고, 계급과 관계없이, 자연의 무리는 대부분 평균을 중심으로 모이는데, 무리의 역학에서 발생하는 도덕이 무리 도덕입니다. 가능하다면 평균에 가장 접근하여, 무리의 삶을 지키려는 시도인데, 노예는 상황을 바꾸지만, 무리는 자신의 것을 지키려 합니다. 노예 도덕이 불만에 기반한 도덕이라면, 무리 도덕은 평범과 만족의 도덕입니다. 니체는 이런 도덕들에 반대하고, 새로운 가치의 창조자가 필요하다고 외칩니다. 그는 여러 도덕을 검토하고 재평가하고는, 새로운 가치 창조를 주장합니다. 이타주의와 공리주의도 재평가합니다. 이타주의는 노예 도덕이라 하는데, 이유는 아무리 남을 도와도, 본질에서, 그 행위는 하인이나 노예에 속하기 때문입니다. 즉, 남의 이익만을 위한 행위는, 자신에 대한 낮은 가치 평가를 전제하고, 쇠락하는 삶을 표현하기 때문입니다. 삶에 해롭습니다. 공리주의 역시 노예 도덕입니다. 자원이 한정된 사람은, 세심하게 지출을 계산하기 마련이기 때문입니다. 없는 사람의 도덕이란 겁니다. 하지만, 이보다 더 큰 이유는, 생물학 관점입니다. 공리주의는 고통과 쾌락을 판단의 기준으로 삼습니다. 그런데, 니체는 육체의 손상보다 고통을 더 부정적 가치로 여기고, 육체 건강보다 쾌락을 더 큰 가치로 여긴다면, 어리석다고 합니다. 즉, 건강과 육체의 생명력이, 쾌락이나 고통보다 우선이기 때문입니다. 왜냐하면, 쾌락이나 고통은 한갓 수단에 불과하기에, 다른 중요한 목표가 생기면, 쾌락과 고통은 무시할 수 있기 때문입니다. 둘은 현상으로서는 자명하지만, 의미는 맥락에 의존합니다. 감정은 생각에 앞설 수 없습니다. 보통 감정을 우선하는 사람은, 지쳐 나가떨어진 사람이기에, 생각이 아니라 감각에 의존하게 되어, 고통은 궁극의 부정 가치가 되고, 쾌락은 궁극의 긍정적 가치가 됩니다. 즉, 자신의 목표를 추구할 에너지가 없기에, 더욱더 고통과 쾌락에 조종당합니다. 그리하여, 자율일 수 없게 됩니다. 즉, 자기 주도 행위와 자기 조절을 못 하게 되어, 건강한 삶을 누릴 수 없습니다.

그는 가치 창조자를 초인이라 부릅니다. 초인은 자기 훈련을 통해, 자기를 지배하고, 열정을 극복하여 본능을 승화하며, 다른 사람을 자신보다 부드럽게 대하고, 발톱이 있으나, 사용하지 않습니다. 궁극 목표나 목적이 없습니다. 언제나 현재를 온전히 긍정하고, 향수나 희망 없이, 자기가 창조하는 영원한 움직임을 긍정합니다. 그리하여, 안정된 정체성이 없어 생기는 공포를, 자기 긍정의 기쁨으로 바꿉니다.

영원한 순환

삶은 활력에 대한 의지, 주인이고자 하는 욕구라고, 니체는 말합니다. 가치는 목표를 세우고 추구할 때 생긴다고 하는데, 이런 가치는, 무의미한 자연 구성의 일부인 인간이 만듭니다. 즉, 자연은 무의미합니다. 하지만, 우리는 가치를 부여하는데, 이는 생물 종으로서의 자연의 실존에서 나오는, 생존자의 한갓 기능에 지나지 않습니다. 다시 말해서, 생존을 위한 기능입니다. 따라서, 활력에 대한 의지, 역시 생물 종으로서의 특징입니다. 그런데, 여기에서 말하는 의지를, 니체는 허구라고 합니다. 즉, 의지는 자아의 특징인데, 니체에게 자아는, 여러 가지 힘일 뿐이기 때문입니다. 다시 말해서, 인격의 통일성을 부인합니다. 여러 가지 힘은, 인격과 비슷하지만, 욕구와 충동 가운데 조직된 구조입니다. 잘 조직되면, 건강하고 강한 인격이고, 그렇지 않다면, 허약한 인격입니다. 의지의 경우도 다양한 요소가 있습니다. 움직임 감각, 생각 감각, 그리고 무엇보다 내적인 명령에서 나오는 우월함 감각이 있습니다. 다시 말해서, 생각이 아닌 여러 가지 감각을 발견할 수 있는 게 의지입니다. 보통 생리학자들이, 자기 보존을 유기체의 가장 중요한 충동이라 가정하지만, 살아 있는 존재는 자신의 에너지 방출을 먼저 원한다고, 니체는 말합니다. 생명은 활력에 대한 의지이기에, 자기 보존은 생명의 매우 흔한 간접 결과의 하나일 뿐입니다.

그런데, 이런 활력에 대한 의지와 주인이고자 하는 욕구는, 저항이 없다면 자신을 표현할 수 없습니다. 즉, 가치 있는 많은 성취는, 투쟁과 시련을 요구합니다. 마지막에 순수한 긍정 가치가 있다면, 시련과 투쟁은 정당화됩니다. 하지만, 시련과 투쟁이 성취의 수단은 아닙니다. 왜냐하면, 허무주의가 인생의 정상 조건인 바와 같이, 시련과 투쟁도 삶의 정상 조건이기 때문입니다. 직물로 비유하자면, 직물의 부분입니다. 그리고, 시련과 고통에는 개인의 의미도 있습니다. 당신의 고통과 시련은 아무도 이해하지 못합니다. 당신의 고통과 시련이, 당신을 유일한 존재로 만듭니다. 이런 시련과 고통을 제거하면 안 됩니다. 니체는, 무승무패보다는, 1승 2패가 낫다고 합니다. 인생의 긍정을 보라는 겁니다. 인간은 가장 용감하고, 시련에 가장 익숙한 동물이기에, 시련 자체를 비난해서는 안 됩니다.

이렇게 용감한 인간이 보여 줄 수, 최대의 긍정 태도를, 그림으로 나타낸 바가, 영원한 순환입니다. 세계는 같은 원 모양으로, 끊임없이 자신을 반복한다는 개념인데, 반복은 조금도 차이

없이 영원히 계속됩니다. 즉, 나선형으로 나아가거나, 직선으로 운동하지 않습니다. 조금의 오차도 없는 반복인데, 영원합니다. 무의미한 거죠. 니체에게, 세상과 자연은 무의미합니다. 하지만, 인간은 스스로 가치를 창조하고, 삶의 환희와 행운뿐만 아니라, 고통과 불운도 사랑합니다. 운명을 받아들이지 말고, 사랑하라! 변이 과정 너머에 아무런 목표도 없고, 현상 이외에 아무런 실재도 없기에, 자유가 있습니다.

58
강신술

1848년 뉴욕주의 로체스터시에 사는 폭스 자매는, 집 문을 톡톡 두드리는 소리를 들었는데, 그 소리를 영적인 메시지로 받아들였다고 합니다. 그리고 그 소리 때문에, 지하실에서 죽은 행상의 유해를 발견하였습니다. 이 사건은 널리 퍼졌고, 산 사람이 죽은 사람과 소통할 수 있다는 증거가 되었습니다. 죽은 사람과의 소통은 신비주의에서 드문 사건은 아니었습니다. 하지만, 근대의 강신술은 믿음이 아니라, 물질 증거를 내세웁니다. 대중 앞에서 공개적으로 강신술을 하기에, 의심하는 사람은 공연을 기록하고 시험했습니다. 그리고, 사진으로 귀신을 찍어, 강신술을 증명하려고도 했습니다. 이런 태도에는, 영에 대한 존중이나 믿음은 없습니다. 물질 증명이 믿음을 대신합니다. 즉, 헤르메스나 매개 역할의 천사 그리고 자연의 원초 언어는 찾을 수 없습니다. 성체가 아니라, 증명된 영혼을 요구합니다. 이런 점에서, 강신술은 에소테리시즘 철학과는 큰 관계가 없어 보입니다.

강신술의 목적은 영혼 불사에 대한 확신 주기와 이 세계의 사회 진보와 개혁입니다. 죽은 영혼이 들려주는 천국은 성경에서 보여 주는 조용한 세계가 아닙니다. 죽은 영혼은 천국에서 계속 성장합니다. 학교도 다니고, 육신은 실제로 자라고, 가끔은 결혼도 합니다. 천국은 여러 층으로 이루어지고, 인종, 종교, 성별 심지어 개인의 행위와 관계없이, 모든 사람을 온전히 포함합니다. 즉, 지옥이나 신의 심판은 없습니다. 예수, 부처, 공자 등은 현자로, 천국에 있습니다. 이런 천국의 모습은 이 세상의 모범이 됩니다. 구원은 기독교인에게만 주어지는 것이 아니라, 보편적이며, 이 세상도 민주주의여야 합니다. 그리고, 스베덴보리의 영향으로, 개인은 예정된 영의 짝을 갖는다고 하며, 발전을 위해서 짝을 요구합니다.

    민주주의의 평등주의와 신플라톤주의의 상승하는 사다리를 결합하여, 강신술은 기독교의 저주를 끊고, 교육을 보편 목표로 만들었습니다. 왜냐하면, 죽은 후에도 계속 공부해야 하기 때문입니다. 르네상스의 성스러운 자연과 과학을 종교의 친구로 삼아서, 강신술은 비밀이 없는 신비한 우주를 제공합니다. 즉 과학이 천국의 존재를 재확인하며, 지구를 크게 발전시키는 자연의 진리를 찾아낼 거라고 합니다. 폭스 자매의 소통 방식은 전보를 흉내 내는 아마추어 수준이었지만, 후에 사진 등으로 발전합니다. 예전의 신비주의는 말 그대로, 비밀로 가득했습니다. 보통은 개인이 경험한 사건이었지만, 근대의 강신술은 대중을 상대로 합니다. 극장에서 공연하고, 검증받으려 합니다. 철학은 신의 죽음을 논하고, 이성을 강조하여, 점차 대중에서 멀어지고 있는 시대에, 강신술은 감각 방식으로 신의 존재를 증명하려 하고, 사회 진보를 위한 미래 그림을 세세하게 제시합니다. 일상의 삶과 연결할 뿐만 아니라, 죽은 삶도 손에 잡힐 듯 보여 줍니다. 19세기 중엽, 부흥회는 미국에서 큰 인기를 끌었습니다.

59
블라바츠키: 근대 신지학

거센 눈보라를 뚫고 히말라야의 깊은 산으로 가, 영험한 스승을 만나 세상의 이치를 깨치고, 자신을 갈고닦아, 영에서 성장한 후, 다시 도시로 돌아가 세상사에 의연하게 대처하면서, 남다른 사람이 되는 이야기는, 이제는 흔합니다. 신비로운 동양, 고대 지혜, 숨은 텍스트, 그리고 착한 수호자의 비밀 형제단 등. 영화에서도 비슷한 이야기를 많이 볼 수 있으니까요. 시간을 초월한 지혜를 알고 있지만, 오지에 숨어 사는 동양의 신비한 마스터가 인류를 구하고 이끌 지혜를 알고 있다는, 이런 이미지는 헬레나 블라바츠키가 만들었습니다. 러시아 출신인 블라바츠키는 1875년 미국 뉴욕에서 신지학협회를 만듭니다. 그전에 인도, 티베트 등을 여행했다고 하는데, 명확한 증거는 꽤 부족해 보입니다. 어쨌든, 동서양을 융합하여, 근대 신지학을 만들었는데, 그 모범은 고대 알렉산드리아입니다. 신플라톤주의는 고대 이집트의 신비주의를 그리스의 세련된 철학과 결합하였는데, 그녀는 기독교의 신지학이 아닌, 신플라톤주의를 자신의 작업 모범으로 삼습니다. 그리하여, 신플라톤주의, 르네상스 마술, 카발라, 프리메이슨, 고대 이집트와 그리스, 로마 신화와 종교, 불교, 힌두교 철학서인 아드바이따 베단따 등을 모읍니다. 그리하여, 하나의 철학이 모든 철학을 관통한다고 하는, 〈고대 철학〉을 만들었다고도 할 수 있습니다.

그녀는, 환생과 인과응보를 통해, 혹은 희망과 책임감을 통해, 자신의 운명을 통제하고, 세계를 변화하고자 합니다. 신지학은 사람의 영적 발단 단계를 일곱으로 봅니다. 즉, 일곱 층의 단계가 있는데, 죽어서도 공부는 계속됩니다. 강신술의 사후 삶처럼, 죽어서도 살아 있었을 때의 단계를 시작으로, 계속 정진해서 마지막 단계에 다다르는 것이 목표입니다. 그런데, 한 번의 삶으로 성취하기 어렵습니다. 따라서, 만약 거듭 태어날 수 있고, 영의 단계가 계속된다면, 자신의 행위에 책임을 져야만 하고, 영의 훈련도 게을리할 수 없기에, 진보할 수밖에 없을 겁니다. 따라서, 이런 주장은, 서양의 진보주의나 낙관주의 그리고 계몽주의와도 잘 맞습니다. 게다가, 개신교의 자기 발전이나 자기 책임 도덕과도 어울립니다. 이때의 환생은 동양의 전통적인 운명론은 아닙니다.

인도에서도 신지학은 인기가 높았습니다. 네루도 회원이었습니다. 인도 신지학의 주장은 크게 세 가지입니다. 첫째는, 인종, 신조, 성별, 카스트 혹은 피부색과 상관없이, 인간의 보편 형제애의 핵심을 형성한다는 주장이고, 둘째는, 고대와 근대의 종교, 철학, 과학을 연구한다고 하며, 셋째는, 자연의 설명되지 않은 법칙과 인간에게 잠재한 정신의 힘을 탐구한다고 합니다. 여기에서 주목할 점은, 과학에 대한 적극적인 자세입니다. 신지학이 과학에 관심 두는 이유는, 싸워서 이기기 위함입니다. 즉, 물질이 아닌 의식을 영의 진화의 힘으로 강조하기 위해서, 신지학은 물질주의와 기계론적 모델과 싸우기 위해, 과학을 알려고 합니다. 강신술이나 신지학이 생겨난 이유는, 과학에 실망하고, 정통 종교에서 위안을 얻지 못하는, 많은 사람에게, 종교와 과학의 넓은 틈을 메워 주려 함입니다. 이런 시도는 큰 성공을 거둡니다. 예전의 신비주의와는 달리, 조직, 출판, 그리고 교육을 통해, 세를 넓혔습니다.

블라바츠키는 숨은 지혜를 전하는 방법으로, 명상, 생생하게 마음에 그림 그리기, 의식 고양 등을 말하는데, 이런 방식이 미국 기질에 딱 들어맞을 거라는 생각은, 그녀가 처음 해냈습니다. 이 성공으로, 동양 종교가 서양에 소개되기도 하지만, 거꾸로 인도도 서양의 에소테리시즘을 도입하게 됩니다. 즉, 인도 사람도 카발라와 헤르메스를 알게 됩니다. 인도는 그전까지 외부에 관심이 없었지만, 신지학은 인도에서 꽃피었습니다. 블라바츠키 장례식에 젊은 간디도 참석했습니다. 동서양의 단순한 결합은 아닙니다. 일곱 층으로 이루어진 사람의 구성은 힌두교에는 없습니다. 힌두 사상은 보통 다섯 개의 원리를 제공합니다. 하지만, 이런 점은 사소합니다. 그녀는 무엇보다 비교 종교를 시작하였고, 진화 개념을 서양 에소테리시즘에 도입하였습니다. 그리고, 헤르메스의 전통 모델인 대우주와 소우주의 대응은 정지 상태이지만, 블라바츠키의 신지학은 새롭고 활기찹니다.

60
프래그머티즘: 퍼스, 제임스, 듀이

비트겐슈타인의 친구이자 철학자, 수학자였던 프랭크 램지는, 비트겐슈타인의 저서 『철학 논고』가 나오자, 프래그머티즘이 빠져 있는 걸 한탄합니다. 그러고는, 퍼스의 진리 탐구를 자신의 확률과 귀납에 사용합니다. 프래그머티즘이라고 부르는 미국 철학은, 1870년대 초반 형이상학 클럽에서 시작하는데, 여섯 명의 회원 가운데, 퍼스와 제임스도 있었습니다. 다윈의 진화론은 이 클럽에 크게 영향을 끼칩니다. 즉, 그들은 믿음의 본성 탐구와 진화론의 일치를 클럽의 좌우명으로 삼을 정도였습니다. 퍼스는, 논리적 사고는, 동물이 가질 수 있는 가장 유용한 성질이고, 따라서 자연 선택이란 행위에서 비롯되었다고 주장합니다. 퍼스와 제임스와 함께, 미국 프래그머티즘을 대표하는 듀이는, 1909년 다윈 탄생 백 주년과 『종의 기원』 출간 50주년 기념 연설인 〈다윈주의가 철학에 미친 영향〉에서, 지난 2000년 동안 플라톤의 이데아 같은, 고정되고 최종적인 존재가 우월하다는 이유로, 변화와 기원을 결점으로 취급했다고 합니다. 『종의 기원』은 다르다고 합니다.

퍼스

사물은 인간과 무관하게 독립으로 존재한다고, 퍼스는 말하지만, 대상을 감지하고, 생각에서 대상을 재현하면, 대상은 의미를 띤다고 주장합니다. 그는 인간이 대상을 감지하는 것을 〈첫 번째〉, 생각에서 대상을 재현하는 것을 〈두 번째〉, 그리고 의미가 실린 성질을 〈세 번째〉라고 부르는데, 각각은 가능성, 현실성, 일반성을 띱니다. 그 이유는 〈첫 번째〉는 분명한 생각이 될 수 없기 때문입니다. 어떤 주장을 할 때, 그 주장을 부인할 수 있으면 순수함을 잃어버립니다. 첫 번째는 처음이고 즉시이고, 신선하고 새롭고, 원초이고 자발이고, 금방 사라지기에, 묘사하면 반드시 실패한다고, 말합니다. 이런 특징은 감정에도 해당합니다. 감정이란 느꼈는지 여부가 확실하지 않기에 이런 〈첫 번째〉를 가능성이라 부릅니다. 〈두 번째〉는 작용과 반작용처럼 매개하는 힘이 없는 경우입니다. 즉, 거친 실존이기에 현실성입니다. 실제로 세계에 존재하는 모습입니다. 작용과 반작용, 원인과 결과, 그리고 거친 힘이 그 사례입니다. 삶의 고생과 전락으로, 〈두 번째〉는 아주 친숙하다고 하면서, 우리는 험한 사실과 끊임없이 충돌한다고 합니다. 〈세 번째〉의 예는 법칙과 일반성인데, 해석자의 심리 속에서, 대상과 재현을 매개합니다. 다시 말해서, 세 가지 범주로 모든 사고를 해부할 수 있습니다. 대상, 재현 그리고 해석. 이 세 가지 범주가 실제로 존재한다고 주장합니다. 즉 가능성, 현실성 그리고 일반성은 진짜입니다. 다시 말해서, 〈세 번째〉인 법칙도 진짜입니다. 즉, 법칙은 정신이 만들어 낸 구축물이 아닙니다. 법칙과 일반성은, 가능성을 현실성으로 만듭니다. 왜냐하면, 결과의 원인이 법칙이기 때문입니다. 하지만, 퍼스는 가능성이나 일반성이 사물처럼, 실존한다고는 생각하지 않습니다. 실존은 현실성뿐입니다. 즉, 가능성과 일반성은 진짜이지만, 실존은 아닙니다.

퍼스는 연속주의를 택합니다. 즉, 그는 흄과 같이, 원인과 결과를 따로 경험한다는 주장을 따르지 않습니다. 흄은 원인과 결과 사이의 필연 결속을 심리 습관으로 처리합니다. 하지만, 퍼스는 그 결속을 경험한다고 주장합니다. 즉, 〈세 번째〉를 경험합니다. 흄은 감각 자료에서 시작하기에, 외부 대상, 법칙, 인과를 설명하기 어렵습니다. 하지만, 퍼스는 외부 대상은 물론이고, 대상 사이의 인과, 그리고 대상이 갖는 잠재력을 직접 경험한다고 합니다. 다시 말해서, 관계도 경험합니다. 경험은 영국 경험론보다 훨씬 풍부합니다. 그는 자신이 칸트를 수정했을 뿐이라고 말하지만, 범주의 예로 보아서는 수정 정도를 훨씬 뛰어넘습니다. 연속주의는 퍼스 철학의 열쇠와 같습니다. 연속된 선 위의 무한한 점은, 실제로 찍힌 점일 수도 있습니다. 하지만, 그 점들은, 한갓 가능성이나 〈첫 번째〉입니다. 현실이거나 〈두 번째〉가 아닙니다. 연속성 자체는 〈세 번째〉의 예입니다.

기호학은 퍼스의 독창 분야인데, 재현은 세 항의 관계입니다. 즉, 대상, 기호 그리고 해석자입니다. 그는 기호를 아이콘, 인덱스 그리고 상징으로 구분하는데, 아이콘은 지도와 같고, 서로 닮았습니다. 인덱스는 연기는 불의 인덱스라는 예에서 알 수 있듯이, 인과와 같이 실제의 연결입니다. 그리고, 상징은 언어와 같이, 습관이나 규칙 덕에 그렇게 이해하고 사용합니다. 기호에 대한 해석자의 반응은 세 가지라고 합니다. 즉시 반응은 기호의 적합성으로 어떻게 해석해야 하느냐는 반응이고, 역동 반응은 기호가 해석자에게 미치는 실제 결과이고, 마지막 반응은 올바른 해석을 결정하는 일입니다. 프래그머티즘 의미는 해석자의 반응입니다. 즉, 우리 감각에 미치는 직간접의 결과가 아니라, 행위나 사고에 미치는 실제 결과가, 퍼스가 말하는 프래그머티즘 의미입니다. 즉, 퍼스는 논리에 능한 해석자의 반응을 프래그머티즘 의미로 보는데, 이는 감각 반응은 제외한다는 뜻입니다. 그리하여, 표현의 프래그머티즘 의미는 행위입니다. 다시 말해서, 생각이란 행위이고 행위 성향도 포함합니다. 이 점이 제임스와 다릅니다. 제임스는 감각 반응을 프래그머티즘 의미 결과에 포함합니다. 제임스는 명제의 의미를 특정한 변화를 통한, 행동과 관련해 봅니다. 여기서 특정한 변화는 감각 경험을 말합니다. 퍼스가 논리적인 생각과 그에 따른 성향을 행위로 보지만, 제임스는 감각 경험을, 프래그머티즘 의미로 봅니다.

 퍼스는 개념을 올바르게 이해하려면, 개념의 결과를 반드시 지켜보아야만 한다 말합니다. 이해는 결과에 대한 지식을 요구하고, 문장은 결과가 있을 때에만 합당합니다. 예를 들어, 이 다이아몬드는 단단하다는 문장의 의미는, 당신이 이것을 긁는다면, 그것이 다른 많은 물질로는 긁히지 않는다는 걸 알게 된다는 의미입니다. 다시 말해서, 다이아몬드는 압력에 저항하는 성향이 있다는 겁니다. 위에서 보았듯이, 퍼스에게는 사물만이 아니라, 성향도 존재합니다. 관념을 명료하게 하기 위해 가설 내용을 경험의 결과로 설명해야 하는데, 이는 실험 과학에서 간섭이 어떻게 진리에 이를 수 있는가를 설명하는 데에, 중요하다고 합니다. 예를 들어, 어떤 것이 녹는다면, 그것에 물을 넣으면, 그것이 녹는 것을 볼 수 있다는 의미입니다. 그리고, 어떤 것이 딱딱하다면, 그것을 긁어도 아무런 변화를 보지 못한다는 의미입니다. 그는 습관, 성향, 가정법 등이 실제로 존재한다는, 스콜라철학의 실재론을 받아들입니다.

그런데, 반드시 경험의 결과를 들여다보아야, 관념이 의미가 있다면, 논리 실증주의와 달라 보이지 않습니다. 하지만, 퍼스와 제임스는, 종교 믿음을 받아들이고, 형이상학의 유용성에 대해서도 관대합니다. 게다가, 분석 명제를 제외하지 않습니다. 논리 실증주의는 분석 명제는 실증 대상이 아니라고 하여, 논의 대상에서 제외하지만, 프래그머티즘은 그렇지 않습니다. 논리 가설과 수학 가설도, 모두 관련한 경험이 있기에, 경험의 결과를 봅니다. 형이상학 가설과 분석 가설 모두, 기준을 만족한다고, 프래그머티즘은 말합니다. 퍼스는 종교 믿음이 자연스럽고, 과학 방법을 통해 진화한다는 걸 보여 줍니다. 즉, 종교 믿음이 참이라면, 그것을 믿는 사람은 그것으로 자신의 삶에 의미와 방향을 알게 된다는 겁니다.

데카르트의 의심은 가짜 의심이라고, 퍼스는 말합니다. 즉, 마음으로는 의심하지 않는 바를, 의심하는 척한다고 하면서, 데카르트의 의심은 자기기만이라고 합니다. 가혹한 비판으로 보이지만, 퍼스가 말하고자 하는 바는, 진리를 탐구할 때, 실제로 믿는 모두에 의지할 수 있는데, 이 가운데 일부는 잘못으로 드러날 수 있지만, 이것이 인지 진보의 장애물은 아니라는 겁니다.

명제를 의심하지 않는다면, 지식의 오류 가능성을 인정하면서, 명제를 신뢰해야 합니다. 탐구는 의심을 제거하고, 믿음을 얻으려는 투쟁으로, 막아서는 안 된다고 합니다. 탐구는 경험과 일치하는 믿음을 목표로 하는데, 의심을 멈추기 어렵고, 또한 어떠한 믿음도 의심을 겪게 되지만, 멈추지 말라고 합니다. 그 이유는, 진리는 예정되어 있거나, 운명 지워졌기에, 장기간에 걸쳐 탐구하는 사람이 궁극적으로 동의해야 하기 때문입니다. 즉, 단기간에 개인이 이룰 수는 없습니다. 앞서 말한 바와 같이, 퍼스는 인간과 독립으로 존재하는 실재를 전제합니다. 따라서, 이런 실재를 재현하는 일이 바로 진리입니다. 오류 가능성을 인정하면서, 지금 믿을 수 있는 전제를 갖고 탐구를 멈추지 않으면, 절대 진리가 아닌 궁극 진리에 다다를 수 있다고, 퍼스는 말합니다.

    우주는 시간 경과에 따라, 자신을 완전하게 하는 거대한 마음이라는 퍼스의 주장은, 과학과 종교를 화해하려는 의도입니다. 그는 과학에서 단 하나의 권위 있는 체계를 원합니다. 즉, 믿음을 고정하는 단 하나의 방법, 단 하나의 객관성 그리고 단 하나의 기대 결과 등을 원합니다. 그렇다고 해서, 프래그머티즘을 약화하지는 않습니다. 그는 진리 대응설을 진리에 대한 초월 설명이라 합니다. 왜냐하면, 대응설에는 일상사가 빠졌기 때문입니다. 진리가 경험을 초월한다면, 탐구해도 소용이 없을 겁니다. 하지만, 프래그머티즘은 진리와 탐구를 연결합니다. 탐구가 행위의 안내자인 진리 개념을 제공합니다. 실재는 초월로 존재하지 않고, 정보나 추론의 결과로 나오며, 인간의 변덕과는 관계가 없습니다. 퍼스는 실재를 객관으로 봅니다. 그는 윤리학을 과학보다 앞에 둡니다. 즉, 우리의 궁극 목표나 최고선은 실제의 합리성의 완성이라고 하면서, 논리학은 비판이고 자기를 통제하는 생각이지만, 윤리학은 자신이 통제하는 행위이기에, 논리학은 궁극 선의 탐구를 위해, 윤리학에 의존해야만 한다고 말합니다. 윤리학의 가르침을 따라야 한다는 거죠. 논리 사고는 동물이 가질 수 있는 가장 유용한 속성이기에, 자연 선택 결과일 수 있다고 하는데, 논리 사고보다 윤리학을 우선합니다.

    프레게와 무관하게 양화사를 1880년대 초에 개발한 퍼스는 귀추법을 창안합니다. 최선의 설명을 위한 추론이라 불리는 귀추법은 지금도 사용하고 있습니다. 귀납법 논의에서 시작합니다. 퍼스는 귀납법이 모든 보편 일반화를 다루지 않는다고 말합니다. 즉, 귀납법이 유용한 추론 방식이지만, 모든 일반화를 목표로 하지 않으며, 가장 강한 종류의 귀납법은, 양의 귀납으로, 통계 비율을 다룹니다. 귀납은 가설을 테스트하는데, 테스트에 가설을 제공하는 바가, 귀추법입니다. 놀라운 사실 C가 관찰되는데, A가 참이면, C도 물론 참입니다. 따라서, A도 참이 아닐까 생각할 만한 이유가 있다는 겁니다. C, A→C, ∴A의 형식입니다. 우리가 설명을 요구하는 경우는, 예상하지 못한 규칙성을 발견하거나 반대로 기존의 규칙성이 깨지는 사태에 마주할 때입니다. 귀추법으로 특별히 하는 일은 없습니다. 그저 최선의 설명으로서, 가설 목록에 올려놓는 일뿐입니다. 논리학은 안전성과 생산성이 있어야 하는데, 귀추법은 안정성은 낮지만, 생산성은 높습니다.

    우주에는 절대적인 우연이 존재한다는 퍼스의 주장을, 우연주의라고 합니다. 우연이 존재하지 않는다면, 귀납법이 모든 보편 일반화를 성공적으로 수행하겠지요. 하지만, 자연에는 법칙에서 벗어난 사례가 실제로 존재합니다. 따라서, 물리 법칙은 통계적일 수밖에 없습니다. 그는 우주는 다기화를 향하는 성향이 있다고 합니다. 법칙은 무 혹은 가능성에서 나옵니다. 그런데, 가능성은 그의 세 가지 범주 가운데 하나입니다. 즉 자발성이고 순수한 기회나 가능성의 상태이기에, 현실성도 없고, 법칙도 없습니다. 이 가능성에서 우연이 나온다고 주장합니다.

프래그머티즘pragmatism이란 용어는, 퍼스가 칸트의 실험적인 혹은 경험적인pragmatisch이라는 용어에서 가져왔다고 합니다. 그런데, 1905년 이후, 퍼스는 제임스와 견해가 다르다는 이유에서, 자신의 주장은 프래그머티시즘pragmaticism이라 부릅니다. 프래그머티즘은 자신의 아이가 아니며, 이제 새로운 이름은 너무 추해서 납치될 염려가 없다고 말합니다.

제임스

진리는 만들어진다고, 제임스는 말합니다. 즉, 발견되지 않는다는 겁니다. 지금 여기에서 우리가 진리라고 하는 바는, 실재를 재현하기 위해, 경험 대상을 어떻게 조작하느냐에 달려 있다는 겁니다. 그리고, 그 조작을 어떻게 하느냐는 목적이 무엇이냐에 달려 있습니다. 즉, 재현 방법은, 목적에 봉사하기 위한 도구입니다. 진리는 목적에 이바지하는 도구로서, 만들어집니다. 따라서, 서로 다른 각각의 체계는, 각기 다른 목적에 이바지하므로, 서로 다른 진리를 입증할 수 있습니다. 그렇다고 해서, 더 나은 진리가 없다는 주장은 아닙니다. 예를 들어, 물은 H-O-H로 이루어진다는 화학 정의는, 물의 단 하나의 본질이어서는 안 됩니다. 왜냐하면, 이 정의는 더 발전할 수 있기 때문입니다. 지금 여기에서, 진리일 뿐입니다. 게다가, 화학 정의는 물의 한 면만을 밝히고 있을 뿐입니다. 물의 촉감이나 매끄러움이 정의에서 제외될 이유는 없어 보이기 때문입니다. 여러 가지 정의가 가능한 이유는, 물의 대하는 목적이 다르기 때문입니다. 즉, 인간의 이해관계나 한계가 실재 재현에 반영됩니다. 진리는 만들어집니다.

제임스는 퍼스와 달리, 하나의 진리에 다다를 수 있다고 여기지 않습니다. 진리는 이상이란 이름으로 작동하고 있지만, 퍼스와 마찬가지로, 항상 오류 가능성을 염두에 둡니다. 즉, 우리가 오늘 얻을 수 있는 진리로, 오늘을 살아야 하지만, 내일 그것을 거짓이라 부를 준비를 해야만 합니다. 제임스는 이미 존재하는 통일성은 부인합니다. 관념론은 이미 만들어진 영원하고 완전한 실재가 존재하며, 그 실재는 통일성이 있다고 합니다. 제임스는 이미 만들어진 통일성은 부인하지만, 사물이 향하는 목적으로서의 통일성은 인내할 수 있다고 합니다. 즉, 과학 탐구에서 통일성을 추구하는 바는, 참을 수 있다는 거죠. 왜냐하면, 우리 목적에 맞는 더 나은 결과를 얻을 수 있기 때문입니다. 하지만, 이 경우 진리는 절대가 아니라 궁극이되겠지요. 관념론과 달리, 프래그머티즘은 진리를 여전히 만들고 있습니다. 진리는 경험 안에서 자라고, 진리는 서로를 의지하지만, 진리의 전부는, 전부가 있다면, 아무것에도 의지하지 않습니다. 그가 반실재론에 섰다는 사실은, 에너지에 대한 그의 해석으로도 알 수 있습니다. 즉, 에너지란 단어는 객관의 어떤 것도 의미하지 않습니다. 한갓 단순한 공식으로, 현상의 변화를 꿰기 위한, 현상의 표면을 측정하는 방법일 뿐이라고 합니다.

퍼스가 단어의 의미를 명료화하려 한다면, 그는 명제 혹은 믿음이 무엇인지를 밝히려 합니다. 간단하게 말하면, 실제 삶에서 참이라고 하는 믿음은, 어떤 차이를 낳는가? 하는 물음에 답하려 합니다. 관념과 믿음은 도구입니다. 즉, 진리는 생각의 도구이고, 올바름은 우리 행위의 도구입니다. 우리의 생각과 행위를, 조화롭고 만족스럽게 안내한다면, 그것은 타당하고, 확증되었고, 검증되었습니다. 그런데, 행위의 결과를, 어떻게 행위를 하느냐뿐 아니라, 어떻게 느끼느냐로 설명합니다. 퍼스와 다릅니다. 퍼스는 생각이나 행위에 한정하나, 그는 느낌을 포함합니다. 그는 영혼 없는 여자 로봇이라는 사고 실험을 제안합니다. 우리가 로봇을 실제 살아 있는 여자와 행동으로는 구별할 수 없을지라도, 내면은 다르다고 합니다. 즉, 로봇은 남자 내면의 동정, 인지, 사랑 그리고 칭찬에 대한 열망을 만족할 수 없기 때문입니다. 동정이라든지 사랑, 인지 등은 내면의 감정이라는 거죠. 게다가, 우리는 신의 인지 즉 신이 우리를 알아주길 원한다고, 제임스는 말합니다. 그리고, 남자는 여자가 자신의 성격을 의식으로 알아주길 바랍니다. 이런 기대나 믿음은, 로봇에게 해당하지 않습니다. 따라서, 느낌을 제외할 수 없습니다.

믿음은 자의가 아닙니다. 믿고 싶은 대로 믿을 수 없습니다. 우리의 목적에 따라, 믿음을 도구로 이용하지만, 한계가 있습니다. 류머티즘 고통으로 소리를 지르면서, 괜찮다고 할 수 없고, 주머니 속의 2달러를 백 달러라고 믿을 수는 없기 때문입니다. 역사적 환경에 놓여 있기에, 우리가 믿을 수 있거나 선택할 수 있는 믿음이나 가설의 수는, 한계가 있습니다. 진리나 믿음은 대부분 신용 체계라고 합니다. 즉, 우리의 믿음은 체계 안에서 움직이기에, 어떤 믿음이 실제로 검증되어, 체계를 위협하더라도, 체계는 자체를 보존하기 위해 움직입니다. 그런데, 그는 믿을 권리를 말합니다. 체계 안에서, 삶에 도움이 된다면, 증거가 충분하지 않아도 믿을 권리가 있다는 겁니다. 명제의 내용은, 믿음의 결과에서 나오는 행위나 기대라고 합니다. 증거가 충분하지 않은데도 믿는다면, 어디서나, 누구에게나 언제나 잘못이라는, 클리포드의 주장을 거부합니다. 제임스는, 이런 주장을 받아들이면, 인생에서 꼭 필요한 진리를 잃지 않을까 우려합니다. 그리하여, 어떤 특별한 상황에서는, 증거가 충분하지 않아도 믿으라고 합니다. 어떤 문제에 부딪혔을 때, 부족한 증거밖에 없다면, 그것을 믿은 결과가 가져오는 손해나 기대 혜택을 고려하여, 믿느냐의 여부를 결정할 수밖에 없습니다. 이것을 제임스는 믿음에 대한 의지라고 합니다. 감성이 문제를 해결하는 데에, 이치에 맞는 역할을 합니다.

　러셀은 산타클로스 존재에 대한 증거는 불충분하지만, 필요하기에 믿으면, 실제로 산타클로스가 존재하느냐고 비판합니다. 이에 대해, 제임스는, 도구이기는 하지만, 경험을 다루고, 경험에 영향을 미치는 도구라고 답합니다. 즉, 산타클로스를 믿으면, 생기는 감정과 기대 효과, 선한 행위 등의 결과는 좋은 일이기에, 산타클로스의 존재를 믿는 게 낫다고 합니다. 다시 말해서, 제임스 진리론은 진리가 가치 개념이라는 걸 환기합니다. 즉, 진리는 좋습니다. 진리란 믿음의 길로서 좋다는 겁니다. 실재와 대응하는 바가 진리가 아니라, 진리는 가치 개념으로, 우리 삶에 좋다고 합니다. 자유의지 문제도 마찬가지입니다. 자유의지의 여부에 따라 생기는, 실용의 차이는 무엇인가? 여기에 대해, 제임스는 구원의 교리를 말합니다. 우리가 움직인다면, 더 좋아질 수 있다는 태도로, 노력에 따라, 적어도 가능한 만큼 발전할 수 있다는 사회 개량론의 자세입니다. 다시 말해서, 자유의지의 실용적인 결과는, 느낌, 희망, 그리고 그것을 지탱하는 반응입니다. 자유의지가 있느냐의 문제를 해결할 충분한 증거는 존재하지 않습니다. 그렇다면, 믿음에 대한 의지의 문제가 되고, 믿음의 결과의 차이를 보고, 결정하겠지요. 제임스는 자유의지를 믿으면, 구원이 생긴다고 봅니다. 이런 자세는 신의 문제에도 해당합니다. 신을 믿으면, 영원한 도덕 질서를 보장하기에, 궁극의 희망을 품게 합니다. 이런 필요성은 물론 보편이지는 않지만, 위대한 마음에는 필요하다고 합니다. 그리하여, 이런 관념이 없다면, 더 천박한 인간이란 징표라고 말합니다. 끝으로, 제임스의 형이상학은 중립이라 할 수 있습니다. 순수한 경험의 세계는 정신 혹은 물리 요소를 갖는데, 우리는 특정한 시간에, 어느 것을 특징으로 삼는다고 합니다.

    퍼스와 제임스는 공통점과 함께 차이점도 있습니다. 퍼스는 개념 의미의 명료화에 관심이 크고, 제임스는 결과의 차이로 의미를 정의합니다. 즉, 개념 사이에 실제로 무슨 차이가 생기는가? 차이가 없다면, 선택지는 실제로 같은 의미이고, 이에 대한 논쟁은 한가한 일이라고 합니다. 그리고 둘 다, 종교 믿음과 형이상학 이해에 대해 열려 있습니다. 하지만, 진리에서는 다릅니다. 퍼스는 장기간에 걸친 합의나 동의에 이른, 운명 지워진 진리를 주장하지만, 제임스는 진리는 믿음 방식으로 믿으면 좋다는 점을, 알려 주는 방편으로 여깁니다. 말기 환자에게, 치유가 가능하다고 말해 주면, 생명이 연장될 수 있는 경우가 예입니다. 제임스는, 믿음이란, 의도한 기능을 효과적으로 수행할 때 참이라고 합니다.

듀이

영국의 관념론에 반대하여, 당시 미국에서 나온 반응은, 실재론, 자연주의 그리고 프래그머티즘입니다. 실재론은 매개 개념과 재현 개념을 끔찍하게 여겨서, 외부의 독립 대상을 직접 접한다고 주장합니다. 이를 소박하다 여기고, 외부 대상은 독립으로 존재하고, 의식에 나타나는 바는, 물리 대상이 아니라, 중간의 정신 상태라고 인정하는 자세를 비판적 실재론이라고 합니다. 즉, 감각 자료는 물리 대상을 알려 주는 수단입니다. 이와는 달리, 자연주의는 플라톤이나 데카르트의 이원론을 거부합니다. 인간은 통일된 자연 질서의 일부이기에, 이원론은 발생하지 않습니다. 자연주의는 물질주의가 아닙니다. 물질주의는 궁극 물질로 환원하지만, 자연주의는 자연의 통일성과 다층성을 강조하고, 역동 자연의 과정을 중시합니다. 즉, 환원 형이상학이 아니라, 보편적이고 경험의 방법론으로, 통합하려 합니다. 듀이는 방법론 자연주의자입니다. 철학 정신에서는 프래그머티즘이지만, 방법론에서는 자연주의 편에 섭니다. 그는 몸과 마음, 개인과 사회, 세속과 종교, 사실과 가치의 이분법은, 유용성이 한참 지난, 철 지난 개념의 구조물로 봅니다. 인간은 자연스럽게 믿음과 함께 가치도 갖습니다. 사람은 칭찬하고, 즐깁니다. 또 가치 있는 행위나 사태도 있습니다. 이런 사실은 자연스럽습니다. 자연은 통합된 질서로, 우리는 그 안에서 살고, 이동하고, 삶을 누립니다. 우리는 세계와 경험으로 싸우지 않습니다. 과학은 경험한 세계를 통해, 우리를 안내하는 도구입니다. 과학을 지식의 모범으로 봅니다. 고집, 권위 그리고 선험성을 거부합니다. 한 가지만 주장하고, 그 반대되는 것을 피하는 고집, 권위로 믿음을 고정하려는 권위, 그리고, 반성이나 대화 후에, 이성에 어긋나지 않은 것만을 받아들이려는 선험성을 거부하고, 기초 가설에 의존하는 과학 방법만을 지지합니다. 셀라스는 과학 이론에 등장하는 존재를 실재로 보지만, 듀이는 다릅니다. 그는 프래그머티즘으로 충분하다고 합니다. 존재가 실재인지 아닌지는 중요하지 않다는 자세입니다.

    듀이는 이를 도구주의라 부릅니다. 문제를 해결하여, 과학부터 도덕까지 모든 분야에서 행위를 안내하는 생각의 기능에 대한 이론입니다. 다시 말해서, 가치와 지식에 관한 일반 이론과 개인과 사회 차원의 행위와 가치에 대한 일반 이론입니다. 듀이는 진리를 대응설이 아니라, 구성개념 행위로 봅니다. 즉, 환경과 미래에 적응하도록, 기대하고 안내하는 것을 포함하는 행위로 봅니다. 그는 진리 개념을 피합니다. 너무 정지 상태라는 거죠. 대신에, 보장된 주장이라 합니다. 다시 말해서, 우리가 탐구를 계속하는 한, 수정할 이유를 찾지 못한다면, 보장된 주장이라고 불러야 한다는 겁니다. 그가 정지 상태의 분위기를 풍기는 진리 개념을 피한 이유는, 지식은 육체 없는 마음이 외부 세계를 아는, 그런 정지 상태의 관계가 아니기 때문입니다. 마음은, 유기체가 환경에 대해 갖는 특정한 움직임을 연결해 주는 이름일 뿐이라고 하면서, 유기체가 적절한 반응으로 행위를 할 때, 우리는 마음이 있다고 말한다고 합니다. 그리하여, 마음을 명사로 사용하지 말고, 행위 방식을 기술하는 형용사로 사용하라고 합니다. 즉, 마음은 명사가 아니라, 〈정신의〉라는 형용사입니다. 이와 같은 맥락에서, 진리는 행위의 성격을 갖기에, 실체가 아닌 부사입니다. 현재 경험과 미래 경험과의 연관성을 이해한 후, 미래 경험을 만족스럽게 예측하거나 통제한다면, 참된 행위입니다.

듀이는 헤겔이 문화의 성장을 무한한 사고 즉 절대정신의 행진으로 여겼으나, 지금은 사회로 처리할 수 있다고 합니다. 즉 지능은 자연의 생물학 영역에서 생겨나서, 도덕, 정치에 적절한 자리를 주어, 휴머니즘, 사회 민주주의 그리고 국제주의를 평가한다고 말합니다. 다윈 진화론의 영향이 보입니다.

제 6 부

현대
다시 공존

과학이 철학을 대체하는 시대에 철학은 돌파구를 모색합니다. 실체가 아니어서 전에는 홀대하던 현상을 새롭게 조명합니다. 이는 본질을 부인하는 결과를 낳고, 20세기 철학은 본질 부인이 대세가 됩니다. 이분법이 무너지기 시작합니다. 정신과 몸, 본질과 속성, 주관과 객관, 개인과 사회, 관념과 대상, 이성과 감정 등 모든 분야에서 전복이 일어납니다. 미국에서는 삶을 도외시하고 언어 분석에 집중합니다. 철학은 삶에 대해 말하지 않고, 언어에 대해 말합니다. 신비주의는 에소테리시즘이란 이름을 얻는데, 과학을 적극 활용합니다. 과학을 바탕으로 지구, 환경, 생명 등의 논제를 통해 세력을 확장합니다. 과학과의 결합으로 시대에 맞게 변신에 성공합니다.

61
현상학

1920년대 초에서 1970년대 후반까지 유행한 현상학은, 과학의 눈부신 발전에 대항하여 등장했습니다. 과학이 가설, 실험, 검증이라는 방법으로, 세계를 설명하는데, 성과는 놀라웠습니다. 과학은 결국 경험주의를 바탕으로 한다고 여긴, 현상학은 경험주의와는 다른 방법론 혹은 다른 영역을 탐구하여, 과학과 차별화를 시도합니다. 그리고, 이 새로운 방법론으로, 대학의 학술 울타리를 넘어, 넓은 세상으로 나아가고자 합니다. 대학의 전문 철학은 숨이 막히는 답답함을 안겨 주었고, 다루는 대상도 전문 주제에 한정됩니다. 게다가, 대학의 전문 철학에는, 삶의 문제가 없습니다. 그리하여, 현상학은 삶을 철학에 적극 끌어들이게 됩니다. 하지만, 현상학은 오래가지 못합니다. 1945년이 되어서는, 방법론으로서의 현상학은 막을 내립니다. 왜냐하면, 현상학은 방법론이 아니라, 하나의 운동이 되었기 때문입니다. 방법론이 자리를 잡지 못하고, 가치 없는 주관 의견이 쏟아져 나오고, 주제만 있을 뿐, 실제 방법론이나 현상학이 말하는 진리에 대한 논증은 제시되지 않았기 때문입니다. 예를 들어, 현상학자들은, 사람은 여러 가지 인과 요인의 산물이 아니라, 의미로 가득한 세계에 사는, 자유로운 의미 창조자라고 합니다. 이런 주장은, 철학적 주제이지, 방법론은 아닙니다. 후설은, 사물 자체로 돌아가라고 하면서, 철학자는 이론 구성이나 논증을 멈춰야 한다고 하는데, 논증해도 어느 쪽도 이길 수 없기 때문입니다. 따라서 철학 영역 즉 초월 의식 영역을 다루어야 하고, 철학의 영역을 현상에 대한 아주 세심한 묘사에 한정해야 한다고 말합니다.

    여기에서, 후설의 발언에 주목할 필요가 있습니다. 그는 현상학이 초월이라고 합니다. 즉, 경험이 아니라는 뜻입니다. 과학은 경험을 바탕으로 하지만, 현상학은 아니, 철학은 경험과는 관계없는, 초월을 영역으로 택합니다. 그래야, 영역이 겹치지 않으니, 철학의 독자성 확보가 가능해지겠지요. 즉 현상을 기술하거나 묘사하는 바가, 자신의 영역이라고 한정합니다. 다시 말해서, 설명은 하지 않는다는 겁니다. 현상에 대해 인과로 설명하는 바가 과학이라면, 현상학은 그런 설명은 하지 않고, 중립에서 현상을 아주 자세히 묘사하겠다는 겁니다. 이런 태도는 현상학의 장점이면서 동시에 약점입니다.

62
후설

논리 탐구

중세 철학과 아리스토텔레스에 친숙한 브렌타노는, 모든 현상은 정신이거나 물리라고 하고, 정신 현상의 가장 중요한 특징은 지향성이라고 합니다. 즉, 실제로 존재하거나 참이 아니더라도, 어떤 것으로 향하든지, 내용을 갖는다는 겁니다. 예를 들어, 우리가 지각하면, 무엇인가를 지각하고, 생각하면, 무엇인가를 생각하고, 미워하거나 사랑하면, 누군가를 미워하거나 사랑합니다. 그는 〈지향적〉이란 말은, 〈의도된〉이란 뜻만 있는 게 아니라, 안에 있다는 기술이고 논리라는 의미도 있다고 합니다. 지향의 방법으로, 대상이나 사태의 내용을 재현하는 정신 행위가, 다른 모든 정신 현상의 기초입니다. 그는 산수와 연산 개념은 물리현상에서 추상할 수 없다 하는데, 그 이유는, 수학은 모두에 적용할 수 있기 때문에 자연수와 같은 수학 기초 개념은, 정신 현상에서 추상해야 합니다. 따라서, 서술 심리학이나 현상학은 수학의 토대임이 틀림없다고, 브렌타노는 주장합니다.

    자연수가 심리 산물이라는 주장을, 프레게는 거부합니다. 프레게는 수는 플라톤의 경우처럼, 제3 영역의 객관 존재이지,

정신의 재현이 아니라고 합니다. 이에 대해, 후설은 논리와 수학의 객관성 확보의 토대는 심리학이나 현상이라고 합니다. 즉, 정신 영역에 속하기는 하지만, 플라톤의 대상으로 취급합니다. 예를 들어, 〈카이사르는 루비콘강을 건넜다〉라는 명제나 〈관념의 의미〉는 정신 유형입니다. 그리고, 이 명제를 판단하는 행위는, 토큰입니다. 다시 말해서, 관념의 의미로서 유형이 있고, 그 유형의 토큰은 판단과 같은 정신 행위입니다. 후설은, 유형과 토큰으로 플라톤 대상을 유지하면서도, 정신 현상이란 걸 보이려 합니다. 유형을 이해하기 위해서는, 정신 행위인 토큰을 반성하고 또한, 형상 환원을 통해, 그것의 유형이나 의미-본질을 직관해야 합니다. 다시 말해서, 명제의 객관 의미를 이해하기 위해서는, 명제에 관한 판단 행위를, 반성해야 하는데, 그 방법이 형상 환원이라는 겁니다. 형상 환원을 통해, 명제의 의미와 본질을 직관한다는 거죠. 이렇게 하면, 논리와 수학의 토대 제공의 첫 단계라 할 수 있답니다. 집합을 예로 들어 보겠습니다. 그는 집합을 수집이란 정신 행위로 봅니다. 신, 천사, 인간, 운동을 하나의 집합으로 합시다. 이것이 하나의 집합이라면, 물리 요소나 원소 사이의 관계로, 이 집합을 구성한다고 할 수 없을 겁니다. 따라서, 하나의 집합은, 원소와 수집이라는 정신적 행위로 이루어집니다. 그러므로, 집합의 의미나 본질을 알려면, 정신 행위를 통해야 합니다.

　　후설은 지향 행위와 그 행위의 대상 사이에, 매개물을 설정하는 중세 유산을 없앱니다. 우리는 사물과 사물의 속성에 사로잡혀 있는데, 말하는 행위는, 의미 검색이 아니라, 사물의 본질적인 구조에 대한 직관이 안내합니다. 따라서, 우리는 단어와 사물 사이를 매개하는 구조물인 관념이나 개념을 상정할 필요가 없고, 사물이 거주하는 〈장소〉에 대해 생각할 필요도 없습니다. 무엇을 아는 바는, 그것의 형상을 단순히 아는 바이고, 본질을 통해 그것을 직관하는 바입니다. 다시 말해서, 형상 환원합니다. 우리는 대상에 대해 말하고, 지각할 때, 마음의 매개체가 아니라, 대상을 직접 다룹니다. 말하는 행위는, 관념의 대상인 명제로 의미를 표현하지만, 의미는 말하는 순간에는 파악하지 못합니다. 왜냐하면, 표현과 암시를 적절하게 구별하지 못하기 때문입니다. 말하는 사람의 언어는 세 가지 기능이 있는데, 의미를 표현하고, 대상을 지시하고, 그리고 말하는 사람의 지적 행위를 암시합니다. 많은 철학의 잘못은, 암시와 표현을 적절하게 구별하지 못해서 나온다고 합니다. 의미 표현이 아니라, 말하는 행위를 반성해서, 의미와 본질에 다다르려 합니다.

 우리의 표현이 내적인 과정이 아니라 사물을 향한다는 그의 주장을, 접속사나 연계사에 대한 논의에서도 볼 수 있습니다. 예를 들어, 〈이 종이는 하얗다〉라는 명제가 참인 이유는, 〈하양〉이란 성질이 이 종이에 속하기 때문입니다. 여기에서도, 유형과 토큰이 등장합니다. 개별자와 보편자의 모습입니다. 이 종이는 개별자이고, 하양은 종으로 보편자입니다. 개별자를 파악하기 위해서는, 종개념을 알아야 한다고 말합니다. 우리는 이와 같은 문장이, 내적 과정이 아니라, 객관 상황을 가리키기 위한 용도라면, 이 문장에 등장한 〈이다〉 역시, 객관 상황을 가리키기 위함이라고 봅니다. 즉, 이 종이와 그 종이의 하양을 지각하고, 그리고 범주 직관으로 〈이다〉를 지각합니다. 〈이다〉는 언어 연결사가 아니라, 객관 사태에 의존하는, 형식(형상)의 부분입니다. 범주 직관은 본질을 알기 위한 첫 번째 단계입니다. 왜냐하면, 사물이나 상황의 본질을 파악하기 위해서는, 무엇보다, 종 속성을 알아야 하기 때문입니다. 이 종이와 하양의 관계에서, 종은 개별자의 조건이며, 〈이다〉라는 범주 직관으로 그 조건을 알 수 있습니다.

사물은 언제나 사물의 속성으로 구별한다고, 후설은 말합니다. 우리가 대상을 확인하고 수를 셀 때는, 대상의 고정된 내용은 버립니다. 사과든 배든, 세기로 하면, 그 내용은 상관이 없으니까요. 다시 말해서, 우리의 인지 직관은 언어 행위가 의도한 사물을 맞게 제공합니다. 하지만, 우리가 인식하는 바가, 정신이 아니라, 대상이라고는 아직 분명하게 말하지 않습니다. 분명한 발언은, 논리 탐구가 아닌, 초월 전환에서 나옵니다.

초월 전환

세계가 존재한다는 바는, 의심의 여지가 없습니다. 그렇지 않다면, 과학 탐구의 기반이 흔들리겠지요. 물론 일상생활에서도, 이런 태도를 유지합니다. 후설은 이런 태도가 자연스럽다고 하지만, 이에 그치지 않고, 이런 태도가 타당한지를 밝히기 위해서는 판단 유예해야 한다고 주장합니다. 이 세계 모두를 괄호 안에 넣는 겁니다. 즉, 물리 세계, 심리 세계 그리고 인간의 자아 등 모두를 괄호 안에 넣고, 판단 유예합니다. 그 이유는, 우리의 자연스러운 태도를 반성하기 위한 거리가 필요하기 때문입니다. 왜냐하면, 우리는 사물과 사물의 속성에 사로잡혀 있어, 사물을 제대로 보지 못하기 때문입니다. 거리가 없다면, 사물과 마음이, 관념이나 의미를 매개로 관계를 맺어, 의미를 통해, 사물을 지시하거나, 아니면 칸트처럼, 내적 범주가 세계를 구성한다고 여기게 된다는 겁니다. 이런 태도는 후설이 보기에는 자연스럽습니다. 그런데, 이런 태도에는 인식이 사물을 지향한다는, 지향성이 빠져 있기에, 의식의 본질을 제대로 밝히지 못합니다.

 판단 유예는 초월 환원으로 가는 첫 단계입니다. 우선, 판단 유예로, 자연스러운 태도에서 벗어납니다. 그러고는, 판단 유예의 토대로 돌아가기 위해, 환원합니다. 여기에서, 환원이란 원래의 모습으로 돌아간다는 의미입니다. 세계 안의 사물은, 우리의 생각과는 상관없이 여전히 거기에 있지만, 환원하면, 즉 환원으로 초점의 변화가 생기면, 이제 사물을 의도된 대상으로 정확하게 평가할 수 있습니다. 다시 말해서, 이제 우리는 대상을 지각된 것, 판단된 것, 상정된 것, 의심된 것, 상상된 것으로, 알아차립니다. 후설은 이렇게 알아차린 대상을 노에마라 부릅니다. 노에마라 부르는 이유는, 외부 사물의 이미지나 표식이 아니라, 전혀 다른 존재라는 걸, 말하기 위함입니다. 그리고 의식의 지향성을, 노에시스라 부르는데, 이 둘은 독립하여 존재하지 않습니다. 즉, 노에마와 노에시스는 한 짝입니다. 다른 말로 하면, 상관물입니다. 서로를 서로에 의존합니다. 노에시스와 노에마는 항상 같이 다닙니다, 우리의 내부에서 무슨 일이 일어나는가를 알기 위해서, 보통은 내부를 들여다봅니다. 하지만, 후설은 세계가 어떻게 인간에게 자신을 드러내는지를 봅니다. 즉, 세계의 대상이, 어떻게 그리고 무엇을 우리에게 주는가에 주목합니다. 답으로,

의식의 지향성을 말합니다. 의식의 지향성인 노에시스가 그 대상인 노에마와 함께, 그리고 그런 과정을 통해, 사물의 초월 토대를 제공합니다. 의식의 초월 차원은, 실재론이나 자연주의가 알지 못했습니다. 초월 환원이나 초월 토대라 부르는 이유는, 판단 유예나 환원은, 경험과는 전혀 관계없이, 작업하기 때문입니다. 초월 반성에서, 의식은 적극 역할을 하여, 공헌합니다. 의식의 지향성이 없다면, 일어날 수 없기 때문입니다.

과학 반성은 현상학 반성과 다릅니다. 과학 반성은, 우리 관심을 사물과 사실에서, 개념과 명제로 향하게 하지만, 현상학 반성은, 노에시스와 노에마의 상관관계에 초점을 맞춥니다. 다시 말해서, 과학 반성의 결과물인 명제는, 현상학 반성에서는 노에마의 하나가 됩니다. 즉, 우리의 초점이 존재론에서, 명제로 넘어가야, 비로소 명제가 생깁니다. 우리는 때때로 언어 선택에 좀 더 신경 쓸 때가 있습니다. 이런 경우, 사물에서 단어 의미로 초점을 바꾼 겁니다. 우리는 직관과 언어를 구별합니다. 이처럼, 초점을 옮김으로써, 무엇이든 환원의 대상으로 삼을 수 있습니다. 의식은 심리 영역이 아니라, 초월이기에, 주어진 것이라면, 그 어떤 것도 배제하지 않습니다. 칸트처럼 주어진 범주를 통해서만 작업하지 않고, 그 어떤 영역이라도 작업할 수 있습니다. 따라서, 후설은 초월 영역은, 둘레도 없고 영역도 없다고 하며, 의식과 대상은 같은 공간을 공유한다고 합니다. 즉, 경험주의나 칸트의 내적 영역과는 전혀 다릅니다. 초월이어서, 절대이고, 모든 것을 포함합니다.

초월에 대한 이런 자세는, 실재에 대한 정합 개념은, 〈우리에게〉가 없다면, 성립하지 않기에, 결국에는 초월 관념론이 됩니다. 즉, 앞에 〈초월〉이 붙어도, 결국, 관념론이 됩니다. 외부 세계는 존재론에서 보자면, 인간 의식에 의존하게 됩니다. 하지만, 이런 결론은 역설을 낳습니다. 왜냐하면, 외부 세계는 몸에 의존하기 때문입니다. 즉, 우리는 지각을 통해 외부 세계를 알게 되는데, 지각 현상은, 경험하는 주체가 공간을 차지한다는 걸 전제합니다. 그리고 의식 주체는, 몸이 있을 때만, 공간을 차지하고, 역시 공간을 차지하는 외부 대상은, 몸을 가진 주체에만 나타날 수 있습니다. 간단하게 말하면, 의식은 몸이 없다면, 외부 대상을 지각할 수 없기에, 의식이 주체라는 후설의 주장은 흔들립니다. 왜냐하면, 후설의 의식은 절대이고 모든 것을 포함하는 순수한 의식으로 보이지만, 그런 순수한 의식은 존재하지 않기 때문입니다. 우리는 환원을 통해, 토대 혹은 가능 조건을 탐색하지만, 몸이 개입하지 않을 수 없기에, 순수한 관점은 존재하지 않습니다. 시점이 없는 풍경은 존재하지 않습니다. 세계에 대한 경험은, 몸이 중개하고, 몸에 의해 가능합니다. 실제로, 먼저 몸을 연구하고, 몸과 세계의 관계를 탐구하지는 않습니다. 세계는 몸으로 탐구되어 우리에게 주어지고, 몸은 몸의 세계 탐구 안에서, 우리에게 드러납니다. 이렇게 되면, 의식이 몸으로 바뀌었을 뿐, 구조는 초월 환원과 아주 흡사합니다. 외부 사물은, 의식의 지향성으로 의도된 것으로 주어지고, 의식은 의식의 외부 사물 탐구 안에서, 우리에게 드러납니다.

　　후설은 주관성 역설을 초월 의식으로 해결하려 합니다. 즉, 나의 몸과 마음을 포함한 세계의 존재는, 모두 초월 의식에 의존한다는 겁니다. 우리는 각자 초월 환원으로, 이 초월 의식을 발견합니다. 초월 의식은 일반 의식과는 다릅니다. 즉, 우리가 대상을 시간에 걸쳐 지속하는 것으로 지각하려면, 의식은 자신을 통합적으로 경험해야만 합니다. 다시 말해서, 시간성의 기본 단위는, 칼날같이 날카로운 현재가 아니라, 지속 덩어리입니다. 다시 말해서, 시간이란 장은, 현재, 과거, 미래의 세 가지 시간 양태 모두로 이루어집니다. 즉, 주요한 인상인 현재, 과거로 향하는 보유, 그리고 앞으로 일어날 미래라는 미래 지향이 그것입니다. 따라서, 모든 경험의 구체이고 완전한 구조는, 이 셋의 덩어리이기에, 경험의 통합된 장이 됩니다. 그런데, 초월 의식에 모든 것이 의존한다면, 여전히 초월 관념론자입니다. 그는 판단 유예 대상에, 물리, 심리 세계는 물론 인간의 자아도 포함합니다. 즉, 일상세계나 삶의 세계도, 우리의 몸과 마음이 구성하지 않고, 초월 의식이 구성합니다.

    몸이 매개하기에, 순수한 관점은 있을 수 없고, 시점이 없는 풍경은 존재하지 않는다고 하는데, 또 다른 요소도 있습니다. 즉, 인간의 인식과 대상은, 각각의 역사성이 있습니다. 즉, 내가 갖는 세계의 의미는, 나 밖에 기원이 있고, 역사인 과거가 있습니다. 후설은, 우리는 상속자라고 하면서, 전통을 토대로 삼는다고 합니다. 그리고 묻습니다. 그렇다면, 나의 독창성이 무엇인지, 그리고 직관으로 아는 범위는 어디까지인지. 그러고는, 자신의 일부는 전통에서, 그리고 일부는 동시대 사람을 통해 생긴다고 말합니다. 객관성을 추구하는데, 그에게 객관성이란, 관념의 간주관적 조화의 상관물입니다. 주체의 초월인 공동체의 적합성을 주장하는데, 따라가기 힘듭니다.

현상학에 대한 비판도 물론 있습니다. 하나는, 현상학이 기술하고자 하는 현상은 존재하지 않는다는 겁니다. 현상학은 형상 환원을 통해, 의미-본질을 파악한다고 하는데, 비판의 요지는, 본질이란 존재하지 않는다는 겁니다. 즉, 비트겐슈타인이 말하듯이, 본질은 언어가 만든 환상이라는 겁니다. 다른 하나는, 현상학은 묘사하거나 기술하지, 설명하지 않습니다. 다시 말해서, 이론 중립으로, 사물 자체로 돌아가려 합니다. 이런 자세라면, 전통 철학 문제를 인식하지 못하게 되어, 그저 소박하고 반성 없는 상태 그대로 대하게 된다는 겁니다.

후설은 지성에서 완전무결한 사람이었고, 도덕성도 높았다고 하지만 은퇴 후에 프라이부르크에서 힘든 시간을 보냅니다. 자신이 교수로 있던 대학 도서관 출입을 금지당하는데, 유대인이기 때문이었습니다.

63
하이데거

후설이 프라이부르크 대학의 도서관 출입을 정지당한 일은, 그에게 큰 충격이었습니다. 왜냐하면, 그런 조처를 내린 사람이 그의 철학과 학과장 후임이었던 하이데거였기 때문입니다. 당시 하이데거는 나치에 동조하였는데, 2차 대전이 끝난 후, 1946년 대학 강의를 못 하게 됩니다. 카를 야스퍼스가 그를 고발하는 보고서를 썼기 때문입니다. 야스퍼스는 하이데거에게 키르케고르를 소개했고, 둘은 1920년대에는 친했지만, 하이데거가 나치에 가담한 후, 결별합니다. 그 후 야스퍼스는 대학에서 쫓겨났고, 1945년 강제수용소 이송 직전에 구조되었습니다. 하이데거는 1950년 강단에 복귀했고, 은퇴까지 강의를 계속했습니다.

하이데거는 결코 민주주의를 지지하지 않았습니다. 1974년에 그는 친구에게, 민주주의의 영향으로 유럽이 붕괴하고 있다고 불평하였습니다. 그리고, 한 번도 나치 가담을 반성하거나 사과하지 않았습니다. 그는 홀로코스트의 특별함도 인정하지 않았고, 유대인만큼이나 동독 사람도 희생자라 합니다. 또한 대학살을 기계화 농업과 비교하면서, 둘은 본질에서 같다고 말합니다. 둘 다 근대 기술이 초래한 허무주의의 징후라는 겁니다. 그는 시체와 가스실의 책임은 인간이 아니라, 역사를 결정하는 존재 자체에 있다고 하면서, 독일 민족은 이런 무차별한 역사 운명의 희생자라고 합니다. 가스실이나, 시체는 결국, 사람이 한 일이 아니라 역사를 결정하는 존재가 한 일이며, 독일 민족 역시 희생자라고 하네요. 지식인의 틀에 박힌 변명입니다. 추상이고 모호한 역사나 존재 등을 끌어와서, 자신도 희생자라고 변명하는 논리는, 전혀 새롭지 않습니다. 이런 자세는 겁쟁이이며 자기기만에 빠져 있는 지식인이 흔히 보입니다. 하이데거의 표현을 따르자면, 지독히 진정성이 없는 거지요.

하이데거가 나치에 동조했지만, 그는 핏줄이 아니라, 역사를 인종 구별의 기준으로 삼습니다. 예를 들어, 히틀러의 비행기는 역사의 산물이지만, 아프리카 역사는 의심의 여지가 있다는 자세입니다. 이런 자세는 물론 그의 철학과 관련이 있습니다. 그는 인간을 역사, 문화로 파악합니다. 핏줄은 고려 요소가 아닙니다. 그리고, 역사와 문화에서도, 언어를 중시합니다. 그런데, 언어는 생물학이 아니라, 역사와 문화의 산물이라고 합니다. 따라서, 독일 민족이란, 생물학 현상이 아니라, 언어와 역사 현상입니다. 따라서, 그는 핏줄로 인종을 구별하지 않습니다. 그렇다면, 왜 독일 민족인가? 이런 질문에, 유럽의 위기를 타개하기 위해, 독일 민족이 필요하다고 하면서, 이유를 설명합니다. 즉, 생각하는 민족만이 미래가 있는데, 유럽의 생각을 바꾸려면, 독일 민족이 제격이라는 겁니다. 왜냐하면, 생각은 오로지 같은 뿌리를 가진 생각만으로 바뀌기에, 유럽의 위기는 유럽 전통의 새로운 이용으로 타개할 수 있으므로, 독일어와 그리스어는 내적관련이 있기에, 독일 민족이 이 임무를 떠맡아야 하기 때문입니다. 즉, 그의 표현대로 하자면, 존재는 언어와 밀접한 관련이 있고, 언어는 존재의 집이기에, 언어를 통해 존재는 특정한 민족과 연결됩니다.

하이데거는 철학사에 큰 영향을 미쳤으나, 독일에서는 나치 영향 때문인지, 1950년대부터는 프랑크푸르트학파가, 1960년대 중반 이후에는 분석철학이 주도권을 잡습니다. 하지만, 영미 철학에는 별 영향을 끼치지 못했는데, 아마도, 자연과학과 논리학을 별로 다루지 않았고, 일상의 윤리학에도 별 관심을 보이지 않았기 때문으로 보입니다. 그리고, 모호하고, 젠체하는 문체도 영향이 없었다고 보기 어렵고, 특히 정치 성향은 무시할 수 없었을 겁니다. 동아시아에서 하이데거는 인기가 있었는데, 1930년 일본과 중국에서 온 유학생 덕입니다. 특히 일본에서 온 구키 슈조는 동아시아에 큰 영향을 끼쳤습니다.

존재와 존재자

존재는 존재자가 아니라고, 하이데거는 말합니다. 이 나무, 저 돌, 이 고양이는 존재자이고, 이 나무, 저 돌, 이 고양이는 모두 존재합니다. 그런데, 이때의 존재는, 이 나무, 저 돌, 이 고양이의 공통 속성이 아닙니다. 이 셋 모두가 가지고 있는 속성이, 하양일 수 있지만, 즉, 하얀 나무, 하얀 돌, 하얀 고양이일 수 있지만, 존재를 공통 속성이라 하기에는 뭔가 이상합니다. 마치 질료를 물질 대상으로 잘못 아는 바와 같은 기분이 드는군요. 이 나무를 존재로 환원할 수는 없습니다. 존재가 존재자 속성의 일반화는 아닙니다. 이데아, 에너지, 실체, 모나드, 활력에 대한 의지 등은, 존재와 존재자 구별에 실패한 예라고 합니다. 만약 이데아나 모나드가 실체라면, 그 실체의 가능한 근거를 살피는 바가, 존재론이라 할 수 있습니다.

 그렇다고 해서, 최상의 존재자도 아닙니다. 왜냐하면, 존재는 존재자가 아니기에, 최상의 존재자가 될 수 없습니다. 신이 최상의 존재자라면, 역시 신은 존재가 될 수 없습니다. 하이데거는, 고대 그리스의 철학자 아낙시메네스나 파르메니데스와 같은, 소크라테스 이전 철학자의 글에는, 존재가 등장했다고 생각합니다. 하지만, 소크라테스 이후, 존재자를 유형에 따라 분류하고, 존재자의 공통 속성이나 본질을 찾으면서, 존재를 잊게 되었고, 그에 따라, 존재자의 가장 완벽한 대상을 찾게 되어, 완전한 존재나 신을 찾았다고 합니다. 즉, 소크라테스 이전에는, 주관과 객관이 구별되지 않으며, 개별자와 보편자, 경험과 경험된 사물 등의 구별이 없었는데, 개념화로, 이 경험은 사라졌기에, 형이상학은 가장 높은 존재인 신의 본성을 묻거나, 존재하는 모든 것의 속성에 관해 묻게 되었다는 겁니다. 이런 개념 사고가 발전할수록, 우리는 존재에 더욱 낯설어지고, 더욱 절망하게 되어, 원래의 경험으로 돌아가려 합니다. 그리하여, 하이데거는 다시 그리고 새롭게 문제를 제기합니다. 무가 아니라 무엇인가 존재한다는 바는, 우리에게 어떤 차이를 만드는가? 다시 말해서, 존재의 의미는 무엇인가?

 존재의 의미에 앞서, 하이데거는 존재가 현상이라고 합니다. 현상학에서 말하는 현상입니다. 존재는 우리가 만들거나, 세계에 투사한 것이 아니라, 우리에게 주어진 현상입니다. 저 나무는 우리와 관계없이 존재합니다. 하지만, 나무의 존재는 우리 없이는 가능하지 않습니다. 즉, 나무가 존재한다는 바는, 우리에게 주어진 현상이지만, 저 밖에 서 있는 나무는 우리가 없어도 있겠지요. 존재를 존재자로 환원할 수 없지만, 존재라는 현상이 일어나려면, 존재자가 꼭 필요합니다. 사물이 있어야, 사물이 현상에 나타날 테니까요. 그는 후설의 현상학에서, 현상은 주어지며, 현상은 사물을 드러낸다는 사실에 주목합니다. 즉, 무엇을 재현하느냐가 아니라, 스스로 보여 준다는 개념입니다. 그리고, 좀 더 정확히 말하면, 현상 너머에 무엇인가를 요구할 수는 없다고 합니다. 왜냐하면, 현상이 주는 바가 정확히 어떤 것의 본질이기 때문입니다. 현상 너머에는 아무것도 없기에, 현상은 겉모습이 아니라는 후설의 주장을 받아들이면서도, 하이데거는 현상이 드러내는 것이 모두라는 주장에는 동의하지 않습니다. 드러내는 바를 진리라고 한다면, 항상 드러내지 않는 바인, 비진리도 함께 한다고 말합니다.

    존재의 의미를 묻기 전에, 의미가 무엇인지 알아야 한다고, 그는 말합니다. 존재가 드러나기 위해서는, 존재를 묻는 존재자가 있어야 합니다. 즉, 왜 무가 아니라 무엇인가 있는가? 존재란 무엇인가? 등을 묻는 존재자가 있어야 합니다. 존재자가 있어도, 이런 질문을 하지 않는다면, 존재와는 아무 관련이 없습니다. 아마도, 새는 이런 질문하지 않을 겁니다. 즉, 사물에 대한 본능에 따른 이해에서, 한발 물러서서, 존재의 의미란 무엇인가? 라는 질문하지 않겠지요. 하이데거는, 이런 질문이 단순하게 인간 이성으로 파악할 수 있는 성질이 아니라고 봅니다. 다시 말해서, 존재와 그에 관한 질문을 던지는 인간과의 관계는, 이성을 지닌 동물 등과 같은, 인간을 규정하는 말로써는, 표현할 수 없다고 합니다. 그리하여, 인간을 지칭하는 새로운 용어를 사용합니다. 밖에 있는 존재라는 의미의 〈거기-존재〉입니다. 거기와 존재 사이의 하이픈은, 후기에 사용했다고 합니다.

거기-존재

같은 축구 시합도 관중으로 보는 바와 직접 선수로 뛰는 바는, 전혀 다릅니다. 보는 시야도 물론 다르지만, 온몸으로 부딪히는 선수는 전혀 다른 차원을 맛볼 수 있습니다. 존재라는 사건도 마찬가지입니다. 존재는 우리에게 주어진 현상이지만, 존재를 사건으로 맞이해야만, 존재에 접근할 수 있기 때문입니다. 그런데, 이 존재 사건은 이해하기 쉽지 않습니다. 우선, 사건은 물질 과정이 아닙니다. 자동차 충돌이라든지, 올림픽 같은 과정이 아니라, 존재가 우리를 붙잡아, 갇힌 사물이 아니라 열린 거기-존재로 변하게 하고, 그리고, 우리가 존재를 우리 것으로 만드는 과정입니다. 다시 말하면, 존재가 먼저, 존재의 압도적인 힘으로 동물이나 식물이 아닌, 우리를 존재의 의미를 받아들일 수 있는 존재인, 거기-존재로 변화시키고, 그 후, 우리가 존재를 당연하게 여기지 않으면, 존재가 질문으로, 산 채로 들어오는 걸, 허락합니다. 시적 표현으로 따라가기 어렵습니다. 이런 순간은, 역사의 순간으로, 그렇게 하면, 역사가 생긴다고 합니다. 즉, 시와 철학 그리고 정치 창조성으로, 온전한 문화와 시대가 세워진다는 겁니다. 이렇게 인간이 존재를 자신의 것으로, 소유하면, 즉, 전유하면, 공동체의 새로운 토대를 놓습니다.

여기에서, 우선 왜 동물이나 식물이 아닌, 거기-존재만이 존재 의미를 받아들일 수 있는가? 하는 문제를 다루겠습니다. 하이데거는 주관성을 비판합니다. 즉, 데카르트의 자아는 고립되고, 생각하는 대상을 포함하기에, 존재 탐구에는 어울리지 않는다고 합니다. 즉, 세계와는 무관하게, 안에 틀어박혀, 세계를 구성하려는 자아는, 실제로는 존재하지 않기에, 존재 탐구에는 쓸모가 없다는 겁니다. 왜냐하면, 인간은 어쩔 수 없이, 안이 아니라 밖에 존재하며, 밖에 존재하기에, 세계에 처음부터 열려 있기 때문입니다. 즉, 밖에, 다시 말해서, 거기에 있는 존재입니다. 따라서, 인간이 아니라, 거기-존재라고 합니다. 즉, 거기-존재는 인간이 실현하는 존재의 독특한 방법에 대한 이름입니다. 존재 방식의 이름인 거지요. 거기-존재는, 생물학 인간이 아니며, 인격도 아닙니다. 글자 그대로, 안이 아닌 밖, 거기에 있으면서, 존재의 의미를 묻는데, 바로 이 방식이 거기-존재의 존재 방식입니다.

거기-존재는 밖에 있는 존재로, 두 가지 의미가 있습니다. 하나는, 세계에서 뒤로 물러서거나 나와 있을 수 있기에, 자신을 관찰할 수 있고, 다른 하나는, 거기-존재는 존재에 열려 있고, 존재가 들어오는 입구입니다. 앞서 나온 존재 사건은, 두 번째 의미에 속하겠지요. 거기-존재이기에, 존재에 열려 있고, 존재가 들어오는 입구가 됩니다. 조금 더 자세하게 보자면, 거기-존재는 사물이 아니라, 행위나 과정입니다. 즉 물리 사건이 아니라, 존재 방식에 있습니다. 즉, 돌의 존재 방식과는 다르다는 거죠. 그럼, 어떤 존재 방식인가에 대해, 거기-존재는 바위와는 달리, 단순히 공간을 차지하지 않고, 의미 세계에 참여합니다. 다시 말해서, 거기-존재는 세계 안에서 의미를 만듭니다. 내가 올해 등산했다는 사실은, 나에게 의미 있지만, 아마도 산에는 의미가 없을 겁니다. 왜냐하면, 산은 모든 존재자를 신경 쓰지 않기 때문입니다. 다른 사물과 달리, 우리는 세계를 이해할 수 있습니다. 그리고, 단순히 이해하는 데 그치지 않고, 세계 안의 사물이나 사람 그리고 자신의 가능성, 자기 자신 등을 다룰 수 있습니다. 돌의 무게가 돌에게 중요하다면, 어떤 사람에게는 불어를 할 줄 알고, 자제할 줄 알며, 관대할 수 있다는 바가, 그가 되는 데 중요합니다. 그리고, 언제나 세계 안의 존재입니다. 즉, 인간은 세계라는 환경이나 맥락을 떠나서는 존재할 수 없기에, 항상 세계 안의 존재로 살게 됩니다. 인간은 언제나 세계에 던져진 존재로, 미래를 기획 투사하고, 세상 속의 대상과 관계를 맺습니다.

거기-존재는 개인입니다. 일반 거기-존재가 아닙니다. 왜냐하면, 거기-존재는 본질이 아니라, 실존이기에, 개인 따로따로일 수밖에 없기 때문입니다. 거기-존재 일반에 관해 말하는 게 아니라, 고민하고 불안해하는 개인을 가리킵니다. 그렇다면, 어떻게 공동체와 연결될까요? 이에 관해 하이데거는 이집트 예를 제시합니다. 존재에 대한 이집트식 의미가 확립되었을 때, 즉, 공동체에 무엇이 중요한지, 그리고 존재자에 대해 무엇이 중요한지를 알았을 때, 이집트가 이루어졌다고 합니다. 이것은 위대한 종교, 시, 철학, 정치의 성취로, 일어났다고 하면서, 문화의 불꽃은 혁신과 재해석의 시대에는 지속하였지만, 오랜 시간 지속한 안정과 고정 패턴으로, 이집트주의가 되었습니다. 하이데거는 안정성을 정체라 부릅니다. 정체기에는, 존재 의미는 너무 분명해서, 존재의 역사성을 더는 인식할 수 없게 됩니다. 그리하여 의미 패턴은 영원해 보이고, 잘못된 환영으로 생긴 야망으로, 영원에 빠져 자신을 소모합니다. 이런 이집트주의는 이집트에만 해당하지 않고, 거기-존재에게 영원한 위험이 된다고, 하이데거는 말합니다. 여기에서, 이집트 부흥을 가져온 주체는, 종교 지도자, 시인, 철학자 그리고 정치가라는 점에 주목할 필요가 있습니다. 다른 곳에서도, 하이데거는 시인, 철학자 그리고 정치가를 거론합니다. 이들이 문화와 역사를 이끄는, 존재 의미를 알아차린 지도자입니다. 다시 말해서, 엘리트입니다. 엘리트의 지도를 따라, 보통 사람이 이집트라는 공동체 건설에 참여하게 됩니다. 하이데거는 엘리트주의자입니다. 이런 배경이라면, 민주주의에 동의하지 않는 모습은, 자연스러워 보입니다.

세계 안의 존재

앞서 거기-존재는 항상 세계 안의 존재라고 했습니다. 여기에서, 세계는 자연이 아닙니다. 다시 말해서, 존재자의 총체가 아니고, 존재자의 틀도 아닙니다. 즉, 지구의 컨테이너도 아니고, 내용물의 부가물도 아닙니다. 보통 우주 혹은 자연이라 부르는 틀도 아니라는 의미입니다. 자연이 나타나려면, 세계가 먼저 있어야 합니다. 세계는 거기-존재 없이는 없습니다. 아니, 정확히 말하면, 거기-존재가 세계에 열려 있지 않으면, 세계는 없을 겁니다. 세계는 존재의 다른 이름이라 할 수 있습니다. 이렇게 보면, 거기-존재와 세계는 분리할 수 없습니다.

여기 어떤 사람이 있습니다. 그는 한적한 농촌에서 돼지를 키우는 유쾌한 사람입니다. 즐겁고 유쾌하며, 한적한 농촌이 그의 주 관심사고, 양돈이 중요한 그의 이야깃거리일 겁니다. 이것이 그의 세계입니다. 이런 모습을, 세계가 그에게 드러내는 모습이라고, 하이데거는 말하는데, 이렇게 세계 안에 있다면, 몇 가지 특성을 갖게 됩니다. 우선은 조율입니다. 우리는 세계에 던져졌다는 걸 알게 됩니다. 다시 말해서, 세상에 태어났는데, 세상은 하얀 백지가 아니라, 이미 잔뜩 쓰여서 여백이 별로 없어 보입니다. 우리에게 과거가 있습니다. 어떤 식으로든, 이미 세계에 조율된 자신을 발견할 수밖에 없습니다. 하이데거는 이런 상태를 조율이라 하는데, 〈이미 언제나〉라고도 합니다. 즉, 우리는 언제나 이미 과거에 던져져 있습니다. 조율 가운데에서, 전기에는 공포를, 후기에는 불안을 특징으로 듭니다. 불안은 중요한 계기가 됩니다. 다음으로는, 이해 가능성입니다. 앞서 나온 바와 같이, 단순히 이해하는 데 그치지 않고, 세계 안의 사물이나 사람, 자신의 가능성, 자기 자신을 다룰 수 있다는 의미입니다. 여기에서, 주목할 점은, 미래를 향한 기획투사가 포함된다는 겁니다. 즉, 우리의 가능성을 열어 줍니다. 사물을 다루는 노하우를 넘어서서, 미래를 기획하는 일이, 거기-존재의 실존 방식입니다. 유의할 점은, 기획투사로서의 이해 가능성은, 근본 방식이지, 의도이거나 면밀한 미래 계획이 아니란 겁니다. 즉, 생각한 계획을 향한 행동과는 아무런 관련이 없습니다. 기획투사는 더욱 깊은 실존의 존재 방식입니다.

그다음으로는, 이야기입니다. 이야기라고 하면, 잡담을 떠올릴 수 있으나, 언어를 가능하게 하는 바를 이야기라고 합니다. 우리는 언어 이전에 세계를 이해할 수 있다고, 하이데거는 말합니다. 즉, 의미가 언어를 낳는다는 겁니다. 따라서, 우리가 이해 가능성으로 파악한 세계를, 이야기를 통해 조직화하여, 명료하게 드러냅니다. 의미를 파악하고, 소통 가능한 패턴으로, 세계를 표현하는 특성이 이야기입니다. 진정성 없는 이야기는 한가한 잡담이고, 진정성 없는 이해는 호기심이라고 합니다.

그리고, 추락이 있습니다. 성경에 나오는 용어처럼 보이기도 하는데, 지금 세계에서 마주치는 대상에 빠져드는 성향을, 추락이라고 합니다. 던져진 상태는, 보통 추락을 낳습니다. 추락하면, 이해 가능성과 이야기는 피상이 됩니다. 타당성이 없는 언어를 사용하면서, 검토하지 않은 방식으로, 사실이나 정보를 말하게 되는데, 이를 한가한 이야기라 하고, 기이함이나 끝없는 자극을 찾는 바를, 호기심이라 합니다. 진정한 이해와 표피 잡담을 구별하는 감수성이 사라진 상태입니다. 다시 말해서, 앞서 나온 진정성 없는 이야기인데, 여기에서, 진정성이란 자기 자신이라는 의미입니다. 즉, 그들의 자아가 아닌 나만의 자아라는 뜻으로, 나만의 자아는 진정한 자아이고, 그들의 자아는 진정성이 없는 자아입니다. 추락은 남이 아닌, 자신의 자아 문제고, 그것은 거기-존재의 우연한 속성이 아니라, 거기-존재의 실존 즉 살아가는 성격입니다. 왜냐하면, 원래 거기-존재는 자신을 위한 존재이기 때문입니다.

예를 들어 보겠습니다. 어떤 사람이 자기 정원으로 가고 있습니다. 정원에 가까워지자, 신경이 쓰입니다(조율). 이해할 만하죠. 왜냐하면, 그는 정원을 가꿀 줄 알기(이해 가능성) 때문입니다. 이제, 그 정원은 잡초 탓에 급히 손질해야 하는 상황입니다. 이런 과제는 의미 있는 패턴(이야기)이 되기에, 그는 다른 사람에게 자신의 상황을 언어로 표현할 수 있습니다. 이로써, 나는 이야기를 다룰 수 있습니다. 이 예는 우리가 세계 안의 존재이기에, 갖는 특성 몇 가지를 보여 줍니다. 그럼, 다른 예를 하나 더 보겠습니다.

여기에 무게 얼마, 부피 얼마, 모양은 이러저러한 것이 놓여 있습니다. 눈앞에 보이는 이 사물은 이러저러한 물질 특성이 있기에, 칸트의 범주로 처리할 수 있어 보입니다. 이런 상태의 사물을, 하이데거는 눈앞의 존재라고 부릅니다. 실존 존재인 거기-존재와는 전혀 다르지요. 실존의 특성은 앞서 살펴본 바와 같습니다. 그런데, 이것을 집어 들고 못을 박기 시작하면, 망치가 됩니다. 즉, 장비가 되는 거죠. 이런 상태를 이용할 수 있는 존재라고 부릅니다. 한마디로, 장비입니다. 그런데, 망치는 망치질을 위해 쓰입니다. 망치질은 못을 박기 위해서이고, 못을 박는 이유는, 바람에 집이 날아가는 걸 막기 위해서입니다. 집이 날아가는 걸 막는 이유는, 자신의 몸을 지키기 위해서지요. 이런 식으로 모두가 얽혀 있습니다. 이렇게 되면, 얽힌 네트워크가 세계가 됩니다. 이 네트워크에서 거기-존재는 자기를 위한 존재입니다. 그리고, 타인 즉 그들이 있습니다. 세계는 이렇게 계층과 동시에 네트워크를 이룹니다. 이 네트워크가 순서대로 잘 작동하면, 익숙함과 편안함을 느끼겠지요. 하지만, 망치질하다가, 무엇인가 잘 안 되면, 서로 얽혀 있음이 드러나게 되어, 세계가 드러납니다. 이와 같은 일을, 불안에서도 볼 수 있습니다.

불안

정원에서 잡초를 제거하고 있을 때, 갑자기 여기서 무얼 하고 있지? 라는 생각이 들면서, 이게 다 무슨 의미인가? 도대체 무슨 의미가 있을까? 하는 생각이 들 수 있습니다. 그러고는, 나는 누구인가? 라고 진지하게 묻게 되는 경우가 있습니다. 한가해서 드는 생각이 아니라, 무척 바쁜 시간에도 마음속 저편에서 불현듯 떠오릅니다. 이런 물음이 하찮게 다가오지 않고, 텅 빈 곳에 홀로 남겨진 기분이 드는, 낯선 경험입니다. 이런 상태를 불안이라 하는데, 어떤 특정한 것에 대한 감정이나 상태가 아닙니다. 세계에 대한, 전체 분위기입니다. 어떤 것이 의미 없어 보이고, 중요하지 않고, 세계 전부가 그리고 그 안의 나의 삶이, 의미 없어 보입니다. 정원을 가꾸면, 기쁘고 보람이 있다는 걸 알지만, 갑자기 일상이 사라지는 느낌입니다. 불안은 갑자기 나를 덮칠 수 있습니다. 그 어떤 순간에도, 우리의 아늑한 구조물에 침입하여 우리를 파괴할 수 있습니다. 즉, 불안하면, 나는 소외되고, 집이 없고, 정착하지 못한 기분입니다.

　불안은 거기-존재만이 경험할 수 있는, 세계 안의 존재의 독특한 방식입니다. 친숙한 것을, 낯설게 보게 되어, 사람은 불안으로, 자신의 인생을 이해할 기회가 생기고, 다시 세계에서 분명하고 단호하게 살 기회를 얻을 수 있습니다. 일상이 산산이 부서지고, 모든 게 의미 없게 여겨지지만, 장비가 고장 났을 때, 장비의 중요함을 알게 되고, 동시에 얽혀 있는 세계가 다른 모습으로 나타나는 사건과 비슷합니다. 불안을 통해, 우리는 죽음을 마주하기에, 존재의 근본 의미를 묻게 됩니다. 즉, 익숙한 세계에서 빠져나와, 나의 존재 의미를 묻게 되고, 많은 가능성을 생각할 수 있습니다. 가령, 지금의 직업이나 사회 지위 등으로, 내 인생의 목적을 정할 수는 없다고 여겨, 나에게 맞는 방법으로, 스스로 목적을 찾아내야만 한다고 생각을 할 수 있습니다. 거기-존재는, 식물이나 동물과 달리, 스스로 자신이 누구인지를 선택할 수 있는 유일한 존재이니, 원래의 모습으로 돌아갈 수 있을 겁니다. 불안으로, 자신이 누구인지를 선택할 과제가 드러나므로, 노선 변경이 가능합니다. 하지만, 꼭 해야 하지는 않습니다. 노선 변경 없이, 다시 일상으로 돌아와, 하던 일을 계속할 수 있습니다. 하지만, 내면은 다릅니다. 그냥 일이 일어나게 내버려 두는 게 아니라, 진정으로 선택하였기에, 인생의 전환점이 되기 때문입니다. 계속 농부로 살기로 하였어도, 그 선택은, 불안을 통해 나왔기에, 자신의 진정한 선택입니다.

직업이나 일에 대한 선택은 가능성 가운데 하나입니다. 이런저런 가능성을 생각해 보면, 자신과 세계의 의미를 묻게 되고, 마지막에는 자기 죽음을 떠올리게 됩니다. 이보다 더 큰 가능성은 없으며, 이보다 더 확실하게 자신의 것은 없기에, 죽음을 직면하지 않을 수 없습니다. 그리하여, 죽음을, 그리고 인생이 유한하다는 사실을, 절실하게 깨닫게 됩니다. 자기 죽음은 언제나 있는 가능성이기에, 진정한 자아가 드러납니다. 자기가 존재하지 않을 가능성이, 자신의 존재 전체를 감싸며, 자신의 유한함이 드러나고 맙니다. 이런 죽음을 공포로 받아들이면, 진정성이 없는 삶이라고, 하이데거는 말합니다. 그저 죽음을 기다리는 경우로, 죽음을 자신의 것으로 만드는, 즉, 소유하는 진정한 삶과는 다릅니다. 불안을 껴안는다는 바는, 마비시키는 오락이라든지 의미 없는 정치 토론과 같은 익숙한 안락함으로 도피하지 않고, 자신의 가능성을 스스로 찾아내는 자유를 의미합니다.

    불안은 진정한 자아를 찾게 해주지만, 불안조차도, 우리를 세계에서 떼어 놓지 못합니다. 왜냐하면, 우리는 세계 안의 존재로, 세계와 분리될 수 없기 때문입니다. 즉, 우리는 과거에서 던져졌다는 사실로, 세계와 조율하게 되고, 미래를 기획투사할 수 있는 가능성으로, 이 세계를 이해합니다. 그리고, 우리는 지금, 세계로 추락해서, 세계 안의 현존하는 대상에 매혹당합니다. 하이데거는 이 구조를 염려, 시간성, 그리고 역사성이라 부릅니다.

염려와 시간

후설의 지향성은, 마음과 대상의 관계입니다. 우리 마음은 원래 대상을 지향하는 특성이 있다는 거죠. 하이데거는 이를 받아들이고, 그 대상을 확대합니다. 즉, 의식에 국한하지 않고, 인간 삶의 본질로 범위를 넓힙니다. 의식에서 실제 삶으로 이동한 거죠. 하이데거는 이와 같은 관련성을, 염려라고 합니다. 즉, 거기-존재가 자신을 표현하고 이해하는 방식의 이름입니다. 그리고, 후설은, 존재는 술어가 아니라고 하며, 또한, 존재는 절대 직관에 주어진다고 하지만, 하이데거는 존재와 존재자는 다르고 절대 직관은, 인간이 실제 삶에서 존재를 이해한다는 의미로 받아들입니다. 다시 말해서, 직관을 통해 존재를 파악하는 게 아니라, 인간은 원래, 존재를 이해하는 특성이 있다는 의미입니다. 거기-존재에 대한 존재론을 해석학 혹은 해석 이론이라 하는데, 근본 이유는 인간이 유한하기 때문입니다. 즉 신이라면, 단번에 전모를 파악할 수 있기에, 새삼스레 해석이 필요하지 않을 겁니다. 왜냐하면, 신이 파악한 전모는 투명하기에, 덧붙이거나 해석할 필요가 없을 테니까요. 하지만, 인간은 유한하기에, 항상 〈~으로서〉 대상을 파악할 수밖에 없고, 또한 문화와 역사에 따라, 해석은 변할 수밖에 없습니다. 마지막으로, 후설은 지향성이 작동하려면, 의식은 반드시 현재여야 한다고 합니다. 즉, 과거를 보유하고 미래를 기대하면서, 현재에 있어야 한다는 의미인데, 하이데거는 이를 이용해, 시간을 우리가 존재의 의미를 이해하는 유일한 지평이라고 합니다. 여기에서, 지평이란 문맥을 말합니다. 의미는 보통 문맥이나 맥락 없이는, 이해할 수 없습니다. 존재의 의미는 시간이란 맥락에서 해석해야 한다는 겁니다. 이렇게 하이데거는 후설의 이론을, 자신의 것으로 발전시킵니다.

염려는 용어가 새로울 뿐, 앞에 나온 거기-존재의 특성을 말합니다. 그 특성을 총체적으로 부르는 이름일 뿐입니다. 다시 정리해 보면, 시간성에서 보면, 던져짐(과거), 기획투사(미래), 추락(현재)이고, 그 내용으로 보면, 순서대로, 조율, 이해 가능성, 열광 혹은 매혹입니다. 이 모두가 염려의 현상입니다. 현재를 제외하고, 과거와 미래에 해당하는 현상을 보면, 과거는 던져짐, 조율, 사실성, 세계 안에 이미 있음으로, 미래는 기획투사, 이해 가능성, 실존, 미래에 있음으로 나눌 수 있습니다.

　　이제, 존재 의미의 지평인 시간성을 알아보겠습니다. 앞서 나온 대로, 지평은 맥락을 말합니다. 즉, 시간이 무엇인지 생각하지 않으면, 존재를 제대로 알 수 없다는 의미입니다. 하이데거는 존재의 진정성과 비진정성을 말합니다. 인간의 존재 방식과 사물의 존재 방식을 구별하지 못하면, 진정성이 아니라는 겁니다. 즉, 자신을 사물처럼 이해하면, 진정성이 아니라는 거죠. 시간을 예로 들면, 보통 말하는 일상의 시간 즉 시계 시간을, 시간으로 여기면 안 됩니다. 왜냐하면, 시계 시간은 자연 경험을 토대로 하기에, 물질 사항을 측정하기 위한 도구이기 때문입니다. 다시 말해서, 사물의 존재 방식에 적합하지. 인간에게는 적합하지 않습니다. 거기-존재의 존재 방식은, 앞서 나온, 염려이기에, 즉 던져짐, 기획투사 그리고 추락으로 이루어지기에, 이에 알맞은 시간이 필요합니다. 염려의 구조에 맞는 시간 개념은 자신을 앞서는 존재(미래), 이미 세계 안의 존재(과거) 그리고 추락과 세계 속에 함께 하는 존재(현재)입니다. 이런 요소는 시간이 지나면, 미래가 현재가 된다는 일상의 시간이 아니기에, 그는 차원이라 부릅니다. 즉, 굳이 말하면, 자신을 앞서는 존재로서의 차원 등이 되겠지요. 이렇게 하면, 시간표처럼 진행되는 시간 개념에서 벗어날 수 있습니다. 다시 말해서, 미래는 아직 오지 않은 현재의 순간이 아니고, 순간의 연속도 아니며, 자신에게 오는 것입니다. 죽음은 자신에게 오는 것이지, 아직 오지 않은 현재의 순간이 아니라는 거죠. 이런 차원은 일상 시간과 달리, 자유롭게 이동합니다. 죽음은 미래의 일이지만, 현재를 향해 뻗어져 있거나 혹은 열려 있습니다. 세계에 이미 존재한다는 던져짐은, 지난 과거가 아니라, 현재 그리고 미래에 열려 있습니다. 이렇게, 진정한 시간은, 과거가 항상 새롭게 미래를 침략하고, 미래 역시 과거를 항상 침략합니다. 과거와 미래가 현재와 함께 실현합니다. 미래는 과거보다 늦지 않고, 과거는 현재보다 앞서지 않는다고 말합니다. 미래는, 거기-존재가 자신의 존재 가능성 안에서, 자신을 향하는 옴입니다. 가장 중요한 시간 차원으로, 자신이 무엇이 되는지를 선택해야만 하기에, 유한함을 포함하여 여러 조건을 탐색합니다. 가장 큰 가능성은 앞서 말한 죽음입니다. 이 죽음이 현재에까지, 그리고 과거에도 영향을 미칩니다. 미래의 죽음을 생각하면, 과거가 다시 해석되고, 다른 의미를 얻겠지요. 그런 의미에서, 미래는 과거의 원천입니다. 미래 차원이 없다면, 과거 차원의 의미도 없기에, 미래 차원이 가장 중요합니다. 과거는, 미래에 대한 기획투사에서만, 의미를 주기 때문입니다. 현재는, 눈앞에 존재를 나타나게 하지만, 보통은 추락의 상태이기에, 일상에 매몰되어 진정성과는 관련이 없습니다. 나무와 돌이, 과거, 미래, 현재와는 아무런 관련이 없기에, 아무런 의미를 만들지 못하는 경우와 같습니다. 우리는 미래를 기획투사하고, 과거로 던져진 결과, 의미 차이를 알고 있습니다. 진정한 시간 차원이 없다면, 의미도 없겠지요. 염려가 가능하게 하려면, 시간의 이런 선험적이고 초월 조건이 먼저 있어야 합니다. 거기-존재는, 언제나 미래, 역사 그리고, 현재의 결합입니다.

    거기-존재가 초월이라 해도, 가끔 밖으로 나간다는 뜻이 아닙니다. 왜냐하면, 어쩔 수 없이, 거기-존재는 세계 안의 존재이기 때문입니다. 여기에서, 세계는 사물의 컨테이너가 아니라, 의미와 목적의 총체입니다. 거기에서, 거기-존재의 초월은 시간에 의존하는데, 현재, 미래 그리고 과거에 이르러야, 존재자를 넘어 존재에 이를 수 있습니다. 그래야, 세계가 열리고, 그 안에서 존재는 자신을, 거기-존재에게 보입니다. 칸트의 범주가 초월인데, 하이데거의 존재도 비슷합니다. 예를 들어, 생물학자는 고양이 소화기관에 대해 논의하기 전에, 동물이란 존재 그리고, 존재 일반에 대해 먼저 알고 있어야 합니다. 그런데, 존재 일반은 경험으로는 알 수 없기에, 초월 시도해야 합니다. 하이데거는, 이 같은 경우, 거기-존재는 진정한 시간 덕분에, 세계와 존재에까지 다다르고, 그로써 존재를 경험할 수 있다고 합니다.

진정한 시간은 의미를 기준으로 합니다. 즉, 행위에 어떤 의미가 있느냐에 따라, 적절한 시간, 적절하지 않은 시간, 맞는 시간, 맞지 않은 시간이 정해집니다. 다르게 말하면, 일어날 시간, 점심시간, 잘 시간 등이겠지요. 즉, 거기-존재는 의미와 목적을 추구하기에, 시간은 의미 있고, 목적 있는 세계 안에서의 실존입니다. 시간이 행위의 의미에 따라, 정해진다면, 자연 사물과 달리, 우리가 시간을 만든다고도 할 수 있을 겁니다. 즉, 거기-존재가 시간화한다고 할 수 있습니다. 진정한 시간은 시간화하기이고, 자기 시간화하는 겁니다. 우리가 시계를 사용하기 전에도, 이미 시간은 우리에게 드러나 있었습니다. 우리의 시간 계산은 시간과 함께합니다. 지금은, 내가 지금 무엇인가 하고 있기에, 지금이 지금입니다. 이 순간이 지금은 아닙니다. 지금이 우리와 별개의 대상으로 존재하지 않습니다. 시간을 계산하는 일은, 시간과 함께 계산하는 일입니다.

그런데, 거기-존재가 시간화한다고 했지만, 모호한 표현입니다. 왜냐하면, 존재가 스스로 드러낸다는 표현이 있기 때문입니다. 그럼, 시간과 존재는 어떤 관계일까요? 〈그것이 시간과 존재를 준다〉라는 표현이 있습니다. 여기에서, 그것은 전유입니다. 자기 것으로 한다는 의미인데, 전유가 주어라면, 전유가 시간과 존재를 준다,가 됩니다. 그런데, 시간이나 존재는 대상이 아닙니다. 그러니, 일상의 〈준다〉와는 뜻이 다릅니다. 즉, 전유가 시간과 존재의 원인이나 원천이 아닙니다. 그렇다면, 전유와 존재는 분리되는가? 아마도 아닐 겁니다. 왜냐하면, 존재를 주는 바는, 존재 자체이기 때문입니다. 존재를 준다는 의미는, 존재의 드러냄을 말합니다. 존재 너머의 어떤 것의 이름이 아니라, 존재 안의 깊숙이 있는 것을, 내용이 무엇이든, 우리에게 준다는 뜻입니다. 전유는, 존재가 우리에게 자신을 준다, 혹은 일어난다는 것으로, 존재의 방식입니다. 존재는 대상도 아니고, 신도 아니며, 일종의 조명이나 의미 있음입니다. 존재만이 존재 방식대로 준다고 해도, 거기-존재가 받지 않으면, 전유는 일어날 수 없습니다. 그리하여, 나의 사건이 일어납니다. 존재가 자신을 드러내는 일이, 거기-존재와 관계를 맺어야만 전유가 일어납니다. 즉, 장소가 필요한데, 사건이 나에게 일어나서, 나의 것이 되고, 나와 연결합니다. 게임을 보는 게 아니라, 게임에 참여한 겁니다. 염려와 마찬가지로, 사건은 세계와 거기-존재와 분리할 수 없고, 시간이나 장소와 무관할 수 없습니다. 여기에서, 장소는 사물이 자리 잡은 점이 아니라, 사물과 사람이 속하거나 속하지 않는 곳을 말합니다. 어엿한 시간은, 사물이 현재 있는 시간이 아니라, 옳고 그른 기회입니다. 이런 시간과 공간에서, 전유가 일어납니다. 우리가 참여해야만, 세계가 우리에게 열립니다. 그리고, 사건은 존재 발생이기에, 사건, 발생, 전유라고 부릅니다.

　　전기에는, 존재의 의미는 무엇인가? 하고 물었지만, 후기에는, 존재는 어떻게 드러나는가? 하고, 하이데거는 묻습니다. 즉, 인간의 관점이 아니라, 존재의 관점에서, 존재 문제를 다룹니다. 그리하여, 존재가 주어가 됩니다. 전유에서, 존재가 거기-존재를 소유합니다. 그런데, 앞서 전유가 시간과 존재를 준다고 하면서, 전유는 존재 자체라고 했으니, 별 차이는 없어 보입니다. 즉, 전유 사건에서, 전유하는 것은 존재이고, 전유되는 것은 거기-존재입니다. 전유 사건으로, 존재는 드러날 수 있습니다. 존재가 드러나기 위해서는, 거기-존재가 필요합니다. 그렇다고 해서, 전유 사건이 에소테리시즘은 아닙니다. 에소테리시즘은 존재가 스스로 드러나고, 사람이 존재와 관련할지를 택하기에, 존재는 인간 위에 있고, 인간에 맞서고 있기 때문입니다. 에소테리시즘의 신을 떠올리면 되지 않을까요. 하지만, 전유 사건은 다릅니다. 존재가 우리를 자신의 힘 안에서 잡고 있고, 우리는 그것에 반응할 뿐이며, 우리가 존재를 창조하지 않습니다. 이런 점은 에소테리시즘과 비슷할지 모르지만, 전유 사건에서 마주하는 존재는, 신이 아니며 존재자가 없다면, 존재를 드러낼 수 없기에, 다릅니다. 칸트의 범주는, 단 한 번만 증명하면, 필연성을 증명할 필요가 없지만, 존재는 다릅니다. 즉, 존재는 어쩔 수 없이, 역사입니다. 다시 말해서, 역사 안에서 주어지고, 또 예측할 수 없게 드러나는 것을 보류하고, 그리고 드러나도 한 가지가 아니라, 여러 모습을 띱니다. 존재는 자신을 드러냄과 동시에, 자신을 은폐합니다. 그리고, 시간이 흐르면, 다른 모습을 보이고, 동시에, 그 모습 이외의 다른 모습은 은폐합니다. 따라서, 역사입니다. 모든 드러냄은 분위기, 언어, 그리고 문화에 묶여 있습니다. 아인슈타인의 상대성 이론은, 서양 근대 교육을 받은 사람에게만 의미가 있습니다. 과학은 특별한 분위기와 특별한 언어 사용을 요구합니다. 단순한 사실은 없습니다. 언제나 특정 역사 사고방식에 따라, 해석됩니다. 이런 일로 보아, 존재는 자신을 드러내지만, 동시에 은폐하며, 시대에 따라, 문화에 따라, 다른 모습을 보인다고 할 수 있습니다. 이를 존재의 신비라고도 부릅니다. 결국, 존재는 우리의 기획이 아니라, 선물입니다.

 예전에는 실재를 규정할 때, 영원한 현재로 하였습니다. 예를 들어, 이데아는 영원한 현재이기에, 변할 수 없으며, 시제가 없기에 역사도 없습니다. 다시 말해서, 시간이 존재보다 우선합니다. 하지만, 하이데거는 시간은 존재를 이해하는 맥락이어서, 시간 없이는 존재를 이해하지 못해도, 시간이 존재보다 우선하지는 않습니다. 시간 덕에, 세계와 존재에까지 다다르고, 그로써 존재를 경험할 수 있습니다. 지질학자의 예를 들어 보겠습니다. 유대인 지질학자인 그녀는, 캐나다인이고 두 아이의 엄마입니다. 이런 지위는 지금 여기 주어진 사실만은 아닙니다. 왜냐하면, 그 지위는 그녀 과거 부분이기도 하고, 또한 미래 부분이기도 하기 때문입니다. 그것들은 그녀의 세계에서, 가능한 길로 열려 있기에, 그녀는 어머니, 지질학자, 그리고 유대인으로서, 행위를 하고 생각하고 느낄 겁니다. 그리고, 그녀는 이런 가능성 가운데 하나를 깨달을 때마다, 누군가가 되겠다고 선택합니다. 즉, 자신이 누구인지 해석합니다. 자신이 누구냐는 문제는 항상 자신의 문제이기에, 언제나 누군가가 되어야 한다는 과제를 안고 있습니다. 좋든 싫든, 이런 과제를 받아들여야 한다는 걸, 인정해야 하고, 회피하지 말아야 진정성이 있습니다. 어떤 경우이든, 과제는 살아 있는 동안은 자신의 것입니다. 이런 의미에서, 하이데거는, 시간은 인간 실존의 심장이라고 하며, 또한, 거기-존재 자체가 시간이라고 합니다.

기술

하이데거는 라디오 발명에 당혹했다고 합니다. 라디오로, 거리 감각이 없어졌기에, 시간과 공간 감각이 변화하다 못해, 부식하고 있다고 개탄하였습니다. 아마도, 존재와 마주할 수 있는, 어엿한 공간과 시간의 상실을 우려했기 때문으로 보입니다. 시간을 한갓 효율로만 여기면, 진정성이 없게 된다는 거죠. 그렇다고 해서, 환경 전사이거나 기술혁신 반대자는 아닙니다. 기술을 반대하는 게 아니라, 다르게 다루라는 겁니다. 문제는 존재의 망각입니다. 즉, 무엇이든, 존재를 망각하게 하는 바는, 비판 대상입니다. 그가 보기에, 기계화나 기술은 존재 망각의 주범인데, 이는 근대의 특징입니다. 초기 그리스인이 경험한 수수께끼 같은, 존재의 모호함은 분명히 사라졌고, 근대 기술은 플라톤 이후, 형이상학에 내재한, 존재 망각의 긴 여정의 마지막 결과라는 겁니다. 즉, 기술은 식물이든 광물이든 심지어 인간이든, 그 어떤 것도 가리지 않고, 예비 자원으로 다룹니다. 다시 말해, 모두를, 목적을 위한 수단으로 이용할 자원으로 보기에, 사람도 인적자원으로 부릅니다. 그는 라인강의 수력발전소를 예로 들면서, 기술은 심하게 도구로 쓰이기에, 세계 일반에 대한 기괴한 이해를 낳는, 존재의 한 방식으로 본다고 합니다. 적어도 서양 세계의 근대 양식이라고 합니다.

　존재 망각에는 두 가지 모습이 있습니다. 하나는, 존재자를 측정하고 조작 대상으로만 보면, 결국 존재자를 존재가 아닌 것으로 환원하게 되는데, 이는 외경심을 몰아냅니다. 즉, 성스러운 감각을 잃게 합니다. 다른 하나는, 이런 손실에 무관심하게 된다는 겁니다. 이런 무관심을, 실망감이 전혀 없어서 생기는, 숨은 실망감이라고 합니다. 다시 말하자면, 무엇을 잃었는지조차 모르는 상태가 되어, 완벽하게 존재를 망각하게 된다는 거죠. 그리하여, 이를 대체하기 위해서, 오락이나 정보, 과장과 소동에 대한 충동이 생긴다고 합니다. 존재 망각의 결과인데, 전부 부정은 아닙니다. 왜냐하면, 기술은 큰 위험이지만, 존재가 드러나는 무대이기도 해서, 상태가 심해지면, 오히려, 우리가 성스러움을 발견하도록 일깨워 세속화된 구원의 가장자리로, 우리를 데려오기 때문입니다. 물론, 꼭 그런 것만은 아니겠지요.

　하이데거는 라인강의 오래된 나무다리를 예로 들면서, 포이에시스의 예라고 합니다. 포이에시스는 자연 재료를 모아서 모양을 만드는데, 인간 기획으로, 자연 재료가 구현하는 바가, 그 재료와 재료가 위치한 자연환경과 조화하거나, 드러납니다. 포이에시스는 드러냄의 과정입니다. 그는 근대에, 포이에시스가 필요하다고 하면서, 인간의 도움 없이, 꽃이 피는 바를, 그 자체가 포이에시스의 과정이라고 합니다. 가장 높은 포이에시스라고 하는데, 지구를 구하자는 주장은, 환경 기획이 아니라, 존재론 기획이란 걸, 이걸로 알 수 있습니다. 여기에서, 구하자는 표현은, 어떤 것을, 본질에 따르도록, 자유롭게 놔두라는 의미입니다. 그는 하늘을 하늘로 받아들이라고도 주장하는데, 이 역시, 동시대 인간의 삶과 자연의 리듬인 밤과 낮, 계절 등의 일치를 주문하는 말입니다. 즉, 기술혁신을 반대하는 게 아니라, 기계와 장치의 사용을 자연 세계의 시간 패턴에 민감하게 하라는 주문입니다.

    미국과 소련은, 하이데거가 보기에, 하찮은 기술의 발전에 매몰되어 있습니다. 미국과 소련에 없는 바가, 독일에는 있다고 주장하는데, 바로 형이상학입니다. 형이상학이 없는 민족은, 지성소가 없는 사찰과 같다고 하면서, 독일 민족만이 진정한 기술을 가졌다고 합니다. 기술도 의미가 변하는데, 일상생활에서 진정성 없는 영역에는 여전히 진정성 없는 기술이 있지만, 창조 기술도 있습니다. 그는 불을 가져온 프로메테우스를 예로 듭니다. 다시 말해서, 독일이 그렇다는 거죠. 그런데, 이를 소수밖에 알아차리지 못했습니다. 시인, 사상가, 그리고 국가를 세운 사람들입니다. 시인은 거기-존재의 진리를 세웠고, 사상가는 시인이 드러낸, 존재자의 존재를 설명하고 분명히 표현하였고, 이를 받아들여 사람을 이끄는 역할은, 국가를 세운 사람의 몫이었습니다. 이 셋은 프로메테우스의 기술을 구현했고, 신성의 귀환을 준비하는 반신반인의 수준에 이르게 됩니다.

철학은 세계의 현재 조건을 즉각 바꿀 수는 없다면서, 철학만이 아니라, 인간의 사유와 노력은 모두 다 마찬가지라고 합니다. 그리하여, 신만이 우리를 구원할 수 있기에, 우리에게 남은 유일한 가능성은, 사유와 지의 작업으로, 신의 출현이나 신의 부재를 준비하는 바입니다. 왜냐하면, 신의 부재에도 불구하고, 우리는 창시자이기 때문입니다. 여기에서, 신은 영웅 즉 문화 주형이나 변화를 일으킨 문화 사건이나 힘일 수 있습니다. 그리고, 우리를 시의 상태로 되돌리는 존재입니다. 그는 나치를 생각합니다. 독일 민족은 운명에서, 이 기념비적인 정신 임무를 수행한다고 믿었습니다. 그 임무란, 도구로서의 기술을 시의 거주로 바꾸는 겁니다. 그런데, 나치 지도자는 실제의 유용성을 중시하는 생각의 행위자여서, 이 임무를 수행하지 못합니다. 결국, 거짓 신이었습니다.

시

후기 하이데거는 시를 매우 중시합니다. 위에 언급한 시의 거주라는 말에서 알 수 있듯이, 문학 분위기까지 자아냅니다. 인간은 네 겹을 지키는 거주의 기본 성격을 실현한다고 하면서, 서양의 인간은 드러남에서, 네 겹을 지키지 못했다고 합니다. 즉, 땅을 구하지 못했고, 하늘을 하늘로서 받아들이지 못했고, 신으로서의 신을 기다리지 못했고, 죽어야 하는 존재로서, 자신의 본질 존재를 주도하지 못했다는 겁니다. 이를 존재의 망각이라 부르는데, 여기에 등장하는 용어는 새롭습니다. 우선, 네 겹은, 그의 전기에 등장한, 세계 개념의 변형입니다. 즉, 『존재와 시간』을 통해 이해한 세계는, 자연과 구별되는 문화 구조이지만, 네 겹의 세계는 자연(땅과 하늘)과 문화(신과 인간)의 결합입니다. 그리고, 전기의 이해 가능성은, 역사이고 문화입니다. 즉, 전기에는, 역사에서 중요한 개인들이 있어, 영웅의 문화 주형이 되지만, 후기에는, 이런 영웅들이, 네 겹에 등장하는 신으로 다시 태어납니다. 즉, 앞으로 올 인물이고, 신성의 메시지를 갖고 온다는 거죠. 그리고, 신만이 우리를 구원한다고 합니다. 이렇게 보면, 신을 기다리는 모습으로 보이고, 신성의 부활을 고대하는 자세로도 보입니다. 하지만, 아닙니다. 여기에서, 신은 앞서 등장한, 사건입니다. 즉, 보통의 의미의 신이나 인간사에 개입하는 신이 아니라, 세속화를 복원하려는 사건입니다. 전유 사건으로, 존재가 드러나고, 그 드러남을 자신의 것으로 만드는 일이겠지요.

그는 전유는 두 겹의 사건이라 합니다. 즉, 드러냄과 감추기입니다. 인간이 의미 세계에 던져졌을 때, 수많았을 가능성이 있지만, 문화, 역사 조건에 따라, 하나를 선택하면, 다른 것들은 전부 어둠에 잠깁니다. 즉, 방대한 존재의 영역이 어둠에 잠깁니다. 드러남은, 감추기와 숨기기에 속합니다. 빛이 막을 희미하게 반짝이게 하면, 막은 진리의 어쩔 수 없는 발생을 숨기고, 겉으로는 막이 진리를 막는 것으로 보이게 한다는, 시 같은 표현이 등장합니다. 그런데, 이런 숨김과 드러남을 이해할 수 없는 이유는, 인간의 유한함 때문입니다. 우리가 사물을 즉시 완전하게 파악한다면, 숨김과 감추기는 불가능하겠지요. 존재자를 통해 간접으로, 불완전하게 접할 수밖에 없기에, 신비로울 수밖에 없습니다. 그런데, 존재는 숨김과 드러냄 외에도, 암시합니다. 모든 존재자는, 우리가 올바른 방식으로 존재자에 다가가면, 존재 자체를 가리키는 능력이 있습니다. 즉, 특정한 존재자는, 숨김의 영역을 암시할 때, 진리를 숨깁니다. 숨김이 전 영역을 암시한다는 바는, 존재 의미의 깊이를 보이는 겁니다. 이것은 결코 완전한 드러냄이 아닙니다. 쉽게 말하면, 존재의 진리를 드러내려면, 존재자라는 은신처가 필요합니다.

하이데거가 말하는 네 겹은 땅, 하늘, 신 그리고 인간으로 이루어지나, 단일합니다. 즉, 각각이 독립 구조가 아니라, 넷이 모여 하나를 이룬다고 합니다. 그런데, 땅과 하늘은 인간이 거주하는 공간인데, 그에 대한 묘사는 과학이 아니라, 시가 적합합니다. 왜냐하면, 거주는 세계 안에 존재하는, 거기-존재의 독특한 방식으로, 거주하는 곳은 편한 곳이고, 터를 갖기에, 즉, 점으로의 위치가 아니기에, 과학으로는 기술하지 못하기 때문입니다. 과학은 측정하고 조작할 수 있는 것을 대상으로 삼는데, 하이데거가 말하는 터는, 실존 공간이기에, 과학으로는 포착할 수 없습니다. 이 터에는, 의미를 만드는 친숙한 관습이나 구조가 있는데, 과학으로는 충분히 표현할 수 없다는 겁니다. 땅을 예로 들어도, 과학에서는 땅을 자원으로 분류하지만, 헌 땅은, 자신을 숨기지 않기에, 신비롭지 않습니다.

이에, 과학이 아니라, 시가 거주의 세계를 표현할 수 있습니다. 하이데거는 시를, 특별한 기쁨의 원천이 아니라, 세계를 드러내고, 실존을 변화하는 힘으로 여깁니다. 시가 시인 바는, 특별한 기술을 사용해서가 아니라, 일상 언어에 비밀스럽게 사는, 존재를 밝히는 힘 덕입니다. 일상 언어는 써서 낡아 버린 그래서

잊힌 시입니다. 하이데거는 언어와 전유 사건을 연결하는데, 일상 언어에는 더는 부름이 없다고 합니다. 일상의 한가한 이야기는 어슴푸레하고, 시의 창조 의미의 무딘 흉내입니다. 그는 언어는 존재의 집이라 말하는데, 언어를 매개로, 존재를 우리를 잡고, 우리를 전유하고, 그리고, 우리와 모든 사물이 우리 자신에게 들어오게 합니다. 왜냐하면, 언어는 전유의 방법이기 때문입니다.

끝으로, 하이데거 역시 던져진 존재이고, 문화, 역사 조건에서 벗어날 수 없기에, 앞선 철학자의 영향을 받지 않을 수 없었겠지요. 플라톤, 아우구스티누스, 중세 철학자, 칸트, 헤겔, 니체, 후설, 그리고 딜타이 등을 꼽을 수 있습니다. 플라톤의 흔적이 보이는 부분은, 그들(대중)과 진정한 자아(철학자)의 대비, 그리고, 한가한 일상 대화(억견)과 진정한 이야기(지식)의 대비, 그림자(눈앞의 존재, 이용하는 존재 그리고, 진정한 세계에서의 추락)과 동굴 우화 등이고, 중세 철학의 흔적은 존재 유비를 들 수 있습니다. 즉, 돌덩어리보다는 식물이, 식물보다는 동물이, 동물보다는 인간이 높은 존재 등급이지만, 존재로서 유비가 성립한다는 주장입니다. 그리고, 인간은 세계 속에 던져지자, 존재해야만 하고, 세계 안의 존재이어야만 한다는 주장도 해당합니다. 아우구스티누스는, 세계는 망명지이지만, 기독교인은 거기에 속하지 않는다고 합니다. 헤겔은 불안을, 무가 자신을 명백히 드러내는 형이상학 경험으로 기술하는데, 하이데거는 이를 인용합니다. 즉, 순수한 존재는 순수한 무와 같다는 겁니다. 존재와 무가 실제로 함께 속한다는 점에 동의합니다. 하지만, 거기-존재의 초월에서, 자신을 드러내는 존재의 유한함을 강조하기에, 형식으로는 비슷해 보여도, 근본에서 다르다고 합니다. 딜타이의 해석학은 하이데거에게 영향을 미쳤으며, 니체는 역사로 하이데거와 통합니다. 칸트는 앞서 다루었습니다.

64
베르그송

1921년 아인슈타인의 노벨상 시상식에서, 사회자는 유명한 철학자 베르그송이 이 이론에 도전한 사실은, 전혀 비밀이 아니라고 말했습니다. 아마도 상대성 이론이 시간, 공간, 물질, 에너지를 통합하려는 시도였기 때문이었을 겁니다. 베르그송은 시간은 공간과 다르다고 계속 강조했기에, 시공간을 하나로 보는 이론에, 동의할 수 없었겠지요. 베르그송의 비판에 대해, 아인슈타인은, 철학자와 과학자의 질문은 다르다고 했습니다.

다윈의 『종의 기원』이 출간된 1859년에 태어난 베르그송은, 처음에는 수학을 전공했으나, 공학 방정식에 등장하는 시간에 당혹감을 느낍니다. 우리가 경험하는 시간과 달랐기 때문이었습니다. 즉, 현재, 과거, 미래라는 구별은, 세계의 시간 변화와 그 시간에 대한 우리의 경험을, 분절된 사건으로 분석한다는 걸, 전제로 합니다. 다시 말해서, 변화하는 세계를 분석하기 위해, 불가피한 선택으로, 실용이란 이유로 할 뿐, 진정한 시간은 아니라는 겁니다. 이런 구별은, 형이상학, 논리학, 방법론이 아니라, 실용 요구에 따른 것인데, 행동하는 인간에게, 변화하는 세계에 대한 분석이 불가피하기 때문입니다. 분석 능력이 진화하지 않으면, 우리는 무기력합니다. 이런 의미에서, 분석에 큰 의미를 두지만, 그는 전통 철학에서 말하는 이성보다 범위를 제한합니다. 왜냐하면, 이성보다 행동에 우선권을 주기 때문입니다.

플라톤의 동굴 우화에서, 인간은 헛되이 그림자만 보지만, 베르그송이 보기에, 인간은 땅을 갈면서, 근육과 관절의 움직임을 느끼고, 쟁기 무게와 땅에 저항을 느낍니다. 인간은 본능이나 배움이 제공하는 행위를 합니다. 행위로 필요에 맞게 세계를 만들고, 경험의 산물을, 행위를 위해 아이템으로 만들어, 분류하고 조직화합니다. 분류와 조직화에는, 지성과 언어가 필요한데, 지성과 언어는 진화 능력으로서 두말할 필요 없이 중요하지만, 이성의 역할은 여기까지입니다. 행위를 하는 데에 필요하지 않은 성찰을 위해, 뒤로 물러선다면, 정신 마비가 올 가능성이 있습니다. 그렇게 되면, 철학 문제를 일으키기에, 문제는 해결이 아니라, 해소되어야 합니다. 그는 행위 영역에서 형성된 습관이, 사변의 영역으로 들어오면, 가짜 문제를 만든다고 합니다.

그럼, 어떤 의미에서, 시간은 지속인가요? 베르그송은, 멜로디와 말하기를 예로 듭니다. 한 음에 다른 음이 뒤따르는데, 멜로디 전체를 먼저 알지 못하면, 어떤 특정한 음을 부르고 있는지 알 수 없습니다. 즉, 러셀이 말하는 〈여기 지금 이것〉은 없습니다. 순수한 현재를 깨달을 수는 없다는 겁니다. 이 음을 부를 때, 멜로디 전체를 먼저 알아야 하기에, 지금 이 순간에 부르는 음이란 없다는 겁니다. 말하기도 마찬가지입니다. 음을 단어로 바꾸기만 하면, 됩니다. 윌리엄 제임스도, 즉시 경험이 말하는 단 하나의 사실은, 허울만 좋은 현재라고 합니다. 그는 이런 현재는 기껏해야 12초라고도 하는데, 12초는 지각이 시간을 구성하는 단위라고 합니다. 베르그송은 이처럼, 시간을 한순간이나 단면이 아니라, 지속으로 봅니다. 지속하지 않으면, 시간을 제대로 경험할 수 없습니다. 그는 우리가 〈지금〉이라고 의식하는 바는, 진화 과정의 복합체로서, 일반 절차로도 측정할 수 없는 시간으로, 지금의 시작을 정할 수 없습니다. 어떤 단어를 말할 때, 마음에는 단어의 시작뿐만 아니라, 중간 그리고 마지막이 있을 뿐만 아니라, 그 단어 전의 단어들도 있습니다. 게다가, 여태껏 말했던 모든 문장이 있지요. 그렇지 않다면, 말하는 바의 길을 잃었겠지요.

베르그송은 기계론과 행동주의에 반대합니다. 한때 허버트 스펜서의 기계론을 지지했으나, 물리학이 그가 지속이라 부르는, 의식으로 경험하는 시간을 포착하지 못하기에, 마음을 바꾸었습니다. 하지만, 더 큰 이유는, 스펜서가 인간을 의식이 있는 로봇으로 보아, 의식을 기계의 부현상으로 다루었기 때문입니다. 즉, 의식이 실재가 아니어서, 인과의 힘이 없다는 주장을 받아들이지 않습니다. 심신 문제는 가짜 수수께끼라고 합니다. 우리의 행위가 아니라, 기억상실증이나 실어증 연구로, 정신과 뇌를 더 잘아야 한다고 주장합니다. 이런 방식으로, 형이상학의 주요 문제 해결을 위해, 근거를 관찰해야 하고, 그 결과, 학파 사이의 닫힌 논쟁에서 비롯하는, 불일치를 끝없이 조장하지 않고, 점차 해결할 수 있다고 주장합니다.

그는 생명력 충동과 의식이 인과 영향이 있다고 하면서, 물리학이나 화학은, 생명의 열쇠나 생명력 충동을 주지 못한다고 말합니다. 그리하여, 형이상학과 영의 삶을 옹호합니다. 즉, 자유, 영혼 그리고 창조를 지지합니다. 그런데, 여기에서 말하는 창조는, 기독교 신이 아니라, 창조 진화 자체입니다. 그는 신은 자유롭게 책임지고 창조하는데, 물질과 생명 모두의 창조자라고 합니다. 개인 자체는 충분히 독립이지 않고, 또 다른 사물에서도 충분히 독립이지 않습니다. 즉, 자신의 생명력 원리라고 인정할 만하지 않습니다. 다시 말해서, 생명력 충동은 개인에 해당하지 않으며, 개인별로 생명력 충동이 있는 게 아니라, 단 하나의 생명력 충동이 있어, 생명 세계에서 다양한 많은 방식으로, 자신을 나타내고, 진화 과정을 추진합니다. 그런 과정에는, 생기 없는 물질 저항과 싸우게 되는데, 처음에는 길을 잘못 들기도 하고, 때때로 분열도 하며, 언제나 반대에 부딪히지만, 조직화된 세계의 진화는, 이런 투쟁의 전개입니다. 그리하여, 생명력 충동의 창조적 충동은, 자기를 의식하는 인간에게서, 최고의 표현을 하게 됩니다. 그는 진화를 지지하지만, 전통 진화 즉, 미리 정해진 목적이 있는 진화, 단순한 적자생존의 진화는 거부합니다. 창조 진화를 주장합니다.

    내가 팔을 들어 올리면, 나는 안에서 이것을 압니다. 직관은 단순하지만, 이것을 관찰하는 사람은, 한 무더기의 요소를 이해하거나 분석해야 합니다. 직관의 대상은 절대이지만, 분석의 대상은 상대입니다. 직관이 심리학이 아닌 영역에서도, 이해의 열쇠가 될 수 있다고 합니다. 과학 진화론을, 생명력의 약동으로 보충하고, 상대성 이론은, 절대 동시성으로 보충하고, 도덕과 종교는 에소테리시즘과 결합하려 합니다.

생전 베르그송의 인기는 대단했습니다. 국제적인 유명 인사였고, 존경받았습니다. 윌리엄 제임스는, 편지에서 두 권에 이어, 또다시 책을 낸다면, 철학사에서 가장 창조력 있는 이름들 가운데 하나가 되리라고 말했습니다. 그리고, 그는 1927년 노벨 문학상을 받았습니다. 하지만, 그 후 인기를 잃어 갔습니다. 과학자, 철학자 모두, 그를 시와 같은 신비주의자로 여겨, 진지한 실재를 탐구하지 않았다고 평가했기 때문입니다. 베르그송은 철학자의 삶은, 주장에 어떠한 빛도 비추지 않는다고 하면서, 그것은 대중의 관심사도 아니라고 합니다. 1941년 임종할 때, 그는 여러분, 이제 5시입니다, 강의는 끝났어요,라고 말했습니다.

65
메를로퐁티

사르트르 친구였으나, 비판자가 된 메를로퐁티는 기본에서, 현상학자입니다. 그는 무엇보다 이원론을 싫어했는데, 사르트르를 데카르트식의 이원론자로 봅니다. 즉, 사르트르는 주체와 객체, 존재와 무, 마음과 물질을 별개의 범주로 본다는 겁니다. 메를로퐁티는, 이 밖에도 실재론과 관념론, 보이는 것과 보이지 않는 것, 지각하는 자와 지각되는 것, 의식과 세계, 마음과 몸, 고립과 소통, 언어와 침묵, 나와 다른 사람 등의 이분법을 거부하며, 행동주의 역시 싫어합니다. 그 이유는, 현상을 적절하게 기술하지 못하기 때문입니다. 왜냐하면, 그는 인식이 아니라, 몸을 주체로 삼기 때문입니다. 몸이 세계 안의 존재의 매개물이라는 겁니다. 이를 주장하기 위해, 지각에서 세계의 살로 나아갑니다. 먼저, 지각을 보면, 지각은 감각 자료를 수동으로 수용하지 않습니다. 다시 말해서, 수동으로 지각한 감각 자료를, 의식이 해석하지 않습니다. 그렇다고 해서, 지각이 능동이지도 않습니다. 사물을 능동으로, 의식으로 지각하지 않습니다. 지각은 의식 전 단계로서의, 몸-주체의 존재 방식입니다. 특별히 의도하여 대상을 지각하지 않습니다. 그런 의식 전 단계로서, 인간 환경에 대한 능동의 몸의 탐험입니다. 다시 말하자면, 의식 전 단계에서 이루어지는, 몸-주체와 세계의 대화입니다. 이와 동시에, 지각된 세계는, 지각 대상의 단순한 합이 아닙니다. 〈세계 안의 존재〉의 세계라고 할 수 있겠군요. 이렇게 지각된 세계는, 합리성, 가치 그리고 존재의 토대입니다. 모두 지각된 세계에서 비롯하는데, 과학도 마찬가지여서, 지각된 세계가 과학보다 기초가 됩니다. 이를 과학이 간과합니다. 현상학이 이해하는 이런 세계가, 언제나 이미 저기에 있다면, 그것은 동물학의 객관 세계도 아니며, 사회학에서 해부하는 세계도 아니며, 귀납의 심리학 세계도 아닐 겁니다. 왜냐하면, 〈사물 자체로 돌아가라〉는 바는, 지식을 앞서는 세계로 돌아간다는 의미이기 때문입니다. 이런 근본 세계와 비교하면, 과학은 추상이고 파생인 기호-언어입니다. 지질학과 우리가 이미 잘 알고 있는, 숲, 풀밭, 강이 있는 시골 변과의 관계와 같습니다.

생각하고 결정하는 주체로서의 자신 밑에는, 자연 자아가 있다고, 그는 말합니다. 자연 자아는, 내가 스스로 하지 않은 결정과 내가 선택하지 않은 방식으로, 내가 손, 발, 몸이 있는 한, 나의 주위에 영향을 미칩니다. 그런데, 이런 의도는, 특정한 의도가 아니라, 일반 의도입니다. 자신도 모르게, 자신이 몸을 갖는 한, 주위에 영향을 미친다는 의미인데, 실제로는, 일반 의도에 기대어, 나의 결정이 모양을 갖춥니다. 왜냐하면, 이 근거가 일반인 이유는, 체계의 모든 대상이 체계에, 동시에 포함되기 때문입니다. 이렇게 되면, 그 체계는 나만의 것이 아니라, 나처럼 조직화된, 모든 심리, 물리 주체와 공유하는 무엇이 됩니다. 왜냐하면, 우리는 실제로 모두 사물과 뒤섞여 있기 때문입니다. 예를 들어, 어떤 사람이 프롤레타리아인 이유가, 비인간 힘의 체계로 여기는 경제체계나 사회가 아니라, 내가 내 안에서 따르고 있고 경험하는 제도 때문입니다. 그것은 동기가 없는 지적 작업이 아니라, 세계 안의 존재로서의 나의 존재 방식인데, 그 세계는 제도 틀 안에 있습니다. 개인에서 다른 사람과의 연대로 나아가는 바는, 모두가 공동의 운명이라는 의식 성장에 기인합니다. 다시 말해서, 프롤레타리아로 만드는 바는, 좁고 특정한 경제, 사회 체계가 아니라, 훨씬 넓고 일반인, 우리의 존재 방식 때문입니다. 연대 의식도 공동의 운명이라는 의식의 성장에서 오는데, 우리는 세계와 연루되어 있고, 풀 수 없을 정도로, 다른 사람과 연루되어 있다고, 하면서, 사람은 관계 네트워크일 뿐이고, 관계만이 문제라고 합니다.

지각 다음으로, 이분법 해소법으로 세계의 살을 제시합니다. 우선, 용어가 낯섭니다. 그도 이 점을 잘 알고 있기에, 고대 그리스 철학의 자연철학을 원용합니다. 자연철학의 물, 불, 흙, 공기 등의 요소와 비슷하다고 합니다. 즉, 살은 물질도 아니고, 마음도 아니며, 실체도 아닙니다. 그보다는 자연철학의 요소처럼, 일반이라는 점이 특징입니다. 그리고, 시공간을 차지하는 개체와 관념 사이에, 살이 있습니다. 그렇다면, 개체 속성도 있으면서, 관념 속성도 있다는 의미인데, 이해하기 어렵습니다. 물질도 마음도 아니면서, 일반이라면, 모나드가 떠오르기도 하지만, 살은 실체가 아닙니다. 어려운 개념이지만, 내 몸은 세계와 같은 살로 이루어진다고 합니다. 내 몸의 살은 세계와 공유하고, 세계는 내 몸의 살을 반영하고, 그것을 침해하고, 그리고 내 살은 세계를 침해합니다. 내 몸의 살과 세계는, 침범 혹은 중첩의 관계입니다.

　세계의 살에, 우리는 살고 있고, 또한, 살은 인간 경험의 궁극 근거가 되는, 근본인 무엇이라고, 그는 말합니다. 살을 통해, 이분법을 해소하려는 거죠. 이분법은 겉보기의, 가짜 구분이라는 겁니다. 왜냐하면, 세계의 살이, 궁극의 근거이자 근본인 무엇이기 때문입니다. 그리하여, 보이는 것과 보이지 않는 것, 지각하는 것과 지각되는 것의 구분을, 교차로 해소하려 합니다. 몸은, 사물 세계의 부분인 동시에, 사물을 보고 느끼는 사물이다. 몸은 자체로 사물을 볼 수 있습니다. 다시 말해서, 다른 사람의 몸을 지각하는 바는, 정확히 나의 몸인데, 그 이유는, 몸이 의식과는 관계없는, 의식의 대상이 아니라, 사물이 지각하는 몸의 환경이기 때문입니다. 즉, 의식으로 사물을 보는 게 아니라, 몸으로 보기에, 사물은 지각 대상이 아니라, 몸의 환경이란 겁니다. 이렇게, 몸의 두 가지 관점 즉, 보는 것과 보이는 것은, 분리할 수 없을 정도로, 엉켜 있습니다. 세계의 살을 생각하면, 당연한 결과일 수 있습니다. 모든 사물이 엉켜 있으니, 자신의 몸 역시, 이분법을 허용하지 않겠지요. 내 몸의 경험과 다른 몸의 경험은, 같은 존재의 양면입니다. 다른 사람 몸에서, 내 의도의 놀라운 연장, 즉, 세계를 다루는 익숙한 방식을 발견합니다. 따라서, 내 몸이 부분으로서, 다른 사물과 함께, 체계를 이루는 바와 같이, 나의 몸과 다른 몸은, 같은 현상의 양면으로서, 하나이고 전부라고 합니다. 이 개념을 다른 식으로 표현하면, 교차입니다.

즉, 우리는 자신 안의 자신과 동시에 사물 안에 있고, 또한 우리 자신과 동시에 다른 사람 안에 있는데, 교차라는 지점에서, 우리는 다른 사람이 되고, 우리는 세계가 됩니다. 교차는, 다양한 관점의 존재, 지각하는 것과 지각되는 것, 보이는 것과 보이지 않는 것의, 풀 수 없는 맞물림을 말합니다.

현상학의 세계는, 개인의 다양한 경험의 길이 교차하는 곳에서, 드러난 의미입니다. 그리고, 톱니바퀴 장치처럼, 나 자신과 다른 사람이 서로 교차하고 개입하는 곳이기도 합니다. 여기에서, 그는 주관성과 간주관성을 포착하려 합니다. 즉, 현재의 나의 경험에서, 나의 과거 경험을 집어 올리고, 나의 경험에서 다른 사람의 경험을 집어 올립니다. 타인의 마음이 실제로 존재하는가? 하는 문제는 아예 제기할 필요가 없습니다. 교차로, 간주관성이 원래 있기 때문이지요. 이런 의미에서, 유아론은 성립하지 않습니다. 유아론이 성립하려면, 하는 일도 없고, 존재도 없으면서, 자신의 존재를 소리 없이 깨닫고 있는 사람이 있어야 합니다. 하지만, 그것은 불가능합니다. 왜냐하면, 그런 초월 주체는, 이미 드러난 주체이기에, 자신에게 드러난다면, 동시에 다른 사람에게도 드러나기 때문입니다. 그런 이유에서, 간주관적입니다. 몸의 존재 방식으로, 자신의 몸만이 존재할 수 없기 때문입니다. 몸 없이, 데카르트처럼 의식만 존재하는 일은, 없습니다. 일단 몸이 있다면, 모두는 엉켜 있고, 세계의 살로 근본에서 이루어지며, 서로 교차하기에, 홀로 존재할 수 없습니다.

언어는 우리의 삶이고 사물의 삶이라고, 그는 말합니다. 심지어, 언어는 존재의 가장 소중한 목격자라고까지 말합니다. 하이데거와 비슷한 태도입니다. 그런데, 보이는 것과 보이지 않는 것의 관계처럼, 즉, 표면과 이면의 관계처럼, 언어는 언제나 침묵을 배경으로 합니다. 언어는 침묵에서만 나온다고 하면서, 우리가 다른 사람에게 던지는 모두는, 우리가 한 번도 떠나지 않은, 이 큰 침묵의 땅에서 싹튼다고 말합니다. 그런데, 여기에서, 주목할 바는, 언어의 의미는 구성 요소의 공통 의도에 있다는 겁니다. 구어는, 듣는 사람이 단어의 연쇄를 따라가지만, 연쇄 고리 각각을 넘어, 모두가 함께 가리키는 방향으로 갈 때만, 이해할 수 있습니다. 다시 말해서, 단어 각각 그리고 일련의 단어가, 의미를 전하는 게 아니라, 말하기 전에, 이미 공통적인 의도가, 보이지는 않지만, 깔려 있다는 겁니다. 누구도 언어를 발명하지 않았습니다. 하지만, 다른 사람과 나 자신에 공통의 근거가 있기에, 공통 세계에서 공존합니다. 공존이 고립을 제거하지는 못해도, 고립과 소통은 한 현상의 두 가지 계기입니다. 왜냐하면, 실제로 다른 사람은 나를 위해 존재하기 때문입니다. 실제로, 내가 다른 사람을 경험하지 못하면, 나는 고립을 말할 자격이 없으며, 다른 사람이 나에게 접근할 수 있다는 말도 하지 못할 겁니다.

 사르트르는 실존은 본질에 앞선다고 하면서, 자유를 외칩니다. 모든 인간이 자유롭게 할 수 있기에, 존재가 아니면 무라는 이분법을 옹호합니다. 하지만, 메를로퐁티는 이를 거부합니다. 자유는 우리 삶의 퇴적을 인식해서, 생각해야만 한다는 겁니다. 일반성이나 개연성은, 허구가 아닌, 현상입니다. 통계학은 어느 정도 무게가 있고, 나에게서 멀리 떨어진 무더기 사건이 아니라, 현재 나의 공기입니다. 물론, 나의 과거가 전적으로 나의 미래를 결정하지는 않지만, 나의 미래가 나의 역사와 무관한 것도 아닙니다. 끝으로, 그는 철학자는 영원한 초심자일 뿐 아니라, 철학은 온전히 자신의 시작을 기술한다고 말합니다. 다시 말해서, 철학은 질문이라고 합니다.

66
마르크스주의자:
루카치, 그람시, 알튀세르

루카치

1918년 갑작스럽게 공산당에 입당한 루카치는 헝가리 출신으로 독일에서 철학을 공부했습니다. 그는 이전까지 별로 주목하지 않던, 소외, 착취, 지배, 부르주아 이데올로기의 기능과 효과 그리고 문화의 역할을 부각했습니다. 특히, 물화, 소외, 이데올로기의 관점, 문학 비평 등에서 영향을 끼칩니다. 우선, 물화를 보면, 자본주의에서는 상품과 서비스뿐만 아니라, 사회 삶의 모든 면이, 시장에서 사고파는 상품으로 바뀐다고 합니다. 즉, 상품에 인간 특성을 부여하게 되어, 인간의 원래 가치, 자신의 특유한 고유성을 잃게 되어, 사물과 같은, 상호 교환할 수 있는 형식이 됩니다. 다시 말해서, 자신이 만든 사물의 실제 가치와 잘못된 관계에 놓이게 되고, 진정한 본래 가치로서, 서로를 마주하는 능력을 잃게 된다는 겁니다. 루카치는 이 변증법의 양면 즉, 사물의 잘못된 인간화, 그리고 인간의 잘못된 객관화를, 물화라고 부릅니다. 인간과 사물은 각각의 고유 가치가 있는데, 자본주의는 이를 왜곡하여, 인간과 사물 모두에서 각각의 고유 가치를 빼앗기에, 물화가 생긴다는 겁니다. 물화는 옛날 관점인 토대와 상부 구조의 단순한 인과보다, 더 복잡해 보입니다. 경제 구조가 상부 구조인 문화나 정신을 결정한다는 게 아니라, 물화라는 변증법이 도사리고 있다는 거죠. 변증법은 헤겔 유산인데, 루카치는 마르크스에서 헤겔을 찾아내려 합니다.

그런데, 자본주의에서는 프롤레타리아, 부르주아 모두, 물화된 의식으로 고통을 겪습니다. 인생의 모든 면을 계산하고, 양화 하기에, 사람과 물건 모두를 소외합니다. 개인은 함께 만든 사회와 마주하지만, 자기 일을 이해하지도 통제하지도 못하기에, 소외됩니다. 사회 관계는 이제, 사물처럼 바뀌어, 자연 현상처럼 되기 때문입니다. 마르크스에게, 물신 숭배는 경제 이데올로기의 결과인데, 임금 노동자의 비인간화를 요구합니다. 그로써, 임금 노동자는 자신이 가치를 잃었다는 사실을 모르게 되는데, 원인은 노동자가 만드는, 원래 의미 없는 대상인 상품에 가치를 부여하기 때문입니다.

그는 자본주의는 물화에서 벗어날 수 없다고 하면서, 유일한 희망은, 실천이라고 합니다. 여기에서, 실천이란, 의식과 생각을 실재로 되돌리는 바입니다. 다시 말하자면, 총체성이 되는 과정입니다. 헤겔의 관념론은, 철학 개념으로 역사의 총체성을 파악하는 능력인데, 헤겔의 잘못은 정신을 우선하는 바입니다. 루카치는, 현재 삶의 물질 차원과 정신 혹은 문화 차원이 서로를 결정하고, 서로 조건화하는, 다양하지만 가끔은 모순인 방식을, 개념으로 표현해야 한다고 말합니다. 그런데, 이런 총체성을 부르주아는 발견할 수 없습니다. 왜냐하면, 프롤레타리아만이 물화를 극복할 수 있는, 객관 위치에 있기 때문입니다. 그 이유는,

역사 자체가 변증법인데, 변증법 발전에서, 철학 관념론이 주체가 아니라, 경제 계급이 주체이기 때문입니다. 즉, 프롤레타리아가 바로 경제 계급인 거죠. 루카치는, 경제 계급은 의식과 물질성 사이를 중개하여, 자본주의의 사회 조건을 단순히 파악하는 게 아니라, 바꿀 수 있는 유일한 지위라고 주장합니다. 변증법은 부르주아가 만들었지만, 국제 프롤레타리아의 객관의 역사 지위에 중요한 방식입니다.

어떻게 자본주의는 살아남았는가? 이에 대해, 루카치는 과학보다는 문화로 설명합니다. 즉, 과학 사회주의가 설명할 수 없는, 상징, 문화, 그리고 이데올로기라는 방책이라고 답합니다. 그는 믿음은 사회가 만든다고 하면서, 교육 체제, 교회 그리고 대중 매체를 거론합니다. 직접 어떤 믿음을 되풀이 가르치고, 동시에 비판력을 억제한다는 거죠. 이런 주장에 반대하지 않으면서, 다른 점을 강조합니다. 믿음은 대부분 사회 구조에서 자신이 차지하는 지위의 결과라고 합니다. 즉, 생산과 관련한 지위에서 생기는 계급 정체성과 이해관계가, 세계를 보는 관점을 형성합니다. 부르주아가 자본주의 사회 전체를 보지 못하는 이유는, 부분적으로 사회에 대한 깊은 통찰이 있을 수 있으나, 총체성을 파악하지 못하는 이유는, 총체성의 원천은 프롤레타리아에게서 잉여 가치를 강탈하는 데 있는데, 부르주아가 이것을 인정한다면, 노동자를 다스릴 자신의 도덕 권리를 유지할 수 없기에, 이런 원천을 보지 못하기 때문입니다. 다시 말해서, 부르주아라는 관점에서는, 할 수가 없다는 겁니다.

루카치는 카프카와 조이스를 싫어합니다. 그는 예술은 사회의 거울이라는, 트로츠키의 주장을 수용합니다. 모든 사회는 복합이지만, 통합된 전체로서 이해해야만 하고, 그 전체 안에서 인생의 모든 면이, 사회의 경제, 정치 실제 모습을 반영한다고 여깁니다. 소설 속의 개인도 마찬가지입니다. 개인 유형의 심리학이, 전체로서의 사회의 가능성을 반영하고, 특히 소설은 사회와 사회의 복잡한 심리 유형을 재현해야 합니다. 그는 사실주의를 추구하는데, 소설은 사회를 재현하는 한에서만, 가치가 있습니다. 이런 기준에서 보면, 카프카와 조이스의 소설은, 개인의 자기표현에 지나지 않기에, 즉, 사회의 경제, 정치 실재가 반영되지 않았기에, 이런 유의 근대주의 문학을 혐오합니다.

하지만, 브레히트와 벤야민은, 예술을 근대 삶의 소외 표현으로 봅니다. 그리고, 마르크스주의가 소외를 치유하리라 믿지만, 그렇다고 해서, 예술을 사회의 질병을 진단하고 치유하는 직접 도구로 여기지 않습니다. 레닌은 예술을 이와 같은 직접적인 도구로 보아, 예술을 일반 지적 작업 범주에 넣고, 혁명이나 다른 일을 위해 사용해야 한다고 했으나, 브레히트와 벤야민을 거부합니다. 벤야민은, 루카치가 조롱한 근대주의 문학을 옹호합니다. 벤야민은 보들레르, 프루스트, 카프카에 대한 글로 유명했는데, 특히 아우라로 영향을 끼쳤습니다. 전통 예술 작품, 특히 조각이나 그림의 아우라는, 특유함이 아니라, 숭배 예술의 기능에서 나옵니다. 예를 들면, 종교 의례입니다. 종교 의례 자체가 지배와 조정의 표현입니다. 이와 대비되는 바가, 전시 예술입니다. 대중 전시를 위한 그림 제작은 19세기에 시작하였으나, 20세기에 사진과 영화와 같이, 기계적으로 복사할 수 있는 매체가 등장해서, 충분한 힘을 발휘합니다. 사진이나 영화는 숭배에 이용하지 않기에, 아우라의 신비화를 피합니다. 하지만, 관객이, 비평가 심지어 영화 촬영기사와 같은 역할을 하게 합니다. 이렇게 되면, 대중의 비판 기능은 향상되겠지요. 브레히트는 연극으로 유명했는데, 사실주의는 받아들이지만, 작품의 형식과 내용에서, 관객에 미치는 효과로 관심을 옮깁니다. 다시 말해서, 사실주의 예술은, 극장 안에서 실재를 재창조할 필요가 없고, 관객의 눈이 극장 밖의 현실을 보도록, 뜨게 하거나 다시 뜨게 하려 합니다. 그는 사실주의는 스타일이 아니라, 효과의 문제라고 합니다.

그람시

이탈리아인인 그람시는 1917년 10월에 시작한 러시아 혁명을, 자본에 대항하는 혁명이라고 하면서, 환호했습니다. 즉, 거부할 수 없는 자연법에 따른 진화가 아니라, 인간이 중심이 된 혁명을 지지합니다. 그는 이탈리아 파시스트 정권에서 투옥되었고, 감옥에서 저작 생활을 하였는데, 헤게모니로 유명합니다. 자본주의가 어떻게 계급 투쟁에 계속해서 성공하는가? 하는 질문에, 부르주아의 이데올로기 능력이 답이라고 합니다. 즉, 힘이라든가 물질의 비참함이란 직접 수단이 아니라, 문화, 사회 제도, 사회 규범, 그리고 규범을 평가하는 표준, 제도와 관습의 의미를 통해, 지배를 계속한다고 주장합니다. 이런 메커니즘을 헤게모니라 부릅니다. 이런 메커니즘을 단순한 부현상으로, 보아서는 안 됩니다. 왜냐하면, 생산 방법이나 물질 조건이 바뀐다 해도, 이 메커니즘이 사라지지 않기 때문입니다. 헤게모니로, 문화 지배는 점차 동의를 만드는 방법으로, 거친 힘을 대체합니다. 이것은 일상생활에서 국제 동맹까지 모두를 포함하기에, 프롤레타리아가 자신의 이런 역사 상황을 객관으로 인식하는 게, 거의 불가능하다고 합니다. 왜냐하면, 프롤레타리아는 압제자의 헤게모니가 담긴 문화 용어에만 접근할 수 있기 때문입니다. 헤게모니는 자본주의 문화의 본질입니다. 그렇기에, 근대 주권 국가, 시장 경제, 국가가 지원하는 조직화된 교회, 그리고 언론과 시민 사회, 모두가 조율하여, 다양하지만 일관된 문화 이데올로기를, 많은 기관지 그리고 다양한 언어를 통해 퍼뜨린다고, 그는 말합니다. 한마디로, 일상의 미시 수준에서 국제 동맹이라는, 거시 수준에 이르기까지, 사회, 문화 이데올로기를 통틀어, 헤게모니라 부릅니다. 권력 행사가 국가 권력의 억압뿐만 아니라, 도덕, 지성 그리고 문화 합의로, 더욱 심각하게 행해집니다.

이에 대항하기 위해, 그는 유기체의 지식인 양성을 주장하는데, 시작은 마르크스주의입니다. 마르크스 후예는, 기계 물질론과 변증법 관념론의 두 부류로 나뉘는데, 이제는 새로운 합이 필요하다고 하면서, 실천 철학을 제안합니다. 인간은 무엇이냐는 질문에, 인간성은 인간 개인 안에 반영되며, 개인, 다른 사람, 그리고 자연으로 이루어진다고 하면서, 개인은 관계 네트워크를 통해, 다른 사람, 자연과 관계를 맺는다고 합니다. 인간은 이런 관계 속에서 살기에, 인간은 사회, 역사 과정과 동의어이고, 인간이 무엇이냐는 질문은, 인간은 무엇이 될 수 있는가로 바뀝니다. 즉, 그람시는, 인간 실천과 무관하게 존재하는, 실재에는 관심이 없습니다. 다시 말해서, 어떤 객관 실재가 아니라, 집단 주체성이 중요합니다. 이 집단 주체성을 확보하기 위해, 지식인과 보통 사람의 틈을 극복해야만 합니다. 여기에서, 유기체의 지식인이 등장합니다. 즉, 노동 계급에 속하지만, 부르주아 어휘를 버리고, 노동 계급의 경험과 삶을 만드는 사람입니다. 부르주아의 헤게모니에 속하지 않고, 노동 계급의 문화를 창조할 수 있는 사람을 말하겠지요. 그리하여, 노동 계급의 도덕, 지성 그리고 문화 헤게모니를 만듭니다. 실천 철학은 이론과 실천의 구별에 도전하고, 헤게모니론은 토대와 상부 구조 구별에 도전합니다. 번성할 때는, 경제의 중요성을 줄이고, 시청각 소통이 팽창할 때에는, 문화 이론을 늘리는 바가, 하나의 전략입니다.

알튀세르

1980년 아내를 죽이고, 정신질환으로 죽기 전 10년간 정신병원 입퇴원을 반복한, 프랑스인 알튀세르는, 당시 유행하던 구조주의의 언어학, 인류학 그리고 정신분석학을 반영하여, 마르크스 이론을 새롭게 제안합니다. 즉, 인식론의 분기점, 과잉결정, 구조 인과, 과학과 이데올로기 등을 주장합니다. 그는 마르크스를 잘못 읽어서 마르크스주의가 곤궁에 빠졌다고 하면서, 구조주의가 이를 한 번에 해결할 수 있다고 합니다. 그는 먼저, 마르크스를 시대별로 나눕니다. 젊은 마르크스는, 당시 칸트, 피히테 그리고 헤겔에 가까웠는데, 여전히 인간에 관한 철학과 원리에 매달렸다고 합니다. 즉, 이 당시, 휴머니즘은 계급 국가가 아니라, 모든 인민을 위한 국가를 주창했는데, 개인의 자유, 법치 존중, 인격의 존엄성 등은 휴머니즘의 합의된 주제이지만, 이는 과학 개념이 아니라, 이데올로기 개념입니다. 즉, 무엇을 가리키는 지는 알겠지만, 과학 개념과 달리, 어떻게 알 수 있는지 방법을 제시하지 않기에, 낱낱의 내용을 알 수 없기에, 과학은 아닙니다. 하지만, 1842년에서 1845년에 걸쳐, 마르크스는 프로이센 국가 실패에 점차 환멸을 느껴, 더는 국가 이성에 호소하지 않았습니다. 이에 1845년에 그의 인식론 분기점이 왔고, 역사 과학은 단일한 원인, 사회, 경제, 이데올로기, 그 무엇이든, 이 아니라, 생산 방법이 어떻게 많은 관행으로 작동하는가를 이해하는 바라고, 주장합니다. 여기에 등장한, 인식론 분기점이란 용어는, 바슐라르에게 가져왔습니다.

이를 좀 더 자세히 살펴보면, 그는 사회에는 네 가지 주요 생산 과정이 있는데, 경제, 정치, 이데올로기, 그리고 이론 관행이라고 합니다. 이 네 가지는 서로 얽혀 있기에, 과잉결정이 일어납니다. 그전에는, 헤겔의 변증법을 따라, 모순이 쌓이면, 화해된 후, 다음 단계의 모순으로 가게 되고, 다시 변증법 식으로 계속합니다. 하지만, 알튀세르는, 헤겔 변증법이나 고전 물리학의 직선 인과가 아니라, 구조 인과를 주장합니다. 즉, 특정한 사건은, 앞의 사건이나, 더 기초의 사건이 아니라, 그 사건이 속하는 관행 구조의 과잉결정으로 일어납니다. 왜냐하면, 관행은 고르게 발전하지 않기에, 어떤 시간에 네 가지 가운데, 하나가 지배하기 때문입니다. 물론, 어느 것도 영원히 지배력을 갖지는 못합니다. 경제 관행이 특별한 지배력이 있지만, 경제 관행조차 영원한 지배력을 갖지는 않습니다. 이렇게 되면, 상부 구조는 더 많은 상대 자율을 가질 수 있습니다. 즉, 더는 예전의 토대와 상부 구조는 아닙니다. 따라서, 경제 발전이 마지막 결정 요인이 되더라도, 경제 발전이 느닷없이 역할을 떠맡는 순간은 없을 겁니다. 즉, 마지막 순간에 외로운 시간은 결코 오지 않을 겁니다.

알튀세르가 미친 영향 가운데 하나는, 역사 변증법을, 주체나 목적 없이 정의하는 겁니다. 즉, 인간을 역사의 주체로 보지도, 역사를 최종 목적을 향해 나아가는 것으로 보지도 않습니다. 그리고, 그는 모든 근대 국가의 주요 무기는, 억압이 아니라 이데올로기라고 합니다. 즉, 국민의 동의를 끌어내는 바가, 바로 주요 무기의 기능인데, 이를 이데올로기가 담당한다는 거죠. 이때, 개인은 자신에게 책임이 있다는 의식과 함께, 권위에 복종한다는 의미로, 자신을 주체로 여깁니다. 이데올로기 이론은 비평과 정치 철학에 큰 영향을 미쳤습니다.

67
해석학: 가다머와 리쾨르

18세기 후반, 독일의 성경 비판에서 시작한 해석학은 1945년 후 가다머에 이르러 성년이 됩니다. 18세기 말, 해석학의 아버지라고 하는 슐라이어마허는 해석학의 심리 기능을 강조하면서, 해석학 목적은 저자의 의도 간파라고 합니다. 즉, 저자의 정신의 삶을 심리학으로 재구성하는 작업이라고 하면서, 단순한 이해에 그치지 않고, 창조자가 되어야 한다고 말합니다. 딜타이는, 역시 심리를 강조합니다. 그는 인문 과학에는 자연 과학과는 다른 방법과 주제가 있다고 하면서, 인문 과학은 인간, 역사, 사회의 행위자의 삶의 심리를 탐구한다고 합니다. 자연 과학이 인과 혹은 외부 방식으로 현상을 설명한다면, 인문 과학은 이해를 추구합니다. 다시 말해서, 자신을 낯설거나 멀리 떨어진 삶의 경험으로 옮겨 갑니다. 그는 해석의 목적이, 낯선 삶의 경험을 재생산하는 데 있다는 겁니다. 인간 현상을 설명하지 않고, 이해하는 바가 해석학입니다. 예를 들어, 원주민의 개념은 원주민 생활 방식의 맥락에서만 이해할 수 있습니다.

가다머

올바른 해석의 기준이나 방법을 밝히는 게 아니라, 텍스트 해석의 전제를, 존재론으로 밝히는 게 목적이라고 하는 가다머는, 순수한 객관주의를 거부합니다. 즉, 텍스트에 완전하게 정의되고, 분명하면서 변하지 않는 단 하나의 의미가 있고, 해석은 바로 그 의미를 찾아, 해명한다는 주장을 거부합니다. 그리고, 텍스트의 의미를 저자의 의도로 환원할 수도 없다고 하면서, 해석을 대화와 같다고 합니다. 진정한 대화가 상대의 마음을 읽는 게 아니라, 상호 이해라면, 일방으로 텍스트를 읽고 그 뜻을 해명하는 게 해석학이 아니라, 공통 의미를 공유하는 게 해석학이라고 합니다. 공통 의미 공유는, 지평의 융합으로 일어납니다. 서로 다른 사람이 대화로, 상호 이해를 하려면, 서로의 지평이 융합하지 않으면 안 됩니다. 텍스트 의미는 원래 실체가 없고, 읽기라는 행위를 해야만 의미가 존재합니다. 즉, 텍스트 읽기는 사건입니다. 우리가 질문은 하지 않고, 답만 한다면, 텍스트에 이미 단 하나의 올바른 의미가 있다고 인정하는 게 됩니다. 가다머는 이를 인정하지 않으며, 더 나아가 읽기를 통해, 궁극으로 자기 변화가 일어나야 한다고 합니다. 즉, 읽는 행위를 통해, 지평 융합으로, 텍스트를 이해합니다. 그리하여, 텍스트를 통해서, 다른 사람 혹은 다른 것, 그리고 자신에 대한 진정한 지식을 얻어, 자신을 변화합니다. 가다머는 이해를 통한 자기 변화를 중요하게 여깁니다. 즉, 텍스트의 이해, 해석 그리고 적용은 불리할 수 없다고 하면서, 지식은 변화라고 주장합니다. 여기에서, 적용이란 지평의 융합을 통해 얻은 바를, 자신에게 적용하여 자신을 변화하는 바입니다. 따라서, 그에게 진리란, 근대 철학이 말하는 외부 세계의 재현이 아니라, 변화입니다. 이해는 한갓 재생산이 아니라, 언제나 창의 생산입니다. 다시 말해서, 진정한 독자라면, 텍스트에 관해 더 깊은 질문을 하고, 답을 찾아가면서 점차 자신의 해석을 갈고닦아, 변화를 받아들일 준비를 해야 합니다.

그는 해석학을, 올바른 해석을 위한 규칙 제공이 아니라, 현상학으로, 우리가 어떤 것을 이해하려 할 때, 실제로 무슨 일이 일어나는지에 관한 기술이라 여깁니다. 실제로 일어나는 일 가운데 하나는, 인간의 이해는 편견에서 벗어날 수 없다는 겁니다. 즉, 우리는 진공 속에서 태어나지 않기에, 역사 영향에서 벗어날 수 없습니다. 해석은 결코 고립된 주체의 행위가 아닙니다. 왜냐하면, 주체가 자신을 이해하는 바는, 불가피하게 자신이 속한 역사 전통이 원인이기 때문입니다. 따라서, 객관 이해는 불가능합니다. 자신이 이미 역사의 산물이기에, 시작부터 편견에서 벗어날 수 없으니까요. 편견은 반성이나 성찰 이전의 판단입니다. 성찰 이전의 판단에서 벗어날 수 없기에, 이해에서 편견을 뺄 수 없습니다. 하지만, 이때의 편견은 한쪽으로 치우친 의미의 편견은 아닙니다. 그렇다고 해서, 비판이 불가능하지는 않습니다. 이미 편견을 안고 시작하기에, 전통에 대한 전면 비판은 불가능하지만, 이성으로 가능합니다. 편견 없이, 편견을 공격할 수는 없지만, 지식의 정의를 바꾸면 됩니다. 그는 해석학을 과학으로 만들 의도가 없습니다. 지식은 과학이 아닙니다. 그는 아리스토텔레스의 프로네시스 즉 실천 지혜를 사용합니다. 영원한 진리나 타당성을 찾지 않고, 그럴듯하고, 가능한, 그리고 지금, 여기에서 올바른 바를 찾습니다. 이런 태도이기에, 계몽주의와 낭만주의 모두 비판합니다. 계몽주의는 이성의 무한한 힘을 믿기에 거부하고, 낭만주의는 비이성을 강조하며, 과거 가치 특히 신화 같은 과거로 회귀하기를 부인합니다. 특히, 계몽주의가 바라는 무한한 이성은, 인간의 역사 인식이 유한하다는 점을 무시하기에, 그는 강하게 부인합니다. 인간은 역사 존재이기에, 이를 승인하고 작업해야 합니다. 편견은 우리 판단보다 훨씬 더, 우리 존재의 역사 현실을 구성하기에, 이해란, 주관 이해가 아니라, 전통이란 사건에 참여하는 일입니다. 전승 과정에서 과거와 현재는 끊임없이 매개되기에, 우리가 어떤 것의 의미를 안다면, 그것이 오늘날 우리에게 말하기 때문입니다. 텍스트가 말하는 바를, 자신의 상황, 자신의 역사 지평과 연결해야만, 텍스트를 이해하고, 그 의미를 파악할 수 있는데, 우리가 처한 상황은 읽는 사람에 따라 다릅니다. 그리하여, 같은 전통이라도, 다른 방식으로 이해합니다. 가다머의 전통 옹호는, 결코 같은 바의 끊임없는 반복이 아니라, 살아 있는 전통입니다. 전통이란, 과거와 현재의 융합입니다.

판사의 행위와 해석이 비슷하다고 가다머는 말합니다. 이해나 해석은, 타당한 의미를 발견하고 인식하는 일입니다. 판사는 법을 현재와 연관하여, 법 개념을 찾습니다. 찾아내서, 지금의 사례에 적용합니다. 이해, 해석 그리고 적용이란 순서도 비슷합니다. 텍스트에 단 하나의 올바른 해석이 있다는 주장은, 아주 터무니없지만, 정합이고, 자의가 아니며, 사려 깊은 방식으로, 옹호할 수는 있습니다. 물론, 해석의 타당성을 증명할 수는 없겠지요. 이런 점에서, 해석학은 수사학과 비슷합니다. 과학적인 증명이 아니라, 설득 논증이라는 점에서 그렇습니다. 즉, 개연성이면, 이해나 해석에는 충분합니다.

가다머의, 이해 자체가 언어로 실현된다는 주장은 독창성이 있습니다. 그는 언어의 밖에는 아무것도 없다거나, 모두가 언어로 환원된다는, 형이상학 주장을 옹호하지 않습니다. 즉, 데리다는 아닙니다. 비언어적인 바는 의미가 없다는 뜻이 아니라, 원리로 보면, 의미는 항상 언어로 해석할 수 있는 표현으로 드러난다는 뜻입니다.

리쾨르

가다머와 리쾨르가 태도를 달리하는 주장부터 알아 보겠습니다. 먼저, 가다머의 대화 모델이 텍스트 해석에는 맞지 않는다고, 리쾨르는 말합니다. 대화란 보통 살아 있는 두 사람이 하기에, 서로가 대화를 통해 지평의 융합을 이룰 수도 있습니다. 다시 말해, 공통의 이해를 찾을 수도 있습니다. 하지만, 텍스트는 대화의 상대가 없기에, 우연히 말하는 사람의 의도와 말의 내용이, 우연히 겹치는 일이 없습니다. 예를 들어, 저자가 남긴 유작을 생각해 봅시다. 대화를 나눌 저자는 없습니다. 리쾨르는, 글쓰기가 고정하는 이야기를, 텍스트라고 합니다. 글로 쓰면, 내용이 고정되면서, 동시에 텍스트는 저자에서 해방됩니다. 다른 말로 하자면, 언어가 텍스트로 바뀌면, 자신의 삶을 살게 됩니다. 저자의 말이 아니라, 텍스트가 말하는 바가, 더 중요합니다.

다음은, 거리 두기입니다. 가다머는 해석학을, 단어의 특성,

문화나 역사의 거리 두기의 대상이 됨으로써 소외된 것을, 다시 말하게 하는 일이라고 합니다. 소외된 바를 다시 말하게 하라, 라고 짧게 말할 수 있는데, 리쾨르는 이런 구별을 거부합니다. 거리 두기와 속함을 구분한다는 겁니다. 리쾨르는, 이를 극복해야 한다고 하면서, 실증이면서 생산하는 거리 두기로 제안합니다. 생산하는 거리 두기란, 텍스트를 원래 텍스트에서 소외하여, 자율을 부과하는 방법입니다. 그리하여, 텍스트의 진짜 목소리를 느끼게 하고, 새로운 맥락으로 다시 실현하게 합니다. 이런 방식으로, 진정으로 살아 있는 텍스트가 되는데, 이렇게 다시 실현하는 바를, 그는 자기화 즉, 자기 것으로 만들기라고 합니다. 이 용어를 리쾨르가 좋아하는 이유는, 독자 역할이 중심이기 때문입니다. 텍스트의 관객이 스스로 창조합니다. 만약 독자가 없다면, 텍스트의 의미는 영원히 미결정으로 남겠지요. 리쾨르는, 읽기는 텍스트 운명을 실현하는 구체 행위라고 합니다.

    텍스트의 진정한 지시 대상도 다릅니다. 가다머는, 텍스트의 내용이라고 하고, 리쾨르는 텍스트의 세계라고 합니다. 예를 들어, 그리스 세계란, 경험 사실이 아니라, 그 세계에 대한 특정한 이해를 말합니다. 리쾨르에게, 세계를 표현하지 않는 텍스트도 없으며, 텍스트가 아무리 허구라도, 실제 세계와 연결되지 않는 텍스트도 없습니다. 텍스트 안의 세계는 가능 세계로, 독자인 내가 거주할 수 있는 세계이기에, 새롭고 다른 길을 제시합니다. 텍스트를 이해하는 바는, 동시에 자신의 상황을 비춰 보는 바이고, 독자는 텍스트의 의미를 자기 것으로 하면서, 그런 자신을 다시 자기 것으로 합니다. 그리하여, 새로운 자아를 얻습니다.

이해한다는 바는, 텍스트에 자신을 투사하는 게 아니라, 이해의 진정한 대상인 텍스트가 제안하는 세계를 이해하여, 확대된 자아를 받아들이는 일입니다. 텍스트 해석에서, 궁극 문제는 자신을 더 잘 알거나, 자신을 다르게 알거나, 자신에 대한 이해를 그저 시작하는 바입니다.

사르트르는 리쾨르를 현상학에 관심 있는 목사라 평했는데, 칭찬은 아니었습니다. 리쾨르는 개신교 성직자였지만, 철학과 신학을 분리했습니다. 하지만, 프랑스에서 그리 인기가 있지는 않았다고 합니다. 그는 종교 언어를 설명하려 했고, 악과 텍스트 해석에 관심이 있었으며, 현상학에도 관심이 있어, 메를로퐁티의 『지각의 현상학』이 나왔을 때, 환호하였습니다. 자신과 같은 프로젝트라 여긴 거지요. 또 의지를 분석했습니다. 몸과 몸의 환경에서 감정과 성격에 이르기까지, 어떻게 원하지 않은 요인이, 의도 행위에 없어서는 안 되는, 공통 요소인가를 보여서, 사르트르의 자유 존재론을 비판합니다.

그에게 명확한 해석은 낭만이고, 텍스트의 객관성은 환상입니다. 즉, 텍스트 자체에 객관성이 있고, 그 객관성은 독자와는 상관없다는 주장을, 환상이라고 합니다. 앞서 등장한 거리 두기를 방법으로 제안합니다. 작품은 대상이기에, 저자의 의도나, 작품의 초기 상황이, 최초 관객과는 거리를 두어야 합니다. 그렇게 해야, 의미 있는 세계, 즉, 텍스트의 세계가 드러납니다. 다른 말로는, 생활 세계 혹은 세계 안의 존재, 그리고 리쾨르 표현으로는, 세계의 지평 혹은 의미의 총체성이 드러납니다. 텍스트 이해는, 텍스트 앞에서 드러난 세계 안의 존재 종류를 설명하는 작업입니다. 이해해야 할 바는, 제안된 세계, 즉, 내가 살 수도 있고, 그 세계 안에서 자신의 가능성을 기획할 수도 있을 세계입니다. 성경 텍스트, 특히 신약의 경우, 제안된 세계는 여러 이름으로 등장합니다. 새로운 세계, 새로운 계약, 신의 왕국, 새로운 탄생 등으로. 세상의 종말도 다른 세계를 의미하지는 않습니다. 비록 다가올 세계를 분명하게 언급하지만, 요점은 이 세계 안에서, 지금 여기에서 다시 방향 설정하려는 바입니다. 회개하라, 신의 왕국이 가까이 왔다는 표현은, 한계 상황 논리이고, 심해지는 세속화에 맞서, 이를 복원하려는 운동이라고 합니다. 세속화가 심해지기에, 선교가 일어나고, 기존의 제도나 관습은 낡은 성전이기에, 새로운 말씀이 성전이 됩니다.

우화는 일상을 말하지만, 해석학 기능이 있습니다. 듣는 사람이 새로운 방식으로 보고, 관습과 제도, 개념을 극단으로 다시 기술하는 이유는, 열린 자세를 바라기 때문입니다. 은유도 마찬가지입니다. 은유는 표준 사용법을 벗어나기에, 표준 사용법과 긴장 관계에 있습니다. 단어의 의미만 바꾸는 정도가 아니라, 현실에 대한 이해까지 바꿉니다. 즉, 의미 체계를 바꿉니다. 이야기도 은유와 다를 바 없습니다. 허구 이야기는 진짜 이야기와 아주 조금 다를 수 있는데, 그것으로 우리 삶의 사건을 설명합니다. 새로운 이야기는, 우리 삶의 가능성을 극단으로 다시 개념화하고, 그와 같은 재개념화는 우리의 역사 삶을 새롭게 해석합니다.

리쾨르는, 기호, 상징, 그리고 텍스트가 매개하지 않는 자기 이해는 없다고 하면서, 인간 이해의 주요 조건은 언어라고 합니다. 가다머와 리쾨르 모두에게, 이해의 궁극 목표는, 자기 이해인데, 이는 언어를 통해서입니다. 리쾨르는, 경험은 원리로 보자면, 표현할 수 있고, 말해질 수 있으며, 말하도록 요구받는다고 합니다. 경험을 언어로 표현하는 바는, 그것을 다른 것으로 바꾸지 않고, 경험을 분명하게 하고 발전해서, 자신이 되도록 하는 작업입니다. 그렇다고 해서, 언어가 실재 접근에 장애라는 뜻은 아닙니다. 가다머는 언어는 한갓 소통 도구가 아니라, 사람이 세계를 가지려면 언어에 의존해야 한다고 합니다. 이 세계는 언어입니다. 따라서, 사물의 본질과 사물의 언어는, 내용이나 목적에서, 같은 바를 표현합니다. 다시 말해서, 해석학에서, 언어는 한갓 도구가 아니며, 자율이지도 않습니다. 언어는 이해의 매개이고, 이해는 결국 자기 이해라고 합니다. 따라서, 이해가 실제 역사라면, 완전히 언어입니다. 왜냐하면, 전통이 효과 있게 매개되고, 현재와 융합되는 바는, 언어를 통해서이기 때문입니다. 실제 역사 이해는 이해 언어의 질에 달려 있습니다.

　해석학의 관심사는 텍스트이고, 인문 과학은 인간 행위를 대상으로 하지만, 인간 행위도 올바른 방식으로 읽을 필요가 있다고, 리쾨르는 말합니다. 인간 행위는 물리학 운동처럼 인과로 설명할 수 없습니다. 왜냐하면, 인간은 자신을 해석하는 동물이기에, 의미가 없다면, 이해할 수 없기 때문입니다. 현상학에서는 인간을 말하는 동물로 봅니다. 자신 쳐 놓은 의미라는 거미줄에 걸린 처지입니다. 그런데, 행위가 학문의 대상이 되려면, 객관 의미가 필요한데, 이는 이야기의 의미가 글쓰기로 고정되는 바와 같습니다. 즉, 행위도 텍스트와 똑같이, 해석할 수 있다는 겁니다. 행위는 사회 행위입니다. 왜냐하면, 우리 행동은 우리를 벗어나고, 의도하지 않은 결과를 낳기 때문입니다. 텍스트가 저자 의도와 무관하게, 자율성을 갖듯이, 행위도 그렇습니다. 간주관적인 의미를 다룹니다. 인간 행위에 의미 있고, 이해할 수 있는 이유는, 공적 세계를 공유하기 때문입니다. 하지만, 타인과 자신 사이의 긴장은 여전히 존재합니다. 텍스트 해석에서, 우리는 지평에 닫혀 있지도 않고, 고유한 지평에 있지도 않고, 지평도 닫혀 있지 않습니다. 왜냐하면, 우리는 다른 관점과 다른 문화에 자신을 놓을 수 있기 때문입니다. 하지만, 어떠한 지평도 고유하지 않습니다. 그 이유는 타인과 자신 사이의 긴장은, 능가할 수 없기 때문입니다.

 텍스트와 행위는 더 넓은 해석학 이해로 통합하지 않으면, 이해할 수 없다고, 리쾨르는 말합니다. 특히 인간을 이해하기 위해서는, 이야기 형식이 필요합니다. 이야기는 연역할 수도 없고, 예측할 수도 없기 때문입니다. 수많은 우연으로 우리를 애태우게 하지 않으면, 이야기는 없습니다. 따라서, 끝까지 이야기를 따라가야만 합니다. 그래야 이해할 수 있으니까요. 그리하여, 결론을 예측할 수 없지만, 받아들일 수 있어야 합니다. 끝을 보고서, 앞의 전개를 받아들이는데, 이는 우리가 어떤 목적을 기대했다는 의미로, 이런 자세는 우연을 인정하는 자세와 맞아떨어지지 않습니다. 즉, 우연의 역설이죠. 결국은, 어떤 이야기든 받아들일 수 있느냐가, 이해의 특성입니다. 키르케고르 말대로, 이해는 언제나 사건 뒤에만 옵니다. 리쾨르도 이에 동의합니다. 그는 좋은 이야기는 좋은 허구와 같다고 하면서, 근대주의의 실제와 상상의 구분을 허뭅니다. 즉, 해석학 진리는 상상의 결과라고 합니다. 다시 말해서, 시 같은 상상, 다른 말로는 텍스트의 세계는, 전통에서 실재로 간주하는 바를, 어쩔 수 없이 전복하는 힘이 있기 때문입니다.

    하이데거는 해석은 언제나 파생이고, 해석은 이미 이해한 바를, 소리 없이 드러낼 뿐이라고 합니다. 해석에는 언제나 당연하게 여기는 전제가 있기에, 해석은 순환에 빠지게 됩니다. 그는 여기에서 나올 생각은 하지 말고, 올바른 방식으로 진입하기를 권합니다. 그리고 우리는 토대 즉, 텍스트 해석에서 저자의 원래 의도라고 생각하는 바 없이, 이론을 세워야 한다고 말합니다. 하이데거 이후, 모두가 이 지침을 따른다 해도, 과언은 아닐 겁니다. 토대 없는 이해와 해석을 시도합니다. 리쾨르도 예외가 아닙니다. 그는, 주체성을 아예 제거하려는, 구조주의나 후기구조주의를 반대하고, 주체의 탈중심을 시도합니다. 주체성을 의미의 형이상학 기원이 아니라, 타인과 만남으로 생기는 결과로 봅니다.

68
푸코

푸코가 철학자인가? 하는 물음은 줄곧 제기되었습니다. 왜냐하면, 그가 주로 다룬 주제가 역사이기 때문입니다. 하지만, 그는 지식인의 작업은, 사람들의 정치 의지를 형성하는 게 아니라, 자신의 영역에서 하는 일을 분석하고, 증거와 전제를 재검토하여, 일과 사유의 습관 방식을 뒤흔들고, 예로부터 익숙한 바를 흩뜨리고, 이런 작업을 시작으로, 규칙과 제도를 다시 평가하는 일이라고 말합니다. 즉, 우리 자신과 세계에 관한 사유를 뒤흔들려고 합니다. 자연스럽고 벗어날 수 없어 보이는 근본 개념이, 사실은 우연한 역사 산물이라는 겁니다. 옛날 철학이 불변, 보편성, 필연성을 추구했다면, 그런 개념은 없다는 거죠. 다시 말해서, 불변으로 보이는 근본 개념이 우연이라면, 필연성이 없기에, 다르게 생각할 공간이 열리고, 자유롭게 될 수 있습니다.

에피스테메

19세기의 생물학, 경제학 그리고 문헌학은 전혀 관련이 없어 보였지만, 더 살펴보면, 이 학문을 하나로 꿸 수 있는 개념이 있다고 합니다. 19세기 경우, 푸코는 인간에 대한 새로운 정의 즉, 인간을 경제와 초월로서 정의하는 개념이라고 말합니다. 이 개념으로, 생물학, 경제학, 문헌학 모두를 단순하게 통합합니다. 이 개념은, 헤겔, 횔덜린뿐 아니라, 퀴비에와 같은 생물학자, 리카도와 같은 경제학자, 그리고 그림이나 밥과 같은 문헌학자에게도 찾아볼 수 있습니다. 그 이유는, 더는 계몽주의처럼, 언어를 단어와 사물 사이에 작동하는 재현으로 보지 않기 때문입니다. 즉, 계몽 시대에는, 단어가 사물을 얼마나 더 똑같이 재현하느냐 여부가 진리였으나, 19세기에는 더는 재현이 에피스테메가 아닙니다. 에피스테메는 근본은 진리라는 의미인데, 시대의 진리 혹은 지식이라 할 수 있습니다. 19세기에는, 단어는 대상 자체이고, 단어와 단어의 상호 관계를 판단하려 합니다. 그리고, 칸트의 초월 조건은, 객체와 주체를 구별하는데, 이 구별은 19세기 삶, 노동, 언어 이해를 지배합니다.

　푸코는 르네상스, 계몽주의 그리고 근대로 시대를 구분합니다. 그리고, 각각의 시대에 에피스테메를 부여하는데, 생각과 경험에 질서를 부여하는, 에피스테메의 기본 방법입니다. 즉, 에피스테메를 통해 그 시대를 봅니다. 우선, 르네상스 시대의 에피스테메는, 닮음입니다. 예를 들어, 두통에는 호두를 먹고, 인형을 바늘로 찌르면, 인형을 닮은 사람이 똑같은 고통을 느낀다고 믿고, 바꽃은 인간 눈과 닮았는데, 그 이유는 식물의 씨앗이 인간의 작은 눈과 닮았기 때문입니다. 이와 같은 방식으로, 인간의 머리와 행성 체계에는 중요한 결속이 있는데, 그 이유는 머리의 구멍 개수 7과 행성의 수가 같기 때문입니다. 닮음은, 기호와 기호가 가리키는 대상의 관계입니다. 하지만, 이런 방식의 지식은 불완전합니다. 닮음에는 끝이 없기 때문입니다. 실제로는 관계 없는 사물도 연결할 수 있기에, 비생산입니다.

계몽주의 시대에는, 생각은 재현이라고 여깁니다. 르네상스 지식이, 모호하고 형태가 분명하지 않은 닮음에 의지한다면, 계몽주의는 좀 더 명확한 개념인 같음과 다름으로 대체합니다. 다시 말해서, 대상을 재현하는데, 같음과 다름이란 기준으로 명확한 지식을 추구한다는 겁니다. 즉, 재현의 성공을 대상 재현의 같음과 다름으로 판단합니다. 그리하여, 같음과 다름의 토대는, 순수하게 질의 속성입니다. 즉, 사물의 질서를 같음과 다름으로 매깁니다. 각각의 사물은, 기본 속성이 있느냐 여부에 따라, 모든 가능성을 따져 정의하여, 존재 연쇄의 한 칸을 차지합니다. 다시 말하자면, 분류표에 한 자리를 차지합니다. 이렇게 따지면, 질서 매김은 연속입니다. 하나의 칸은 옆 칸과 조금씩 다를 뿐이어서, 연속성이 유지되니까요. 계몽주의 시대의 특징은 기계론, 측정, 추상, 보편, 관찰의 공정함입니다. 여기에서, 측정 역시 정확한 재현의 한 방법으로 볼 수 있습니다. 더 주목해야 하는 바는, 관찰의 공정함입니다. 즉, 사물을 관찰할 때, 대상을 건드리지 않아야 하고, 관찰자의 영향을 배제해야만 한다는 자세입니다. 이런 자세는, 물리학을 넘어, 생물학, 심리학 그리고 사회학으로 영역을 넓힙니다.

근대는 기능의 닮음과 다름으로 질서를 매깁니다. 한 사물은 다른 사물과 가능성이 아니라, 실제 역사적으로 발전하는 환경에서 하는 역할로 관계를 맺습니다. 근대의 기능 질서는, 역사이고 비연속입니다. 기본 속성의 조합으로, 기능을 정의할 수 없기에, 비연속성이 생깁니다. 다시 말해서, 아주 다른 속성의 조합이라도, 같은 기능을 할 수 있습니다. 허파와 아가미가 그 예입니다. 전에는, 같은 속성은 같은 기능을 한다고 여겼습니다. 물과 불은 다른 속성이므로, 당연히 다른 기능이라고 여겼으나, 근대에는 통하지 않습니다. 허파와 아가미 사이에는 아무런 연속이 없습니다. 있다면, 역사적으로 진화하는 과정에서, 역할이 같다는 겁니다. 이렇게, 근대는 속성에서 벗어납니다. 이 말은, 시간과 관계없는 보편성은 무너지고, 우연한 실존과 인간의 유한함을 깊이 인식하는 시대라는 뜻입니다.

　에피스테메를 발굴하는 작업을 푸코는 지식의 고고학이라 부릅니다. 보통 고고학은 인공물에서 문화 양식을 재구축하는 작업인데, 푸코가『사물의 질서』에서 말하는 고고학은, 사람의 지식 양식을 밝히는 일입니다. 즉, 어떤 사실이 지식이 되기 전에, 작동하는 배경과 전제를 밝히는 일입니다. 칸트도 비슷한 작업을 하는데, 지식의 선험 조건의 보편성과 필연성을 다룹니다. 하지만, 푸코는 지식의 역사로 본 선험 조건을 밝힙니다. 즉, 시간과 공간에 따라, 달라지는 지식 양식의 다양함을 다룹니다. 하이데거의〈언제나 이미〉와 통합니다. 보이지 않지만, 너무 가까이 있어, 의식하지 못하는 전제를, 역사의 선험이라고 합니다. 푸코는 이런 역사의 선험이라 하는 조건으로, 이야기 혹은 만연한 관행을 듭니다. 공동체 사람들이 지식이라고 생각하는 말의 집합으로, 규칙이 있는 언명을 이야기 혹은 만연한 관행이라 합니다. 다시 말해서, 만연한 관행은, 익명의 역사 규칙인데, 이 규칙은 언제나 주어진 시대의 시공간에서 결정되는데, 무의식이기에, 구조와 같습니다. 여기에서, 무의식이란, 과학자의 무의식을 빠져나가지만, 과학자 이야기의 부분이 된다는, 의미입니다. 이런 무의식은 논리나 문법과 비슷합니다. 하지만, 문법, 논리에 더해서, 그보다 더 아래에 있는 규칙이 있어, 가능한 문장 범위를 정합니다. 예를 들어, 계몽주의 시대에는, 〈광기는 한갓 정신의 병이다〉라고 말할 수 없습니다. 지식의 고고학은 이런 바를 밝히는 작업입니다. 그리고, 이런 관행은, 모든 시대, 모든 장소의 모든 공동체에서 발견할 수는 없고, 특정한 공동체의 역사 발전에서, 특정한 국면에서 발견할 수 있습니다. 비트겐슈타인의 언어 게임과 비슷하므로, 그 게임 밖에서는, 즉, 특정한 관행 밖에서는, 참과 거짓의 기준이 없기에, 논리학 혹은 합리성에 대한 보편 표준은 없습니다. 언어 게임은 특정한 삶의 양식의 부분입니다. 장기의 규칙이 농구에 적용될 수 없겠지요.

광기를 예로 들어 보겠습니다. 계몽주의 이전에는, 광기는 순전히 인간의 현상이었습니다. 다시 말해서, 그냥 사람에게 일어나는 일이었습니다. 하지만, 계몽주의 시대에는, 광기를 인간의 본질인 이성의 부정으로 봅니다. 즉, 광기는 비이성이기에, 인간이 아닌 동물로 전락하는 바입니다. 즉, 열정에 사로잡혀, 현실을 비현실로 착각하는, 정신착란에 빠진 바입니다. 정신 질병이 아니라, 심리와 신체 모두 원인으로 간주하여, 미친 자는 인간 사회에서 개념으로써 배제됩니다. 이에 따라, 미친 자는 보통의 인간 삶에서 고립된 시설에 감금되어, 육체 배제도 뒤따릅니다. 근대에 와서는, 다시 동물이 아닌, 사람으로 광기를 다룹니다. 하지만, 이번에는 윤리 범죄자로 여깁니다. 즉, 특정한 사회 규범을 어겼기에, 죄책감을 느껴야 하고, 태도와 행위를 개선할 필요가 있습니다. 단순히 고립시키지 않고, 도덕 치료 대상으로 삼습니다. 계몽주의 시대의 보호 관찰에서, 근대의 정신 병동으로 바뀝니다. 푸코는 발전을 인정하지만, 미친 자를 조종하는 방법이 더 미묘하고 철저해졌다고 봅니다. 그것은 거대한 도덕 감옥입니다. 푸코는, 정신병을 도덕 치유라는 관념을 폐기한 후에는, 광기를 정신질환으로 여기는 바를, 과학 발전이 아니라, 정신병원에서 의사의 권위를 합법화하기 위한, 수단으로 여깁니다.

캉길렘은 의사이자 철학자로, 푸코의 스승입니다. 그는 이론의 역사가 아닌, 개념의 역사를 주장합니다. 즉, 주관 경험이 아니라, 객관개념에 중심을 두는데, 이는 보편이고 타당한 이론을 구축하지 않고, 역사와 우연을 보여 주는 데는, 개념이 더 적합하다고 보기 때문입니다. 보통은 전 시대 이론을 부인해도, 전 시대 개념은 그대로 사용하지만, 개념의 뜻은 변하기 마련이기에, 하나의 고정된 보편 개념은 존재하지 않는다는, 주장을 합니다. 이런 자세에는, 캉길렘의 스승인, 바슐라르의 영향도 큽니다. 푸코는 이런 개념의 예로, 광기, 처벌 혹은 성을 듭니다. 앞서, 광기에서 보았듯이, 그는 이론 일반화를 피하고, 개념에 대한 비판 역사를 씁니다. 인간은 근대 발명품이라고, 그는 말합니다. 우리가 지금 작업하고 있는, 인간 본성 개념은, 특정한 역사 상황의 산물이고, 계몽주의 시대에 생겼습니다. 즉, 인간의 이성에 대한 신뢰이지요. 그런 개념이 생겼다면, 사라지겠지요. 인간은, 바다 끝의 모래에 그려진 얼굴처럼 사라진다고 그는 말합니다.

역사는 어떤 순간에 시작해서, 그 후 직선으로, 지속하지 않습니다. 어떤 만연한 관행이 한동안 유행하다, 새로운 관행이 뒤를 잇습니다. 물론, 새로운 관행 역시 정해진 날짜나 연도에 시작하지 않습니다. 기원은 모든 역사 사건이 뒤따르는 원천이 아니라, 광범위하고, 일반적이고, 역사적인 시간 틀 안에서, 많은 장소에서 샘솟습니다. 니체는 확산, 유포, 환유 그리고 주체의 비중심화가 지식 생산의 지배 틀이라고 합니다.

지식과 권력

니체의 저작 가운데 『비극의 탄생』이 있습니다. 우연인지 몰라도, 푸코의 책에 『임상의학의 탄생』, 『감옥의 탄생』이 있습니다. 그리고, 니체의 『도덕의 계보학』이 있는데, 푸코도 지식의 고고학 이후에 계보학을 다룹니다. 그리고, 니체와 푸코는 생일이 같습니다. 10월 15일입니다. 물론, 태어난 해는 다릅니다. 1844년과 1926년입니다.

계보학은 고고학보다 정치적입니다. 과학이 아닙니다. 즉, 과학의 방법이나 내용 혹은 개념이 아니라, 중앙화된 권력에 대한 반란입니다. 계보학은 아담과 이브를 찾지 않습니다. 즉 조상을 찾지 않고, 무관해 보이는 수백 명이 다양하고 복잡하게 얽혀 있기에, 중앙 권력을 부인하려 합니다. 중앙 한 곳에 집중되어 있지 않고, 권력은 조직화된 과학 이야기의 제도와 기능과 연계합니다. 계보학은 공동체 구성원이 어떤 문장을 참이나 거짓으로 받아들이도록 하는 무의식 규칙뿐만 아니라, 이런 규칙을 수용하게 하는 제도를 만드는, 미묘한 역사, 사회 조건을 밝히는 작업입니다. 다시 말해서, 계보학은, 우리는 어떤 역사, 사회 조건에서, 공동체에 널리 퍼진 무의식 규칙이 수용되도록 하는, 제도를 만드는가, 하는 문제를 다룹니다. 푸코의 관심사는, 근대 혹은 계몽주의의 규칙인데, 그 이유는 과학의 시대이고, 이성과 휴머니즘의 시대이기 때문입니다. 한마디로, 현재를 다루기 때문입니다. 그의 역사는 언제나 현재의 역사이기 때문입니다.

계보학은 우리가 무엇인지에서, 무엇을 해야 하고, 무엇을 알아야 하는지를 연역하지 않기에, 새로운 가능성을 주어, 자유롭게 합니다. 푸코의 관심사는 자유에 있습니다. 계보학도 자유를 위한 작업입니다. 객관인 진리는 없기에, 휴머니즘도 객관적 진리가 아니므로, 인간의 존재와 행위, 그리고 생각에서 새로운 가능성이 생깁니다. 기존 인간 본성에 대한 일반 이론을 버리고, 새로운 가능성을 엽니다.

처벌을 예로 들어 보겠습니다. 사회 권력 이동이 에피스테메 형성에 변화를 일으킨다는 점은, 전혀 새롭지 않습니다. 문제는 권력과 지식이 연결되는 정확한 방식입니다. 푸코는 이 둘은 상호 작용하기에, 상호 관계를 말끔히 풀 수는 없다고 합니다. 즉, 색과 형태가 항상 함께 있듯이, 지식과 권력도 항상 붙어 다니며, 과학이 자연에 대한 권력을 제공하듯이, 과학은, 과학 지식을 발전시키고, 조정하고, 통제하는 사람에게, 제도 권력을 제공합니다. 근대에는, 지식과 권력의 상호 작용이, 특히 몸에 나타난다고 합니다. 처벌입니다. 근대 처벌에는 세 가지 특징이 있습니다. 우선, 통제의 대상이 정신이 아니라, 몸 자체입니다. 즉, 생각이나 감정이 아니라, 몸을 대상으로 합니다. 다음으로는, 통제는 일반 몸 전체가 아니라, 몸의 특정한 메커니즘에 세세하게 작동합니다. 그리고, 통제 방식은, 몸이 한 행위의 결과가 아니라, 몸의 행위를 항상 감시하고, 과정을 계속 통제합니다. 그런데, 이런 통제에는 두 가지 원칙이 있습니다. 하나는, 벤담의 파놉티콘처럼, 감시자는 보이지 않으며, 감시당하는 사람을 손대지 않고 그대로 둡니다. 이런 구조를 계급 구조라고 할 수 있습니다. 다른 하나는, 정상입니다. 즉, 정상이냐 아니냐가 판단의 기준이 됩니다. 어떤 사람이 정상이 아니면, 표준에서 벗어나기에, 사회 처벌이 불가피합니다. 정상 판단은 시험으로 합니다. 학교 시험, 의학 테스트, 직무 평가 등 많이 있습니다. 벤담의 파놉티콘도 정상 판단의 방법입니다. 즉, 응시하고 있는 거죠. 표준의 기준을 만드는 사람은 물론 전문가이기에, 지식은 권력과 바로 연결됩니다. 그런데, 이 표준은 사회 모든 영역에 해당하기에, 옛날처럼 사회 경계 밖의 무법자는 존재할 수 없습니다. 모든 일탈은 사회 내부에 존재하며, 교화되고, 추적되고, 통제되어야 합니다.

    옛날에는 군인은 태어난다고 했습니다. 골격, 민첩성, 성격 등을 보고, 판단했지만, 18세기 후반에는, 훈련으로 만들어 냅니다. 즉, 육체를 권력의 대상과 표적으로 보아, 조정하고, 훈련시키는 이유는, 사용하기 위해서입니다. 다시 말해서, 몸을 진흙 인형으로 보아, 사용, 변화, 그리고 발전의 대상으로 취급합니다. 이런 시각은 군대에만 해당하지 않고, 감옥, 학교, 공장 등으로 범위를 넓힙니다. 교실에서는 공장이나 감옥, 군대처럼, 지각, 결석, 수업 방해, 집중하지 않기, 태만, 열정 부족, 불손, 불복종, 잡담, 욕, 올바르지 못한 자세, 불결, 추잡, 외설 등으로 처벌됩니다. 사회 전부가 이런 감시와 처벌에 놓여 있기에, 거대한 감옥의 연속체로 볼 수 있습니다. 이런 근대 처벌은, 사회이고 과학이기에, 그 전 시대에 비해, 더 부드러웠지만, 그 이유는 새롭고, 더 효과적이고, 더 광범위한 통제를 위해서입니다. 즉, 덜 처벌하는 게 아니라, 더 잘 처벌합니다. 그 결과, 유순한 몸을, 원하는 방식으로 얻을 수 있게 됩니다.

성도 범죄와 같은 방식으로 다룹니다. 즉, 일탈을 없애는 게 아니라, 일탈하는 사람을 통제하고자 합니다. 과학이 성에 대해 표준을 제시하면, 그것을 토대로 어떤 사람의 정상 여부를 판별할 뿐만 아니라, 이 표준을 개인은 내면화합니다. 그리고, 이 표준을 따르고자 노력하도록, 자신을 감시합니다. 그리하여, 개인은 처벌 대상일 뿐만 아니라, 자기 검열과 형성의 주체이기도 합니다. 아마도, 키케로의 말대로, 권력에서 벗어나는 자유보다, 권력에 참여하는 자유가 더 낫다고 할지 모르겠습니다. 권력은 통제할 뿐만 아니라, 창조의 길도 열어 줍니다. 즉, 사람을 지배하고 억압하기 위한 거리 두기와 통제는, 사람이 자신에게 가할 수 있는 통제의 한 조각입니다. 이 통제는, 좀 더 건설적이고, 창의적이고, 자신을 해방하는 방식으로 사용할 수 있는데, 그 방법은, 자유 개념입니다. 즉, 자유 개념은 사회 차원에서 작동하고 있지만, 희미하게 인식하고 있는, 제약을 폭로하거나, 기존의 제약에서 실제로 벗어나는 대안을 드러내기 때문입니다.

푸코가 성 이야기로 하고픈 말은, 성 역사의 진정한 화제는, 근대 자아 개념인 반성하는 주체입니다. 즉, 권력은 근대 개인을 반성하게 만듭니다. 표준을 내면화하고, 그 표준을 기준으로 자기 검열하고 동시에 자기를 형성하는 바가, 근대 자아의 개념입니다. 다시 말해서, 지식과 권력은 상호 작용합니다. 권력은 억압이지만 창의이기도 하고, 권력 형성에 개인이 참여하고, 내면화합니다. 마르크스주의의 권력과 지식 관계는 아닙니다. 즉, 권력에 복종하는 일방 관계가 아닙니다.

후기의 푸코는 자아에 관심을 둡니다. 즉, 무의식이 구조를 지배한다고 해서, 의식 차원이 의미 없다고 할 수 없다는 겁니다. 권력 개념의 발전 전제는 세계는 복잡하고, 동요하고, 다차원적이라는 사실입니다. 이런 세계에서, 어떻게 사람은 자기에 대한 개념을 형성했는가를 그는 묻습니다. 예를 들어, 근대 과학 시대에, 사람은 어떻게 자기에 대한 개념을 만들었는가? 그리고, 자신이 측정되고, 예측되고, 통제될 수 있는 대상이라는 생각에 맞게, 어떻게 자기에 대한 개념을 형성했는가를 묻습니다. 그는 옛날 그리스에서는, 영혼이 모든 사람에게 있다고 믿었다고 말합니다. 즉, 인간의 본질, 기본 자아 아니면 굳건한 핵이 있었습니다. 물론, 이 핵심은 이성입니다. 기독교는 자기 부정으로 주체성을 확보하고, 그리스에서는 자기 통제 훈련으로 주체성을 확보한다고 하면서, 건강과 결혼의 즐거움, 특히 동성애에 대한 집착, 그리고 성을 연결합니다. 이런 시대별 검토를 한 후에, 사회 구조나 개인 자아는, 예상보다 임의이고, 변형할 수 있다고 합니다. 즉, 자연법이 아니라, 예술에 가깝습니다. 그는 개인 자아를 다루는 바를, 윤리학이라 부르고, 주체화에 대해 좀 더 말하고 있으나, 그 내용은 앞의 권력과 지식 관계와 크게 달라 보이지 않습니다. 지식 없이 권력 행사는 가능하지 않고, 지식이 권력을 낳지 않는 바는 불가능하다고 말합니다.

69
데리다

케임브리지 대학에서 데리다에게 명예 박사 학위를 제안했을 때, 많은 철학자는 그를 모호한 협잡꾼이라며 맹렬히 비난했습니다. 이 제안은 주로 문학가들이 제안했는데, 데리다는 영미에서 문학비평가로 평판이 높았습니다. 하지만, 프랑스인을 싫어하는 분석철학자들은 그를 비난했습니다. 그의 가장 유명한 주장은 해체입니다. 구별은 모든 대립의 토대이고, 의미 자체는 대립과 대조에서 나오므로, 모든 의미는 차연에 의존한다고 말합니다. 이것이 해체 관점의 기초이고, 데리다 자신이 가장 큰 업적으로 여기는 바입니다. 이 개념은 이해하기 어렵습니다. 왜냐하면, 그는 차연이나 해체는 개념이 아니라고 말하기 때문입니다. 1983년 자신의 책이 일본에서 번역 출판을 앞두고 있을 때, 출판을 돕기 위해 편지를 보냅니다. 편지에서, 그는 해체는 부정이지 않다고 하면서, 파괴 과정이 아니고, 분석과 구별해야 한다고 말합니다. 왜냐하면, 분석은 대상을 단순화하거나 본질 요소로 환원하는 일을 전제하는데, 환원된 요소는 다시 해체할 필요가 있기 때문입니다. 이런저런 설명 후, 결론을 말합니다. 모두가 해체이고, 해체는 아무것도 아니라고 합니다.

해체는 건설 현장과 아무 관련이 없고, 분석철학의 분석과도 관련이 없습니다. 언어가 작동하는 방식에 관한 관심입니다. 서양의 개념을 짜는 방식에 관한 이야기입니다. 전통적으로는, 언어로 세계에 접근하려 하는데, 해체는 이 시도가 언어 구조 자체 때문에, 실패한다고 말합니다. 서양 철학은 토대론을 바탕으로 하는데, 토대론은 두 가지를 요구합니다. 하나는, 사물은 자신이고, 자신이 아닌 다른 것이 아니라는 요구이고, 다른 하나는, 사물의 본질은 언어로 포착할 수 있다는 요구입니다. 데리다는 먼저 두 번째 요구에 응합니다. 사물의 본질은 언어로 포착할 수 없다고 주장하며, 이 작업을 첫 번째 요구에 적용합니다. 공동체, 호의, 정의, 선물 주기 등에서 결과를 보여 줍니다.

언어에서 시작합니다. 그는 소쉬르를 따릅니다. 즉, 기호는 임의이며, 기호 체계는 내용이 아니라, 용어 사이의 차이로 이루어진다고 합니다. 다시 말해서, 기호의 의미는 현존이 아니라, 한 기호를 다른 기호들과 구별하게 하는, 차이 체계로 생깁니다. 의미는, 주어진 기호 안에 있지만, 그 기호와 다른 기호들의 흔적 집합으로 존재합니다. 예를 들어, 〈개〉를 이해하려면, 고양이, 동물, 짖는다 등을 알아야 합니다. 여기에서, 고양이, 동물, 짖는다 등을, 데리다는 흔적이라 부릅니다. 왜냐하면, 우리가 〈개〉라고 할 때, 고양이나 동물은 나타나지 않습니다. 즉, 현존은 아닙니다. 이것으로 끝이면, 〈개〉가 의미를 갖는 바는, 실제 개를 지시하기 때문일 겁니다. 하지만, 소쉬르는 언어의 의미는 지시로 결정되지 않고, 내적으로 결정된다고 하면서, 그 내적인 이유가 바로 차이라고 합니다. 즉, 다른 단어들과의 차이로, 의미가 결정된다는 겁니다. 그리고, 차이가 생기려면, 다른 것들이 있어야 하는데, 언어의 경우, 다른 단어들은 현존하지 않고, 흔적으로 참여합니다. 다시 말해서, 〈개〉라는 단어가 보여 주는 현존과 다른 단어들의 부재, 다른 말로, 흔적으로 이루어집니다. 바로 여기에서, 해체의 모습을 볼 수 있습니다. 즉, 〈개〉라는 단어의 의미는, 현존과 부재의 상호 작용으로 생깁니다. 현존과 부재는 대립하는 이항관계입니다. 현존하면, 부재일 수 없고, 부재이면, 현존할 수 없습니다. 즉, 동일률과 모순율이 적용됩니다. A이면서 동시에 A가 아닐 수 없으므로, 현존하면 부재일 수 없습니다.

그런데, 이런 이항 대립을 데리다는, 서양 철학 전체의 특징으로 봅니다. 예를 들어, 플라톤은 형상을 현존으로 봅니다. 형상은 변함없이 항상 존재합니다. 형상은 완전하고, 단순하며, 독립이고, 긍정입니다. 플라톤에게 형상이 있다면, 아리스토텔레스에게는 실체가 있으며, 아퀴나스에게는 신이, 헤겔에게는 절대정신이 있습니다. 즉, 현존/부재, 진리/거짓, 존재/무, 같음/다름, 하나/여럿, 남성/여성, 뜨거움/차가움 등이 대립 원리로, 서양 철학을 지배합니다. 데리다는 이를 못마땅해합니다. 현존이 우선권이나 주도권을 갖고 있다는 주장을 뒤엎으려 합니다. 플라톤의 형상은 그렇게 완벽하고 독립이지만, 질료가 필요합니다. 기독교 신은 육화를 요구합니다.

그가 특히 문제 삼는 바는 글쓰기와 말하기입니다. 전통에서, 말이 생각의 주요한 즉시 표현이고, 글은 부차이고 파생이라고 합니다. 말할 때, 말하는 사람의 의도는 투명하며, 숨결이 배어나고, 몸짓이나 어조는 많은 메시지를 담고 있기에, 말이 주요하고 즉시인 표현입니다. 하지만, 글은 목소리를 들을 수도 없고, 몸짓도 볼 수 없을 뿐 아니라, 오해 가능성이 언제나 있다고 합니다. 즉, 말은 현존, 실재, 진리, 확실함, 순수인데, 글은 부재, 겉보기, 거짓, 의심, 불순입니다. 하지만, 역전이 일어납니다. 플라톤은, 순수한 생각은 영혼에 새겨진다고 합니다. 그리고, 글은 독이자 약이라고 합니다. 루소는, 글의 속임수를 비난하지만, 말이 아니라, 글이 자신의 참된 자아를 표현할 수 있는 유일한 방법이라고 합니다. 글이 모든 위험에도 불구하고, 결국은 흘러가는 순간에만 존재하는 말과 달리, 보존될 수 있는 유일한 방법이라는 의미는 아닙니다. 글이 순수하고 진실을 전할 수 있는 수단이란 주장입니다. 이렇게, 글과 말이라는 이항 대립으로 된 짝을, 자신의 텍스트로 부인하는 바를, 데리다는 해체라 부릅니다. 여기에서, 우리는 말과 글이 이항 대립 짝인데, 예상과 달리, 오히려 글이 우선한다는 바를 보았습니다.

그런데, 유의할 점이 있습니다. 플라톤이 말하는 영혼에 새겨지는 바는 일상의 글과 다릅니다. 즉, 종이 위에 써진 글이 아닙니다. 더 추상의 의미로 보입니다. 다시 말해서, 같은 차원이 아닙니다. 따라서, 차원을 구별할 필요가 있습니다. 이런 점을 데리다도 알고 있습니다. 그는 해체 방법은 언제나 읽기를 통해 열린다고 하면서, 이중 읽기를 제안합니다. 읽기에는 두 단계가 있습니다. 처음은, 주석 읽기로, 다른 사람들이 보통 읽는 바로, 공동체의 지배 해석을 말합니다. 주석이란 이름으로, 텍스트와 의도된 의미에 대한 지배 해석을 엄격하게 학문으로 재건하는 읽기입니다. 이런 읽기는, 보통의 읽기와는 물론 다릅니다. 그냥 읽는 게 아니라, 주석 달기처럼, 엄격한 학문의 읽기입니다. 하지만, 텍스트를 텍스트 밖의 역사 자료나 저자의 심리를 다루는 평전 등의 지시 대상과 관련지어, 텍스트를 넘어가면 안 됩니다. 예를 들어, 프루스트의 천식으로,『잃어버린 시간을 찾아서』를 읽으면 안 됩니다. 데리다는 텍스트의 밖에는 아무것도 없다, 텍스트밖에 없다고, 말하는데, 텍스트가 텍스트 밖의 어떤 지시 대상을 가리킨다는 생각은 환상이라고 합니다. 그런데, 그에게 텍스트는 책이나 글만을 말하지 않습니다. 아침의 붉은 하늘은, 하늘에 쓰인 기호의 집합으로, 텍스트입니다. 이 텍스트는 앞으로 다가올 태풍 등 아직 결정되지 않는 일련의 사건을 가리킵니다. 의미는 텍스트에 새겨 있고, 다른 텍스트의 의미를 가리킵니다. 아침의 붉은 하늘에서 보듯이, 세계는 절대로 닫히거나 종결되지 않으며, 가장 일반 텍스트입니다. 그런데, 데리다는 이 중 읽기 가운데 첫 번째 읽기에서, 텍스트 밖으로 나가지 말라고 합니다. 엄격한 학문의 읽기를 권합니다. 그리고, 텍스트 밖으로 나가면 안 됩니다. 하지만, 두 번째 읽기는 다릅니다. 두 번째 읽기가 해체입니다. 해체는 지배 읽기의 안정성을 뒤흔드는 일입니다. 즉, 첫 번째 읽기는 지배이고 엄격이며 안정이지만, 해체하면, 안정성은 위협을 받게 됩니다. 텍스트 자체가 모순을 일으키며, 텍스트의 의도된 의미와 해체로 드러난 바는, 반대이기 때문입니다. 앞서 나온 플라톤이 말하는 글쓰기의 독과 약, 루소의 진정한 자아는 글쓰기로 드러난다는 사례, 기독교 신의 육화 등이 예입니다.

　　해체는 지배 해석의 안정성을 모순으로만 파괴하지 않습니다. 차이와 지연으로도 파괴합니다. 단어 의미가 지시 대상에서 얻어진다면, 확정되기에 안정일 겁니다. 〈사과〉의 의미가 실제 존재하는 사과를 가리켜서 생긴다면, 불안정함을 찾기는 어렵습니다. 하지만, 소쉬르 말대로, 언어의 특징이 차이에 있다면, 그 차이는 끝이 없을 겁니다. 〈사과〉는 배, 감자, 고양이 등과 다르기에 의미가 생깁니다. 그런데, 배는 또 귤, 사람, 신발과 다르고, 사람은 개, 참치하고 다릅니다. 이런 식으로 하면, 끝이 없겠지요. 그렇다면, 단어 의미는 안정이지 않습니다. 절대로 확정할 수 없으니까요. 이런 과정을 보면, 단어 의미는 자꾸 뒤로 물러납니다. 개에서 고양이로, 고양이에서 동물로, 동물에서 사람으로, 사람에서 진화로, 끝없이 물러나겠지요. 이런 의미에서, 단어 의미는 한없이 지연됩니다. 지연은 보통의 단어 의미에서는 찾을 수 없습니다. 해체해야, 비로소 나옵니다. 그는 해체를 차이와 지연을 합한, 차연이라고 합니다.

차연에 관해 좀 더 말하기 전에, 이중 읽기에서 유의할 점을 자세히 말하겠습니다. 이중 읽기는 고전 물리학과 양자 역학과 비슷해 보입니다. 첫 번째 지배적인 읽기는 상식에 가까운 고전 물리학과 닮았습니다. 눈에 보이는 대상의 위치는 물리학 법칙으로 예측할 수 있으며, 검증도 어렵지 않습니다. 보통 사람들이 수긍하는 바입니다. 다시 말해서, 지배적인 의견이지요. 하지만, 양자 역학은 다릅니다. 상식과는 차이가 크게 납니다. 하이젠베르크의 불확정성 원리는 입자의 위치와 운동량을 동시에 모두 정확히 알 수 없다고 합니다. 양자 역학이 고전 물리학이 다루는 물체를 대상으로 하지만, 그 안을 들여다보면, 전혀 다른 세계가 나옵니다. 물질은 대부분 공간이며, 빛은 입자인 동시에 파동입니다. 데리다의 해체와 닮은 구석이 있습니다. 데리다는 일상의 세계를 부인하지 않습니다. 동일률과 모순율을 인정하고, 일상생활에 필요한 범주 즉, 정의, 민주주의, 윤리 등을 인정합니다. 일상의 개념을 파괴하거나, 이항 대립을 지워 버리겠다는 의도가 아니라, 대립하는 용어 각각이, 다른 것의 차연으로 표현되어야만 한다면, 그것이 무엇인지 말하는지 알아보려고 합니다. 이중 읽기에서도, 우선은 안정된 구조에 대한, 적절하고 정당한 접근이라는 최소한의 해독을 한 후에, 가장 모험적인 질문과 해석을 해야 한다고 합니다.

차연은 차이와 지연으로 이루어지는데, 차이는 물론 다름입니다. 그런데, 차이가 생기려면, 구별이 먼저 있어야 합니다. 구별이 없다면, 차이도 없겠지요. 차연은 차이를 만드는 일 자체입니다. 모든 개념은 연쇄나 체계 안에서 차이로 생기는데, 차이를 만드는 역할을 차연이 한다면, 차연은 역할이나 놀이이지 정적이고 안정된 단어가 아닙니다. 개념이 아닙니다. 다시 말해서, 차연은 언어에 거주하고 있지만, 특정한 단어로 표현할 수 없습니다. 왜냐하면, 단어는 항상 다른 단어와 대립하기에, 언제나 구별 안에서 실제 단어로 남습니다. 따라서, 단어는 구별 자체를 나타낼 수는 없습니다. 차연과 대립하는 개념이나 단어는 무엇입니까? 그런 단어는 존재하지 않습니다. 따라서, 언어 체계 안에서, 차연을 개념이나 단어로 나타낼 수는 없습니다. 그리하여, 굳이 표현한다면, 구별 자체의 지점이라 할 수 있을 겁니다. 따라서, 데리다는 차연이란 용어는 적절하게 전할 수 없다고 합니다.

 그렇다면, 부정 신학처럼, 부정으로 정의할 수 있을까요? 신을 무엇이 아니라는 식으로 나타내는 바와 같이, 차연을 무엇이 아니라고 말하는 방법도 있지 않을까요? 데리다는 차연은 어떤 종류의 대상이나 성질을 가리키기에, 부정 신학 방법은 해당하지 않는다고 합니다. 차연은 눈 앞에 보이지 않습니다. 현존하는 것의 뒤에 암암리에 남아 있습니다. 현존하는 것은 차연을 우리에게서 숨깁니다. 차연은 이름이 없고, 본질이나 존재라고 불리지도 않으며, 이름이 아닙니다. 헤겔의 정, 반, 합 변증법의 합에 해당하지도 않습니다. 또한, 순수하고 명목 통일성도 아닙니다. 차연은 현존을 경험하기 위한 필수조건으로, 끊임없는 뒤죽박죽이거나 놀이입니다. 이를 알려면, 모든 언어 표현은 은유라는 점과, 언어는 시간이 지나면 변한다는 점, 그리고, 텍스트 조각은 끊임없이 겹치고, 서로 가리키며, 언어는 계속해서, 정지 상태인 최종 모습을 거부한다는 점을 알아야 합니다. 한마디로, 언어 역동성을 생각할 필요가 있습니다. 언어는 불투명한 공깃돌 세트가 아니라, 각기둥 모양으로 깎은 다이아몬드와 비슷합니다. 다이아몬드 각 면은, 배열을 달리하기에 따라, 다른 방식으로, 서로를 반영하고 반사합니다.

 그는 특히, 언어는 은유를 피할 수 없다고 합니다. 은유는 공명과 직조로 이루어지며, 언어의 역학을 보여 주는데, 한갓 논리 구성이 아니라, 연상과 은유에 따라 작동합니다. 즉, 언어는 연상, 은유 그리고 문학적 결속입니다. 따라서, 언어의 공명이 더 앞서고 기초이기에, 복잡하고 다차원인 언어의 실재에 대한 추상이고 불완전한 재현으로서의 논리 결정화는, 그다음에 일어납니다. 그리하여, 문학 언어만이 참이나 객관적입니다. 왜 데리다에게 학위를 수여하려 했을 때, 문학가는 지지하고, 철학자는 반대했는지 조금은 알 수 있습니다.

차연에 대한 이런 설명은 하이데거의 존재를 떠올립니다. 데리다의 차연과 하이데거의 존재는 닮은 면이 많기 때문입니다. 존재와 존재자가 차원이 다르듯이, 차연과 개념은 차원이 다르며, 존재가 대상이 아니듯이, 차연도 대상이 아닙니다. 그리고, 존재가 존재자의 근거이듯이, 차연도 현존의 근거입니다. 또한, 존재가 일상 의식 배경에 숨어 있듯이, 차연도 현존 뒤에 배경으로 숨어 있습니다. 하지만, 다른 점이 있으니, 하이데거의 진리는 드러나지만, 데리다의 차연은 절대로 실제로 드러나지 않습니다. 하이데거의 고대의 진리 원형 개념으로도 포착할 수 없습니다. 데리다는, 차연은 존재하지 않는다고 하면서, 그 이유가 아무리 뛰어나고, 유일하고, 원리이고, 초월이라 해도, 현존하는 존재가 아니기 때문이라고 합니다. 그러고는, 차연은 무엇도 지배하지 않고, 다스리지도 않으며, 어디에서도 권위를 행사하지도 않는다고 합니다. 절대로 대문자를 쓰지 않는다고 하는데, 이는 하이데거의 존재를 염두에 둔 발언이겠지요. 그리고, 차연은 왕국이 아니지만, 왕국의 전복을 부추긴다고 합니다. 이런 발언은 차연이 변화나 불안정의 원천이라는 선언입니다. 즉, 차연은 무엇이든 전체를 흔들거나 떨게 하는, 지의 화약이기에, 변화, 유동성, 임시성 그리고 시간성과 통합니다. 그리하여, 영원함, 안정성, 단결, 그리고 총체성과 맞섭니다.

차연은 하이데거의 존재와 존재자 구별의 선행 조건입니다. 구별이 없다면, 존재자와 존재가 없을 터인데, 차연이 없다면, 구별 자체가 없기 때문입니다. 하이데거의 존재는, 권위를 갖기에, 기존의 형이상학과 전혀 다르다고 할 수 없습니다. 차연은 앞서 나온 대로, 아무것도 지배하지 않고, 다스리지도 않으며, 권위를 행사하지도 않지만, 하이데거의 존재는 모두를 지배하며, 진리의 원천입니다. 이런 권위를 거부하는, 데리다의 성향은 신에 대한 그의 태도로도 알 수 있습니다. 신이 궁극의 권위, 사물에 대한 하나이며 참인 진리라면, 신 역시 거부합니다. 부정신학 역시 신의 권위를 인정하기에, 받아들이지 않습니다. 차연은, 어떤 경우에도, 명확한 내용이 없습니다. 모든 권위에 도전하지만, 권위는 없습니다. 무엇보다 차연을 우선한다면, 모든 최종 근거나 최종 해결을 거부하는, 영원한 혁명 원리를 받아들이는 바입니다. 그는 서양 철학사를 끝이 없어 보이는 놀이를 억압하려는 시도로 봅니다. 즉, 존재와 무, 현존과 부재, 진리와 부재, 같음과 다름, 남성과 여성 등의 이분법은 이런 억압의 산물입니다. 다시 말해서, 존재가 부재에 우선하고, 같음이 다름에 우선한다고 하는, 우선 원리가 억압의 산물입니다. 그는 이분법을 해체하여, 우선 관계를 역전하려 합니다. 하이데거의 존재와 존재자 역시, 이런 이분법의 하나입니다. 마르크스의 자본주의와 사회주의도 물론 그런 예 가운데 하나이지요. 해체는, 억압 전략이 폭로되지 않기를 바라는 기존 권위에 위협입니다.

전통 형이상학의 지식은 기초가 되는 확실성에 근거합니다. 이것이 앞서 등장한 토대론입니다. 예를 들면, 하나는, 지의 통찰로, 플라톤의 형상에서 데카르트의 생각하는 자아까지이고, 다른 하나는, 아리스토텔레스에서 흄에 이르기까지의 지각입니다. 데리다는 토대론의 근거인 두 가지, 지의 통찰과 감각 모두 부인합니다. 토대론의 토대를 공격해, 토대론을 무너뜨리려 합니다. 그는 토대론을, 마음이나 경험에 현존하는, 즉시의 어떤 것을 근거로 하는 주장이라고 합니다. 데카르트의 생각하는 자아는, 매개가 필요 없이 즉시, 자신에게 분명하게 지금 존재합니다. 따라서, 의심할 수 없기에, 토대가 됩니다. 하지만, 데리다는, 〈내가 살아 있다〉라는 문장은, 이 문장을 말하거나 쓴 사람이 죽은 후에도, 그리고 가공의 인물이라 할지라도, 의미 전달에는 아무런 문제가 없다고 합니다. 〈지금〉이란 즉각이고 확실한 근거는 고대부터 지속된 편견이란 겁니다. 오염되지 않은 지금은 없습니다. 흔적을 남기는 과거와 미래가 없다면, 지금은 존재하지 않습니다. 그리하여, 현존은 언제나 자신 밖에 있고, 그리하여 분명한 끝은 없습니다. 그리고, 벌거벗은 대상 앞에서, 눈에서 막이 떨어지듯이, 기호나 기호 체계가 사라지리라 생각하는데, 이는 신화입니다. 이런 일은 일어나지 않기 때문입니다. 언어에서 벗어날 수 없다는 주장은, 지각에도 해당합니다. 순수하다고 여기는 감각 자료는, 문화 틀이기 때문입니다. 하지만, 시각 장애인이라면 다르지 않을까요? 시각 장애인은 색을 본 적이 없어도, 색에 대해 말할 수 있는데, 이 색이 다른 색과 다르다는 점을 알기 때문입니다. 직접 색을 경험한 사람은, 직접 지각한 현존으로서의 색을 보지, 기호 체계의 흔적으로써, 색을 지시하지 않습니다. 분명, 시각 장애인이 본 바보다는, 무엇인가 더 안다는 의미입니다. 하지만, 언어를 구성하는 차이의 역할이 아니면, 지식이나 의미를 얻을 수 없습니다. 보통 사람이 언어 체계와 관계없이, 시각 장애인이 접근하지 못하는 바에 접근할 수 있을지, 그는 묻습니다. 순수한 지각이나 감각 자료는 존재하지 않는다는 거죠. 그리하여, 어떠한 지각도 없다고 말합니다. 차이가 의미를 만든다면, 토대론의 가능성을 막습니다. 왜냐하면, 언어는 절대로 동일성 표현으로 환원할 수 없기 때문입니다. 예를 들어, 〈지금〉은 흔적 없이는 의미가 없는데, 지금에 포함된 흔적인 과거나 미래를 환원할 수 없기에, 즉 현존이 아니기에 〈지금〉은 동일성을 확보할 수 없습니다. 실재는 사고 그리고 심지어 경험을 언제나 빠져나간다는 사실을, 흔적이 보여 줍니다. 실재에 흔적으로써만 접근할 수 있는데, 흔적은 생각과 경험이 어느 정도 가리키기는 하지만, 표현할 수 없기에, 간접으로만 현존합니다. 이런 이유로, 절대로 우리가 의미하는 바를 온전히 통제할 수 없습니다. 의미는 그 자체가 차연에 붙잡히고 맙니다.

지금까지, 토대론의 첫 번째 요구에 답했습니다. 그럼, 두 번째 요구인 공동체, 호의, 선물 주기 등을 살펴보겠습니다. 데리다는 공동체를 싫어합니다. 윤리학은 남을 다루기에, 공동체와 연결됩니다. 그런데, 그는 공동체와 함께 감동하는 데에는, 언제나 어려움을 겪는다고 합니다. 공동체를 의미하는 영어 단어 community는 어원으로 보면, cum은 공동의 의미이고, munis는 방어의 의미로, 합하면, 요새화된 도시라는 뜻입니다. 즉, 공유와 배제를 함께 내포합니다. 전형적인 이분법의 긴장을 나타냅니다. 시 안의 사람과는 공유하고, 그 밖의 사람들은 배제하기 때문입니다. 호의라는 의미의 hospitality도 마찬가지입니다. 여기에도 긴장이 있습니다. hospes는 손님이란 뜻이고, hostis는 처음에는 이방인이란 의미였으나, 적이란 의미가 되었습니다. 그리고, 단어의 후반은 potes에서 나왔는데, 권력이란 뜻입니다. 따라서, 손님을 환영한다는 말은, 손님에게 권력을 준다 혹은 적에 대해 권력을 갖는다는 의미입니다. 편하게 있으라는 의미의 〈Make yourself at home〉도 마찬가지입니다. 주인이 이 말하는 이유는, 이 집이 자신의 소유이고, 따라서, 손님이 들어올 공간을 통제하기 때문입니다. 게다가, 손님은 주인의 말을 글자 그대로 따라, 실제로 자기 집으로 할 수는 없으니까요. 실제로 손님이 그렇게 하면, 주인은 충격을 받고 분노할 겁니다. 집처럼 편하게 있으라는 말은, 지나친 개념입니다. 실현하면, 그 적용 조건을 파괴하기 때문입니다. 그렇게 하면, 주인과 손님 사이에 긴장이 생기는데, 이런 상황이면, 어원에서 왜 손님을 적으로 여기는지 알 수 있습니다. 선물도 긴장이 있습니다. 받고 보답하지 않으면, 빚을 지게 됩니다. 선물의 역설입니다. 즉, 선물을 주는 사람이 받는 사람이 되고, 선물을 받는 사람이 빚을 지게 되니까요. 이 세 가지 윤리학 개념인, 공동체, 호의, 선물은, 안으로는 정합적이지 않은, 다른 사람과의 관계를 이해하는 방식입니다. 물론, 데리다의 해체의 한 방법입니다. 해체한다고 해서, 윤리적 실재가 없다고 주장하는 바는 아닙니다. 윤리적 실재에 대한 직접접근은 모두, 적절하지 않다는 겁니다. 다시 말해서, 진리가 우리에게 오거나 올 수 있는 유일한 방법은, 차연, 흔적 등입니다. 다른 해체 대상과 마찬가지로, 윤리의 실재도 해체 방식으로 접근해야만 합니다.

 1981년 파리 괴테 인스티튜트에서 가다머와 데리다가 만났습니다. 데리다는, 대화로 서로를 완전히 이해했는지 잘 모르겠다는 반응을 보였습니다. 가다머는, 프랑스 철학과의 만남이 자신에게 진정한 도전이라고 말합니다. 후에, 가다머는 그를 여러 차례 만났고, 그 결과, 타자, 외부성, 차이의 중요성을 새롭게 알게 되었다고 합니다. 데리다의 해체로, 두 사람의 대화가 방해받지는 않았나 봅니다. 의사소통이 이루어진 걸로 보이니까요. 그는 앞서 말한 대로, 모순율을 받아들인 모양입니다. 진리 가치는 자신의 글에서 결코 부정되거나 파괴되지 않는다고 하면서, 단지 더 힘차고 더 넓고, 더 다층의 문맥에서 다시 기술할 뿐이라고 말합니다. 그리고, 분석철학자들은 데리다를 모호한 협잡꾼이라 비난했는데, 그 모호함은 이분법의 양가 구조를 향한 기술입니다. 왜냐하면, 이분법을 극복하기 위해서는, 이분법에 속하지 않는 언어를 사용해야 하나, 그것은 불가능하기에, 이분법 언어로 극복을 기술하기 위해, 모호함을 사용한다고 합니다. 분석철학자들이 그를 모호하다고 평했다면, 어떤 의미에서는 제대로 된 평가입니다. 그리고, 해체는 항상 기존 이론을 대상으로 합니다. 다른 말로 하자면, 기존 이론이 없으면, 해체를 진행할 수 없기에, 기생한다고 할 수 있습니다. 어떤 텍스트든 골라서, 해체하여, 텍스트에 대한 지배를 자랑하지만, 어떤 이론을 해체한 후, 대체 이론을 제시하지는 않습니다.

70
비트겐슈타인

1947년 케임브리지 대학 교수직을 그만두고, 아일랜드로 옮긴 비트겐슈타인은 더블린에 머물렀는데, 의사 드루어리와 함께 피닉스 공원에 갔습니다. 드루어리가 헤겔은 다르게 보이는 바가 실제로는 같다고 말하는 모양이라고 하니, 비트겐슈타인은 셰익스피어의 『리어왕』을 인용해, 〈나는 네가 자신의 위치를 알게 해주겠다〉고 말하면서, 책의 좌우명으로 삼겠다고 합니다. 그는 셰익스피어를 그다지 좋아하지 않았지만, 블레이크와 디킨스를 좋아했고, 매달 나오는 스트리트앤스미스사의 『탐정 잡지』를 잊지 않았습니다.

비트겐슈타인의 철학은 보통 전기와 후기로 나눕니다. 1922년에 나온 『논리 철학 논고』와 죽은 후에 나온 『철학적 탐구』는, 각각 전기와 후기를 대표하는데, 주장의 차이가 커 보이기 때문입니다. 그렇긴 해도, 언어를 통해, 생각을 명료하게 하려는 의도는 같습니다. 언어의 본성에 관해 다른 태도를 보인다는 거죠. 즉, 논고에서는 형이상학은 숨은 난센스라고 주장하고, 탐구에서는 형이상학 문제는 언어 오독의 결과라고 합니다. 우선, 논고부터 살펴보겠습니다. 프레게와 러셀은, 논리와 수학이 인간 지식 본질에 관해, 기본이 무엇인가를 알려 주리라는 최소한의 믿음을 갖고 있습니다. 프레게는 논리 규칙만을 위한, 분리된 존재론 영역을 설정했고, 러셀은, 논리 기호가 중요한 방식으로, 인간 추론의 경로를 추적한다고 믿습니다. 하지만, 비트겐슈타인은 이를 뒤집습니다. 즉, 프레게와 러셀은, 논리의 본질이나 정신 기능에 대한 깊은 진리를 드러낸 게 아니라, 논리와 수학 개념이 본질에서, 공허하다는 바를 드러냈다고 합니다. 다시 말해서, 내용이 있는 진술은, 사실이나 사태를 그림으로 그리는 진술뿐인데, 논리 진술은 세계에 대해 아무것도 주장하지 않고, 단지 세계의 구조만을 보여 줄 뿐이기에, 공허하다는 겁니다. 예를 들어, 비가 오거나 오지 않는다는 바를 알 때, 날씨에 대해 아무 것도 아는 바가 없다는 겁니다. 논리는 동어반복과 모순을 기초로 하는데, 동어반복과 모순은 세계에 대해 아무것도 말하지 않기에, 의미가 없습니다. 하지만, 쓸모가 없지는 않습니다. 과학 이론을 만들기 위해서는, 세계를 그리는 진술들이, 논리 규칙에 따라, 조직되어야 합니다. 하지만, 여전히 논리나 수학은 세계에 대해 아무것도 말하지 않습니다. 예를 들어, 긍정식은 형식의 문제이지, 언어 밖의 사태와는 아무 관련이 없습니다. 프레게와 러셀은, 평범한 언어 밑에는, 논리로 서로 연결된 명제 체제가 있으며, 각 명제는, 원리상, 진릿값이 정해질 수 있다고 합니다. 학교에서 배우는 진릿값 계산을 말합니다. 명제 p, q, r의 진릿값 계산은 p, q 각각의 진릿값 T, F이면, r의 진릿값은 F이다, 와 같은 경우입니다. 이 진릿값은 기계처럼 셈할 수 있는데, 이유는, 논리 명제는 동어반복이거나 모순이기 때문입니다. 즉, 세계에 대해 아무것도 주장하지 않습니다. 이와 똑같이, 수학 명제는 방정식이기에, 가짜 명제가 됩니다. 방정식은 양변이 같다는 주장입니다. 즉, a=b의 형식인데, a와 b의 의미에 대해, 아무것도 말하지 않기에, 미봉책일 뿐이고, 두 이름이 같은 사물을 지시하는지 아니면, 두 개의 다른 대상을 지시하는지 알지 못하기에, 두 이름을 이해할 수 없는데, 어떻게 이 두 가지 이름으로 이루어지는 명제를 이해할 수 있겠습니까. 따라서, 논리와 수학에는 정해질 수 있는 진릿값이 있지만, 진릿값은 형식 관계만으로 정해질 뿐, 세계 안의 어떤 것에도, 의존하지 않습니다.

정할 수 있는 진릿값이 있는, 유일한 다른 명제는 자연 과학 명제입니다. 비트겐슈타인에게, 의미 있는 진술은 모두, 세계 안의 단순한 사태를 기술하거나 그림 그리는, 요소 명제로 이루어집니다. 더 복잡한 자연 과학 개념은, 직접 경험에서 온 요소 명제들로 이루어지는데, 요소 명제들의 결합은, 논리와 수학 규칙에 따라 이루어집니다. 자연 과학의 검증할 수 있는 명제가 아니라면, 난센스 즉, 의미가 없다고 합니다. 하지만, 의미 없다고 해서, 윤리로나 정신으로 가치가 없다는 뜻은 아닙니다. 다시 말해서, 윤리학, 미학, 그리고 종교 체험에 관한 명제는, 참이나 거짓으로 평가할 대상이 아니기 때문입니다. 즉, 참, 거짓의 대상이 아닐 뿐, 다시 말해, 진릿값의 대상이 아닐 뿐, 여전히 가치가 있습니다. 여전히 자연 과학은 지식의 양을 늘릴 터이고, 논리 명제는 계속 요소 명제를 결합하겠지만, 그는 논고에서 철학 본연의 경계를 획정합니다. 이 경계를 넘으면, 난센스로 빠지게 됩니다. 아니면, 엄격히 말하면, 철학이 아닌, 신비로 향하게 됩니다. 그는 논고 서문에서, 말해질 수 있는 바는 명료하게 말해질 수 있다, 그리고, 말할 수 없는 바에 대해서는 침묵해야 한다고 합니다. 이 발언은 생각에 한계를 그으려는 시도로 보입니다. 세계에 대한 명제와 그렇지 못한 명제 사이에 선을 긋고, 그 선을 넘으면 난센스가 되기에, 침묵하라는 의미로 보입니다. 말해질 수 있는 바가 참과 거짓을 말할 수 있는 명제라면, 말해질 수 없는 명제는 참과 거짓을 부여할 수 없으나, 가치 있는 명제로 보아야 합니다. 그는 말해질 수 없는 바가, 다른 방식으로 많이 전해진다고 하면서, 명제는 그림을 그려서, 의미가 무엇인지 보여 준다고 합니다. 여기에서, 그림은, 머릿속으로 생각할 수 있는 바를 말합니다. 이런 그림 그리기는, 실제 사태가 일어났는지 여부가 문제가 아니며, 명제가 의미를 표현하는 방식도 아닙니다. 즉, 참과 거짓을 말할 수 있는 요소 명제가 아닙니다. 뉴턴 역학은 요소 명제와는 다른 방식으로, 세계가 무엇인지를 보여 줍니다. 중력 법칙은 단순한 요소 명제가 아니지만, 세계를 묘사합니다. 이런 보여 주기는, 언어 기능을 명확하게 합니다. 두 개가 같다는 주장 $a=b$는, 난센스이지만, 아무것도 전하지 않는다는 의미는 아닙니다. 그것은 전하는 바를, 말하지 않고, 보여 줍니다. 물론, 동일성 기호 없이도, 같은 의미를 다른 방식으로 보여 줄 수 있습니다. 은유나 비유입니다. 그가 신비라는 문제가 없어진다고 말할 때, 그가 실제로 원하는 바는, 그런 문제에 대한 쓸데없는 말의 사라짐이지, 신비의 사라짐은 의미가 아닙니다. 인생의 의미는, 오랫동안 의미를 의심한 사람에게 분명해집니다. 비록 의미를 말로 할 수는 없어도, 표현할 수 없는 바가 실제로 존재한다는 걸 부인하지 않습니다. 즉, 말로 할 수 없는 바가 실제로 존재하며, 신비롭다고 표현합니다. 말해질 수 있는 것이 보이는 것보다, 중요하지 않다고 생각합니다.

오스트리아 빈에 슐리크, 카르납 등의 논리 실증주의자들이 있습니다. 이들은 비엔나 서클이라 부르는데, 경험으로 실증할 수 없는 명제는 지식이 될 수 없다고 주장합니다. 종교 명제는 지식에서 제외합니다. 이들은 프레게와 러셀을 자신의 목적에 맞게 사용하는데, 지식을, 검증할 수 있는 명제와 논리만으로, 재구축하려는 그들의 목적에 맞는 도구였습니다. 1920년대와 1930년대에는, 비트겐슈타인의 논고를 보고, 적극 그를 활용합니다. 비트겐슈타인은 이 모임과 거리를 두었습니다.

그런데, 논리 실증주의나 비트겐슈타인의 요소 명제나 모두 회의론의 위험을 안고 있습니다. 의미 있는 명제의 진릿값은 사실이 정하고, 사실은 경험으로만 알 수 있다면, 경험으로 아는 진리는, 주관일 수밖에 없기 때문입니다. 나의 눈에 보이고, 내가 만질 수 있는 바에서, 경험은 벗어날 수 없기 때문입니다. 그렇다면, 어떻게 지식이 객관일 수 있는가? 하는 문제가 생깁니다. 비트겐슈타인, 카르납, 슐리크는 감각의 주인이 없다고 합니다. 즉, 감각하는 자아가 없다는 겁니다. 우리는 자아가 있어, 자아가 경험 감각의 주인이라 여기지만, 아니라는 겁니다. 비트겐슈타인은, 자아는 인지 자료에는 포함되지 않는다고 합니다. 즉, 자아라는 형이상학 주체는 없습니다. 이런 주체가 아예 없다면, 감각의 주인도 없고, 주관인 경험이란 말도 없겠지요. 카르납은, 주체가 없이 주어진 바가 이상하지 않으며, 객관성은 세계 안의 감각 자료나 사태에 관한 진술이 아니라, 각자가 갖는 논리 체계의 구조 속성이 비슷한 데서 오는, 간주관성이라고 말합니다. 또한, 슐리크는 즉각 경험을 하는 일인칭 사람이 있다는 전제 자체가 잘못이라고 합니다. 따라서, 논리 실증주의자가 곤경에 빠질 일은 없다고 하네요. 이런 주장은 비트겐슈타인의 후기에서 더 상세하게 전개됩니다.

앞서 말한 대로, 탐구에서 그는 형이상학은 언어를 잘못 읽는 데서 나온 결과라고 합니다. 그리하여, 언어의 실제 사실과 직접 마주하는 방법이, 치유 방법이라고 말합니다. 형이상학 사용에서 일상 사용으로, 단어를 되돌리는 일입니다. 하지만, 이런 일상 언어로의 회귀가, 1950년대 등장한 오스틴의 일상 언어에 관한 탐구는 아닙니다. 현상을 관찰하고, 분류하여, 언어의 새로운 면을 드러내는 게 아니라, 언어를 제자리로 돌려놓아, 형이상학의 문제를 제거하려 하기 때문입니다. 논고에서, 사실이든 가능한 사태이든, 모든 명제는 그림이라 할 수 있지만, 탐구에서는, 그림은 나쁜 편에 속합니다. 왜냐하면, 그림으로 철학자가 잘못으로 빠지기 때문입니다. 그림은 우리를 포로로 삼고 있어 빠져나올 수 없는데, 그 이유는, 그림은 언어 안에 있고, 언어는 그림을 반복하기 때문입니다. 예를 들어, 〈길 위에서 어느 사람도(nobody) 왕을 지나치지 못할 바〉라는 보고를 듣고, 왕이 보고에 등장한 〈nobody〉를 사람 이름으로 잘못 아는 경우가 있습니다. 이때 왕은 형이상학 그림에 사로잡혀 있습니다. 그는 주어 자리에 있는 nobody가 세계 안의 무엇인가를 지시해야 한다고 생각합니다. 그리하여, nobody를 사람 이름으로 생각한 겁니다. 문법 허구의 예입니다. 이 경우, 왕은 발언을 이해하지만, 본래 의미와는 다른 방식으로 이해하기에, 난센스가 됩니다. 〈설마가 사람 잡는다〉라는 말도 예가 됩니다. 여기에서, 설마는 주어 자리를 차지하고 있어, 설마를 사람 이름으로 여겨, 얼마든지 그림을 그릴 수 있습니다. 즉, 설마라는 사람이 사람을 잡는 그림을 떠올릴 수 있습니다. 이 경우도, 문법 허구입니다. 그런데, 실제로 설마라는 이름의 사람이 존재하고, 또 그가 사람 잡는 일을 한다면, 어떻게 될까요? 그래도, 난센스입니다. 왜냐하면, 본래 의미와 다른 방식으로 사용하기 때문입니다. 즉, 본래 의미는, 설마 하다가, 죽을 수가 있으니, 주의하라는 뜻이기 때문입니다.

이런 방식으로, 그는 〈나는 생각한다〉의 〈나〉를 다룹니다. 이 문장을 보면, 문법으로는 〈나〉는 주어 자리에 있기에, 무엇인가 대상을 지시하는 듯 보입니다. 그리하여, 〈나〉에 해당하는 무엇인가가 있다고 생각하면, 잘못입니다. 왕이나 설마의 예에서 보듯이, 이렇게 취급하면, 난센스가 됩니다. 즉, 〈나는 생각한다〉의 〈나〉는 문법 허구입니다. 형이상학자는 〈나〉를 그림으로 그릴 수 있으나, 마음으로 느끼지는 못합니다. 〈나〉를 제거할 뿐 아니라, 의도, 믿음과 같은 정신 상태도 거부합니다. 이를 보이기 위해, 언어란 무엇인가에서 시작합니다. 왜냐하면, 의도나 믿음은 언어를 바탕으로 하기에, 언어가 무엇인지 모른다면, 해명이 어렵기 때문입니다.

논고에서, 언어 사용은 프레게 방식에 동의합니다. 즉, 우리가 기호에 의미를 부여한다고 말합니다. 간단히 말해서, 우리의 정신 활동으로, 의미가 생깁니다. 하지만, 탐구에서는, 언어 사용은 정신과 아무런 관련이 없다고 합니다. 언어 사용은 사회의 산물인데, 상호 작용에 대한 사회 규약으로, 습관입니다. 다시 말해서, 언어는 일종의 게임으로, 규칙을 지키면서, 주고받는 행위라 할 수 있는데, 공을 던지고 받는 행위와 같습니다. 다만, 공이 아니라, 말로 하는 행위와 반응입니다. 일단 언어 게임이 성립하면, 부모의 행위는 규칙을 이해하는 방법이 되는데, 그 규칙은 해석이 아니라, 규칙을 지키기로 보여 줍니다. 즉, 언어 게임의 본질은, 실용 방식, 혹은 행동 방식이지, 사색이 아닙니다. 상호 작용이 관습이 됩니다. 그는, 규칙 따르기, 보고 하기, 명령 내리기, 체스 게임 하기 등이 관습이라고 말합니다. 여기에, 임의 요소인 단어가 역할을 합니다. 언어는 이미지와 지각의 대조에서 생기지 않고, 자연 현상으로 생깁니다. 자연 재능입니다. 다른 동물과 마찬가지로, 우리가 보고, 들은 바를 토대로, 상대 반응을 기대합니다.

언어 게임이란 무엇인가라는 물음에, 그는 이것이 하나이고, 이거, 이거 등등이라고 답합니다. 이런 답에 어울리는 상황은, 원시인이 언어를 배우는 상황입니다. 원시 언어를 언어 게임이라고 때때로 말합니다. 즉, 언어 게임 연구는 원시 언어 형식이나 원시 언어에 관한 연구라고 하면서, 언어는 어떤 종류의 이성화에서 나오지 않는다고 합니다. 원시 언어 게임을 택한 이유는, 가장 단순한 게임을 보면, 더 복잡한 게임 양상을 파악하기가 쉽기 때문입니다. 언어 게임의 원천과 원시 형식은 반응인데, 반응이 있어야만, 더 복잡한 형식으로 발전합니다. 괴테가 말한 대로, 태초에 행동이 있었고, 가장 원시의 형식은, 어떤 사람의 울음이나 몸짓에 대한 반응이거나, 어떤 종류의 공감이라고, 말합니다. 그리하여, 언어는 행위의 보조나 연장에 불과합니다. 즉, 언어는 행동의 연장이며, 세련입니다. 이것이 언어 게임의 원형 유형입니다.

행위와 반응을 언어 게임의 원형으로 본다면, 개념 파악이란, 관념, 의미나 지시 대상을 단어 등에 연결하는 게 아니라, 기술을 갖는 문제입니다. 즉, 개념-이미지-대상이란 과정은 없고, 행위와 반응이기에, 규칙을 따르면서 배우는 기술입니다. 특별한 정신 작업이 아닙니다. 언어 게임 참여자는, 더 많은 언어 게임을 배우고, 더 복잡한 바를 배우지, 절대 내적인, 정신의 놀이를 요구하지 않습니다. 예를 들어, 아이가 처음에는 〈위층으로〉라고 말하지만, 문법은 주어와 술어 조직을 원하기에, 후에는 〈나는 위층으로 올라갈 거야〉라고 말합니다. 즉, 꾸미게 된 겁니다. 이 예로 보아도, 〈나〉는 지시하는 표현이 아니라고, 말합니다. 이 예에 알 수 있듯이, 의도는 정신의 무엇인가가 필요하지 않습니다. 〈나는 위층으로 올라갈 거야〉라는 문장은, 내가 해온 바에 대한 관찰이나 회상에 관한 기술이 아니라, 상황에 대한 나의 반응입니다. 그는 내가 무슨 말을 할 때, 나의 안에서 무엇이 일어나고 있는지는 전혀 관심사가 아니라고 합니다. 왜 당신 안에서 일어나는 바에, 내가 관심을 가져야 하는가? 하고 말합니다. 그는 영혼이 끓어오를 수도 있고, 얼어붙을 수도 있으며, 빨갛게 혹은 파랗게 변할 수도 있지만, 내가 무엇에 신경 써야 하나? 하고 말합니다.

그런데, 여기에서 유의할 점이 있습니다. 그는 〈나는 아프다〉와 〈나는 아팠다〉를 구별합니다. 일인칭 현재 시제인 주장과 그렇지 않은 주장을 구별합니다. 〈나는 아프다〉, 〈나는 가려고 한다〉는 일인칭 현재 시제인 주장이지만, 〈나는 아팠다〉, 〈그는 아팠다〉 혹은 〈나는 가려고 했다〉는 아닙니다. 뒤의 예들은, 언명이 아니라, 회상 아니면 기술이기 때문입니다. 여기에 주목할 이유는, 언명을 기술로 여기면, 혼돈이 생기기 때문입니다. 예를 들어, 〈나는 아프다〉라는 문장이 언명이 아니라, 어떤 바를 기술한다면, 그것은 틀림없이 안에 있는 바일 터입니다. 따라서, 고통 관념은, 내적 대상이 됩니다. 의도나 믿음도 마찬가지입니다. 언명을 기술로 착각하면, 우리는 존재하지도 않는, 의도, 믿음, 고통 같은 바를, 내적 대상으로 잘못 여겨서, 철학 문제가 발생한다고, 주장합니다. 그리고, 일상으로 의도를 정신 대상 사이의 인과 관계라고 하는데, 의도는 위에서 본 바와 같이, 정신 대상이 아니기에, 그런 주장을 거부합니다. 철학자가 오해하는 이유는, 역시 그림에 있습니다. 자료가 있는 게 아니라, 언어의 구조 탓에, 원인과 결과라고 잘못 안다는 겁니다. 의도나 믿음을 정신적 대상으로 여기는 사람은, 17세기 용어를 사용하고 있다고 합니다.

특별한 정신 대상이란 존재를 상정하지 않아야 한다는 그의 주장은, 사적 언어가 가능한가? 하는 문제에서도 알 수 있습니다. 지금은 나에게 두통이 있다고 합시다. 이 두통은 내가 직접 경험하는 바이고, 말하자면, 마음의 눈앞에 있습니다. 이런 나의 고통을 부인할 수는 없지만, 그 고통을 나만이 아는 혹은 알 수 있는 무엇이라고 할 수 있느냐는 문제입니다. 예를 들어, 지금 나의 고통을 〈크자파〉라고 부른다고 합시다. 이것은 나만의 언어이고 나만의 감정입니다. 문제는, 이 크자파가 반복되어야, 의미를 부여할 수 있는데, 왜냐하면, 언어는 반복되어야 의미를 부여할 수 있기 때문인데, 이 크자파가 다음에 생길 바와 같은 종류인지 어떻게 알 수 있느냐 하는 겁니다. 아무리 내가 각인시킨다 해도, 그저 그렇게 보인다 혹은 비슷하다 말고는, 다른 기준이 없어 보입니다. 즉, 나만의 사적 언어는, 사회 차원이 될 수 없어 보입니다. 언어는 사회 차원이어서, 이미 언어를 사용한다면, 공적이란 뜻이고, 사적 언어는 없다는 의미일 겁니다. 언어는 사적 영역에 적용할 수 없습니다.

논고에서, 그는 언어의 동질성이나 본질을 옹호하지만, 탐구에서는 부정합니다. 즉, 언어의 본질 주장을 폐기하고, 언어를 언어 게임들의 집합으로 봅니다. 게임들 사이에 공통점은 없습니다. 본질이 없기에, 어떤 정의도 게임들을 게임의 부분으로 하지 못하고, 본질은 흩어집니다. 각 언어 게임은 자기의 논리가 있고, 자기만의 고유한 규칙과 임무가 있습니다. 그러므로, 실제 언어 사용을 보지 않을 수 없습니다. 이런 개념을 가족 유사성이라 부릅니다. 게임을 정의하거나 공통 속성을 인정하지 않습니다. 우리는 게임과 그렇지 않은 바를 구별하지만, 필요충분한 속성으로 하지는 않습니다. 게임뿐 아니라, 규칙, 기대 등의 평범한 단어도 가족 유사성에 속한다고 봅니다.

그는 탐구에서, 언어 관습을 순수하게 기술하는 문화 인류학이, 언어의 본성을 밝히는 데에, 더 낫다고 합니다. 정신 대상을 가정하지 않고, 발전이나 생성으로 접근해야 합니다. 우리가 제공하는 바는, 인간의 자연사에 관한 실제 언급이지만, 진기한 바가 아니라, 아무도 의심하지 않으나, 언제나 우리 눈앞에 있기에, 언급에서 빠져 가는 바에 관한 관찰 결과를 제공한다고 말합니다. 이런 방법으로, 문법 허구, 잘못된 유비 등으로 생기는 형이상학 문제를 해결하려 합니다. 그는 자기 글 대부분은 또 다른 자기와의 사적 대화라고 하면서, 모든 사람이 이런 언어 함정 앞에 있기에, 자신에게도 같은 치유 방식을 적용합니다. 형이상학 언어 사용을 일상 언어 사용으로 되돌리는 방식으로, 단어를 되돌려 치유하려 하는데, 앞서 리어왕의 대사를 인용한 장면을 다시 보겠습니다. 〈나는 네가 자신의 위치를 알도록 해주겠다〉라고, 말하는 장면입니다. 리어왕(1막 4장, 켄트 백작)의 대사는 「I'll teach you difference」입니다. 글자 그대로 번역하면, 〈나는 너에게 차이를 가르쳐 주겠다〉 정도가 되겠지요. 하지만, 당시의 의미로 보면, 〈나는 네가 자신의 지위(위치)를 알도록 해주겠다〉가 올바른 번역이라고 합니다. 역시, 언어는 확정된 의미를 갖지 않습니다. 시간이 지나면, 같은 문장도 다르게 해석할 수 있으니까요. 어느 쪽이 본래의 의미에 맞을까요? 본래의 의미가 아니라면, 비트겐슈타인 말대로, 난센스가 되는가요? 여기에서는, 옛날 의미가 그의 의도와 더 잘 어울립니다. 그의 작업은, 단순한 차이가 아니라, 언어의 원래 위치를 알게 해주려 합니다.

71
콰인

콰인은 *Quiddities*란 책을 1987년 출간합니다. 부제가 〈간헐적으로 철학적인 사전〉입니다. 조금 이상한 제목입니다. 그의 후기 작품인데, 진지한 철학 주장은 별로 없습니다. 알파벳 순서로 다양한 주제에 관해, 조금 느슨하게 이야기를 풀어 갑니다. 여기에서, 그는 지식에 관해 말합니다. 영어 단어 know와 can은 궁극으로 같은 단어라고 하면서, know의 kn과 can의 cn을 비교해 보라고 합니다. 그리고, 독일어를 보면 더 분명하다고 하는데, 독일어 kennen과 können을 비교합니다. 즉, 〈알다〉와 〈할 수 있다〉라는 의미인데, 아주 비슷해 보입니다. 여기에 그치지 않고, 불어 on sait faire와 on peut faire는 거의 언제나 바꿔 쓸 수 있다고 합니다. 그가 이런 사소해 보이는 예를 든 이유는, 앎에는 두 가지가 있는데, 하나는 방법을 안다는 노-하우이고, 다른 하나는 명제를 안다는 노-댓이라고 합니다. 즉, 자전거 타는 방법을 안다, 지구가 둥글다는 바를 안다,가 예가 되겠지요. 그런데, 문제는 이렇게 달라 보이는 앎의 두 가지 종류가, 실제로는 차이가 없다, 혹은 근원을 보면 같은 단어라고, 말하는 겁니다. 다시 말해서, 무엇을 할 줄 안다는 바와 무엇을 지식으로 아는 바는 차이가 없다는 말은, 지식은 우리가 흔히 생각하는 바와 다르다는 뜻입니다. 즉, 지식을 정당화된 참인 믿음으로 보통 정의하는데, 이는 잘못이라고 합니다. 그는 지식의 확실성을 의심합니다. 지식은 단순한 믿음과 달리, 확실하다는 생각이 잘못이라고 합니다. 자전거 타는 확실한 방법이 있습니까? 아마도 없을 겁니다. 그는 지식과 〈크다〉라는 같은 지위라고 봅니다. 즉, 정도의 문제입니다. 어느 정도까지 커야 크다고 하는지와 어느 정도까지 확실하거나 변치 않아야 지식이라고 하는지는 같은 차원입니다. 그는 이와 같은 지식을 고집하지 말고 포기하는 쪽이, 철학이나 과학의 목적을 위해 좋다고 합니다. 그렇다고 해서, 회의론은 아니라고 하는데, 그 이유는 회의론은 지식 개념을 일단 받아들이고, 그것의 적용을 부인하지만, 자신은 지식 개념을 부인하지만, 그것의 사용에 대해서는 인정하기 때문이라고 합니다. 다시 말해서, 일상생활의 지식 개념 사용에는 동의하지만, 지식 개념 자체는 〈크다〉와 같은 지위로 봅니다. 이에 덧붙여, 지식이 확실하다는 생각이 초래하는 사례를 듭니다. 창조론자는, 진화론자가 진화론이 절대로 확실하다고 말하기를 주저하기에, 이를 빌미로, 진화론은 참이 아니기에, 창조론도 똑같은 비중으로 다뤄야 한다고 주장합니다. 또한, 종교를 지키려는 사람이나 신비주의자도 비슷한 방식으로 용기를 낸다고 하네요.

그는 같은 책에서, 의미, 믿음, 관념, 동일성, 진리 그리고 예측에 관해서도 말합니다. 간략하게 살펴보겠습니다. 우선, 의미입니다. 언어는 기술로서, 동료에게서 얻는데, 상호 관찰, 흉내 내기, 그리고 함께 관찰하는 환경에서 교정을 통해 얻는다고 합니다. 그리하여, 배우는 표현의 의미는, 공개 언어 행위와 그 환경에서 관찰할 수 있는 바뿐입니다. 즉, 사적 언어는 존재하지 않고, 겉으로 드러난 행동으로만 언어를 배우고, 언어 표현의 의미를 배운다는 겁니다. 따라서, 표현의 의미를 사용에서 찾아야만 한다면, 두 개의 표현이 같은 의미라는 말은 무슨 뜻일까? 이런 질문을 그는 제기합니다. 왜냐하면, 의미가 같다고 말한다면, 이어달리기에서 주고받는 같은 바통처럼, 같은 무엇인가 있어, 두 개의 표현이 같다고 생각할 수 있는데, 콰인은 그런 바는 없다고 하기 때문입니다. 하지만, 표현의 의미가 사용에 있다면, 똑같은 사용 환경은 없기에, 동의어는 존재하지 않겠지요. 만약에 동의어가 있다면, 서로 바꿔 써도 차이가 없어야 할 텐데, 과연 그럴까요? 그는 의미에 대해 부정적입니다.

    그렇다면, 동일성은 어떤가요? 한 사물은 자신과 동일하고, 자신을 제외한 그 어떤 다른 것과 동일하지 않으며, 심지어 쌍둥이도 동일하지 않습니다. 즉, 자신하고만 동일합니다. 이런 관점에서 보면, 철학사에 등장하는 테세우스의 배, 헤라클레이토스의 강, 그리고 같은 사람의 문제는, 흔히 동일성 문제라고 하지만, 콰인은 그렇게 보지 않습니다. 이런 문제는 동일성의 문제가 아니라, 우리가 배, 강, 그리고 사람을 무엇으로 여기느냐의 문제라고 합니다. 이런 문제가 생기는 근본 원인은, 동일성 개념이 아니라, 배와 강 같은 일반명사가 모호하기 때문입니다. 단어는 도구이기에, 유용성에 해가 되지 않는다면, 단어의 모호함을 참을 수 있습니다. 하지만, 철학으로 분석하면, 사정은 달라집니다.

관념도 의심합니다. 우리가 일상에서 사용하지만, 관념이란 단어가 정신 이미지를 가리키지는 않습니다. 예를 들어, 두 사람이 의사소통할 때, 같은 관념을 주고받지 않고, 메시지에 대한 적절한 답변과 반응만을 보고 판단한다는 겁니다. 앞서 말한 대로, 언어는 사용으로 의미를 얻기 때문에, 관념이란 존재를 가운데 두고, 그 관념을 통해 의사소통한다는 주장을, 콰인이 받아들일 리가 없습니다. 사람들이 우리는 같은 관념을 가졌다고 말하지만, 이때 그 관념이 같다고 어떻게 말할 수 있는가라고 그는 묻습니다. 그는 동일성이 없다면, 존재도 없다고 말합니다. 같은 바라고 확인할 수 없다면, 그런 존재는 없다는 주장입니다. 관념이 구체명사가 아니라, 추상명사라서 동일성을 확보할 수 없다고 반박할 수 있습니다. 하지만, 자연 과학에는 없어서는 안 되는 추상 대상 혹은 보편자가 있지만, 관념은 자리가 없습니다.

진리도 마찬가지입니다. 세계는 다양하게 관계 맺고 있는 사물들로 가득한데, 사실은 무엇인가를 묻습니다. 이에 대해, 사실은 대응을 위해 참인 문장에서 투사된 바라고 합니다. 예를 들어, 〈오늘 비가 온다〉라는 문장이 있습니다. 이 문장이 참이 되려면, 〈오늘 비가 온다〉의 의미에 대응하여, 실제 사실이 있어야 합니다. 즉, 문장의 의미와 사실이 대응하여야, 문장이 참이 됩니다. 그런데, 문장의 의미와 사실이 대응한다는 바를, 어떻게 알 수 있을까요? 콰인은 사실이란 문장을 참으로 만들기 위해, 투사한 바라고 합니다. 진리론에는 두 가지가 있다고 합니다. 하나는 정합론으로, 문장 사이가 모순 없이 정합이면 진리가 된다고 하고, 다른 하나는 대응론으로 문장과 사실이 대응하면 진리라고 합니다. 콰인은 이 둘은 경쟁 관계가 아니라, 보완 관계라고 합니다. 즉, 정합론은 진리에 이르는 방법이고, 대응론은 진리와 진리가 무엇을 다루는가의 관계를 다룹니다. 대응론은 타르스키의 진리론으로, 위축됩니다. 타르스키는 지식, 의미, 진리 등의 단어를 싫어합니다.

마지막으로, 예측은 그에게 중요한 단어입니다. 그가 말하는 예언은, 귀납 추론과 비슷합니다. 새벽 아침 햇살을 보고, 과거 경험으로, 새가 노래하리라 기대합니다. 아니면, 축복받은 언어로, 새벽 햇살을 보고, 〈새가 노래할 거야〉라고 말합니다. 이것이 예언이라고 합니다. 이 예언을 충분히 표현하면, 〈해가 떠오르면, 새가 노래할 거야〉가 됩니다. 이를 관찰 범주라고 부르는데, 과학 이론의 첫걸음입니다. 이것은 가설로서, 예측하고, 예측이 실패하면 반박될 수 있습니다. 아무리 과학이 세련되어도, 이 공통 특성을 잃지 않습니다. 관찰 범주는 과학에 경험 내용을 제공하고, 자연과 과학을 연결합니다. 그리고, 관찰 범주는 과학과 명백한 공상의 차이를 알려 줍니다. 그렇다고 해서, 예언이 과학의 유일한 목적은 물론 아닙니다. 가장 큰 목적은 테크놀로지인데, 더 큰 목적은 순수한 지적 호기심 만족입니다.

믿음에 관해 간략히 말하자면, 〈누군가가 무엇을 믿는다〉라는 형식의 문장이, 유용하고 행동에서 의미가 있기에, 사람들은 그런 문장의 나머지도 의미가 있다고 생각하는데, 이는 잘못이라는 겁니다. 즉, 문장의 나머지에는 〈믿는다〉가 있기에, 〈믿음〉이 당연히 존재한다고 생각하기 쉽습니다. 즉, 정신의 어떤 것으로 여겨서, 정신의 것이 있다고 생각하는데, 콰인은 부인합니다. 그는 추상 존재는 인정해도, 정신 존재는 인정하지 않습니다. 믿음, 명제 태도, 관념 등을 부인합니다. 믿음을 정신 현상이 아니라, 성향이라고 합니다. 믿는 성향이 있다는 거죠. 그런데, 성향은 자연에 속합니다.

그의 *Quiddities*를 우리말로 번역하면, 무엇이 될까요? 사전을 보니, 본질이란 의미와 함께, 궤변이란 뜻풀이도 있습니다. 서로 너무 달라서, 어느 쪽인지 결정하기 쉽지 않네요. 그런데, 콰인은 본질이란 말을 싫어합니다. 따라서, 궤변이 더 낫지 않을까요? 머리말에서, 볼테르의 사전에서 영감을 받은 느슨한 책이라고는 하나, 느슨하긴 해도 궤변 같지는 않으니 말입니다.

선험성

논리 실증주의자인 카르납은 언어의 참과 사실의 참을 구별합니다. 즉, 〈2+2=4〉가 참인 이유는, 합리론의 직관도 아니고, 경험론의 경험도 아니고, 바로 언어의 참이기 때문입니다. 다시 말해서, 2, +, =, 그리고 4의 의미만 알면, 이 문장은 언제나 참입니다. 〈비가 오거나 오지 않을 바이다〉도 마찬가지로, 〈p∨~p〉의 의미를 알면, 참이 됩니다. 다시 말해서, 어떤 문장이, 무슨 일이 일어나든 상관없이, 참이면, 분석입니다. 카르납은 논리와 수학의 진리에 대한, 합리론과 경험론 모두를 거부하고, 논리와 수학 진리를 용인할 수는 있으나, 그와 같은 진리는 분석이거나 의미로 참이 된다고 합니다. 카르납이 이런 구별을 한 이유는, 선험 지식 문제를 풀기 위해서입니다. 즉, 실증주의자는 모든 문장은 경험으로 검증할 수 있는 문장으로 환원할 수 있다고 주장하는

데, 이런 주장에 예외가 되는 문장이 선험 문장입니다. 즉, 경험과 관계없어 보이는 선험 문장은 어떻게 참이 되는가, 하는 문제를 해결하기 위해, 분석 문장과 종합 문장을 구별합니다.

　이에 대해 콰인은 그런 구별은 필요 없다고 비판합니다. 그는 경험론에는 두 가지 독단 주장이 있다고 하는데, 하나는, 분석 참과 종합 참의 이분법이고, 다른 하나는, 의미 있는 문장은 모두, 즉각 감각 경험을 지시하는 용어를 포함하는 문장과 같다는, 환원주의에 관한 믿음입니다. 먼저, 이분법에 관해, 그는 의미로 참이 되는 분석성은, 동의어를 전제한다고 생각합니다. 의미로 참이 되니, 같은 의미를 갖는 동의어가 있어야 하겠지요. 예를 들어, 〈총각은 결혼하지 않은 남자이다〉가 참이라면, 의미로 참이 됩니다. 하지만, 이것이 우연한 사실이 아니라, 의미 때문이라면, 총각에 대한 이 정의는 진릿값 변화 없이, 언제나 바꿔 쓸 수 있기에, 필연 참이라 할 수 있습니다. 그런데, 콰인은 그런 필연성을 이해하기 위해서는, 분석성을 먼저 이해해야 하는데, 아직 분석성을 이해하지 못하기에, 필연성을 이해하지 못한다고 합니다. 즉, 분석성을 이해하기 위해서는, 필연성을 알아야 하고, 필연성을 알기 위해서는, 분석성을 알아야 하는 순환에 빠지고 맙니다. 그리고, 진릿값의 변화 없이, 언제나 바꿔 쓸 수 있어야 필연적이라는 주장을 반박하기 위해, 예를 듭니다. 〈9는 7보다 크다〉라는 문장은 분석이고 필연으로 보입니다. 그런데, 〈행성의 수는 7이다〉라는 문장은 참입니다. 그렇다면, 〈7〉 대신에 〈행성의 수〉를 대입하면, 〈9는 행성의 수보다 크다〉가 됩니다. 이 문장은 필연이지 않고, 우연한 사실일 뿐입니다. 동의어로 바꿨는데, 필연성은 사라졌습니다. 분석이고 필연인 문장이 었는데, 동의어로 바꾸니, 한갓 우연 문장이 되고 말았습니다. 과연 의미가 있나요? 필연성은 어디에 있나요? 그는 모든 지식은 경험에 근거하기에, 선험 지식이라고 하는 예는 가짜라고 합니다. 마치 마녀가 없는데, 악마학으로 마녀를 설명하려는 바와 같다는 거죠.

두 번째 반박은, 환원주의에 관한 믿음입니다. 문장이 의미가 있으려면, 어디에서인가 감각 경험을 지시하는 용어를 포함해야만 한다는 실증주의 주장에 대해, 콰인은 경험론에서 고립된 개별 문장을 경험 내용이 있는지를 검증할 수 있다고 믿는다고 하면서, 이를 거부합니다. 그런 환원주의는 독단이라고 합니다. 즉, 어떤 문장도, 다른 문장과 독립하여 경험으로 검증할 수 없기에, 분석성을 경험으로 직접 확증하여, 정의할 수 없습니다. 이를 홀리즘(전체론)이라 합니다. 전체론은 개별 문장이 아니라, 이론 전체가 검증에 참여한다는 주장으로, 논리나 수학 진리는, 의미 있음을 설명하기 위해 분석성이 필요 없다고 합니다. 논리와 수학 진리는, 경험 내용과 결별하지 않고, 오히려 참여합니다. 다양한 관찰 문장의 경험 내용에 간접적으로 참여합니다. 이와 같은 방식으로, 논리와 수학의 필연성 설명을 위해, 분석성이 필요하지 않습니다. 왜냐하면, 필연성이란, 믿음의 거미줄 중심에 있는 어떤 문장 없이 지내는 일이, 내키지 않는다고 여기는 문제일 뿐이기 때문입니다. 우리의 믿음 체계를 공에 비유해 보겠습니다. 가장 중심에 논리와 수학이 있고, 공의 가장자리에 관찰 문장이 있습니다. 관찰 문장은 논리와 수학에 비해 견고하지 않습니다. 믿음 체계와 어긋나는 관찰 문장이 생기면, 우선 그 관찰 문장을 교정하려 하겠지요. 흐린 밤에 관찰해서 정확하지 않다든지, 측정 도구의 오류가 의심된다든지 등등. 하지만, 중심에 있는 논리나 수학은 좀처럼 수정하고프지 않습니다. 그것을 수정하면, 아주 많은 부분을 수정해야 하니까요. 그리하여, 콰인은 논리, 수학, 그리고 이론 과학은 보기보다 차이가 심하거나 견고하지 않다고 하면서, 정도의 차이라고 합니다. 하지만, 믿음 체계에서, 논리와 수학, 가설, 초기 조건 등 그 어떤 문장도 수정 불가는 아닙니다. 이런 의미에서, 분석 문장과 종합 문장 사이의 경계는 희미하다고 해야 하겠지요.

칸트는 선험 진리와 종합 진리를 구별합니다. 그런데, 그 구별은 주어-술어 문장에만 해당하고, 주어 속에 술어가 포함되면, 선험입니다. 예를 들어, 〈결혼하지 않은 사람은 사람이다〉와 같은 경우입니다. 그런데, 카르납이 문제 삼은 바는 〈비가 오거나 오지 않을 바이다〉나 〈2+2=4〉와 같이, 주어-술어 형식이 아닙니다. 그리고, 칸트는 어떻게 선험이고 종합인 지식이 가능한가를 묻습니다. 예를 들어, 모든 결과에는 원인이 있다, 같은 문장입니다. 이에 대해, 칸트는 전통 철학은 성과가 없고, 그 답은 이성의 한계를 초월이라고 하면서, 그와 같은 작업을 형이상학이라 부릅니다. 하지만, 논리 실증주의자는, 선험이고 종합인 진리는 없다고 합니다. 카르납도 이에 동의합니다. 콰인은 피에르 뒤앙의 전체론으로 개별 문장 단위를 거부합니다.

의미와 지시

카르납은, 의미와 지시는 한 배를 탔다고 하면서, 콰인이, 지시나 진리와 같은 외연 관념은 지키면서, 의미나 동의어와 같은 내포 관념을 버린 바는 잘못이라고 합니다. 그는 콰인과 달리, 내포와 외연은 과학으로 동등하기에, 둘 다 요구되고 존중할 수 있다고 합니다. 콰인은 이에 대해, 의미와 지시가 한 배를 탄 바는 맞지만, 둘 다 거부합니다. 번역 불확정성과 지시 불가해성을 주장합니다. 이를 이해하기 위해, 의미와 지시에 대해 알아 보겠습니다. 우선, 의미에 대해 콰인은 세 가지 시도를 합니다. 지시 이론, 정신론, 그리고 내포론입니다. 의미를 지시 대상으로 보는 견해가 지시 이론이고, 의미를 관념으로 보는 바가 정신론이며, 의미를 내포적인 대상으로 보는 견해가 내포론입니다. 지시 이론에서, 프레게가 보여 주는 대로, 의미와 대상은 다릅니다. 플라톤은 〈소크라테스의 제자〉이면서 〈아리스토텔레스의 스승〉입니다. 의미는 다르지만, 대상은 같습니다. 의미를 관념으로 여기는 정신론은, 20세기 이전에는 있었습니다. 관념 〈총각〉은 의미로서, 단어를 사용하는 사람의 마음에 존재한다고 합니다. 콰인은 과학 연구에 따라, 언어를 사적이지 않은, 공적으로 관찰할 수 있는 행위로 봅니다. 그리고, 내포론은 의미를 다양한 추상 존재로 보는데, 관념과 다르게, 마음이 알지라도 정신 대상을 아니라고 합니다. 예를 들어, 한국어로 〈비가 온다〉와 영어로 〈It is raining〉이라고 말할 때, 두 표현은 같은 의미를 지시한다는 겁니다. 내포론에 대해, 그는 필요하지 않아서, 추상 대상 목록에 추가할 마음이 없다고 합니다. 그리고, 내포 대상에 관한 동일성

조건이 없기에, 내포 이론에는 정확한 이론이 없습니다. 이는 지시로도 불투명하게 된다고 합니다. 그리하여, 의미를 대상으로 여기면, 그것이 지시 대상이든 관념이든 내포든, 언어에 대한 박물관 신화의 예가 된다고 합니다. 즉, 의미를 정해 놓으면, 그에 합당한 대상이 생긴다는 믿음을 말합니다. 이 신화는 언어에 관한 사실을, 거짓으로 하거나 모호하게 합니다. 그리고, 내포를 받아들일 수 없는 예로, 번역 불확정성을 제시합니다.

사고 실험을 제안합니다. 영어를 한 번도 접한 적이 없는 사람을 만나, 번역을 시도하는 상황을 가정해 봅니다. 서로 처음 접하기에, 상대 언어를 모르고, 참고할 만한 사전도 없습니다. 이런 상황에서, 토끼가 뛰어 지나갈 때, 비영어권 사람이 〈가바가이〉라고 말합니다. 그럼, 어떻게 번역해야 할까요? 이에 대해, 콰인은 어떤 번역이 참인지 결정할 수 없다고 합니다. 왜냐하면, 번역의 근거가 되는 경험 자료는, 비영어권 사람의 말과 행동뿐인데, 그 말과 행동이 같다고 해도, 서로 다른 번역이 얼마든지 가능하고, 또 그 가운데 어느 번역이 옳은지를 판단해 줄, 경험은 없기 때문입니다. 여기에서 좀 더 자세하게, 자료에 의한 번역 미결정성과 번역 불확정성을 구별할 수 있습니다. 즉, 자료에 의한 번역 미결정성은 행동주의에 근거하지만, 번역 불확정성은 물리주의에 근거합니다. 행동주의는, 경험 자료, 자극 의미, 특정한 때의 문장 그리고 관찰 문장을 사용합니다. 경험 자료는, 언어 사용자의 행동에 관한 자료로, 어떤 문장의 자극 의미인데, 자극 의미란, 말하는 사람이 긍정하거나 부정하는 상황의 집합입니다. 그리고, 특정한 때의 문장이란, 말하는 사람이 어떤 문장을 긍정하느냐 부정하느냐가, 말하는 사람이 관찰하고 있는 바에 달린 문장입니다. 또한 관찰 문장이 되려면, 특정한 때의 문장으로, 자극 의미가 항상 일정해야 합니다. 이런 세분화는 얼핏 보아서는, 복잡해 보이지만, 한마디로 하면, 행동주의 방법으로 언어를 번역하는 과정입니다.

앞서 시작할 때, 언어에 대해 말했습니다. 즉, 언어는 기술로서, 우리 각자가 동료에게서 얻는데, 상호 관찰, 흉내 내기, 그리고 함께 관찰하는 환경에서 교정을 통해 얻는다고 했습니다. 그리고, 표현의 의미를 배울 때는, 공개 언어 행위와 그 환경에서 관찰할 수 있는 바를 통해서만 배울 수 있다고 했습니다. 다시 말하면, 행동주의로 설명합니다. 이런 행동주의 방식을 극단 번역에 적용하면, 〈가바가이〉 상황이 됩니다. 문장 〈가바가이〉와 단어 〈가바가이〉를 나누어 생각해 봅니다. 문장 〈가바가이〉는 〈토끼이다〉, 〈토끼가 뛰어간다〉 등으로 번역할 수 있지만, 단어 〈가바가이〉는 문장이 아니라 〈토끼의 한갓 시간적인 단면 상태〉로 번역할 수도 있습니다. 이런 경우, 문장을 의미할까요? 아니면 단어를 의미할까요? 관찰 문장으로도 판별할 수 없습니다. 즉, 자극 의미가 일정해야 하는데, 자극 의미는 말하는 사람이 긍정하거나 부정하는 상황입니다. 어떤 의미가 올바른지를 알기 위해, 토끼를 한 번 더 지시해 달라든지 아니면, 보충 질문을 해야 하는데, 이렇게 요구해야 구별이 가능할 겁니다. 토끼를 가리키고, 다음은 토끼의 상태를 가리키고, 그다음은 토끼의 나누지 않은 부분을 가리켜 달라고. 하지만, 어떻게 이렇게 구별해 지시할 수 있겠습니까. 자극 의미로는 구별할 수 없습니다. 그렇지 않으면, 토끼와 토끼의 상태를 구별에 관해, 물어야 하는데, 극단 번역 상황에서 가능하지 않습니다. 그렇다면, 자극 의미, 관찰 문장으로는, 어느 번역이 맞는지 구별할 수 없습니다. 행동주의 관점에서, 모든 가능한 증거는 양립할 수 있을 정도로 같다면, 자료에 의한 번역 미결정이라 부릅니다.

그런데, 이 자료에 의한 번역 미결정은, 행동주의를 전제하지 않아도 성립하는 경우, 번역 불확정성이 됩니다. 즉, 행동주의가 아니라, 물리주의를 따르면, 번역 불확정성이 되는데, 콰인에게 유일한 진리는 물리주의인데, 행동주의가 좁은 의미라면, 물리주의는 훨씬 넓은 의미입니다. 즉, 자극 의미나 관찰 문장이 중심이 아니라, 특정한 때의 문장이 성립할 경우, 우리에게 일어나는, 알려지거나 알려지지 않은 모든 물리적 사실은 같지만, 양립할 수 없는 언어와 번역 매뉴얼이 있다면, 물리학에 의한 번역 미결정이 됩니다. 앞서 말한 〈가바가이〉 번역 현장을 떠올려 보면, 알 수 있습니다. 다시 말해서, 자료가 물리학으로 바뀐 미결정입니다. 콰인은 여기에서 한 걸음 더 나아가, 이런 미결정이 옳다면, 단어가 의미하는 바는, 예를 들어, 〈그 단어〉, 〈사람이 사용한〉, 〈같은 단어가 의미하는〉 등, 결코 진정한 참을 표현하지 못한다고 합니다. 다시 말해서, 의미 획득을 극단 번역 상황에서 자세히 분석해 보면, 콰인은 행동주의와 물리주의를 택하는데, 의미를 확정할 수 없다고 합니다. 즉, 우리가 일상에서 사용하는 언어조차, 사실은 불확정을 안고 있는데, 우리는 모르고 있다는 거죠.

번역에서 한 언어에서 다른 언어로, 같은 의미로 번역한다는 주장은 결코 참이 아니라고 합니다. 여기에서, 비슷한 주장이 나옵니다. 즉, ⟨가바가이⟩로 지시하는 대상과 내가 번역할 말로 지시하는 대상이 같다는 주장은 참이 아닙니다. 콰인은 그 단어로 아무것도 지시하지 않는다고 주장합니다. 번역 불가능성은 지시 불가해성과 풀 수 없을 정도로 연결되어 있고, ⟨가바가이⟩가 ⟨토끼⟩를 지시하는지를 결정할 수 없다고 합니다. 만약 ⟨가바가이⟩가 토끼를 지시하는지 결정하지 못한다면, 내 이웃이 사용하는 ⟨토끼⟩가 토끼를 지시하는지도 결정하지 못합니다. 토끼와 토끼의 부분이나 상태를 각각 지시할 수 없다면, 지시는 이제, 극단 번역뿐만 아니라, 집에서도 난센스가 됩니다.

이런 지시 불가해성을 이해하기 위해서는, 그가 행동주의 방법으로 지시를 다루고 있다는 점을 상기할 필요가 있습니다. 그는 경험론자로서 언어 습득을 행동주의 방식으로 이해합니다. 세 단계로 나눕니다. 언어 발달 앞 단계, 지시 전 언어 학습 단계 그리고 지시 단계입니다. 그는 지시 전 단계에서 가장 중요한 열쇠는 유사함을 지각하는 능력이라고 합니다. 유사함을 지각하지 못하면, 일반 학습이 불가능한데, 유사함의 지각은 성향으로, 때때로 배워지고 또 때때로 타고납니다. 지시와 관련해 그는 어린아이의 ⟨엄마⟩라는 표현을 예로 듭니다. 이 표현은 자극에 대한 적절한 문장 차원의 반응으로 배우는데, 단어로 배우지는 않는다고 합니다. 즉, 한 단어로 된 문장이지만, 문장 차원의 반응으로, 무엇에 대한 반응이지만, 지시는 아닙니다. 왜냐하면, 이 경우에는 덩어리 용어이기 때문입니다. ⟨엄마⟩라든가 ⟨물⟩을 처음 배우면, 이런 표현은 분간할 수 없는 관찰 상황과 관련이 있지만, 개별화된 물리 대상과는 관련이 없습니다. 처음에는 그저 덩어리 용어입니다. 진정한 지시는 수라든지 단칭 대명사를 익힌 다음에 일어납니다. 일반 용어 〈개〉가 지시 대상을 갖게 되려면, 이 개, 저 개 등을 지시하도록 해야 합니다. 즉, 덩어리 명사 〈물〉과 반대입니다. 개들을 셀 수 있고, 개체화할 수 있습니다. 그리고, 한갓 물리 대상을, 물리 대상에 대한 관념으로 만들 수 있습니다. 예를 들면, 〈개〉에 대한 관념이겠지요. 이 단계를 거치면, 일반명사의 복합인 〈뚱뚱한 사람〉이고, 그다음은, 〈이 점보다 더 작은〉이라는 표현인데, 역시 시공간을 차지하는 대상입니다. 하지만, 마지막 단계인 추상 대상, 예를 들어, 빨강, 인간다움 등은 단칭 명사로 지시할 수 없기에, 집합으로 처리합니다. 결국, 단칭 명사로 지시하는 개체만을, 지시 대상으로 삼고 있습니다.

그렇다면, 극단 번역에서 〈가바가이〉는 단칭 명사인 〈저 토끼〉가 지시하는 대상을 의미하나요? 알 수 없습니다. 〈토끼를 제외한 모든 우주 공간〉을 의미할 수도 있고, 〈분할되지 않은 토끼 상태〉일 수도 있으니, 결정할 수 없습니다. 그런데, 콰인은 의미를 분석할 때, 지시 대상으로서의 의미를 부인합니다. 의미는 지시와 다르다는 거죠. 만약 의미와 지시가 별개라면, 애당초 지시와 의미를 연결하려는 시도 자체가 무리가 아닐까요. 행동주의의 문제로 보입니다. 내포의 차이가 지시 대상의 차이로 드러날 수 있나요? 있다고 주장하면, 난센스일 겁니다.

번역 불확정성과 지시 불가해성은 인식론이 아니라, 존재론의 문제입니다. 즉, 두 주장 모두, 물리의 참이 의미와 지시에 관한 진술의 참을 결정하지 않습니다. 물리의 참은 어떤 언어 체계에서든, 말하는 사람, 내 이웃들, 그리고 나 자신을 구별하지 않기에, 물리의 참이 어떤 언어 체계에서든 참을 결정한다면, 우리 모두에게 번역이나 지시의 참을 결정해야만 합니다. 그는, 지시를 절대 참으로 여기면, 난센스이지만, 배경 이론이나 배경 언어에 상대적이라면, 난센스가 아니라고 합니다. 불확정성 주장을 보면, 지시에 관한 절대 관념을 거부해야 합니다.

콰인의 주장은 제거주의가 되기 쉽습니다. 의미의 일상 개념, 문장의 의미는, 철학으로서 의미가 없기에, 제거해야 한다는 주장이 됩니다. 그리고, 지시나 그 적용에 관한 일상 개념도 제거 대상에 포함되기에, 믿음과 주장과 같은 명제 태도도 거부합니다. 믿음과 주장의 실용 유용성이 무엇이든, 세계를 과학으로 적절하게 기술하는 데에는 아무런 자리도 없기에, 의미, 지시, 믿음, 진리와 연관한 일상 개념을 거부합니다. 즉, 의미, 지시 등이 제거되기에, 진리도 제거됩니다.

이런 주장에 대해, 그의 제자 데이비드슨은 새로운 제안을 합니다. 근본 번역이 아니라, 근본 해석을 요구합니다. 근본 해석은, 발언이 어떤 조건에서 참이 되는지를, 어떻게 아는가를 결정하는 프로젝트입니다. 문장의 의미 이해를, 그 문장의 진리 조건 이해로 보고, 진리 조건을, 참이나 거짓이 되는 기초 개념을 보아서, 해석이 무엇인지 설명하려 합니다. 그는 발언자 단어 해석의 어려움은, 해석이 발언에 단순히 의미를 부여하는 데 있지 않다고 합니다. 해석은 적어도 두 가지 면에서 독립 행위입니다. 듣는 사람이 발언하는 사람에게 어떤 믿음을 주어야 하고, 또한 해석을 위해서는, 발언에 어떤 의미를 주어야 할 뿐만 아니라, 말하는 사람의 동기도 살펴야 합니다. 그리고, 말하는 사람의 인지 능력 등도 살펴야 합니다. 데이비드슨은 콰인과 다르게, 현실을 묘사합니다. 단순한 행동주의 방식이 아니라, 현실 조건을 제안합니다. 하지만, 콰인과 데이비드슨의 결론은, 언어가, 완전하고 완비되었다고 여기면, 실수라는 겁니다. 언어는 다른 지적 행위의 연속입니다. 데이비드슨은, 언어를 아는 바와 길을 아는 바의 경계는 지워졌다고 합니다. 앞서 콰인의 노-하우와 노-댓이 생각나는군요. 언어 행위와 비언어 행위의 경계, 언어 행위와 언어 행위가 일어나는 환경의 경계에는, 이제 예리한 선이 없습니다.

 데이비드슨은 무법칙 일원론을 주장하는데, 번역 불확정성 등을 해소하는 데에, 도움이 됩니다. 그는 물리주의를 지지하지만, 물리 현상을 기술하는 데에는 법칙이 없다고 합니다. 예를 들어, 뇌에 어떤 물리 상태가 있습니다. 이 물리 상태는 물리로 기술할 수 있습니다. 건조하게 보이는 물리 상태이겠지요. 그런데, 이 물리 상태가 단 하나의 심리 기술을 정하지는 않는다고, 데이비드슨은 말합니다. 같은 물리 상태를 통증으로 기술할 수도 있고, 간지럼으로 기술할 수도 있고, 심지어 상쾌함으로 기술할 수도 있습니다. 사람에 따라, 환경에 따라 달리 기술할 수 있기에, 법칙이 없다는 의미에서 무법칙이라 하지만 바탕은 물리이기에 일원론입니다. 그리하여, 무법칙 일원론이라 부르며, 심리 기술을 물리 기술로 환원할 수 없습니다. 즉, 간지럼을 뇌의 신경 상태 무엇으로 환원할 수 없다는 의미입니다. 이렇게 되면,

극단 번역 상황에서, 물리 상태는 같지만, 이에 대해 양립할 수 없는 번역이 있다는 바를, 설명할 수 있습니다. 뇌의 같은 물리 상태를 양립할 수 없는, 통증, 간지럼, 그리고 상쾌함으로 기술하는 바와 같다고 할 수 있습니다. 콰인도 데이비드슨의 무법칙 일원론을 지지합니다. 행동주의에서 벗어나 물리주의에서 심리 기술을 처리하는 하나의 방식이 됩니다.

존재

콰인에게는, 두 가지 종류만 존재합니다. 즉, 물리 대상과 집합입니다. 물리 대상이란, 책상, 필통처럼 시공간을 차지합니다. 책상처럼 보이는 현상이 아니라, 개별자인 책상을 말합니다. 그런데, 물리 대상과 함께, 집합도 포함하는데, 그 이유는 과학을 구성하기 위해서는, 추상 대상이 필요하기 때문입니다. 그는 정신 대상은 요구하지 않지만, 물리 대상의 집합은 요구합니다. 그리고, 과학을 구성하기 위해, 수, 함수 그리고 순수 수학 대상도 필요하다고 합니다. 그런데, 수학의 토대는 결국, 논리와 집합론이므로, 집합론을 기초 존재자로 놓습니다. 따라서, 물리 대상, 물리 대상의 집합 그리고 이렇게 결합한 영역 요소의 집합 등등이, 기초 존재자입니다. 그는 추상 대상인 집합을 존재자 목록에 넣는 이유를 말하면서, 뉴턴이 중력이란 추상 개념을 이론에 넣어, 더 많이 그리고 더 효율 있게 자연 현상을 설명하는 경우와 같다고 합니다.

    그런데, 이런 존재론을 택하는 바는, 과학 가설과 마찬가지로, 임시라고 합니다. 예를 들어, 보통의 물리 대상을 기초 존재로 보는 틀과 버클리처럼 마음과 감각 자료만 말할 수 있다는 틀, 둘 가운데 선택한다고 합시다. 즉, 실재론과 관념론에서 하나를 고른다고 해봅시다. 이 선택은 경험을 기술하는 언어 틀 가운데 하나를 고르는, 단순한 선택입니다. 여기에서 중요한 점은, 이것이 단순히 언어 문제라는 겁니다. 왜냐하면, 물리 대상 틀을 택한다고 해서, 사물 세계의 실재를 믿거나, 확신하거나, 가정하지는 않기 때문입니다. 만약 그런 믿음을 요구한다면, 경험 정당화가 필요합니다. 그런 경우, 선택은 실용이 아니라 이론의 문제가 되기 때문입니다. 서로 다른 언어로 표현해도, 경험에서 같은 이론의 인지 내용은 같습니다. 그럼에도, 물리 대상 이론을 선택하는 이유는, 더 효율이 높고, 버클리 방식보다는 논쟁이 덜하기 때문입니다.

콰인은 경험론자로서, 과학 개념 틀을, 궁극에서는 과거를 비추어, 미래를 예측하는 도구로 생각합니다. 물론, 앞서 말한 대로, 예측이 과학의 단 하나의 목적은 아닙니다. 물리 대상은 편리한 매개로 도입됩니다. 인식론에서 보자면, 물리 대상은 호메로스의 신에 비유할 수 있습니다. 즉, 호메로스의 신과 마찬가지로, 환원할 수 없는 상정물입니다. 호메로스의 시에서, 신들은 다른 존재로 환원될 수 없습니다. 하지만, 그 틀에서는 필요한 상정물입니다. 그런 의미에서, 물리 대상 역시 그 틀의 상정물이기에, 물리 대상과 신들은, 정도만 다를 뿐, 종류는 차이가 없습니다. 하지만, 물리 대상 틀이, 다른 틀보다 우월한데, 그 이유는 끊임없이 변화하는 경험을 다루는 도구로서, 다른 틀보다 효율이 높기 때문입니다. 즉, 콰인은 물리 대상의 신화가 더 유용하지만, 없어서는 안 된다고 하지는 않습니다.

콰인은 우리는 유리수에 관심이 있지만, 무리수가 있다고 하여 금방 무리수로 옮겨 간다고 하면서, 경험을 유리수에, 물리 대상을 무리수에 비유합니다. 즉, 물리 대상은 경험을 단순화하기 위한 상정물일 뿐입니다. 하지만, 물리 대상과 무리수 상정에는 뚜렷한 차이가 있습니다. 즉, 물리 대상이 무리수보다 엄청 단순하고, 물리 대상이 무리수보다 훨씬 고풍스럽고, 언어와 시대를 같이 합니다. 다시 말해서, 더 일상이라는 말입니다. 그는 강조합니다. 물리 대상을 선호하는 유일한 이유는, 감각 경험에 대한 필요한 예측을 더 단순하고 더 편리하게 해주기 때문이라고.

콰인이 인정하는 존재는, 물리 대상과 집합뿐이지만, 이는 첫째 등급이고, 둘째 등급은 과학의 상정물입니다. 즉, 과학이 요구하고, 과학이 존재한다고 상정하는 바가 둘째 등급입니다. 첫째 등급은 철학 존재론의 차원이고, 둘째 등급은 그가 유일한 진리로 믿는 과학이 말하는 존재입니다. 이 문제는 자연주의에서 좀 더 자세히 다룰 필요가 있습니다.

페가수스가 존재한다고 말하면, 어떤 의미에서 존재하는지를 묻게 됩니다. 날개 달린 말이 실제로 있는지를 알아봐야 하겠지요. 하지만, 날개 달린 말은 신화 속에서만 존재하지, 실제로 지금까지는 존재하지 않습니다. 우리가 이렇게 생각하는 이유는, 이름이 있다면, 이름이 지시하는 대상이 있으리라는 잘못된 가정 때문입니다. 즉, 페가수스는 이름이므로, 그 이름이 세계의 무엇인가를 지시한다는 잘못된 생각을 하기 때문입니다.

따라서, 우리가 말로, 무엇이 존재할 때, 이름으로 오해를 일으킬 수 있으므로, 그는 존재는 변항의 진릿값이라 부릅니다. 예를 들어, 페가수스가 존재한다는 문장은, ~(∃x)(x=날개 달린 말)로 표현할 수 있습니다. 여기에서, x가 변항이고, 진릿값은 날개 달린 말입니다. 그런데, 이 표현에서, 중심은 이름이 아니라, 술어와 양화사입니다. 다시 말해서, 술어인 〈날개 달린 말이다〉에 해당하는 변항 x가 존재하면, 그 문장은 참이 되고, 없다면 거짓이 됩니다. 이렇게 되면, 이름이 있어야 지시할 수 있다는 주장과 함께, 거짓 문장도 의미가 있게 됩니다. 예를 들어, 〈현재 프랑스 왕은 대머리이다〉라는 문장은 거짓이지만, 무슨 의미인지 알 수 있기에, 의미 있는 문장입니다. 이를 양화사를 사용해 표현하면, ~(∃x)(x=프랑스의 현재 왕 & (y)(y=현재 프랑스의 왕이다 →y=x))가 됩니다. 이렇게 하면, 무엇이 존재한다고 말하는 바는, 진릿값으로 작용하는 변항과 대상의 문제이지, 이름이나 이름이 명명하는 대상의 문제가 아닙니다. 다시 말해서, 콰인은 이름은 필요 없고, 변항, 술어, 양화사, 진리 함수 연결사 그리고 동일성 기호만 있으면, 존재를 표현할 수 있다고 주장합니다. 존재론에서 이름이 없어도, 언어의 의미 있는 기능이 수행됩니다. 그는 진릿값으로, 개별자, 집합, 집합의 집합 등만을 인정합니다. 즉, 일차 서열 논리만 있습니다. 그리하여, x, y, z 등만을 포함합니다. 여기에, 보편자는 없습니다. 그는 동일성 없이는, 존재도 없다고 주장하는데, 속성은 시공간을 차지하지 않기에, 동일성 확보가 가능하지 없으므로, 대상으로 여기지 않습니다.

데이비드슨은 사건 존재론을 주장합니다. 사건도 양화하자고 합니다. 개별자 소크라테스나 책상처럼, 사건도 양화한다는 주장은, 사건도 기초 존재라는 의미입니다. 예를 들어, 〈존스는 자정에 욕실에서 칼로 토스트에 버터를 발랐다〉라는 문장을 봅시다. 이 문장에서, 〈존스가 자정에 버터를 발랐다〉, 〈존스가 욕실에서 칼로 버터를 발랐다〉 등의 문장을 추론할 수 있습니다. 보통 문장으로 하면, 〈x가 시간 t에, z에서 w로 y에 버터를 발랐다〉가 되는데, 이 구조로는 추론 관계를 설명할 수 없습니다. 따라서, 사건을 양화해야 한다고 데이비드슨은 말합니다. 즉, 사건 e가 있는데, 사건 e는 버터를 바름이고, 토스트에 관한 바입니다, 이렇게 사건을 양화하면, 추론 관계를 설명할 수 있습니다. 문제는, 개별자와 집합 외에 사건을 인정하면, 존재 목록에 하나를 추가하게 되는데, 이 추가가 꼭 필요한지에 대한 논의입니다. 이에 대해, 치솜은 그럴 필요가 없다고 하면서, 무사건론을 전개합니다. 즉, 개별자와 속성만으로도, 추론 관계를 설명할 수 있다고 하고, 김재권은 사건을 존재로 인정하면서도, 사건이 내적 구조를 갖는다고 주장합니다.

콰인은 사건을 시공간 안의, 점의 집합으로 단순하게 봅니다. 즉, 일상 물리 대상이 지속하는 사건으로 단순하게 봅니다. 한마디로, 보통 개념으로 볼 뿐, 개별 존재로 여기지 않습니다. 하지만, 데이비드슨은 사건을 진정한 존재로 보는데, 그 이유는 별개의 두 사건이 같은 시간에 같은 공간을 차지하기 때문입니다. 천천히 돌면서, 동시에 점점 따듯해지는 공을 예로 듭니다. 이것이 같은 시공간을 차지하면서 일어나는 두 개의 사건이 아닌가? 데이비드슨은 인과로 사건의 동일성을 설명합니다. 즉,

같은 원인과 같은 결과라면, 같은 사건입니다. 콰인이 요구하는, 동일성 없이, 존재는 없다는 기준을 맞추려는 의도로 보입니다. 콰인의 기준은, 같은 요소라면, 같은 집합이다가 되겠지요.

자연주의

뉴턴의 과학으로 철학의 위기를 느낀 칸트는, 철학만의 분야를 찾으려 합니다. 과학이 세계의 거의 모든 사태를 설명할 수 있는 바탕에는 경험이 있다고 판단한 그는, 경험과는 관련 없는, 혹은 경험 이전의 조건이나 상태가 철학의 고유 영역이라고 생각합니다. 즉, 선험 판단과 선험 종합 판단을 대상으로 하여, 비판철학 혹은 형이상학을 전개합니다. 그리하여, 철학의 땅을 지키려 합니다. 따라서, 선험성은 철학의 핵심 영역으로 자리하게 됩니다. 많은 탐구가 선험성에 집중합니다. 20세기 들어와서도 마찬가지입니다. 20세기 초반, 카르납을 비롯한 논리 실증주의자도 선험성을 인정합니다. 이와 달리, 콰인은 앞서 본 바와 같이, 선험성을 거부합니다. 그리하여, 후기 분석철학은, 철학과 과학의 구별을 거부합니다. 콰인은 자연주의를 택하는데, 그의 자연화된 인식론은 다음 주장을 합니다. 첫째, 존재론을 논리학으로 설명하고, 둘째, 과학 이론이 허용하는 바를, 존재론 수용의 기준으로 삼고, 셋째, 전체론의 경험론이 경험을 다룬다고 주장합니다. 이런 주장은 일반 자연주의 주장과 거의 일치합니다. 즉, 초자연 행위자나 힘을 거부하고, 특히 자연 과학을 철학 방법론의 모델로 여겨, 철학의 선험성을 거부합니다. 또한 진정한 지식이나 이해를, 성공한 과학의 이론 결과 이상도 너머도 아니라고 하며, 세계 개념을 자연 과학이 그리는 세계로 여기기에, 도덕, 양상, 그리고 수학을 자연 과학 개념 안에 놓습니다. 한마디로, 과학주의라고 할 수 있습니다.

콰인의 철학 모델은 과학입니다. 무엇인가를 모델로 하여, 철학 작업을 하는 사례는 물론 콰인이 처음은 아닙니다. 아리스토텔레스는 생물학을, 데카르트와 스피노자는 기하학을, 홉스는 신체를, 흄은 뉴턴의 방법론을 모델로 삼았습니다. 콰인은 자연 과학에서 물리학을 본으로 합니다. 그는 우선 전통의 제일 철학을 버립니다. 형이상학을 제일 철학으로 하여, 제일 철학에서 다른 분야 철학을 추론해 내는 방식을 버립니다. 철학은 과학 안에 있지, 어떤 선험 철학에 있지 않으며, 실재는 확인되어야 하고, 기술되어야만 한다고 하면서, 물리주의를 지지합니다. 즉, 지금의 물리학이 세계의 궁극 구조 해명에 대한 최선의 방책이라고 합니다. 따라서, 존재는 과학이 말하는 대상입니다. 그런데, 이 주장은 좀 더 세심하게 보아야 합니다. 왜냐하면, 앞서 말한 대로, 그는 의자, 사람, 나무, 믿음 등이 일상에서 존재한다고 믿지만, 이런 대상이 실재라고 여기지 않기 때문입니다. 즉, 책상, 의자 그리고 나무와 같은 상식 존재는, 콰인의 자연주의 철학에 아무런 무게도 갖지 못합니다. 그 이유는, 이런 대상들은 콰인의 엄격한 과학 기준을 만족할 만한, 동일성 기준을 충분히 만족시키지 못하기 때문입니다. 다시 말해서, 상식 대상은, 진정으로 존재하는 바에 대한, 과학 설명이 아니기에, 철학에서 보면, 중요하지도 않고 실재도 아닙니다. 콰인은 상식 세계에 관해서는, 실재론자가 아닙니다.

콰인은 경험론자이지만, 로크의 감각 자료와 같은 주어진 바를 거부합니다. 주어진 바는, 감각 자료가 아니라, 상식 대상을 포함하여 관찰할 수 있는 사태입니다. 이를 경험의 원초 진리라 부르는 철학자도 있지만, 콰인은, 이론 대상의 체계를 중시하기에, 이론의 매개 없는 대상은 실재로 여기지 않습니다. 그는 분명한 동일성 기준 없이는, 대상도 없다고 하는데, 외연 일차 논리 체계, 단순함, 경제성, 분명함, 그리고 예측하는 힘 등이, 이론의 인식론 덕목이라고 합니다. 이런 관점에서, 과학의 유일한 증거는 경험 증거라는 그의 경험론은, 전부 이론 고려가 매개되므로, 일인칭 관점에서 일어나는, 감각 의식의 전달과 철학 의미를 더 자세히 말할 필요가 없다고 합니다. 로크를 비롯한 경험론자는, 개인의 일인칭 경험을 토대로 경험론을 펼칩니다. 개인의 감각 자료가 어떻게 관념이 되는가 등을 탐구하나, 콰인이 보기에 이런 작업은 무의미합니다. 왜냐하면, 감각 자료가 아니라, 신경 자극 패턴이 실재이고, 개별 경험이 아니라, 전체로서의 이론에서 어떤 역할을 하는가에 따라, 의미가 생기기 때문입니다.

그는 관찰을 말초 신경과 에너지 전이의 감각 자극이란 물리적 용어로 이해하고, 경험은 처음에 관찰 문장을 일으키지만, 중요한 점은 경험의 대상이 아니라, 이론의 역할입니다. 이런 이유에서, 그는 우리가 토끼를 의미하는지, 토끼의 우주적 보완물 즉 토끼를 제외한 우주를 의미하는지, 혹은 분리되지 않은 토끼 부분을 의미하는지 여부에 무관심합니다. 경험론은 과학의 궁극적인 자료에 관한 주장이 아니라, 한갓 과학의 유일한 증거는 경험이라는 견해일 뿐입니다. 하지만, 중요한 단서가 있습니다.

이 증거에 대한 우리의 이해는, 그것 자체가 이론의 산물이라는 겁니다.

콰인이 실재라고 인정하는 바는, 무엇이든 다, 이론의 상정물입니다. 따라서, 경험으로 주어지는 바도 없고, 경험 지식에 기초나 특권이 있다는 주장, 다시 말해서, 감각 자료나 상식 대상이 있다는 주장은 거부됩니다. 그는 존재론에 무관심하고, 체계 논리에 헌신합니다. 어떤 대상이든, 중요한 점은 그 대상의 본질이 아니라, 논리 체계의 부분으로서, 체계 전반에 어떤 공헌을 하는가입니다. 대상, 사실 혹은 판단 등은 모두 특수자로, 전체 안에서의 자신의 역할로 결정되지, 타고난 속성으로 결정되지 않습니다.

물리학자의 언어가 상식보다, 세계에 대해 더 참인 그림을 제공한다고 콰인은 믿습니다. 자연 과학이 물리학으로 환원된다고 믿지만, 지금은 그런 일괄적인 환원은 없다는 사실도 그는 인정합니다. 물리주의를 지지하기에, 물리 상태 변화 없이, 정신 상태의 변화는 없다는, 수반론을 인정합니다. 이런 태도는 그를 실제로는 제일 철학 지지자로 이끕니다. 물론 자신은 전통의 제일 철학을 거부하지만, 그의 과학은 제일 철학으로 보이기에 충분합니다. 자연주의 자체가 선험 형이상학이거나 제일 철학이기 때문입니다. 비록 과학은 형이상학 이론이 아니라, 탐구의 경험 형식이지만, 과학 지식이나 이해가 지식 전부라든가 존재하는 이해의 전부라고 주장하면, 형이상학이 될 수 있고, 또한, 과학 이미지가 실재의 모든 이미지라고 주장하면, 역시 형이상학이 될 수 있기 때문입니다. 과학의 업적을 넘어서, 자연주의가 제일 철학의 형식을 드러내면, 제약 없는 주장이 되어, 완전함 혹은 모두 망라함을 말하게 됩니다. 콰인 체계의 제일 철학 요소는 과학주의입니다. 그는 과학으로 철학은 충분하다는 말도 남겼습니다.

　김재권은 전통 인식론은 규범 개념이 있기에, 정당화된 믿음, 좋은 이유, 합리성을 발견할 수 있다고 하면서, 콰인 인식론은 자연화되어, 이런 규범 개념이 없다고 비판합니다. 하지만, 그렇지 않습니다. 왜냐하면, 자연주의가 설명할 수 있기 때문입니다. 인식론의 자연화는 규범을 버리지 않으며, 진행하고 있는 과정을 어쩔 수 없이 받아들이지도 않기 때문입니다. 규범 인식론을 콰인은 공학의 한 부분으로 봅니다. 즉, 예측을 찾는 진리 기술입니다. 예측에 성공하면, 정당화된 믿음, 좋은 이유, 합리성이 됩니다. 이와 함께, 콰인 인식론에는 지식, 정당화, 증거 그리고 귀납이 빠져 있다는 비판도 있습니다. 그는 지식 개념을 피합니다. 진지한 목적으로 말하지도 않고, 설명하지도 않습니다. 그리고, 지식의 확실함도 거부합니다. 또한, 지식은 수많은 제약으로 죽음을 겪고 있다고도 하는데, 노이라트의 배에 대한 언급 아닐까요. 즉, 우리는 수리하면서 항해해야만 하기에, 신의 눈처럼, 밖에서 우리 지식을 평가할 수 없다는 의미로 보입니다. 그리고, 정당화와 증거에 관해서는, 과학의 관찰을 말합니다. 즉, 과학의 정당화와 진리의 증거를 실제로 발견한 곳은, 관찰의 성공 예언이라고 말합니다. 또한 귀납의 원천은, 유사성을 발견하는 유전자의 성향이라고도 합니다. 이런 성향은 진화 심리학 설명에서 가져왔다고 하는데, 규범 인식론은, 엄밀한 의미의 과학 말고도, 일반의 합리적 믿음에 관한, 예술이나 기술이라고 하면서, 규범 인식론은, 귀납으로 얻는 기대에 대한, 우리의 타고난 성향을 고치거나 세련되게 한다고 말합니다.

미국 분석철학

분석철학이란 이름에 관해, 오해가 있을 수 있습니다. 분석이란 철학이 시작된 이후, 한 번도 중단된 적이 없는, 전통 철학의 방법론 가운데 하나인데, 새삼스레 미국 철학에만 해당하는 이름처럼 사용한다는 의심입니다. 따라서, 오히려 분석철학은 역사를 계승한다는 주장까지 하는지 모르겠습니다. 하지만, 오해입니다. 미국의 분석철학은 고정된 실체나 중요한 주장을 하지 않습니다. 물론 낭만주의, 유신론, 그리고 절대 관념론과는 결별하지만, 고정된 실체는 아닙니다. 프레게, 무어, 러셀, 비트겐슈타인 그리고 논리 실증주의자에서 비롯한, 몇 가지 특징이 있는 흐름입니다. 과학과 상식 존경, 논리학과 철학의 관련에 대한 믿음, 논증의 정확성과 명료함에 대한 강조, 선험 형이상학에 대한 의심, 그리고 진리와 지식의 목표를 격려 이상으로 높이지 않음, 도덕 고양이나 영의 위안에 대한 의심 그리고, 전문가의 사변에 대한 의심 등이 특징입니다.

    미국 분석철학의 시작은 세 가지 사건에서 비롯합니다. 2차 대전 후 유럽의 철학자들이 미국으로 건너온 사건이 첫 번째입니다. 정치 이유로 망명한 이들은, 유명한 논리학자, 과학철학자, 논리 실증주의자 그리고 다른 분석철학자들이었는데, 카르납, 라이엔바흐, 타르스키, 파이글, 베르크만 등이 대표 철학자입니다. 하지만, 아직은 분석철학이 미국 철학의 주류가 되지는 못했습니다. 카르납도 대학에 자리 잡는 데에 어려움을 겪었고, 다른 사람들도 크게 다르지 않았습니다. 하지만, 두 번째 사건으로, 서서히 주류로 옮겨가게 됩니다. 즉, 콰인이 이끄는 하버드 대학 철학과가 1950년대 그리고 1960년대에 걸쳐, 분석철학의 중심이 되면서, 주류로 떠오르게 됩니다. 콰인은 화이트헤드 제자였으나, 루이스의 프래그머티즘을 공부했고, 1932년에서 1933년까지 유럽에서 카르납과 친구가 되었으며, 카르납이 미국에 온 후에도 친교를 유지했습니다. 그리고, 2차 대전 후의 미국 고등교육의 큰 확장으로, 영국에서 미국으로의 많은 인재 유출이 있었습니다. 이 세 가지 사건을 계기로, 미국에서 분석철학이 시작되었습니다.

  1950~60년대에 옥스퍼드 대학과 하버드 대학은 교수를 활발히 교환하였는데, 그 교수들 가운데, 정치 성향이 없고 세속 기질의 철학자들은, 철학을 전문 분야로 인식하여, 삶이나 죽음의 문제를 철학이 곁길로 새는 바로 여겼습니다. 이 시기 콰인과 굿맨은, 기호 논리학을 철학 추론에 없어서는 안 되는 도구로 여겨, 언어 사용 방법 제시와 투명한 언어 재구축에 힘써, 언어 철학을 만듭니다. 언어 철학은 과학 철학과 함께, 분석철학의 중심이 됩니다. 하지만, 언어로의 전환은 철학의 지위 훼손을 반영하기도 합니다. 고전 프래그머티즘은 철학이 세계를 바꿀 수도 있다고 여겼으나, 2차 세계 대전 이후의 세대는 철학이 세계를 바꾸지 못하고 있다고 염려했습니다. 1950년대에, 철학자는 자신의 쪼그라든 지위를 고민하지 않고, 오히려 껴안기까지 했습니

다. 철학은 언어에 관한 학문이라 강조하지만, 새로운 무기력을 알아차렸고, 이 새로운 무기력으로 철학의 다른 분야를 하찮게 여기게 됩니다. 비록 논리 실증주의처럼 전통 철학을 의미 없다고 버리지는 않았지만, 무시하였기에, 전통 철학을 무시해도 좋다는 암시를 보냈습니다. 콰인은 대학교수로서, 흄을 제외한 어떠한 철학사 강의도 하지 않았는데, 이 역시 암시라고 보아도 무방합니다. 분석은 철학 영역을 좁게 하고, 질문을 소수로 한정하며, 다른 영역은 주변화하게 되어, 영혼을 다해 철학의 본질을 탐구하는 일은 사라지게 됩니다. 전통 형이상학자는 주변으로 밀려났습니다.

 미국 분석철학의 중심인물은 콰인이었기에, 그가 제시한 여러 문제가 논의 중심에 서는 일은 자연스럽다고 할 수 있습니다. 앞에서 그의 철학 작업이 제시하는 여러 문제를 다루었는데, 이에 대한 비판이 당연히 존재합니다. 가령 번역 불확정성 문제 사고 실험의 경우, 실제 언어학자 작업을 보면, 번역 불확정성은 일어나지 않는다고 합니다. 콰인은 자신의 작업은 항상 실제 과학을 염두에 두고 있고, 자신의 미결정 논제는 실제 과학에 관한 바라고 합니다. 하지만, 과학의 실제 과정은, 관찰과 실험으로 테스트한, 관찰물에 관한 설명이고, 그와 같은 테스트 결과를 바탕으로, 끊임없이 수정하는 과정입니다. 그는 안락의자에 앉아서, 불확정성과 미결정 논제에 이르게 된 겁니다. 즉, 안락의자에서 자신의 독단 주장을 하기에, 과학 사회의 실제에는 관심이 없습니다. 사고 실험은 이후 많은 분석철학자가 즐겨 사용합니다. 〈가바가이〉, 병 속의 뇌, 쌍둥이 지구, 무지의 베일 등. 롤스는 무지의 베일을 이용해, 정의를 다룹니다. 즉, 토론에 참여한 사람들은, 자신의 직업, 소득, 신분 등을 알지 못한 상태에서, 논의를 통해 정의를 도출한다는 사고 실험입니다. 기하학을 본뜬 느낌이 나는, 이런 사고 실험은, 사회 사고에 대해 진지하게 발언하지 않는다는 비판이 있습니다. 즉, 이론만으로는 사회 사고나 발언에 충분하지 못하기 때문입니다. 20세기 후반에 분석철학은 사회 접촉을 많이 하지 않는다는 염려에 대해, 합리화하였으나 설명 근거는 빈약했습니다.

물론 콰인말고도 여러 분석철학자가 공헌합니다. 마음의 철학, 과학철학 그리고 언어철학 발전에는 콰인과 셀라스의 공이 크며, 리처드 로티도 한몫을 합니다. 셀라스의 물질주의는 한동안은 소수파였으나, 후에 대세가 되었고, 크립키는, 고유명사는 지정 지시어로서, 지시 대상과 연관한 기술과는 상관없이, 지시 대상을 직접 고른다고 주장합니다. 세례와 비슷하다는 겁니다. 퍼트넘은 내적 실재론을 전개하는데, 진리는 오로지 기술 이론 안에서만 참이라고 말합니다. 즉, 우리의 믿음 체계 안에서 재현되어야 참이라고 합니다. 20세기 말에는, 철학자 대부분은 물질주의자가 아니면 그들이 좋아하는 명칭인 물리주의자였습니다. 물리주의자는, 인간을 생물학의 유기체로서, 자연 세계 안에 놓고, 묻습니다. 정신과 주변의 물질 환경과의 정확한 연결은 무엇인가를, 그리고 우리가 연구하는 이 환경의 다양한 면이, 어떻게 물리학과 관련이 있는가를. 한 걸음 더 나아간 제거 물리주의는, 아예 정신을 인정하지 않습니다.

초창기 미국의 철학 형성에서, 사회경제나 정치 맥락보다,

지배 문화인 프로테스탄트 성격이 더 중요했습니다. 기독교는 유럽과 달리, 철학에 깊이 개입하였는데, 미국 특유의 무역사적인 종교의 개인주의가 큰 역할을 했습니다. 미국 사고는 단독자로서의 신자와, 신과의 관계에서 시작하는데, 주 관심사는 세상의 고뇌가 아니라 영의 고뇌였습니다. 19세기 말에, 프래그머티즘이 진화를 인정하는 새로운 세계관을 제시했을 때, 우려하였습니다. 20세기에, 종교 개입이 약해지자, 철학자는 생물학 유기체가 어떻게 자신에 대해 아는가를 놓고 씨름하게 됩니다. 하지만, 20세기 철학은 더 세속이고, 훨씬 앞서가는 공적 문화가 되었습니다. 즉, 영의 관심을 사라지고, 단독자로서 신을 만나는 전통 모습을 더는 철학에서 찾기 힘들게 되었습니다. 이런 고립은, 상아탑의 전문가 기질 탓뿐만 아니라, 교수의 비종교 견해와 학생이 받아들일 수 있는 견해 사이의 틈 탓이라고 합니다. 한마디로, 대학 철학은 사회에서, 그리고 캠퍼스에서 고립되었습니다.

종교 혼란에 대해, 충고할 수 없기에, 철학자가 공개 석상에 모습을 드러내는 일이 줄었습니다. 18세기 이후, 철학자는 사회, 정치 질서에 개입하지 않게 되었고, 이런 결핍은 영혼과 우주의 연결을, 명상에서 찾으려는 사실에서 알 수 있습니다. 특히, 다윈 이후로는, 정치 철학이나 사회 철학은 철학자에게 의심의 대상이 되었습니다. 다시 말해서, 18세기 이후, 유럽과 특히 미국에서, 철학이 채워 주거나 해결해 주지 못하는 영의 문제, 삶과 죽음의 문제, 그리고 다윈의 진화론 이후의 인간 위치 등에 대한 이해 등은, 여전히 수요가 있고, 갈증이 남아 있기에, 다른 방향에서 찾으려 합니다. 철학은 고립되어 가고, 영의 굶주림은 더해지고 있기에, 에소테리시즘이 다시 모습을 드러냅니다.

72
20세기 에소테리시즘

앙두안 파이브르는 에소테리시즘을 다음과 같이 정의합니다. 에소테리시즘은 생각의 형식으로, 네 가지 특징이 있는데, 상응, 살아 있는 자연, 상상/중개, 그리고 변화입니다. 그리고, 조화 실행과 전이를 덧붙입니다.

    1901년 베산트와 리드비터는 공저로 『생각-형식』이란 책을 출간합니다. 이 책은 생각 유형이 색과 빛을 만든다는 연구로, 애정, 헌신, 분노, 공감, 공포 혹은 탐욕 등과 같은 감정은, 그에 상응하는 진동을 만들고, 그 진동은 신지학의 영 해부도에 따라, 사람 안에 있는 일곱 가지 원리에 상응하여, 생각하는 사람의 다양하고 미묘한 몸의 색을 변화시킨다고 주장합니다. 또한, 생각은 고정되지 않는, 색이 있는 기하학 모양을 만든다고 합니다. 상응의 예를 잘 보여 주는 이 책은, 칸딘스키와 몬드리안의 초기 추상화에 큰 영향을 주었습니다. 왜냐하면, 두 사람 모두 신지학회 회원이었기 때문입니다. 칸딘스키는 신지학 책을 내었고, 몬드리안은 블라바츠키의 초상화를 자신의 작업실에 걸어 둘 정도로 심취했기 때문입니다. 몬드리안은 우주 질서를 반영하기 위해, 색이 있는 기하학 형식을 실험하기도 했습니다. 파울 클레, 폴 고갱도 영향받았습니다.

신지학에서 출발하였으나 인지학을 세운, 루돌프 슈타이너는 8살 때 기차 역사에 나타난 숙모 유령이 자신에게 도움을 청한 일을 계기로, 죽은 사람이 산 사람과 소통한다는 경험을 하였습니다. 그는 초등학교에서 기하를 접하면서, 영의 실재를 떠올렸다고 합니다. 인지학이란 그리스어 anthropos와 sophia의 합성어로, 각각 이상 인간과 신성한 여성의 지혜입니다. 우리가 우주 리듬 및 다른 사람에게서 소외된 이유는, 잘못된 생각, 즉 영적이지 않고 자유가 없는 생각 탓이라고 합니다. 이 소외를 시대의 특징으로 보는 그는, 몇 세기 동안의 잘못된 생각 탓에, 감정이 인생에서 무시되었다고 합니다. 그 자리에, 과학과 합리 사고가 들어오게 되어, 삶의 정서 차원이 몽땅 제외되었고, 종교와 예술을 더럽힌다고 생각합니다. 그리하여, 이를 회복하기 위해, 우주의 영적 차원에 관한, 참되고 믿을 만한 지식을 얻는 방법으로, 영적 기능을 발전시키려 합니다. 능동이고 애정이 깃든, 영적이고 자유로운 생각으로 얻을 수 있다고 하여, 그는 명상이나 상상력을 권합니다. 그리하여, 앎의 더 높은 방식 및 자신과 다른 사람 그리고 우주와 더 풍요로운 관계를 얻을 수 있다고 합니다.

과학을 비판해도, 그는 화해와 통합을 추구합니다. 즉, 과학과 예술의 화해는, 능동이고 진심이 우러나는 사고를 토대로 이루어진다고 하며, 능동이고 영적인 사고로 데카르트 이후의 분리를 해결할 수 있다고 주장합니다. 다시 말해서, 영적인 능동 사고는, 마음의 요구, 그리고 각 사람의 감정과 예술 기능을 요구합니다. 이런 태도는, 일상 주지주의와 종교 믿음과 대비됩니다. 주지주의와 종교 믿음은, 이생이나 사후 삶 그리고 미래 환생에서 필수 능력을 발전시키지 못하기 때문입니다. 보통의 종교 신앙은 너무 수동이고, 과학 지식은 표피이거나 물질 수준에 머물기에, 능동이고 영적인 사고가 필요합니다. 그리하여, 사고, 감정 그리고 의지 사이의 이상 조화가 이루어져야 한다고 말합니다.

예전의 신비주의는 주로 개인 작업이었습니다. 물론, 연금술은 오래전부터 조직화하여 있었지만, 의례 마법은 여전히 고독한 작업으로 남아 있었지요. 물론 18세기에 단체가 없지는 않았지만, 19세기까지도 마법 교습과 의례는 순전히 개인 일이었습니다. 하지만, 두 단체가 등장하여, 에소테리시즘 단체를 교습용으로 재정립하고, 새로운 사회 조직으로 만들었습니다. 그 두 단체는 황금 새벽과 오티오입니다. 황금 새벽은 1888년에서 1903년까지 짧게 활동했습니다. 헤르메스 전통의 이 단체는, 장미 십자회 전통을 이어받았으며, 이집트를 영원한 지혜의 참된 원천이라고 다시 천명했습니다. 황금 새벽의 기본 목적은, 마법으로 상승하여, 신에 가까이 가는 바인데, 카발라의 생명 나무 열 단계와 관련이 있고, 가장 기본의 마법 기술은 별을 토대로 합니다. 수정점이나 별 여행이란 기술을 통해야 한다고 주장합니다.

동방의 성전 기사단인 오티오the Ordo Templi Orientis는 장미 십자회, 헤르메스주의, 황금 새벽의 의례 마법, 새로운 그노시스, 신지학의 관념, 교설, 의식으로 이루어지지만, 가장 중요한 요소는 아마도 성 마법일 겁니다. 즉, 모든 프리메이슨 의식을 성적 마법이라 여기는데, 더 나아가 요가와 결합합니다. 다시 말해서, 섹스 마법을 재생산 에너지의 집중과 변화로 보아, 성스러운 창조 과정의 본질로 봅니다. 여기에는 태양과 남근 중심주의가 자리합니다. 신은 하나인데, 대우주에서 신은 태양이고, 동시에 창조자이며 떠받치는 존재이며, 종국에는 이 행성의 생명 파괴자입니다. 소우주에서 신은 남근입니다. 이런 의미에서, 사람은 성스럽고, 신의 창조 힘을 부여받았기에, 섹스 마법은 성스러운 기술이 됩니다. 가장 높은 수준의 교설은, 충만한 성교가 됩니다. 그리하여, 남녀 결합이 최상이며, 마법 의례에서 본질 요소입니다. 남녀 결합은 화학의 불로장생을 낳는다고 말합니다. 이 단체는 위카, 사탄주의, 혼돈 마법 그리고 다양한 이교주의와 연관됩니다.

제4의 길을 주창한 구르지예프는 20세기 가장 영향력 있는 에소테리시즘 스승입니다. 그는 당시 러시아 제국에 속한 알렉산드로폴에서 태어나, 그리스 정교 신비주의, 수피즘, 그리고 피타고라스주의의 영향을 받은 바로 보입니다. 어렸을 때부터, 근대 합리론과 환원주의 및 종교가 요구하는 의심하지 않는 신앙에 반발했다고 합니다. 그는 제4의 길을 제안하는데, 제1의 길은, 탁발승으로 자신의 물리 몸을 통제하려 하고, 제2의 길은, 수사로 주로 감정을 통제하고, 제3의 길은, 요가 수도자로 지의 성취를 원합니다. 앞의 세 가지 길의 공통점은, 한 가지에만 초점을 맞춘다는 점과, 될 수 있다면 되도록 멀리 세속에서 분리하려는 점입니다. 이에 반해, 제4의 길을 그는 〈교활한 사람〉이라 부르는데, 세계에서의 분리가 아니라, 세계를 자신을 위한 작업 도구로 씁니다. 그리고, 이 작업은 물리, 감정, 그리고 지성 모든 면을 발전시킵니다. 이를 호랑이 등 위에 올라탄다고 표현하는데, 현시대를 파괴하고, 해체하는 힘까지도 포함하여, 세계를 자신의 변화 도구로 이용합니다.

구르지예프는 자신을 구루(스승)로 대하지 말라고 강하게 말하는데, 이는 인기 요인 가운데 하나였습니다. 그리고 자기 말을 검증 없이 받아들이지 말라고 합니다. 그 이유는 그렇게 한다면, 잠과 다름없기 때문입니다. 잠의 형식이야말로 그가 싸우려는 대상이니까요. 지금의 인간은, 자신을 자유롭다고 여기나, 실제로는 다양한 외부 힘에 좌우되는, 기계일 뿐인데 자신이 모른다고 합니다. 이는 평범한 사람뿐만 아니라, 지식인 대부분도 해당한다고 주장합니다. 〈인간의 기계이다〉, 〈인간은 아무것도 못한다〉라는 주장이지요. 이런 자신에게서 벗어나기 위해서는, 성령, 아트만, 부처의 본성 등의 절대성이, 개별 인간 안에서 깨어나야 합니다. 깨어나는 바는, 개별 자아가 아니라, 훨씬 더 큰 어떤 존재입니다. 다시 말해서, 개인의 영혼이 아니라, 모든 영혼이 깨어납니다. 하지만, 깨어난다고 해도, 여전히 〈나〉입니다. 하지만, 많은 한정된 〈나〉에 둘러싸인 진정한 〈나〉입니다. 내 안의 진정한 〈나〉가 〈내가 존재한다〉라고 말할 수 있다면, 〈나〉의 존재는 실현되고, 존재는 자신과 대면합니다. 즉, 제4의 길은, 존재 실현의 확실한 방법입니다. 하지만, 우리에게 영원히 깨어 있는 순간은 없습니다. 한 번의 깨어남으로는 충분하지 않습니다. 그리고, 작업이 더 필요하지 않은 순간도 없습니다. 끊임없이 잠에서 깨어나야 합니다. 그는 자아 기억과 자기 관찰을 제시합니다.

이교도를 떠올리게 하는 이교주의는, 19세기에 형성되었습니다. 이교주의에는 일본의 신도, 위카, 힌두교, 그리고 많은 토착 종교가 속하지만, 이는 물론 기독교 시각입니다. 이교주의는 시간을 최후의 심판으로 달려가는 직선이 아니라, 순환으로 봅니다. 그리고, 성스러움은 만질 수 있는 대상 즉, 자연이나 사람인데, 산, 협곡, 나무, 동물 및 사람이 만든 물건 등과 관련이 있습니다. 그리고, 이교도는 명상, 꿈, 환상을 즐겨 말합니다. 그런데, 주목할 바는, 과학과 충돌하지 않는다는 사실입니다. 서양 종교와 과학은 18세기 지리학의 발전으로, 갈등을 빚기 시작하는데, 성경의 홍수가 도전받았고, 19세기에는 생물학의 진화론과 다투었습니다. 하지만, 이교도에게 과학은 전혀 위협이 아니었습니다. 오히려 양자 역학은 마법이 어떻게 작동하는가를 보여 준다고 생각합니다.

20세기 이교주의의 특징은, 자연주의입니다. 자연 종교는 이신론, 자연에서 나온 음식, 힐링 방법 및 삶의 양식을 포함하는데, 기원은 유럽인의 미국 상륙입니다. 유럽인이 처음 미대륙에 도착했을 때, 그 땅을 새로운 시작의 장소로, 그리고 유럽의 장원이나 성직자에 오염되지 않은 지역으로 여겼습니다. 그리하여, 자연 자체를 성스러운 가치의 원천으로 여기게 되었고, 지금까지도 미국 이교주의자는 야외 캠핑을 합니다. 1970년, 첫 번째 지구의 날에, 야외 캠핑 축제를 〈지구 종교〉 혹은 〈자연 종교〉라 부르기 시작한 일은, 우연은 아닙니다. 즉, 아브라함 종교인 유대교, 기독교, 이슬람과 달리, 경전, 예언자, 그리고 주간 예배가 없는, 자연 종교는, 정당화를 위해, 성스러운 자연이라는 문화에 호소합니다.

자연 종교에는 세 가지가 있습니다. 우주 자연 종교, 가이아 자연 종교 그리고, 육화 자연 종교입니다. 우주 자연 종교는, 르네상스 마법과 같이, 〈위에서 이루어진 대로, 아래에서도〉가 구호입니다. 즉, 마법사와 우주가 하나가 되길 추구합니다. 달력과 별자리를 중시하고, 자연의 리듬과 조율하기 위해, 보름달이 뜬 날이나 계절 분기 등에 의식을 거행합니다. 의식이 신보다 중요하니까요. 그리고, 가이아 자연 종교는, 지구를 신성한 존재로 여깁니다. 가이아 자연 종교는, 지구를 신성한 존재로 봅니다. 1970년, 오베론 젤의 가이아 유기체 발언은, 환경 운동의 날개를 더 넓게 펼치게 했습니다. 가이아 자연 종교는 지구를 어머니에 그저 비유하지 않고, 실제로 신성하게 여깁니다. 육화 자연 종교는, 몸에 대한 새로운 신학을 제공합니다. 특히 많은 이교도 여인은 자기 몸을 통제하고, 자신의 쾌락을 종교 용어로 기술하는데, 금욕, 순결, 자제를 명예롭게 여기지 않으며, 육신의 쾌락을 부인할 이유가 없다고 합니다.

20세기에 등장한 뉴 에이지는 과학에 대해, 전통 신비주의와는 다른 태도를 보입니다. 즉, 과학자는, 자연법칙으로 세계관을 탐구하는데, 전통으로 종교와 형이상학에 대해 승리했다고 여깁니다. 하지만, 뉴 에이지는, 절대이고 성스러운 의미에서 자연의 작동 구조를 설명할 수 있다고 합니다. 즉, 자신들이 필요한 바를 과학이 제공해 준다는 의미입니다. 다시 말해서, 과학은 종교의 굳건한 토대입니다. 예를 들어, 자연의 알파벳은 파동, 파동의 위상, 진폭, 주파수, 간섭과 응집이란 언어라고 하며, 생명의 과학 형태는 대우주와 소우주의 상응, 유비, 동시성 그리고 동일성을 설명한다고 주장합니다. 그리고, 영점 장은, 우주의 그림자이고 거울 이미지이며, 과거 존재의 기록이라고 합니다. 또한, 우주의 모든 부분은 다른 부분과 동시에 접촉할 수 있고, 자연은 눈멀거나 기계이지 않으며, 정보는 코드화되어 어디에서나 동시에 전송된다고도 합니다. 또한, 뇌는 궁극 저장 매체인 영점 장을 복구하고 읽어 내는 장치라고 합니다. 뉴 에이지는 영적 관심이 충만하지만, 신의 발산을 원형으로, 연금술 원리를 상징으로, 천사를 전자기 주파수로 바꾸었습니다. 하지만, 이런 시도는 새삼스럽지는 않습니다. 왜냐하면, 옛날 신플라톤주의에서는 공기가, 연금술에서는 불이, 그리고 최면술에서는 에테르와 같은 유체, 혹은 에너지나 진동이 이런 역할을 했기 때문입니다. 20세기에는 이런 역할을, 의지, 지향성, 그리고 미묘한 에너지가 담당합니다. 우주를 물질 대상의 집합이 아니라, 의미의 거대하고 서로 연결된 거미집으로 보기에, 우주를 의식이나 에너지와 같은 만질 수 없는 어떤 무엇으로 봅니다. 그리하여, 자신과 세계를 이해하는 더 좋은 방법은, 합리성이나 지성이 아니라고 합니다. 뉴 에이지의 구체적 사례로는, 타로, 돌고래와 함께 수영, 레이키 힐링, 점성술, 새로운 샤머니즘, 수정 힐링, 전생 기억 소환 그리고 다양한 긍정 사고 등이 있습니다. 모두 종교이거나 영적 대안입니다.

73
페미니즘

플라톤은 『공화국』에서 번식에서 생물학 차이로 남녀에게 서로 다른 자연의 역할이 있지만, 각각의 성이 더 넓은 사회 질서에 공헌하는 자연스러운 방법을 결정하지는 않기에, 여자가 남자의 전통 영역인 법 집행과 국방에 참여해서는 안 될 이유가 없다고 말합니다. 남녀 성의 다름이 사회 역할 차별로 이어져서는 안 된다는 발언으로 보이지만, 많은 사람은 플라톤의 페미니즘은 피상이라고 합니다. 페미니즘 옹호처럼 보이는 발언도 있지만, 이성을 중심에 둔 그에게, 성차별 발언이 존재하기 때문입니다. 예를 들어, 형상이나 한계를 선으로, 한계 없음을 악으로 규정하는데, 한계 없음의 한 예는 질료이고, 한계를 짓는 바는 형상으로, 당연히 형상을 위에 놓습니다. 즉, 형상이 없다면, 질료는 존재가 될 수 없습니다. 그런데, 여기에서 형상은 남성이고, 질료는 여성입니다. 여기에 그치지 않고, 형상을 선으로, 질료를 악으로 삼습니다. 영혼이 육신에 갇혀 있다는 그의 말에서도 육신은 족쇄이고 악입니다. 그는 성 이미지로, 선과 악을 뚜렷하게 대비합니다.

아리스토텔레스도 페미니즘의 비판 대상입니다. 그는 노

예 제도를 옹호합니다. 육체와 정신이 다르고 동물이 사람과 다르듯이, 어떤 사람은 다른 사람과 다릅니다. 이와 같이, 노예와 주인이 다른 바는 자연 현상이라는 겁니다. 여기에 그치지 않고, 자연 지배와 종속을 남자와 여자에도 적용합니다. 즉, 자연스럽게 지배하는 요소와 자연스럽게 지배받는 요소입니다. 번식에서 몸은 여자, 정신은 남자에게서 온다고 합니다. 또한, 모든 인간 즉, 자유인, 노예, 남자, 여자, 어른, 아이 등에게 공통으로 영혼이 있다고 합니다. 즉, 이성이 지배하는 영혼과 이성 없이 지배당하는 영혼은 모두에게 있으나, 있는 방식이 다릅니다. 노예는 숙고하는 기능이 전혀 없고, 여자는 숙고하는 기능은 있으나, 권위가 없어 형식뿐이고, 어린아이는 기능이 있지만, 아직 미숙한 형태입니다.

　　남성 중심주의는 1869년 발표한 매튜 아놀드의 『문화와 무정부』에서도 볼 수 있습니다. 그는 서양의 대표 정신 사조로 헤브라이즘과 헬레니즘을 들면서, 둘은 서로 다르지만, 남자의 완전함과 구원이라는 공통 목표가 있다고 합니다. 두 사조 모두, 남자의 삶과 성향 및 권력을 표현하지만, 헬레니즘의 구원의 열쇠는, 사물을 있는 그대로 보거나, 참되게 생각하는 바이고, 헤브라이즘의 구원의 열쇠는 행위와 복종입니다. 다시 말해서, 헤브라이즘의 중심 생각은 의식의 엄격함이지만, 헬레니즘은 의식의 자발성입니다. 이런 논의에, 여성은 없습니다. 남자의 구원과 삶에 관한 이야기일 뿐입니다.

　　19세기가 되어서야 이런 전통을 비판하기 시작합니다. 18세기에는 여성을 감정이나 비합리성으로 보는 데에 반대하였고, 여성을 단지 자유와 교육 결핍으로 가치가 떨어진 존재로 여깁니다. 18세기 루소는 남성만이 시민이 되기 위한 교육을 받아야 한다고 주장하는데, 그 이유는 여성은 감정의 존재이기에, 집안일과 가족 일에만 어울리기 때문입니다. 교육과 시민권 요구는 19세기와 20세기 초기, 유럽 페미니즘의 지상 과제였습니다. 19세기에는 여성의 자율을 주장하지만, 아이를 낳는 사람이 권리도 갖는다는 주장과 함께, 여성 권리를 주장하면서 동시에, 가족의 신성함을 믿고, 여성 모두는 먼저 부인과 어머니로서 책임을 다해야 한다고 주장합니다. 이런 주장에서는, 모성이 성, 번식, 도덕성 그리고 육체와 정치 자율을 의미합니다. 20세기에 들어서면, 영국과 프랑스 페미니즘은 동양과 아프리카 여성을 구하기 위해, 여성 해방의 필요성을 증명하려 합니다. 1차 대전 후에 페미니즘은 유럽에서 꽃피는데, 여성의 성 쾌락을 인정해야 한다고 주장하지만, 결국은 여성성과 모성이 같다고 말합니다.

    1945년 이후, 페미니즘은 규범의 전복에 초점을 맞춥니다. 사회, 문화, 심지어 인식론의 전복을 기한다는 면에서, 그전의 페미니즘과는 크게 다릅니다. 더는 여성이란 범주를 자명하다고 여기지 않고, 여성 억압이 어떤 다양한 체계를 갖는지를 분석하고, 상식이 여성에 대한 종속 작업을 어떻게 모호하게 하는지를 밝히려 합니다. 그리고, 여성이란 주체가 무엇인지를 묻고, 언어가 문화와 사회에 의미를 부여하는 방식을 다시 살피기 시작합니다. 그런데, 전복을 꾀하는 데에 역설이 따라옵니다. 여성을 대변하기 위해, 성의 차이를 받아들임과 동시에 그 차이를 거부할 필요가 있기 때문입니다. 1949년 시몬 보부아르가 『제2의 성』을 출간합니다. 이 책에서 여성은 태어나지 않고, 여성으로 된다고 주장합니다. 자연과 문화의 상반 관계를 없애려 합니다. 보부아르는 여성은 보이지 않고, 남성이 주체인 세계에서 언제나 타인이라고 하면서, 이런 여성의 남성 의존과 부차 지위는, 문화와 신화를 통해 받아들이게 되었다고 합니다. 문학으로 표현된 여성 신화 즉, 여성은 신비스럽다, 위험하다, 추론할 수 없다, 감정이라는 신화는, 여성이 비합리이거나 모두 다 안다 가운데 하나를 택하는, 불가능한 선택에 의존합니다. 다시 말해서, 어머니답거나 자기애이거나, 혹은 창녀이거나 처녀이거나의 선택입니다. 이런 상황이라면, 여성은 절대 남성에서 독립할 수 없습니다. 이런 신화 가운데 하나는, 결혼과 모성은 오직 여성만이 가능하다는 주장으로, 자율과 해방을 어렵게, 심지어 불가능하게 합니다. 보부아르는 자아 형성에 실패하면, 다른 사람이 만들어 놓은 바에 함몰되기에, 여성은 자아를 형성하면서 가치를 창조해야 한다고 말합니다. 그리고, 성의 정체성은 문화 구축물이지, 형이상학의 뻔한 이야기가 아니라고 하면서, 마르크스의 이상인 물질 평등이 실현되면, 여성이 자유를 얻으리라고 말합니다. 보부아르는 여성을 타자로 기술합니다. 여자는 남자와의 관계로 결정되고, 차별화되지만, 남자는 여자와 관계없다고 하면서, 여성과 관련한 폄하 단어는 물질, 몸, 육신, 감정, 돌봄 그리고 모성 등이라고 합니다. 보부아르는 마르크스주의를 따릅니다. 이후 페미니즘은 크게 두 가지 길을 갑니다. 하나는, 물질 페미니즘이고, 다른 하나는 문화 페미니즘입니다.

물질 페미니즘

뤼스 이리가레이는 1993년, 성 차이는 문제는 최소한 일부는 묘사의 문제라고 합니다. 여성은 아직도 여성이란 성의 특유함으로 생각되거나 묘사되지 않고, 여전히 남성과 동등하거나 적으로 묘사된다고 합니다. 이는 여성을 여성, 모성, 자연 및 물질의 결속으로 보아, 서양 철학 규범에서 여성을 지워 버리는 데에 이용됩니다. 그녀는 묻습니다. 왜 남자는 여자 사이에서 거래되지 않는데, 여성은 남성 사이에서 거래되는가? 이에 대해, 여성의 몸은, 유용성이나 소비 및 유통으로, 사회의 삶과 문화를 가능하게 하지만, 여전히 사회의 삶과 문화의 알려지지 않은 하부구조로 남아 있기 때문이라고 합니다. 다시 말해, 여자는 하부구조로서 사회에서 지워진 존재라는 겁니다. 이렇게 교환과 유통이 일어나려면, 여성의 몸은 자연의 몸 및 사회 가치로 교환할 수 있는 몸으로 나뉘어야 합니다. 신부, 처녀, 창녀로서의 교환 가치와 문화 질서 확립, 유지를 위한, 교환의 중요성에 이리가레이는 관심을 둡니다.

후기 구조주의는 몸에 더 집중합니다. 한마디로 하면, 데카르트의 이원론과 이원론에서 비롯한 몸과 마음, 이성과 감정의 양극화에 대한 비판입니다. 이원론은 몸과 마음은 본질에서 다르기에, 접점을 찾기 어려운데, 이는 몸과 마음의 본질주의와 연결할 수 있습니다. 하지만, 페미니스트는 이런 본질주의를 거부합니다. 육신 페미니즘은 구성주의를 택합니다. 특정한 몸은 문화, 역사 상황에 놓여 있고, 사회 관행의 영향을 받는다는 점에 주목합니다. 다시 말하면, 페미니즘은, 전통에서 언어나 문화와 동떨어진 자연 성이나 본질 성을 거부하는데, 육신 페미니즘은 성을 문화의 구성물로 여깁니다. 이 주장을 따르면, 인종은 존재하지 않습니다. 다시 말하면, 기요맹이 말한 대로, 인종주의가 인종을 만듭니다. 이렇게 만들고 나면, 인종은 성이 그랬던 바와 같이, 본질화됩니다. 주디스 버틀러는 1990년, 그동안 유지됐던 성과 젠더의 구별을 비판합니다. 자연 성별과 사회 영향으로 만들어진 성인 젠더의 구별이 사실과 맞지 않는다는 겁니다. 성은 자연에서 혹은 형이상학으로 뻔한 이야기가 아닙니다. 젠더는 정합이고 안정된 성이라는 환상 및 젠더 주체라는 환상을 만들기 위한, 오랫동안 반복된 행위의 누적 결과이기 때문입니다. 즉, 자연 성과 만들어진 성을 구별하기에, 오히려 성이 젠더로 물질화되었다는 주장입니다. 성은 그 자체가 특정한 문화와 역사에 놓인 행위의 극적인 결과입니다. 단순히 염색체 X와 Y의 차이로 성이 결정되지 않고, 문화와 역사의 상황에 따라 여성성과 남성성이 결정되기에, 성과 젠더를 구별한다면, 성 자체가 젠더화된 규범을 따라 물질화된다고 말합니다. 독일은 자신의 성 정체성을 나이가 든 후에 스스로 결정할 수 있습니다. 즉, 자연 성별이 뻔한 이야기가 아니라는 의미입니다. 스스로 나이가 든 후에 결정하는 자신의 성 정체성이, 사회가 만든 젠더의 결과가 아니라, 원래 성의 모습이라는 의미입니다.

사회 구성주의는 규범과 폭력을 다룹니다. 여성은 믿을 수 없고, 받아들일 수 없거나 이해할 수 없다는 평가는 만들어졌습니다. 그런데, 이런 평가 밑에는 잘못된 인식 패러다임이 있습니다. 이 패러다임을 규범이라고 할 수 있는데, 이 패러다임은 어느 정도 포함과 배제의 틀이기에, 어떤 정체성을 이해하기 위해, 다른 것을 주변으로 추방합니다. 이런 규범은 단순히 인과나 유비 이야기가 아니라, 현실의 구체이고 실질적인 폭력과 연결된다고 말합니다. 즉, 성은 협박 속에서 이루어지며, 처벌 위협은 기대를 뒤엎는 사람에 늘 붙어 따라다닙니다.

처음에 계급을 중심으로 전개한 물질 페미니즘은 그룹 정체성 문제로 옮겨 갑니다. 문화가 정치를 대신하기 시작합니다. 그렇다고 해서 물질 불평등 및 성과 인종으로 고통 겪는 사람에게 여전히 정치와 경제가 원인이라는 사실을 무시하지는 않습니다. 그런 요인에 문화를 덧붙이는 정도입니다. 하지만, 그룹의 정체성이 계급 이익을 밀어내고, 문화 지배가 착취의 자리를 차지합니다. 문화 인식이 사회 경제의 재분배를 대체합니다. 그룹 정체성이 계급 이익을 밀어내는 사례는 동성애입니다. 동성애는 자본주의 사회의 모든 계급에 분포하고 있지, 착취당하는 그룹에만 있지 않습니다. 따라서, 동성애 그룹이 사회에서 경멸받는 이유는, 정치 경제 구조가 아니라, 사회의 문화 가치 구조에 있다고 보아야 합니다. 이런 관점에서, 고통의 본질은 인식 문제입니다.

2001년 9월 11일 이후로, 물질 페미니즘 이론은 변합니다. 즉, 폭력과 취약성에 관해 관심이 커집니다. 그리하여, 상호 의존과 모든 인간의 상호 취약성을 강조하기 시작합니다. 1980년대와 1990년대는 본질주의와 사회 구성주의에 관한 토론이 페미니스트 이론의 중심이었고, 20세기 후반은 몸이 사회 구성주의 토론의 대상이었으나, 9/11 이후에는 몸을 취약성과 공격의 관점에서 봅니다. 페미니스트 철학에서 몸은 절대 논의 대상에서 빠지지 않지만, 몸에 관한 이론은 변해 왔습니다.

예전에는 여성이 폭력과 억압에 취약하다는 주장을 페미니즘은 줄곧 해왔는데, 이제는 여성을 넘어 인간, 동물 모두가 취약하다고 주장합니다. 1990년대에는 여성이 모든 종류의 폭력에 얼마나 취약한지를 더 잘 표현하려고 페미니스트 이론이 경쟁했습니다. 즉, 언어, 상징, 성, 신체 등을 대상으로 구체화해 파고들었습니다. 이런 흐름에서, 9/11 이후 취약성 이론이 예외는 아닙니다. 왜냐하면, 신체의 고결함을 범할 수 없는 신성불가침의 정치 목표로 삼는, 페미니즘 전통에서 취약성 이론이 나왔기 때문입니다. 즉, 페미니스트는 언제나 각종 유형의 폭력에 취약한 여성의 몸을 다루어 왔는데, 이 취약성이 인간을 넘어, 다른 동물에게까지 확장해야 한다는 주장입니다.

문화 페미니즘

페미니스트 윤리학은 1960년대에 시작되었는데, 여성에 대한 경제 차별, 제한적인 성의 역할, 가정 폭력, 불평등 결혼, 그리고 자기희생인 모성 등, 전통 윤리학이 다루지 않았던 관심사를 다룹니다. 남성의 시각이 도덕의 방법론과 개념을 만들기에, 여성에 대한 남성의 편견이 도전받지 않았습니다. 페미니스트 윤리학은 도덕 철학의 불균형이 빚는 실제 결과를 탐구하고, 바로잡으려 합니다. 예를 들어, 포르노의 경우, 남자는 보통, 노골이고 자극인 성의 자료 사용이 비도덕인가를 그저 토론하지만, 페미니스트는 포르노가 여성에 미치는 영향 특히 포르노 생산과 사용이 여성의 종속, 대상화, 혹은 성적 공격의 취약성을 촉진하는 지에 주목합니다. 1980년대 초에, 페미니즘 철학은 복잡해지고, 페미니즘 이론이라는 독자 영역을 개척합니다. 전통 윤리학의 도구를 분석 작업에 사용하지 않고, 도구 자체에 관심을 두게 됩니다. 즉, 여성 시각을 반영하는 도구를 찾습니다.

이 작업의 주요한 촉매가 도덕 심리학입니다. 남성은 정의, 권리, 자율, 그리고 개별화에 관심이 있고, 추상 원리에 의존하고, 보편성을 추구하지만, 이와 달리, 여성은 돌봄 및 인간의 관계에 관심이 있고, 남에게 상처 주는 일을 피합니다. 또한, 추상 원리와 보편 주장을 피하고, 상황의 세세한 사항과 사람 사이의 감정 수용성에 주목합니다. 캐럴 길리건은 돌봄을 내세웁니다. 돌봄 윤리학은 정의 윤리학과 대조됩니다. 정의 윤리학은, 도덕에서 유능한 사람을 보편 법칙 탐구의 중심에 놓고, 비슷한 상황이라면 어떤 상황에서도 일어나야만 하는 바에 대한, 안정된 견해를, 일상의 난점에도 불구하고, 구하려 합니다. 이에 반해, 돌봄 윤리학은, 도덕 지능을 타인의 필요에 대한 감수성으로 여깁니다. 다른 사람의 감정에 대한 감응력, 고통을 대리하는 능력 등을 말합니다. 다시 말하면, 정의 윤리학은 이런 상황에서 모든 사람이 마땅히 해야 하는 바가 있는가? 있다면, 무엇인가? 하고 묻지만, 돌봄 윤리학은 여기에서 그들이 필요한 바가 있는가? 하고 묻습니다. 돌봄은 이론 차원에서 그동안 저평가되었습니다.

이런 주장을 문화 페미니즘이라 부릅니다. 여성의 평등한 혹은 때때로 우월한 시각과 관점을 사회가 더 높게 평가하길, 문화 페미니즘은 바랍니다. 문화 페미니즘은 몇 가지 주장을 합니다. 남성의 주장은 보편이지 않기에, 그동안 윤리학을 지배한 공리주의와 칸트를 대신할 대안을 모색하며, 도덕 생활에서 감정의 역할을 옹호합니다. 그리고, 여성은 남성보다 관계 지향이지만, 남성은 여성보다 개인주의라고 합니다. 그리고, 남성은 도덕 추론에서 공평, 그리고 보편성을 추구한다고 말합니다. 칸트에 대한 비판을 들어 보면, 이런 주장을 이해할 수 있습니다.

칸트의 도덕 업적은 전통 도덕인 복종을 자율로 바꾼 점입니다. 페미니즘은 여성도 남성과 마찬가지로 자율의 주체가 될 수 있다고 합니다. 그리고, 칸트는 도덕 주체를 개인으로 여겨, 개인에 초점을 맞추지만, 페미니즘은 개인을 사회 존재로 봅니다. 그리하여, 개인이 자율을 자각하는 바는, 본래 사회 존재이기에 가능하고, 사회 존재는 다른 사람과의 상호 관계로만, 특수한 정체성이 되고 자아가 됩니다. 자율은 개인 차원에서 홀로 고도의 이성에 의존해 얻을 수 있지 않고, 남에게 배워야만 하거나, 남과의 상호 작용에서만 얻을 수 있습니다. 칸트는 돌봄과 같은 친밀한 관계를 무시하기에, 서로 무관심하지만 서로 평등한 관계를 염두에 두지만, 이는 비현실입니다. 칸트는 도덕 이해에서 감정을 인정하지 않고, 오직 이성만을 토대로 삼는데, 다른 사람의 감정과 태도에 대한 감수성이 없다면, 다른 사람의 도덕 상황에 깊은 관심을 두기는 거의 불가능하겠지요. 도덕 추론은 사회 삶에 근거를 두어야 합니다.

다양한 이론들

세 가지 차이를 페미니즘은 말합니다. 우선, 남성과 관련한 차이로, 사회에서 만들어진 차이에 관하여 말하고, 다음으로는, 여성들 사이의 차이에 대해 말합니다. 그리고, 페미니스트들 사이의 차이에 대해서도 말합니다. 처음에는, 자유, 인종, 마르크스주의, 사회주의 등의 분석 틀과 정치 시각 및 참여 문제에 관하여 차이가 있었지만, 그 후, 흑인과 백인, 레즈비언과 이성애자 사이의 차이가 있었고, 그리하여, 흑백, 레즈비언과 이성애 페미니즘에 관한 이론으로 발전합니다. 보통 여성들 사이의 차이와 페미니즘 이론 사이의 차이로, 페미니즘은 복잡해지기도 하고 동시에 위기에 처합니다. 여기에서는, 다양한 이론 가운데 몇 가지를 살펴보겠습니다. 물론, 큰 틀은 물질 페미니즘과 문화 페미니즘이기에, 크게 보아 큰 틀에서 벗어나지는 않습니다. 시점 이론, 과학 페미니즘, 그리고 정신분석 페미니즘을 살펴보겠습니다.

시점 이론은 마르크스주의에서 시작하였습니다. 두 가지를 전제합니다. 하나는, 서로 다른 물질 조건은 다른 경험, 다른 개념화 그리고 다른 시각을 낳기에, 결국에는 서로 다른 세계관을 낳는다는 전제이고, 다른 하나는, 삶의 물질 조건에 따라 사회의 계층 분리가 일어나, 서로 다른 시점을 갖게 된다는 전제입니다. 이런 전제로, 마르크스주의가 주장하는 바는, 억압받는 집단의 시점이 특권이 있다는 겁니다. 즉, 이 특권은 경험에서 나오기에, 사회 조건과 인간 본성에 관해, 덜 왜곡되고 더 직접이기에, 사회 실재에 관한 궁극 지식이 된다고 합니다. 따라서, 압제자의 경험 및 지식보다 더 낫다는 겁니다. 마르크스주의는 계급을 시점으로 보지만, 페미니스트는 젠더를 시점으로 봅니다. 즉, 같은 이론을 바탕으로 하지만, 문제로 삼는 시점은 다릅니다. 페미니즘이 시점 이론을 택하는 이유는, 남성의 편파와 왜곡된 시각에 새로운 빛을 쪼여 바로잡기 위해서입니다.

하지만, 억압받는 집단이 인식론에서 더 특권이 있다면, 흑인 여성의 시각이 더 특권이 있을 터이고, 그렇다면, 흑인 레즈비언의 시각은 특권이 더 있어야 하겠지요. 그리하여, 페미니즘 이론은 더 복잡해집니다. 그리고, 여성의 시각이라는 집단의 이름에 개인의 경험이 묻힐 이유도 없어 보입니다. 그렇다면, 개인이 각자의 시점을 갖게 된다면, 무수히 많은 시점이 있을 터이니, 시점 이론의 성립 여부가 흔들리게 됩니다. 하지만, 개인의 시점은 이론이 아니라, 단순한 이야기일 뿐이고, 이론이 되기 위해서는 물질 사회적 환경을 고려해야만 하기에, 개인의 시점이 곧바로 이론이 되지는 않습니다.

페미니즘은 여성에게 상처를 주는 바는, 지식이 아니라, 지식으로 포장한 무시이며, 또한 객관성이 아니라, 객관성이라 주장하는 바라고 말합니다. 여기에서, 과학철학을 예로 들어 보겠습니다. 보통 과학은 젠더와 관계없이 순수하게 진리를 탐구한다고 하나, 페미니즘을 그렇지 않다고 합니다. 과학의 남성 중심주의는, 과학의 제도, 관행, 그리고 내용에까지 원래부터 있다는 겁니다. 그리하여, 페미니즘은 객관성, 증거의 지위, 가치 설정 방향 등을 바로잡으려 합니다. 예를 들어, 19세기에는, 전두엽을 사고의 중심으로 여겼는데, 여성의 전두엽이 남성보다 아주 조금 작은 바를 강조하여, 사고 능력의 차이를 보여 주는 예로 삼았고, 중상류 여성이 코르셋을 입었을 때 기절하는 성향을, 여성 연약함의 증거로 여겼습니다. 즉, 남성은 합리적이고 질서정연한 데 반해, 여성은 감정이고 진실하지 않는다고 주장합니다. 이런 성향은 고고학이나 고생물학에서도 찾을 수 있는데, 옛 것을 복원하여 재구성할 때, 물론 지금은 다르지만, 여성을 남성보다 수동이고 의존으로 해석했습니다. 근대 과학은 자연을 유기체가 아니라 기계로 보기 시작했는데, 과학의 표준 개념은 살아 있지 않은 대상을 지식의 패러다임으로 삼게 됩니다. 대표적인 분야가 물리학입니다. 페미니스트는 물리학이 과학 가운데 가장 남성적이고 거칠다고 평하면서, 물리학은 설명이 아니라 기술하는 공식을 제공할 뿐이라고 비판합니다. 그 이유는, 살아 있는 사람을 패러다임으로 삼지 않기 때문입니다. 실재는 복잡하고, 과학이 설명하려면, 사람을 알아야 하는데, 물리학은 살아 있지 않는 대상만을 다루기 때문입니다. 마치 탐구자를 투명 인간 취급하는 꼴이라고 합니다. 그리고, 이런 자세를 객관성이라 부른다고 비판합니다.

 과학이 가치 중립적이지 않은 이유는, 자신이 연구하는 사실을 기술할 때, 가치를 주입하기 때문입니다. 실제로는 연구하는 사실을 기술하기 전에 이미 개입이 있습니다. 즉, 어떤 문제를 탐구할지 그리고 탐구 결과를 어떻게 적용할지 그리고 탐구의 방법론 등을 판단할 때, 외부 상황 요소가 중요합니다. 과학자가 주제를 어떻게 개념화할지, 증거로 무엇을 택할지, 그리고 이런 가정이 좋은 이유 등의 판단에 외부 요소가 개입합니다. 페미니스트는, 남성 중심의 과학 관행, 과학 제도의 성차별, 그리고 과학 참여자들의 성 인식 등을 상호 요소로 꼽습니다. 아직도 외부 가치와 이해에서 자율적이지 못하다고 여깁니다.

    물질 페미니즘과 달리 정신분석학 페미니즘은, 여성을 억압하는 가부장 제도 철폐에 동의하지만, 물질이자 이데올로기인 체계보다, 남근 중심의 위계질서를 중시하는 의미의 체계가 더 문제라고 주장합니다. 성의 차이를 구실로 전체주의 기제로 만드는 작업을 의심하고, 그보다는 문화, 언어, 그리고 의미에서 여성을 구하려 합니다. 한마디로, 문학, 언어, 그리고 정신분석학을 바탕으로, 근본 혁명을 요구합니다. 헤겔이나 마르크스가 아니라, 프로이트, 라캉 그리고 형이상학에 눈을 돌립니다. 기존의 페미니즘이라는 이름, 그리고 페미니즘 정치 모두를 거부하는데, 이유는 이들의 평등 요구는 기존의 사회를 벗어나지 못하는데, 사회의 전제를 버리지 않고, 오히려 수용하기 때문입니다. 몸과 의식이 어떻게 사회 구성물인가를 탐구하지 않고, 어떻게 언어가 자연에 의미를 부여하는가를 탐구합니다. 정신분석학 페미니스트에게 가장 중요한 바는 언어입니다.

    물론 가부장 전통을 해체하는 일은 해야 하지만, 충분하지 않습니다. 여성의 주체성이나 정체성에 알맞은 새로운 가치를 직접 혹은 간접으로 정의해야 합니다. 기존의 남성, 여성 범주에서는, 여성은 부차이고 파생일 뿐이기에, 여성의 이야기를 충분히 드러내기는 불가능하다고 봅니다. 그렇다고 해서, 성의 차이가 적으로 되지는 않습니다. 오히려 세계를 더 풍요롭게 하는데, 다산을 아이의 재생산으로 환원하지 말며, 남녀의 만남을 주인과 노예가 아니라, 남성과 여성의 결합으로 보기를 요구합니다. 그렇다고 해서, 물음이나 비판이 사라지지는 않습니다. 논리 중심주의와 남근 중심주의의 연대를 묻습니다. 또한, 여성과 지식 수동성의 지속되는 연합을 제거하려 합니다. 역사는 남자다움을 새겨 넣었고, 철학은 여성 평가 절하를 전제로 이루어졌으며, 의미와 언어가 남성에게 종속되어, 여성이 자기 집, 자기 몸에서 살 수 없었다고 말합니다. 이런 일은 폭력으로 유지되었기에, 남성 위주의 서양 사상사를 제거하려 합니다. 여성은 자기에 대해 써야만 하고, 여성에 대해 써야만 한다는, 여성 글쓰기가 등장합니다. 이렇게 하면, 남성이 만든 인식과 언어에 대한, 위계질서가 있는 이분법을 제거할 수 있다고 합니다. 엘렌 식수는 이를 위해, 이야기 형식을 택하여, 유물론 페미니스트식의 글쓰기를 거부하고, 은유에 특권을 주는 여성적인 글쓰기를 강조합니다. 글쓰기가 정치입니다.

참고 문헌

이 목록은, 이 책에서 주요하게 다룬 시대·인물·주제 등을 중심으로 확인하기 쉽게 하고자, 보통의 참고 문헌 정리 방식과 다르게 각 항목의 문헌 제목을 맨 앞에 배치하였습니다.

해외 문헌

A Biographical History of Philosophy, George Henry Lewes, Cambridge University Press, 2012.

A Brief History of the Philosophy of Time, Adrian Bardon, Oxford University Press, 2013.

A Companion to the Philosophy of History and Historiography, ed. Aviezer Tucker, Wiley-Blackwell, 2011.

A Concise History of Mathematics, Dirk J. Struik, Dover Publications, 1987.

A History of Modern Aesthetics vol. 1: The Eighteenth Century, Paul Guyer, Cambridge University Press, 2014.

A History of Modern Aesthetics vol. 2: The Nineteenth Century, Paul Guyer, Cambridge University Press, 2014.

A History of Modern Aesthetics vol. 3: The Twentieth Century, Paul Guyer, Cambridge University Press, 2014.

A History of Philosophy in America 1720-2000, Bruce Kuklick, Oxford University Press, 2001.

Al-Ghazali on disciplining the soul & on breaking the two desires, ITS, 2016Gr.

Alexander of Aphrodisias: On the Soul, trans. Victor Caston, Bloomsbury, 2012.

Alfarabi: Philosophy of Plato and Aristotle, trans. Muhsin Mahdi, Cornell University

Press, 2001.

Altered Egos, Todd E. Feinberg, Oxford University Press, 2001.

Analytic Philosophy in America and Other Historical and Contemporary Essays, Scott Soames, Princeton University Press, 2014.

Aristotle, Christopher Shields, Routledge, 2014.

Aristotle's Ontology of Change, Mark Sentesy, Northwestern University Press, 2020.

Averroes on Plato's Republic, trans. Ralph Lerner, Cornell University Press, 1974.

Avicenna, John McGinnis, Oxford University Press, 2010.

Byzantine & Renaissance Philosophy: A History of Philosophy without any gaps, Peter Adamson, Oxford University Press, 2022.

Causality: Models, Reasoning, and Inference, Judea Pearl, Cambridge University Press, 2009.

Classic Philosophy: a history of philosophy without any gaps, vol.1, Peter Adamson, Oxford University Press, 2014.

Classical Indian Philosophy: A History of Philosophy without any gaps, Peter Adamson & Jonardon Ganeri, Oxford University Press, 2020.

Consciousness and the Brain, Stanislas Dehaene, Penguin Books, 2014.

Creators, Conquerors, and Citizens: A History of Ancient Greece, Robin Waterfield, Oxford University Press, 2018.

Curing the Philosopher's Disease: Remaining Mystery in the Heart of Philosophy, Richard H. Jones, University Press of America, 2009.

Darwin on Trial, Phillip E. Johnson, IVP Books, 1991.

Dialogue Concerning the Two Chief World Systems, Galileo Galilei, trans. H. Crew & A. de Salvio, Digireads.com Publishing, 2020.

Discourse on Metaphisics ans Other Essays, G. W. Leibniz, trans. D. Garber & R. Ariew, Hackett Publing Company, 1991.

English Mystics of the Middle Ages, eds. Barry Windeatt, Cambridge University Press, 1994.

Epictetus: Discourse, Fragments, Handbook, trans. Robin Hard, Oxford University Press, 2014.

Esotericism and the Academy, Wouter J. Hanegraaff, Cambridge University Press, 2012.

Ethics Through History: An Introduction, Terence Irwin, Oxford University Press, 2020.

Foucault: The Archaeology of Knowledge, trans. A. M. Sheridan Smith, Routledge, 1989.

Four Phenomenological Philosophers, Christopher Macann, Routledge, 1993.
Frage Explained, Joan Weiner, Open Court, 2004.
Francis of Assisi: The Life, Augustine Thompson, O. P., Cornell University Press, 2013.
French Philosophy in the Twentieth Century, Gary Gutting, Cambridge University Press, 2001.
From Aristotle to Augustine: Routledge History of Philosopy vol.2, eds. David Furley, Routledge, 1997.
Galen on Anatomical Procedures: The Later Books, trans. W. L. H. Duckworth, Cambridge University Press, 1962.
German Philosophers: Kant, Hegel, Schopenhauer, and Nietzsche, R. Scruton, P. Singer, C. Janaway & M. Tanner, Oxford University Press, 2010.
Gilles Deleuze: An Introduction, Todd May, Cambridge University Press, 2005.
Grimoires: A History of Magic Books, Owen Davies, Oxford University Press, 2009.
Heidegger and Kabbalah, Elliot R. Wolfson, Indiana University Press, 2019.
Heidegger: An Introduction, Richard Polt, Cornell University Press, 1999.
Hermetica: The Greek Corpus Hermiticum and the Latin Asclepius, trans. B. P. Copenhaver, Cambridge University Press, 1992.
History of the Concept of Time, Martin Heidegger, trans. T. Kisiel, Indiana University Press, 1992.
History of Western Philosophy, Bertrand Russell, Routledge, 1996.
Interpreting Averroes, eds. Peter Adamson & Matteo Di Giovanni, Cambridge University Press, 2019.
Interpreting Avicenna, eds. Peter Adamson, Cambridge University Press, 2013.
Leibniz: Body, Substance, Monad, Daniel Garber, Oxford University Press, 2009.
Luck: The Brilliant Randomness of Everyday Life, Nicholas Rescher, University of Pittsburgh Press, 1995.
Magic, Witchcraft, and Ghosts in the Greek and Roman Worlds: A Source Book, Daniel Ogden, Oxford University Press, 2002.
Medieval Europe, Chris Wickham, Yale University Press, 2016.
Medieval Philosophy: a history of philosophy without any gaps, vol.4, Peter Adamson, Oxford University Press, 2019.
Madness & Civilization, Michel Foucault, Vintage, 1965.
Modern French Philosophy, Robert Wicks, Oneworld Publications, 2003.
Mysticism and Logic and Other Essays, Bertrand Russell, Eternal Sun Books, 2016.

Myth & Philosophy: From the Presocratics to Plato, Kathryn Morgan, Cambridge University Press, 2000.

Newton the Alchemist, William R. Newman, Princeton University Press, 2019.

Nietzsche: An Introduction, Gianni Vattimo, trans. N. Martin, Stanford University Press, 2001.

Noise: The Political Economy of Music, Jacques Attali, trans. B. Massumi, The University of Minnesota Press, 1985.

Ockham Explained, Rondo Keele, Open Court, 2010.

Parasite, Michel Serres, trans. L. R. Schehr, The University of Minnesota Press, 2007.

Philosophical Troubles, Saul Kripke, Oxford University Press, 2011.

Philosophy and Probability, Timothy Childers, Oxford University Press, 2013.

Philosophy and Social Hope, Richard Rorty, Penguin Books, 1999.

Philosophy Between The Lines: The Lost History of Esoteric Writing, Arthur M. Melzer, University of Chicago Press, 2014.

Philosophy in the Hellenistic & Roman Worlds, a history of philosophy without any gaps, vol. 2, Peter Adamson, Oxford University Press, 2015.

Philosophy in the Islamic World: a history of philosophy without any gaps, vol. 3, Peter Adamson, Oxford University Press, 2016.

Pies Plowman, William Langland, trans. A. V. C. Schmidt, Oxford University Press, 1992.

Plato, Costance Meinwald, Routledge, 2016.

Plato: Complete Works, eds. J. M. Cooper, Hackett Publishing Company, 1997.

Plotinus: The Enneads, eds. Lloyd P. Gerson, Cambridge University Press, 2018.

Quiddities: An Intermittently Philosophical Dictionary, W. V. Quine, The Belknap Press of Harvard University Press, 1987.

Rawls Explained, Paul Voice, Open Court, 2011.

Reading Maya Art: A Hieroglyphic Guide to Ancient Maya Painting and Sculpture, Andrea Stone & Marc Zender, Thames & Hudson, 2011.

Relativism, Maria Baghramian & Annalisa Coliva, Routledge, 2020.

Riddles of Existence, Earl Conee & Theodore Sider, Oxford University Press, 2014.

Robert Nozick: Property, Justice and the Minimal State, Jonathan Wolff, Stanford University Press, 1991.

Routledge History of Philosophy vol. 1: From the Beginning to Plato, ed. C. C. W. Taylor, Routledge, 1997.

Routledge History of Philosophy vol. II: From Aristotle to Augustine, ed. David Furley, Routledge, 1997.

Routledge History of Philosophy vol. III: Medieval Philosophy, ed. John Marenbon, Routledge, 1998.

Routledge History of Philosophy vol. IV: The Renaissance and 17th Century Rationalism, ed. G. H. R. Parkinson, 1993.

Routledge History of Philosophy vol. IX: Philosophy of Science, Logic and Mathematics in the Twentieth Century, ed. S. G. Shanker, Routledge, 1996.

Routledge History of Philosophy vol. V: British Philosophy and the Age of Enlightenment, ed. Stuart Brown, Routledge, 1996.

Routledge History of Philosophy vol. VI: The Age of German Idealism, eds. Robert Solomon & Kathleen Higgins, Routledge, 1993.

Routledge History of Philosophy vol. VII: The Nineteenth Century, ed. C. L. Ten, Routledge, 1994.

Routledge History of Philosophy vol. VIII: Continental Philosophy in the Twentieth Century, ed. Richard Kearney, Routledge, 1993.

Routledge History of Philosophy vol. X: Philosophy of Meaning, Knowledge and Value in the Twentieth Century, ed. John Canfield, Routledge, 1997.

Saint Augustine, Garry Wills, Penguin Books, 1999.

Saint Thomas Aquinas, G. K. Chesterton, Image, 1933.

Schopenhauer, Philosophy and the arts, eds. D. Jacquette, Cambridge University Press, 1996.

Spinoza, Michael Della Rocca, Routledge, 2008.

Spinoza's Ethics, trans. George Eliot, Princeton University Press, 2020.

SPQR: A History of Ancient Rome, Mary Beard, Liveright Publishing Corporation, 2015.

The Alchemy Reader, eds. Stanton J. Linden, Cambridge University Press, 2003.

The American Pragmatists, Cheryl Misak, Oxford University Press, 2013.

The Book of Why: The New Science of Cause and Effect, Judea Pearl & Dana Mackenzie, Penguin Books, 2018.

The Cambridge Companion to Darwin, eds. J. Hodge & G. Radick, Cambridge University Press, 2009.

The Cambridge Companion to Feminism in Philosophy, eds. Miranda Fricker & Jennifer Hornsby, Cambridge University Press, 2000.

The Cambridge Companion to Newton, eds. R. Iliffe & G. E. Smith, Cambridge University Press, 2016.

The Cambridge Guide to Jewish History, Religion, and Culture, eds. J. R. Baskin & K. Seeskin, Cambridge University Press, 2010.

The Cambridge Handbook of Western Mysticism and Esotericism, eds. G. A. Magee, Cambridge University Press, 2016.

The Cambridge History of Eighteenth-Century Philosophy vol. I, ed. Knud Haakonssen, Cambridge University Press, 2006.

The Cambridge History of Eighteenth-Century Philosophy vol. II, ed. Knud Haakonssen, Cambridge University Press, 2006.

The Cambridge History of Hellenistic Philosophy, eds. K. Algra, J. Barnes, J. Mansfeld & M. Schofield, Cambridge University Press, 2005.

The Cambridge History of Later Medieval Philosophy, eds, N. Kretzmann, A. Kenny & J. Pinborg, Cambridge University Press, 1982.

The Cambridge History of Medieval Philosophy vol. I, ed. Robert Pasnau, Cambridge University Press, 2014.

The Cambridge History of Medieval Philosophy vol. II, ed. Robert Pasnau, Cambridge University Press, 2014.

The Cambridge History of Philosophy 1870-1945, eds. Thomas Baldwin, Cambridge University Press, 2012.

The Cambridge History of Philosophy 1945-2015, eds. Kelly Becker & Iain D. Thomson, Cambridge University Press, 2019.

The Cambridge History of Philosophy in Late Antiquity vol. I, ed. Lloyd P. Gerson, Cambridge University Press, 2010.

The Cambridge History of Philosophy in Late Antiquity vol. II, ed. Lloyd P. Gerson, Cambridge University Press, 2010.

The Cambridge History of Philosophy in the Nineteenth Century(1790-1870), eds. A. W. Wood & S. S. Hahn, Cambridge University Press, 2012.

The Cambridge History of Renaissance Philosophy, eds. Charles B. Schmitt & Quentin Skinner, Cambridge University Press, 1988.

The Cambridge History of Seventeenth-Century Philosophy vol. I, eds. D. Garber & M. Ayers, Cambridge University Press, 1998.

The Cambridge History of Seventeenth-Century Philosophy vol. II, eds. D. Garber & M. Ayers, Cambridge University Press, 1998.

The Cambridge Introduction to Postmodernism, Brian McHale, Cambridge University Press, 2015.

The Complete Works of Aristotle vol 1, eds. Jonathan Barnes, Princeton University Press, 1984.

The Complete Works of Aristotle vol. 2, eds. Jonathan Barnes, Princeton University Press, 1984.

The Confession of Augustine, Jean-Francois Lyotard, trans. R. Beardsworth, Standford University Press, 2000.

The Development of Ethics vol. 1: From Socrates to the Reformation, Terence Irwin, Oxford University Press, 2007.

The Development of Ethics vol. 3: From Kant to Rawls, Terence Irwin, Oxford University Press, 2009.

The Eastern Orthodox Church, John Anthony McGuckin, Yale University Press, 2020.

The Ego and Its Own, Max Stirner, eds. D. Leopold, Cambridge University Press, 1995.

The Emperor's New Mind, Roger Penrose, Oxford University Press, 1989.

The Generic Lottery: Why DNA Matters for Social Equality, Kathryn Paige Harden, Princeton University Press, 2021.

The Guide of the Perplexed, Moses Maimonides, trans. Shlomo Pines, The University of Chicago Press, 1963.

The History of Philosophy: From the Earliest Time to the Beginning of the Present Century, Johann Jakob Brucker, Nabu Press, 2011.

The Myth of Luck: Philosophy, Fate, and Fortune, Steven D. Hales, Bloomsbury, 2020.

The Origin of Empire: Rome from the Republic to Hadrian, David Potter, the Belknap Press of Harvard University Press, 2019.

The Oxford Illustrated History of Witchcraft & Magic, eds. Owen Davies, Oxford University Press, 2017.

The Passion of the Western Mind: Understanding the Ideas that Have Shaped Our World View, Richard Tarnas, Ballantine Books, 1991.

The Philosophy of Aquinas, Christopher Shields & Robert Pasnau, Oxford University Press, 2016.

The Philosophy of Luck, eds. Duncan Pritchard & Lee John Whittington, Wiley Blackwell, 2015.

The Presocratic Philosophers, G. S. Kirk, J. E. Raven, and M. Schofield, Cambridge

University Press, 2007.
The Rise of Rome: From the Iron Age to the Punic Wars, Kathryn Lomas, the Belknap Press of Harvard University Press, 2017.
The Sceptics, R. J. Hankinson, Routledge, 1995.
The Sophists: An Introduction, eds. P. O'Grady, Bloomsbury, 2008.
The Stoic Life: Emotions, Duties & Fate, Tad Brennan, Oxford University Press, 2005.
The Texts of Early Greek Philosophy Part I, trans. & eds. Daniel W. Graham, Cambridge University Press, 2010.
The Texts of Early Greek Philosophy Part II, trans. & eds. Daniel W. Graham, Cambridge University Press, 2010.
The Tragedy of Empire: From Constantine to the destruction of Roman Italy, Michael Kulikowski, the Belknap Press of Harvard University Press, 2019.
The Triumph of Empire: The Roman World from Hadrian to Constantine, Michael Kulikowski, the Belknap Press of Harvard University Press, 2016.
The Western Esoteric Traditions: A Historical Introduction, Nicholas Goodrick-Clarke, Oxford University Press, 2008.
Twentieth-Century French Philosophy, Eric Mathews, Oxford University Press, 1996.
Universal, J. P. Moreland, McGill-Queen's University Press, 2001.
W. V. Quine, Alex Orenstein, Princeton University Press, 2002.
Western Esotericism: A Concise History, Antoine Faivre, trans. Christine Rhone, SUNY Press, 2010.
What Emotions Really Are, Paul E. Griffiths, The University of Chicago Press, 1997.
What is Mathematics, Really?, Reuben Hersh, Oxford University Press, 1997.
Why Medieval Philosophy Matters, Stephen Boulter, Bloomsbury, 2019.
Wild Justice; The Moral Lives of Animals, Marc Bekoff & Jessica Pierce, The University of Chicago Press, 2009.
Xenophon: Conversations of Socrates, trans. H. Tredennick & R. Waterfield, Penguin Books, 1990.

국내 문헌
『서양고대철학1』, 강철웅 외 지음, 길, 2013.
『서양고대철학2』, 강상진 외 지음, 길, 2016.
『소크라테스 이전 철학자들의 단편 선집』, 김인곤 외 옮김, 아카넷, 2005.

『스피노자는 왜 라이프니츠를 몰래 만났나』, 매튜 스튜어트, 석기용 옮김, 교양인, 2011.
『영원의 철학』, 올더스 헉슬리, 조옥경 옮김, 김영사, 2014.
『오컬트, 마술과 마법』, 크리스토퍼 델, 장성주 옮김, 시공아트, 2017.
『이슬람 철학사』, H. 코르방, 김정위 옮김, 서광사, 1997.
『이슬람: 종교, 법 그리고 정신의 내면』, 아즈쓰 도시히코, 조영렬 옮김, 무우수, 2007.
『이슬람의 눈으로 본 세계사』, 타밈 안사리, 류한원 옮김, 뿌리와이파리, 2011.
『중세철학의 유혹』, 박우석, 철학과현실사, 1997.
『후기스콜라 철학과 르네상스 철학』, 프레드릭 코플스턴, 이남원·정용수 옮김, 북코리아, 2021.

웹사이트
https://plato.stanford.edu/ (스탠퍼드 철학 백과사전)

주요 철학자 저서

이 책에서 다룬 철학자 중, 고대 후기부터 현대까지 주요 인물들의 대표 저서 목록입니다.

플로티노스 『아름다움에 관하여』
포르피리오스 『이사고게』
아우구스티누스 『고백록』, 『신국론』, 『교사론』, 『마니교도 반박 창세기 해설』, 『참된 종교』
보에티우스 『철학의 위안』
안셀무스 『모놀로기온 프로슬로기온』
아베로에스 『결정적 논고』, 『아베로에스의 아리스토텔레스 형이상학』
보나벤투라 『6일간의 세계 창조에 대한 강연』
토마스 아퀴나스 『대이교도대전』, 『신학대전』, 『신학요강』
둔스 스코투스 『제일원리론』
홉스 『리바이어던』, 『법의 기초』
데카르트 『제일철학에 관한 성찰』, 『방법서설』
로크 『통치론』, 『인간지성론』
스피노자 『에티카』, 『신학정치론』
말브랑슈 『자연과 은총론』
라이프니츠 『변신론』, 『형이상학 논고』, 『신인간지성론』, 『모나드론』
버클리 『하일라스와 필로누스가 나눈 세 편의 대화』, 『새로운 시각 이론에 관한 시론』, 『인간 지식의 원리론』
볼테르 『캉디드 혹은 낙관주의』, 『미크로메가스』, 『자디그』, 『철학 편지』, 『불온한 철학 사전』, 『랭제뉴』
흄 『인간 본성에 관한 논고』, 『도덕 원리에 관한 탐구』, 『취미의 기준에 대하여』, 『종교의 자연사』

루소 『에밀』,『사회계약론』,『인간 불평등 기원론』

칸트 『도덕형이상학』,『순수이성비판』,『윤리형이상학 정초』,『실천이성비판』,『계몽이란 무엇인가』,『판단력비판』

헤겔 『정신현상학』,『역사철학강의』,『미학강의』,『대논리학』

제임스 『실용주의』,『심리학의 원리』,『진리란 무엇인가』,『삶은 살 만한 가치가 있는 걸까』

니체 『니체 전집』

프레게 『개념표기』,『산수의 기초』,『뜻과 지시체에 관하여』

후설 『상상, 이미지의식, 기억』,『제일철학』,『데카르트적 성찰』,『현상학적 심리학』,『순수현상학과 현상학적 철학의 이념들』,『수동적 종합』,『엄밀한 학문으로서의 철학』,『사물과 공간』

베르그송 『웃음』,『창조적 진화』,『도덕과 종교의 두 원천』,『의식에 직접 주어진 것들에 관한 시론』,『시간에 대한 이해의 역사』,『사유와 운동』,『물질과 기억』

듀이 『경험과 교육』,『경험으로서의 예술』,『민주주의와 교육』,『공공성과 그 문제들』,『교육의 도덕적 원리』

화이트헤드 『자연의 개념』,『종교란 무엇인가』,『과학과 근대세계』,『과정과 실재』,『진화하는 종교』,『관념의 모험』,『사고의 양태』,『교육의 목적』

무어 『윤리학 원리』,『철학에서 중요한 몇 가지 문제』

루카치 『미학』,『소설의 이론』,『루카치가 읽은 솔제니친』,『삶으로서의 자유』,『영혼과 형식』,『사회적 존재의 존재론을 위한 프롤레고메나』

비트겐슈타인 『비트겐슈타인 선집』

하이데거 『존재와 시간』,『숲길』,『예술 작품의 샘』,『형이상학 입문』,『철학의 근본 물음』,『횔덜린 시의 해명』,『철학에의 기여』

그람시 『남부 문제에 대한 몇 가지 주제들』,『감옥에서 보낸 편지』

카르납 『과학철학입문』

가다머 『과학 시대의 이성』

메를로퐁티 『지각의 현상학』,『간접적인 언어와 침묵의 목소리』,『현상학과 예술』,『행동의 구조』,『휴머니즘과 폭력』,『신체현상학』

콰인 『논리적 관점에서』

리쾨르 『해석의 갈등』,『시간과 이야기』,『악의 상징』,『해석에 대하여』,『해석학과 인문사회과학』,『해석이론』,『텍스트에서 행동으로』,『역사와 진리』,『번역론』,『폴 리쾨르, 비판과 확신』,『역사와 사회적 상상에 관한 대화』(공저)

데이비드슨 『행위와 사건』

알튀세르 『무엇을 할 것인가?』

푸코 『말과 사물』, 『헤테로토피아』, 『감시와 처벌』, 『권력과 공간』, 『성의 역사』, 『이것은 파이프가 아니다』, 『광기의 역사』, 『자기 자신에 대한 진실 말하기』, 『주체의 해석학』, 『지식의 고고학』, 『거대한 낯섦』, 『정신의학의 권력』, 『담론의 질서』

데리다 『그라마톨로지』, 『거짓말의 역사』, 『용서하다』, 『아듀 레비나스』, 『조건 없는 대학』, 『법의 힘』, 『후설 철학에서 발생의 문제』, 『마르크스의 유령들』, 『신앙과 지식』, 『해체』, 『글쓰기와 차이』, 『기하학의 기원』

찾아보기

ㄱ
가다머 527, 528, 530~532, 535, 563
가상디 264, 280~285, 292
갈레노스 142, 182, 296
강신술 441, 442, 445, 446
거기-존재 481~496, 498, 500, 503, 504
겐트의 헨리 192, 207~211, 213, 214
결정론 49, 206, 281, 300, 315, 337, 338, 377, 386, 407
계몽주의 17, 18, 20, 381~383, 385, 391, 393, 445, 530, 539, 540, 542, 543, 545
고르기아스 52, 54
고트샬크 156
관념론 350, 383, 395, 406, 455, 459, 473, 511, 519, 520, 523, 594, 603
귀납법 453, 454
그람시 522, 523
기계론 50, 264, 275, 276, 281, 282, 285, 324, 330, 332, 345, 350, 386, 411, 446, 508, 540
기하학 11, 61, 69, 142, 186, 266, 270, 272, 275, 278, 295, 309, 324, 343, 361, 399, 405, 406, 599, 606, 609
김재권 597, 602

ㄴ
논리 실증주의 451, 568, 569, 581, 584, 598, 603, 605
논리학 83, 101, 102, 122, 138, 141, 142, 153~155, 170, 184, 186, 222, 237, 238, 256, 268, 340, 405, 408, 418~420, 453, 478, 506, 542, 598, 603, 604
뉴턴 259, 337, 339, 344, 345, 350, 356, 358, 383, 384, 386, 389, 396, 400, 405, 567, 593, 598, 599
니체 95, 431~435, 437~440, 504, 505, 544

ㄷ
다미안 155, 167, 168, 188
다윈 447, 461, 506, 607
데리다 550~554, 556~560, 562, 563
데모크리토스 48, 51, 99
데이비드슨 591~593, 596~597
데카르트 264~274, 276~280, 282~285, 292, 293, 295, 299, 301~303, 308, 321, 322, 330, 334, 340, 350, 383~386, 403, 422, 451, 459, 482, 511, 515, 560, 599, 610
도덕법칙 408, 410~412, 415
도덕철학 238~239, 248, 294, 295
둔스 스코투스 193, 202, 209, 211, 216
듀이 447, 459~461

디드로 357, 382, 385, 387~389, 391, 392

『라우틀리지 철학사』 9
라이프니츠 256, 288, 297, 324, 326, 328~334, 337, 339, 406, 416
러셀 19~21, 193, 198, 457, 507, 564, 565, 568, 603
로고스 36~39, 58, 239, 247, 320
로크 339~350, 361, 383~385, 417, 600
루카치 518~521
르네상스 237, 246, 248, 251, 254, 257, 258, 262~265, 309, 331, 442, 444, 539, 540
리쾨르 527, 531~537

마르크스주의 206, 521, 523, 524, 548, 620, 627, 628
마법 17, 18, 20, 110~112, 124, 126, 248, 255, 261, 394, 611, 612, 614, 615
마술사 17, 257
말브랑슈 316, 317, 319~322, 350, 354, 355
메를로퐁티 511, 516
무신론 50, 266, 281, 290, 389
물질세계 120, 269, 274, 276, 322, 340, 351, 353, 354
물질주의 282, 384, 446, 459, 606
민주주의 66, 89, 393, 442, 476, 484, 556

ⓑ

버클리 112, 350~354, 357, 384, 594
베르그송 112, 506~508, 510
보에티우스 153, 168, 172, 175, 179, 180, 183, 184, 206

볼테르 357, 383, 388, 581
분석철학 10, 478, 550, 551, 563, 598, 603~606
브레히트 521, 522
브루커 394, 397
블라바츠키 444, 446, 609
비트겐슈타인 8, 84, 447, 475, 542, 564~566, 568, 569, 575, 603
『빈틈없는 철학사』 10

사르트르 511, 516, 533
사유 재산 348, 391, 425
삼단논법 83, 84, 144, 175, 222, 267
선험성 460, 581, 598
소쉬르 433, 551, 555
소크라테스 53, 55~58, 61, 68, 79, 80, 84, 85, 87, 103, 105, 107, 170~172, 174, 178~180, 207, 222~224, 283, 292, 293, 307, 312, 325, 326, 435, 479, 585, 597
소피스트 52~55, 57, 58, 69, 72
수사학 52, 186, 188, 238~241, 531
스콜라철학 220, 237~241, 249, 256, 258, 262~265, 271, 282, 304, 322, 331, 333, 340, 342, 451
스토아학파 97, 101~108, 110, 111, 125, 132, 263, 281, 331
스피노자 297~303, 305, 308, 310~313, 315, 350, 389, 599
신비주의 19~22, 60, 64, 133, 134, 226, 227, 232, 260, 261, 264, 331, 332, 357, 389, 395~397, 441, 442, 444, 446, 510, 577, 611, 612, 615
신지학 21, 395, 396, 444~446, 609~611
신플라톤주의 112, 130, 137, 138, 142, 150, 159, 182, 200, 248~250, 256,

257, 320, 331, 421, 422, 444
실재론 451, 455, 459, 472, 511, 594, 599, 606

ㅇ

아낙시만드로스 27~29, 31, 32
아낙시메네스 31, 32, 479
아리스토텔레스 25~27, 30, 71~78, 82~92, 95~96, 99, 102, 110, 114, 122, 129, 135~139, 141, 142, 145, 147, 148, 153, 155, 160, 170, 178, 182~184, 187, 190, 193, 195~206, 208, 210, 213~215, 218, 221, 222, 230, 239, 240, 245, 249~253, 256, 258, 259, 262, 267, 274, 275, 278, 280, 283, 287, 288, 290, 293, 295, 303, 322, 324, 325, 331, 332, 346, 411, 419, 427, 467, 529, 552, 560, 585, 599, 617
아베로에스 147~150, 184, 185, 198, 200, 206, 220, 258
아벨라르 170~174, 176, 177, 185, 188
아비센나 128, 135, 141~145, 147, 150, 184, 200, 208, 209
아우구스티누스 127~129, 131, 156~158, 184, 196, 204, 226, 227, 238, 247, 262, 318, 322, 323, 504
아페이론 28~31, 33
안셀무스 162~167, 184, 188, 417
알가잘리 147, 184, 333
알킨디 135~138, 184
알튀세르 518, 524~526
알파라비 135, 136, 138, 139, 143, 184, 227
양화사 453, 596
에리우게나 155~158, 160, 188, 228
에소테리시즘 20~22, 397, 398, 441, 446, 496, 509, 608, 609, 611, 612
에피스테메 538, 539, 541, 545
에피쿠로스학파 95, 97, 99, 110, 243, 263, 282
엠페도클레스 43, 45, 47, 51, 75, 122
연금술 17, 20, 22, 92, 257, 394, 395, 616
오컬트 17, 20
오컴의 윌리엄 219, 221~224, 237, 238
『옥스퍼드 영어 사전』 17
우주론 29, 43, 55, 90, 91, 256
원자론 48~50, 281, 285, 328
유대교 122, 133, 134, 246, 290, 395, 615
유물론 288, 289, 294, 383, 396, 631
유클리드 136, 167, 184, 295, 343, 406
윤리학 86, 88, 96, 101, 103, 104, 131, 141, 170, 183, 207, 215, 216, 238, 239, 285, 295, 340, 427, 452, 453, 478, 548, 561, 562, 566, 624~626
이슬람 135~139, 143, 150, 182, 204, 245, 246, 395, 615
이원론 60, 62, 68, 82, 91, 92, 113, 114, 276, 301, 384, 459, 511, 621
인간 본성 73, 88, 90, 99, 215, 287, 298, 308, 312, 358~360, 370, 375, 382, 383, 386, 387, 416, 434, 543, 545, 627
인과론 147, 363
인문주의자 237~243, 245, 254, 262

ㅈ

자기의식 396, 422~425, 428
자본주의 518~520, 522, 523, 559, 623
자연법칙 30, 194, 214~216, 272, 273, 277, 278, 299, 301, 309, 313, 315, 318~320, 352, 354, 367, 382, 407, 411, 615
점성술 110~112, 137, 256, 259, 616
정치학 89, 90, 141, 142, 204, 205, 219, 239, 347
제임스 447, 450, 451, 454~459, 507,

510
질료형상론 76, 77, 79~82, 84

ㅋ

카르납 568, 581, 584, 585, 598, 603, 604
카발라 232~234, 255, 331, 394, 395, 444, 446, 611
칸트 7, 8, 267, 396, 399~417, 422, 425~427, 429, 449, 454, 471, 472, 487, 494, 496, 504, 505, 524, 541, 584, 598, 626
캉길렘 543
『케임브리지 철학사』 9, 10
코기토 322, 422, 424
콰인 8, 576~606
크세노파네스 33, 71
키케로 154, 184, 203, 238, 239, 241, 242, 253, 281, 547

ㅌ

탈레스 25~28
토마스 아퀴나스 129, 135, 185, 187, 189~201, 204~206, 209, 210, 217, 220, 221, 227, 243, 552

ㅍ

파르메니데스 10, 40, 76, 77, 479
퍼스 447~459
페미니즘 617~631
포르피리오스 122, 123, 153, 174, 180, 182, 184
푸아티에의 질베르 178~180, 188
푸코 538~548
프래그머티즘 447, 450~455, 459, 460, 604, 607
프레게 453, 467, 564, 565, 568, 570, 585, 603

프로클로스 112, 114, 124, 136, 184, 246
프로타고라스 53, 252
프톨레마이오스 136, 295
플라톤 11, 21, 27, 32, 36, 52, 53, 60~69, 75, 76, 85, 92, 95, 99, 103, 107, 110~114, 118, 119, 122~125, 128, 136, 138, 139, 150, 153, 154, 158, 167, 182, 184, 185, 201, 210, 223, 238, 242, 245~250, 253, 254, 258, 261, 275, 283, 320, 331, 421, 459, 467, 468, 498, 504, 507, 552~554, 560, 617
플레톤 245, 247
플로티노스 112~124, 157, 249
피코 델라미란돌라 254
피타고라스 60, 62, 110, 122, 124, 126, 167, 249, 331, 395, 612

ㅎ

하이데거 476~505, 537, 541, 558, 559
해석학 491, 505, 527~531, 534~537
행동주의 508, 511, 586~590, 592, 593
허무주의 431, 435, 436, 439, 476
헤겔 112, 395, 417~430, 461, 504, 519, 524, 525, 539, 552, 557, 564, 630
헤라클레이토스 36~39, 578
헤르메스 123, 138, 237, 248~250, 260, 261, 441, 446, 611
헬레니즘 8, 10, 95, 618
현상학 465~467, 472, 475, 479, 480, 512, 515, 533, 535
형이상학 83, 113, 117, 122, 135, 136, 141, 153, 184, 207, 238, 239, 241, 248, 265, 278, 305, 306, 324, 326, 328, 329, 336, 337, 366, 381, 389, 406, 420, 447, 451, 458, 459, 500, 504, 506, 508, 509, 531, 537, 559, 564, 568~570, 575, 584, 598~601, 603, 605, 615, 620, 622, 630

홉스 264, 272, 287~296, 348, 350, 599
화이트헤드 60, 604
환원주의 582, 583
회의론 34, 107~109, 128, 274, 350, 357, 358, 371, 377, 400, 568, 577
회의주의자 106~108
후설 466~476, 480, 490, 491, 504
흄 8, 357~377, 393, 401, 402, 405, 407, 416, 449, 560, 599, 605

탁석산의 서양 철학사

발행일	2025년 7월 10일 초판 1쇄
지은이	탁석산
발행인	홍예빈
발행처	주식회사 열린책들

경기도 파주시 문발로 253 파주출판도시
전화 031-955-4000 팩스 031-955-4004
홈페이지 www.openbooks.co.kr 이메일 humanity@openbooks.co.kr

Copyright (C) 탁석산, 2025, *Printed in Korea.*
ISBN 978-89-329-2529-5 03160